ENTENDIENDO EL LIBRO DE APOCALIPSIS PARA ESTA GENERACIÓN

"Porque no hará nada el Señor Jehová, sin que revele su secreto á sus siervos los profetas." Amós 3:7

Julio!
Earl Ben Schoolb

ENTENDIENDO EL LIBRO DE APOCALIPSIS PARA ESTA GENERACIÓN

REVELANDO EL PROPÓSITO, EL PLAN Y EL TIEMPO PARA LA VENIDA "DÍA DEL SEÑOR"

"Yo fuí en el Espíritu en el día del Señor, y oí detrás de mí una gran voz como de trompeta." Apocalipsis 1:10

Earl B. Schrock

ISBN: Tapa Blanda 978-1-6698-6156-0
Libro Electrónico 978-1-6698-6155-3

Información de la imprenta disponible en la última página.

Fecha de revisión: 01/04/2023

Para realizar pedidos de este libro, contacte con:
Xlibris
844-714-8691
www.Xlibris.com
Orders@Xlibris.com
849618

AVAILABLE IN ENGLISH: “UNDERSTANDING THE BOOK OF REVELATION FOR THIS GENERATION”

DISPONIBLE EN INGLÉS: “UNDERSTANDING THE BOOK OF REVELATION FOR THIS GENERATION”

Por favor tómese el tiempo para orar para la guía de Dios mientras busca Su verdad como se revela en el Sagrada Biblia.

KJV English Scripture references are taken from the King James Version of the Bible. The King James Version is in public domain.
RVR Spanish Scripture references are from the Reina Valera 1960.
The Reina-Valera is in the public domain.
Las referencias de las Escrituras en español de RVR son de la Reina Valera 1960. La Reina-Valera es de dominio público.
Special recognition is given to the website https://www.biblestudytools.com/ Bible Study Tools for the access they provide to the Reina-Valera 1960 Bible.
Se otorga un reconocimiento especial al sitio web https://www.biblestudytools.com/ herramientas de Estudio bíblico por el acceso que brindan a la Biblia Reina-Valera 1960

Any images taken from the internet were free public domain.

The Spanish rendering of this little book is a direct translation of the English using the free Google online translation application.

La versión en español de este librito es una traducción directa del inglés utilizando la aplicación gratuita de traducción en línea de Google.

Special mention and gratitude to http://referencebible.org/ for their Biblos.com Bible search and information website in assisting me greatly with searching the Scriptures.
And also
The Strongest Strong's Exhaustive Concordance of the Bible
Copyright 2001 by Zondervan

Los libros escritos por Earl B. Schrock son:

The Three Secrets of Success and Happiness
Los Tres Secretos del Éxito y Felicidad
Hodgepodge: Thoughts and Tales from Davidson County, North Carolina
The Kingdom of Heaven and the Kingdom of God
The 3 Visible Advents of Jesus
Las 3 Venidas de Jesús
Understanding the Book of Daniel for this Generation
Comprensión el Libro de Daniel para esta Generación
Understanding the book of Revelation for this Generation
Entendiendo el Libro de Apocalipsis para esta Generación

Vea los videos de YouTube de la Presentación de la Profecía por Earl Schrock

1. Discusión en inglés capítulo por capítulo sobre el libro de Daniel

2. **El libro de Apocalipsis explicado (resumido) en inglés.**

Contact Information
Earl B. Schrock, P.O. Box 2302, Thomasville, NC 27361
ProphecyPresentation@gmail.com

Suggested on line Bible Study site
http://studies.itiswritten.com/discover/

Earl Benjamin Schrock se graduó en 1969 de
Pioneer Valley Academy y un graduado de Teología
Major de 1979 de Southern Missionary College;
actualmente nombrado Southern Adventist University
(SAU) en Collegedale, Tennessee, 37315
Dado que la interpretación de la profecía es
un arte y no una ciencia, el autor se reserva el
derecho de cambiar o enmendar cualquiera y
todas las ideas de sus interpretaciones bíblicas
según lo indique el Espíritu Santo de Dios.

The information, opinion, interpretation and ideas in this booklet are independently that of the author. None of this little book in intended to reflect the teachings of any particular denomination, faith, or religious organization. Future adjustments, if any, are reserved by the Author as the Holy Spirit leads.

La información, opinión, interpretación e ideas contenidas en este folleto son independientemente del autor. Ninguno de este pequeño libro tiene la intención de reflejar las enseñanzas de ninguna denominación, fe u organización religiosa en particular. Los ajustes futuros, si los hay, están reservados por el Autor según lo dirija el Espíritu Santo.

Reading this little book through one time will not cement the information you need to understand and to teach the material being discussed. Please take your time absorbing the content of this little book, taking notes, and return to read it as often as desired to understand and teach the prophetic concepts revealed within as they apply to this generation.

Leer este pequeño libro una sola vez no consolidará la información que necesita para comprender y enseñar el material que se está discutiendo. Tómese su tiempo para absorber el contenido de este pequeño libro, tomar notas y volver a leerlo con la frecuencia que desee, para comprender y enseñar los conceptos proféticos revelados en el interior según se apliquen a esta generación.

ORACIÓN DE LA TESIS:

TODO EL LIBRO DE APOCALIPSIS ES UNA SOLA CARTA ESCRITA EN ORDEN CRONOLÓGICO HACIA Y PARA LA ÚLTIMA GENERACIÓN DEL MUNDO A FIN DE PREPARARLOS PARA LOS EVENTOS DEL TIEMPO FINAL QUE CONDUCIRÁN HASTA Y MÁS ALLÁ DEL JUICIO DE LA TRIBULACIÓN DE SIETE AÑOS Y LA SEGUNDA VENIDA DE JESÚS.

La siguiente imagen es del libro:
"COMPRENSIÓN
EL LIBRO DE DANIEL
PARA ESTA GENERACIÓN"
Es el libro complementario de este libro.
Se puede comprar de múltiples
proveedores de libros en línea.

UNDERSTANDING
THE BOOK OF DANIEL
FOR THIS GENERATION

COMPRENSIÓN
EL LIBRO DE DANIEL
PARA ESTA GENERACIÓN

Revealing the important Biblical concepts
from the book of Daniel

Revelando los conceptos bíblicos importantes
del libro de Daniel

BIBLE PROPHECY: ITS ALL ABOUT **WORSHIP**
PROFECÍA BÍBLICA: TODO SE TRATA DE
ADORACIÓN

Para comprender mejor el libro de Apocalipsis, una persona primero debe estar familiarizada con los mensajes y la intención del Libro de Daniel.

TABLA DE CONTENIDO

INTRODUCCIÓN

PROFECÍA BÍBLICA: SE TRATA DE ADORACIÓN

Intentar comprender e interpretar las profecías bíblicas, incluido el Libro de Apocalipsis, ha sido el objetivo de los estudiantes de la Biblia de todas las generaciones desde que las profecías se escribieron, leyeron y publicaron por primera vez. Cada generación sucesiva interpretó la profecía bíblica con el conocimiento y la mentalidad que poseía. Cada generación, desde el momento en que el libro de Apocalipsis estuvo disponible al público, intentó hacer que cada profecía fuera personal, aplicándola a ellos mismos para el día en que vivieron y experimentaron, creyendo que se aplicaba a ellos "viviendo en los últimos días".

Todos hemos absorbido, aceptado y creído lo que nos han enseñado los que vivieron en la generación anterior a la nuestra. Muchas personas hoy en día están satisfechas con las interpretaciones y entendimientos pasados de la profecía bíblica que aprendieron de otros y no tienen interés en buscar una posible mejor conclusión o interpretación profética. Pero, ¿y esta generación? ¿Deberíamos contentarnos con permanecer bajo la comprensión de las personas que vivieron generaciones antes que nosotros? A menos que una persona deje de lado las ideas preconcebidas de la profecía bíblica, entonces lo que le han enseñado aquellos a quienes otros enseñaron, continuará creyendo y enseñando la misma verdad y errores a las generaciones futuras. Necesitamos estudiar la Biblia por nosotros mismos para estar seguros de que lo que creemos es la verdad según la Biblia, tal como se aplica a nuestra generación. El día oportuno en el que vivimos no nos permite simplemente aceptar la opinión pasada de los demás.

> ***"Engrandeced al SEÑOR conmigo, y exaltemos a una su nombre. Busqué al SEÑOR, y El me respondió, y me libró de todos mis temores. Los que a El miraron, fueron iluminados; sus rostros jamás serán avergonzados. Este pobre clamó, y el SEÑOR le oyó, y lo salvó de todas sus angustias."*** **Salmos 34:3-6.**

Cada uno de nosotros somos el producto de nuestro entorno. Solo sabemos lo que nos han enseñado o aprendido de los demás y de las influencias que nos rodean. Somos influenciados por los líderes en nuestras vidas; como padres, maestros, pastores y otras personas. Estamos influenciados por los libros que leemos, la televisión y las películas que vemos, el Internet que visitamos, las estaciones de radio que escuchamos, así como las revistas que leemos, los videojuegos, etc. Estamos influenciados por nuestros amigos y, a veces, por nuestros enemigos, ya sea por comunicación directa o indirecta o conversación casual. Pero para estudiar y entender la Biblia adecuadamente, debemos dejar de lado todo lo que sabemos y entendemos, para acercarnos a la Biblia con una mente abierta, bajo la dirección del Espíritu Santo. Debemos entender que la Biblia es la única fuente de verdad en la que podemos confiar. Sola Scriptura: La Biblia solamente. Debemos ser capaces de defender la Biblia por medio de la Biblia y ningún otro material extrabíblico.

Debemos interpretar la Biblia por nosotros mismos mientras somos guiados por el Espíritu Santo que mora en nosotros y nos guiará a toda la verdad:

> *"Este es mi mandamiento: Que os améis los unos á los otros, como yo os he amado. Nadie tiene mayor amor que este, que ponga alguno su vida por sus amigos. Vosotros sois mis amigos, si hiciereis las cosas que yo os mando. Ya no os llamaré siervos, porque el siervo no sabe lo que hace su señor: mas os he llamado amigos,*

porque todas las cosas que oí de mi Padre, os he hecho notorias." Juan 15:12-15.

"Pero cuando viniere aquel Espíritu de verdad, él os guiará á toda verdad; porque no hablará de sí mismo, sino que hablará todo lo que oyere, y os hará saber las cosas que han de venir." Juan 16:13

Para ser vaso de Dios es necesario una mente abierta y un corazón receptivo, ya que somos moldeados como barro en Sus manos a través de Su Palabra. Evitar nueva información o una guía mejorada se llama ser testarudo. Ser testarudo promueve la dureza de corazón.

"Ahora pues, Jehová, tú eres nuestro padre; nosotros lodo, y tú el que nos formaste; así que obra de tus manos, todos nosotros." Isaías 64:8.

A veces debemos desafiarnos a nosotros mismos y a nuestro entendimiento de la Biblia. Podemos desafiar nuestras propias ideas sobre la interpretación de las profecías bíblicas al considerar un punto de vista opcional. Una vez que se ha considerado una visión opcional de la interpretación de la profecía bíblica, entonces cada persona tiene la opción de continuar con su interpretación original o modificar su forma de entender la profecía bíblica, a la luz del tiempo actual en el que vive.

Por favor, no cierre este pequeño libro en ningún momento porque no fluye con sus propias ideas preconcebidas. Pon a prueba tus conceptos con este librito y con la Palabra de Dios. Que se diga de vosotros lo que se dijo acerca de los de Berea en los días de Pablo en Hechos 17:11:

"Y fueron estós más nobles que los que estaban en Tesalónica, pues recibieron la palabra con toda solicitud, escudriñando cada día las Escrituras, si estas cosas eran así."

Como preámbulo para apreciar el libro de Apocalipsis, primero se debe entender correctamente el libro de Daniel. Es casi imposible comprender correcta y correctamente el libro de Apocalipsis sin comprender primero el libro de Daniel.

Por favor lea el libro, "COMPRENDIENDO EL LIBRO DE DANIEL PARA ESTA GENERACIÓN" por Earl Schrock, disponible en línea, para obtener una mejor base para leer este libro sobre Apocalipsis.

LA PROFECÍA BÍBLICA SE TRATA DE LA ADORACIÓN

Cada generación que ha leído y estudiado los libros de Daniel y Apocalipsis ha sido bendecida de una forma u otra, ya que aplicaron las lecciones de vida extraídas de su estudio y las aplicaron en la práctica. Pero en realidad, los libros de Daniel y Apocalipsis son más importantes y más aplicables a la última generación de la historia de este mundo que a cualquier otra generación. Es con la última generación que tanto los libros de Daniel como los de Apocalipsis tendrán su cumplimiento total y final.

El libro de Daniel revela cómo la adoración al verdadero Dios del cielo ha sido diluida y contaminada por influencias paganas desde los días de Daniel hasta nuestros días. El libro de Apocalipsis revela el resultado final de esa contaminación como se revela en las acciones de los seres humanos durante los últimos tiempos cuando el pecado revela su máximo poder destructivo cuando el reino puro de Dios es destruido y pisoteado bajo los pies de la religión organizada.

El gran conflicto en este planeta desde la primera semana, cuando Dios creó este mundo y todo lo que contiene, fue para responder a la pregunta de quién merece el derecho de adoración y alabanza de la humanidad. Dios reclama claramente el derecho a ser adorado como nuestro Creador, Redentor y Sustentador. Sin embargo, Satanás dice que Dios es injusto y que si la gente lo adorara a él, en lugar del Creador, sería un mejor líder con una vida mejor para todos los que lo siguen (Isaías 14:12-14). Por supuesto, la historia, desde la caída de Adán y Eva, ha probado una y otra vez que Satanás es mentiroso y asesino (Juan 8:44), y que nuestro Dios Creador es digno (Apocalipsis 4:11) de toda la adoración. podemos reunir.

> *"¡Cómo caiste del cielo, oh Lucero, hijo de la mañana! Cortado fuiste por tierra, tú que debilitabas las gentes. Tú que decías en tu corazón: Subiré al cielo, en lo alto junto á las estrellas de Dios ensalzaré mi solio, y en el monte del testimonio me sentaré, á los lados del aquilón; Sobre las alturas de las nubes subiré, y seré semejante al Altísimo."* Isaías 14:12-14.

> *"Vosotros de vuestro padre el diablo sois, y los deseos de vuestro padre queréis cumplir. Él, homicida ha sido desde el principio, y no permaneció en la verdad, porque no hay verdad en él. Cuando habla mentira, de suyo habla; porque es mentiroso, y padre de mentira."* Juan 8:44.

> *"Señor, digno eres de recibir gloria y honra y virtud: porque tú criaste todas las cosas, y por tu voluntad tienen ser y fueron criadas."* Apocalipsis 4:11.

En Su Santa Biblia Dios revela claramente Su carácter y la adoración que Él requiere de las personas que lo aceptan como Señor y Dueño de sus vidas. El objetivo de Satanás es robar esa adoración de Dios y dirigirla hacia él al infiltrarse en la verdadera adoración bíblica de Dios y mezclarla con información falsa y prácticas paganas. Los siervos de Dios de los últimos días querrán conocerlo y escudriñarán las Escrituras diariamente para alcanzar esa meta y aprender la forma correcta de adorar a su Creador. Las metas de los siervos de Dios del tiempo del fin son interpretar y comprender correctamente la profecía bíblica, que afectará directamente a cada ser humano vivo durante el tiempo del fin, y buscar comprender al Dios Creador y sus formas de adoración.

> *"Porque yo sé los pensamientos que tengo acerca de vosotros, dice Jehová, pensamientos de paz, y no de mal, para daros el fin que esperáis. Entonces me invocaréis, é iréis y oraréis á mí, y yo os oiré: Y me buscaréis y hallaréis, porque me buscaréis de todo vuestro corazón."* Jeremías 29:11-13.

Todo el libro de Apocalipsis está escrito en lenguaje figurado o simbólico, excepto por unas pocas partes fácticas literales, enumeradas en la introducción y la conclusión. En la introducción del capítulo uno, Juan es en realidad una persona literal real y en realidad está en la isla de Patmos, que está muy cerca de las siete comunidades literales enumeradas en el versículo once. Las secciones literales de la conclusión son que Jesús es quien dice ser y que literalmente regresará a este planeta en dos advenimientos futuros que están separados por 1000 años literales de tiempo literal.

PREGUNTA: ¿Por qué el libro de Apocalipsis está escrito en lenguaje figurado o simbólico?

RESPUESTA: Aunque el libro de Apocalipsis es una revelación de información, esa información revelada solo puede realizarse plenamente en el "tiempo señalado" de los últimos días, por varias razones. (1) La información en Apocalipsis está dirigida a los santos de los últimos tiempos o siervos de Dios (Apocalipsis 1:1; 22:6) para que se den cuenta, entiendan y enseñen. (2) Dios no quería que el enemigo supiera todo lo que se avecina. Satanás es un experto en la falsificación. Si estuviera al tanto de todo lo que Dios ha planeado, haría todo lo posible para subvertir o contrarrestar los planes de Dios. El simbolismo ayuda a prevenir eso. (3) Los eventos del tiempo del fin están ocultos para las generaciones del pueblo de Dios a los que la información en el Libro de Apocalipsis no afecta. Dios no hace nada para desanimar a su pueblo. Les dijo a los discípulos que hay algunas cosas que no les puede decir porque no podrían recibirlas (Juan 16:12). (4) Dios revela Sus misterios, en Su tiempo, a Su manera, por Sus motivos (Amós 3:7).

> *"LA revelación de Jesucristo, que Dios le dió, para manifestar á sus siervos las cosas que deben suceder presto; y la declaró, enviándo la por su ángel á Juan su siervo."* Apocalipsis 1:1.

> *"Y me dijo: Estas palabras son fieles y verdaderas. Y el Señor Dios de los santos profetas ha enviado su ángel, para mostrar á sus siervos las cosas que es necesario que sean hechas presto."* Apocalipsis 22:6.

> *"Aun tengo muchas cosas que deciros, mas ahora no las podéis llevar."* Juan 16:12.

> *"Porque no hará nada el Señor Jehová, sin que revele su secreto á sus siervos los profetas."* Amós 3:7.

El lenguaje simbólico de la Biblia solo puede interpretarse o entenderse a partir de la Biblia y solo de la Biblia. Los libros de historia, periódicos, revistas, Internet o cualquier otra fuente bíblica adicional no pueden revelar los misterios del lenguaje simbólico de Dios en la profecía.

> *"Tenemos también la palabra profética más permanente, á la cual hacéis bien de estar atentos como á una antorcha que alumbra en lugar oscuro hasta que el día esclarezca, y el lucero de la mañana salga en vuestros corazones: Entendiendo primero esto, que ninguna profecía de la Escritura es de particular interpretación; Porque la profecía no fué en los tiempos pasados traída por voluntad humana, sino los santos hombres de Dios hablaron siendo inspirados del Espíritu Santo."* 2 Pedro 1:19-21.

Este pequeño libro, "ENTENDIENDO EL LIBRO DE APOCALIPSIS PARA ESTA GENERACIÓN" no revela todo lo que hay que entender y saber en la Biblia sobre el Libro de Apocalipsis y su relación con esta generación. Hay muchas cosas que este autor no sabe y/o desconoce, que otros pueden explicar a su manera, a partir de lo que saben o han acumulado en su caminar personal con Dios. Es la esperanza del autor que este pequeño libro abra todas las vías posibles para explicar aún más la intención del libro de Apocalipsis y el amor eterno de Dios.

Con ese entendimiento, es el deseo del autor, al presentar este pequeño libro, que los elementos mencionados en él abran las compuertas del conocimiento, el razonamiento y la iluminación de otros estudiantes de la Biblia de todo el mundo. Hay muchos hombres y mujeres mejor educados y más calificados en este mundo, de muchas naciones, lenguas y personas que bíblicamente pueden agregar a lo que se revela aquí. La solicitud es que otras personas más capacitadas se tomen el tiempo para revelar esa información más profunda y amplia, que se encuentra en la Santa Biblia, y compartir esa información, de todas las formas posibles, con un mundo hambriento y sediento de justicia.

> *"Bienaventurados los que tienen hambre y sed de justicia: porque ellos serán hartos."* Mateo 5:6.

Es virtualmente imposible entender correctamente toda la información en el libro de Apocalipsis sin primero entender el libro de Daniel. Todo edificio construido sobre cimientos sólidos puede capear la tormenta, y todo edificio construido sobre cimientos débiles eventualmente se derrumbará (Mateo 7:24-27). Es absolutamente necesario construir el libro de Apocalipsis sobre la base establecida por el libro de Daniel.

> *"Cualquiera, pues, que me oye estas palabras, y las hace, le compararé á un hombre prudente, que edificó su casa sobre la peña; Y descendió lluvia, y vinieron*

ríos, y soplaron vientos, y combatieron aquella casa; y no cayó: porque estaba fundada sobre la peña. Y cualquiera que me oye estas palabras, y no las hace, le compararé á un hombre insensato, que edificó su casa sobre la arena; Y descendió lluvia, y vinieron ríos, y soplaron vientos, é hicieron ímpetu en aquella casa; y cayó, y fué grande su ruina." Mateo 7:24-27.

Como se indicó anteriormente, es casi virtualmente imposible entender todo lo que contiene el libro de Apocalipsis sin estar familiarizado con los mensajes del libro de Daniel. Pero hay más Vigilar el plan total de salvación, de principio a fin, también ayuda al estudiante de la Biblia a mantenerse encaminado con el entendimiento y el razonamiento de la profecía, al preparar un pueblo listo para encontrarse con el Señor cuando Él venga en las nubes de gloria.

"Y á muchos de los hijos de Israel convertirá al Señor Dios de ellos. Porque él irá delante de él con el espíritu y virtud de Elías, para convertir los corazones de los padres á los hijos, y los rebeldes á la prudencia de los justos, para aparejar al Señor un pueblo apercibido." Lucas 1:16,17.

La caída de la humanidad y el plan de salvación de Dios

Dios había creado originalmente un universo perfecto lleno de seres creados perfectos. Uno de esos seres perfectos, con libertad de elección, era "un querubín que cubría", refiriéndose al ángel que estaba colocado para pararse junto al trono del Padre y representarlo ante el resto del mundo creado. Ese ser, llamado Lucifer en Isaías 14:12, se enorgulleció y deseó la alabanza que Dios recibió. Quería la posición de Dios. Con el paso del tiempo, este ángel orgulloso se rebeló contra Dios (Isaías 14:12-15).

"¡Cómo caiste del cielo, oh Lucero, hijo de la mañana! Cortado fuiste por tierra, tú que debilitabas las gentes.

Tú que decías en tu corazón: Subiré al cielo, en lo alto junto á las estrellas de Dios ensalzaré mi solio, y en el monte del testimonio me sentaré, á los lados del aquilón; Sobre las alturas de las nubes subiré, y seré semejante al Altísimo. Mas tú derribado eres en el sepulcro, á los lados de la huesa. Isaías 14:12-15.

(La palabra "infierno" no pertenece a la Biblia. Es una corrupción de la Palabra de Dios. La palabra "seol", número de Strong 7585, simplemente significa un lugar para los muertos, como la tumba).

Cuando Satanás se rebeló, Dios tenía tres opciones. (1) Podía destruir al ángel rebelde. (2) Él podría ponerlo en una celda de prisión y asegurarlo, lejos de los demás seres creados. O (3) podría permitirle tener un reinado libre controlado para revelar al resto de la creación los resultados de la desobediencia y la rebelión.

Dios escogió el número (3) tres. Si Dios eligió el número uno (1) y destruyó a Lucifer, los ángeles y toda la creación ya no servirían a Dios por amor, sino por temor. Dios no quería eso. (2) Un Dios de amor y compasión no podría abandonarlo en alguna celda lejana y aislada para pasar edades eternas en soledad; eso sería cruel y totalmente contrario al amor de nuestro Dios Creador. (3) Pero Dios pudo darle el tiempo y el espacio para revelar verdaderamente su carácter egoísta y cruel.

Dios creó este mundo, esta tierra y este universo para permitir que Lucifer reinara libremente para que el resto de la creación se diera cuenta y entendiera que el Dios Creador es un Dios de amor y verdad y que la rebelión contra Él solo causa dolor, sufrimiento y muerte.

Durante los últimos 6000 años, Lucifer, también conocido como el diablo y Satanás (Apocalipsis 12:9), ha hecho exactamente lo que Dios sabía que haría. Solo ha traído dolor, miseria y muerte a este planeta. Al principio, durante la primera parte de su reinado de terror, se le permitió unirse a la reunión de los seres celestiales como se revela en Job 1: 6, 7, pero después de que hizo asesinar a Jesús en la cruz cruel, ya no estaba. más tiempo dejar este planeta, como Jesús profetizó en Lucas 10:18. Una vez que Satanás llegó tan lejos como para matar al precioso Hijo de Dios, el universo entero ya no tuvo ninguna duda sobre el carácter de Dios o el del diablo.

> *"Y fué lanzado fuera aquel gran dragón, la serpiente antigua, que se llama Diablo y Satanás, el cual engaña á todo el mundo; fué arrojado en tierra, y sus ángeles fueron arrojados con él."* Apocalipsis 12:9.

> *"Y un día vinieron los hijos de Dios á presentarse delante de Jehová, entre los cuales vino también Satán. Y dijo Jehová á Satán: ¿De dónde vienes? Y respondiendo Satán á Jehová, dijo: De rodear la tierra, y de andar por ella."* Job 1:6,7.

"Y les dijo: Yo veía á Satanás, como un rayo, que caía del cielo." Lucas 10:18.

Pero Dios aún no podía poner fin al pecado en el mismo momento de la muerte de Jesús. (1) La humanidad necesitaba tiempo para aprender sobre el plan de salvación y cómo la muerte de Su Hijo proporcionó la redención para todas las personas. (2) Dios sabía que el pecado aún no se había revelado completamente en la vida de la humanidad. Si Dios puso fin prematuramente al pecado en este planeta, entonces podría revivir de nuevo en la tierra nueva, y Dios no podía permitir que eso sucediera. (3) Se debe permitir que el pecado reine en los corazones de la humanidad para que su terror y fealdad sean tan repugnantes para toda la creación, que el pecado nunca vuelva a levantar su fea cabeza por toda la eternidad. Por estas y otras buenas razones, todavía estamos en este planeta pecaminoso, como un teatro para el universo, para participar y presenciar los actos finales de Satanás, mientras este planeta se desgasta como un vestido viejo.

> *"Y: Tú, oh Señor, en el principio fundaste la tierra; Y los cielos son obras de tus manos: Ellos perecerán, mas tú eres permanente; Y todos ellos se envejecerán como una vestidura; Y como un vestido los envolverás, y serán mudados; Empero tú eres el mismo, Y tus años no acabarán."* Hebreos 1:10-12.

Hay dos cosas que deben suceder antes de que Dios pueda poner fin al pecado y aniquilar totalmente al pecado ya los pecadores de este universo manchado. (1) El pecado debe madurar a su ser más horrible y repugnante y (2) debe surgir un pueblo que represente completamente al Padre en toda verdad y justicia a través del Espíritu Santo que mora en nosotros. Todos tenemos un papel que desempeñar en los dos anteriores.

Al considerar la fealdad del pecado, nuestra parte es reconocerlo y evitarlo como se aconseja en Filipenses 4:8,9:

> *"Por lo demás, hermanos, todo lo que es verdadero, todo lo honesto, todo lo justo, todo lo puro, todo lo amable, todo lo que es de buen nombre; si hay virtud alguna, si alguna alabanza, en esto pensad. Lo que aprendisteis y recibisteis y oísteis y visteis en mí, esto haced; y el Dios de paz será con vosotros."*

Para representar al Padre con toda verdad, nuestra parte que debemos desempeñar es (1) permitirle que llene nuestras vidas con Su Espíritu dedicando tiempo a Su Palabra, la Santa Biblia, todos los días. (2) Necesitamos hablar a menudo con Dios en oración, especialmente antes de abrir Su Palabra, pidiendo la guía del Espíritu Santo. (3) Necesitamos darle tiempo para que nos hable mientras llenamos nuestros corazones y mentes con los tesoros de oro que se encuentran solo en la Palabra viva de

Dios. (4) Y necesitamos compartir la información que tenemos con otros en palabras y acciones.

> *"Procura con diligencia presentarte á Dios aprobado, como obrero que no tiene de qué avergonzarse, que traza bien la palabra de verdad."* 2 Timoteo 2:15.

En cuanto a representar al Padre y la justicia, nuestra parte es simplemente rendirle todo a Él, ponernos completamente en Sus manos, mientras somos guiados por el Espíritu Santo que mora en nosotros, y vivir nuestras vidas como lo hizo Jesús, totalmente dependientes del Padre. . No hay nada que podamos hacer para ganar la justicia o la salvación. Nunca podremos ser lo suficientemente buenos ni realizar ningún acto que nos haga justos. Nuestra justicia solo se encuentra en Cristo Jesús. Su carácter es el vestido de bodas que todo su pueblo debe ponerse para poder permanecer en la presencia del Padre y participar en la próxima "cena de las bodas del Cordero".

> *"Si bien todos nosotros somos como suciedad, y todas nuestras justicias como trapo de inmundicia; y caímos todos nosotros como la hoja, y nuestras maldades nos llevaron como viento."* Isaías 64:6.

> *"Mas ahora, sin la ley, la justicia de Dios se ha manifestado, testificada por la ley y por los profetas: La justicia de Dios por la fe de Jesucristo, para todos los que creen en él: porque no hay diferencia; Por cuanto todos pecaron, y están distituídos de la gloria de Dios; Siendo justificados gratuitamente por su gracia por la redención que es en Cristo Jesús; Al cual Dios ha propuesto en propiciación por la fe en su sangre, para manifestación de su justicia, atento á haber pasado por alto, en su paciencia, los pecados pasados, Con la mira de manifestar su justicia en este tiempo: para que él sea el justo, y el que justifica al que es de la fe de Jesús."* Romanos 3:21-26.

"Y él me dice: Escribe: Bienaventurados los que son llamados á la cena del Cordero. Y me dijo: Estas palabras de Dios son verdaderas." Apocalipsis 19:9.

¡Distracción! Esa es la mejor y más fuerte herramienta de Satanás que nos impide lograr las metas que Dios ha establecido para los santos de los últimos días. Cada uno de nosotros debe escudriñar nuestras vidas y nuestro tiempo para estar conscientes y evitar las distracciones que nos separan de vivir una vida justa en Cristo y de pasar tiempo diario con Él en Su Palabra.

Puedes estar listo para los próximos eventos del tiempo del fin en el poder de Dios Padre. Puedes estar listo para los próximos eventos del tiempo del fin rindiéndole todo a Él hoy, ahora mismo. Si aún no lo has hecho, ¿no le darás todo a Dios y dejarás que Él te guíe por Su Espíritu Santo, y te convierta en la persona que Él quiere que seas, en representación de Él, a un mundo moribundo? Se bendecido.

¿SE REVELA UNA TRIBULACIÓN DE SIETE AÑOS EN LAS ESCRITURAS?

¿HAY UNA FUTURA TRIBULACIÓN DE SIETE AÑOS COMO ALGUNAS PERSONAS RECLAMAN?

¿SI HAY UNA TRIBULACIÓN DE SIETE AÑOS ENSEÑADA EN LA BIBLIA? SI ES ASÍ, ¿CUÁNTAS VECES NECESITA SEÑALARLO LA BIBLIA ANTES DE QUE LO CREAMOS?

Ha habido una conversación en curso durante muchos años sobre el momento de la segunda venida de Jesús en relación con una tribulación de siete años. Para aquellos que creen en una futura tribulación de siete años, las conversaciones normalmente se han centrado en el momento de la futura segunda venida de Jesús en relación con ese período de tiempo. Algunas personas creen que el rapto, o la segunda venida, tiene lugar antes de la tribulación de siete años, sacando a Su pueblo de este planeta, protegiéndolos de tener que sufrir las privaciones de ese tiempo terrible. Esta creencia a menudo se conoce como PRE-TRIBULACIÓN.

Otro grupo de personas cita las Escrituras para enseñar que el rapto secreto se lleva a cabo en medio del período de la tribulación. Esta creencia a menudo se conoce como TRIBULACIÓN MEDIA.

El tercer grupo de personas cita las escrituras de apoyo que enseñan que el rapto tiene lugar al final de la tribulación de siete años. Esta creencia a menudo se conoce como POST-TRIBULACIÓN.

Pero la pregunta principal que debemos hacernos es: ¿HAY REALMENTE UNA TRIBULACIÓN DE SIETE AÑOS?

El texto más citado para apoyar esta teoría por parte de los arrebatadores se encuentra en Daniel 9:27 y dice:

"Y en otra semana confirmará el pacto á muchos."

Muchas personas creen que la profecía de las 70 semanas de Daniel 9:24 no está completa y han aceptado una brecha de 2000 años entre las semanas 69 y 70, diciendo que la semana 70 tiene lugar en el tiempo del fin. Muchos que creen en la Teoría del Rapto enseñan que la semana 70 son los últimos siete años de la historia humana, cuando se aplica el principio de día por año, como profetizó Jesús en Mateo 24:21,22 llamando a ese período de tiempo la "gran tribulación".

> *"Porque habrá entonces grande aflicción, cual no fué desde el principio del mundo hasta ahora, ni será. Y si aquellos días no fuesen acortados, ninguna carne sería salva; mas por causa de los escogidos, aquellos días serán acortados."* Mateo 24:21,22.

En realidad, la semana mencionada en Daniel 9:27 tiene una aplicación doble y está muy bien explicada en el libro "COMPRENSIÓN EL LIBRO DE DANIEL PARA ESTA GENERACIÓN" de Earl Schrock. Daniel 9:27 se aplica a la septuagésima semana de siete años, pero también se aplica a los últimos tiempos.

PREGUNTA: Además de Daniel 9:27, ¿hay otras escrituras que apoyen una futura tribulación de siete años?

RESPUESTA: Sí. Consideremos primero el texto de Mateo 24:21,22.

> *"Porque habrá entonces grande aflicción, cual no fué desde el principio del mundo hasta ahora, ni será. Y si*

aquellos días no fuesen acortados, ninguna carne sería salva; mas por causa de los escogidos, aquellos días serán acortados." Mateo 24:21,22.

En la conversación con Jesús, al comienzo de Mateo 24, los discípulos claramente preguntaron,

*"Y sentándose él en el monte de las Olivas, se llegaron á él los discípulos aparte, diciendo: Dinos, ¿cuándo serán estas cosas, y qué señal habrá de tu venida, y **del fin del mundo**?"* Mateo 24:3.

Mateo 24 tiene una aplicación dual. No solo se aplica a los discípulos en su día, también se aplica a nosotros en nuestros días. En Mateo veinticuatro, la aplicación dual se refiere (1) al futuro de los discípulos, pero (2) para nosotros, se refiere a nuestro pasado, presente y futuro. Jesús reveló a los discípulos algunos de los eventos que rodearon el año 70 dC, cuál era su futuro. Sin embargo, el año 70 dC es ahora nuestro pasado. También menciona las cosas que (1) están sucediendo hoy en nuestra era, y (2) se refirió a las cosas que están por venir, nuestro futuro. Note el siguiente cuadro que revela la aplicación dual de las escrituras del libro de Mateo:

MATEO 24 APLICACIÓN DOBLE DE VERSÍCULOS

PRE-70 dC	70 dC	DÍA ACTUAL	NUESTRO FUTURO
VERSÍCULOS 1-4	VERSO 4	VERSO 4	VERSO 4
VERSO 5			
		VERSÍCULOS 6-8	
			VERSO 9
		VERSO 10	VERSO 10
			VERSÍCULOS 11-12
			VERSO 13
		VERSO 14	VERSO 14
	VERSÍCULOS 15-20	VERSÍCULOS 15-20	
			VERSÍCULOS 21,22
		VERSÍCULOS 23,24	VERSÍCULOS 23,24
	VERSO 25	VERSO 25	VERSO 25
		VERSO 26	VERSO 26
			VERSÍCULOS 27-31
VERSÍCULOS 32,33	VERSÍCULOS 32,33	VERSÍCULOS 32,33	VERSÍCULOS 32,33
			VERSÍCULOS 34-43
VERSÍCULOS 44-51	VERSÍCULOS 44-51	VERSÍCULOS 44-51	VERSÍCULOS 44-51

El cuadro anterior revela la aplicación dual de las Escrituras en Mateo 24. Algunos de los textos en Mateo 24 se aplican al tiempo anterior al 70 d.C. Algunos de los textos se aplican al año 70 d.C. Algunos de los textos se aplican al día en que vivimos y algunos de los versículos se refieren a nuestro futuro. Y muchos de los textos se aplican a más de un período de tiempo. Observe el siguiente cuadro que revela la aplicación dual de las Escrituras en Mateo 24.

PREGUNTA: ¿De qué otra manera se aplica Mateo 24 a nuestro futuro cercano?

RESPUESTA: Note el cambio en los eventos cronometrados entre Mateo 24:8 y Mateo 24:9:

> *"**5** Porque vendrán muchos en mi nombre, diciendo: Yo soy el Cristo; y á muchos engañarán. **6** Y oiréis guerras, y rumores de guerras: mirad que no os turbéis; porque es menester que todo esto acontezca; mas aún*

no es el fin. ***7*** *Porque se levantará nación contra nación, y reino contra reino; y habrá pestilencias, y hambres, y terremotos por los lugares.* ***8*** *Y todas estas cosas, principio de dolores.* ***9*** *Entonces os entregarán para ser afligidos, y os matarán; y seréis aborrecidos de todas las gentes por causa de mi nombre."* Mateo 24:5-9.

Preste especial atención a los versículos 8 y 9 anteriores. Los versículos 5 al 8 se refieren a nuestro día, hoy. Pero el versículo 9 se refiere a nuestro futuro cercano.

PREGUNTA: ¿Qué sucede entre el versículo 8 y el versículo 9 de Mateo 24? ¿Cómo puede pasar de tener un poco de tiempo de angustia en el versículo ocho, al punto en que la gente realmente está intentando matar al pueblo de Dios en el versículo nueve?

RESPUESTA: Debe haber un período de tiempo entre los versículos ocho y nueve en Mateo 24. Debe haber un período de tiempo desde que las personas son tolerantes entre sí hasta el punto en que quieren matarse unos a otros. ¿Qué sucede durante el período de tiempo entre el versículo ocho y el versículo nueve de Mateo 24?

PREGUNTA: ¿Jesús dice algo en Mateo 24 acerca de un período de tiempo?

RESPUESTA: Sí. Considere lo siguiente que se encuentra en Mateo 24:36-39:

> *"Empero del día y hora nadie sabe, ni aun los ángeles de los cielos, sino mi Padre solo. Mas como los días de Noé, así será la venida del Hijo del hombre. Porque como en los días antes del diluvio estaban comiendo y bebiendo, casándose y dando en casamiento, hasta el día que Noé entró en el arca, Y no conocieron hasta que vino el diluvio y llevó á todos, así será también la venida del Hijo del hombre."* Mateo 24:36-39.

Aquí Jesús se refiere al tiempo. Él nos hace saber que ningún hombre puede decir la hora exacta en que llegará el fin del mundo. Pero Jesús nos da una pista para estar atentos a medida que se acerca. Note lo que Él dice en Mateo 24:42-44:

> *"Velad pues, porque no sabéis á qué hora ha de venir vuestro Señor. Esto empero sabed, que si el padre de la familia supiese á cuál vela el ladrón había de venir, velaría, y no dejaría minar su casa. Por tanto, también vosotros estad apercibidos; porque el Hijo del hombre ha de venir á la hora que no pensáis."* Mateo 24:42-44.

Y en Mateo 16:1-4 Jesús dice:

> *"Y LLEGANDOSE los Fariseos y los Saduceos para tentarle, le pedían que les mostrase señal del cielo. Mas él respondiendo, les dijo: Cuando es la tarde del día, decís: Sereno; porque el cielo tiene arreboles. Y á la mañana: Hoy tempestad; porque tiene arreboles el cielo triste. Hipócritas, que sabéis hacer diferencia en la faz del cielo; ¿y en las señales de los tiempos no podéis? La generación mala y adulterina demanda señal; mas señal no le será dada, sino la señal de Jonás profeta. Y dejándolos, se fué."* Mateo 16:1-4.

En Su sabiduría, Dios no ha revelado en las Escrituras el día ni la hora exactos en que Él regresará para Su segunda venida, pero sí proporcionó suficiente información para que entendamos **la temporada** en la que Él vendrá. El deseo de Dios es que estemos listos para Su regreso cada minuto de cada día porque ninguno de nosotros sabe cuándo será nuestro último día individual.

Desde que Jesús reveló por primera vez que regresaría, innumerables personas se han dormido en la muerte que tenían la esperanza de su segunda venida. Tenían esa esperanza porque no sabían el día y la hora exactos del segundo advenimiento. Si hubieran sabido que Él no regresaría por un par de miles de años, podrían haberse desanimado fácilmente. También necesitamos mantener esa esperanza al no saber qué nos depara el futuro en relación con el tiempo exacto en que Jesús regresará para Su segunda venida. Pero es más que eso. Nadie tiene garantizado el mañana. Debemos estar constantemente listos para el regreso de Jesús porque no sabemos en qué momento moriremos. Es mejor dormirse en Cristo, con esperanza en el corazón, que dormirse en la muerte sin esa esperanza. Aunque no sabemos el día y la hora exactos de la segunda venida, Jesús no nos dejó sin idea de la temporada de Su regreso.

Note nuevamente Mateo 24:36-39:

> *"Empero del día y hora nadie sabe, ni aun los ángeles de los cielos, sino mi Padre solo. Mas como los días de Noé, así será la venida del Hijo del hombre. Porque como en los días antes del diluvio estaban comiendo y bebiendo, casándose y dando en casamiento, hasta el día que Noé entró en el arca, Y no conocieron hasta que vino el diluvio y llevó á todos, así será también la venida del Hijo del hombre."* Mateo 24:36-39.

Note cuántas veces Jesús usa la palabra "día" en el texto anterior. Vuelva a mirarlo, como se muestra a continuación, con las referencias al "día" resaltadas:

> *"Empero del **día** y hora nadie sabe, ni aun los ángeles de los cielos, sino mi Padre solo. Mas como los **días** de Noé, así será la venida del Hijo del hombre. Porque como en los **días** antes del diluvio estaban comiendo y bebiendo, casándose y dando en casamiento, hasta el **día** que Noé entró en el arca, Y no conocieron hasta que vino el diluvio y llevó á todos, así será también la venida del Hijo del hombre."* Mateo 24:36-39.

PREGUNTA: ¿Cuántas veces se usa la palabra "día" en el texto anterior?

RESPUESTA: La palabra día o días se usa cuatro (4) veces en Mateo 24:36-39.

PREGUNTA: ¿Qué significa cuando Dios se repite a sí mismo en la Biblia?

RESPUESTA: Cuando Dios se repite a Sí mismo en la Biblia es una pista muy importante para que nos animemos y escuchemos con mucha atención lo que Él está diciendo, porque lo que se está diciendo sucederá. Fíjese en Génesis 41:32 cuando José le estaba hablando a Faraón sobre la repetición de sus sueños. José dijo al rey de Egipto:

> *"Y el suceder el sueño á Faraón dos veces, significa que la cosa es firme de parte de Dios, y que Dios se apresura á hacerla."* Génesis 41:32.

PREGUNTA: ¿Qué tienen que ver los "días" de Noé, en Mateo 24, con nosotros hoy?

RESPUESTA: Considera Génesis 7:1,4,5,10:

> "**1** Y JEHOVA dijo á Noé: Entra tú y toda tu casa en el arca porque á ti he visto justo delante de mí en esta generación. **4** Porque pasados aún **siete días**, yo haré llover sobre la tierra cuarenta días y cuarenta noches; y raeré toda sustancia que hice de sobre la faz de la tierra. **5** E hizo Noé conforme á todo lo que le mandó Jehová. **10** Y sucedió que al **séptimo día** las aguas del diluvio fueron sobre la tierra." Génesis 7:1,4,5,10.

Noé estuvo en el arca durante siete días, antes de que llegaran las aguas del diluvio que destruyeron todos los seres vivos fuera del arca de la protección de Dios.

Observe nuevamente Mateo 24:36-39 y observe las secciones resaltadas:

> *"Empero del día y hora nadie sabe, ni aun los ángeles de los cielos, sino mi Padre solo. Mas como los días de Noé, así será la venida del Hijo del hombre. Porque como en **los días antes del diluvio** estaban comiendo y bebiendo, casándose y dando en casamiento, **hasta el día que Noé entró** en el arca, Y no conocieron **hasta que vino el diluvio** y llevó á todos, así será también la venida del Hijo del hombre."* Mateo 24:36-39.

En Mateo 24, Jesús está diciendo lo mismo que dice el capítulo siete de Génesis. Desde que Noé ENTRÓ en el Arca, HASTA que vino el diluvio, pasaron siete días. Noé y su familia estuvieron en el Arca de seguridad durante siete días, bajo la protección y el cuidado de Dios, antes de que se derramaran las aguas del diluvio para la destrucción de toda la humanidad.

PREGUNTA: ¿No son siete días demasiado cortos para que la gente del tiempo del fin de Dios se preocupe por ellos?

RESPUESTA: Sí. Hasta donde yo sé, no hay una profecía literal de siete días en la Biblia aplicable al tiempo señalado del fin. Hay otros períodos de tiempo más largos de los que se nos advierte, incluidos los próximos 42 meses o 1260 días de Apocalipsis once.

> *"Y ME fué dada una caña semejante á una vara, y se me dijo: Levántate, y mide el templo de Dios, y el altar, y á los que adoran en él. Y echa fuera el patio que está fuera del templo, y no lo midas, porque es dado á los Gentiles; y hollarán la ciudad santa cuarenta y dos meses. Y daré á mis dos testigos, y ellos profetizarán por mil doscientos y sesenta días, vestidos de sacos."* Apocalipsis 11:1-3.

PREGUNTA: En la discusión anterior, ¿es posible aplicar el principio de día por año a los siete días que Noé estuvo en el arca en consideración de los próximos días que Jesús menciona en Mateo 24, aplicándolo a nuestro día y tiempo?

RESPUESTA: Sí. Se aplica el principio de día por año. No hay ninguna escritura en la Biblia que impida usar el principio de día por año en el caso de comparar Mateo 24 con Génesis 7.

PREGUNTA: ¿Qué es el principio de día por año?

RESPUESTA: Como se señaló en el libro, "COMPRENSIÓN EL LIBRO DE DANIEL PARA ESTA GENERACIÓN", al discutir el capítulo nueve de Daniel, el principio de día por año es muy importante al revelar el cumplimiento de la profecía de las 70 semanas. La profecía de las 70 semanas es 490 días que se convierte en 490 años, señalando el tiempo exacto de la unción del Mesías y Su muerte junto con la conclusión de la profecía de las setenta semanas en el año 34 d.C. Esa solución matemática al misterio de la profecía de las setenta semanas de Daniel 9:24-27 se logra aplicando el principio de día por año.

PREGUNTA: ¿Dónde explica la Biblia el principio de día por año?

RESPUESTA: Dios les dijo a los israelitas, recién salidos de la tierra de Egipto, que fueran a Canaán, y que Él estaría con ellos y pelearía por ellos. Se negaron a confiar en Él. Después de cuarenta días de espiar la tierra, diez de los doce espías dudaron e hicieron que toda la comunidad dudara de Dios (Números 13). Por esta duda, porque cada día que estaban en la tierra como espías, Dios les hizo servir un año en el desierto: un día por un año según Números 14:34:

> *"Conforme al número de los días, de los cuarenta días en que reconocisteis la tierra, llevaréis vuestras iniquidades cuarenta años, un año por cada día; y conoceréis mi castigo."* Números 14:34.

Note también Ezequiel 4:4-6 para otro ejemplo de un principio de día por año:

"Y tú dormirás sobre tu lado izquierdo, y pondrás sobre él la maldad de la casa de Israel: el número de los días que dormirás sobre él, llevarás sobre ti la maldad de ellos. Yo te he dado los años de su maldad por el número de los días, trescientos y noventa días: y llevarás la maldad de la casa de Israel. Y cumplidos estos, dormirás sobre tu lado derecho segunda vez, y llevarás la maldad de la casa de Judá cuarenta días: día por año, día por año te lo he dado." Ezequiel 4:4-6.

Si aplicamos el principio de día por año a los siete días de Noé, como Jesús nos señala en Mateo 24, entonces esa sería la segunda prueba dentro de la Biblia de una tribulación de siete años al final de la edad. La primera prueba se encuentra en Daniel 9:27 y la segunda prueba está aquí en la conversación anterior.

PREGUNTA: Además de (1) Daniel 9:27 y (2) Mateo 24 en comparación con Génesis 7, ¿hay alguna otra referencia bíblica que pueda corroborar una tribulación de siete años antes de la segunda venida de Jesús?

RESPUESTA: Sí. Los períodos de tiempo proféticos del capítulo once de Apocalipsis suman un tiempo de tribulación de siete años. Note lo siguiente:

1 *Y ME fué dada una caña semejante á una vara, y se me dijo: Levántate, y mide el templo de Dios, y el altar, y á los que adoran en él.* **2** *Y echa fuera el patio que está fuera del templo, y no lo midas, porque es dado á los Gentiles; y hollarán la ciudad santa cuarenta y dos meses.* **3** *Y daré á mis dos testigos, y ellos profetizarán por mil doscientos y sesenta días, vestidos de sacos.* **4** *Estas son las dos olivas, y los dos candeleros que están delante del Dios de la tierra.*

5 *Y si alguno les quisiere dañar, sale fuego de la boca de ellos, y devora á sus enemigos: y si alguno les quisiere hacer daño, es necesario que él sea así muerto.* **6** *Estos tienen potestad*

*de cerrar el cielo, que no llueva en los días de su profecía, y
tienen poder sobre las aguas para convertirlas en sangre, y
para herir la tierra con toda plaga cuantas veces quisieren.*
7 *Y cuando ellos hubieren acabado su testimonio, la bestia
que sube del abismo hará guerra contra ellos, y los vencerá,
y los matará.* **8** *Y sus cuerpos serán echados en las plazas
de la grande ciudad, que espiritualmente es llamada Sodoma
y Egipto, donde también nuestro Señor fué crucificado.* **9** *Y
los de los linajes, y de los pueblos, y de las lenguas, y de los
Gentiles verán los cuerpos de ellos por tres días y medio, y no
permitirán que sus cuerpos sean puestos en sepulcros.*

10 *Y los moradores de la tierra se gozarán sobre ellos, y se
alegrarán, y se enviarán dones los unos á los otros; porque
estos dos profetas han atormentado á los que moran sobre la
tierra.* **11** *Y después de tres días y medio el espíritu de vida
enviado de Dios, entró en ellos, y se alzaron sobre sus pies,
y vino gran temor sobre los que los vieron.* **12** *Y oyeron una
grande voz del cielo, que les decía: Subid acá. Y subieron al
cielo en una nube, y sus enemigos los vieron.* **13** *Y en aquella
hora fué hecho gran temblor de tierra, y la décima parte de
la ciudad cayó, y fueron muertos en el temblor de tierra en
número de siete mil hombres: y los demás fueron espantados,
y dieron gloria al Dios del cielo.* **14** *El segundo ¡Ay! es pasado:
he aquí, el tercer ¡Ay! vendrá presto.*

15 *Y el séptimo ángel tocó la trompeta, y fueron hechas
grandes voces en el cielo, que decían: Los reinos del mundo
han venido á ser los reinos de nuestro Señor, y de su Cristo: y
reinará para siempre jamás.* **16** *Y los veinticuatro ancianos que
estaban sentados delante de Dios en sus sillas, se postraron
sobre sus rostros, y adoraron á Dios,* **17** *Diciendo: Te damos
gracias, Señor Dios Todopoderoso, que eres y que eras y que
has de venir, porque has tomado tu grande potencia, y has
reinado.* **18** *Y se han airado las naciones, y tu ira es venida, y
el tiempo de los muertos, para que sean juzgados, y para que
des el galardón á tus siervos los profetas, y á los santos, y á los
que temen tu nombre, á los pequeñitos y á los grandes, y para*

que destruyas los que destruyen la tierra. ***19*** *Y el templo de Dios fué abierto en el cielo, y el arca de su testamento fué vista en su templo. Y fueron hechos relámpagos y voces y truenos y terremotos y grande granizo."* Apocalipsis capítulo once.

Aunque este texto será mejor discutido en detalle cuando se revele el significado de Apocalipsis once, aquí hay una explicación abreviada en este momento.

La Biblia, compuesta por el Antiguo y el Nuevo Testamento, está representada por la "caña como una vara" en el versículo uno, los dos olivos y los candelabros del versículo cuatro, y también como los "dos testigos", o los dos testamentos, de versículos 3,7,9,10,11,12. Este undécimo capítulo del libro de Apocalipsis nos permite saber que durante los primeros 1260 días literales (versículo 3), se permitirá que se predique la Biblia durante la primera mitad de la tribulación de siete años. Pero el versículo dos menciona un período de tiempo de 42 meses, apuntando a la última mitad de la tribulación de siete años, cuando "hollarán la ciudad santa cuarenta y dos meses".

El versículo siete dice que después de que hayan terminado su testimonio, serán asesinados, lo que significa que ya no se permitirá compartir la Biblia. Daniel 11:27-36 describe la abolición del "pacto santo", la Biblia, en el "tiempo señalado del fin". Entonces Apocalipsis 11:9,11 nos deja saber que la enseñanza de la Biblia será proscrita por los próximos **3 ½ días**. En la profecía bíblica un año son 360 días. Un mes son 30 días. Por lo tanto, tres días y medio se convierten en **3 años y medio** cuando se utiliza el principio de día por año. Tres días y medio (3 ½) de años son en realidad 1260 días o 42 meses adicionales.

Así que haciendo las matemáticas: **1260 días** más 3 ½ días de años (**1260 días** o **42 meses**) es igual a **2520 días**. 2,520 días literales divididos por 360 días literales, es igual a **siete (7) años**.

Hasta ahora, de nuestra conversación anterior, se ha realizado lo siguiente:

(1) Daniel 9:27 revela una semana de siete años para el tiempo señalado del fin.

(2) Mateo 24 junto con Génesis 7 revela un período de siete años de gran tribulación para el tiempo señalado del fin (Daniel 8:19).

(3) Apocalipsis 11:1-13 revela un período de siete años, o 2520 días. Cuando los 2520 días se dividen por la mitad, revelan o muestran 1260 días de un lado y 1260 días del otro lado de una línea de tiempo de siete años, como se revela a continuación:

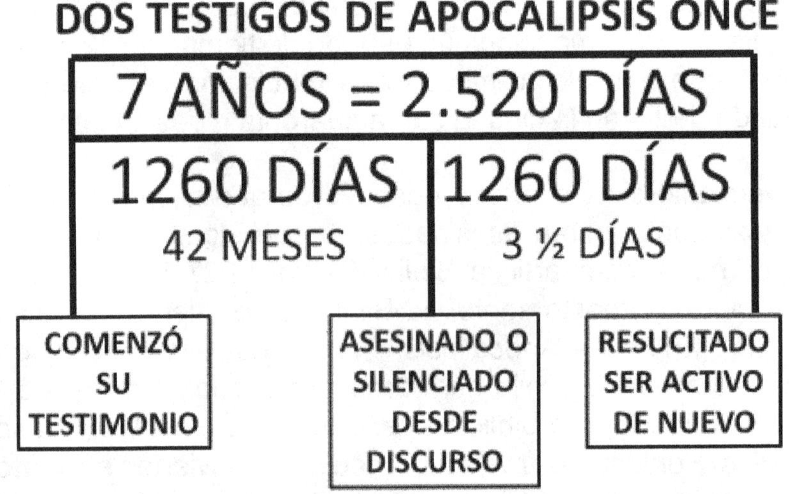

EN MEDIO DE LA TRIBULACIÓN DE SIETE AÑOS LA BIBLIA SERÁ PROHIBIDA Y PROHIBIDO SER PREDICADO PERO AL FINAL DE LA TRIBULACIÓN DE SIETE AÑOS SERÁ REVIVIDO EN LA FORMA DE LOS MUERTOS RESUCITADOS EN LA SEGUNDA VENIDA DE JESÚS.

Observe el cuadro de tiempo de siete años a continuación en consideración del capítulo once de Apocalipsis.

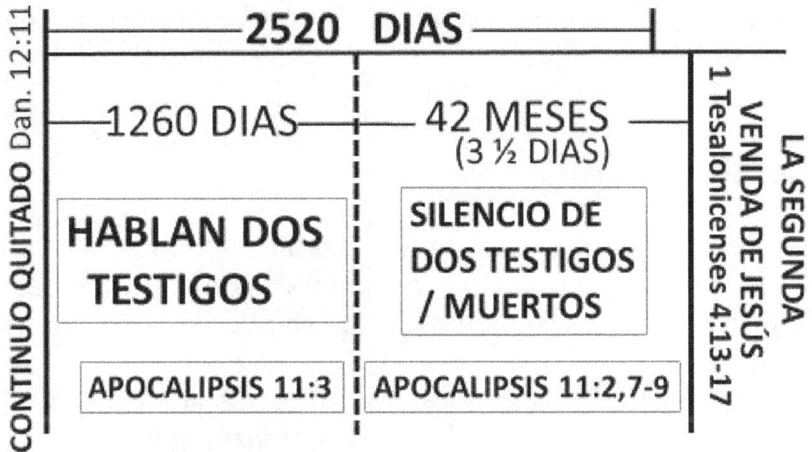

PREGUNTA: Además de (1) Daniel 9:27, (2) Mateo 24 con Génesis 7 y (3) Apocalipsis 11; ¿Hay alguna otra referencia bíblica que pueda corroborar una tribulación de siete años en "el tiempo señalado del fin" antes de la segunda venida de Jesús?

RESPUESTA: Sí. Note el siguiente descubrimiento en Daniel 9:24:

> *"Setenta semanas están determinadas sobre tu pueblo y sobre tu santa ciudad, para acabar la prevaricación, y concluir el pecado, y expiar la iniquidad; y para traer la justicia de los siglos, y sellar la visión y la profecía, y ungir al Santo de los santos."* Daniel 9:24.

Setenta semanas es 70 veces 7 o 490 días, convirtiéndose en 490 años (principio día/año).

En la profecía bíblica, un año equivale a 360 días.

490 años, multiplicado por 360 días por año, es igual a 176.400 días.

176.400 días dividido por 70 es igual a 2.520 días literales.

2,520 días literales divididos por 360 días por año, es igual a siete (7) años.

(70 x 7 = 490 días/años x 360 días = 176 400 días ÷ 70 = 2520 días o siete años)

En realidad, la profecía de las setenta semanas de Daniel 9:24-27 está dirigida más a los que viven en el tiempo del fin, la última generación, que a cualquier pueblo que viva entre los días de Daniel hasta ahora (538 a. C. a 2023 d. C.). Ahora nos damos cuenta, desde los últimos doscientos años, que las setenta (70) semanas de 490 años comenzaron en el 457 a. C. y terminaron en el 34 d. C., como lo revela el siguiente cuadro:

ENTENDIENDO EL TIEMPO DE LA
DANIEL NUEVE PROFECÍA DE LAS SETENTA SEMANAS

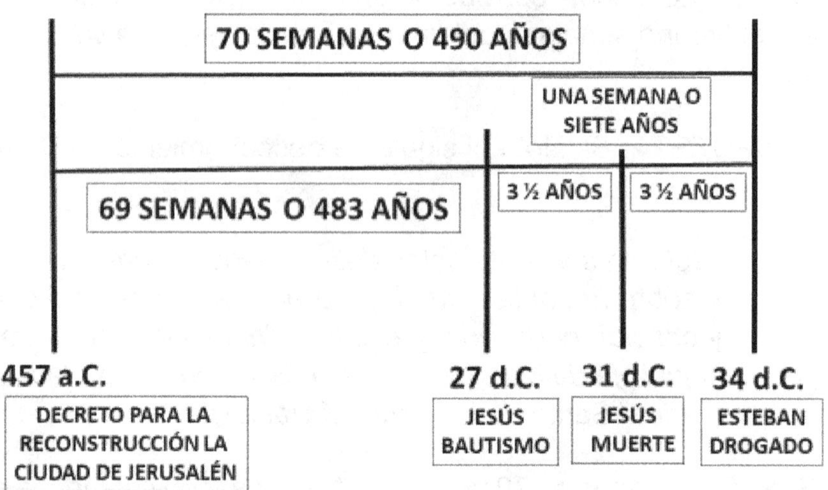

Sin el conocimiento de AC y AD, es imposible comprender con precisión y calcular el tiempo de esta profecía antes del nacimiento de Cristo o incluso en los días de los Apóstoles. Según Wikipedia en línea, el método de decir la hora antes de Cristo y después de Cristo fue creado por un monje llamado

Dionysius Exiguus en el año 525 d.C. Dado que hubo alrededor de 565 años entre el sueño de Daniel nueve y la unción de Cristo en el año 27 d. C., nadie habría tenido las herramientas necesarias para comprender con precisión esta profecía antes o en el momento en que nació.

PREGUNTA: ¿Cómo es que la profecía de las setenta semanas de Daniel nueve puede aplicarse tanto a los cuatrocientos años antes del nacimiento de Jesús como también a nuestra generación de los últimos días?

RESPUESTA: La profecía de las setenta semanas se aplica a ambos lugares en el tiempo debido a la doble aplicación de las Escrituras. Nuestro Dios es súper inteligente. Para Él, diseñar aplicaciones duales de las Escrituras es una pequeña hazaña para Él, pero una realización sorprendente para nosotros.

Comprender la aplicación de la profecía de las setenta semanas desde el 457 a. C. hasta el 34 d. C. es un proceso de reflexión. Cuando se conoce la fecha de la muerte de Cristo y se da cuenta de que murió a la mitad de la semana, el proceso matemático hace que suceda este descubrimiento. Entonces... 31 d.C. más 3 años y medio es igual a 34 d.C. 34 d.C. menos 490 años llega al 457 a.C.

Pero el descubrimiento de que la profecía de las setenta semanas también tiene lugar en nuestro futuro cercano es entender la profecía bíblica. Dios le ha dado a la última generación siete años para (1) revelar Su ira contra la desobediencia, (2) sacudir a Su pueblo de una actitud indiferente hacia su salvación, (3) purificar Su iglesia, y (4) desarrollar un pueblo que reflejará Su carácter al realizar las siete metas mencionadas en Daniel 9:24.

PREGUNTA: ¿Por qué setenta semanas de tiempo para cumplir con lo anterior?

RESPUESTA: Dios nos advirtió en Levítico 26:18,21,27,28 que si no le obedecíamos, Él revelaría Su ira siete veces más que al pueblo llevado al cautiverio en Babilonia. A los israelitas informados rebeldes, bajo el estandarte de la tribu de Judá, se les prometieron setenta años de tribulación debido a su desobediencia. Ese período de setenta años fue del 605 a. C. al 535 a. C.

Esta generación también es un pueblo informado rebelde, los israelitas modernos de Dios. Bajo la bandera del cristianismo. Conocemos la Biblia y los requisitos de Dios más que cualquier otro pueblo que haya vivido, porque tenemos algo que ellos no tenían. Tenemos la Biblia completa de 66 libros en todos los hogares posibles, pero todavía nos rebelamos en desobediencia. Por esa desobediencia Dios ha prometido tomar los setenta años de la iglesia del Antiguo Testamento y multiplicarlos por siete para la iglesia del Nuevo Testamento: Su novia. Así Dios cumplirá Su promesa en los próximos siete años de tribulación sobre la última generación que rehúse rendirse a Su voluntad y obedecer Sus mandamientos.

> *"Y si aun con estas cosas no me oyereis, yo tornaré á castigaros* ***siete veces*** *más por vuestros pecados. Y quebrantaré la soberbia de vuestra fortaleza, y tornaré vuestro cielo como hierro, y vuestra tierra como metal: Y vuestra fuerza se consumirá en vano; que vuestra tierra no dará su esquilmo, y los árboles de la tierra no darán su fruto. Y si anduviereis conmigo en oposición, y no me quisiereis oír, yo añadiré sobre vosotros* ***siete veces*** *más plagas según vuestros pecados."* Levítico 26:18-21.

> *"Y si con esto no me oyereis, mas procediereis conmigo en oposición, Yo procederé con vosotros en contra y con ira, y os catigaré aún* ***siete veces*** *por vuestros pecados."* Levítico 26:27,28.

Esta generación, viviendo en este tiempo, tiene todas las herramientas necesarias para entender la profecía de las setenta semanas. Con ese propósito, la profecía de Daniel 9:24-27 se aplica más a esta generación que a cualquier otra generación que haya existido desde los días de Daniel.

Hasta ahora, de nuestra conversación anterior, se ha realizado lo siguiente:

(1) Daniel 9:27 revela una semana de siete años para el tiempo señalado del fin.

(2) Mateo 24 junto con Génesis 7 revela un período de siete años de gran tribulación para el tiempo señalado del fin (Daniel 8:19).

(3) Apocalipsis 11:1-13 revela un período de siete años del tiempo del fin o 2520 días.

(4) Daniel 9:24 revela un período venidero de 2520 días o siete años.

PREGUNTA: Además de (1) Daniel 9:27, (2) Mateo 24 con Génesis 7, (3) Apocalipsis 11 y (4) el cálculo matemático de Daniel 9:24; ¿Hay alguna otra referencia bíblica que pueda corroborar una tribulación de siete años en "el tiempo señalado del fin" antes de la segunda venida de Jesús?

RESPUESTA: Sí. Al considerar la cronología de los eventos revelados en Daniel 9:26,27 podemos descubrir la doble aplicación de este texto, a la septuagésima semana ya nuestro futuro cercano.

CRONOLOGIA DE EVENTOS CON DANIEL 9:26,27

La profecía de Daniel 9:24-27 no termina con el apedreamiento de Esteban en el 34 d.C. Note todos los versículos 26 y 27:

> *"Y después de las sesenta y dos semanas se quitará la vida al Mesías, y no por sí: y el pueblo de un príncipe*

que ha de venir, destruirá á la ciudad y el santuario; con inundación será el fin de ella, y hasta el fin de la guerra será talada con asolamientos. Y en otra semana confirmará el pacto á muchos, y á la mitad de la semana hará cesar el sacrificio y la ofrenda: después con la muchedumbre de las abominaciones será el desolar, y esto hasta una entera consumación; y derramaráse la ya determinada sobre el pueblo asolado." Daniel 9:26,27

Para obtener más información de esta importante visión, analicemos los versículos anteriores que separan los eventos que se reconocen:

1. Después de 69 semanas, el Mesías moriría (sería cortado) por toda la humanidad.

2. Vendría el pueblo del príncipe.

3. Destruirían la ciudad y el santuario.

4. El fin vendría como una inundación destructiva.

5. Hacia el fin de los tiempos se determinarían desolaciones y guerras.

6. El pacto sería confirmado con muchos por una semana.

7. A la mitad de esa semana cesarían los sacrificios y las oblaciones.

8. Se establecería una abominación desoladora.

9. La abominación desoladora duraría hasta el fin de los tiempos.

10. Esa abominación precedería al derramamiento de la ira de Dios sobre la humanidad.

Observe la cronología de los eventos y sus fechas de cumplimiento que tienen lugar para que podamos captar y comprender.

1. Después de 69 semanas el Mesías moriría por toda la humanidad: 31 d.C.

2. Vendría el pueblo del príncipe. 70 d.C.

3. Destruirían la ciudad y el santuario. 70 d.C.

4. El fin vendría como una inundación destructiva. Ahora y en el futuro.

5. Hacia el fin se determinan desolaciones y guerras. Ahora y en el futuro.

6. El pacto sería confirmado por una semana. Nuestro future

7. A mitad de la semana cesarían los sacrificios y las oblaciones. Nuestro futuro.

8. Habría una abominación desoladora. Nuestro futuro.

9. La abominación desoladora duraría hasta el final. Nuestro futuro.

10. La ira de Dios sería derramada sobre la humanidad (Ap. 16). Nuestro futuro.

Explicación adicional de lo anterior señalando la cronología perfecta de los eventos:

1. El Mesías murió por toda la humanidad en el año 31 dC como fue profetizado.

2. En el año 70 dC el ejército romano, en este caso el príncipe, atacó Jerusalén y derribó todos sus muros.

3. El ejército romano también derribó el templo en Jerusalén “no dejando piedra sobre piedra” como predijo Jesús en Mateo 24:2.

4. Ahora estamos viviendo en los tiempos del número 4.

5. Ahora estamos viviendo en los tiempos del número 5.

6. Vendrá una tribulación de una semana, o siete años, que Jesús predijo en Mateo 24:21 durante la cual se confirmará el pacto.

7. En medio de la tribulación de siete años venidera, 1260 días después de que comience, los servicios de la iglesia y la enseñanza bíblica de hoy se suspenderán en todo el mundo.

8. 1290 días después de que comience la tribulación de siete años, se establecerá o establecerá un día falso de adoración como está predicho en Daniel 12:11.

9. La abominación desoladora permanecerá hasta que se complete el tiempo del fin.

10. La ira de Dios será derramada sobre aquellas personas que apoyan la abominación desoladora, que se niegan a obedecerle, como se revela en Apocalipsis 16.

Al considerar cuidadosamente los eventos cronológicos de Daniel 9:26,27; este texto encaja perfectamente en el esquema de las cosas que promueven una tribulación venidera de siete años.

¡¡¡¡PERO ESO NO ES TODO!!!!

Hasta ahora, de nuestra conversación anterior, se ha realizado lo siguiente:

(1) Daniel 9:27 revela una semana de siete años para el tiempo señalado del fin.

(2) Mateo 24 junto con Génesis 7 revela un período de siete años de gran tribulación para el tiempo señalado del fin (Daniel 8:19).

(3) Apocalipsis 11:1-13 revela un período de siete años del tiempo del fin o 2520 días.

(4) Las matemáticas de Daniel 9:24 revelan un período venidero de 2520 días o siete años.

(5) La cronología de eventos de Daniel 9:26,27 revela una tribulación venidera de siete años.

PREGUNTA: Además de **(1)** Daniel 9:27, **(2)** Mateo 24 con Génesis 7, **(3)** Apocalipsis 11 **(4)** el cálculo matemático de Daniel 9:24 y **(5)** la cronología de eventos en Daniel 9:26,27; ¿Hay alguna otra referencia bíblica que pueda corroborar una tribulación de siete años en "el tiempo señalado del fin" antes de la segunda venida de Jesús?

RESPUESTA: Sí. Dios profetizó una tribulación de siete años en el tiempo del fin en Levítico 23, en los días de Moisés, hace más de 4000 años.

En Levítico 23, sin incluir el sábado semanal del séptimo día, Dios estableció ocho celebraciones festivas que incluían nueve días para ser tratados como santas convocaciones o asambleas sagradas o sábados, durante el año. En el siguiente cuadro, cada uno de los asteriscos (*), en la tercera columna, representa un solo sábado para ese período de tiempo. Sin contar el asterisco del sábado semanal, que es cuatro o cinco veces por cada mes durante el año, en realidad hay nueve (9) días de sábado anuales o santas convocaciones por año en Levítico 23. El único festival cuyo primer y último día son santas convocaciones es la Fiesta de los Panes sin Levadura, todas las demás tienen un solo día de reposo o asamblea sagrada adjunta a ellas. El segundo cuadro a continuación enumera todas las referencias en la Biblia con respecto a cada una de las celebraciones anuales de Levítico veintitrés (23).

Las primeras cuatro fiestas de primavera que Jesús cumplió en Su primer advenimiento, las últimas cuatro fiestas de otoño se cumplirán en el momento de Su segundo y tercer advenimiento. El primer advenimiento o venida fue cuando Jesús vino como un bebé, el segundo advenimiento tiene lugar al final de la tribulación de siete años, que comienza los 1000 años de Apocalipsis 20, y el tercer advenimiento tiene lugar al final de los 1000 años.

DÍAS DE FIESTA DE LEVÍTICO VEINTITRÉS: 1,2,37,38,44

SÁBADO DEL 7º DÍA	23:3	SEMANALMENTE	FINAL DE CADA SEMANA	CREACIÓN Y REDENCIÓN
PASCUA	23:4,5	PRIMAVERA	DÍA 14 1ER MES	LA CRUCIFIXIÓN DE JESÚS
LOS PANES SIN LEVADURA	23:6-8	PRIMAVERA	DÍA 15-21 1ER MES	ENTIERRO DE JESÚS
PRIMEROS FRUTOS fiesta de la cosecha	23:9-14	PRIMAVERA	1ER DÍA DESPUÉS DE 1ER SÁBADO DESPUÉS 1ER DÍA UNL. PAN	JESÚS' RESURRECCIÓN
FIESTA de las SEMANAS: Shavuoth	23:15-22	PRIMAVERA	50 DÍAS DESPUÉS DÍA DE LAS PRIMERAS FRUTAS	PENTECOSTÉS: SHAVUOT
TROMPETAS Rosh Hashaná	23:23-25	OTOÑO (10 días de asombro)	1ER DÍA 7º MES	Revelando la verdad en la Palabra de Dios
EXPIACIÓN/ YOM KIPPUR	23:26-32	OTOÑO	DÍA 10 7ºMES	Poco tiempo de problemas
PUESTOS/SUKKOT Fiesta de la recolección	23:33-35 39-43	OTOÑO	15 -21 DÍA, 7 MES, FIESTA DE TABERNÁCULOS	SIETE AÑOS TRIBULACIÓN Hageo 2:1-9
OCTAVO DÍA 2 PEDRO 3:8	23:36,39	OTOÑO	22º DÍA 7º MES	MILENIO EN EL CIELO

DÍAS DE FIESTA DE LEVÍTICO VEINTITRÉS: 1,2,37,38,44

SÁBADO DEL 7º DÍA	23:3	Éxodo 20:8-11
PASCUA	23:4,5	Éxodo 12:1-14, 21-51; 34:25; Ezequiel 45:21,22 2 Crónicas 35:1-19; Lucas 22:1-23; Juan 19:42
LOS PANES SIN LEVADURA	23:6-8	Éxodo 12:15-20; 13:3-10; 23:15,18; 34:18-25; Deuteronomio 16:16; 2 Crónicas 35:1-19; Ezequiel 45:23,24; Hechos 20:6
PRIMEROS FRUTOS fiesta de la cosecha	23:9-14	Éxodo 23:16-19; 34:22,23,26; 2 Crónicas 8:13; Esdras 3:1,5
FIESTA de las SEMANAS: Shavuoth	23:15-22	Éxodo 34:22,23; Deuteronomio 16:16; 2 Crónicas 8:13; Esdras:3:1,5
TROMPETAS Rosh Hashaná	23:23-25	Números 29:1-6; 2 Crónicas 5,6,7 Esdras 3:1-3,6; Nehemías 8:1-12; Salmo 81:1-4
EXPIACIÓN/ YOM KIPPUR	23:26-32	Levítico 16; 25:9; Números 29:7-11; 2 Reyes 25:25,26; Ezequiel 9, Mateo 24:4-8; Hechos 27:9
PUESTOS/SUKKOT Fiesta de la recolección	23:33-35 39-43	Ex. 23:16; 34:20-22; Números 29:12-34; Deut. 16:13-20; 31:9-13; 2 Cr. 5-7:10; 8:13; Esdras 3:4,5; Oseas 12:9; Mateo 24:9-51; Nehemías 8:1,13-18; Eze. 45:25; Hageo 2:1-9; Zac. 14:16-21; Juan 7
OCTAVO DÍA 2 PEDRO 3:8	23:36,39	Números 29:35-40; 2 Crónicas 5:3; 7:9,10; Nehemías 8:1,18; Juan 7:37,38; Apocalipsis 20.

Tanto los festivales de primavera como los de otoño tienen una celebración de una semana. La celebración de la primavera, la Fiesta de los Panes sin Levadura, va desde el día quince (15) del primer mes hasta el día veintiuno (21) del primer mes. Tanto el día 15 como el 21 deben ser reconocidos como santas convocaciones o sábados. Eso no es lo mismo con el festival de otoño.

La fiesta de otoño, la Fiesta de los Tabernáculos, también llamada Fiesta de las Tiendas y/o Fiesta de la Recolección, tiene lugar desde el día quince (15) del séptimo mes hasta el día veintiuno (21) del séptimo mes. El primer día se trata como una santa convocación o sábado, pero el último día, el vigésimo primer día, no se trata como un sábado.

En lugar de que el séptimo día o el último día de la Fiesta de los Tabernáculos sea un día de santa convocación o sábado, el octavo día o el vigésimo segundo (22) día del séptimo mes se trata como la asamblea sagrada o santa convocación. Esto es muy singular porque en toda la Biblia, esta es la única vez que el octavo día se aparta como un día santo.

PREGUNTA: ¿Por qué se aparta el octavo día, y no el séptimo, como santa convocación, después de que comienza la Fiesta de los Tabernáculos?

RESPUESTA: Este autor cree que la Fiesta de los Tabernáculos de siete días apunta hacia la tribulación de siete años y que el octavo día apunta hacia los 1000 años de Apocalipsis 20.

Aprendimos anteriormente que en la profecía bíblica un día puede equivaler a un año cuando se considera el principio de día por año como se revela en Números 14:34:

> *"Conforme al número de los días, de los cuarenta días en que reconocisteis la tierra, llevaréis vuestras iniquidades cuarenta años, un año por cada día; y conoceréis mi castigo."*

Pero un día también puede equivaler a 1000 años como se revela en el Salmo 90:4 y 2 Pedro 3:8:

> *"Porque mil años delante de tus ojos, Son como el día de ayer, que pasó, Y como una de las vigilias de la noche."* Salmo 90:4.
>
> *"Mas, oh amados, no ignoréis esta una cosa: que un día delante del Señor es como mil años y mil años como un día."* 2 Pedro 3:8.

(Los días festivos de Levítico 23 se discuten más en este libro en el capítulo titulado "Los días festivos de Levítico veintitrés" hacia el final de este libro).

Hasta ahora, de nuestra conversación anterior, se ha realizado lo siguiente:

(1) Daniel 9:27 revela una semana de siete años para el tiempo señalado del fin.

(2) Mateo 24 junto con Génesis 7 revela un período de siete años de gran tribulación para el tiempo señalado del fin (Daniel 8:19).

(3) Apocalipsis 11:1-13 revela un período de siete años del tiempo del fin o 2520 días.

(4) Las matemáticas de Daniel 9:24 revelan un período venidero de 2520 días o siete años.

(5) La cronología de eventos de Daniel 9:26,27 revela una tribulación venidera de siete años.

(6) La Fiesta de los Tabernáculos en Levítico 23:34 apunta a una tribulación de siete años y

(7) El día 22 del séptimo mes apunta a los 1000 años de Apocalipsis 20 que comienza después de la segunda venida de Jesús, al final de la tribulación de siete años.

Desde los días de Moisés hasta la muerte de Jesús en la cruz, todas las celebraciones festivas de los días santos requerían un sacrificio de sangre junto con una ofrenda de cereal y una libación. Ya que Jesús es el "Cordero de Dios que quita el pecado del mundo" (Juan 1:29) y Él es el pan de vida (Juan 6:35), y su sangre está representada por la ofrenda de vino o jugo de uva (1 Corintios 11:23-26), guardar estos días festivos y ofrecer un sacrificio de sangre ya no es obligatorio. Pero si una persona, grupo o congregación desea reconocer estos días santos, poniendo a Cristo Jesús como el centro de la conversación, entonces no hay ley que lo prohíba.

> *"Y Jesús les dijo: Yo soy el pan de vida: el que á mí viene, nunca tendrá hambre; y el que en mí cree, no tendrá sed jamás."* Juan 6:35

"Porque yo recibí del Señor lo que también os he enseñado: Que el Señor Jesús, la noche que fué entregado, tomó pan; Y habiendo dado gracias, lo partió, y dijo: Tomad, comed: esto es mi cuerpo que por vosotros es partido: haced esto en memoria de mí. Asimismo tomó también la copa, después de haber cenado, diciendo: Esta copa es el nuevo pacto en mi sangre: haced esto todas las veces que bebiereis, en memoria de mí. Porque todas las veces que comiereis este pan, y bebiereis esta copa, la muerte del Señor anunciáis hasta que venga." 1 Corintios 11:23-26.

PREGUNTA: ¿Cuántas veces o lugares en la Biblia señala o enseña una tribulación de siete años venidera en el tiempo del fin?

RESPUESTA: De acuerdo con la información anterior, la Biblia señala al menos siete tiempos o formas en que se acerca una tribulación de siete años.

Pero eso no es todo:

En Levítico 26 en cuatro lugares diferentes (versículos 18, 21, 24, 28), Dios advierte de un período de "siete tiempos" que está dedicado a derramar Su ira sobre la humanidad desafiante. Dios habla de la venida de "siete tiempos" o tribulación de siete años cuando Dios dispense Su ira sobre toda la humanidad desobediente.

*"Y si con esto no me oyereis, mas procediereis conmigo en oposición, Yo procederé con vosotros en contra y **con ira**, y os catigaré aún siete veces por vuestros pecados."* Levítico 26:27,28

Un solo "tiempo" es un año, el intervalo que tarda la tierra en dar una vuelta al sol una vez. La comprensión bíblica de que un solo tiempo es un año proviene del capítulo cuatro de Daniel, que revela que el rey Nabucodonosor estuvo mentalmente incapacitado durante "siete tiempos" (Daniel 4:23-25), que fueron siete años, debido a su desobediencia y orgullo.

> *"Y cuanto á lo que vió el rey, un vigilante y santo que descendía del cielo, y decía: Cortad el árbol y destruidlo: mas la cepa de sus raíces dejaréis en la tierra, y con atadura de hierro y de metal en la hierba del campo; y sea mojado con el rocío del cielo, y su parte sea con las bestias del campo, hasta que pasen sobre él siete tiempos: Esta es la declaración, oh rey, y la sentencia del Altísimo, que ha venido sobre el rey mi señor: Que te echarán de entre los hombres, y con las bestias del campo será tu morada, y con hierba del campo te apacentarán como á los bueyes, y con rocío del cielo serás bañado; y siete tiempos pasarán sobre ti, hasta que entiendas que el Altísimo se enseñorea en el reino de los hombres, y que á quien él quisiere lo dará."* Daniel 4:23-25.

Un año después de que el rey Nabucodonosor tuvo el sueño anterior, en el capítulo cuatro de Daniel, el rey Nabucodonosor se negó a darle la gloria a Dios por todos sus logros y Dios cumplió el sueño de advertencia. Durante los siguientes siete años, o siete veces, el rey Nabucodonosor se volvió loco y vivió como un animal en el desierto.

> *"Todo aquesto vino sobre el rey Nabucodonosor. A cabo de doce meses, andándose paseando sobre el palacio del reino de Babilonia, Habló el rey, y dijo: ¿No es ésta la gran Babilonia, que yo edifiqué para casa del reino, con la fuerza de mi poder, y para gloria de mi grandeza? Aun estaba la palabra en la boca del rey, cuando cae una voz del cielo: A ti dicen, rey Nabucodonosor; el reino es traspasado de ti: Y de entre los hombres te echan, y con las bestias del campo será tu morada, y como á los bueyes te apacentarán: y siete tiempos pasarán sobre ti, hasta que conozcas que el Altísimo se enseñorea en el reino de los hombres, y á quien él quisiere lo*

> *da. En la misma hora se cumplió la palabra sobre Nabucodonosor, y fué echado de entre los hombres; y comía hierba como los bueyes, y su cuerpo se bañaba con el rocío del cielo, hasta que su pelo creció como de águila, y sus uñas como de aves."* Daniel 4:28-33.

La ira de Dios que se derrama sobre toda la humanidad siete veces aún es futura. Levítico 26:27,28 aún no se ha cumplido. Hay un tiempo en el futuro cercano cuando Dios derramará Su ira sobre toda la humanidad desobediente, tal como lo hizo en los días de Noé y los días de Lot.

"Nadie os engañe con palabras vanas; porque por estas cosas viene ***la ira de Dios*** *sobre los hijos de desobediencia."* Efesios 5:6.

> *"Porque manifiesta es* ***la ira de Dios*** *del cielo contra toda impiedad é injusticia de los hombres, que detienen la verdad con injusticia: Porque lo que de Dios se conoce, á ellos es manifiesto; porque Dios se lo manifestó."* Romanos 1:18,19.

> *"Amortiguad, pues, vuestros miembros que están sobre la tierra: fornicación, inmundicia, molicie, mala concupiscencia, y avaricia, que es idolatría: Por las cuales cosas* ***la ira de Dios*** *viene sobre los hijos de rebelión. En las cuales vosotros también anduvisteis en otro tiempo viviendo en ellas. Mas ahora, dejad también vosotros todas estas cosas: ira, enojo, malicia, maledicencia, torpes palabras de vuestra boca. No mintáis los unos á los otros, habiéndoos despojado del viejo hombre con sus hechos, Y revestídoos del nuevo, el cual por el conocimiento es renovado conforme á la imagen del que lo crió; Donde no hay Griego ni Judío, circuncisión ni incircuncisión, bárbaro ni Scytha, siervo ni libre; mas Cristo es el todo, y en todos."* Colosenses 3:5-11.

> *"Y OI una gran voz del templo, que decía á los siete ángeles: Id, y derramad las siete copas de la ira de Dios sobre la tierra."* Apocalipsis 16:1.

En nuestro futuro Dios derramará Su ira por un período de siete años conocido como el "día del Señor", Joel 2:1,2:

> *"TOCAD trompeta en Sión, y pregondad en mi santo monte: tiemblen todos los moradores de la tierra; porque viene **el día de Jehová**, porque está cercano. Día de tinieblas y de oscuridad, día de nube y de sombra, que sobre los montes se derrama como el alba: un pueblo grande y fuerte: nunca desde el siglo fué semejante, ni después de él será jamás en años de generación en generación."*

Hasta ahora, de nuestra conversación anterior, se ha realizado lo siguiente:

(1) Daniel 9:27 revela una semana de siete años para el tiempo señalado del fin.

(2) Mateo 24 junto con Génesis 7 revela un período de siete años de gran tribulación para el tiempo señalado del fin (Daniel 8:19).

(3) Apocalipsis 11:1-13 revela un período de siete años del tiempo del fin o 2520 días.

(4) Las matemáticas de Daniel 9:24 revelan un período venidero de 2520 días o siete años.

(5) La cronología de eventos de Daniel 9:26,27 revela una tribulación venidera de siete años.

(6) La Fiesta de los Tabernáculos en Levítico 23:34 apunta a una tribulación de siete años y

(7) El día 22 del séptimo mes apunta a los 1000 años de Apocalipsis 20 que comienza después de la segunda venida de Jesús, al final de la tribulación de siete años.

(8) Levítico 26:27,28 revela que Dios tiene un período de derramamiento de Su ira sobre la humanidad llamado "siete tiempos" que equivale a siete años.

PREGUNTA: Además de Levítico 26:27,28 que apunta a una tribulación de siete años, ¿hay alguna otra referencia bíblica que pueda corroborar una tribulación de siete años en "el tiempo señalado del fin" antes de la segunda venida de Jesús? Además del capítulo once de Apocalipsis, ¿enseña el libro de Apocalipsis una tribulación venidera de 2520 días en algún otro lugar?

RESPUESTA: Sí. Además de agregar Apocalipsis 11:3 (1260 días) más Apocalipsis 11:2 (42 meses) para obtener siete años, los capítulos doce y trece de Apocalipsis también enseñan una tribulación venidera de siete años. Considera lo siguiente:

(1) Apocalipsis 12:6 (1260) más Apocalipsis 12:14 (X, X, ½ X) = 2520 días.

(2) Apocalipsis 13:5 veces 2 = 84 meses; para bestia marina + bestia terrestre = 7 años.

Hasta ahora, de nuestra conversación anterior, se ha realizado lo siguiente:

(1) Daniel 9:27 revela una semana de siete años para el tiempo señalado del fin.

(2) Mateo 24 junto con Génesis 7 revela un período de siete años de gran tribulación para el tiempo señalado del fin (Daniel 8:19).

(3) Apocalipsis 11:1-13 revela un período de siete años del tiempo del fin o 2520 días.

(4) Las matemáticas de Daniel 9:24 revelan un período venidero de 2520 días o siete años.

(5) La cronología de eventos de Daniel 9:26,27 revela una tribulación venidera de siete años.

(6) La Fiesta de los Tabernáculos en Levítico 23:34 apunta a una tribulación de siete años y

(7) El día 22 del séptimo mes apunta a los 1000 años de Apocalipsis 20 que comienza después de la segunda venida de Jesús, al final de la tribulación de siete años.

(8) Levítico 26:27,28 revela que Dios tiene un período de derramamiento de Su ira sobre la humanidad llamado "siete tiempos" que equivale a siete años.

(9) Apocalipsis 12:6 (1260 días) más Apocalipsis 12:14 (X, X, ½ X) = 2520 días.

(10) Apocalipsis 13:5 veces 2 = 84 meses; o "bestia marina" más "bestia terrestre" = 7 años.

PREGUNTA: ¿De cuántas maneras debe la Biblia confirmar una futura tribulación de siete años antes de que la aceptemos? ¿Son suficientes diez métodos diferentes?

RESPUESTA: Depende de cada persona individual considerar lo anterior y tomar su propia decisión con respecto a la futura tribulación de siete años. No es lo que dice o deja de decir un profeta de la iglesia, o el ministro, o el maestro de la Biblia, o la lista de doctrinas de la iglesia, lo que debería convencernos. Depende de nosotros decidir por nosotros mismos en consideración de la clara Palabra de Dios, si un período de tribulación de siete años es real, como se demuestra arriba.

PREGUNTA: ¿Cuál es el propósito de la próxima tribulación de siete años?

RESPUESTA: El propósito de la próxima tribulación de siete años es purificar el reino de Dios. La autosuficiencia y el orgullo propio del pueblo de Dios deben ser reemplazados por una dependencia total de la misericordia, el amor, el cuidado y el sustento de nuestro Dios Creador.

> *"Destruirá Jehová todos los labios lisonjeros, La lengua que habla grandezas, Que dijeron: Por nuestra lengua prevaleceremos; Nuestros labios están con nosotros: ¿quién nos es señor? Por la opresión de los pobres, por el gemido de los menesterosos, Ahora me levantaré, dice Jehová: Pondrélos en salvo del que contra ellos se engríe. Las palabras de Jehová, palabras limpias; Plata refinada en horno de tierra, **purificada siete veces**. Tú, Jehová, los guardarás; Guárdalos para siempre de aquesta generación."* Salmos 12:3-7.

PREGUNTA: ¿Tiene nombre la futura tribulación de siete años?

RESPUESTA: Sí. El término que usa la Biblia al hablar de los próximos siete años de tribulación es "el día del Señor" o "el día del Señor", como lo llama Apocalipsis 1:10.

Considere los siguientes textos:

> *"Cercano está **el día grande de Jehová**, cercano y muy presuroso; voz amarga del **Día de Jehová**; gritará allí el valiente. Día de ira aquel día, día de **angustia** y de **aprieto**, día de **alboroto** y de **asolamiento**, día de **tiniebla** y de **oscuridad**, **día de nublado** y de **entenebrecimiento**, Día de **trompeta** y de **algazara**, sobre las ciudades fuertes, y sobre las altas torres. Y **atribularé** los hombres, y andarán como **ciegos**, porque **pecaron** contra Jehová: y la sangre de ellos será derramada como polvo, y su carne como estiércol.*

Ni su plata ni su oro podrá librarlos en el ***día de la ira de Jehová****; pues toda la tierra será consumida con el fuego de su celo: porque ciertamente consumación apresurada hará con todos los moradores de la tierra."* Sofonías 1:14-18.

"CONGREGAOS y meditad, gente no amable, Antes que pára el decreto, y el día se pase como el tamo; antes que venga sobre vosotros ***el furor de la ira de Jehová****, antes que* ***el día de la ira de Jehová*** *venga sobre vosotros. Buscad á Jehová todos los humildes de la tierra, que pusisteis en obra su juicio; buscad justicia, buscad mansedumbre: quizás seréis guardados en* ***el día del enojo de Jehová****."* Sofonías 2:1-3

"¡Ay de los que desean ***el día de Jehová****! ¿para qué queréis este* ***día de Jehová****?* ***Será de tinieblas****,* ***y no luz****: Como el que huye de delante del león, y se topa con el oso; ó si entrare en casa y arrimare su mano á la pared, y le muerda la culebra. ¿No será* ***el día de Jehová*** *tinieblas, y no luz; oscuridad, que no tiene resplandor?"* Amós 5:18-20.

Otros nombres para el futuro "día del Señor" o "día del Señor" es: "El tiempo de la ira de Dios" (Romanos 2:5; Daniel 8:19; Apocalipsis 14:19; 15:1 y 16:1), La "gran tribulación" (Mateo 24:21), y "El tiempo de la persecución" (Lucas 21:9-17), etc.

El TEMA de todo el libro de Apocalipsis es la próxima venida del "día del Señor". Debemos tener presente que el TEMA, referente al día del Señor, es el tema de todo el libro de Apocalipsis. Es la única manera de interpretar y comprender correctamente el libro de Apocalipsis en su aplicación a ese período de tiempo de 2520 días. Los veintidós capítulos completos de Apocalipsis tratan sobre o "en" el próximo "día del Señor", también conocido como "el día del Señor".

Note Apocalipsis 1:10:

> *"Yo fuí en el Espíritu en el día del Señor, y oí detrás de mí una gran voz como de trompeta."*

Una mejor traducción de Apocalipsis 1:10 es:

> *"Yo fuí en el Espíritu acerca el día del Señor, y oí detrás de mí una gran voz como de trompeta".*

No deberíamos sorprendernos de que haya siete años finales que Dios ha planeado para la salvación de la humanidad. Durante esos siete años, Dios cuidará de su verdadero pueblo obediente con "maná del cielo" y otros medios (Éxodo 16:4-6; 23:25; Isaías 33:15,16) y será la última oportunidad para el pueblo que vive en el tiempo del fin para entregarlo todo a Dios.

> *"Y Jehová dijo á Moisés: He aquí yo os haré llover pan del cielo; y el pueblo saldrá, y cogerá para cada un día, para que yo le pruebe si anda en mi ley, ó no. Mas al sexto día aparejarán lo que han de encerrar, que será el doble de lo que solían coger cada día. Entonces dijo Moisés y Aarón á todos los hijos de Israel: A la tarde sabréis que Jehová os ha sacado de la tierra de Egipto."* Éxodo 16:4-6.

> *"Mas á Jehová vuestro Dios serviréis, y él bendecirá tu pan y tus aguas; y yo quitaré toda enfermedad de en medio de ti."* Éxodo 23:25.

> *"El que camina en justicia, y habla lo recto; el que aborrece la ganancia de violencias, el que sacude sus manos por no recibir cohecho, el que tapa su oreja por no oir sangres, el que cierra sus ojos por no ver cosa mala: Este habitará en las alturas: fortalezas de rocas serán su lugar de acogimiento; se le dará su pan, y sus aguas serán ciertas."* Isaías 33:15,16.

La Biblia enumera numerosas veces que Dios usó un período de siete años durante la historia humana:

1. Siete años de abundancia en los días de José: Génesis 41.

2. Siete años de hambre en los días de José: Génesis 41.

3. Siete años de locura con el rey Nabucodonosor: Daniel 4.

4. Jacob sirvió siete años por cada una de sus dos esposas: Génesis 29.

5. Hubo siete años de hambre en los días de Eliseo: 2 Reyes 8:1.

6. La mujer viuda volvió a su casa después de siete años: 2 Reyes 8:1-6.

7. Joás tenía siete años cuando comenzó a reinar: 2 Reyes 11:21.

8. Salomón tardó siete años en construir el templo de Dios: 1 Reyes 6:38.

9. Un hebreo podía ser esclavo de un hebreo solo durante siete años: Jeremías 34:14.

10. Ester se convirtió en reina en el séptimo año del rey Asuero: Ester 3:16.

11. Los israelitas debían quemar las armas de sus enemigos durante siete años: Ezequiel 39:9.

12. Ana la profetisa estuvo casada por siete años: Lucas 2:36.

13. La septuagésima semana de Daniel 9:24,27 son siete años del 27 al 34 d.C.

14. El ministerio de Jesús y el apóstol a la nación hebrea duró siete años.

15. Jesús ha prometido una tribulación de siete años antes de que Él venga por segunda vez.

PREGUNTA: ¿Se puede colocar la septuagésima semana de Daniel 9:24 en un gráfico para ver claramente cómo se completó durante los días de Jesús y los Apóstoles?

RESPUESTA: Sí. La siguiente es una ayuda visual para revelar la línea de tiempo de la septuagésima semana de Daniel 9:24,27.

PREGUNTA: ¿Es posible hacer un cuadro similar para mostrar los períodos del tiempo del fin revelados en el libro de Apocalipsis?

RESPUESTA: Sí. En este libro, se utilizará el siguiente cuadro para trazar los eventos del Libro de Apocalipsis durante los próximos 2520 días (siete años) de tribulación.

LA HISTORIA SE REPITE CON RESPECTO A LA TRIBULACIÓN DE 2.520 DÍAS (7 AÑOS). JESÚS COMPLETÓ LA SEMANA 70 Y VIENE UNA TRIBULACIÓN DE SIETE AÑOS.

SIETE AÑOS APOCALIPSIS ONCE DOS TESTIGOS BIBLIA CRONOGRAMA

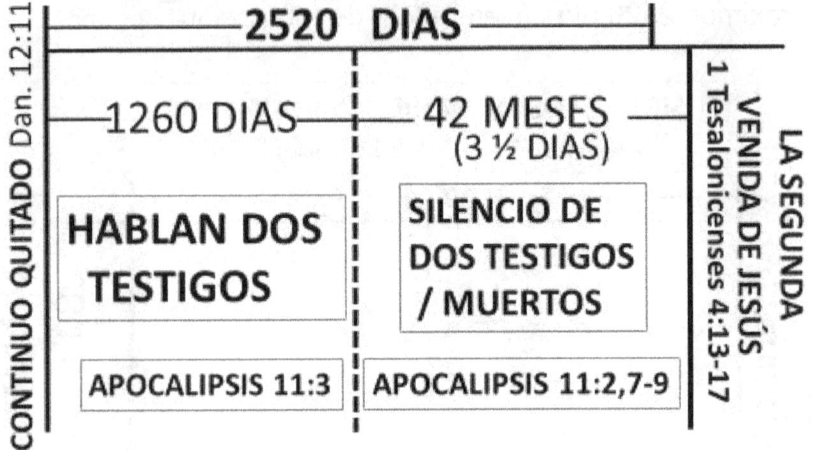

ORACIÓN DE TESIS: TODO EL LIBRO DE APOCALIPSIS ES UNA SOLA CARTA ESCRITA EN ORDEN CRONOLÓGICO HACIA Y PARA LA ÚLTIMA GENERACIÓN DEL MUNDO A FIN DE PREPARARLOS PARA LOS EVENTOS DEL TIEMPO FINAL QUE LLEVARÁN HASTA Y MÁS ALLÁ DEL JUICIO DE LA TRIBULACIÓN DE SIETE AÑOS Y LA SEGUNDA VENIDA DE JESÚS.

Los siguientes dos gráficos revelan el momento de los siete sellos y las siete trompetas simultáneas, así como también los textos de Daniel y Apocalipsis que son relevantes durante la próxima tribulación de siete años.

GRÁFICA DE TIEMPO DE SIETE AÑOS DE APOCALIPSIS

TEXTO	PRE-TRIB	2.530 DÍAS LITERAL 1.260 DÍAS				42 MESES		1000 AÑOS	ETERNIDAD
7 SELLOS y 7 TROMPETAS		1	2	3	4	5	6	7	
APO. 12:3		1.260 DÍAS --------- *							
DANIEL 12:11		1.290 DÍAS ------------ *							
DANIEL 12:12		1.335 DÍAS --------------- *							
DANIEL 8:14		2.300 DÍAS --------------------- *							2,300 dias
APO. 9:5		CINCO MESES				* ------ *			150 dias
		70 DÍAS					*--		70 dias
APO. 1-5		INTRODUCCIÓN							2.520 dias
APO. 6		1,2	3,4	5,6	7,8	9-11	12-17	8:1	
APO. 7	1-8						9-17		
APO. 8	2-6	7	8,9	10-11	12-13		E		
APO. 9		E				1-12	13-21	11:15-19	
APO. 10	1-11	*	*	*	*	*	*	*	(TRUENOS)
APO. 11		1--------------6			7 --------------13			14-19	
		E = TERREMOTO					E	E	

GRÁFICA DE TIEMPO DE SIETE AÑOS DE APOCALIPSIS

TEXTO	PRE-TRIB	2.530 DÍAS LITERAL 1.260 DÍAS				42 MESES		1000 AÑOS	ETERNIDAD
7 ÁNGELES Y 7 LAMENTOS		1	2	3	4	5	6	7	
APO. 12	1--5	6 -------------- 12			13 -------------- 17				
APO. 13	1--4	5 -------------- 10			11 -------------- 18				
APO. 14a					1----------------5				
APO. 14b		6,7	8	9-12	13	14-16	17	18-20	
APO. 15						1-4	5-8		
APO. 16							1-15	16-21	
APO. 17		1--------------------------18						E	
APO. 18		1	2,3	4	5-7	8	9-20		
APO. 19							1-10	11-21	
APO. 20								1-15	
APO. 21,22		CONCLUSIÓN							(TRUENOS)
		E = TERREMOTO							

ENTENDIENDO LA SOLICITUD DUAL

La palabra "dual" significa tener dos elementos o aspectos unidos a un solo elemento. En las Escrituras, un texto de la Biblia puede tener dos o más significados o aplicaciones. Por ejemplo, Joel 2:28-32:

> *"Y será que después de esto, derramaré mi Espíritu sobre toda carne, y profetizarán vuestros hijos y vuestras hijas; vuestros viejos soñarán sueños, y vuestros mancebos verán visiones. Y aun también sobre los siervos y sobre las siervas derramaré mi Espíritu en aquellos días. Y daré prodigios en el cielo y en la tierra, sangre, y fuego, y columnas de humo. El sol se tornará en tinieblas, y la luna en sangre, antes que venga el día grande y espantoso de Jehová. Y será que cualquiera que invocare el nombre de Jehová, será salvo: porque en el monte de Sión y en Jerusalem habrá salvación, como Jehová ha dicho, y en los que quedaren, á los cuales Jehová habrá llamado."* Joel 2:28-32.

El capítulo dos de Joel fue aplicado por el apóstol Pedro (Hechos 2:14-21) al explicar la obra del Espíritu Santo en su día, pero también es aplicable a nuestro día. También proporciona información sobre la próxima tribulación de siete años, de la que Jesús nos advierte en Mateo 24, llamado el terrible "día del Señor". Note Joel 2:1,2:

> *"TOCAD trompeta en Sión, y pregondad en mi santo monte: tiemblen todos los moradores de la tierra; porque viene el día de Jehová, porque está cercano. Día de tinieblas y de oscuridad, día de nube y de sombra, que sobre los montes se derrama como el alba: un pueblo grande y fuerte: nunca desde el siglo fué semejante, ni después de él será jamás en años de generación en generación."*

Entendiendo que el capítulo dos de Joel se refiere al tiempo futuro de la ira de Dios, se espera que Joel 2:28 solo sea aplicable a nuestro futuro. Pero Peter expande ese texto para aplicarlo también a su día. Al dirigirse a la gente de Jerusalén en el día de Pentecostés, porque estaban confundidos de que cada persona escuchara a Pedro hablar en su propio idioma al mismo tiempo, Pedro dijo lo siguiente:

> *"Entonces Pedro, poniéndose en pie con los once, alzó su voz, y hablóles diciendo: Varones Judíos, y todos los que habitáis en Jerusalem, esto os sea notorio, y oid mis palabras. Porque éstos no están borrachos, como vosotros pensáis, siendo la hora tercia del día; Mas esto es lo que fué dicho por el profeta Joel: Y será en los postreros días, dice Dios, Derramaré de mi Espíritu sobre toda carne, Y vuestros hijos y vuestras hijas profetizarán; Y vuestros mancebos verán visiones, Y vuestros viejos soñarán sueños: Y de cierto sobre mis siervos y sobre mis siervas en aquellos días Derramaré de mi Espíritu, y profetizarán. Y daré prodigios arriba en el cielo, Y señales abajo en la tierra, Sangre y fuego y vapor de humo: El sol se volverá en tinieblas, Y la luna en sangre, Antes que venga el día del Señor, Grande y manifiesto; Y será que todo aquel que invocare el nombre del Señor, será salvo."* Hechos 2:14-21

En este ejemplo, Joel dos tiene una aplicación dual que se aplica a los primeros días de los apóstoles y también a nuestro futuro. Pero hay más Un mismo texto puede tener más de dos aplicaciones.

Considere el capítulo 24 de Mateo. Los textos de Mateo 24 pueden aplicarse a (1) los días de los apóstoles, (2) al 70 dC, (3) a nuestro presente y (4) a nuestro futuro. Fíjate en el siguiente gráfico:

MATEO 24 APLICACIÓN DOBLE DE VERSÍCULOS

PRE-70 dC	70 dC	DÍA ACTUAL	NUESTRO FUTURO
VERSÍCULOS 1-4	VERSO 4	VERSO 4	VERSO 4
VERSO 5			
		VERSÍCULOS 6-8	
			VERSO 9
		VERSO 10	VERSO 10
			VERSÍCULOS 11-12
			VERSO 13
		VERSO 14	VERSO 14
	VERSÍCULOS 15-20	VERSÍCULOS 15-20	
			VERSÍCULOS 21,22
		VERSÍCULOS 23,24	VERSÍCULOS 23,24
	VERSO 25	VERSO 25	VERSO 25
		VERSO 26	VERSO 26
			VERSÍCULOS 27-31
VERSÍCULOS 32,33	VERSÍCULOS 32,33	VERSÍCULOS 32,33	VERSÍCULOS 32,33
			VERSÍCULOS 34-43
VERSÍCULOS 44-51	VERSÍCULOS 44-51	VERSÍCULOS 44-51	VERSÍCULOS 44-51

El libro de Apocalipsis también tiene una aplicación dual dentro de sus capítulos. Otra clave para entender el libro de Apocalipsis es reconocer cuándo y dónde aplicar correctamente la aplicación dual.

APOCALIPSIS CAPÍTULO UNO

APOCALIPSIS 1:1

> ***LA revelación de Jesucristo, que Dios le dió, para manifestar á sus siervos las cosas que deben suceder presto; y la declaró, enviándo la por su ángel á Juan su siervo.***

El escriba que escribe el Libro de Apocalipsis comienza esta carta diciendo que Dios Padre le dio a Jesucristo, Su Hijo, la información contenida en estos veintidós (22) capítulos. Este texto va muy bien con lo que dijo Jesús en Marcos 13:28-32:

> *"De la higuera aprended la semejanza: Cuando su rama ya se enternece, y brota hojas, conocéis que el verano está cerca: Así también vosotros, cuando viereis hacerse estas cosas, conoced que está cerca, á las puertas. De cierto os digo que no pasará* ***esta generación****, que todas estas cosas no sean hechas. El cielo y la tierra pasarán, mas mis palabras no pasarán. Empero* ***de aquel día y de la hora, nadie sabe; ni aun los ángeles que están en el cielo, ni el Hijo, sino el Padre****."*

Jesús, cuando caminó en esta tierra, fue informado por el Padre, las cosas que Dios quería que él supiera, entendiera y revelara. Dios obra sobre la base de la "necesidad de saber", no solo para nosotros los seres humanos, sino también para Su Hijo y para los ángeles celestiales. Nuestro Padre Celestial tiene un calendario que Él sigue estrictamente. Ninguna interacción humana puede acelerar Su agenda y ninguna interacción humana puede retrasar Su plan. Su calendario también incluye la información que Él ha retenido y planeado específicamente para esta generación, tu generación.

PREGUNTA: Según este texto, ¿quiénes son los personajes principales del capítulo uno de Apocalipsis?

RESPUESTA: Además de Dios el Padre y Su Hijo Jesucristo, hay otros seres mencionados en Apocalipsis 1:1.

Note los cinco seres mencionados en el primer versículo del libro de Apocalipsis. Estos son: (1) Jesús, el Hijo de Dios. (2) Dios el Padre; Creador del cielo y de la tierra. (3) Los siervos de Dios, a quienes se dirige todo el libro de Apocalipsis. (4) El "mensajero" o ángel de Dios, y (5) Juan, el apóstol.

Los únicos seres claramente identificados en este primer versículo son Jesús, Dios Padre y el apóstol Juan. El versículo revela que Dios el Padre, le dio a Jesús el Hijo, un mensaje. El mensaje del Padre y del Hijo está dedicado a o para los siervos de Dios. Después de recibir el mensaje del Padre, Jesús le dio el mensaje o la revelación al "mensajero" o ángel. El ángel mensajero luego le presentó la información a Juan.

Los dos seres que no están claramente identificados son "los siervos de Dios" y "el ángel o mensajero de Dios". La palabra griega para "siervos" es "doulos", el número 1401 de Strong, que literalmente significa un esclavo esclavo. Aunque a estas personas se les llama esclavos, según la información de Strong, estos esclavos son "creyentes que voluntariamente viven bajo la autoridad de Cristo como Sus devotos seguidores".

La palabra griega para "mensajero" o "ángel" de Dios es "aggelos", número 34 de Strong, pronunciado "ang'-el-os". Según la Concordancia exhaustiva de la Biblia de Strong, un "angelos" es "un mensajero, generalmente un mensajero (sobrenatural) de Dios, un ángel, que transmite noticias o mandatos de Dios a los hombres". De la palabra angelos obtenemos nuestra palabra inglesa angel. A menudo pensamos en un ángel como un guardián creado de los seres humanos y un mensajero de Dios, como lo es Gabriel, que se comunicó con Daniel (Daniel 9:21); Zacarías (Lucas 1:19), José (Mateo 1:20,21) y María, la madre de Jesús (Lucas 1:26).

PREGUNTA: ¿Son todos los mensajeros enviados por Dios un ángel creado?

RESPUESTA: No. Todos los mensajeros enviados por Dios no son ángeles creados. Juan el Bautista fue un mensajero "ángel", según la misma palabra griega "aggelos". Note lo siguiente:

> "*Como está escrito en Isaías el profeta: He aquí yo envío á mi **mensajero** delante de tu faz, Que apareje tu camino delante de ti. Voz del que clama en el desierto: Aparejad el camino del Señor; Enderezad sus veredas. Bautizaba Juan en el desierto, y predicaba el bautismo del arrepentimiento para remisión de pecados."* Marcos 1:2-4.

PERO ESO NO ES TODO...

> *"HE aquí, yo envío mi **mensajero**, el cual preparará el camino delante de mí: y luego vendrá á su templo el Señor á quien vosotros buscáis, y el **ángel** del pacto, á quien deseáis vosotros. He aquí viene, ha dicho Jehová de los ejércitos."* Malaquías 3:1.

En los versículos anteriores, tanto Juan el Bautista como Jesús el Señor, son llamados "mensajeros" enviados por Dios. Malaquías, en el Antiguo Testamento, usa la palabra hebrea malak (mal-awk') número de Strong 4397, que significa "ángel" o "mensajero". En el siguiente versículo, Jesús no solo llama a Juan el Bautista un "ángel" de la palabra griega "aggelos", sino que también dice que los discípulos de Juan también eran "ángeles" o mensajeros.

> "*Y como se fueron los **mensajeros** de Juan, comenzó á hablar de Juan á las gentes: ¿Qué salisteis á ver al*

> *desierto? ¿una caña que es agitada por el viento? Mas ¿qué salisteis á ver? ¿un hombre cubierto de vestidos delicados? He aquí, los que están en vestido precioso, y viven en delicias, en los palacios de los reyes están. Mas ¿qué salisteis á ver? ¿un profeta? También os digo, y aun más que profeta. Este es de quien está escrito: He aquí, envío mi* ***mensajero*** *delante de tu faz, El cual aparejará tu camino delante de ti."* Lucas 7:24-27.

PREGUNTA: ¿Son los ángeles creados, como Gabriel, los únicos seres celestiales que Dios usa como mensajeros o ángeles para comunicarse con la humanidad?

RESPUESTA: No. El Espíritu Santo también es un mensajero. Viene de Dios Padre y nos dice toda la verdad que el Padre le dice, y nos da testimonio de y para Jesús.

> *"Empero cuando viniere el Consolador, el cual yo os enviaré del Padre, el Espíritu de verdad, el cual procede del Padre, él dará testimonio de mí. Y vosotros daréis testimonio, porque estáis conmigo desde el principio."* Juan 15:26,27.

Pero un mensajero o "angelos" en el Nuevo Testamento también puede ser malvado. Considere lo que Pablo dice en 2 Corintios 12:7:

> *"Y porque la grandeza de las revelaciones no me levante descomedidamente, me es dado un aguijón en mi carne, un* ***mensajero*** *de Satanás que me abofetee, para que no me enaltezca sobremanera."*

En este momento, al considerar Apocalipsis 1:1, no podemos identificar claramente ni a los "siervos de Dios" ni el nombre de este "mensajero" de Dios, a partir de los datos que tenemos. Sigamos recopilando más información a medida que avanzamos en el libro de Apocalipsis.

APOCALIPSIS 1:2

> ***"El cual ha dado testimonio de la palabra de Dios, y del testimonio de Jesucristo, y de todas las cosas que ha visto."***

Este versículo se puede entender de dos maneras. La palabra "quién" podría estar refiriéndose al Apóstol Juan, o podría estar refiriéndose al mensajero. Este autor va a tomar la posición de que el versículo dos no está hablando de Juan. Creo que el versículo dos se refiere al ángel o mensajero. Es el ángelos o mensajero de Dios que "desnudó el testimonio de la palabra de Dios y del testimonio de Jesucristo" y vio todas las cosas que sucedieron en el pasado. La razón por la que tomo esta posición es porque (1) el mensajero es del cielo, viene de la misma presencia de Dios. (2) el mensajero "desnuda el registro" o es un testigo de la historia de toda la Biblia o la palabra de Dios.

> *"Este es Jesucristo, que vino por agua y sangre: no por agua solamente, sino por agua y sangre. Y el Espíritu es el que da testimonio: porque el Espírtiu es la verdad."* 1 Juan 5:6.

En los días de Juan, la única palabra escrita de Dios que existía era el Antiguo Testamento, "desde Génesis hasta Malaquías". Dado que Juan no estaba vivo para ver cómo se desarrollaba el Antiguo Testamento, no podía "mostrar constancia" de lo que sucedió. (3) Juan tenía una relación cercana con Jesús, por lo que ser un testigo "del testimonio de Jesucristo" podría aplicarse tanto a Juan como al mensajero. Pero este versículo dice que el "quién" hace las tres cosas, no solo una. El "quien" en el versículo dos (1) "da testimonio de la palabra de Dios, y (2) del testimonio de Jesucristo, y (3) de todas las cosas que él vio". El mensajero es un testigo de toda la Biblia desde Génesis hasta Apocalipsis. Se agregarán más pistas sobre la identidad del mensajero de Apocalipsis 1:1,2 a medida que avancemos en este libro.

APOCALIPSIS 1:3

> ***"Bienaventurado el que lee, y los que oyen las palabras de esta profecía, y guardan las cosas en ella escritas: porque el tiempo está cerca."***

Los versículos uno y dos nos presentan a cinco seres diferentes que son: (1) Jesús, el Hijo de Dios. (2) Dios el Padre, (3) los siervos de Dios, (4) el "mensajero" o ángel de Dios, y (5) Juan. Ahora, el versículo tres agrega dos personas más a la lista, dándonos siete seres vivientes para reconocer.

Las **primeras personas** introducidas en el versículo tres provienen de "Bienaventurado el que lee", que apunta a una persona o personas que "leen" para sí mismas o comparten, para o con otra persona. En este versículo, "él" proviene de la palabra griega "ho", el artículo definido "el" que se refiere a "el uno o los" que puede referirse a cualquier persona o pueblo de cualquier género, que lee o transmite un mensaje a otros. Aparentemente hay una bendición especial para cualquier persona, hombre o mujer, que lea, comprenda y comparta el Libro de Apocalipsis con los demás.

El **segundo grupo** de personas presentado del versículo tres son los "los que oyen las palabras de esta profecía". Aunque el "él" en este versículo es singular, el "ellos" es plural. Aparentemente hay una bendición especial para todos aquellos que escuchan "las palabras de la profecía" provenientes del Libro de Apocalipsis. Pero para recibir esta bendición prometida, "oír" las palabras no es suficiente, una persona también debe tener que "guardar esas cosas" que escucha, para recibir la bendición. No es suficiente solo escuchar o entender el libro de Apocalipsis, una persona también debe actuar en esas cosas que escucha para ser bendecida. "Oír" es una acción mental del cerebro, y "hacer" es una acción física del cuerpo. En la Biblia se hace referencia a una acción mental como una acción de "frente" y a una acción física se le llama acción de "mano".

Esto no es un nuevo concepto. Hace mucho tiempo en Génesis, Dios le dijo a la gente que no solo debían creer en Él con sus mentes, sino que también debían actuar para Él físicamente.

> "*Y serte ha como una señal sobre **tu mano**, y como una memoria **delante de tus ojos**, para que la ley de Jehová esté en tu boca; por cuanto con mano fuerte te sacó Jehová de Egipto.*" "*Serte ha, pues, como una señal sobre **tu mano**, y por una memoria **delante de tus ojos**; ya que Jehová nos sacó de Egipto con mano fuerte.*" Éxodo 13:9,16.

La última parte de Apocalipsis 1:3 dice; "Porque el tiempo está cerca". El mensaje, que se compartirá desde Apocalipsis, es **sensible al tiempo**. Esto va muy bien con las palabras del versículo uno que dicen, "cosas que deben suceder pronto". Algo que está sucediendo "en breve" y cuyo tiempo está "a la mano" es una acción que está a punto de ocurrir hoy o en un futuro cercano.

PREGUNTA: ¿Quiénes son las personas a las que se refiere Apocalipsis 1:1 y 1:3 para quienes "el tiempo está cerca" y que serán testigos de las "cosas que deben suceder pronto"?

RESPUESTA: El libro de Apocalipsis fue escrito hace 2000 años, por lo que el "tiempo que se acerca" y el "acontecimiento en breve" no pueden aplicarse a nadie que haya vivido en ese entonces o hace tanto tiempo ni a nadie que haya vivido desde entonces, hasta nuestros días. . Este mensaje oportuno se aplica al pueblo de Dios que vive hoy que está "leyendo" y "escuchando" el libro y compartiendo el mensaje a la gente del mundo durante nuestros días.

Todo el libro de Apocalipsis fue escrito específicamente para aquellos que viven en la última generación antes de que comience la tribulación. El libro de Apocalipsis está escrito para la generación que vive en "el tiempo del fin" (Daniel 12:35) cuando ocurrirán los eventos descritos en todo el libro. Es **la**

última generación que vive en el momento en que sucederán "las cosas que deben suceder pronto" y "porque el tiempo está cerca". Aunque la gente ha sido bendecida por las gemas de información obtenidas de Apocalipsis durante los últimos 2000 años, el cumplimiento total y completo de este maravilloso libro de profecía pronto se cumplirá en nuestro futuro cercano.

> *"Y algunos de los sabios caerán para ser purgados, y limpiados, y emblanquecidos, hasta el tiempo determinado: porque aun para esto hay plazo."* Daniel 11:35.

APOCALIPSIS 1:4,5

> ***"Juan á las siete iglesias que están en Asia: Gracia sea con vosotros, y paz del que es y que era y que ha de venir, y de los siete Espíritus que están delante de su trono; Y de Jesucristo, el testigo fiel, el primogénito de los muertos, y príncipe de los reyes de la tierra. Al que nos amó, y nos ha lavado de nuestros pecados con su sangre."***

En este versículo, la palabra "iglesias" se usa en la Biblia en inglés para las siete asambleas a las que Juan les está escribiendo el libro de Apocalipsis. La palabra "iglesia" proviene de la palabra griega "ekklésia" (ek-klay-see'-ah), número de Strong 1577, de donde obtenemos nuestra palabra en inglés "ECCLESIA". Según el Diccionario Merriam-Webster, la palabra ECCLESIA es un sustantivo que "es una asamblea política de ciudadanos de los antiguos estados griegos: especialmente la reunión periódica de los ciudadanos atenienses para realizar asuntos públicos y considerar los asuntos propuestos por el consejo". También de la palabra griega "ekklésia" obtenemos la palabra inglesa: ECLESIASTICAL que del mismo diccionario es un "adjetivo relacionado con la Iglesia cristiana o su clero".

Un ejemplo de una reunión de iglesia o asamblea en la Biblia es cuando Pablo estaba visitando la ciudad de Filipos y buscó una asamblea en sábado para adorar. Pablo y sus compañeros fueron al río con la asamblea para adorar allí. La iglesia o asamblea no era un edificio de iglesia en los días de Pablo ni de Juan. No había edificios para iglesias en los días de los apóstoles, pero había numerosas asambleas o grupos de personas que se reunían para adorar en diferentes lugares privados o residencias en cada comunidad. Adorar públicamente como grupo, en ese momento, traería persecución, encarcelamiento y posible muerte a los adoradores. Leemos:

> "*Y de allí á Filipos, que es la primera ciudad de la parte de Macedonia, y una colonia; y estuvimos en aquella ciudad algunos días. Y un día de sábado salimos de la puerta junto al río, donde solía ser la oración; y sentándonos, hablamos á las mujeres que se habían juntado. Entonces una mujer llamada Lidia, que vendía púrpura en la ciudad de Tiatira, temerosa de Dios, estaba oyendo; el corazón de la cual abrió el Señor para que estuviese atenta á lo que Pablo decía. Y cuando fué bautizada, y su familia, nos rogó, diciendo: Si habéis juzgado que yo sea fiel al Señor, entrad en mi casa, y posad: y constriñónos.*" Hechos 16:12-15.

En nuestros días, una iglesia normalmente se considera el edificio en el que la gente moderna adora, y en nuestra cultura, en realidad es un edificio, pero el edificio no lo convierte en una iglesia. Una iglesia es la gente que adora en un edificio donde se reúnen.

En los primeros tres versículos del capítulo uno de Apocalipsis se nos presenta a los siete seres que juegan un papel importante en este drama. El mensaje original vino de Dios Padre, quien se lo pasó a Su Hijo. Entonces Jesús le dio el despacho al Mensajero, quien se lo pasó a Juan. Una vez que Juan recibió el mensaje urgente, su responsabilidad es hacerlo llegar a los "siervos de Dios" para quienes está destinado el libro total de Apocalipsis, que Juan llama las siete iglesias.

PREGUNTA: ¿Por qué el versículo cuatro comienza con Juan dirigiéndose a "las siete iglesias que están en Asia" y no a "los siervos de Dios" como se menciona en el versículo uno?

RESPUESTA: Juan se dirige a los siervos de Dios como las "siete iglesias" porque son uno en lo mismo. Las siete iglesias son las personas de la última generación que componen los siervos de Dios del tiempo del fin. Recuerde que el edificio de una iglesia no es la iglesia, son las personas las que la convierten en una iglesia.

En el saludo de Juan, él menciona (1) su nombre, luego enumera (2) las tres personas que le trajeron el mensaje de Apocalipsis. Él dice:

> *"Juan á las siete iglesias que están en Asia: Gracia sea con vosotros, y paz **(1)** del que es y que era y que ha de venir, y de **(2)** los siete Espíritus que están delante de su trono Y **(3)** de Jesucristo."* Apocalipsis 1:4,5.

En los versículos cuatro y cinco, Juan menciona cuatro de los cinco seres enumerados en los versículos uno y dos. Se menciona a sí mismo, a Dios Padre, a Jesús el Hijo y al Espíritu Santo. Los que no vemos mencionados aquí son los "siervos de Dios" y el "mensajero". ¿Por qué Juan no los mencionó? En realidad, como quedará más claro a medida que nos adentremos más en el libro de Apocalipsis, Juan los menciona a todos. El "mensajero" de Apocalipsis 1:1 y los "siete espíritus delante de Su trono" de Apocalipsis 1:4, son uno en el mismo, el Espíritu Santo. El Espíritu Santo es el Ángel Mensajero activo a quien Jesús le encomienda el libro del Apocalipsis, para que se lo pase a Juan, quien lo pasa a las siete iglesias siervos de Dios. El Espíritu Santo está activo desde Apocalipsis 1:1 hasta el final del libro. Juan no solo lo identifica al principio, sino que también lo menciona Jesús en Apocalipsis 22:16,17.

> *"LA revelación de Jesucristo, que Dios le dió, para manifestar á sus siervos las cosas que deben suceder presto; y la declaró, enviándo la por su ángel á Juan su siervo."* Apocalipsis 1:1

> *"Yo Jesús he enviado mi ángel para daros testimonio de estas cosas en las iglesias. Yo soy la raíz y el linaje de David, la estrella resplandeciente, y de la mañana. Y el Espíritu y la Esposa dicen: Ven. Y el que oye, diga: Ven. Y el que tiene sed, venga: y el que quiere, tome del agua de la vida de balde."* Apocalipsis 22:16,17.

Recuerde, el libro de Apocalipsis es un libro de simbolismo. Excepto por algunas cosas en la introducción, que se encuentran en el capítulo uno, y algunas cosas que se encuentran en la conclusión, del capítulo veintidós, todo el resto del libro de Apocalipsis se da en lenguaje figurado o simbólico. Este simbolismo solo puede ser revelado dentro la Santa Biblia y en ningún otro lugar. La Biblia debe interpretarse a sí misma. Ya se nos dan algunas interpretaciones del simbolismo solo en los primeros cinco versículos.

El mensaje de la Revelación de Jesucristo, debe ser dado a los "siervos de Dios". ¿A quién se lo da Juan? Se lo da a las "siete iglesias de Asia". Así las siete iglesias de Asia y los siervos de Dios son uno y lo mismo. Lo que significa que los siervos de Dios del tiempo del fin también son llamados las siete iglesias en el libro de Apocalipsis y todo el libro está escrito para y para ellos. Note que las siete iglesias se mencionan tanto en el primer como en el último capítulo del libro de Apocalipsis:

"Juan á las siete ***iglesias*** *que están en Asia."* Apocalipsis 1:4.

> *"Yo Jesús he enviado mi ángel para daros testimonio de estas cosas en las iglesias. Yo soy la raíz y el linaje de David, la estrella resplandeciente, y de la mañana."* Apocalipsis 22:16

PREGUNTA: Si los siervos de Dios se llaman las siete iglesias, entonces, ¿quién es el mensajero del versículo uno?

RESPUESTA: EN el versículo cuatro, Juan no dice nada sobre "el mensajero" enviado por Dios con el libro de Apocalipsis, pero sí dice que el mensaje vino como los "siete Espíritus que están delante de Su trono". Así, el mensajero en el versículo uno no es un ángel ordinario. El mensajero que vino de Jesús a Juan es el Espíritu Santo, también llamado "los siete Espíritus que están delante de Su trono". Nuestra palabra "ángel" proviene de la palabra griega "angelos", que simplemente significa mensajero. Así, la palabra "mensajero" puede referirse a cualquier persona que lleva un mensaje, de Dios Padre, incluido el Espíritu Santo.

Al reflexionar sobre el versículo dos, "el cual dio testimonio de la palabra de Dios, y del testimonio de Jesucristo, y de todas las cosas que vio"; el "quién" no es Juan. El "quién" es el Espíritu Santo que fue testigo de toda la historia del Antiguo Testamento y de todo lo que tenía que ver con Jesús porque Él vio todo, desde que estuvo allí, desde el principio. Mire los versículos uno y dos juntos y tenga en cuenta quién es el Mensajero del Espíritu Santo.

> *"LA revelación de Jesucristo, que Dios le dió, para manifestar á sus siervos las cosas que deben suceder presto; y la declaró, enviándo la por su ángel á Juan su siervo, El cual ha dado testimonio de la palabra de Dios, y del testimonio de Jesucristo, y de todas las cosas que ha visto."* Apocalipsis 1:1,2.
>
> *"Empero cuando viniere el Consolador, el cual yo os enviaré del Padre, el Espíritu de verdad, el cual procede del Padre, él dará testimonio de mí. Y vosotros daréis testimonio, porque estáis conmigo desde el principio."* Juan 15:26,27.

El objeto de esta oración es el Espíritu Santo, no Juan. Con eso en mente, los primeros cinco versículos del capítulo uno de Apocalipsis podrían reescribirse con precisión para decir:

> *"**1**La revelación de Jesucristo, que Dios dio a Jesús, para manifestar a sus siervos, las siete iglesias, las cosas que deben suceder pronto; y Jesús envió y lo manifestó por el Espíritu Santo a su siervo Juan. **2**El Espíritu Santo da testimonio de la palabra de Dios, y del testimonio de Jesucristo, y de todas las cosas que vio. **3**Bienaventurado el que lee, y los que oyen las palabras de esta profecía, y guardan las cosas en ella escritas, porque el tiempo está cerca. **4**Juan hasta el último día siervos de Dios, las siete iglesias que están en Asia, Gracia y paz a vosotros, de Dios Padre; que es, y que era, y que ha de venir; y del Espíritu Santo, los siete Espíritus que están delante de su trono; **5**Y de Jesucristo."* Apocalipsis 1:1-5

PREGUNTA: ¿Apoya la Biblia que el Mensajero enviado por Dios a Juan, es realmente el Espíritu Santo?

RESPUESTA: Note el siguiente versículo:

> *"Porque la profecía no fué en los tiempos pasados traída por voluntad humana, sino los santos hombres de Dios hablaron siendo inspirados del Espíritu Santo."* 2 Pedro 1:21.

En ninguna parte de la Biblia se registra un ángel creado por Dios dando una visión a cualquier persona. Los ángeles están activos en la interpretación de los sueños o explicando las visiones, pero nunca le dan una visión a un hombre, como es el libro de Apocalipsis. Sólo el Espíritu Santo, el Ángel de la Revelación o Mensajero de Dios, da visiones.

> *"Empero cuando viniere el Consolador, el cual yo os enviaré del Padre, el Espíritu de verdad, el cual procede*

del Padre, él dará testimonio de mí. Y vosotros daréis testimonio, porque estáis conmigo desde el principio." Juan 15:26,27.

"Aun tengo muchas cosas que deciros, mas ahora no las podéis llevar. Pero cuando viniere aquel Espíritu de verdad, él os guiará á toda verdad; porque no hablará de sí mismo, sino que hablará todo lo que oyere, y os hará saber las cosas que han de venir. El me glorificará: porque tomará de lo mío, y os lo hará saber. Todo lo que tiene el Padre, mío es: por eso dije que tomará de lo mío, y os lo hará saber." Juan 16:12-15.

PREGUNTA: ¿Se llama al Espíritu Santo un "ángel" en alguna otra parte de las Escrituras?

RESPUESTA: Sí. En el libro del Éxodo del Antiguo Testamento, Dios llama la dirección del Espíritu Santo como la dirección de un "ángel" o mensajero.

"He aquí yo envío el Angel delante de ti para que te guarde en el camino, y te introduzca en el lugar que yo he preparado. Guárdate delante de él, y oye su voz; no le seas rebelde; porque él no perdonará vuestra rebelión: porque mi nombre está en élPero si en verdad oyeres su voz, é hicieres todo lo que yo te dijere, seré enemigo á tus enemigos, y afligiré á los que te afligieren. Porque mi Angel irá delante de ti, y te introducirá al Amorrheo, y al Hetheo, y al Pherezeo, y al Cananeo, y al Heveo, y al Jebuseo, á los cuales yo haré destruir." Éxodo 23:20-23.

"Por tanto os digo: Todo pecado y blasfemia será perdonado á los hombres: mas la blasfemia contra el Espíritu no será perdonada á los hombres. Y cualquiera que hablare contra el Hijo del hombre, le será perdonado: mas cualquiera que hablare contra el Espíritu Santo, no le será perdonado, ni en este siglo, ni en el venidero." Mateo 12:31,32.

> *"Y os digo que todo aquel que me confesare delante de los hombres, también el Hijo del hombre le confesará delante de los ángeles de Dios; Mas el que me negare delante de los hombres, será negado delante de los ángeles de Dios. Y todo aquel que dice palabra contra el Hijo del hombre, le será perdonado; mas al que blasfemare contra el Espíritu Santo, no le será perdonado. Y cuando os trajeren á las sinagogas, y á los magistrados y potestades, no estéis solícitos cómo ó qué hayáis de responder, ó qué hayáis de decir; Porque el Espíritu Santo os enseñará en la misma hora lo que será necesario decir."* Lucas 12:8-12.

La palabra hebrea "ángel" o "mensajero" en Éxodo 23:20-23, es la palabra "malak" (mal-awk'), número de Strong 4397, que significa "embajador, ángel, enviado o mensajero". En este texto se está refiriendo al Espíritu Santo, que tiene el poder de perdonar los pecados.

APOCALIPSIS 1:5

> ***"Y de Jesucristo, el testigo fiel, el primogénito de los muertos, y príncipe de los reyes de la tierra. Al que nos amó, y nos ha lavado de nuestros pecados con su sangre."***

Jesús es el testigo fiel:

> *"Respondió Jesús, y díjoles: Aunque yo doy testimonio de mí mismo, mi testimonio es verdadero, porque sé de dónde he venido y á dónde voy; mas vosotros no sabéis de dónde vengo, y á dónde voy."* Juan 8:14

Jesús es el primogénito Hijo de Dios resucitado de entre los muertos:

"Mas ahora Cristo ha resucitado de los muertos; primicias de los que durmieron es hecho." 1 Corintios 15:20.

Jesús es el Príncipe de los reyes de la tierra.

La palabra "comandante" es una mejor traducción de la palabra griega "archon", Strong's 758, en lugar de la palabra "príncipe". Jesús es el Príncipe de los reyes de la tierra porque los líderes de las congregaciones, "los reyes de la tierra", son siervos del Príncipe, ansiosos por cumplir Su mandato.

"Los reyes de la tierra". El término "reyes de la tierra" no tiene nada que ver con la realeza o los líderes de los países y naciones de este planeta. Muy pocos líderes políticos de países y naciones, si es que hubo alguno, han tenido respeto por Jesús y la Biblia. El término "reyes de la tierra" es lenguaje simbólico para aquellos que son líderes en las iglesias, comunidades, congregaciones y compañías del pueblo de Dios. Podemos llamarlos pastor o ministro o sacerdote, o anciano o cualquier otro nombre que tenga su afiliación religiosa para sus líderes religiosos, pero en este caso se les llama "reyes" porque son líderes que representan al Rey del universo para su familia de la iglesia como Sus embajadores en su congregación.

La frase "de la tierra" necesita ser explicada. La palabra tierra es simbólica del pueblo de Dios, Su reino. El ministro es el líder del pueblo de Dios. En otras palabras, el ministro es el "rey de la tierra". Hay tres categorías de cristianos en cada iglesia o congregación. Hay personas que sirven a Dios al 100%, personas que sirven a Dios parcialmente y personas que se niegan a servirle. En el lenguaje simbólico profético de la Biblia, se hace referencia simbólicamente a estos tres grupos de personas como "cielo", "tierra" y "mar". El "pueblo del cielo" sirve a Dios al cien por cien. La "gente de la tierra" sirve a Dios parcialmente, seleccionando y eligiendo qué mandatos eligen seguir. La "gente del mar" se niega a servir a Dios, aunque saben lo que Él desea o manda. Para comprender e interpretar correctamente el libro de Apocalipsis, se deben realizar estas tres categorías simbólicas. Note lo siguiente:

> *"Y VI en la mano derecha del que estaba sentado sobre el trono un libro escrito de dentro y de fuera, sellado con siete sellos. Y vi un fuerte ángel predicando en alta voz: ¿Quién es digno de abrir el libro, y de desatar sus sellos? Y ninguno podía, ni en el cielo, ni en la tierra, ni debajo de la tierra, abrir el libro, ni mirarlo. Y yo lloraba mucho, porque no había sido hallado ninguno digno de abrir el libro, ni de leerlo, ni de mirarlo."* Apocalipsis 5:1-4.
>
> *"Que decían en alta voz: El Cordero que fué inmolado es digno de tomar el poder y riquezas y sabiduría, y fortaleza y honra y gloria y alabanza. Y oí á toda criatura que está en el cielo, y sobre la tierra, y debajo de la tierra, y que está en el mar, y todas las cosas que en ellos están, diciendo: Al que está sentado en el trono, y al Cordero, sea la bendición, y la honra, y la gloria, y el poder, para siempre jamás."* Apocalipsis 5:12,13.
>
> "*Por lo cual alegraos, **cielos**, y los que moráis en ellos. ¡Ay de los moradores de la **tierra** y del **mar**! porque el diablo ha descendido á vosotros, teniendo grande ira, sabiendo que tiene poco tiempo.*" Apocalipsis 12:12.

La palabra "tierra" es muy importante de entender en la Biblia. Proféticamente la palabra "tierra" se refiere al reino mundial de Dios, pero más específicamente se refiere a las personas que componen ese reino; La iglesia invisible mundial de Dios. Comprender cómo se usa la palabra "tierra" en los idiomas originales ayuda a aclarar el significado de su uso en la Biblia. La palabra hebrea tierra es "אֶרֶץ", número de Strong 776, pronunciado erets (eh'-rets) y se traduce como "tierra o tierra". En griego es la palabra, "γῆ, γῆς, ἡ", número de Strong 1093, pronunciado gé (ghay) y traducido como "tierra, suelo, tierra, región, país, habitantes de una región". Es importante entender esto al leer la Biblia porque darse cuenta de que la palabra "tierra" puede estar refiriéndose al pueblo de Dios, en el Antiguo y Nuevo Testamento, tendrá un impacto en la comprensión más profunda de un versículo o capítulo de la Biblia.

***"Y de Jesucristo, el testigo fiel, el primogénito de los muertos, y príncipe de los reyes de la tierra. Al que nos amó, y nos ha lavado de nuestros pecados con su sangre."* Apocalipsis 1:5**

Jesús nos amó incluso antes de que naciéramos.

> "*Porque tú poseiste mis riñones; Cubrísteme en el vientre de mi madre. Te alabaré; porque formidables, maravillosas son tus obras: Estoy maravillado, Y mi alma lo conoce mucho. No fué encubierto de ti mi cuerpo, Bien que en oculto fuí formado, Y compaginado en lo más bajo de la tierra. Mi embrión vieron tus ojos, Y en tu libro estaban escritas todas aquellas cosas Que fueron luego formadas, Sin faltar una de ellas. Así que ¡cuán preciosos me son, oh Dios, tus pensamientos! ¡Cuán multiplicadas son sus cuentas!"* Salmos 139:13-17.

Con su muerte en la cruz y derramando Su propia sangre, nuestros pecados son lavados.

> "*Venid luego, dirá Jehová, y estemos á cuenta: si vuestros pecados fueren como la grana, como la nieve serán emblanquecidos: si fueren rojos como el carmesí, vendrán á ser como blanca lana.*" Isaías 1:18.

> "*Que si confesares con tu boca al Señor Jesús, y creyeres en tu corazón que Dios le levantó de los muertos, serás salvo. Porque con el corazón se cree para justicia; mas con la boca se hace confesión para salvación. Porque la Escritura dice: Todo aquel que en él creyere, no será avergonzado.*" Romanos 10:9-11.

APOCALIPSIS 1:6

> ***"Y nos ha hecho reyes y sacerdotes para Dios y su Padre; á él sea gloria é imperio para siempre jamás. Amén."***

PREGUNTA: ¿Quiénes son hechos "reyes y sacerdotes"?

RESPUESTA: Jesús nos ha hecho "reyes y sacerdotes". Los "reyes de la tierra" son seres humanos que se dedican al Señor Jesucristo en su servicio. Cualquier persona, en cualquier lugar, de cualquier género, puede ser un "rey de la tierra" bajo el gobierno de Jesús.

PREGUNTA: ¿Por qué Jesús tiene la autoridad para hacer a los seres humanos "reyes y sacerdotes" en Su reino de todos los rincones de este planeta?

RESPUESTA: Jesús puede hacer a los seres humanos "reyes y sacerdotes" porque Él ha redimido a la humanidad con Su propia sangre.

> *"Y cantaban un nuevo cántico, diciendo: Digno eres de tomar el libro, y de abrir sus sellos; porque tú fuiste inmolado, y nos has redimido para Dios con tu sangre, de todo linaje y lengua y pueblo y nación; Y nos has hecho para nuestro Dios reyes y sacerdotes, y reinaremos sobre la tierra."* Apocalysis 5:9,10

Antes de que Jesús viniera a este planeta, toda la humanidad estaba perdida. Como pecadores lo único que merecemos es la muerte.

> *"Si bien todos nosotros somos como suciedad, y todas nuestras justicias como trapo de inmundicia; y caímos todos nosotros como la hoja, y nuestras maldades nos llevaron como viento."* Isaías 64:6.

Pero Jesús pagó el precio supremo por nosotros, muriendo nuestra muerte eterna, y abrió el camino para que la humanidad se reuniera con Dios. Él entregó el cielo por nosotros, para que pudiéramos disfrutar de Su cielo por toda la eternidad. Jesús nos ha hecho "reyes y sacerdotes" en Su lugar en los atrios celestiales. Es un regalo gratis. Todo lo que tenemos que hacer es aceptar ese regalo gratuito, que no podemos ganar de ninguna manera. Nuestra aceptación o rechazo de ese regalo se revelará en la forma en que vivamos.

Jesús ha hecho planes para elevar a su pueblo siervo fiel de meros seres humanos mortales a ser inmortales ante Dios como "reyes y sacerdotes" por toda la eternidad.

> "*Bienaventurado y santo el que tiene parte en la primera resurrección; la segunda muerte no tiene potestad en éstos; antes serán sacerdotes de Dios y de Cristo, y reinarán con él mil años.*" Apocalipsis 20:6.

APOCALIPSIS 1:7

> ***"He aquí que viene con las nubes, y todo ojo le verá, y los que le traspasaron; y todos los linajes de la tierra se lamentarán sobre él. Así sea. Amén."***

Para entender correctamente Apocalipsis 1:7, una persona debe darse cuenta de la verdad acerca de los tres advenimientos o venidas de Jesucristo. En la primera venida, Jesús vino como un bebé, vivió como un hombre, murió como un criminal y resucitó de entre los muertos como Salvador. En la segunda venida Él vendrá como Redentor para resucitar a los santos muertos y recoger a los santos vivos para llevarlos al cielo con Él para el juicio de 1000 años en la corte de Apocalipsis veinte. En la tercera venida, al final del milenio, Él vendrá como Juez para el juicio del gran trono blanco del "último día", como se revela en el capítulo 20 de Apocalipsis.

(Lea el libro electrónico, "The 3 Visible Advents of Jesus" en inglés y el libro, "Las 3 Venidas de Jesús" en español, de Earl Schrock, para obtener más información sobre las tres venidas de Jesús. Ambos libros están disponibles en línea.)

A lo largo de la Biblia hay muchos textos que ofrecen información sobre estos tres advenimientos de Jesús. El desafío para el pueblo de Dios es diferenciar qué versículos se aplican a qué advenimiento. Algunos textos bíblicos sobre la venida de Jesús tienen una aplicación dual y pueden aplicarse a más de un advenimiento. Sería ventajoso recorrer toda la Biblia y categorizar todos los textos que se refieren a cada una de estas tres venidas o advenimientos de Jesús.

TEXTO DEL PRIMER ADVIENTO:

> *"Porque un niño nos es nacido, hijo nos es dado; y el principado sobre su hombro: y llamaráse su nombre Admirable, Consejero, Dios fuerte, Padre eterno, Príncipe de paz."* Isaías 9:6.

TEXTO DEL SEGUNDO ADVENIMIENTO:

> *"Por lo cual, os decimos esto en palabra del Señor: que nosotros que vivimos, que habremos quedado hasta la venida del Señor, no seremos delanteros á los que durmieron. Porque el mismo Señor con aclamación, con voz de arcángel, y con trompeta de Dios, descenderá del cielo; y los muertos en Cristo resucitarán primero: Luego nosotros, los que vivimos, los que quedamos, juntamente con ellos seremos arrebatados en las nubes á recibir al Señor en el aire, y así estaremos siempre con el Señor."* 1 Tesalonicenses 4:15-17.

TEXTO DEL TERCER ADVIENTO (aparte de Apocalipsis 1:7):

> *"¡Jerusalem, Jerusalem, que matas á los profetas, y apedreas á los que son enviados á ti! ¡cuántas veces*

quise juntar tus hijos, como la gallina junta sus pollos debajo de las alas, y no quisiste! He aquí vuestra casa os es dejada desiertaPorque os digo que desde ahora no me veréis, hasta que digáis: Bendito el que viene en el nombre del Señor." Mateo 23:37-39.

También Mateo 25:31-46.

PRIMERA, SEGUNDA Y TERCERA VENIDA EN UN SOLO TEXTO:

"**26** (**PRIMERO**) *De otra manera fuera necesario que hubiera padecido muchas veces desde el principio del mundo: mas ahora una vez en la consumación de los siglos, para deshacimiento del pecado se presentó por el sacrificio de sí mismo.* **27** (**TERCERO**): *Y de la manera que está establecido á los hombres que mueran una vez, y después el juicio;***28** (**SEGUNDO**) *Así tambi én Cristo fué ofrecido una vez para agotar los pecados de muchos; y la segunda vez, sin pecado, será visto de los que le esperan para salud."* Hebreos 9:26-28.

TEXTO DE APLICACIÓN DOBLE DE TANTO EL SEGUNDO COMO EL TERCER ADVENIMIENTO:

"Porque el Hijo del hombre vendrá en la gloria de su Padre con sus ángeles, y entonces pagará á cada uno conforme á sus obras." Mateo 16:27.

Mi sugerencia es elegir tres colores que contrasten y usar un color diferente para cada adviento. Por ejemplo, todos los textos que se refieren a **la primera** venida de Jesús estarían en azul, **la segunda** venida en rojo y **la tercera** venida en verde. Elija los colores que desee y mientras lee su Biblia todos los días, mantenga esos marcadores cerca para resaltar los textos de adviento a medida que los descubre. Algunos textos pueden aplicarse a más de un advenimiento.

Apocalipsis 1:7 es en realidad uno de esos textos que tiene doble aplicación. Para los próximos dos advenimientos, Jesús (1) viene en las nubes y (2) todo ojo de los vivos lo verá. Pero el resto del texto solo se aplica al tercer advenimiento. En la segunda venida, los santos resucitados y vivos se encontrarán con Jesús en el aire (1 Tesalonicenses 4:13-18). Pero en la tercera venida Jesús pisará la tierra para preparar una gran llanura (Zacarías 14:4), para el juicio del gran trono blanco de Apocalipsis 20:11. Es en la tercera venida que todos los muertos, los que alguna vez vivieron, los perdidos y los salvos, son resucitados, antes de que Jesús ponga un pie en esta tierra, mientras Él todavía está en el aire. Después de que ese gran grupo de personas sea resucitado, serán divididos y separados para que algunos resuciten a la vida eterna y otros a la muerte eterna.

> *"Y muchos de los que duermen en el polvo de la tierra serán despertados, unos para vida eterna, y otros para vergüenza y confusión perpetua. Y los entendidos resplandecerán como el resplandor del firmamento; y los que enseñan á justicia la multitud, como las estrellas á perpetua eternidad."* Daniel 12:2,3.

La resurrección de los **"también que lo traspasaron",** los que literalmente lo pusieron en la cruz hace 2000 años, resucitarán en el tercer advenimiento; no en la segunda venida de Jesús.

PREGUNTA: ¿Quiénes son "**todos los linajes de la tierra se lamentarán por él**"?

RESPUESTA: EN este caso, todas las "**familias de la tierra**" que gemirán (lamentarán o llorarán) por causa de Él son esas personas, de toda nación, lengua y pueblo; que son vivificados en la segunda resurrección, que se habían negado a aceptarlo como su Señor y Salvador cuando estaban vivos. Es en este momento que las personas orgullosas que hablaron audazmente contra el Señor Jesús se darán cuenta de su error, pero no podrán buscar ni encontrar el perdón por su mala elección, comentarios irrespetuosos y juicio equivocado.

PREGUNTA: ¿Qué significa "Aun así, Amén"?

RESPUESTA: Este es un lenguaje afirmativo que revela que este evento es seguro. Se llevará a cabo y los resultados serán tal como se mencionó.

APOCALIPSIS 1:8

> ***"Yo soy el Alpha y la Omega, principio y fin, dice el Señor, que es y que era y que ha de venir, el Todopoderoso."***

Dios Padre y Jesucristo el Señor son Uno (Juan 10:30). Ambos tienen las mismas características que el texto anterior. Así que este texto podría estar refiriéndose a Jesús el Hijo oa Dios el Padre. Personalmente en este caso creo que se inclina hacia el Padre, pero esa es solo mi opinión.

LAS TRES DIVISIONES DEL LIBRO DE APOCALIPSIS

Una buena manera de dividir los textos de Apocalipsis uno de los que hemos considerado hasta ahora podría ser: Los versículos 1-3 son un preludio del libro de Apocalipsis. Los versículos 4-8 son una carta de presentación de presentación de las siete iglesias siervas de Dios. Los versículos 9 en adelante, hasta el final del capítulo veintidós, es el mensaje a las siete iglesias, el tiempo del fin, la generación del último día, siervos del Dios viviente.

A las siete iglesias, las siervas de Dios

APOCALIPSIS 1:9

> ***"Yo Juan, vuestro hermano, y participante en la tribulación y en el reino, y en la paciencia de***

Jesucristo, estaba en la isla que es llamada Patmos, por la palabra de Dios y el testimonio de Jesucristo."

En esta introducción al cuerpo del mensaje de Apocalipsis, Juan se anuncia a sí mismo como un igual a sus lectores. Él quiere que el lector sepa que lo que están a punto de sufrir en los próximos siete años de tribulación, no son los primeros. También ha sufrido a manos de la mayoría religiosa por las mismas razones: (1) por el reino de Dios y (2) por el testimonio de Jesucristo, que es el espíritu de profecía (Apocalipsis 19:10). Tener "el testimonio de Jesucristo" no es solo la experiencia de servir al Señor Jesucristo en pensamiento, palabra y acción, sino también tener el intenso deseo de comprender y enseñar Su Palabra.

Solo puedo suponer por qué Juan menciona que está en la isla de Patmos. No creo que esa información sea aplicable en ningún otro lugar del libro de Apocalipsis. Las siete comunidades eclesiásticas y asambleas de creyentes a las que se dirige no están muy lejos de donde se encuentra la isla. Tal vez sea una forma de añadir realidad a la situación. Tal vez las personas que recibieron este libro sabían que él estaba allí y eso hace que la carta sea autenticada para ellos, ya que hubo otras comunicaciones engañosas circulando en los nombres de algunos de los otros apóstoles y discípulos durante este mismo período de tiempo.

Juan mencionó dos razones más por las que está en la isla de Patmos. Arriba mencioné que él estaba allí (1) por el reino de Dios y (2) por su servicio al Señor Jesucristo. Y ahora añade: (3) por la palabra de Dios y (4) por el testimonio de Jesucristo. La palabra de Dios, en nuestros días, es la Santa Biblia de 66 libros. Los siervos de Dios del tiempo del fin están enamorados de la Palabra de Dios y quieren hacer de cada palabra y detalle una parte de su forma de pensar, vivir y ser. David dice en el Salmo 119:105,140:

> *"Lámpara es á mis pies tu palabra, Y lumbrera á mi camino."* y *"Sumamente acendrada es tu palabra; Y la ama tu siervo."*

Los siervos de Dios saben que sin la Palabra de Dios su mundo no tiene luz y están completamente a oscuras. Lo buscan y lo quieren como una criatura sedienta busca alimento y agua.

> *"COMO el ciervo brama por las corrientes de las aguas, Así clama por ti, oh Dios, el alma mía."* Salmo 42:1.

> *"DIOS, Dios mío eres tú: levantaréme á ti de mañana: Mi alma tiene sed de ti, mi carne te desea, En tierra de sequedad y transida sin aguas."* Salmo 63:1.

> *"A TODOS los sedientos: Venid á las aguas; y los que no tienen dinero, venid, comprad, y comed. Venid, comprad, sin dinero y sin precio, vino y leche."* Isaías 55:1

Cuando la Palabra de Dios está en el alma, escondida en el corazón del hombre, exige que sea difundida a los demás. Es un río que fluye del trono de Dios, y luego de los hijos de Dios, para refrescar al resto del mundo. Ese río es un testigo; un testimonio vivo. Ese testimonio es un impulso interior que no permitirá que Su pueblo se calle. Ese interés en compartir con los demás se convierte en un espíritu de evangelización. Un espíritu de y un interés en el bienestar de los demás. Ese impulso interior es un espíritu de profecía. Es un deseo insaciable de compartir la Palabra de Dios. El testimonio y el testimonio de Jesús es un espíritu de compartir y enseñar.

> *"Vosotros subid á esta fiesta; yo no subo aún á esta fiesta, porque mi tiempo aun no es cumplido."* Juan 7:38.

El testimonio de Jesús se menciona numerosas veces en el libro de Apocalipsis. Están:

"Bienaventurado el que lee, y los que oyen las palabras de esta profecía, y guardan las cosas en ella escritas: porque el tiempo está cerca." Apocalipsis 1:3.

"Yo Juan, vuestro hermano, y participante en la tribulación y en el reino, y en la paciencia de Jesucristo, estaba en la isla que es llamada Patmos, por la palabra de Dios y el testimonio de Jesucristo." Apocalipsis 1:9.

"Entonces el dragón fué airado contra la mujer; y se fué á hacer guerra contra los otros de la simiente de ella, los cuales guardan los mandamientos de Dios, y tienen el testimonio de Jesucristo." Apocalipsis 12:17.

"Y vi la mujer embriagada de la sangre de los santos, y de la sangre de los mártires de Jesús: y cuando la vi, quedé maravillado de grande admiración." Apocalipsis 17:6.

"Y yo me eché á sus pies para adorarle. Y él me dijo: Mira que no lo hagas: yo soy siervo contigo, y con tus hermanos que tienen el testimonio de Jesús: adora á Dios; porque el testimonio de Jesús es el espíritu de la profecía." Apocalipsis 19:10

"Y vi tronos, y se sentaron sobre ellos, y les fué dado juicio; y vi las almas de los degollados por el testimonio de Jesús, y por la palabra de Dios, y que no habían adorado la bestia, ni á su imagen, y que no recibieron la señal en sus frentes, ni en sus manos, y vivieron y reinaron con Cristo mil años." Apocalipsis 20:4.

"Yo Jesús he enviado mi ángel para daros testimonio de estas cosas en las iglesias. Yo soy la raíz y el linaje de David, la estrella resplandeciente, y de la mañana." Apocalipsis 22:16.

OTROS TEXTOS IMPORTANTES EN RELACIÓN CON EL TESTIMONIO DE JESÚS:

> *"Gracia y paz de Dios nuestro Padre, y del Señor Jesucristo. Gracias doy á mi Dios siempre por vosotros, por la gracia de Dios que os es dada en Cristo Jesús; Que en todas las cosas sois enriquecidos en él, en toda lengua y en toda ciencia; Así como el testimonio de Cristo ha sido confirmado en vosotros: De tal manera que nada os falte en ningún don, esperando la manifestación de nuestro Señor Jesucristo: El cual también os confirmará hasta el fin, para que seáis sin falta en el día de nuestro Señor Jesucristo. Fiel es Dios, por el cual sois llamados á la participación de su Hijo Jesucristo nuestro Señor."* 1 Corintios 1:4-9.

> *"Y nos mandó que predicásemos al pueblo, y testificásemos que él es el que Dios ha puesto por Juez de vivos y muertos. A éste dan testimonio todos los profetas, de que todos los que en él creyeren, recibirán perdón de pecados por su nombre."* Hechos 10:42,43

> *"Y la multitud de los que habían creído era de un corazón y un alma: y ninguno decía ser suyo algo de lo que poseía; mas todas las cosas les eran comunes. Y los apóstoles daban testimonio de la resurrección del Señor Jesús con gran esfuerzo; y gran gracia era en todos ellos. Que ningún necesitado había entre ellos: porque todos los que poseían heredades ó casas, vendiéndolas, traían el precio de lo vendido."* Hechos 4:32-34

Las mismas cuatro razones por las que Juan estaba siendo perseguido son las mismas cuatro razones por las que el pueblo de Dios de los últimos días será perseguido. Será: (1) por el reino de Dios, (2) por el aguante o la paciencia en esperar la segunda venida del Señor Jesucristo, (3) por la verdad bíblica, la Palabra de Dios, y (4) para el testimonio o el testificar de y para Jesucristo.

EL TEXTO SIGUIENTE ES PROBABLEMENTE EL TEXTO MÁS IMPORTANTE EN APOCALIPSIS QUE CONDUCE A DESCUBRIR EL SIGNIFICADO Y LA INTENCIÓN DE TODO EL LIBRO DE APOCALIPSIS.

APOCALIPSIS 1:10

> ***"Yo fuí en el Espíritu en el día del Señor, y oí detrás de mí una gran voz como de trompeta."***

En el versículo nueve, Juan revela dónde se encuentra; en la Isla de Patmos. También reveló las cuatro razones o infracciones que lo pusieron allí. Ahora, en el versículo 10 está revelando el propósito inspirado de su presencia allí; "el día del Señor". El testimonio o testimonio de Juan comienza en el versículo cuatro y continúa hasta el versículo nueve. En esos versículos él está declarando los hechos literales que conoce, pero no está en una visión o teniendo un sueño. Pero en el versículo diez todo eso cambia. Juan comienza a tener una visión. El Espíritu de Dios llena su alma y es arrebatado en visión. Él dice,

> *"Yo estaba en el Espíritu en (respecto a) el día del Señor, y oí detrás de mí una gran voz como de trompeta."*

Un texto comparable a lo que Juan quiere decir se encuentra en Apocalipsis 4:1,2

> *"DESPUÉS de estas cosas miré, y he aquí una puerta abierta en el cielo: y la primera voz que oí, era como de trompeta que hablaba conmigo, diciendo: Sube acá, y yo te mostraré las cosas que han de ser después de éstas. Y luego* ***yo fuí en Espíritu****: y he aquí, un trono que estaba puesto en el cielo, y sobre el trono estaba uno sentado."* Apocalipsis 4:1,2.

Estar "en el Espíritu" significa que Juan está teniendo una visión o un sueño. En el caso de Apocalipsis 1:10, la visión es todo el libro de Apocalipsis. Comprenda que Juan y/o su escriba está escribiendo en papiro y usando una pluma de ave y un tintero para transcribir la visión del libro de Apocalipsis. Escribir los 22 capítulos de Apocalipsis no es una tarea que una persona pueda hacer en un día, lleva meses transcribir el libro de Apocalipsis en los días de Juan. El "día del Señor" de Apocalipsis 1:10 no se trata del TIEMPO, se trata del TEMA. Es el tema de todo el libro de Apocalipsis, el tiempo del fin "día del Señor".

Note la misma redacción en el libro de Apocalipsis cuando Juan nos dice que está teniendo una visión. No sólo declara que está teniendo una visión; también revela el TEMA de la visión:

> *"Y me llevó en Espíritu al desierto; y vi una mujer sentada sobre una bestia bermeja llena de nombres de blasfemia y que tenía siete cabezas y diez cuernos."* Apocalipsis 17:3.
>
> *"Y llevóme en Espíritu á un grande y alto monte, y me mostró la grande ciudad santa de Jerusalem, que descendía del cielo de Dios."* Apocalipsis 21:10.

En Apocalipsis 1:10, Juan no está interesado en revelar el tiempo o qué día de la semana en particular es. Lo que le interesa decirnos es el tema de la visión que se le está mostrando. La Biblia de la versión King James muestra Apocalipsis 1:10 como: *"Estaba en el espíritu en el día del Señor"* y en la versión en español se lee: *"Yo fuí en el Espíritu en el día del Señor."*

Para algunos observadores del sábado eso se traduce como Juan teniendo la visión del libro de Apocalipsis en el séptimo día de la semana, el sábado, ya que Jesús dijo en Mateo 12:8: "Porque el Hijo del hombre es Señor aun del día de reposo. ." Así, para ellos, "el día del Señor" es el sábado o el séptimo día de la semana.

Las personas que adoran el domingo, el primer día de la semana, lo interpretan como que Juan dice que está teniendo la visión del libro de Apocalipsis el primer día de la semana. Aunque no hay texto en la Biblia que vincule "el día del Señor" con el primer día de la semana. De las nueve veces que se encuentra el primer día de la semana en la Biblia, ninguna de ellas se relaciona con Apocalipsis 1:10.

Tanto los observadores del sábado del séptimo día como los adoradores del primer día de la semana están haciendo una suposición. Están asumiendo que Juan está hablando de un día de la semana. Saber qué día de la semana es, no es importante para ninguna parte del Libro de Apocalipsis, pero conocer el tema de la visión definitivamente es de vital importancia.

Juan no nos está diciendo qué día de la semana es, este texto no trata sobre el tiempo, este texto trata sobre un tema. El tema del libro de Apocalipsis es la terrible venida del terrible "día del Señor" del cual se advierte adecuadamente en el libro de Joel (Joel 1:14,15; 2:1,2,11,31,32; 3: 14). Otros nombres para el futuro "día del Señor" o "día del Señor" es: "El tiempo de la ira de Dios" (Romanos 2:5; Daniel 8:19; Apocalipsis 14:19; 15:1 y 16:1), "La gran tribulación" (Mateo 24:21), "El tiempo de la persecución" (Lucas 21:9-17), etc.

> *"Pregonad ayuno, llamad á congregación; congregad los ancianos y todos los moradores de la tierra en la casa de Jehová vuestro Dios, y clamad á Jehová.¡Ay del día! porque cercano está el día de Jehová, y vendrá como destrucción por el Todopoderoso."* Joel 1:14,15.

> *"TOCAD trompeta en Sión, y pregondad en mi santo monte: tiemblen todos los moradores de la tierra; porque viene el día de Jehová, porque está cercano. Día de tinieblas y de oscuridad, día de nube y de sombra, que sobre los montes se derrama como el alba: un pueblo grande y fuerte: nunca desde el siglo fué semejante,*

ni después de él será jamás en años de generación en generación.... Y Jehová dará su voz delante de su ejército: porque muchos son sus reales y fuertes, que ponen en efecto su palabra: porque grande es el día de Jehová, y muy terrible; ¿y quién lo podrá sufrir?... El sol se tornará en tinieblas, y la luna en sangre, antes que venga el día grande y espantoso de Jehová. Y será que cualquiera que invocare el nombre de Jehová, será salvo: porque en el monte de Sión y en Jerusalem habrá salvación, como Jehová ha dicho, y en los que quedaren, á los cuales Jehová habrá llamado." Joel 2:1,2;11;31,32.

Considere una serie de cosas:

Primero el uso de la palabra "on" en el idioma inglés. Y en segundo lugar, la voz activa y pasiva del "día del Señor" y el "día del Señor".

¿"EN" EN APOCALIPSIS 1:10 SIGNIFICA "ACERCA DE" O "RELACIONADO"?

PREGUNTA: En el texto de Apocalipsis 1:10, ¿se puede traducir la palabra "sobre" como "sobre" o "sobre"?

RESPUESTA: La palabra "on" en inglés tiene diferentes significados. La palabra "encendido" puede tener un significado posicional como: "Pongo las antenas portátiles "en" la televisión", o "Mi hermana está "en" el teléfono".

La palabra "sobre" también puede tener una referencia temática como: "Hoy estamos estudiando "sobre" el libro de Apocalipsis". O "¿En qué clase está la clase hoy?"

PREGUNTA: ¿Se usa la palabra "sobre" en otras partes de la Biblia en lugar de la palabra "acerca de" o "concerniente"?

RESPUESTA: Sí. La palabra griega "ἐν" (en) es el número 1722 de Strong. De las 2777 ocurrencias en el Nuevo Testamento, se usa tres veces traducida como "sobre".

> "Entonces él les dice: ¿Qué hay? ¿por qué me buscabais? ¿No sabíais que **en** los negocios **de** mi Padre me conviene estar? Lucas 2:49.

Strong dice, para el número 1722: "en (una preposición) – propiamente, en (dentro, dentro); (en sentido figurado) "en el reino (esfera) de", como en la condición (estado) en la que algo opera desde el interior (dentro)".

Al considerar Apocalipsis 1:10, como en todas las Escrituras, debemos observar el contenido y el contexto para determinar la intención del autor en el libro de Apocalipsis. Necesitamos descubrir (1) ¿Quién está hablando? (2) ¿A quién le están hablando? (3) ¿De quién o de qué están hablando? (3) ¿Sobre qué tema se está discutiendo? (4) ¿Qué tuvo eso que ver con ese día? Y (5) ¿Qué tiene que ver eso con el día de hoy?

En Apocalipsis 1:10, SI tomamos la posición de que Juan les estaba diciendo a todos que estaba teniendo una visión en un día específico de la semana, la **PREGUNTA** que debemos hacer es: ¿Cómo impacta eso en el resto del libro de Apocalipsis? **RESPUESTA**: No lo hace. No hay conexión entre un día en particular que Juan tuvo la visión y cualquier otra parte del libro de Apocalipsis, o la Biblia entera para el caso.

PERO... En Apocalipsis 1:10, SI tomamos la posición de que Juan estaba revelando el tema que trata el libro de Apocalipsis, la **PREGUNTA** que debemos hacernos es: ¿Cómo impacta eso en el resto del libro? **RESPUESTA**: Afecta cada parte del Libro de Apocalipsis. Afecta al libro de Apocalipsis de todas las formas posibles. Una vez que se determina el tema de todo el libro de Apocalipsis, subdividir el resto del libro, bajo ese encabezado, ayudará a descubrir la intención del libro y para quién es importante.

Todo el libro de Apocalipsis se refiere, pertenece a, se trata de, o en, el venidero "día del Señor" o "el día del Señor".

El TEMA para todo el libro de Apocalipsis es el próximo "día del Señor" o "el día del Señor", que es la tribulación de siete años que viene.

Si tenemos en cuenta el TEMA del libro de Apocalipsis, es más fácil interpretar y comprender Apocalipsis. Los veintidós capítulos completos tratan sobre un evento que se avecina pronto; "el día del Señor", que es "el día del Señor".

PREGUNTA: ¿Qué es el día del Señor o día del Señor?

RESPUESTA: El día venidero del Señor es el período de tiempo, siete años, Dios derrama Su ira sobre las personas que dicen servirle. Es la última oportunidad de Dios para animar a todas las personas a rendirse a Él y a Su voluntad. Es el juicio final de los vivos, antes de la segunda venida de Jesús.

> *"Mas por tu dureza, y por tu corazón no arrepentido, atesoras para ti mismo ira para el día de la ira y de la manifestación del justo juicio de Dios."* Romanos 2:5.
>
> *"No os venguéis vosotros mismos, amados míos; antes dad lugar á la ira; porque escrito está: Mía es la venganza: yo pagaré, dice el Señor."* Romanos 12:19.

El tiempo venidero de la ira de Dios derramada sobre toda la tierra (Lucas 21:35) es el día temido del Señor profetizado y descrito a lo largo de la Biblia.

Note los siguientes textos que describen "el día del Señor".

> Sofonías 2:1-3 "*CONGREGAOS y meditad, gente no amable, Antes que pára el decreto, y el día se pase como el tamo; antes que venga sobre vosotros* ***el furor de la ira de Jehová****, antes que* ***el día de la ira de***

> ***Jehová*** *venga sobre vosotros. Buscad á Jehová todos los humildes de la tierra, que pusisteis en obra su juicio; buscad justicia, buscad mansedumbre: quizás seréis guardados en el día del enojo de Jehová."*

> Sofonías 1:14-18 "*Cercano está* ***el día grande de Jehová****, cercano y muy presuroso; voz amarga del Día de Jehová; gritará allí el valiente.* ***Día de ira*** *aquel día, día de angustia y de aprieto, día de alboroto y de asolamiento, día de tiniebla y de oscuridad, día de nublado y de entenebrecimiento, Día de trompeta y de algazara, sobre las ciudades fuertes, y sobre las altas torres. Y atribularé los hombres, y andarán como ciegos, porque pecaron contra Jehová: y la sangre de ellos será derramada como polvo, y su carne como estiércol. Ni su plata ni su oro podrá librarlos en* ***el día de la ira de Jehová****; pues toda la tierra será consumida con el fuego de su celo: porque ciertamente consumación apresurada hará con todos los moradores de la tierra."*

> Amós 5:18-*20 "¡Ay de los que desean* ***el día de Jehová****! ¿para qué queréis este día de Jehová? Será de tinieblas, y no luz: Como el que huye de delante del león, y se topa con el oso; ó si entrare en casa y arrimare su mano á la pared, y le muerda la culebra.¿No será* ***el día de Jehová*** *tinieblas, y no luz; oscuridad, que no tiene resplandor?"*

El libro de Apocalipsis describe los eventos del "día del Señor" que tendrán lugar en el tiempo del fin hasta la segunda venida de Jesús inclusive. Todo el libro de Apocalipsis aún no se ha cumplido y necesita ser estudiado y entendido bajo esa luz. Es muy importante que entendamos el mensaje del libro, pero lo que es más importante es que dediquemos nuestras vidas... corazón, mente. y alma, a Dios ahora mismo, antes de que entremos en ese temido período llamado "el tiempo de angustia" que es en el tiempo del fin (Daniel 12:4).

> *"Tú empero Daniel, cierra las palabras y sella el libro hasta el tiempo del fin: pasarán muchos, y multiplicaráse la ciencia."* Daniel 12:4.

Recuerda, Dios nunca te dejará ni te desamparará. Él permanecerá contigo hasta el final y tu pan y tu agua no faltarán (Isaías 33:13-16), si confías en Él y vives tu vida para glorificarlo.

> *"Esforzaos y cobrad ánimo; no temáis, ni tengáis miedo de ellos: que Jehová tu Dios es el que va contigo: no te dejará ni te desamparará."* Deuteronomio 31:6.

> *"Oid, los que estáis lejos, lo que he hecho; y vosotros los cercanos, conoced mi potencia. Los pecadores se asombraron en Sión, espanto sobrecogió á los hipócritas. ¿Quién de nosotros morará con el fuego consumidor? ¿quién de nosotros habitará con las llamas eternas? El que camina en justicia, y habla lo recto; el que aborrece la ganancia de violencias, el que sacude sus manos por no recibir cohecho, el que tapa su oreja por no oir sangres, el que cierra sus ojos por no ver cosa mala: Este habitará en las alturas: fortalezas de rocas serán su lugar de acogimiento; se le dará su pan, y sus aguas serán ciertas."* Isaías 33:13-16.

PREGUNTA: ¿Nuestro Creador, el Señor Dios, alguna vez destruyó el mundo entero en Su ira?

RESPUESTA: Sí. El Señor destruyó todo el mundo viviente en los días de Noé cuando envió un diluvio que destruyó todo excepto lo que estaba en el Arca. Génesis 5-9.

También derramó Su ira sobre los llanos donde estaban Sodoma y Gomorra, debido a la profundidad del pecado que ese pueblo había adoptado, destruyendo todo ser viviente (Génesis 19).

PREGUNTA: ¿Cómo sabemos que vendrá un día futuro de tribulación que la Biblia llama "el día del Señor"?

RESPUESTA: Vayamos a Mateo 24.

Mateo 24 está discutiendo dos períodos de tiempo diferentes. Note Mateo 24:1-3:

> *"Y SALIDO Jesús, íbase del templo; y se llegaron sus discípulos, para mostrarle los edificios del templo. Y respondiendo él, les dijo: ¿Veis todo esto? de cierto os digo, que no será dejada aquí piedra sobre piedra, que no sea destruída. Y sentándose él en el monte de las Olivas, se llegaron á él los discípulos aparte, diciendo: Dinos, ¿cuándo serán estas cosas, y qué señal habrá de tu venida, y del fin del mundo?"* Mateo 24:1-3.

Los discípulos querían saber (1) ¿**CUÁNDO** se desmantelarán los edificios del templo para que "no quede aquí piedra sobre piedra"? y (2) ¿**CUÁLES** son las señales de la venida de Jesús y (3) **CUÁNDO** es el fin del mundo? Tres eventos separados.

Todo Mateo 24 se trata de esos tres eventos. Esos tres eventos son: (1) 70 dC, cuando el ejército romano capturó Jerusalén y destruyó el templo, como Dios profetizó en Daniel 9:27, y (2) se trata de la segunda venida de Jesús, y (3) se trata de la destrucción de la humanidad al final de la era del pecado. A medida que uno lee Mateo 24, algunos textos se refieren solo al 70 d. C., algunos textos se refieren a la segunda venida de Jesús y (3) algunos solo al final de la era, y algunos textos tienen una aplicación dual tanto para el 70 d. C. como para el final de la edad del pecado.

PREGUNTA: ¿Qué textos en Mateo 24 tratan el tema del fin de la era del pecado?

RESPUESTA: Mateo 24:4-51. Los versículos 4-8 predicen eventos durante el próximo "pequeño tiempo de angustia" y los versículos 9-51 revelan los eventos durante el "gran tiempo de angustia", la tribulación de siete años.

PREGUNTA: ¿Qué sucede entre los versículos 8 y 9 donde (1) se produce un cambio en la forma en que se trata al pueblo de Dios, y (2) para notar que las condiciones del mundo cambian para incluir al pueblo de Dios para ser cazado como animales?

RESPUESTA: Debe haber un período de tiempo donde las condiciones empeoran para el pueblo de Dios entre el versículo 8 y el versículo 9. Mateo 24:9,21 admite: viene una gran tribulación, un período de tiempo de la ira de Dios, que será experimentado por todo este planeta.

PREGUNTA: ¿Qué textos de Mateo 24 nos ayudan a comprender el momento de la gran tribulación mencionada en el versículo 21?

¿**RESPONDER**? En Mateo 24:37-39 Jesús nos dice que la gran tribulación durará lo mismo para nosotros que el período de tiempo DESDE que Noé entró en el arca HASTA que vinieron las aguas del diluvio. Siete días de años será el tiempo de duración del "día del Señor".

> *"Mas como los días de Noé, así será la venida del Hijo del hombre. Porque como en los días antes del diluvio estaban comiendo y bebiendo, casándose y dando en casamiento, hasta el día que Noé entró en el arca, Y no conocieron hasta que vino el diluvio y llevó á todos, así será también la venida del Hijo del hombre."* Mateo 24:37-39.

PREGUNTA: ¿Cuánto tiempo pasó DESDE que Dios encerró a Noé en el Arca HASTA que las aguas del diluvio comenzaron en forma de lluvia?

RESPUESTA: Según Génesis 7:4,10 Noé estuvo en el Arca durante siete días antes de que comenzara la lluvia.

> *"**4**Porque pasados aún siete días, yo haré llover sobre la tierra cuarenta días y cuarenta noches; y raeré toda sustancia que hice de sobre la faz de la tierra...... **10**Y sucedió que al séptimo día las aguas del diluvio fueron sobre la tierra."* Génesis 7:4,10.

PREGUNTA: ¿No son siete días un período de tiempo muy corto para que tenga lugar la "gran tribulación" de Mateo 24:9 y 21?

RESPUESTA: Absolutamente. Los siete días que Noé estuvo en el arca deben convertirse en años usando el principio de día por año que convierte un día en un año para un total de siete años.

PREGUNTA: ¿Enseña la Biblia que un día profético puede ser igual a un año de tiempo?

RESPUESTA: Sí. Dios les dijo a los israelitas, recién salidos de la tierra de Egipto, que fueran a Canaán, y Él estaría con ellos y pelearía por ellos. Se negaron a confiar en Él. Después de cuarenta días de espiar la tierra, diez de los doce espías dudaron e hicieron que toda la comunidad dudara de Dios (Números 13). Por esta duda, porque cada día que estaban en la tierra como espías, Dios les hizo servir un año en el desierto: un día por un año según Números 14:34:

> *"Conforme al número de los días, de los cuarenta días en que reconocisteis la tierra, llevaréis vuestras iniquidades cuarenta años, un año por cada día; y conoceréis mi castigo."*

Todo el libro de Apocalipsis aún no se ha cumplido porque cubre un período de tiempo futuro de siete años, lo que equivale a 2520 días literales. Este principio de día por año también es válido cuando consideramos el capítulo once de Apocalipsis. Los dos testigos o dos testamentos pueden hablar durante los primeros 1260 días literales. Luego, a la mitad del camino de la tribulación de siete años, los dos testigos son "matados" o silenciados por "tres días y medio", lo que en realidad se convierte en tres años y medio, o 42 meses, la última mitad de la tribulación. 2.520 días de siete años.

> *"Y daré á mis dos testigos, y ellos profetizarán por mil doscientos y sesenta días, vestidos de sacos."* Apocalipsis 11:3.
>
> *"Y echa fuera el patio que está fuera del templo, y no lo midas, porque es dado á los Gentiles; y hollarán la ciudad santa cuarenta y dos meses."* Apocalipsis 11:2.
>
> *"Y cuando ellos hubieren acabado su testimonio, la bestia que sube del abismo hará guerra contra ellos, y los vencerá, y los matará."* Apocalipsis 11:7.
>
> *"Y los de los linajes, y de los pueblos, y de las lenguas, y de los Gentiles verán los cuerpos de ellos por tres días y medio, y no permitirán que sus cuerpos sean puestos en sepulcros."* Apocalipsis 11:9.

No debería sorprendernos que haya una tribulación de siete años al final de los tiempos. Dios ha usado un período de tiempo de siete años a lo largo de la historia bíblica. Un período de siete años para la ira de Dios (Daniel 11:36; Romanos 1:18; Apocalipsis 15:17) contra el pecado y la desobediencia no debería sorprendernos. Dios a menudo ha puesto tiempos en grupos de siete años.

La Biblia enumera numerosas veces que Dios usó un período de siete años:

1. Siete años de abundancia en los días de José: Génesis 41.

2. Siete años de hambre en los días de José: Génesis 41.

3. Siete años de locura con el rey Nabucodonosor: Daniel 4.

4. Jacob sirvió siete años por cada una de sus dos esposas: Génesis 29.

5. Hubo siete años de hambre en los días de Eliseo: 2 Reyes 8:1.

6. La mujer viuda volvió a su casa después de siete años: 2 Reyes 8:1-6.

7. Joás tenía siete años cuando comenzó a reinar: 2 Reyes 11:21.

8. Salomón tardó siete años en construir el templo de Dios: 1 Reyes 6:38.

9. Un hebreo podía ser esclavo de un hebreo solo durante siete años: Jeremías 34:14.

10. Los israelitas debían quemar las armas de sus enemigos durante siete años: Ezequiel 39:9.

11. Ana, la profetisa, estuvo casada durante siete años: Lucas 2:36.

12. El año 70 de Daniel 9 duró siete años.

13. El ministerio de Jesús más el ministerio de los Apóstoles es igual a siete años.

14. Jesús ha prometido una tribulación de siete años antes de que Él venga por segunda vez.

PREGUNTA: ¿Qué hace que este período de siete años sea difícil de aceptar para la gente hoy?

RESPUESTA: No tenemos ningún problema en aceptar los siete años de abundancia y los siete años de hambre en los días de José, porque no estuvimos allí y no nos afectó directamente.

Pero este futuro período de siete años nos afecta directamente a nosotros y a nuestras ideas preconcebidas sobre la segunda venida de Jesús. No nos gusta la idea de tener que esperar siete años más para la segunda venida de Jesús.

A todos se nos ha enseñado a pensar que Jesús puede regresar a la tierra para Su segunda venida en cualquier momento. Cantamos el cántico que dice "Jesús puede venir en la mañana, al mediodía o incluso en la noche, este mismo día"; y eso es absolutamente cierto si morimos inesperadamente, pero eso no es cierto en la segunda venida de Jesús en las nubes. También conocemos el dicho de que Jesús puede venir "como ladrón en la noche", lo que significa que su venida es inminente en lugar de ser una sorpresa.

> *"Porque vosotros sabéis bien, que el día del Señor vendrá así como ladrón de noche."* 1 Tesalonicenses 5:2

> *"Mas el día del Señor vendrá como ladrón en la noche; en el cual los cielos pasarán con grande estruendo, y los elementos ardiendo serán deshechos, y la tierra y las obras que en ella están serán quemadas."* 2 Pedro 3:10.

Pero estos textos anteriores no se aplican a la segunda venida de Jesús. Estos textos se aplican a la tribulación de siete años venidera "día del Señor" o "día del Señor" como se menciona en Apocalipsis 1:10.

Así como Dios usó un período de siete años para revelarse a sí mismo y su ira en el pasado, también lo hará en el futuro, ya sea que lo aceptemos o no.

DESARROLLANDO UN CRONOGRAMA DE PROFECÍA PARA LA TRIBULACIÓN DE SIETE AÑOS CONSIDERANDO DANIEL 12:11,12:

> *"Y desde el tiempo que fuere quitado el continuo sacrificio hasta la abominación espantosa, habrá mil doscientos y noventa días. Bienaventurado el que esperare, y llegare hasta mil trescientos treinta y cinco días."* Daniel 12:11,12.

Estos versículos, Daniel 12:11,12, son tremendamente importantes y deben entenderse correctamente del idioma original. Para ser absolutamente preciso, la palabra "sacrificio", que está en cursiva en la mayoría de las Biblias, ya que fue añadida, debe eliminarse del versículo. No pertenece allí, por lo que se lee:

> *"Y desde el tiempo que fuere quitado el continuo hasta la abominación espantosa, habrá mil doscientos y noventa días. Bienaventurado el que esperare, y llegare hasta mil trescientos treinta y cinco días."*

Poniendo este texto en mis propias palabras se puede leer:

> *establecida la abominación desoladora, habrá 1.290 días. Bienaventurados los que llegan a los 1.335 días."*

Si observa el versículo 11 en una línea de tiempo horizontal, aparecería así:

CONTINUO 1,290 DIAS ABOMINACIÓN
PROHIBIDO I________________________________I DE DESOLACIÓN

Vuelva a leer esto con mucho cuidado para captar el significado previsto:

"**DESDE EL TIEMPO** que se quita el continuo **HASTA QUE SE ESTABLECE** la abominación desoladora habrá **1,290 días** de tiempo.

El versículo 12 continúa diciendo:

> *"Bienaventurado el que esperare, y llegare hasta mil trescientos treinta y cinco días."*

Si observa ambos versículos en una línea de tiempo horizontal, se vería así:

CONTINUO 1,290 DIAS ABOMINACIÓN
PROHIBIDO I________________________I DE DESOLACIÓN

CONTINUO 1,335 DIAS BENDICIÓN
PROHIBIDO I____________________________I ESPECIAL

A lo largo del libro de Daniel y Apocalipsis se dan una serie de períodos de tiempo proféticos. Cada período de tiempo tiene un punto de inicio y un punto final en el tiempo. Si se puede determinar el punto inicial o final del tiempo, entonces se puede mapear todo el período de tiempo.

Este autor está tomando las siguientes posiciones:

(1) Se puede desarrollar una línea de tiempo para los libros de Daniel y Apocalipsis.

(2) La línea de tiempo considera la tribulación de siete años.

(3) La tribulación de siete años equivale a 2.520 días literales.

(4) La línea de tiempo se divide por igual en 36 períodos de 70 días.

(5) Daniel 12:11,12 revela el comienzo de la línea de tiempo.

(6) La línea de tiempo comienza cuando se quita el "Continuo".

(7) La segunda venida de Jesús es al final de los 2520 días.

(8) Los 1000 años de Apocalipsis 20 comienzan después del segundo advenimiento.

(9) La eternidad comienza después de que hayan pasado los 1000 años.

Durante este curso de estudio del libro de Apocalipsis, desarrollaremos la línea de tiempo para demostrar la información en sus capítulos. El siguiente diseño de línea de tiempo será la guía que utilizaremos. El siguiente cuadro revela:

(1) El título de la tabla, (2) el evento que comienza la tribulación de siete años, (3) los 2520 días literales que componen los siete años, (4) la línea media que divide igualmente la línea de tiempo en dos mitades iguales o alas, (5) el período final de 70 días al final de los siete años, (6) el tiempo sugerido para la segunda venida de Jesús, (7) los 1000 años de Apocalipsis 20, y (8) la ETERNIDAD que comienza después de que terminen los 1000 años.

Puede haber algunas preguntas para entender este gráfico de tiempo. Este gráfico se explica completamente en detalle en el libro "COMPRENSIÓN EL LIBRO DE DANIEL PARA ESTA GENERACIÓN" por Earl Schrock, disponible en la mayoría de los vendedores de libros en línea.

Una de las preguntas que podría hacer un estudiante de la Biblia observador es el propósito de la brecha de 70 días ubicada al final de la línea de tiempo de siete años anterior. Esto se debe a que los 2520 días se dividen por igual en 36 intervalos o períodos de tiempo de 70 días cada uno, como se muestra en el siguiente gráfico. Es importante darse cuenta de esas divisiones durante el período total de tiempo de la gran tribulación, pero especialmente la importancia del último intervalo de 70 días.

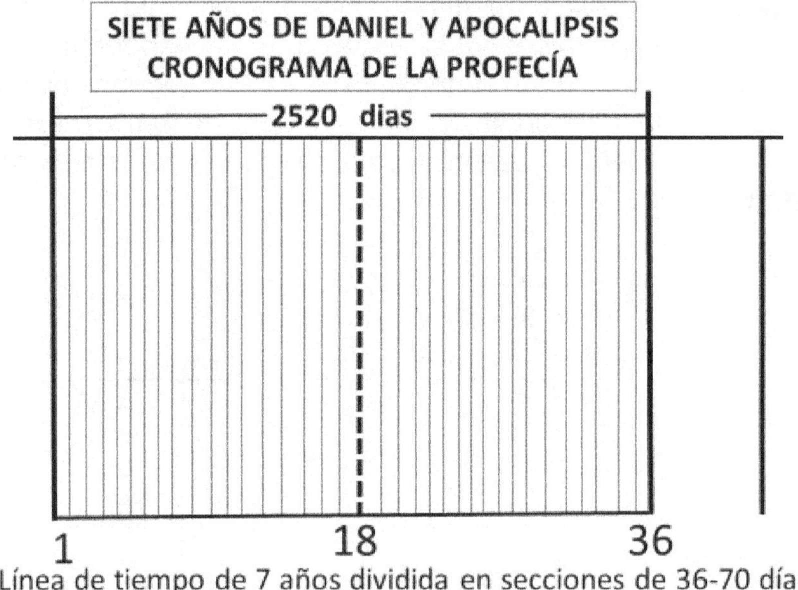

(Línea de tiempo de 7 años dividida en secciones de 36-70 días)

PREGUNTA: En el cuadro anterior, antes de este, ¿por qué hay un intervalo de tiempo de 70 días después de la segunda venida de Jesús?

RESPUESTA: La brecha de 70 días, al final de la tribulación de 2520 días, tiene dos propósitos principales. (1) Las plagas de Apocalipsis 16 se derraman sobre toda la humanidad restante durante ese tiempo. Y (2) Dios prometió acortar el tiempo para la salvación y protección de Su pueblo.

> *"Y si aquellos días no fuesen acortados, ninguna carne sería salva; mas por causa de los escogidos, aquellos días serán acortados."* Mateo 24:22.

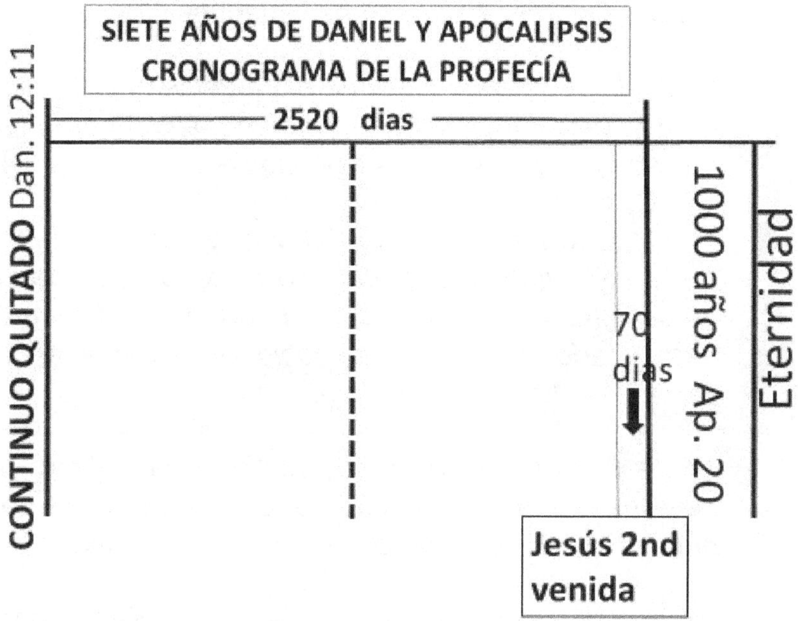

PREGUNTA: ¿Es extraño que Dios apartara los últimos setenta (70) días de la tribulación de 2520 días para derramar las últimas plagas de Apocalipsis 16 sobre la humanidad rebelde?

RESPUESTA: Absolutamente no. Dios ha usado el número setenta (70) a lo largo de la Biblia en varias ocasiones diferentes y para varios propósitos diferentes. Es bastante apropiado que Dios use "tres sesenta días y diez" para completar Su "tiempo de ira" sobre la humanidad rebelde.

> *"Y partiendo de Mara, vinieron á Elim, donde había doce fuentes de aguas, y setenta palmeras; y asentaron allí."* Números 33:9.

> *"Los días de nuestra edad son setenta años; Que si en los más robustos son ochenta años, Con todo su*

fortaleza es molestia y trabajo; Porque es cortado presto, y volamos." Salmos 90:10.

"Y tuvo Gedeón setenta hijos que salieron de su muslo, porque tuvo muchas mujeres." Juecues 8:30.

"Y diéronle setenta siclos de plata del templo de Baal-berith, con los cuales Abimelech alquiló hombres ociosos y vagabundos, que le siguieron." Jueces 9:4.

"Y respondió el ángel de Jehová, y dijo: Oh Jehová de los ejércitos, ¿hasta cuándo no tendrás piedad de Jerusalem, y de las ciudades de Judá, con las cuales has estado airado por espacio de setenta años?" Zacarías 1:12.

"Y los hijos de José, que le nacieron en Egipto, dos personas. Todas las almas de la casa de Jacob, que entraron en Egipto, fueron setenta." Génesis 46:27.

"Para que se cumpliese la palabra de Jehová por la boca de Jeremías, hasta que la tierra hubo gozado sus sábados: porque todo el tiempo de su asolamiento reposó, hasta que los setenta años fueron cumplidos." 2 Crónicas 36:21.

PREGUNTA: ¿Por qué nadie ha descubierto la información anterior hasta ahora?

RESPUESTA: Una porción del libro de Apocalipsis, como el libro de Daniel (Daniel 12:4), fue sellada por Dios, hasta que sea el momento adecuado para que sea abierto y entendido.

> *"Y cuando los siete truenos hubieron hablado sus voces, yo iba á escribir, y oí una voz del cielo que me decía: Sella las cosas que los siete truenos han hablado, y no las escribas."* Apocalipsis 10:4.

Dios tiene un tiempo señalado para todo. Él revelará lo que quiere revelar, cuando sea Su tiempo para revelarlo, y no antes.

> "*Aunque la visión tardará aún por tiempo, mas al fin hablará, y no mentirá: aunque se tardare, espéralo, que sin duda vendrá; no tardará.*" Habacuc 2:3.

> ""*Y dijo: He aquí yo te enseñaré lo ha de venir en el fin de la ira: porque al tiempo se cumplirá" Daniel 8:19.*" Daniel 8:19.

> *"Y algunos de los sabios caerán para ser purgados, y limpiados, y emblanquecidos, hasta el tiempo determinado: porque aun para esto hay plazo."* Daniel 11:35.

Intentar comprender e interpretar la profecía bíblica ha sido la meta de cada generación desde que las profecías se escribieron, leyeron y publicaron por primera vez. Cada generación sucesiva interpretó la profecía bíblica con el conocimiento y la mentalidad que poseía. Cada generación, desde el momento en que el libro de Apocalipsis estuvo disponible al público, intentó hacer que cada profecía fuera personal, aplicándola a ellos mismos para el día en que vivieron y experimentaron, creyendo que se aplicaba a ellos "viviendo en los últimos días".

Todos creemos lo que nos han enseñado los que vivieron en la generación anterior a la nuestra. Muchas personas hoy en día están satisfechas con las interpretaciones y entendimientos pasados de la profecía bíblica que aprendieron de otros y no tienen interés en buscar una posible mejor conclusión o interpretación profética. Pero, ¿y esta generación? ¿Deberíamos contentarnos con permanecer bajo la comprensión de las personas que vivieron generaciones antes que nosotros? A menos que una persona deje de lado las ideas preconcebidas de la profecía bíblica, entonces lo que le han enseñado aquellos a quienes otros enseñaron, continuará creyendo y enseñando la misma verdad y errores a las generaciones futuras. Necesitamos estudiar la Biblia por nosotros mismos para estar seguros de que lo que creemos es la verdad según la Biblia, tal como se aplica a nuestra generación. El día oportuno en el que vivimos no nos permite simplemente aceptar la opinión de los demás.

> *"¿**Quién** subirá al monte de Jehová? ¿Y **quién** estará en el lugar de su santidad? El limpio de manos, y puro de corazón: El que no ha elevado su alma á la vanidad, Ni jurado con engaño. El recibirá bendición de Jehová, Y justicia del Dios de salud. **Tal es la generación** de los que le buscan, De los que buscan tu rostro, oh Dios de Jacob. (Selah.)"* Salmo 24:3-6.

Cada uno de nosotros somos el producto de nuestro entorno. Solo sabemos lo que nos han enseñado o aprendido de los demás y de las influencias que nos rodean. Somos influenciados por los líderes en nuestras vidas, como padres, maestros, pastores y otras personas. Estamos influenciados por los libros que leemos, la televisión y las películas que vemos, el internet, la radio que escuchamos, así como las revistas, los videojuegos, etc. Estamos influenciados por nuestros amigos y a veces por nuestros enemigos, ya sea de forma directa. o comunicación indirecta o conversación casual. Pero para estudiar y entender correctamente la Biblia, debemos dejar de lado todo lo que sabemos y entendemos, para acercarnos a la Biblia con una mente abierta. Debemos entender que la Biblia es la única fuente de verdad en la que podemos confiar. Sola Scriptura: La Biblia solamente. Debemos ser capaces de defender la Biblia por medio de la Biblia y ningún otro material extrabíblico.

Debemos interpretar la Biblia por nosotros mismos mientras somos guiados por el Espíritu Santo que mora en nosotros y nos guiará a toda la verdad:

> *"Pero cuando viniere aquel Espíritu de verdad, él os guiará á toda verdad; porque no hablará de sí mismo, sino que hablará todo lo que oyere, y os hará saber las cosas que han de venir."* Juan 16:13.

Para ser un vaso de Dios, se necesita una mente abierta y un corazón receptivo, ya que somos moldeados como barro en Sus manos a través de Su Palabra. Ser testarudo promueve la dureza de corazón.

> *"Ahora pues, Jehová, tú eres nuestro padre; nosotros lodo, y tú el que nos formaste; así que obra de tus manos, todos nosotros."* Isaías 64:8.

A veces debemos desafiarnos a nosotros mismos y a nuestro entendimiento de la Biblia. Podemos desafiar nuestras propias ideas sobre la interpretación de las profecías bíblicas al considerar un punto de vista opcional. Una vez que se ha considerado una visión opcional de la interpretación de la profecía bíblica, cada persona tiene la opción de continuar con su interpretación original o modificar su forma de entender la profecía bíblica a la luz del tiempo actual en el que vive.

Por favor, no cierre este pequeño libro en ningún momento porque no fluye con sus propias ideas preconcebidas. Pon a prueba tus conceptos con este librito y con la Palabra de Dios. Que se diga de vosotros lo que se dijo acerca de los de Berea en los días de Pablo en Hechos 17:11:

> *"Y fueron estós más nobles que los que estaban en Tesalónica, pues recibieron la palabra con toda solicitud, escudriñando cada día las Escrituras, si estas cosas eran así."* Hechos 17:11.

APOCALIPSIS 1:10,11

"Yo fuí en el Espíritu en el día del Señor, y oí detrás de mí una gran voz como de trompeta, Que decía: Yo soy el

Alpha y Omega, el primero y el último. Escribe en un libro lo que ves, y envía lo á las siete iglesias que están en Asia; á Efeso, y á Smirna, y á Pérgamo, y á Tiatira, y á Sardis, y á Filadelfia, y á Laodicea."

PREGUNTA: ¿Por qué es importante que Juan revele el sonido que está escuchando mientras está en visión como una "gran voz como de trompeta"?

RESPUESTA: El sonido de la trompeta en toda la Biblia es un dispositivo de comunicación para y para el pueblo de Dios. El sonido de la trompeta en el libro de Apocalipsis es un mensaje de Dios para los santos de los últimos tiempos, así como Su voz era como una trompeta en los días de Moisés:

> *"Porque no os habéis llegado al monte que se podía tocar, y al fuego encendido, y al turbión, y á la oscuridad, y á la tempestad, Y al sonido de la trompeta, y á la voz de las palabras, la cual los que la oyeron rogaron que no se les hablase más."* Hebreos 12:18,19.

> *"Todo el pueblo consideraba las voces, y las llamas, y el sonido de la bocina, y el monte que humeaba: y viéndolo el pueblo, temblaron, y pusiéronse de lejos. Y dijeron á Moisés: Habla tú con nosotros, que nosotros oiremos; mas no hable Dios con nosotros, porque no muramos."* Éxodo 20:18,19.

El sonido de una trompeta, o shofar, en el Antiguo Testamento, se usaba tanto en tiempos de paz como en tiempos de guerra. Se usaba para convocar asambleas, para juntar diferentes consejeros, en diferentes tiempos, para diferentes ocasiones.

> "*Y JEHOVA habló á Moisés, diciendo: Hazte dos trompetas de plata; de obra de martillo las harás, las cuales te servirán para convocar la congregación, y para hacer mover el campo. Y cuando las tocaren, toda la congregación se juntará á ti á la puerta del tabernáculo*

del testimonio. Mas cuando tocaren sólo la una, entonces se congregarán á ti los príncipes, las cabezas de los millares de Israel. Y cuando tocareis alarma, entonces moverán el campo de los que están alojados al oriente. Y cuando tocareis alarma la segunda vez, entonces moverán el campo de los que están alojados al mediodía: alarma tocarán á sus partidas. Empero cuando hubiereis de juntar la congregación, tocaréis, mas no con sonido de alarma. Y los hijos de Aarón, los sacerdotes, tocarán las trompetas; y las tendréis por estatuto perpetuo por vuestras generaciones. Y cuando viniereis á la guerra en vuestra tierra contra el enemigo que os molestare, tocaréis alarma con las trompetas: y seréis en memoria delante de Jehová vuestro Dios, y seréis salvos de vuestros enemigos. Y en el día de vuestra alegría, y en vuestras solemnidades, y en los principios de vuestros meses, tocaréis las trompetas sobre vuestros holocaustos, y sobre los sacrificios de vuestras paces, y os serán por memoria delante de vuestro Dios: Yo Jehová vuestro Dios." Números 10:1-10.

"*Blow the trumpet in Zion, sanctify a fast, call a solemn assembly: Gather the people, sanctify the congregation, assemble the elders, gather the children, and those that suck the breasts: let the bridegroom go forth of his chamber, and the bride out of her closet.*" Joel 2:15,16.

"*Circuncidaos á Jehová, y quitad los prepucios de vuestro corazón, varones de Judá y moradores de Jerusalem; no sea que mi ira salga como fuego, y se encienda y no haya quien apague, por la malicia de vuestras obras. Denunciad en Judá, y haced oid en Jerusalem, y decid: Sonad trompeta en la tierra. Pregonad, juntad, y decid: Reuníos, y entrémonos en las ciudades fuertes. Alzad bandera en Sión, juntaos, no os detengáis; porque yo hago venir mal del aquilón, y quebrantamiento grande.*" Jeremías 4:4-6.

> *"CLAMA á voz en cuello, no te detengas; alza tu voz como trompeta, y anuncia á mi pueblo su rebelión, y á la casa de Jacob su pecado. Que me buscan cada día, y quieren saber mis caminos, como gente que hubiese obrado justicia, y que no hubiese dejado el derecho de su Dios: pregúntanme derechos de justicia, y quieren acercarse á Dios.* Isaías 58:1,2.

El sonido de la trompeta en el libro de Apocalipsis es muy importante para que la gente de Dios del tiempo del fin se dé cuenta. En el libro de Apocalipsis hay siete trompetas sonando, comenzando en Apocalipsis capítulo ocho versículo dos. Esos toques de trompeta son mensajes específicos de Jesús a sus santos de los últimos días, las siete iglesias (Jeremías 6:17,18). El deseo del estudiante de la Biblia es entender cuál es cada uno de esos siete mensajes, dirigidos a los santos o siervos de Dios, que viven en la última generación en el momento de la gran tribulación.

> *"Desperté también sobre vosotros atalayas, que dijesen: Escuchad á la voz de la trompeta. Y dijeron ellos: No escucharemos. Por tanto oid, gentes, y conoce, oh conjunto de ellas."* Jeremías 6:17,18.

EL ALFA Y LA OMEGA

La frase, *"Yo soy el Alfa y la Omega"* se menciona cuatro veces en el Libro de Apocalipsis en: 1:8,11; 21:6; 22:13 como se muestra a continuación.

> *"Yo soy el Alpha y la Omega, principio y fin, dice el Señor, que es y que era y que ha de venir, el Todopoderoso."* Apocalipsis 1:8.

> *"Que decía: Yo soy el Alpha y Omega, el primero y el último. Escribe en un libro lo que ves, y envía lo á las siete iglesias que están en Asia; á Efeso, y á Smirna,*

> *y á Pérgamo, y á Tiatira, y á Sardis, y á Filadelfia, y á Laodicea."* Apocalipsis 1:11.
>
> *"Y díjome: Hecho es. Yo soy Alpha y Omega, el principio y el fin. Al que tuviere sed, yo le daré de la fuente del agua de vida gratuitamente."* Apocalipsis 21:6.
>
> *"Al oriente tres puertas; al norte tres puertas; al mediodiá tres puertas; al poniente tres puertas."* Apocalipsis 22:13.

PREGUNTA: ¿Quién es *"Alfa y Omega, el primero y el último*"?

RESPUESTA: El Alfa y la Omega son tanto Dios Padre como Jesús Hijo.

PREGUNTA: ¿Por qué Juan nos dice que el Alfa y la Omega envía un mensaje a las siete iglesias que Él nombra?

RESPUESTA: Dios el Padre y Su Hijo tienen un mensaje especial, especialmente para los siervos de Dios del tiempo del fin. Ese despacho especial personal está escondido en los mensajes a las siete iglesias como se muestra en los capítulos dos y tres de Apocalipsis. Las iglesias mencionadas en realidad no son iglesias individuales en Asia porque no había iglesias individuales en la época de Juan. Había pequeñas asambleas que estaban dispersas por estas siete comunidades mencionadas que se reunían en secreto en lugares privados. Las iglesias mencionadas en el Libro de Apocalipsis son siete categorías de personas, los santos de los últimos días de Dios, que se encuentran en la última generación, posiblemente en esta misma generación.

APOCALIPSIS 1:12,13

> ***"Y me volví á ver la voz que hablaba conmigo: y vuelto, vi siete candeleros de oro; Y en medio de los siete candeleros, uno semejante al Hijo del hombre,***

vestido de una ropa que llegaba hasta los pies, y ceñido por los pechos con una cinta de oro."

Cuando Juan se volvió en la dirección de la voz como una trompeta, vio siete candelabros de oro individuales, no candelabros reales, con una persona de pie en medio de ellos.

PREGUNTA: En el libro de Apocalipsis, ¿qué representa un candelabro?

RESPUESTA: Según Apocalipsis 1:20 "los siete candeleros que has visto son las siete iglesias". Los siete candeleros o candeleros representan las siete iglesias que Juan menciona en los versículos 4 y 11. Como discutimos anteriormente, las siete iglesias o asambleas representan la última generación de "siervos de Dios" del tiempo del fin, mencionada en el versículo uno.

PREGUNTA: ¿Qué es exactamente un candelabro?

RESPUESTA: Un candelabro es en realidad una lámpara alimentada por aceite. En el Antiguo Testamento, el único candelabro de oro tenía siete cuencos separados unidos a él y la llama se alimentaba del aceite de oliva que fluía de cada cuenco de aceite unido a cada lámpara. El candelabro de los días de Moisés se describe en Éxodo 25:31-40:

> *"Harás además un candelero de oro puro; labrado á martillo se hará el candelero: su pie, y su caña, sus copas, sus manzanas, y sus flores, serán de lo mismo: Y saldrán seis brazos de sus lados: tres brazos del candelero del un lado suyo, y tres brazos del candelero del otro su lado: Tres copas en forma de almendras en el un brazo, una manzana y una flor; y tres copas, figura de almendras en el otro brazo, una manzana y una flor: así pues, en los seis brazos que salen del candelero: Y en el candelero cuatro copas en forma de almendras, sus manzanas y sus flores. Habrá una manzana debajo*

> *de los dos brazos de lo mismo, otra manzana debajo de los otros dos brazos de lo mismo, y otra manzana debajo de los otros dos brazos de lo mismo, en conformidad á los seis brazos que salen del candelero. Sus manzanas y sus brazos serán de lo mismo, todo ello una pieza labrada á martillo, de oro puro. Y hacerle has siete candilejas, las cuales encenderás para que alumbren á la parte de su delantera: También sus despabiladeras y sus platillos, de oro puro. De un talento de oro fino lo harás, con todos estos vasos. Y mira, y hazlos conforme á su modelo, que te ha sido mostrado en el monte."* Éxodo 25:31-40.

El único candelabro de oro de siete copas que Moisés hizo para el templo o santuario, siguiendo el plano que Dios proporcionó, no debe confundirse con los siete candelabros que Juan vio en su visión. El candelabro de Moisés era singular, con siete tazones, pero la visión que tiene Juan muestra siete candelabros de oro distintos, separados e independientes. Estos candelabros estaban lo suficientemente separados como para que la persona, según vio Juan, pudiera caminar en medio de ellos o entre ellos.

PREGUNTA: ¿Por qué elegiría Dios representar a los siervos de Dios de los últimos tiempos como siete candelabros de oro?

RESPUESTA: El pueblo de Dios debe ser la luz del mundo, sostenido por el Espíritu Santo que mora en nosotros, representado por el aceite. Ellos son Sus embajadores, brillando la luz de Cristo a un mundo perdido y oscuro a través del poder del Espíritu Santo. Su mensaje es la última esperanza del mundo.

> "*Vosotros sois la luz del mundo: una ciudad asentada sobre un monte no se puede esconder.*" Mateo 5:14.

> "*Y dijo: Poco es que tú me seas siervo para levantar las tribus de Jacob, y para que restaures los asolamientos*

de Israel: también te dí por luz de las gentes, para que seas mi salud hasta lo postrero de la tierra." Isaías 49:6

"BIENAVENTURADO el hombre que teme á Jehová, Y en sus mandamientos se deleita en gran manera. Su simiente será poderosa en la tierra: La generación de los rectos será bendita. Hacienda y riquezas hay en su casa; Y su justicia permanece para siempre. Resplandeció en las tinieblas luz á los rectos: Es clemente, y misericordioso, y justo. El hombre de bien tiene misericordia y presta; Gobierna sus cosas con juicio. Por lo cual no resbalará para siempre: En memoria eterna será el justo. De mala fama no tendrá temor: Su corazón está apercibido, confiado en Jehová. Asentado está su corazón, no temerá, Hasta que vea en sus enemigos su deseo. Esparce, da á los pobres: Su justicia permanece para siempre; Su cuerno será ensalzado en gloria. Verálo el impío, y se despechará; Crujirá los dientes, y se repudrirá: Perecerá el deseo de los impíos." Salmos 112.

PREGUNTA: ¿El Espíritu Santo está representado en alguna parte de la Biblia como aceite?

RESPUESTA: Sí. Ungir a uno con aceite es ungir a uno con el Espíritu Santo. Ser un vaso lleno de aceite es también tener el Espíritu Santo morando dentro.

"Envió pues por él, é introdújolo; el cual era rubio, de hermoso parecer y de bello aspecto. Entonces Jehová dijo: Levántate y úngelo, que éste es. Y Samuel tomó el cuerno del aceite, y ungiólo de entre sus hermanos: y desde aquel día en adelante el espíritu de Jehová tomó á David. Levantóse luego Samuel, y volvióse á Rama." 1 Samuel 16:12,13.

"ENTONCES el reino de los cielos será semejante á diez vírgenes, que tomando sus lámparas, salieron á

> *recibir al esposo. Y las cinco de ellas eran prudentes, y las cinco fatuas. Las que eran fatuas, tomando sus lámparas, no tomaron consigo aceite; Mas las prudentes tomaron aceite en sus vasos, juntamente con sus lámparas."* Mateo 25:1-4.

PREGUNTA: ¿Cómo se tiene aceite extra para momentos de dificultad?

RESPUESTA: El aceite extra del Espíritu se mantiene teniendo un caminar diario con Dios, pasando tiempo con Él en oración y leyendo Su preciosa Palabra todos los días.

PREGUNTA: ¿Por qué los siervos de Dios de los últimos días se muestran como candelabros y no como velas?

RESPUESTA: Así como el candelero en los días de Moisés no tenía vela, tampoco los siervos de Dios de los últimos días son representados como velas. La luz que proviene tanto del candelabro en los días de Moisés como del candelero de la última generación, es el resultado del aceite, no de la cera ni de la mecha. El combustible de la llama en un candelero es el aceite. Los santos de los últimos días de Dios no producen ni sostienen la llama de la verdad de forma independiente, como lo haría una vela, son luces para el mundo debido al aceite que está dentro, que es el Espíritu Santo que mora en nosotros.

APOCALIPSIS 1:13-16

> ***"Y en medio de los siete candeleros, uno semejante al Hijo del hombre, vestido de una ropa que llegaba hasta los pies, y ceñido por los pechos con una cinta de oro. Y su cabeza y sus cabellos eran blancos como la lana blanca, como la nieve; y sus ojos como llama de fuego; Y sus pies semejantes al latón fino, ardientes como en un horno; y su voz como ruido de muchas aguas. Y tenía en su diestra siete estrellas: y de su boca salía una espada aguda***

de dos filos. Y su rostro era como el sol cuando resplandece en su fuerza."

Juan ve los siete candelabros de oro con una persona caminando dentro de ellos. La escritura dice que su apariencia es "semejante al Hijo del Hombre".

PREGUNTA: ¿Quién es el "Hijo del Hombre"?

RESPUESTA: El Hijo del Hombre es Jesús mismo.

> *"Porque como estuvo Jonás en el vientre de la ballena tres días y tres noches, así estará el Hijo del hombre en el corazón de la tierra tres días y tres noches."* Mateo 12:40.

> *"Y comenzó á enseñarles, que convenía que el Hijo del hombre padeciese mucho, y ser reprobado de los ancianos, y de los príncipes de los sacerdotes, y de los escribas, y ser muerto, y resucitar después de tres días."* Marcos 8:31.

> *"Y el siguiente día, que es después de la preparación, se juntaron los príncipes de los sacerdotes y los Fariseos á Pilato, Diciendo: Señor, nos acordamos que aquel engañador dijo, viviendo aún: Después de tres días resucitaré. Manda, pues, que se asegure el sepulcro hasta el día tercero; porque no vengan sus discípulos de noche, y le hurten, y digan al pueblo: Resucitó de los muertos. Y será el postrer error peor que el primero. Y Pilato les dijo: Tenéis una guardia: id, aseguradlo como sabéis. Y yendo ellos, aseguraron el sepulcro, sellando la piedra, con la guardia."* Mateo 27:62-66.

PREGUNTA: ¿Por qué Jesús camina en medio de los siete candelabros de oro?

RESPUESTA: Hay un par de razones sugeridas. (1) Jesús nunca dejará ni desamparará a Su pueblo. Él los protege y los sostiene. (2) La luz de los siete candelabros de oro, que representan a “los siervos de Dios”, proviene del Señor Jesús. Él es su luz, que comparten con el resto de la humanidad. (3) Estos “siervos de Dios” han desarrollado una estrecha relación con el Salvador y Él con ellos.

> *“Sean las costumbres vuestras sin avaricia; contentos de lo presente; porque él dijo: No te desampararé, ni te dejaré.”* Hebreos 13:5.

> *“Y hablóles Jesús otra vez, diciendo: Yo soy la luz del mundo: el que me sigue, no andará en tinieblas, mas tendrá la lumbre de la vida.”* Juan 8:12.

Note los atributos de Jesús en estos versículos:

1. Está caminando en medio de los siervos de Dios.
2. Está vestido con una prenda que le llega hasta los pies.
3. Tiene una banda de oro alrededor de Su cintura.
4. Su cabeza y cabello es blanco como la lana y la nieve.
5. Sus ojos son como una llama de fuego.
6. Sus pies son de bronce, como el bronce fino y purificado.
7. Su voz es como el sonido de muchas aguas.
8. En su mano derecha tiene siete estrellas.
9. De su boca sale una espada aguda de dos filos.
10. Su rostro brilla tan brillante como el sol.

A medida que avancemos en el libro de Apocalipsis, muchas de estas características se usarán para referirse a Jesús. Esto nos ayuda y refuerza el hecho de que las palabras asociadas con esos atributos son en realidad las palabras de Jesús viniendo a nosotros a través del Espíritu Santo. En toda la Biblia, el libro de Apocalipsis es el único libro patrocinado por Jesús mismo.

Los primeros siete atributos anteriores, y el último, no necesitan comentarios, en este punto se explican por sí mismos. Pero los números 8 y 9 necesitan que se les agregue más información.

PREGUNTA: En el número 8 anterior, ¿qué significa que las siete estrellas están en Su mano derecha?

RESPUESTA: Estar en la mano derecha es estar en una posición de control por parte de quien los sostiene. Jesús tiene el control completo de Aquel representado por las siete estrellas.

> *"Mi fortaleza y mi canción es JAH; Y él me ha sido por salud. Voz de júbilo y de salvación hay en las tiendas de los justos: La diestra de Jehová hace proezas. La diestra de Jehová sublime: La diestra de Jehová hace valentías."* Salmo 118:14-16.

PREGUNTA: ¿Qué representan las siete estrellas en Su mano derecha?

RESPUESTA: Según Apocalipsis 1:20 "Las siete estrellas son los ángeles (mensajeros) de las siete iglesias". Como discutimos anteriormente, la palabra ángel proviene de la palabra griega "aggelos", pronunciada "angelos", y significa "mensajero". También descubrimos que el Ángel o Mensajero que le está trayendo a Juan la visión del Apocalipsis, de Jesús, es en realidad el Espíritu Santo. Entonces las siete estrellas, en la mano derecha de Jesús, representan al Espíritu Santo. Su trabajo es hacer y decir cualquier cosa que Jesús le diga que haga y diga.

> *"Aun tengo muchas cosas que deciros, mas ahora no las podéis llevar. Pero cuando viniere aquel Espíritu de verdad, él os guiará á toda verdad; porque no hablará de sí mismo, sino que hablará todo lo que oyere, y os hará saber las cosas que han de venir. El me glorificará: porque tomará de lo mío, y os lo hará saber. Todo lo que tiene el Padre, mío es: por eso dije que tomará de lo mío, y os lo hará saber."* Juan 16:12-15.

Además, es muy importante entender que las siete estrellas, que representan al Espíritu Santo, es el Mensajero de los siervos de Dios, las siete iglesias o asambleas. Esto también es verificado por siete versículos diferentes que se encuentran en los capítulos dos y tres de Apocalipsis que dicen:

"El que tiene oído, oiga lo que el Espíritu dice á las iglesias." Apocalypsis 1:6.

PREGUNTA: ¿Cuál es el significado de la declaración: *"y de su boca salía una espada aguda de dos filos"*?

RESPUESTA: La espada representa los 66 Libros de la Santa Biblia. Se llama la Palabra de Dios. Jesús también es llamado la Palabra en Juan 1:1. La Palabra de Dios, la verdad de la salvación, viene de Jesús a nosotros a través del Espíritu Santo.

> *"Sirviendo con buena voluntad, como al Señor, y no á los hombres."* Efesios 6:17.

> *"Porque la palabra de Dios es viva y eficaz, y más penetrante que toda espada de dos filos: y que alcanza hasta partir el alma, y aun el espíritu, y las coyunturas y tuétanos, y discierne los pensamientos y las intenciones del corazón."* Hebreos 4:12.

> *"EN el principio era el Verbo, y el Verbo era con Dios, y el Verbo era Dios. Este era en el principio con Dios.*

Todas las cosas por él fueron hechas; y sin él nada de lo que es hecho, fué hecho." Juan 1:1-3.

Jesús habló para que el mundo existiera. Él es la Palabra. Él es el tema de la Palabra. Jesús es la Palabra viviente y la Palabra hablada. Es una imagen apropiada de la espada de dos filos que sale de Su boca. Esa Palabra también incluye el libro de Apocalipsis.

La espada, la Palabra de Dios, la Santa Biblia, se menciona numerosas veces en el libro de Apocalipsis. Están:

> *"Y tenía en su diestra siete estrellas: y de su boca salía una espada aguda de dos filos. Y su rostro era como el sol cuando resplandece en su fuerza."* Apocalipsis 1:16.
>
> *"Y escribe al ángel de la iglesia en PÉRGAMO: El que tiene la espada aguda de dos filos, dice estas cosas: ... Arrepiéntete, porque de otra manera vendré á ti presto, y pelearé contra ellos con la espada de mi boca."* Apocalipsis 2:12 y 16.
>
> *"Y cuando él abrió el segundo sello, oí al segundo animal, que decía: Ven y ve. Y salió otro caballo bermejo: y al que estaba sentado sobre él, fué dado poder de quitar la paz de la tierra, y que se maten unos á otros: y fuéle dada una grande espada."* Apocalipsis 6:3,4.
>
> *"El que lleva en cautividad, va en cautividad: el que á cuchillo matare, es necesario que á cuchillo sea muerto. Aquí está la paciencia y la fe de los santos... Y engaña á los moradores de la tierra por las señales que le ha sido dado hacer en presencia de la bestia, mandando á los moradores de la tierra que hagan la imagen de la bestia que tiene la herida de cuchillo, y vivió."* Apocalipsis 13:10 y 14.

"Y vi el cielo abierto; y he aquí un caballo blanco, y el que estaba sentado sobre él, era llamado Fiel y Verdadero, el cual con justicia juzga y pelea. Y sus ojos eran como llama de fuego, y había en su cabeza muchas diademas; y tenía un nombre escrito que ninguno entendía sino él mismo. Y estaba vestido de una ropa teñida en sangre: y su nombre es llamado EL VERBO DE DIOS. Y los ejércitos que están en el cielo le seguían en caballos blancos, vestidos de lino finísimo, blanco y limpio. Y de su boca sale una espada aguda, para herir con ella las gentes: y él los regirá con vara de hierro; y él pisa el lagar del vino del furor, y de la ira del Dios Todopoderoso. Y en su vestidura y en su muslo tiene escrito este nombre: REY DE REYES Y SEñOR DE SEñORES." Apocalipsis 19:11-16.

"Y los otros fueron muertos con la espada que salía de la boca del que estaba sentado sobre el caballo, y todas las aves fueron hartas de las carnes de ellos." Apocalipsis 19:21.

APOCALIPSIS 1:17-19

"Y cuando yo le vi, caí como muerto á sus pies. Y él puso su diestra sobre mí, diciéndome: No temas: yo soy el primero y el último; Y el que vivo, y he sido muerto; y he aquí que vivo por siglos de siglos, Amén. Y tengo las llaves del infierno y de la muerte. Escribe las cosas que has visto, y las que son, y las que han de ser después de éstas."

En la privacidad de nuestro propio mundo, la mayoría de los humanos somos bastante valientes. Podemos compartir nuestras mentes y elegir las palabras correctas y hacer los gestos correctos mientras "pensamos" o "consideramos" estar en presencia de otra persona, cuando esa persona no está allí. Pero, para la mayoría de nosotros, cuando la realidad golpea y nos encontramos cara a cara con nuestro adversario; nuestros labios comienzan a temblar, nuestras rodillas se debilitan, nuestra boca se seca, nuestro estómago se anuda y nuestras palabras se desmoronan bajo la presión de la confrontación. Recuerda, eso sucede cuando estamos frente a otro ser humano bajo una situación estresante. Si temblamos cuando nos dirigimos a seres humanos, ¿te imaginas lo que es estar en la presencia de Dios? En el caso de Juan, se derrumba por completo como si estuviera muerto.

La Biblia ha revelado una y otra vez que los humanos, incluso aquellos que tienen una relación de buena fe con el Creador, desfallecen en Su presencia, como es el ejemplo del profeta Daniel (Daniel 8:18,19). También Juan admite que "cayó a sus pies como muerto". En este caso, Jesús no desanimó a Juan, sino que extendió Su mano derecha, como lo había hecho con el apóstol Pedro (Mateo 14:29-31), y le dio a Juan la fuerza que necesitaba.

> *"Y estando él hablando conmigo, caí dormido en tierra sobre mi rostro: y él me tocó, é hízome estar en pie. Y dijo: He aquí yo te enseñaré lo ha de venir en el fin de la ira: porque al tiempo se cumplirá."* Daniel 8:18,19.

> *"Y él dijo: Ven. Y descendiendo Pedro del barco, andaba sobre las aguas para ir á Jesús. Mas viendo el viento fuerte, tuvo miedo; y comenzándose á hundir, dió voces, diciendo: Señor, sálvame. Y luego Jesús, extendiendo la mano, trabó de él, y le dice: Oh hombre de poca fe, ¿por qué dudaste?"* Mateo 14:29-31.

Jesús animó a Juan al compartir sus cuatro declaraciones "YO SOY" de ser (1) "el primero y el último" (2) "el que vive y estuvo muerto", quien está (3) "vivo por los siglos de los siglos" y que ha (4) "las llaves del infierno y de la muerte" Todas estas cuatro cosas que Jesús le dice a Juan tienen que ver con la muerte, la resurrección y la vida eterna. Jesús es el primero y el último en morir la muerte eterna, para aquellos que creen y confían en Él. Jesús murió, pero resucitó a la vida eterna.

Jesús es nuestro ejemplo de alguien que murió pero que vive para siempre. Jesús tiene el poder sobre la muerte y sobre la tumba y sus hijos fieles no necesitan temer a ninguno de los dos.

Algunos creen que morir es ir instantáneamente al cielo oa una ardiente cámara de horror. Eso no es lo que la Biblia enseña. Cuando morimos, vamos a la tumba, inconscientes de todo (Eclesiastés 9:5,6). En realidad, no existe un infierno de fuego actual o eterno, como se les ha hecho creer a algunas personas. Dios nunca patrocinaría ni podría patrocinar un lugar de tortura eterna para los hombres, mujeres y niños que lo rechazaron en esta vida. Si hubiera un lugar terrible como ese, los perdidos estarían maldiciendo a Dios cada segundo a lo largo de la eternidad gritando palabras de blasfemia para que todos las escuchen. Dios no permitirá, patrocinará, apoyará o hará esa cosa horrible. Hay vida eterna y muerte eterna, nada más.

Jesús le dice a Juan que escriba todo lo que ve en la visión, tal como lo vio, no en la forma de escribir de Juan, sino en la forma de escribir de Jesús. Por supuesto, es imposible que Juan entendiera todo lo que vio, o tratar de explicar las cosas maravillosas que presenció, porque todo estaba en lenguaje figurado. Pero Jesús no le estaba pidiendo a Juan que explicara nada, le estaba diciendo a Juan que fuera un testigo fiel y simplemente escribiera en un papel lo que vio, la forma en que lo vio.

Al armar el libro de Apocalipsis, Juan tuvo una elección. (1) Podría hablar con otras personas acerca de la extraña visión o (2) podría decir que fue una larga serie de malos sueños e ignorarla, o (3) podría hacer algunas menciones de algunas partes en papiro. (4) Pero Dios le ordenó que escribiera a propósito cada pequeña cosa que viera, tal como la viera, para preservar esta visión, especialmente para las personas que viven en el tiempo del fin, que se verán afectadas por ella, 2000 años después de los días de Juan.

APOCALIPSIS 1:20

> ***"El misterio de las siete estrellas que has visto en mi diestra, y los siete candeleros de oro. Las siete estrellas son los ángeles de las siete iglesias; y los siete candeleros que has visto, son las siete iglesias."***

Jesús probablemente notó la confusión de Juan y divagó al ver las cosas delante de Él. Al darle a Juan algunas de las respuestas que necesitaba, Jesús también nos proporcionó lo que necesitamos para entender la visión actual. Jesús explica que las estrellas en Su mano derecha, los siete Mensajeros, el Espíritu Santo, están bajo Su control, y que los siete candelabros, que representan las siete divisiones de los "siervos de Dios", se mencionan como las siete asambleas o las siete iglesias. .

PREGUNTA: ¿Cuál es la información importante que hemos obtenido del capítulo uno de Apocalipsis que es absolutamente vital para comprender el resto del libro de Apocalipsis?

RESPONDER:

1. El Padre, el Hijo y el Espíritu Santo están activos en el mensaje de Apocalipsis.

2. Los siete seres que participan en el libro de Apocalipsis son: (1) Dios Padre, (2) Jesús el Hijo, (3) el Espíritu Santo, (4) los siervos de Dios, (5) Juan el apóstol, (6) el lector maestro de profecía, y (7) el oyente o estudiante de profecía.

3. El ángel o mensajero que le dio a Juan la visión es en realidad el Espíritu Santo.

4. La visión de Juan no fue "en" un TIEMPO o día de la semana en particular. Su visión fue "sobre" un TEMA en particular, "el día del Señor".

5. El “día del Señor” también se llama “el día del Señor” en toda la Biblia.

6. El tiempo del fin “día del Señor” es por un período de siete años, así como Noé estuvo en el Arca durante siete días antes de que llegaran las aguas del diluvio.

7. Todo el libro de Apocalipsis está escrito para los “siervos de Dios” (versículo uno) que también son llamadas “las siete iglesias” en los versículos cuatro y once.

8. Las trompetas de Apocalipsis son siete mensajes especiales para los santos de Dios de los últimos tiempos.

9. Los siete espíritus ante el trono es el Espíritu Santo.

10. Las siete iglesias son los siervos de Dios del tiempo del fin; La revelación está destinada a.

11. Jesús es el Príncipe o Comandante de todos los pueblos de la tierra.

12. Los reyes de la tierra son los líderes de la iglesia o los instructores bíblicos bajo el gobierno de Jesús.

13. La “tierra” es simbólica del pueblo que sirve a Dios parcialmente.

14. Hay tres categorías de cristianos en cada iglesia o congregación. Hay personas que sirven a Dios al 100%, personas que sirven a Dios parcialmente y personas que se niegan a servirle. Estos tres grupos de personas son simbólicamente referidos, en el lenguaje simbólico profético de la Biblia, como “cielo”, “tierra” y “mar”. El “pueblo del cielo” sirve a Dios al cien por cien. La “gente de la tierra” sirve a Dios parcialmente, seleccionando y eligiendo qué mandatos eligen seguir. La “gente del mar” se niega a servir a Dios, aunque saben lo que Él desea o manda.

15. Jesús nos ama con un amor de sacrificio total y murió por nosotros, lavando nuestros pecados con Su sangre, por todos aquellos que lo aceptan como su Salvador personal.

16. Llegamos a ser "reyes y sacerdotes" de Dios por medio de Jesucristo nuestro Señor.

17. Hay tres advenimientos o venidas de Jesús. En la primera venida Él vino como Salvador, en la segunda venida Él viene como Redentor, y en la tercera venida Él viene como Juez.

18. El Padre y el Hijo son ambos llamados "el Alfa y la Omega".

19. Juan estaba sufriendo tribulación por cuatro razones. Ellos son: (1) para el reino de Dios y (2) para la perseverancia o paciencia esperando al Señor Jesucristo. (3) Por la Santa Biblia o la Palabra de Dios y (4) por el testimonio de Jesucristo.

20. Los santos de los últimos días de Dios sufrirán tribulación por las mismas cuatro razones que Juan.

21. Todo el libro de Apocalipsis está escrito en lenguaje figurado o simbólico que solo puede interpretarse de la Biblia y no de fuentes externas.

22. Las siete estrellas son el Espíritu Santo.

23. Los siete candeleros son las siete iglesias, que son las siervas de Dios.

24. Jesús es el Hijo del Hombre representado caminando en medio de los siete candelabros.

25. Jesús nunca dejará ni desamparará a Su pueblo. Él los protege y los sostiene.

26. Estar en la presencia de un Dios Todopoderoso drenará a la persona de todo su orgullo humano, arrogancia y autoestima.

27. La muerte y el sepulcro no tienen poder sobre los hijos de Dios en Cristo Jesús.

28. Todos tenemos la vida eterna por medio de Jesucristo, que ofrece ese don de la gracia a todas las personas que verdaderamente lo aceptan como su Salvador personal.

29. Todo el libro de Apocalipsis está escrito para y para las siete iglesias.

PREGUNTA: ¿Qué significa esta frase: "Las siete estrellas son los ángeles de las siete iglesias?"

RESPUESTA: Otra forma de escribir esta frase es: "Las siete estrellas son los mensajeros de las siete iglesias". Entendiendo que el Espíritu Santo son las siete estrellas, se puede entender que esta frase dice: Las siete estrellas, el Espíritu Santo, es el mensajero de las siete iglesias, los siervos de Dios del tiempo del fin".

NOTA: EL ESPÍRITU SANTO ES EL AGENTE ACTIVO A LO LARGO DE TODO EL LIBRO DE APOCALIPSIS.

A lo largo del libro de Apocalipsis, es el Espíritu Santo el que toma el papel activo en todo lo que se revela. Él es como un espía internacional que tiene mucho cuidado de revelar Su individualidad provocando al lector con pequeños indicios y pistas sobre Su identidad. Él es el Ángel Mensajero que le da la visión de Apocalipsis a Juan en Apocalipsis 1:1. Él es las siete estrellas en la mano de Cristo en Apocalipsis 1:20, Él es los siete mensajeros a las iglesias en los capítulos dos y tres y las siete lámparas delante del trono en Apocalipsis 4:3. Él es las cuatro criaturas vivientes aspirando sobre y alrededor del trono en Apocalipsis 4:6. Él es los cuatro ángeles que detienen los vientos de contienda en Apocalipsis 7:1. Él es el ángel con el sello de Dios en Apocalipsis 7:2. Él es los siete ángeles ante el trono de Dios que toca las siete trompetas en Apocalipsis 8 y 9. Él es los siete ángeles de Apocalipsis 14 que gritan órdenes al pueblo de Dios. Él es los siete ángeles con las siete últimas plagas en Apocalipsis 16. Él es el ángel poderoso de Apocalipsis 18:1,2 que derrama Su espíritu sobre los siervos de Dios al comienzo de la tribulación de siete años. Él es el que ata al diablo al principio de los 1000 años y lo suelta por un poco de tiempo al final de los 1000 años de Apocalipsis veinte. El Espíritu Santo es el agente activo a lo largo del libro de Apocalipsis dando gloria al Padre y al Hijo, sin darse gloria o reconocimiento a sí mismo como lo señala Jesús en Apocalipsis 22:16,17.

> *"Yo Jesús he enviado mi ángel para daros testimonio de estas cosas en las iglesias. Yo soy la raíz y el linaje de David, la estrella resplandeciente, y de la mañana. Y el Espíritu y la Esposa dicen: Ven. Y el que oye, diga: Ven. Y el que tiene sed, venga: y el que quiere, tome del agua de la vida de balde."* Apocalipsis 22:16,17.

APOCALIPSIS CAPÍTULO UNO EN POCAS PALABRAS

Todo este libro de la Revelación de Jesucristo tiene su origen en Dios el Padre, quien se lo dio a Su Hijo, para revelar a Sus siervos del tiempo del fin, las siete iglesias, las cosas que pronto sucederán. Jesús envió esta información a Juan a través del Espíritu Santo, que es Su Testigo de la Palabra de Dios y del Hijo; quien anunció en visión a su siervo Juan el día venidero del Señor. Bienaventurados los que leen, entienden y obedecen las cosas escritas en este libro, cuyo cumplimiento está muy cerca.

APOCALIPSIS CAPÍTULO UNO EN UNA ORACIÓN

El Espíritu Santo le dio a Juan una visión de Dios sobre el día del Señor que pronto vendría, para preparar a los siervos de Dios del tiempo del fin para los eventos que pronto ocurrirán antes de la venida del Señor Jesús.

APOCALIPSIS CAPITULO DOS

UN MENSAJE IMPORTANTE PARA LOS SIERVOS DE DIOS DEL TIEMPO DEL FIN

A los siervos del tiempo del fin del Dios viviente: Al considerar las siete iglesias, que son los siete grupos de personas del tiempo del fin de los capítulos dos y tres de Apocalipsis, el autor ha intentado enumerar los mensajes o advertencias individuales que se ofrecen a cada persona. Para cada una de las siete iglesias, las listas o desgloses numéricos finales, asociados con cada iglesia, son del autor y pueden o no ser precisos. Le imploro que considere lo que se menciona, pero use la sabiduría guiada por su Espíritu Santo para hacer correcciones o adiciones a las siguientes listas, mientras Él lo guía, en la búsqueda del mensaje personal que Él ha escrito especialmente para usted en las comunicaciones a los siete. iglesias, los siervos del tiempo del fin del Dios viviente.

APOCALIPSIS 2:1

> ***"ESCRIBE al ángel de la iglesia en EFESO: El que tiene las siete estrellas en su diestra, el cual anda en medio de los siete candeleros de oro, dice estas cosas."***

Entendiendo, de nuestra discusión en el capítulo uno de Apocalipsis, que la palabra "ángel" en el texto anterior es en realidad la palabra "mensajero" de la palabra griega "aggelos", pronunciar (ang'-el-os), según el número 32 de Strong ; Apocalipsis 2:1 podría escribirse como:

> *"Escribe al* ***mensajero*** *de la iglesia de Éfeso"* en vez de
>
> *""Escribe al* ***ángel*** *de la iglesia de Éfeso"*

También entendemos que la palabra "iglesia" proviene de la palabra griega ekkesia (ek-klay-see'-ah), número de Strong 1577, que significa asamblea, congregación o iglesia. Es interesante que la palabra española para iglesia es la palabra "iglesia", del idioma griego.

La frase anterior también se puede escribir como:

"Escribe al mensajero de la asamblea de Efeso"

Hay siete iglesias diferentes mencionadas en los capítulos dos y tres de Apocalipsis. Estas son las mismas iglesias o asambleas que se mencionan en Apocalipsis 1:4; 1:9-11; 1:20; y Apocalipsis 22:16. En Apocalipsis 1:1 Dios llama a las siete iglesias "Sus siervas".

> *"LA revelación de Jesucristo, que Dios le dió, para manifestar á* ***sus siervos*** *las cosas que deben suceder presto; y la declaró, enviándo la por su ángel á Juan su siervo."* Apocalipsis 1:1.
>
> *"Juan á las* ***siete iglesias*** *que están en Asia: Gracia sea con vosotros, y paz del que es y que era y que ha de venir, y de los siete Espíritus que están delante de su trono."* Apocalisis 1:4.
>
> *"Yo Juan, vuestro hermano, y participante en la tribulación y en el reino, y en la paciencia de Jesucristo, estaba en la isla que es llamada Patmos, por la palabra de Dios y el testimonio de Jesucristo. Yo fuí en el Espíritu en el día del Señor, y oí detrás de mí una gran voz como de trompeta, Que decía: Yo soy el Alpha y Omega, el primero y el último. Escribe en un libro lo que ves, y envía lo á las siete iglesias que están en Asia; á Efeso, y á Smirna, y á Pérgamo, y á Tiatira, y á Sardis, y á Filadelfia, y á Laodicea."* Apocalipsis 1:9-11.

"El misterio de las siete estrellas que has visto en mi diestra, y los siete candeleros de oro. Las siete estrellas son ***los ángeles (mensajeros) de las siete iglesias****; y los siete candeleros que has visto, son las siete iglesias."* Apocalipsis 1:20.

> *"****Yo Jesús he enviado mi ángel (mensajero) para daros testimonio de estas cosas en las iglesias****. Yo soy la raíz y el linaje de David, la estrella resplandeciente, y de la mañana."* Apocalipsis 22:16.

El mensajero o ángel, llegando a las siete iglesias, los siervos de Dios de los últimos días, es enviado por Jesús para llegar a aquellos a quienes Él está tratando de informar. Es el Espíritu Santo el Mensajero que se dirige a las siete iglesias en nombre de Jesús.

Cada uno de los siete mensajes de la iglesia en los capítulos dos y tres comienzan de la misma manera: "Escribe al ángel de la iglesia _______..."

El significado de esta frase siempre ha sido un misterio para muchos estudiantes de la Biblia. Parece que muy pocos saben a quién se refiere la palabra "mensajero". Mucha gente ha intentado descubrir quién es realmente el "ángel" de las siete diferentes "iglesias" sin un claro éxito bíblico. Algunos creen que era el pastor, el ministro o el sacerdote como líder o cabeza de la iglesia en cada una de las diferentes ciudades mencionadas que estaban cerca de la Isla de Patmos.

PERO... hay una serie de problemas que no han sido considerados.

(1) En los días de Juan, no había iglesias en ninguna parte de las siete ciudades mencionadas, ni en Asia ni en ninguna otra parte.

(2) No había un solo grupo de iglesia reuniéndose en estos diferentes lugares. Debido a la persecución entonces vigente;

reunirse en un lugar público hubiera puesto a todas las personas presentes en un peligro terrible, incluso con la posibilidad de perder la vida.

(3) En los días de Juan, si la gente se reunía, habría sido en pequeños grupos o asambleas dispersas por toda la ciudad y la región local.

(4) Ninguna de las siete ciudades mencionadas en Apocalipsis 1:11 tenía un solo ministro líder o una iglesia.

(5) Juan podría haber enviado una copia del libro de Apocalipsis a cada una de las siete ciudades físicas, en secreto, y la gente podría haberlo secretado de grupo en grupo, si cada asamblea estuviera al tanto de la ubicación de las otras reuniones, lo cual es dudoso.

(6) De nuestra discusión sobre el capítulo uno de Apocalipsis descubrimos que el término "siete iglesias" o "siete asambleas" en realidad se refiere a los "siervos de Dios" como se menciona en Apocalipsis 1:1 y se respalda en Apocalipsis 1:4.

(7) Aprendimos en el estudio del primer capítulo de Apocalipsis que el "Mensajero" es en realidad el Espíritu Santo, como se menciona en Apocalipsis 1:4, donde se le llama "los siete Espíritus que están delante de su trono", y que se menciona claramente al final de cada uno de los mensajes a las siete iglesias en los capítulos dos y tres de Apocalipsis.

(8) Los textos individuales en los capítulos dos y tres de Apocalipsis que verifican al "Mensajero" como el Espíritu Santo son: 2:7; 2:11; 2:17; 2:29; 3:6; 3:13; y 3:22 diciendo:

> "El que tiene oído, oiga lo que el Espíritu dice a las iglesias"

(9) Apocalipsis 1:20 dice claramente que las "siete estrellas son los mensajeros de las siete iglesias", siendo las siete estrellas el Espíritu Santo.

> *"El misterio de las siete estrellas que has visto en mi mano derecha, y los siete candeleros de oro. Las siete estrellas son los ángeles de las siete iglesias; y los siete candeleros que has visto, son las siete iglesias."*

(10) Considere la frase de Apocalipsis 1:20: *"Las siete estrellas son los ángeles (mensajeros) de las siete iglesias".* El Espíritu Santo es el Mensajero o "ángel" de cada una de las siete iglesias. La iglesia entonces e incluso ahora, no es un edificio, la iglesia es en realidad las personas que componen la asamblea reunida en un edificio o reunida fuera de un edificio.

PREGUNTA: ¿Se llama al Espíritu Santo y "ángel" en alguna otra parte de las Escrituras?

RESPUESTA: Sí. En el libro del Éxodo del Antiguo Testamento, Dios llama la dirección del Espíritu Santo como la dirección de un "ángel" o mensajero.

> *"He aquí yo envío el* ***Angel*** *delante de ti para que te guarde en el camino, y te introduzca en el lugar que yo he preparado. Guárdate delante de él, y oye su voz; no le seas rebelde; porque él no perdonará vuestra rebelión: porque mi nombre está en élPero si en verdad oyeres su voz, é hicieres todo lo que yo te dijere, seré enemigo á tus enemigos, y afligiré á los que te afligieren. Porque mi Angel irá delante de ti, y te introducirá al Amorrheo, y al Hetheo, y al Pherezeo, y al Cananeo, y al Heveo, y al Jebuseo, á los cuales yo haré destruir."* Éxodo 23:20-23.

La palabra hebrea "ángel" o "mensajero" en Éxodo 23:20-23 es la palabra "malak" (mal-awk'), número de Strong 4397, que significa "embajador, ángel, enviado o mensajero". En este texto se está refiriendo al Espíritu Santo, que tiene el poder de perdonar los pecados.

Con todo lo anterior en mente; si una persona volviera a escribir la frase inicial para cada una de las siete asambleas, en lugar de decir: "Escribe al mensajero de la asamblea de Éfeso", se podría escribir:

"Escribe al Espíritu Santo de la asamblea de Éfeso".

Pero sería muy extraño hacer eso porque el Espíritu Santo no necesita que se le escriba nada. Él es el que le da a Juan el mensaje, que vino de Jesús, para compartir con los "siervos de Dios" según Apocalipsis 1:1.

Después de tomar en serio los diez elementos enumerados anteriormente, creo que la frase inicial para cada asamblea o iglesia en los capítulos dos y tres de Apocalipsis debería decir exactamente lo siguiente:

"El Espíritu Santo a la asamblea de ________ escribe:"

Sugiero encarecidamente este enfoque ya que es el Mensajero del Espíritu Santo quien le da el mensaje a Juan para que lo transmita a los "siervos de Dios" que se llaman las "siete asambleas" o "siete iglesias", como se señaló en nuestra discusión de Apocalipsis capítulo uno.

PREGUNTA: ¿Por qué los "siervos de Dios" son llamados "las siete iglesias" en los capítulos dos y tres de Apocalipsis?

RESPUESTA: Como se señaló en la discusión del capítulo anterior, viene una tribulación de siete años, como el mundo nunca ha visto (Mateo 24:21), ni volverá a ver. Dios tiene un mensaje para dar al mundo antes y durante ese período de tiempo. Todo el libro de Apocalipsis es el mensaje que debe darse al mundo. Los "siervos de Dios" son los elegidos que serán escogidos de Dios para representarlo ante el mundo. El problema es que casi todos estos "siervos de Dios" necesitan ser preparados para el papel porque la mayoría de ellos tienen un problema espiritual que Dios quiere solucionar. Para hacer esa reparación, Dios ha dividido a los "siervos de Dios" en siete subgrupos de personas para poder llamarles la atención individualmente sobre ese defecto.

Note el siguiente texto después de hacer los cambios sugeridos como se mencionó anteriormente para Apocalipsis 2:1:

> ***"El Espíritu Santo escribe a la asamblea de Éfeso; Estas cosas dice el que tiene las siete estrellas en su mano derecha, el que anda en medio de los siete candeleros de oro."***

En inglés moderno diría: "El Espíritu Santo, a la asamblea de Éfeso, escribe: Estas cosas dice el que tiene las siete estrellas en su mano derecha, el que camina en medio de los siete candeleros de oro". O... "El Espíritu Santo, escribiendo a la asamblea de Éfeso, dice..."

PREGUNTA: ¿Quién es el del capítulo uno de Apocalipsis que (1) sostiene las siete estrellas en su mano derecha? (2) y camina en medio de los siete candeleros de oro?

RESPUESTA: Es Jesús. Jesús controla los actos del Espíritu Santo, las siete estrellas, y está íntimamente conectado con los siervos de Dios de los últimos tiempos, los candelabros o candelabros. (Apocalipsis 1:13,16,20).

Note quién está involucrado en el párrafo anterior a la asamblea de Éfeso: (1) Dios el Padre le dio esta información a Su Hijo, (2) Jesucristo, quien se la pasó a (3) el Espíritu Santo, para que se la diera a (4) Juan, para que pudiera escribirlo y presentarlo a (5) los siervos de Dios.

Compare eso con el siguiente versículo de Apocalipsis 1:1:

> *"LA revelación de Jesucristo, que Dios (1) le (2) dió, para manifestar á (3) sus siervos las cosas que deben suceder presto; y la declaró, enviándo la por (4) su ángel á (5) Juan su siervo."*

Los siete mensajes, que se encuentran en los capítulos dos y tres de Apocalipsis, son siete comunicaciones independientes, Dios el Padre mismo, con Su propia mano, le dio a Jesús, quien se dirige personalmente a cada "siervo de Dios" del tiempo del fin a través del Espíritu Santo a través de los escritos del Apóstol Juan.

PREGUNTA: ¿A quiénes están destinados los mensajes de las siete iglesias?

RESPUESTA: Los mensajes a las siete iglesias podrían estar dirigidos a usted. Estos mensajes personales, destinados específicamente a los siervos de Dios del tiempo del fin, fueron grabados en papiro, hace casi 2000 años. ¡Es posible que Dios te tuviera en mente en ese entonces y que puedas encontrarte descrito en una o más de estas advertencias!

Muchos han sido los intentos a través de los milenios para tratar de comprender y explicar las siete iglesias. La verdad acerca de las siete iglesias solo se puede descubrir cuando una persona se da cuenta de que las siete iglesias representan grupos de personas. No cualquier pueblo, sino los siervos de Dios del tiempo del fin, que están vivos en el período de tiempo justo antes de la tribulación de siete años.

PREGUNTA: ¿Cuántas veces se mencionan las siete iglesias en el libro de Apocalipsis?

RESPUESTA: Las siete iglesias se mencionan en el libro de Apocalipsis doce veces. Se encuentran en Apocalipsis 1:4,11,20; 2:7,11,17,23; 3:6, 13, 22, 29; y 22:16.

PREGUNTA: ¿Por qué las siete iglesias se mencionan doce veces en Apocalipsis?

RESPUESTA: Las siete iglesias se mencionan doce veces en el libro de Apocalipsis porque todo el libro de Apocalipsis está dirigido a y para las siete iglesias, los "siervos de Dios" del tiempo del fin, los "elegidos" que experimentarán personalmente las próximas siete iglesias. -año de tribulación.

PREGUNTA: ¿Cómo podemos decir que todo el libro de Apocalipsis está escrito específicamente para los siervos de Dios del tiempo del fin conocidos como las siete iglesias o asambleas?

RESPUESTA: (1) En el primer versículo de Apocalipsis, Dios le dice a Juan que envíe el mensaje de Jesús a Sus siervos. Pero en ninguna parte Juan dice "Juan, a los siervos de Dios". En cambio, dice: "Juan, a las siete iglesias", lo que implica que las siete iglesias y los siervos de Dios del tiempo del fin son uno y el mismo. (2) Las siete iglesias se mencionan en la introducción (1:4,11) de Apocalipsis y también en la conclusión (Apocalipsis 22:16). Infiriendo que todo lo que hay entre esos dos textos está dirigido específicamente a ellos.

(Estimado lector: tenga en cuenta que, al leer este pequeño libro, este autor está tomando la posición, como se discutió en el precioso capítulo, de que todo el libro de Apocalipsis tendrá su cumplimiento, justo antes y durante los siete años. tribulación y hasta el final de los 1000 años de Apocalipsis 20).

MENSAJES A LAS SIETE ASAMBLEAS

Las siete comunidades a las que se hace referencia estaban ubicadas en el continente asiático, que ahora es la actual Turquía. Están ubicados a unas pocas millas al este de la isla de Patmos, donde Juan fue exiliado. En el mapa, las siete comunidades forman un círculo oblongo. En Apocalipsis se les menciona uno por uno, en orden, en el sentido de las agujas del reloj.

Los siguientes comentarios no abarcan todo lo relacionado con el mensaje a cada una de las siete iglesias o asambleas. Cada lector de estos mensajes a las iglesias debe considerar cuidadosamente lo que se dice y cómo, o si, se ven a sí mismos siendo abordados.

El término "Nicolaítas" aparece en varios de los siete mensajes. La definición de Nicolaítas se encuentra en el mensaje a las asambleas. Los nicolaítas son personas "que dicen ser apóstoles y no lo son", y son "mentirosos", según Efeso. Esmirna dice: "Sé de las calumnias de los que dicen ser judíos y no lo son, sino sinagoga de Satanás". Los nicolaítas son los hipócritas farisaicos, familiarizados con la Biblia, que mezclan y usan las Escrituras para su propia ventaja egoísta y controladora. Intimidan a las personas por su actitud santurrona, intentando obligar a otros a hacer su voluntad, según interpretan las escrituras. Se mencionan en los mensajes a la gente de Éfeso (2:2,6), Esmirna (2:9), Pérgamo (2:15) y Filadelfia (3:9). Una definición bíblica de mentiroso o Nicolaíta se encuentra en Juan 8:55; 1 Juan 2:4,22; y 1 Juan 5:10. Un Nicolaíta es alguien que es mentiroso, "niega que Jesús es el Hijo de Dios", y/o rehúsa "guardar Sus mandamientos".

> *"Y no le conocéis: mas yo le conozco; y si dijere que no le conozco, seré como vosotros mentiroso: mas le conozco, y guardo su palabra."* Juan 8:55.
>
> *"El que dice, Yo le he conocido, y no guarda sus mandamientos, el tal es mentiroso, y no hay verdad en él.... ¿Quién es mentiroso, sino el que niega que Jesús es el Cristo? Este tal es anticristo, que niega al Padre y al Hijo."* 1 Juan 2:4,22.
>
> *"El que cree en el Hijo de Dios, tiene el testimonio en sí mismo: el que no cree á Dios, le ha hecho mentiroso;*

porque no ha creído en el testimonio que Dios ha testificado de su Hijo." 1 Juan 5:10.

LOS MENSAJES DE LAS SIETE ASAMBLEAS.

El autor, después de la conversación anterior, se ha encargado de reformular la primera frase para cada iglesia para reflejar correctamente el verdadero significado del griego y de la Biblia como un todo. A continuación, cada mensaje de la iglesia comenzará con: "El Mensajero del Espíritu Santo a la asamblea de ________ escribe".

APOCALIPSIS 2:1-7 EFESO

El Mensajero del Espíritu Santo a la asamblea de Éfeso escribe ***1****... These things saith he that holdeth the seven stars in his right hand, who walketh in the midst of the seven golden candlesticks;* ***2****I know thy works, and thy labour, and thy patience, and how thou canst not bear them which are evil: and thou hast tried them which say they are apostles, and are not, and hast found them liars:* ***3****And hast borne, and hast patience, and for my name's sake hast laboured, and hast not fainted.* ***4****Nevertheless I have somewhat against thee, because thou hast left thy first love.* ***5****Remember therefore from whence thou art fallen, and repent, and do the first works; or else I will come unto thee quickly, and will remove thy candlestick out of his place, except thou repent.* ***6****But this thou hast, that thou hatest the deeds of the Nicolaitans, which I also hate.* ***7****He that hath an ear, let him hear what the Spirit saith unto the churches; To him that overcometh will I give to eat of the tree of life, which is in the midst of the paradise of God.*

Desglose del mensaje:

1. Este mensaje es una comunicación personal, para usted, de Jesús mismo.

2. Te conoce personalmente a ti, el lector.

3. Jesús sabe que eres honesto con integridad sincera.

4. También sabe que no apoyas ni defiendes las mentiras ni los mentirosos.

5. Él dice: "Con perseverancia y paciencia has trabajado sin descanso y no te has rendido".

6. Pero has perdido el amor original que tenías cuando empezaste a servir a Dios.

7. Estáis haciendo las obras del Señor pero os habéis olvidado del Señor de las obras.

8. Recuerda, arrepiéntete y regresa.

9. Si no volvéis a Mí, quitaré vuestra influencia sobre los demás.

10. Vosotros y yo estamos de acuerdo, ambos odiamos a los mentirosos, a los nicolaítas, al hipócrita farisaico que me niega como Hijo de Dios.

11. Escuche atentamente lo que el Espíritu Santo le está diciendo.

12. Ten paciencia, aguanta y al final recibirás la vida eterna."

La amonestación de una sola oración a los siervos de Dios de ÉFESO del tiempo del fin es:

"Vuélvete y sírveme con todo tu corazón, como lo hiciste al principio".

APOCALIPSIS 2:8-11 ESMIRNA

El Mensajero del Espíritu Santo a la asamblea de Esmirna escribe <u>8</u>"*... El primero y postrero, que fué muerto, y vivió,*

dice estas cosas: **9** *Yo sé tus obras, y tu tribulacion, y tu*
pobreza (pero tú eres rico), y la blasfemia de los que se dicen
ser Judíos, y no lo son, mas son sinagoga de Satanás. **10** *No*
tengas ningún temor de las cosas que has de padecer. He
aquí, el diablo ha de enviar algunos de vosotros á la cárcel,
para que seáis probados, y tendréis tribulación de diez días.
Sé fiel hasta la muerte, y yo te daré la corona de la vida. **11** *El*
que tiene oído, oiga lo que el Espíritu dice á las iglesias. El que
venciere, no recibirá daño de la muerte segunda."

Desglose del mensaje:

1. Este mensaje es una comunicación personal, para usted, de Jesús mismo.

2. Él dice: "Yo te conozco a ti y los pensamientos de tu corazón".

3. Incluso si pierdes todas tus posesiones mundanas; eres rico en Mí.

4. Soy consciente de los hipócritas farisaicos que os calumnian, haciéndose pasar por hijos de Dios, pero en realidad son hijos de Satanás.

5. Parecen representarme por fuera, pero Satanás vive dentro de ellos.

6. Se acerca la persecución.

7. No tengas miedo, yo estoy contigo.

8. Recuerden que mi profeta Daniel también sufrió persecución.

9. Incluso si tu vida está amenazada, sé fiel a mí.

10. Os daré la corona victoriosa de la vida eterna.

11. Escuche atentamente lo que el Espíritu Santo le está diciendo.

12. Manteneos fieles a Mí, aun en la persecución, y tendréis vida eterna."

PREGUNTA: ¿Qué significa la frase, "tendréis tribulación diez días"?

RESPUESTA: El significado claro de la frase, "tendréis tribulación diez días" no se explica claramente en las Escrituras. Podría aplicarse a una serie de elementos mencionados en la Biblia. (1) En el capítulo uno de Daniel, Daniel y sus amigos fueron probados diez días en cuanto a obedecer a Dios debido a la dieta. Eligieron ser vegetarianos durante esos diez días, en lugar de comer las provisiones de carne impura del rey, y demostraron ser más saludables gracias a ello. (2) En Levítico 23 durante el séptimo mes, diez días son importantes para el autoexamen y el arrepentimiento. El primer día del séptimo mes es el día de las TROMPETAS y el décimo día del mes es el día de la EXPIACIÓN. Los diez días que unen estos dos sábados han sido llamados los "diez días de asombro", donde la gente busca el arrepentimiento, la restitución y el perdón. (3) El período de tiempo de diez días entre el día de las TROMPETAS y el día de la EXPIACIÓN podría estar relacionado con el próximo "pequeño tiempo de angustia" (Mateo 24:4-8) que precede al Gran Tiempo de Angustia (Mateo 24: 9-51), la tribulación de siete años. (4) En el capítulo cuarenta y dos de Jeremías, Dios usó un período de diez días para darnos un ejemplo. Los resultados de la historia se aplican a la última generación. Si la última generación permanece fiel a Dios durante las dificultades que están a punto de enfrentar, Dios estará con ellos y los bendecirá. Pero si eligen desobedecer a Dios y seguir el camino del hombre, serán destruidos por los cuatro juicios de Dios, que son espada, hambre, pestilencia y bestias salvajes, como se indica en Ezequiel 14:21:

> *"Por lo cual así ha dicho el Señor Jehová: ¿Cuánto más, si mis cuatro malos juicios, **espada**, y **hambre**, y mala **bestia**, y **pestilencia**, enviare contra Jerusalem, para talar de ella hombres y bestias?"* Ezequiel 14:21.

"Y aconteció que al cabo de diez días fué palabra de Jehová á Jeremías." Jeremías 42:7.

Todos estos elementos relacionados con la frase, "tendréis tribulación diez días", por supuesto, son especulaciones, en este momento, pero muy interesantes de considerar.

La amonestación de una sola oración a los siervos de Dios de SMYRNA en el tiempo del fin es:

> "Sed fieles a Mí, incluso en la persecución, y tendréis vida eterna".

APOCALIPSIS 2:12-17 PÉRGAMO

El Mensajero del Espíritu Santo a la asamblea de Pérgamo escribe... *"**12** El que tiene la espada aguda de dos filos, dice estas cosas: **13** Yo sé tus obras, y dónde moras, donde está la silla de Satanás; y retienes mi nombre, y no has negado mi fe, aun en los días en que fué Antipas mi testigo fiel, el cual ha sido muerto entre vosotros, donde Satanás mora. **14** Pero tengo unas pocas cosas contra ti: porque tú tienes ahí los que tienen la doctrina de ahí los que tienen la doctrina de Fcbalaam, el cual enseñaba á Balac á poner escándalo delante de los hijos de Israel, á comer de cosas sacrificadas á los ídolos, y á cometer fornicación. **15** Así también tú tienes á los que tienen la doctrina de los Nicolaítas, lo cual yo aborrezco. **16** Arrepiéntete, porque de otra manera vendré á ti presto, y pelearé contra ellos con la espada de mi boca. **17** El que tiene oído, oiga lo que el Espíritu dice á las iglesias. Al que venciere, daré á comer del maná escondido, y le daré una piedrecita blanca, y en la piedrecita un nombre nuevo escrito, el cual ninguno conoce sino aquel que lo recibe."*

Desglose del mensaje:

1. Este mensaje es una comunicación personal, para usted, de Jesús mismo.

2. Te conoce personalmente.

3. Él sabe dónde estás; estar rodeado de injustos.

4. Él dice: "Incluso en este ambiente pobre, permaneces fiel a Mí".

5. Aunque otros me han renunciado públicamente, vosotros no lo habéis hecho.

6. Os repugnan los que Me rechazan como Salvador.

7. Pero estás comiendo carnes inmundas reveladas en Levítico 11, deja eso, y

8. Has rechazado mi séptimo día sábado, arrepiéntete y guarda mis mandamientos (Éxodo 20:8-11).

9. Estás siendo seducido y controlado por los hipócritas mentirosos.

10. Arrepentirse de estas acciones.

11. Lee la Biblia por ti mismo y obedece lo que dice.

12. Escuche atentamente lo que el Espíritu Santo le está diciendo.

13. Os sustentaré en los momentos difíciles.

14. Al salir victorioso, en mi poder, te daré la vida eterna."

PREGUNTA: ¿Dónde dice la Biblia qué alimentos son limpios e inmundos para el consumo humano según la Palabra de Dios?

RESPUESTA: Hay dos lugares principales en la Biblia que revelan lo limpio de lo inmundo; en lo que a comida se refiere. La lista de alimentos limpios e inmundos se encuentra en Levítico capítulo once y Deuteronomio capítulo catorce. Renunciar a la carne impura es un acto de fe, negarse a renunciar a la comida impura es un acto de orgullo que dice: "¡Nadie me va a decir lo que puedo y no puedo comer!"

La comida como prueba de fe comenzó en el Jardín del Edén. Dios les dio a Adán y Eva todos los árboles para comer, excepto uno. Podrían haber prosperado para siempre al obedecer humildemente a Dios, pero eligieron desobedecer por causa del orgullo. Lo mismo es con nosotros. Por la fe obedecemos a Dios. Hay tantos alimentos limpios en el mercado, que rehusarse a comer alimentos inmundos no nos causará ninguna falta de alimentos para comer.

PREGUNTA: ¿Dónde dice la Biblia que el séptimo día de la semana es el día de reposo del Señor y que debemos honrarlo y guardarlo desde la puesta del sol del viernes hasta la puesta del sol del sábado?

RESPUESTA: Éxodo 20:8-11 revela el día correcto de la semana para adorar a Dios y la razón de ese día. Los días de la semana no se nombran en la Biblia, están numerados. Pero como referencia, estoy usando los días con nombre actuales en nuestro calendario para disipar cualquier malentendido.

> *"Acordarte has del día del reposo, para santificarlo: Seis días trabajarás, y harás toda tu obra; Mas el séptimo día será reposo para Jehová tu Dios: no hagas en él obra alguna, tú, ni tu hijo, ni tu hija, ni tu siervo, ni tu criada, ni tu bestia, ni tu extranjero que está dentro de tus puertas: Porque en seis días hizo Jehová los cielos y la tierra, la*

mar y todas las cosas que en ellos hay, y reposó en el séptimo día: por tanto Jehová bendijo el día del reposo y lo santificó." Éxodo 20:8-11.

PREGUNTA: ¿Qué es una "piedra blanca con un nombre nuevo escrito en ella"?

RESPUESTA: 2 Corintios 3:2,3 dice que todos somos epístolas, cuyo corazón está escrito por el Espíritu Santo para ser leídas por todos los hombres. En otras palabras, somos embajadores de Cristo. En nuestro estado debilitado, somos frágiles y frágiles. Pero una vez que vencemos, en el poder del Espíritu Santo, y somos sellados con el sello de Dios, nuestros nombres están escritos en una piedra blanca, irrompible y perfecta. El blanco representa la pureza (Isaías 1:18). Tener nuestro nombre, nuestro carácter, escrito en una piedra blanca significa tener vida eterna, sellado con el sello de Dios, para nunca más separarnos de Él.

> *"Nuestras letras sois vosotros, escritas en nuestros corazones, sabidas y leídas de todos los hombres; Siendo manifiesto que sois letra de Cristo administrada de nosotros, escrita no con tinta, mas con el Espíritu del Dios vivo; no en tablas de piedra, sino en tablas de carne del corazón."* 2 Corintios 3:2,3.

> *"Venid luego, dirá Jehová, y estemos á cuenta: si vuestros pecados fueren como la grana, como la nieve serán emblanquecidos: si fueren rojos como el carmesí, vendrán á ser como blanca lana."* Isaías 1:18.

> *"Todas las cosas son limpias á los limpios; mas á los contaminados é infieles nada es limpio: antes su alma y conciencia están contaminadas."* Tito 1:15.

> *"A vosotros también, que erais en otro tiempo extraños y enemigos de ánimo en malas obras, ahora empero os ha reconciliadoEn el cuerpo de su carne por medio*

de muerte, para haceros santos, y sin mancha, é irreprensibles delante de él: Si empero permanecéis fundados y firmes en la fe, y sin moveros de la esperanza del evangelio que habéis oído; el cual es predicado á toda criatura que está debajo del cielo; del cual yo Pablo soy hecho ministro." Colosenses 1:21-23.

La amonestación de una sola oración a los siervos de Dios de PÉRGAMO del tiempo del fin es:

"Conoce y obedece Mi Palabra, guarda el sábado del séptimo día y evita comer alimentos inmundos".

APOCALIPSIS 2:18-29 TIATIRA

El Mensajero del Espíritu Santo a la asamblea de Tiatira
escribe ***18***"...*El Hijo de Dios, que tiene sus ojos como llama*
de fuego, y sus pies semejantes al latón fino, dice estas
cosas: **19** *Yo he conocido tus obras, y caridad, y servicio, y*
fe, y tu paciencia, y que tus obras postreras son más que las
primeras. **20** *Mas tengo unas pocas cosas contra ti: porque*
permites aquella mujer Jezabel (que se dice profetisa) enseñar,
y engañar á mis siervos, á fornicar, y á comer cosas ofrecidas
á los ídolos. **21** *Y le he dado tiempo para que se arrepienta*
de la fornicación; y no se ha arrepentido. **22** *He aquí, yo la*
echo en cama, y á los que adulteran con ella, en muy grande
tribulación, si no se arrepintieren de sus obras: **23** *Y mataré á*
sus hijos con muerte; y todas las iglesias sabrán que yo soy el
que escudriño los riñones y los corazones: y daré á cada uno
de vosotros según sus obras. **24** *Pero yo digo á vosotros, y*
á los demás que estáis en Tiatira, cualesquiera que no tienen
esta doctrina, y que no han conocido las profundidades de
Satanás, como dicen: Yo no enviaré sobre vosotros otra carga.
25 *Empero la que tenéis, tenedla hasta que yo venga.* **26** *Y al*
que hubiere vencido, y hubiere guardado mis obras hasta el fin,
yo le daré potestad sobre las gentes; **27** *Y las regirá con vara*
de hierro, y serán quebrantados como vaso de alfarero, como
también yo he recibido de mi Padre: **28** *Y le daré la estrella de*

la mañana. **29** *El que tiene oído, oiga lo que el Espíritu dice á las iglesias."*

Desglose del mensaje:

1. Este mensaje es una comunicación personal, para usted, de Jesús mismo.

2. Te conoce personalmente.

3. Él está familiarizado con tu corazón, tu mente y tus acciones en Su nombre.

4. Pero algunos de ustedes son reacios a decir la verdad al enseñar a otros a seguir Sus mandamientos como se revelan en la Palabra de Dios.

5. Debes dar a otros el tiempo y la oportunidad que necesitan para apartarse de sus caminos a fin de seguir a Dios con todo su corazón, mente y alma.

6. Viene una tribulación de siete años para purificar el reino de Dios.

7. A aquellos a quienes testificas, que se niegan a arrepentirse, debes continuar advirtiéndoles.

8. Si finalmente se arrepienten y cuando lo hagan, serán recompensados con la vida eterna, de acuerdo con sus obras.

9. Por su testimonio y pronunciamiento, todas las personas identificadas en estas siete iglesias se darán cuenta de que Jesús es el que busca a sus siervos del tiempo del fin.

10. Su único deseo para ti es que seas testigo de Él y permanezcas fiel.

11. El que enseña y hace su voluntad, clara hasta el final, recibirá la vida eterna.

12. Escuche atentamente lo que el Espíritu Santo le está diciendo.

La amonestación de una sola oración a los siervos de Dios de los últimos tiempos de TIATIRA es:

"Sé un testigo persistente incluso para aquellos que rechazan la verdad de los últimos tiempos a quienes les estás compartiendo".

APOCALIPSIS CAPÍTULO DOS EN POCAS PALABRAS

Dios ha separado a Sus siervos de los últimos días en siete categorías distintas o grupos de personas, llamados asambleas o iglesias. Lo ha hecho para señalar sus defectos, si los hay, para permitirles a Sus siervos tiempo y oportunidad de abordar esos problemas, en un esfuerzo por alinearlos con Su deseo para cada siervo individual de Dios en el tiempo del fin. Cada siervo del tiempo del fin debe entregar su voluntad total a Dios antes de que comience la tribulación de siete años para que Él pueda completar Su obra en la preparación del mundo para el juicio final. Las primeras cuatro de las siete iglesias se encuentran en el capítulo dos de Apocalipsis: Éfeso, Esmirna, Pérgamo y Tiatira.

APOCALIPSIS CAPÍTULO DOS EN UNA SOLA ORACIÓN

A cada uno de los siervos de Dios de los últimos días, que encajan en una o más de las siete asambleas de Apocalipsis dos y tres, se les está dirigiendo para ayudarlos a notar sus defectos de carácter y hacer los ajustes apropiados, a través del poder del Espíritu Santo, para ser obedientes a la Palabra de Dios y ser lo que Dios quiere que sean como testigos de los últimos tiempos.

APOCALIPSIS CAPITULO TRES

UN MENSAJE IMPORTANTE PARA LAS SIETE ASAMBLEAS DEL TIEMPO FINAL

Las siete comunidades, a las que se hace referencia en los capítulos dos y tres de Apocalipsis, estaban ubicadas en el continente asiático, que ahora es la actual Turquía. Están ubicados a unas pocas millas al este de la isla de Patmos, donde Juan fue exiliado. En el mapa, las siete comunidades forman un círculo oblongo. En Apocalipsis se les menciona uno por uno, en orden, en el sentido de las agujas del reloj.

Recuerde: El Espíritu Santo es el Mensajero de las siete iglesias y las siete iglesias son en realidad siete subgrupos de personas conocidas como los siervos de Dios de los últimos días.

Los siguientes comentarios numerados del autor no abarcan todo lo relacionado con el mensaje a cada una de las siete iglesias o asambleas. Cada lector de estos mensajes a las iglesias debe considerar cuidadosamente lo que se dice y cómo, o si, se ven a sí mismos siendo abordados.

El autor, después de la conversación anterior en la introducción del capítulo dos de Apocalipsis, se ha encargado de reformular la primera frase en cada iglesia para reflejar correctamente el verdadero significado del griego, la Biblia y el Libro de Apocalipsis. Se lee:

"El Mensajero del Espíritu Santo a la asamblea de ________ escribe..."

APOCALIPSIS 3:1-6 SARDIS

El Mensajero del Espíritu Santo a la asamblea de Sardis escribe: 1*"...El que tiene los siete Espíritus de Dios, y las siete estrellas, dice estas cosas: Yo conozco tus obras que tienes*

nombre que vives, y estás muerto. **2** *Sé vigilante y confirma*
las otras cosas que están para morir; porque no he hallado
tus obras perfectas delante de Dios. **3** *Acuérdate pues de lo*
que has recibido y has oído, y guárda lo, y arrepiéntete. Y si
no velares, vendré á ti como ladrón, y no sabrás en qué hora
vendré á ti. **4** *Mas tienes unas pocas personas en Sardis*
que no han ensuciado sus vestiduras: y andarán conmigo
en vestiduras blancas; porque son dignos. **5** *El que venciere,*
será vestido de vestiduras blancas; y no borraré su nombre del
libro de la vida, y confesaré su nombre delante de mi Padre,
y delante de sus ángeles. **6** *El que tiene oído, oiga lo que el*
Espíritu dice á las iglesias."

Desglose del mensaje:

1. Este mensaje es una comunicación personal, para usted, de Jesús mismo.

2. Él te conoce personalmente y conoce tus acciones por Él.

3. Al trabajar para Jesús, pareces un cristiano vibrante y satisfecho por fuera, pero por dentro te estás muriendo.

4. Despierta y regresa a Dios en Su Palabra con adoración y oración diaria, antes de que sea demasiado tarde.

5. Comprender las escrituras acerca de la hora y el día actual. Regresará pronto, que no te sorprenda.

6. Él dice: "Vestíos y guardad el manto de mi justicia".

7. No pierdas la vida eterna, de la que eres muy consciente.

8. Los nombres de todos los revestidos de la justicia de Cristo están escritos en el Libro de la Vida y recibirán la vida eterna.

9. Escuche atentamente lo que el Espíritu Santo le está diciendo".

La amonestación de una sola oración a los siervos de Dios de los últimos tiempos de SARDIS es:

"Despierta y regresa a Dios con adoración diaria para revivir tu experiencia espiritual interior".

APOCALIPSIS 3:7-13 FILADELFIA

El Mensajero del Espíritu Santo a la asamblea de Filadelfia escribe: *"**7**... Estas cosas dice el Santo, el Verdadero, el que tiene la llave de David, el que abre y ninguno cierra, y cierra y ninguno abre: **8** Yo conozco tus obras: he aquí, he dado una puerta abierta delante de ti, la cual ninguno puede cerrar; porque tienes un poco de potencia, y has guardado mi palabra, y no has negado mi nombre. **9** He aquí, yo doy de la sinagoga de Satanás, los que se dicen ser Judíos, y no lo son, mas mienten; he aquí, yo los constreñiré á que vengan y adoren delante de tus pies, y sepan que yo te he amado. **10** Porque has guardado la palabra de mi paciencia, yo también te guardaré de la hora de la tentación que ha de venir en todo el mundo, para probar á los que moran en la tierra. **11** He aquí, yo vengo presto; retén lo que tienes, para que ninguno tome tu corona. **12** Al que venciere, yo lo haré columna en el templo de mi Dios, y nunca más saldrá fuera; y escribiré sobre él el nombre de mi Dios, y el nombre de la ciudad de mi Dios, la nueva Jerusalem, la cual desciende del cielo de con mi Dios, y mi nombre nuevo. **13** El que tiene oído, oiga lo que el Espíritu dice á las iglesias."*

Desglose del mensaje:

1. Este mensaje es una comunicación personal, para usted, de Jesús mismo.

2. Él dice: “Te conozco personalmente y sé todas las acciones que estás haciendo en mi nombre”.

3. Conocéis Mi Palabra y me sois completamente fieles.

4. Pero muestras debilidad porque te intimidan los nicolaítas.

5. Manténganse firmes en Mi Palabra y pronto se darán cuenta de que están en lo correcto.

6. El tiempo de la tribulación para el mundo entero se acerca pronto.

7. El reino mundial de Dios será probado tremendamente en ese tiempo.

8. Porque guardáis pacientemente mi palabra, yo os protegeré durante la tribulación.

9. Manténganse firmes en Mi Palabra, no se dejen llevar por los nicolaítas.

10. Los haré un pilar fuerte en Mi templo, la Nueva Jerusalén.

11. Tus bendiciones vienen del cielo, sellándote para la vida eterna.

12. Escuche atentamente lo que el Espíritu Santo le está diciendo”.

La amonestación de una sola oración a los siervos de Dios de los últimos tiempos de FILADELFIA:

“Tú conoces Mi Palabra y eres un testigo fiel aunque fácilmente intimidado; mantenerse firmes.”

APOCALIPSIS 3:14-22 LAODICEA

El Mensajero del Espíritu Santo a la asamblea de Laodicea escribe: "**14** *....He aquí dice el Amén, el testigo fiel y verdadero, el principio de la creación de Dios:* **15** *Yo conozco tus obras, que ni eres frío, ni caliente. ¡Ojalá fueses frío, ó caliente!* **16** *Mas porque eres tibio, y no frío ni caliente, te vomitaré de mi boca.* **17** *Porque tú dices: Yo soy rico, y estoy enriquecido, y no tengo necesidad de ninguna cosa; y no conoces que tú eres un cuitado y miserable y pobre y ciego y desnudo;* **18** *Yo te amonesto que de mí compres oro afinado en fuego, para que seas hecho rico, y seas vestido de vestiduras blancas, para que no se descubra la vergüenza de tu desnudez; y unge tus ojos con colirio, para que veas.* **19** *Yo reprendo y castigo á todos los que amo: sé pues celoso, y arrepiéntete.* **20** *He aquí, yo estoy á la puerta y llamo: si alguno oyere mi voz y abriere la puerta, entraré á él, y cenaré con él, y él conmigo.* **21** *Al que venciere, yo le daré que se siente conmigo en mi trono; así como yo he vencido, y me he sentado con mi Padre en su trono.* **22** *El que tiene oído, oiga lo que el Espíritu dice á las iglesias."*

Desglose del mensaje:

1. Este mensaje es una comunicación personal, para usted, de Jesús mismo.

2. Te conoce personalmente y sabe que eres tibio.

3. A menos que te arrepientas y le des todo a Él, Él te desechará.

4. Estás orgulloso e inflado, pensando que tienes todas las respuestas correctas y que no se te puede decir nada nuevo sobre la Biblia y los asuntos espirituales.

5. Pero en realidad, eres farisaico e ignorante de la verdadera verdad bíblica.

6. Jesús está siendo dolorosamente honesto contigo porque te ama.

7. Hay tres cosas que debes hacer: Estudia la Biblia, vístete con Su manto de justicia y deja que el Espíritu Santo te guíe.

8. Sea abierto y honesto consigo mismo, y adáptese a la verdad.

9. Jesús quiere jugar un papel íntimo en tu vida, pero debes dejarlo entrar.

10. Haciendo los debidos ajustes tendrás vida eterna.

11. Escuche atentamente lo que el Espíritu Santo le está diciendo.

La amonestación de una sola oración a los siervos de Dios de LAODICEA en el tiempo del fin es:

"Tu orgullo y tu actitud de superioridad moral te impiden conocer la verdadera verdad bíblica".

Para todos los siervos de los últimos días de la iglesia de Dios, mencionados en los capítulos dos y tres de Apocalipsis, las listas numéricas o desgloses anteriores pueden o no ser precisas. Le imploro que considere lo que se menciona a cada siervo de la iglesia, pero use la sabiduría guiada por su Espíritu Santo para hacer correcciones o adiciones a la lista anterior, mientras Él lo guía, en la búsqueda del mensaje personal que Él tiene especialmente para usted y los demás. elegir a los siervos de Dios del tiempo del fin.

APOCALIPSIS CAPÍTULO TRES EN POCAS PALABRAS

Dios ha separado a Sus siervos de los últimos días en siete categorías o grupos distintos, llamados asambleas o iglesias.

Lo ha hecho para señalar sus defectos, si es que los hay, para permitir que Sus siervos tengan tiempo y oportunidad de abordar esos problemas, en un esfuerzo por alinearlos con Su deseo para cada uno. Cada persona debe entregar su voluntad total a Dios antes de que comience la tribulación de siete años para que Él pueda completar Su obra en la preparación del mundo para el juicio final. Las últimas tres de las siete iglesias se encuentran en el capítulo tres de Apocalipsis: Sardis, Filadelfia y Laodicea.

APOCALIPSIS CAPÍTULO TRES EN UNA ORACIÓN

A cada uno de los siervos de Dios de los últimos días, que encajan en una o más de las siete asambleas de Apocalipsis dos y tres, se les está dirigiendo para ayudarlos a notar sus defectos de carácter y hacer los ajustes apropiados, a través del poder del Espíritu Santo, para ser lo que Dios quiere que ellos sean al servirle como sus siervos de los últimos días del tiempo del fin.

APOCALIPSIS CAPÍTULO CUATRO

El capítulo uno de Apocalipsis presenta al lector la intención de este libro con respecto a la próxima tribulación de siete años llamada "el día del Señor" o "el día del Señor". El capítulo uno también nos presenta a la mayoría de los seres revelados a lo largo del libro de Apocalipsis; como Dios el Padre, Jesús el Hijo, el Mensajero del Espíritu Santo, Juan el Apóstol y los siervos de Dios, que también son llamados las siete iglesias. Los capítulos dos y tres, que se dirigen a las siete iglesias siervas del tiempo del fin, definen con mayor detalle la identificación de los "siervos de Dios" y la obra del Espíritu Santo. El capítulo cuatro es un capítulo alentador porque les revela a los siervos elegidos de Dios que nunca estarán solos durante el tiempo venidero de la ira de Dios. Con ellos, en esta controversia final, está (1) Dios el Padre, (2) Dios el Hijo, Jesús, y especialmente (3) Dios el Espíritu Santo, que juega un papel importante a lo largo de este libro. (4) Y lo que se señala apropiadamente es la Santa Biblia, referido como los "24 ancianos sentados en 24 tronos juzgando a las tribus de Israel". Las doce tribus de Israel del último día son personas que son los habitantes del reino de Dios de los últimos tiempos compuestos de cada nación, lengua y pueblo de todo el mundo.

> *"Porque no es Judío el que lo es en manifiesto; ni la circuncisión es la que es en manifiesto en la carne: Mas es Judío el que lo es en lo interior; y la circuncisión es la del corazón, en espíritu, no en letra; la alabanza del cual no es de los hombres, sino de Dios."* Romanos 2:28,29.

> *"Paal hijo de Uzai, enfrente de la esquina y la torre alta que sale de la casa del rey, que está en el patio de la cárcel. Después de él, Pedaía hijo de Pharos. (Y los Nethineos estuvieron en Ophel hasta enfrente de la puerta de las Aguas al oriente, y la torre que sobresalía.) Después de él restauraron los Tecoitas la otra medida, enfrente de la grande torre que sobresale,*

hasta el muro de Ophel. Desde la puerta de los Caballos restauraron los sacerdotes, cada uno enfrente de su casa. Después de ellos resturó Sadoc hijo de Immer, enfrente de su casa: y después de él restauró Semaías hijo de Sechânías, guarda de la puerta oriental." Gálatas 3:26-29.

"Y cantaban un nuevo cántico, diciendo: Digno eres de tomar el libro, y de abrir sus sellos; porque tú fuiste inmolado, y nos has redimido para Dios con tu sangre, de todo linaje y lengua y pueblo y nación." Apocalipsis 5:9.

APOCALIPSIS 4:1

"DESPUÉS de estas cosas miré, y he aquí una puerta abierta en el cielo: y la primera voz que oí, era como de trompeta que hablaba conmigo, diciendo: Sube acá, y yo te mostraré las cosas que han de ser después de éstas."

Juan comienza este capítulo diciendo, "después de esto..."

PREGUNTA: ¿Cuándo es "después de esto" y qué vino antes de esto?

RESPUESTA: El "después de esto" tendría que ser esta próxima visión, la visión del capítulo cuatro, que Juan está teniendo. El "antes de esto" sería lo que se revela en los capítulos uno al tres de Apocalipsis.

Para que Juan tuviera una visión, como se revela en los capítulos uno a tres, se necesitarían tomar los pasos apropiados. Primero, Juan tendría que tener una visión. Luego, en segundo lugar, necesitaría recordar esa visión, palabra por palabra, para cumplir con el pedido de Apocalipsis 1:11 de escribir cada detalle que ve en la visión. Luego, en tercer lugar, necesitaría dictar pacientemente esa visión a un escriba o escribirla él mismo, ya que se inscribe lentamente en papiro, a través de una pluma de pájaro afilada, mientras se sumerge pacientemente en un recipiente de tinta cada pocos segundos. Este tipo de arte se conoce como escribir con "pluma y tinta". En cuarto lugar necesitaría hacer siete copias de cada visión, para enviar a las siete comunidades cercanas.

Este tipo de transcripción requiere tiempo y paciencia que no se puede hacer en un día. Lo que corrobora aún más la revelación de este autor de que el libro completo de Apocalipsis no le fue revelado a Juan en una sola sesión en un día en particular, como algunos interpretan Apocalipsis 1:10. Escribir el libro de Apocalipsis, compartir los eventos que ocurrirán con respecto al "día del Señor", o "el día del Señor", llevó muchos días, si no meses, para completarse. Cuando Juan dice, "después de esto" se refiere a la próxima visión que el Espíritu Santo le está revelando.

PREGUNTA: ¿Qué significa cuando Dios abre una puerta, en visión, especialmente una puerta que ningún hombre puede cerrar, como se describe en Apocalipsis 3:8?

RESPUESTA: Una puerta abierta en la Biblia está asociada con la Palabra de Dios (Colosenses 4:2-4) como una oportunidad para que la gente entienda lo que Dios está revelando. (Hechos 14:27; 2 Corintios 2:12). Una puerta abierta en el cielo es una oportunidad para que la gente "mire tras bambalinas" el funcionamiento del cielo en beneficio de los seres humanos.

> *"Perseverad en oración, velando en ella con hacimiento de gracias: Orando también juntamente por nosotros, que el Señor nos abra la puerta de la palabra, para hablar el misterio de Cristo, por el cual aun estoy preso, Para que lo manifieste como me conviene hablar."* Colosenses 4:2-4.

> *"Y habiendo llegado, y reunido la iglesia, relataron cuán grandes cosas había Dios hecho con ellos, y cómo*

había abierto á los Gentiles la puerta de la fe." Hechos 14:27.

"Cuando vine á Troas para el evangelio de Cristo, aunque me fué abierta puerta en el Señor." 2 Corintios 2:12.

PREGUNTA: ¿Cuál es el significado de la "primera voz" que escuchó Juan?

RESPUESTA: El uso del término "primera voz que oí como de trompeta" se traduce mejor como una referencia a la primera vez que Juan escuchó la voz de trompeta hablándole. La primera vez que Juan escuchó esa voz como de trompeta fue en Apocalipsis 1:10,11 que hablaba de Jesús en primera persona.

> *"Yo fuí en el Espíritu en el día del Señor, y oí detrás de mí una gran voz como de trompeta, Que decía: Yo soy el Alpha y Omega, el primero y el último. Escribe en un libro lo que ves, y envía lo á las siete iglesias que están en Asia; á Efeso, y á Smirna, y á Pérgamo, y á Tiatira, y á Sardis, y á Filadelfia, y á Laodicea."* Apocalipsis 1:10,11.

PREGUNTA: ¿Cuál es el origen de la primera voz que sonó como una trompeta?

RESPUESTA: La fuente de la voz de la primera trompeta es la del Espíritu Santo. En Apocalipsis 1:1 se nos informa que Jesús comisionó al Mensajero del Espíritu Santo para hablar con Juan. En Apocalipsis 4:1 también habla el Espíritu Santo, invitándolo a "venir y ver" tras bambalinas del trabajo de Dios con la humanidad, con respecto a lo que sucederá en el futuro.

PREGUNTA: ¿Por qué mencionar una trompeta en este versículo?

RESPUESTA: La inclusión de una trompeta es una pista importante necesaria para entender el libro de Apocalipsis. El uso de una trompeta significa que hay un mensaje que Dios tiene para que Sus siervos escuchen, entiendan y compartan con los demás. El sonido de una trompeta, tal como se encuentra en las siete trompetas de los capítulos ocho y nueve de Apocalipsis, son mensajes personales de Dios para Su pueblo. Los toques de trompeta en la época del Antiguo Testamento eran dispositivos de comunicación. Eran sonados enviando mensajes por múltiples razones invitando a la gente a diferentes reuniones, diferentes reuniones, diferentes servicios de adoración, diferentes días santos, y también convocándolos a diferentes ocasiones. Las trompetas también eran mensajes para los hijos de Israel cuando llegaba el momento de levantar el campamento y pasar a la siguiente parada. En tiempos de guerra, el sonido de la trompeta era para indicar a los soldados que avanzaran en posición o que retrocedieran.

> "*Y JEHOVA habló á Moisés, diciendo: Hazte dos trompetas de plata; de obra de martillo las harás, las cuales te servirán para convocar la congregación, y para hacer mover el campo. Y cuando las tocaren, toda la congregación se juntará á ti á la puerta del tabernáculo del testimonio. Mas cuando tocaren sólo la una, entonces se congregarán á ti los príncipes, las cabezas de los millares de Israel. Y cuando tocareis alarma, entonces moverán el campo de los que están alojados al oriente. Y cuando tocareis alarma la segunda vez, entonces moverán el campo de los que están alojados al mediodía: alarma tocarán á sus partidas. Empero cuando hubiereis de juntar la congregación, tocaréis, mas no con sonido de alarma. Y los hijos de Aarón, los sacerdotes, tocarán las trompetas; y las tendréis por estatuto perpetuo por vuestras generaciones. Y cuando viniereis á la guerra en vuestra tierra contra el enemigo que os molestare, tocaréis alarma con las trompetas: y seréis en memoria delante de Jehová vuestro Dios,*

y seréis salvos de vuestros enemigos. Y en el día de vuestra alegría, y en vuestras solemnidades, y en los principios de vuestros meses, tocaréis las trompetas sobre vuestros holocaustos, y sobre los sacrificios de vuestras paces, y os serán por memoria delante de vuestro Dios: Yo Jehová vuestro Dios." Números 10:1-10.

"And Joab blew the trumpet, and the people returned from pursuing after Israel: for Joab held back the people." 2 Samuel 18:16.

APOCALIPSIS 4:2

"Y luego yo fuí en Espíritu: y he aquí, un trono que estaba puesto en el cielo, y sobre el trono estaba uno sentado."

Como en Apocalipsis 1:10, Juan es nuevamente llevado a una visión por el Espíritu Santo. Y se le muestra un trono en el cielo con alguien sentado en él.

PREGUNTA: ¿Cuántos cielos hay? ¿Y para qué sirve cada uno de ellos?

RESPUESTA: Según la Biblia hay por lo menos tres cielos. Lo más probable es que el primer cielo sea nuestra atmósfera, donde abunda la vida. Lo más probable es que el segundo cielo sea el hogar de las estrellas y los planetas; nuestro espacio exterior. El tercer cielo es a donde va la humanidad cuando tiene una visión o tiene una revelación dada por Dios.

"CIERTO no me es conveniente gloriarme; mas vendré á las visiones y á las revelaciones del Señor. Conozco á un hombre en Cristo, que hace catorce años (si en el cuerpo, no lo sé; si fuera del cuerpo, no lo sé: Dios lo sabe) fué arrebatado hasta el tercer cielo. Y conozco tal hombre, (si en el cuerpo, ó fuera del cuerpo, no lo

> *sé: Dios lo sabe,) Que fué arrebatado al paraíso, donde oyó palabras secretas que el hombre no puede decir."* 2 Corintios 12:1-4.

Aparentemente, ahí es donde se lleva a Juan cuando tiene estas visiones que se han convertido en nuestro libro de Apocalipsis.

El cielo no es necesariamente un lugar particular, ya que es un entendimiento particular. Dondequiera que esté Dios, ese es el cielo. El cielo es donde está Dios. Es un lugar donde el pecado no está permitido y no hay oscuridad. En un intento de comunicar a la frágil humanidad débil, las profundidades incomunicables del funcionamiento incomprensible de una dimensión fuera de nuestro propio entendimiento, Dios ha elegido conceptos que podemos captar o entender para describir lo incomprensible. Así, el término cielo, en referencia al tercer cielo, es donde las ruedas del plan de salvación giran lenta pero seguramente, sin obstáculos. El cielo también es la fuente de información y fortaleza para el pueblo de Dios mientras vive en esta vida, busca al Señor e intenta comprender los caminos de Dios.

PREGUNTA: ¿Quién se sienta en el trono?

RESPUESTA: El que está sentado en el trono es Dios Padre. Como este capítulo y el siguiente revelarán que el trono está rodeado por el Espíritu Santo y en el momento adecuado, Jesús, Dios el Hijo, se acercará al trono para recibir un libro del Padre.

APOCALIPSIS 4:3,4

> ***"Y el que estaba sentado, era al parecer semejante á una piedra de jaspe y de sardio: y un arco celeste había alrededor del trono, semejante en el aspecto á la esmeralda. Y alrededor del trono había veinticuatro sillas: y vi sobre las sillas veinticuatro***

ancianos sentados, vestidos de ropas blancas; y tenían sobre sus cabezas coronas de oro."

PREGUNTA: ¿Qué ve Juan "alrededor del trono"?

RESPUESTA: Juan ve un colorido arco iris de luz que rodea el trono de Dios.

PREGUNTA: ¿Se ve el arcoíris que rodea el trono de Dios en algún otro lugar de la Biblia?

RESPUESTA: Sí, el arco iris en la sala del trono de Dios se ve en las siguientes referencias bíblicas: Ezequiel 1:28; Apocalipsis 6:1,2 (con 5:1,6-8); Apocalipsis 10:1

> *"Cual parece el arco del cielo que está en las nubes el día que llueve, así era el parecer del resplandor alrededor. Esta fué la visión de la semejanza de la gloria de Jehová. Y luego que yo la hube visto, caí sobre mi rostro, y oí voz de uno que hablaba."* Ezequiel 1:28.

> *"Y miré; y he aquí en medio del trono y de los cuatro animales, y en medio de los ancianos, estaba un Cordero como inmolado, que tenía siete cuernos, y siete ojos, que son los siete Espíritus de Dios enviados en toda la tierra. Y él vino, y tomó el libro de la mano derecha de aquel que estaba sentado en el trono. Y cuando hubo tomado el libro, los cuatro animales y los veinticuatro ancianos se postraron delante del Cordero, teniendo cada uno arpas, y copas de oro llenas de perfumes, que son las oraciones de los santos."* Apocalipsis 5:6-8.

> *"Y MIRÉ cuando el Cordero abrió uno de los sellos, y oí á uno los cuatro animales diciendo como con una voz de trueno: Ven y ve. Y miré, y he aquí un caballo blanco: y el que estaba sentado encima de él, tenía un arco; y le fué dada una corona, y salió victorioso, para que también venciese."* Apocalipsis 6:1,2.

> *"Y VI otro ángel fuerte descender del cielo, cercado de una nube, y el arco celeste sobre su cabeza; y su rostro era como el sol, y sus pies como columnas de fuego."* Apocalipsis 10:1.

PREGUNTA: ¿Cuál es la palabra griega para arco iris en el libro de Apocalipsis?

RESPUESTA: La palabra griega es el número de Strong 2463, iris, pronunciado (ee'-ris). Solo se encuentra dos veces en el Nuevo Testamento.

PREGUNTA: ¿Cuál es la palabra griega para "arco" en Apocalipsis 6:2?

RESPUESTA: La palabra griega para "arco" en Apocalipsis 6:2 es el número de Strong 5115, "toxon", pronunciado (tox'-on). Solo se usa una vez en la Biblia. Aunque los traductores han considerado que se trata de un arco para disparar flechas, no hay prueba de ello ya que el hombre sobre el caballo blanco no tiene flechas que acompañen al arco. Pero debido a que sale del salón del trono de Dios, representando a Dios, donde el arco iris está alrededor de Su trono, es muy probable que el arco sea en realidad un arco iris, como el que tiene el ángel en Apocalipsis 10:1, un arco iris, que significa su mensaje proviene del salón del trono de Dios.

PREGUNTA: ¿El arcoíris se llama "arco" en algún otro lugar de la Biblia?

RESPUESTA: Sí. En el capítulo nueve de Génesis, el arco iris se llama "arco" tres veces, como se revela en los versículos 13, 14 y 16. El término hebreo para este "arco" es "qesheth", pronunciado (keh'-sheth), y es Número de Strong 7198 y se interpreta como un arcoíris. Pero este mismo término también se usa para referirse al arco que dispara flechas, como en Génesis 27:3:

> *"Toma, pues, ahora tus armas, tu aljaba y tu arco, y sal al campo, y cógeme caza."* Génesis 27:3.

En APOCALIPSIS 4:3,4, Juan nota un trono colorido que brilla como una joya y veinticuatro sillas que rodean el trono, con "ancianos" sentados en ellos, cada uno con una corona de oro en la cabeza y vestidos con vestiduras blancas.

PREGUNTA: ¿Quiénes son los veinticuatro ancianos vestidos de blanco con coronas de oro en la cabeza?

RESPUESTA: Recuerde, el libro de Apocalipsis es un libro de simbolismo. Los veinticuatro ancianos son representantes de la Santa Palabra de Dios, nuestra Biblia, las Sagradas Escrituras. Con la Santa Biblia completa de 66 libros, Dios revela completamente todo lo que los seres humanos necesitamos saber y entender sobre el plan de salvación, quién es Él, qué ha hecho Él y cuál debe ser nuestra respuesta a Él. Él lo ha revelado en la historia de las doce tribus de Israel y en los doce apóstoles. 12 tribus (Antiguo Testamento) más 12 Apóstoles (Nuevo Testamento) es igual a 24 ancianos, el mensaje del evangelio completo y perfecto de Dios. Las coronas de oro representan la autoridad de Dios. La Palabra de Dios es la autoridad de Dios ante la cual todo ser humano puede buscarlo y encontrarlo.

> *"No os congojéis pues, diciendo: ¿Qué comeremos, ó qué beberemos, ó con qué nos cubriremos? Porque los Gentiles buscan todas estas cosas: que vuestro Padre celestial sabe que de todas estas cosas habéis menester. Mas buscad primeramente el reino de Dios y su justicia, y todas estas cosas os serán añadidas. Así que, no os congojéis por el día de mañana; que el día de mañana traerá su fatiga: basta al día su afán."* Mateo 6:31-34.

APOCALIPSIS 4:5

> ***"Y del trono salían relámpagos y truenos y voces: y siete lámparas de fuego estaban ardiendo delante del trono, las cuales son los siete Espíritus de Dios."***

El trono es el centro de atención y la principal fuente de información. Las estadísticas que provienen del trono, en el libro de Apocalipsis, son en forma de "relámpagos, truenos y voces". Esas características que emanan del trono de Dios son esos elementos de información que Dios está compartiendo con Su pueblo, el "pueblo de la tierra".

> *"Sus **relámpagos** alumbraron el mundo: La tierra vió, y estremecióse." Salmos 97:4.*

> "The LORD **thundered** from heaven, and the most High uttered his voice." 2 Samuel 22:14.

> *"Anduvo en derredor el sonido de tus **truenos**; Los relámpagos alumbraron el mundo; Estremecióse y tembló la tierra."* Salmos 77:18

> *"Y **tronó** en los cielos Jehová, Y el Altísimo dió su voz; Granizo y carbones de fuego."* Salmos 18:13.

> *"Y MIRÉ cuando el Cordero abrió uno de los sellos, y oí á uno los cuatro animales diciendo como con una voz* ***de trueno****: Ven y ve."* Apocalipsis 6:1.

> *"Y el ángel tomó el incensario, y lo llenó del fuego del altar, y echólo en la tierra; y fueron hechos **truenos** y voces y relámpagos y terremotos."* Apocalipsis 8:5.

> *"Y clamó con grande voz, como cuando un león ruge: y cuando hubo clamado, siete truenos hablaron sus voces. Y cuando los siete truenos hubieron hablado sus voces, yo iba á escribir, y oí una voz del cielo que*

me decía: Sella las cosas que los siete ***truenos*** *han hablado, y no las escribas."* Apocalipsis 10:3,4.

"Y el templo de Dios fué abierto en el cielo, y el arca de su testamento fué vista en su templo. Y fueron hechos relámpagos y voces y truenos y terremotos y grande granizo." Apocalipsis 11:19.

"Y oí una voz del cielo como ruido de muchas aguas, y como sonido de un gran trueno: y oí una voz de tañedores de arpas que tañían con sus arpas." Apocalipsis 14:2.

"Entonces fueron hechos relámpagos y voces y truenos; y hubo un gran temblor de tierra, un terremoto tan grande, cual no fué jamás desde que los hombres han estado sobre la tierra." Apocalipsis 16:18.

"Y oí como la voz de una grande compañía, y como el ruido de muchas aguas, y como la voz de grandes truenos, que decía: Aleluya: porque reinó el Señor nuestro Dios Todopoderoso." Apocalipsis 19:6.

La palabra "voz" o "voces" se usa 50 veces en el libro de Apocalipsis.

PREGUNTA: ¿Qué es o quién es las "siete lámparas de fuego que arden delante del trono, que son los siete Espíritus de Dios"?

RESPUESTA: Las siete lámparas o Espíritus, delante del trono está el Espíritu Santo de Dios. A lo largo de la Biblia, el Espíritu Santo ha jugado un papel muy importante desde el primer día de la Creación (Génesis 1:2). Su papel ha sido el de un "compañero silencioso" que trabaja con Dios Padre para lograr la salvación de la humanidad, apoyar a Jesús y llenar los corazones de toda la humanidad con cosas celestiales. Pero en el libro de Apocalipsis, el Espíritu Santo es el protagonista principal de los veintidós capítulos.

> *"Y la tierra estaba desordenada y vacía, y las tinieblas estaban sobre la haz del abismo, y el Espíritu de Dios se movía sobre la haz de las aguas."* Génesis 1:2.

Las "siete lámparas de fuego", son los "siete Espíritus de Dios" o en otras palabras, son simbólicas o figurativas del Espíritu Santo omnisciente, omnipotente y omnipresente. Primero se nos presentó a "los siete espíritus que están delante de su trono" en Apocalipsis 1:4:

> *"Juan á las siete iglesias que están en Asia: Gracia sea con vosotros, y paz del que es y que era y que ha de venir, y de los siete Espíritus que están delante de su trono."* Apocalipsis 1:4.

> *"Y ESCRIBE al ángel de la iglesia en SARDIS: El que tiene los* ***siete Espíritus de Dios****, y las siete estrellas, dice estas cosas: Yo conozco tus obras que tienes nombre que vives, y estás muerto."* Apocalipsis 3:1.

> *"Y miré; y he aquí en medio del trono y de los cuatro animales, y en medio de los ancianos, estaba un Cordero como inmolado, que tenía siete cuernos, y siete ojos, que son* ***los siete Espíritus de Dios*** *enviados en toda la tierra."* Apocalipsis 5:6.

En Apocalipsis 1:4 Juan está saludando a los "siervos de Dios" y al hacerlo está mencionando a Aquellos a quienes representa. En Apocalipsis 4:5, Juan es un representante de (1) Dios Padre y de (2) el Espíritu Santo. Luego, en el siguiente versículo, Juan también menciona que está representando (3) a Jesucristo.

Espero que se haya vuelto muy evidente en este punto que el Espíritu Santo tiene un papel vital que desempeñar a lo largo del libro de Apocalipsis. A lo largo de la Biblia, el Espíritu Santo tiende a ser un socio silencioso de la Deidad o trinidad, porque el trabajo del Espíritu Santo no es atraer la atención hacia Sí mismo, sino hacia Cristo Jesús, el Salvador del mundo. Note lo siguiente:

> *"Si me amáis, guardad mis mandamientos; Y yo rogaré al Padre, y os dará otro Consolador, para que esté con vosotros para siempre: Al Espíritu de verdad, al cual el mundo no puede recibir, porque no le ve, ni le conoce: mas vosotros le conocéis; porque está con vosotros, y será en vosotros. No os dejaré huérfanos: vendré á vosotros."* Juan 14:15-18.
>
> "*Empero cuando viniere el Consolador, el cual yo os enviaré del Padre, el Espíritu de verdad, el cual procede del Padre, él dará testimonio de mí.*" Juan 15:26.
>
> *"Aun tengo muchas cosas que deciros, mas ahora no las podéis llevar. Pero cuando viniere aquel Espíritu de verdad, él os guiará á toda verdad; porque no hablará de sí mismo, sino que hablará todo lo que oyere, y os hará saber las cosas que han de venir. El me glorificará: porque tomará de lo mío, y os lo hará saber. Todo lo que tiene el Padre, mío es: por eso dije que tomará de lo mío, y os lo hará saber."* Juan 16:12-15.

El Espíritu Santo está virtualmente en silencio a lo largo de la Biblia, pero ese no es el caso en el libro de Apocalipsis. En este libro, el Espíritu Santo es el principal agente activo de la Trinidad, la Deidad, desde el capítulo uno hasta el capítulo veintidós. Negarse a creer en el tercer miembro de la Deidad, el Espíritu Santo, es cegarse al mensaje completo del libro de Apocalipsis.

APOCALIPSIS 4:6-11

> ***"Y delante del trono había como un mar de vidrio semejante al cristal; y en medio del trono, y alrededor del trono, cuatro animales llenos***

> ***de ojos delante y detrás. Y el primer animal era semejante á un león; y el segundo animal, semejante á un becerro; y el tercer animal tenía la cara como de hombre; y el cuarto animal, semejante á un águila volando. Y los cuatro animales tenían cada uno por sí seis alas alrededor, y de dentro estaban llenos de ojos; y no tenían reposo día ni noche, iendo: Santo, santo, santo el Señor Dios Todopoderoso, que era, y que es, y que ha de venir. Y cuando aquellos animales daban gloria y honra y alabanza al que estaba sentado en el trono, al que vive para siempre jamás, Los veinticuatro ancianos se postraban delante del que estaba sentado en el trono, y adoraban al que vive para siempre jamás, y echaban sus coronas delante del trono, diciendo Señor, digno eres de recibir gloria y honra y virtud: porque tú criaste todas las cosas, y por tu voluntad tienen ser y fueron criadas."***

Estos versículos anteriores mencionan una serie de seres. Existen:

1. Las cuatro bestias

2. El Señor Dios Todopoderoso

3. Y los 24 ancianos.

Este texto dice que las cuatro bestias están en medio y alrededor del trono. Es como si estuvieran cubriendo el trono de todas las formas posibles.

La escritura anterior también identifica al ocupante del único trono del que leemos en los versículos dos y tres. En esta visión, según los versículos ocho y nueve, es el Señor Dios Todopoderoso quien está sentado en el trono. Es de Dios

Padre que las voces o mensajes de los “relámpagos y truenos y voces” emanan y proceden a Su pueblo.

Hay mucha conversación y discrepancia de opiniones acerca de la identidad de las cuatro bestias que están llenas de ojos, que tienen seis alas y que nunca descansan. Constantemente alaban a Dios. Cuando alaban a Dios, los 24 ancianos también lo adoran.

Es lo mismo con los veinticuatro ancianos. Hay mucha conversación y especulación sobre su identidad.

Este autor de este libro está tomando la posición de que las cuatro bestias son figurativas del Espíritu Santo, ya que están llenas de ojos, lo que significa que Él ve todo. Las cabezas de los cuatro seres son las caras de un león, un becerro, un hombre y un águila. En el Antiguo Testamento en Ezequiel capítulo uno se muestra una escena similar a Ezequiel. Y a lo largo de esos veintiocho versículos, el Espíritu Santo se menciona varias veces. También las cuatro cabezas en Ezequiel, en las cuatro criaturas, están mirando en las cuatro direcciones de la brújula, viendo todo lo que sucede como siendo omnipresente. La especulación de algunos es que toda la creación se caracteriza por estas cuatro cabezas que representan (1) bestias salvajes, (2) animales, (3) humanos y (4) criaturas voladoras. Y algunos también los ven representando las características de valentía, humildad, sabiduría y audacia. Cualquiera que sea el significado figurativo final que tengan, creo que las cuatro bestias representan figurativamente al Espíritu Santo.

El Espíritu Santo, representado simbólicamente por las cuatro bestias, son las voces que presentan la información sobre los cuatro caballos y los primeros cuatro sellos del capítulo seis de Apocalipsis. Dado que cada una de las cuatro bestias tiene una apariencia diferente, la pregunta que se debe hacer es: “¿Tiene cada bestia diferente en particular una influencia en el mensaje de cada uno de los primeros cuatro sellos con sus caballos de diferentes colores?"

PREGUNTA: ¿Quiénes son los veinticuatro ancianos, sentados en veinticuatro tronos, cada uno con una corona de oro?

RESPUESTA: En cuanto a los veinticuatro ancianos, este autor está tomando la posición de que representan la Santa Biblia que se divide en dos porciones particulares. El Antiguo Testamento está representado por las 12 tribus de Israel y el Nuevo Testamento está representado por los 12 apóstoles. Estos 24 ancianos son testigos de Dios en todo el mundo las veinticuatro horas, todos los días, todos los años en la forma de la Biblia. La distribución mundial de la Biblia mantiene a los ancianos alabando a Dios continuamente, trayendo aplausos a Su trono alto y sublime cada minuto de cada día, a través del poder del Espíritu Santo.

> *"Porque así dijo el Alto y Sublime, el que habita la eternidad, y cuyo nombre es el Santo: Yo habito en la altura y la santidad, y con el quebrantado y humilde de espíritu, para hacer vivir el espíritu de los humildes, y para vivificar el corazón de los quebrantados."* Isaías 57:15

> *"Y AHORA, así dice Jehová Criador tuyo, oh Jacob, y Formador tuyo, oh Israel: No temas, Formador tuyo, oh Israel: No temas, fakporque yo te redimí; te puse nombre, mío eres tú....* ***Vosotros sois mis testigos,*** *dice Jehová, y mi siervo que yo escogí; para que me conozcáis y creáis, y entendáis que yo mismo soy; antes de mí no fué formado Dios, ni lo será después de mí."* Isaías 43:1 & 10 (Lea todo Isaías 43 testificando de Dios, según lo permita su tiempo).

> *"Entonces les abrió el sentido, para que entendiesen las Escrituras; Y díjoles: Así está escrito, y así fué necesario que el Cristo padeciese, y resucitase de los*

muertos al tercer día; Y que se predicase en su nombre el arrepentimiento y la remisión de pecados en todas las naciones, comenzando de Jerusalem. Y vosotros sois ***testigos*** *de estas cosas. Y he aquí, yo enviaré la promesa de mi Padre sobre vosotros: mas vosotros asentad en la ciudad de Jerusalem, hasta que seáis investidos de potencia de lo alto."* Lucas 24:45-49.

"Y Jesús les dijo: De cierto os digo, que vosotros que me habéis seguido, en la regeneración, cuando se sentará el Hijo del hombre en el trono de su gloria, vosotros también os ***sentaréis sobre doce tronos, para juzgar á las doce tribus de Israel****."* Matthew 19:28.

Jesús dijo, ***"****Empero vosotros sois los que habéis permanecido conmigo en mis tentaciones: Yo pues os ordeno un reino, como mi Padre me lo ordenó á mí, Para que comáis y bebáis en mi mesa en mi reino, y os sentéis* ***sobre tronos juzgando á las doce tribus de Israel****."* Lucas 22:28-30.

Es interesante notar que en el libro de Apocalipsis, las cuatro criaturas y los 24 ancianos son inseparables. Donde tienes uno, tienes el otro. Eso es una reminiscencia de la Biblia y el Espíritu Santo. Ellos también son inseparables; no se puede tener el uno sin el otro.

"Y cuando aquellos animales daban gloria y honra y alabanza al que estaba sentado en el trono, al que vive para siempre jamás, Los veinticuatro ancianos se postraban delante del que estaba sentado en el trono, y adoraban al que vive para siempre jamás, y echaban sus coronas delante del trono, diciendo: Señor, digno eres de recibir gloria y honra y virtud: porque tú criaste todas las cosas, y por tu voluntad tienen ser y fueron criadas." Apocalipsis 4:9-11.

> *"Y los veinticuatro ancianos y los cuatro animales se postraron en tierra, y adoraron á Dios que estaba sentado sobre el trono, diciendo: Amén: Aleluya."* Apocalipsis 19:4.

La Santa Biblia y el Espíritu Santo tienen una obra unificada para traer gloria a Jesucristo el Señor. El mensaje que viene de la Biblia completa y el Espíritu Santo siempre presente es uno. Ese mensaje es:

> *"Señor, digno eres de recibir gloria y honra y virtud: porque tú criaste todas las cosas, y por tu voluntad tienen ser y fueron criadas."* Apocalipsis 4:11.

APOCALIPSIS 4:11

> ***"Señor, digno eres de recibir gloria y honra y virtud: porque tú criaste todas las cosas, y por tu voluntad tienen ser y fueron criadas."***

Dios es el Creador de todas las cosas. Todas las cosas fueron hechas por Jesucristo y sin Él nada de lo que ha sido hecho fue hecho.

> *"EN el principio era el Verbo, y el Verbo era con Dios, y el Verbo era Dios. Este era en el principio con Dios. Todas las cosas por él fueron hechas; y sin él nada de lo que es hecho, fué hecho."* Juan 1:1-3.

El cuarto mandamiento nos insta a "Acordarte del día de reposo para santificarlo", porque al santificar el séptimo día, el día de reposo, se nos recuerda semanalmente que Dios es nuestro Creador y que no nos creamos a nosotros mismos. Le debemos nuestra misma existencia a Él.

> *"Acordarte has del día del reposo, para santificarlo: Seis días trabajarás, y harás toda tu obra; Mas el séptimo día será reposo para Jehová tu Dios: no hagas en él obra*

alguna, tú, ni tu hijo, ni tu hija, ni tu siervo, ni tu criada, ni tu bestia, ni tu extranjero que está dentro de tus puertas: Porque en seis días hizo Jehová los cielos y la tierra, la mar y todas las cosas que en ellos hay, y reposó en el séptimo día: por tanto Jehová bendijo el día del reposo y lo santificó." Éxodo 20:8-11.

"Porque así dijo Jehová, que crió los cielos, él es Dios, el que formó la tierra, el que la hizo y la compuso; no la crió en vano, para que fuese habitada la crió: Yo Jehová, y ninguno más que yo." Isaías 45:18.

APOCALIPSIS CAPÍTULO CUATRO EN POCAS PALABRAS

Todo el cielo está a disposición de los seres humanos para la salvación de toda la humanidad. Dios Padre, el centro de todo lo que sucede, comunica Su voluntad a la humanidad de diversas maneras. Los dos métodos principales en que Dios se comunica con la humanidad son a través de Su Palabra inspirada, la Biblia, ya través de la obra del Espíritu Santo que mora en nosotros. Ambas fuentes inseparables le dan a Dios la gloria cada segundo de cada día que pasa a todos y cada uno de los que abren sus páginas e invitan al Espíritu Santo a sus corazones y vidas, para mostrarles el camino a Dios.

APOCALIPSIS CAPÍTULO CUATRO EN UNA ORACIÓN

La Palabra de Dios, la Santa Biblia, está inspirada por el Espíritu Santo y es el conducto de Dios para expresar Su carácter y Su voluntad para con la humanidad.

APOCALIPSIS CAPITULO CINCO

Es imperativo que el lector del libro de Apocalipsis recuerde que todo el libro está escrito en lenguaje simbólico. Es muy fácil olvidar ese detalle y mirar esta visión como si fuera literal. Cuando se olvidan las imágenes figurativas se pierde la interpretación del libro.

Recuerda:

1. El Mensajero o Ángel de la Revelación es el Espíritu Santo.

2. Juan está teniendo una visión, como un sueño, nada de eso es real.

3. La visión está revelando el futuro, durante los próximos 7 años de tribulación.

4. No hay 24 ancianos reales sentados alrededor del trono de Dios. Eso es simbólico de la Biblia, apuntando al Antiguo Testamento, a las 12 tribus de Israel, y al Nuevo Testamento, a los 12 Apóstoles. Los ejemplos, experiencias e información que se encuentran en la Biblia son ejemplos para nosotros los seres humanos que trae perfección en la vida, para todas las personas, que se entregan y se someten a Dios. Note lo siguiente:

   "Toda Escritura es inspirada divinamente y útil para enseñar, para redargüir, para corregir, para instituir en justicia, Para que el hombre de Dios sea perfecto, enteramente instruído para toda buena obra." 2 Timoteo 3:16,17.

APOCALIPSIS 5:1-5

> ***"Y VI en la mano derecha del que estaba sentado sobre el trono un libro escrito de dentro y de fuera, sellado con siete sellos. Y vi un fuerte ángel***

> ***predicando en alta voz: ¿Quién es digno de abrir el libro, y de desatar sus sellos? Y ninguno podía, ni en el cielo, ni en la tierra, ni debajo de la tierra, abrir el libro, ni mirarlo. Y yo lloraba mucho, porque no había sido hallado ninguno digno de abrir el libro, ni de leerlo, ni de mirarlo. Y uno de los ancianos me dice: No llores: he aquí el león de la tribu de Judá, la raíz de David, que ha vencido para abrir el libro, y desatar sus siete sellos."***

En visión Juan ve al Padre Celestial, sentado en Su trono, sosteniendo un rollo, o libro enrollado, en Su mano derecha. El rollo está cerrado y sellado con siete sellos. Aunque se hace una búsqueda de toda la humanidad que ocupa este planeta, ningún ser humano de la "gente del cielo" o de la "gente de la tierra" o de la "gente del mar" es lo suficientemente justo o lo suficientemente libre de pecado para poder abrir el libro, romper el sellos, mirad el libro, ni lo leáis.

Juan sabe que toda la humanidad está perdida a menos que se abra el libro. El futuro eterno de los seres humanos pende de un hilo. Si el libro no se abre, toda la humanidad se pierde. Dado que no se puede ubicar a ningún ser humano en el cielo, la tierra o el mar para abrir el libro, Juan está desconsolado hasta las lágrimas.

Entonces, Juan se consuela al darse cuenta de que Jesús, el Cordero de Dios, que murió para quitar los pecados del mundo, con Su sacrificio de sangre sin pecado, ha vencido la pena del pecado, y solo Él, en todo el universo, es digno de ser abre el libro y rompe los sellos.

Es interesante que en estos cinco versículos se menciona cuatro veces que el orden de manipular el rollo es abrirlo primero y luego soltar los siete sellos, lo que va en contra de cómo normalmente pensamos en soltar un libro para llegar a su información. . Normalmente pensamos que un libro se cierra y luego se sella con los sellos y, a menudo, creemos que el libro no se puede abrir hasta que se sueltan todos los sellos, pero ese no es el caso en este caso.

PREGUNTA: ¿Cuál es el libro que el Padre da al Hijo que está escrito por ambos lados y sellado con siete sellos?

RESPUESTA: Según Apocalipsis 1:1, el libro que el Padre le da al Hijo es todo el Libro de Apocalipsis. Solo Jesús puede abrir el libro y soltar los siete sellos. Jesús pasa el libro al Espíritu Santo, que se lo pasa a Juan, que se lo da a los siervos de Dios del tiempo del fin, las siete iglesias.

> *"1 LA revelación de Jesucristo, que Dios le dió, para manifestar á sus siervos las cosas que deben suceder presto; y la declaró, enviándo la por su ángel á Juan su siervo, 2 El cual ha dado testimonio de la palabra de Dios, y del testimonio de Jesucristo, y de todas las cosas que ha visto. 3 Bienaventurado el que lee, y los que oyen las palabras de esta profecía, y guardan las cosas en ella escritas: porque el tiempo está cerca. 4 Juan á las siete iglesias que están en Asia: Gracia sea con vosotros, y paz del que es y que era y que ha de venir, y de los siete Espíritus que están delante de su trono; 5 Y de Jesucristo, el testigo fiel, el primogénito de los muertos, y príncipe de los reyes de la tierra. Al que nos amó, y nos ha lavado de nuestros pecados con su sangre." "11 Que decía: Yo soy el Alpha y Omega, el primero y el último. Escribe en un libro lo que ves, y envía lo á las siete iglesias que están en Asia; á Efeso, y á Smirna, y á Pérgamo, y á Tiatira, y á Sardis, y á Filadelfia, y á Laodicea."* Apocalipsis 1:1-5,11.

El libro en la mano del Padre, que pasa al Hijo, se revela en Apocalipsis 1:1 como el Libro de Apocalipsis. El libro debe ser abierto para que haya acceso a los siete sellos para liberarlos. Y los sellos no pueden soltarse hasta que se abra el libro. El libro aparentemente representa el camino por el cual la humanidad debe ir para experimentar los capítulos finales de la historia de este mundo pecaminoso, cuando toda la humanidad sea juzgada. Sólo Cristo Jesús es digno de realizar ese juicio perfecto porque Él es Aquel que lo dio todo por la salvación de la humanidad.

PREGUNTA: ¿Cuándo abre Jesús el libro de Apocalipsis?

RESPUESTA: Hasta donde yo sé, la Biblia no proporciona la respuesta a esta pregunta.

PREGUNTA: ¿Se abrió el Libro de Apocalipsis cuando Jesús se lo dio al Espíritu Santo para que se lo diera a Juan?

RESPUESTA: Posiblemente. Desde los días de Juan hasta ahora, toda la humanidad, que tenía una copia escrita del Libro del Apocalipsis, ha tenido la oportunidad de leerlo, por lo que debe estar abierto. Pero este autor enseña que las acciones del libro de Apocalipsis no se inician hasta que Jesús se pone de pie, según Daniel 12:1, justo antes de que comience la tribulación de siete años, cuando procede a romper los sellos, uno a la vez.

> *"Y EN aquel tiempo se levantará Miguel, el gran príncipe que está por los hijos de tu pueblo; y será tiempo de angustia, cual nunca fué después que hubo gente hasta entonces: mas en aquel tiempo será libertado tu pueblo, todos los que se hallaren escritos en el libro."* Daniel 12:1.

PREGUNTA: Teniendo en cuenta Daniel 12:1, ¿cuál es el libro donde se encuentran todos los nombres de los salvos? ¿Y cuándo fue escrito o preparado?

RESPUESTA: El libro que contiene todós los nombres de los salvos se llama "el libro de la Vida del Cordero". Fue preparado o escrito antes de la creación de este mundo. No se abrirá hasta después de los 1000 años de Apocalipsis 20, momento en el cual se comparará el consejo de los jueces redimidos con la información del Libro de la Vida y ambos estarán completamente de acuerdo.

> *"El que venciere, será vestido de vestiduras blancas; y no borraré su nombre del libro de la vida, y confesaré su nombre delante de mi Padre, y delante de sus ángeles."* Apocalipsis 3:5.

> *"Y todos los que moran en la tierra le adoraron, cuyos nombres no están escritos en el libro de la vida del Cordero, el cual fué muerto desde el principio del mundo." Apocalipsis 13:8.*

> *"Y llevarán la gloria y la honra de las naciones á ella. No entrará en ella ninguna cosa sucia, ó que hace abominación y mentira; sino solamente los que están escritos en el libro de la vida del Cordero."* Apocalipsis 21:26,27.

> *"Y el que no fué hallado escrito en el libro de la vida, fué lanzado en el lago de fuego."* Apocalipsis 20:15.

> *"La bestia que has visto, fué, y no es; y ha de subir del abismo, y ha de ir á perdición: y los moradores de la tierra, cuyos nombres no están escritos en el libro de la vida desde la fundación del mundo, se maravillarán viendo la bestia que era y no es, aunque es."* Apocalipsis 17:8.

Este autor cree que después de que se abre el libro de Apocalipsis, los sellos se liberan uno a la vez, en el transcurso del tiempo, durante la tribulación de siete años. El primer sello se abre al comienzo de la tribulación de 2520 días y los demás están espaciados para ser abiertos en intervalos, durante la tribulación de siete años, abriendo el sexto sello en la segunda venida de Jesús. El séptimo sello no se abre hasta el final de los 1000 años de Apocalipsis 20. Observe el siguiente cuadro que muestra el tiempo propuesto por los autores para la apertura de los siete sellos que van de izquierda a derecha en orden cronológico.

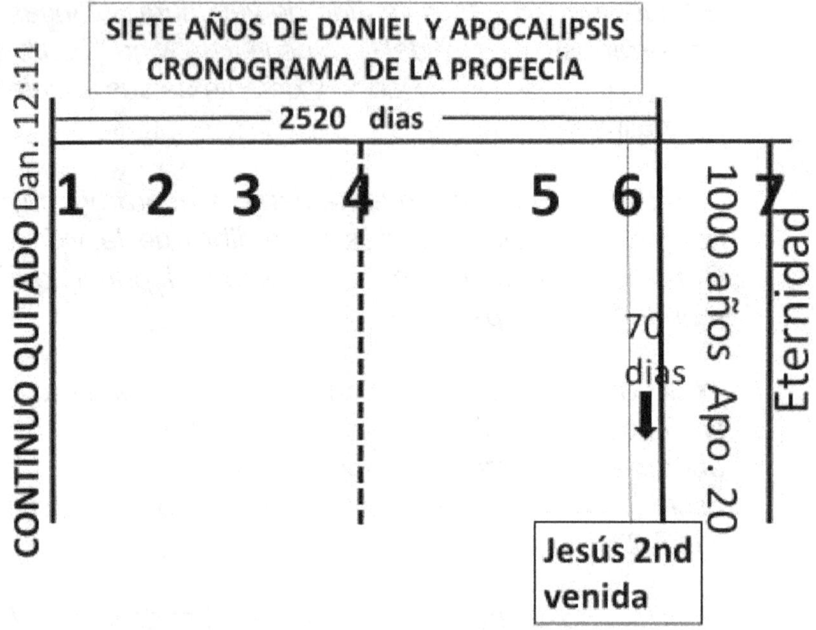

APOCALIPSIS 5:6

> ***"Y miré; y he aquí en medio del trono y de los cuatro animales, y en medio de los ancianos, estaba un Cordero como inmolado, que tenía siete cuernos, y siete ojos, que son los siete Espíritus de Dios enviados en toda la tierra."***

El término "en medio del trono" es figurativo por ser el centro de atención. Se dice que Dios el Padre, las cuatro criaturas y el Cordero están cada uno "en medio del trono" (4:2; 4:6; 5:6) cuando son el tema de la conversación. Son los tres en una Trilogía o Divinidad Santa y Triuna o Trinidad. Las cuatro bestias representan al Espíritu Santo, los ancianos representan la Biblia y el Cordero representa a Jesús. Es el Cordero, Jesucristo, que está rodeado por el Espíritu Santo y la Palabra de Dios, ya que ambos existen para dar gloria al "Cordero de Dios que quita el pecado del mundo" (Juan 1:29).

DEFINICIONES PARA APOCALIPSIS CINCO:

1. "En medio del trono" significa el centro de atención. (como se indicó anteriormente)

2. "cordero como inmolado" representa a Jesucristo (Juan 1:29).

3. "siete cuernos" representa todopoderoso como en omnipotente. (Daniel 8:7)

4. "siete ojos" representa todo lo que ve como omnipresente. (Ezequiel 10:12,17)

5. "los siete Espíritus de Dios" representan al Espíritu Santo. (Ap. 1:4; 3:1; 5:6)

6. Los siete cuernos y los siete ojos pertenecen al Espíritu Santo, que es omnisciente y todopoderoso. (Apocalipsis 5:6)

7. "enviado por toda la tierra" es cuando Jesús envió "el Consolador", el Espíritu Santo, a la tierra después de Su resurrección, como prometió en Juan 16:7.

8. "la tierra" son los servidores humanos de Dios, el lugar en el que habita el Espíritu Santo. (Hechos 2:4, 19:2; 1 Corintios 6:19; 2 Timoteo 1:14; 1 Juan 2:27).

9. "tierra" representa al pueblo de Dios, Su reino.

10. "pueblo del cielo" aquellos que sirven a Dios 100%.

11. "gente de la tierra" los que sirven a Dios parcialmente.

12. "gente del mar" aquellos que se niegan a servir y obedecer a Dios como Él dicta.

Una vez más este capítulo repite los personajes principales del libro de Apocalipsis. Hay (1) Dios el Padre, la fuente de toda información en la sala del trono, (2) el Espíritu Santo omnipresente y omnipotente, (3) el Hijo de Dios, Jesucristo el Señor, (4) y los veinticuatro ancianos, que representan la Biblia, la Palabra de Dios. No debe quedar fuera la (5) gente de la "tierra", el reino de Dios, los destinatarios de las cuatro bendiciones de arriba.

APOCALIPSIS 5:7-12

> ***"Y él vino, y tomó el libro de la mano derecha de aquel que estaba sentado en el trono. Y cuando hubo tomado el libro, los cuatro animales y los veinticuatro ancianos se postraron delante del Cordero, teniendo cada uno arpas, y copas de oro llenas de perfumes, que son las oraciones de los santos: Y cantaban un nuevo cántico, diciendo: Digno eres de tomar el libro, y de abrir sus sellos; porque tú fuiste inmolado, y nos has redimido para Dios con tu sangre, de todo linaje y lengua y pueblo y nación; Y nos has hecho para nuestro Dios reyes y sacerdotes, y reinaremos sobre la tierra. Y miré, y oí voz de muchos ángeles alrededor del trono, y de los animales, y de los ancianos; y la multitud de ellos era millones de millones, Que decían en alta voz: El Cordero que fué inmolado es digno de tomar el poder y riquezas y sabiduría, y fortaleza y honra y gloria y alabanza."***

Si buscamos, históricamente, cuando Jesús adquirió el libro de la mano del Padre, se ofrecen muy pocas pistas. No hace falta decir que Jesús se ganó el derecho de ser Aquel que abre el libro, mira dentro, lo lee y abre los sellos, debido a Su vida perfecta, muerte sacrificial y resurrección gloriosa. Recibir el libro de la mano derecha del Padre, es una demostración de recibir poder y autoridad del Padre. En cuanto al momento de recibir el libro, se perciben las siguientes pistas de este texto: (1) Jesús recibe el libro después de su muerte y resurrección porque se le aparece al padre como un "Cordero inmolado". (2) Las oraciones de los santos juegan un papel importante en el hecho de que Jesús tome el libro. Apocalipsis 8:3-5 dice,

> *"Y otro ángel vino, y se paró delante del altar, teniendo un incensario de oro; y le fué dado mucho incienso para que lo añadiese á las oraciones de todos los santos sobre el altar de oro que estaba delante del trono. Y el humo del incienso subió de la mano del ángel delante de Dios, con las oraciones de los santos. Y el ángel tomó el incensario, y lo llenó del fuego del altar, y echólo en la tierra; y fueron hechos truenos y voces y relámpagos y terremotos."* Apocalipsis 8:3-5.

Apocalipsis 8:3-5 tiene lugar durante el "pequeño tiempo de angustia" del que habla Jesús en Mateo 24:4-8. Es al final del "pequeño tiempo de angustia", justo antes de que comience la tribulación de siete años, que el Espíritu Santo es derramado sobre la "tierra" y el "mar", durante la apertura de los sellos. (3) Aquellos que oran por el derramamiento del Espíritu Santo son los de, "de todo linaje y lengua y pueblo y nación". (4) Estos son también los que dicen que Dios nos ha "hecho para nuestro Dios reyes y sacerdotes". Hacer a los santos de Dios como reyes y sacerdotes se llevará a cabo durante la próxima tribulación de 2520 días. (5) Aquellas personas que están orando por la intervención de Dios en su angustia son las que, "el número de ellos era diez mil veces diez mil, y miles de miles". (6) y reinarán o estarán encargados de alabar a Dios en la "tierra". Con las seis pistas anteriores, se sugiere que Jesús recibe el libro y tiene el poder de comenzar a abrir los sellos al final del "pequeño tiempo de angustia", justo antes de que comience el "gran tiempo de angustia". Se desconoce si Jesús recibió el libro en Su resurrección o justo después del "pequeño tiempo de Angustia", pero con seguridad se puede decir que los siete sellos no se abren hasta el comienzo de la tribulación de siete años que pronto vendrá.

Recuerde, Apocalipsis es un libro de simbolismo. En este capítulo el que está en el trono representa a Dios Padre, el Espíritu Santo está representado por las cuatro bestias y la Biblia está representada por los veinticuatro ancianos, pero ¿quiénes son esos que están representados por "la voz de muchos ángeles alrededor? el trono y las bestias y los ancianos; y el número de ellos era diez mil veces diez mil, y millares de millares"?

PREGUNTA: ¿Quién forma la gran multitud como los ángeles o mensajeros alrededor del trono, las bestias y los ancianos?

RESPUESTA: Esos mensajeros o ángeles que están parados alrededor del trono en realidad pueden caer en dos categorías. Los dos grupos distintos podrían ser (1) los ángeles celestiales que Dios creó, que cumplen Su mandato y que interactúan con los seres humanos para su protección y edificación, y (2) los evangelistas, predicadores, obreros bíblicos y testigos de Dios en todo el mundo. compartiendo la Biblia en el poder del Espíritu Santo, proclamando la verdad tal como se encuentra en la Biblia a otras personas, trayendo gloria a Dios y al Hijo, Jesucristo el Señor.

Debido a que el Hijo de Dios dio Su vida para ofrecer la salvación a toda la humanidad, Él es digno de toda la alabanza, el honor y la adoración que pueden derramarse sobre Él y para Él. Todos los seres humanos de todas las naciones, lenguas y pueblos de todo el mundo, que aceptan Su sacrificio en su favor, son bienvenidos al reino de Dios que está disponible aquí y ahora. **

Aquellas personas que entreguen su voluntad a Dios y dediquen su vida a Jesucristo el Señor, recibirán el Espíritu Santo, viviendo en ellos, que los guiará en el camino adecuado para tener a Jesús como el centro de todo lo que son. Aquellas personas que se entreguen por completo a Dios antes de que comience la tribulación de siete años, serán selladas en el momento en que se derrame el Espíritu Santo y estarán entre los 144.000 siervos elegidos de Dios.

**(Leer el eBook "The Kingdom of Heaven and the Kingdom of God" por Earl Schrock)

APOCALIPSIS 5:13,14

> ***"Y oí á toda criatura que está en el cielo, y sobre la tierra, y debajo de la tierra, y que está en el mar, y todas las cosas que en ellos están, diciendo: Al que está sentado en el trono, y al Cordero, sea la bendición, y la honra, y la gloria, y el poder, para siempre jamás. Y los cuatro animales decían: Amén. Y los veinticuatro ancianos cayeron sobre sus rostros, y adoraron al que vive para siempre jamás."***

Nadie tiene excusa para rechazar el regalo gratuito de la vida eterna. De una forma u otra, a través del Espíritu Santo, "las cuatro bestias", y/o a través de la proliferación de la Biblia, "los 24 ancianos", a través de la prensa, el boca a boca, la naturaleza, la radio, la televisión, la computadora y todo de otra manera, toda la humanidad conoce al "Dios Altísimo" (Daniel 4:2). "Toda criatura" significa los siguientes tres grupos de personas: la "gente del cielo", la "gente de la tierra" y la "gente del mar". La "gente del mar" en este versículo se describe como "estar debajo de la tierra", lo que literalmente significa en y debajo del nivel del mar. Todo el pueblo, que constituye el reino de Dios, cae en una de estas tres categorías de aquellos que le darán gloria a Jesús, ya sea al comienzo del período de la tribulación o después del milenio de Apocalipsis veinte.

> *"Porque escrito está: Vivo yo, dice el Señor, que á mí se doblará toda rodilla, Y toda lengua confesará á Dios. De*

manera que, cada uno de nosotros dará á Dios razón de sí." Romanos 14:11,12.

APOCALIPSIS CAPÍTULO CINCO EN POCAS PALABRAS

Dios ha hecho todo lo celestialmente posible para la salvación de la humanidad y ha presentado esas acciones en Su Palabra, la Santa Biblia, que es inspirada por el Espíritu Santo. A lo largo de los siglos, Dios ha tenido sus instrumentos humanos proclamando el mensaje bíblico al mundo, a cada hombre, mujer y niño donde el mensaje del evangelio estaba disponible. Cada persona, en todo el mundo, que escuchó ese mensaje tiene el derecho de elegir seguir al Cordero o no, nadie está sin excusa. Ese evangelismo y testimonio mundial ha traído gloria y honra a Jesucristo, el Cordero de Dios.

APOCALIPSIS CAPÍTULO CINCO EN UNA ORACIÓN

La Palabra de Dios, por medio del Espíritu Santo, ha sido y está siendo proclamada a todo el mundo para testimonio a todas las naciones acerca del plan de salvación que glorifica a Jesús, el Rey de reyes, en preparación para los acontecimientos que pronto vendrán. este mundo.

APOCALIPSIS CAPÍTULO SEIS

Este capítulo trata sobre seis de los siete sellos. Cada uno de los primeros cuatro sellos es presentado por cada una de las cuatro bestias, que involucran a los cuatro caballos de diferentes colores. Se desconoce en este momento si tiene algún significado descubrir cuál de las cuatro bestias está introduciendo qué foca y qué caballo. El autor está tomando la posición de que el orden de las bestias y los sellos es el mismo que se presentó en el capítulo cuatro de Apocalipsis.

> *"Y delante del trono había como un mar de vidrio semejante al cristal; y en medio del trono, y alrededor del trono, cuatro animales llenos de ojos delante y detrás. Y el primer animal era semejante á un **león**; y el segundo animal, semejante á un **becerro**; y el tercer animal tenía la cara como de **hombre**; y el cuarto animal, semejante á un **águila** volando."* Apocalipsis 4:6,7.

Las cuatro bestias, que están ante el trono de Dios, son cuatro criaturas individuales de los capítulos cuatro y cinco de Apocalipsis. Uno con cabeza de león, otro con cabeza de becerro, otro con cabeza de hombre y otro con cabeza de águila. También se mencionan en el Antiguo Testamento en Ezequiel 1:4-13. En Ezequiel hay cuatro criaturas pero cada una tiene cuatro caras. El rostro de un hombre que mira al frente, el rostro de un león que mira a la derecha, el rostro de un águila que mira hacia atrás y el rostro de un buey que mira a la izquierda. Las cuatro criaturas en Ezequiel y el Libro de Apocalipsis son en realidad el Espíritu Santo, que presenta cada uno de los primeros cuatro sellos.

El capítulo seis de Apocalipsis también nos presenta los cuatro caballos de diferentes colores revelados en los primeros cuatro sellos. Estos cuatro caballos representan al Espíritu Santo que sostiene y lleva consigo a los jinetes y sus mensajes. Note Zacarías 6:1-5:

"Y TORNÉME, y alcé mis ojos y miré, y he aquí cuatro carros que salían de entre dos montes; y aquellos montes eran de metal. En el primer carro había caballos bermejos, y el segundo carro caballos negros, Y en el tercer carro caballos blancos, y en el cuarto carro caballos overos ruciorodados. Respondí entonces, y dije al ángel que conmigo hablaba: Señor mío, ¿qué es esto? Y el ángel me respondió, y díjome: Estos son los cuatro vientos de los cielos, que salen de donde están delante del Señor de toda la tierra." Zacarías 6:1-5.

Recuerda: En el Libro de Apocalipsis, Juan está teniendo una visión, un sueño. Lo que ve no es real, es figurativo de la realidad. Así que en verdad no hay trono, ni libro, ni sellos, ni cordero ensangrentado, etc. Estas son imágenes figurativas imaginarias que representan otra cosa, una alegoría. Los siete sellos son representativos de siete acciones distintas que tienen lugar cronológicamente a lo largo de la línea de tiempo de siete años, de manera similar a los postes de una milla a lo largo de una carretera. Cada uno de los sellos, trompetas, ángeles, lamentos y truenos tienen lugar simultáneamente en el mismo lugar de la línea de tiempo, repartidos en un período de siete años, y cada uno revela un mensaje diferente o una pieza diferente del rompecabezas general del tiempo del fin.

El capítulo anterior, el capítulo cinco de Apocalipsis, es simplemente una introducción a los siete sellos. El capítulo cinco nos deja saber que Dios está justificado al traer "el tiempo de Su ira" y que Él tiene el control. Apocalipsis cinco prepara el escenario para Apocalipsis seis y su descripción de seis de los siete sellos.

Después de la caída de Adán, el pecado separó a la humanidad de Dios (Génesis 3:22-24), creando una brecha entre los seres humanos y la Fuente de la Vida, condenando a toda la humanidad a muerte. Jesús dio su vida para cerrar la brecha creada por el pecado y ofrecer salvación a toda la humanidad. Desde el comienzo mismo de la historia de esta tierra, la humanidad ha tenido la opción de aceptar el amor de Dios o rechazar el amor de Dios para cerrar esa brecha. Esa aceptación o rechazo se demuestra, no solo en las cosas que una persona dice, sino en las cosas que una persona hace; sus hechos Dios, en Su paciencia, ha tolerado la rebelión de la humanidad durante los últimos 6.000 años con la promesa continua de que un día Él pondrá fin al pecado. Siempre ha habido un remanente de personas que han aceptado el amor de Dios, desde la creación, pero la mayoría de las personas escogieron la rebelión, que ha intensificado y magnificado el pecado, y los resultados del pecado, a lo que es hoy. Pronto será tiempo de que Dios muestre Su ira contra esa rebelión al permitir que la tribulación de siete años, "el tiempo de la ira de Dios", llegue y comience a tiempo.

> "*Porque manifiesta es* ***la ira de Dios*** *del cielo contra toda impiedad é injusticia de los hombres, que detienen la verdad con injusticia.*" Romanos 1:18.

> *"SI habéis pues resucitado con Cristo, buscad las cosas de arriba, donde está Cristo sentado á la diestra de Dios. Poned la mira en las cosas de arriba, no en las de la tierra. Porque muertos sois, y vuestra vida está escondida con Cristo en Dios. Cuando Cristo, vuestra vida, se manifestare, entonces vosotros también seréis manifestados con él en gloria. Amortiguad, pues, vuestros miembros que están sobre la tierra: fornicación, inmundicia, molicie, mala concupiscencia, y avaricia, que es idolatría: Por las cuales cosas* ***la ira de Dios viene sobre los hijos de rebelión****. En las cuales vosotros también anduvisteis en otro tiempo viviendo en ellas. Mas ahora, dejad también vosotros todas estas cosas: ira, enojo, malicia, maledicencia, torpes palabras de vuestra boca. No mintáis los unos á los otros, habiéndoos despojado del viejo hombre con sus hechos, Y revestídoos del nuevo, el cual por el conocimiento es renovado conforme á la imagen del que lo crió; Donde no hay Griego ni Judío, circuncisión*

> *ni incircuncisión, bárbaro ni Scytha, siervo ni libre; mas Cristo es el todo, y en todos."* Colosenses 3:1-11.

"SED, pues, imitadores de Dios como hijos amados: Y andad en amor, como también Cristo nos amó, y se entregó á sí mismo por nosotros, ofrenda y sacrificio á Dios en olor suave. Pero fornicación y toda inmundicia, ó avaricia, ni aun se nombre entre vosotros, como conviene á santos; Ni palabras torpes, ni necedades, ni truhanerías, que no convienen; sino antes bien acciones de gracias. Porque sabéis esto, que ningún fornicario, ó inmundo, ó avaro, que es servidor de ídolos, tiene herencia en el reino de Cristo y de Dios. Nadie os engañe con palabras vanas; porque por estas cosas viene ***la ira de Dios sobre los hijos de desobediencia****. No seáis pues aparceros con ellos."* Efesios 5:1-7.

> *"Y de su boca sale una espada aguda, para herir con ella las gentes: y él los regirá con vara de hierro; y él pisa el lagar del vino* ***del furor, y de la ira del Dios*** *Todopoderoso."* Apocalipsis 19:15.

Los siete sellos son postes de guía colocados a lo largo de la línea de tiempo de Daniel y Apocalipsis que revelan las ubicaciones de las acciones que tendrán lugar durante la próxima tribulación de siete años. Los siete sellos, las siete trompetas, los siete ángeles, los siete lamentos y los siete truenos se lanzan simultáneamente en orden cronológico a lo largo de la línea de tiempo de 7 años.

Cada uno de los siete sellos es como un buzón. Las trompetas son similares a un sobre con dirección colocado en el buzón. El mensaje del ángel es la información que se encuentra en la carta adjunta. El lamento es la advertencia que expresa la carta, y el trueno es su llamada combinada de despertar al pueblo de Dios.

Los números grandes en el siguiente cuadro revelan la posición de cada uno de los siete sellos en la línea de tiempo de la tribulación de siete años y 2520 días.

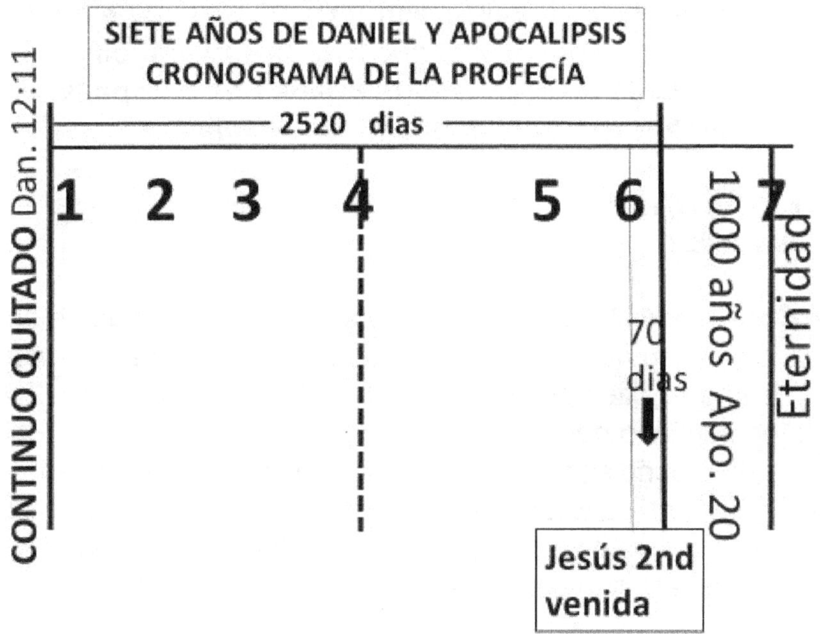

LOS SIETE SELLOS DESCRIBEN Y REVELAN LO SIGUIENTE:

Sello 1: Evangelismo permitido.

Sello 2: Se tolera el evangelismo.

Sello 3: El evangelismo amenazado.

Sello 4: Evangelismo descontinuado.

Sello 5: Evangelismo destruido.

Sello 6: Evangelismo cumplido.

Sello 7: Evangelismo completado.

APOCALIPSIS 6:1,2

> ***"Y MIRÉ cuando el Cordero abrió uno de los sellos, y oí á uno los cuatro animales diciendo como con una voz de trueno: Ven y ve. Y miré, y he aquí un caballo blanco: y el que estaba sentado encima de él, tenía un arco; y le fué dada una corona, y salió victorioso, para que también venciese."***

PREGUNTA: ¿Por qué se escucha TRUENO cuando se abre cada sello?

RESPUESTA: El ruido del trueno se escucha cuando se abre cada sello, lo que revela una acción que tiene lugar a lo largo de la línea de tiempo de siete años del último día. El TRUENO es el resultado del mensaje relámpago de Dios, a Su pueblo, que acompaña esa acción. Hay siete sellos y hay siete truenos acompañantes. Esos siete mensajes de truenos han sido sellados, hasta este tiempo, el tiempo del fin, para que solo la última generación pueda entender los mensajes de Dios.

> *"Y cuando los siete truenos hubieron hablado sus voces, yo iba á escribir, y oí una voz del cielo que me decía: Sella las cosas que los siete truenos han hablado, y no las escribas."* Apocalipsis 10:4.

PREGUNTA: ¿Quiénes son las cuatro bestias que hablan cuando se abre cada sello?

RESPUESTA: Las Cuatro bestias del Apocalipsis, cubiertas de ojos por delante y por detrás, es el Espíritu Santo.

> *"Y delante del trono había como un mar de vidrio semejante al cristal; y en medio del trono, y alrededor del trono, cuatro animales llenos de ojos delante y detrás."* Apocalipsis 4:6.

PREGUNTA: ¿Cuál de las cuatro bestias introduce el primer sello?

RESPUESTA: Ya sea significativo o no, el autor está tomando la posición de que el primer sello está siendo introducido por la primera bestia que tiene cabeza de león, posiblemente representando audacia.

PREGUNTA: ¿Por qué el caballo es blanco en el versículo dos y quién es el jinete del caballo blanco?

RESPUESTA: El caballo es blanco que denota pureza. El jinete del caballo, que representa a los 144.000, son los siervos elegidos y sellados de Dios que tienen un mensaje particular para compartir con un mundo ansioso que busca respuestas a sus preguntas sobre la condición del mundo.

> *"LA revelación de Jesucristo, que Dios le dió, para manifestar á* ***sus siervos*** *las cosas que deben suceder presto; y la declaró, enviándo la por su ángel á Juan su siervo."* Apocalipsis 1:1.

> *"Y MIRÉ, y he aquí, el Cordero estaba sobre el monte de Sión, y con* ***él ciento cuarenta y cuatro mil****, que tenían el nombre de su Padre escrito en sus frentes."* Apocalipsis 14:1.

PREGUNTA: ¿Cuál es el mensaje que el jinete del caballo blanco tiene para los santos de los últimos tiempos?

RESPUESTA: El primero de siete mensajes para el pueblo de Dios se encuentra en Apocalipsis 14:6,7:

> *"Y vi otro ángel volar por en medio del cielo, que tenía el evangelio eterno para predicarlo á los que moran en la tierra, y á toda nación y tribu y lengua y pueblo, Diciendo en alta voz: Temed á Dios, y dadle honra; porque la hora*

de su juicio es venida; y adorad á aquel que ha hecho el cielo y la tierra y el mar y las fuentes de las aguas."

PREGUNTA: ¿Qué es el arco que lleva el jinete del caballo blanco?

RESPUESTA: El jinete del caballo no lleva un arco ordinario, que dispara flechas, este jinete lleva un arco, como en la palabra "arco iris", como el que rodea el trono de Dios en Apocalipsis 4:2,3; Ezequiel 1:26-28, y el arco iris sobre la cabeza del ángel en Apocalipsis 10:1. Este jinete viene del salón del trono de Dios, representando a Dios, y tiene el arco iris en su posesión como señal de su autoridad y mensaje.

> *"Y luego yo fuí en Espíritu: y he aquí, un trono que estaba puesto en el cielo, y sobre el trono estaba uno sentado. Y el que estaba sentado, era al parecer semejante á una piedra de jaspe y de sardio: y* ***un arco*** *celeste había alrededor del trono, semejante en el aspecto á la esmeralda."* Apocalipsis 4:2,3.

> *"Y VI otro ángel fuerte descender del cielo, cercado de una nube, y* ***el arco*** *celeste sobre su cabeza; y su rostro era como el sol, y sus pies como columnas de fuego."* Apocalipsis 10:1.

> *"Y sobre la expansión que había sobre sus cabezas, veíase la figura de un trono y que parecía de piedra de zafiro; y sobre la figura del trono había una semejanza que parecía de hombre sentado sobre él. Y vi apariencia como de ámbar, como apariencia de fuego dentro de ella en contorno, por el aspecto de sus lomos para arriba; y desde sus lomos para abajo, vi que parecía como fuego, y que tenía resplandor alrededor.* ***Cual parece el arco del cielo que está en las nubes el día que llueve****, así era el parecer del resplandor alrededor. Esta fué la visión de la semejanza de la gloria de Jehová. Y*

> *luego que yo la hube visto, caí sobre mi rostro, y oí voz de uno que hablaba."* Ezequiel 1:26-28.

Note la siguiente conversación tomada de nuestra discusión sobre Apocalipsis 4:3 donde Juan es llevado al salón del trono de Dios.

PREGUNTA: ¿Qué ve Juan "alrededor del trono"?

RESPUESTA: Juan ve un colorido arco iris de luz que rodea el trono de Dios.

PREGUNTA: ¿Se ve el arcoíris que rodea el trono de Dios en algún otro lugar de la Biblia?

RESPUESTA: Sí, el arco iris en la sala del trono de Dios se ve en las siguientes referencias bíblicas: Ezequiel 1:28; Apocalipsis 6:1,2; Apocalipsis 10:1.

> *"**Cual parece el arco del cielo que está en las nubes el día que llueve**, así era el parecer del resplandor alrededor. Esta fué la visión de la semejanza de la gloria de Jehová. Y luego que yo la hube visto, caí sobre mi rostro, y oí voz de uno que hablaba."* Ezequiel 1:28.

"Y MIRÉ cuando el Cordero abrió uno de los sellos, y oí á uno los cuatro animales diciendo como con una voz de trueno: Ven y ve. Y miré, y he aquí un caballo blanco: y el que estaba sentado encima de él, tenía un arco; y le fué dada una corona, y salió victorioso, para que también venciese." Apocalipsis 6:1,2.

> *""Y VI otro ángel fuerte descender del cielo, cercado de una nube, y **el arco** celeste sobre su cabeza; y su rostro era como el sol, y sus pies como columnas de fuego."* Apocalipsis 10:1.

PREGUNTA: ¿Cuál es la palabra griega para arco iris en el libro de Apocalipsis?

RESPUESTA: La palabra griega es el número de Strong 2463, "iris", pronunciado (ee'-ris). Solo se encuentra dos veces en el Nuevo Testamento.

PREGUNTA: ¿Cuál es la palabra griega para "arco" en Apocalipsis 6:2?

RESPUESTA: La palabra griega para "arco" en Apocalipsis 6:2 es el número de Strong 5115, "toxon", pronunciado (tox'-on). Solo se usa una vez en la Biblia. Aunque los traductores han considerado que se trata de un arco para disparar flechas, no hay prueba de ello ya que el hombre sobre el caballo blanco no tiene flechas que acompañen al arco. Pero debido a que él está saliendo de la sala del trono de Dios, representando a Dios, donde está el arco iris, es muy probable que el arco sea en realidad un arco iris, como el que tiene el ángel en Apocalipsis 10: 1, un arco iris, lo que significa que su mensaje viene. de la sala del trono de Dios.

PREGUNTA: ¿El arcoíris se llama "arco" en algún otro lugar de la Biblia?

RESPUESTA: Sí. En el capítulo nueve de Génesis, el arco iris se llama "arco" tres veces, como se revela en los versículos 13, 14 y 16. El término hebreo para este "arco" es "qesheth", pronunciado (keh'-sheth), y es Número de Strong 7198 y se interpreta como un arcoíris. Pero este mismo término también se usa para referirse al arco que dispara flechas, como en Génesis 27:3:

> *"Toma, pues, ahora tus armas, tu aljaba y tu arco, y sal al campo, y cógeme caza."*

PREGUNTA: ¿Por qué el jinete del caballo blanco lleva un arco iris, como el que se encuentra sobre el trono de Dios en

Apocalipsis 4:2,3 y sobre la cabeza del ángel en Apocalipsis 10:1?

RESPUESTA: El mensaje que el evangelista jinete está entregando, (1) viene del trono de Dios que está rodeado por un arco iris. El jinete del caballo blanco lleva un arcoíris (2) para recordarle a la tierra el pacto eterno de Dios y que se acerca el fin de la civilización. La destrucción de la tierra no será con un diluvio, como en los días de Noé (Génesis 9:8-17), sino que será con la ira de Dios derramada en las siete postreras plagas de Apocalipsis (16) dieciséis.

> *"8 Y habló Dios á Noé y á sus hijos con él, diciendo: 9 Yo, he aquí que yo establezco mi pacto con vosotros, y con vuestra simiente después de vosotros; 10 Y con toda alma viviente que está con vosotros, de aves, de animales, y de toda bestia de la tierra que está con vosotros; desde todos los que salieron del arca hasta todo animal de la tierra. 11 Estableceré mi pacto con vosotros, y no fenecerá ya más toda carne con aguas de diluvio; ni habrá más diluvio para destruir la tierra. 12 Y dijo Dios: Esta será la señal del pacto que yo establezco entre mí y vosotros y toda alma viviente que está con vosotros, por siglos perpetuos: 13 Mi arco pondré en las nubes, el cual será por señal de convenio entre mí y la tierra. Y será que cuando haré venir nubes sobre la tierra, se dejará ver entonces mi arco en las nubes. 15 Y acordarme he del pacto mío, que hay entre mí y vosotros y toda alma viviente de toda carne; y no serán más las aguas por diluvio para destruir toda carne. 16 Y estará el arco en las nubes, y verlo he para acordarme del pacto perpetuo entre Dios y toda alma viviente, con toda carne que hay sobre la tierra. 17 Dijo, pues, Dios á Noé: Esta será la señal del pacto que he establecido entre mí y toda carne que está sobre la tierra."* Génesis 9:8-17.

"Y OI una gran voz del templo, que decía á los siete ángeles: Id, y derramad las siete copas de la ira de Dios sobre la tierra." Apocalipsis 16:1.

PREGUNTA: ¿Cuál es la lista de razones para decir que el jinete del caballo blanco lleva un arco iris y no un arco normal para cazar?

RESPUESTA: Aquí está la lista de razones por las que el ciclista lleva un arcoíris:

(1) El jinete no tiene flechas ni carcaj, solo un "arco".

(2) Viene del salón del trono de Dios y tiene una corona de oro de autoridad.

(3) En la sala del trono de Dios, el trono de Dios está rodeado por un arco iris, según Apocalipsis 4:2,3 y Ezequiel 1:26-28,

(4) Otro mensajero celestial que viene de la sala del trono de Dios también lleva puesto un arco iris según Apocalipsis 10:1.

(5) El primer sello se abre al comienzo de la tribulación de siete años. Dios está enviando un mensaje a Sus santos de los últimos tiempos para que le entreguen todo a Él porque el juicio final del mundo ha comenzado.

(6) El jinete lleva un arcoíris para recordarle a la gente de los últimos tiempos que Dios no destruirá el mundo con un diluvio universal, como lo prometió en Génesis nueve, sino que está a punto de destruir toda la vida de este planeta de otras maneras, con el resultado final es el mismo que con el diluvio, destrucción total y aniquilación total.

(7) El jinete está siendo enviado al pueblo de Dios para "conquistar" el orgullo de los hombres y dirigir su atención

hacia Él para Su total vigilancia, invitándolos al arca de Su protección durante los próximos siete años.

(8) Como "los días de Noé", estando en el arca siete días (Génesis 7:4,10; 8:10) protegidos por Dios, así los santos del tiempo del fin necesitan estar en el Arca de la defensa de Dios (Salmo 91) para la tribulación de siete años.

(9) El caballo blanco, como los otros tres, se mencionan en Zacarías 6:1-8. Los caballos tanto en Apocalipsis como en Zacarías representan el Espíritu Santo de Dios.

(10) Jesús suelta el primer sello y todos los demás. Jesús no está desatando algo malo sobre Su pueblo, al contrario, les está haciendo bien al recordarles a todos que el jinete del caballo blanco que lleva el arcoíris viene de Él y es un embajador en su nombre.

> "Y luego yo fuí en Espíritu: y he aquí, un trono que estaba puesto en el cielo, y sobre el trono estaba uno sentado. Y el que estaba sentado, era al parecer semejante á una piedra de jaspe y de sardio: y un arco celeste había alrededor del trono, semejante en el aspecto á la esmeralda." Apocalipsis 4:2,3
>
> *"Y cuando se paraban y aflojaban sus alas, oíase voz de arriba de la expansión que había sobre sus cabezas. Y sobre la expansión que había sobre sus cabezas, veíase la figura de un trono y que parecía de piedra de zafiro; y sobre la figura del trono había una semejanza que parecía de hombre sentado sobre él. Y vi apariencia como de ámbar, como apariencia de fuego dentro de ella en contorno, por el aspecto de sus lomos para arriba; y desde sus lomos para abajo, vi que parecía como fuego, y que tenía resplandor alrededor. Cual parece el arco del cielo que está en las nubes el día que llueve, así era el parecer del resplandor alrededor. Esta fué la visión de la semejanza de la gloria de Jehová. Y*

luego que yo la hube visto, caí sobre mi rostro, y oí voz de uno que hablaba.” Ezequiel 1:25-28.

“Y VI otro ángel fuerte descender del cielo, cercado de una nube, y el arco celeste sobre su cabeza; y su rostro era como el sol, y sus pies como columnas de fuego.” Apocalipsis 10:1.

“4 Porque pasados aún **siete días**, yo haré llover sobre la tierra cuarenta días y cuarenta noches; y raeré toda sustancia que hice de sobre la faz de la tierra. …. 10 Y sucedió que al **séptimo día** las aguas del diluvio fueron sobre la tierra. …. ***8:*** 10 Y esperó aún otros **siete días**, y volvió á enviar la paloma fuera del arca.” Génesis 7:4,10; 8:10.

“Porque tú has puesto á Jehová, que es mi esperanza. Al Altísimo por tu habitación, No te sobrevendrá mal, Ni plaga tocará tu morada. Pues que á sus ángeles mandará acerca de ti, Que te guarden en todos tus caminos.” Salmos 91:9-11.

PREGUNTA: ¿Por qué el jinete del caballo blanco lleva una corona?

RESPUESTA: Llevar una corona es tener autoridad y gloria.

“POR amor de Sión no callaré, y por amor de Jerusalem no he de parar, hasta que salga como resplandor su justicia, y su salud se encienda como una antorcha. Entonces verán las gentes tu justicia, y todos los reyes tu gloria; y te será puesto un nombre nuevo, que la boca de Jehová nombrará. Y serás corona de gloria en la mano de Jehová, y diadema de reino en la mano del Dios tuyo.” Isaías 62:1-3.

“Tú le hiciste un poco menor que los ángeles, ***Coronástele*** *de gloria y de honra, Y pusístete sobre las*

> *obras de tus manos; Todas las cosas sujetaste debajo de sus pies. Porque en cuanto le sujetó todas las cosas, nada dejó que no sea sujeto á él; mas aun no vemos que todas las cosas le sean sujetas."* Hebreos 2:7,8.

> *"Y alrededor del trono había veinticuatro sillas: y vi sobre las sillas veinticuatro ancianos sentados, vestidos de ropas blancas; y tenían sobre sus cabezas* ***coronas*** *de oro."* Apocalipsis 4:4.

> *"Y YO me paré sobre la arena del mar, y vi una bestia subir del mar, que tenía siete cabezas y diez cuernos; y sobre* ***sus cuernos diez diademas****; y sobre las cabezas de ella nombre de blasfemia. Y la bestia que vi, era semejante á un leopardo, y sus pies como de oso, y su boca como boca de león. Y el dragón le dió su poder, y su trono, y grande potestad. Y vi una de sus cabezas como herida de muerte, y la llaga de su muerte fué curada: y se maravilló toda la tierra en pos de la bestia. Y adoraron al dragón que había dado la potestad á la bestia, y adoraron á la bestia, diciendo: ¿Quién es semejante á la bestia, y quién podrá lidiar con ella?"* Apocalipsis 13:1-4.

PREGUNTA: ¿Cuándo sale del salón del trono de Dios el primer jinete de focas sobre el caballo blanco con una corona y un arco iris?

RESPUESTA: El primer sello se libera al comienzo de la tribulación de siete años que comienza cuando el "CONTINUO" de Daniel 12:11 se elimina. Note el siguiente versículo con las correcciones apropiadas aplicadas.

> *"Y desde el tiempo que fuere quitado el continuo sacrificio hasta la abominación espantosa, habrá mil doscientos y noventa días."* Daniel 12:11.

PREGUNTA: ¿De quién es simbólico el mensajero del primer caballo blanco del sello?

RESPUESTA: El primer sello del jinete del caballo blanco simboliza el primer mensaje que los 144.000 siervos de Dios en todo el mundo están entregando a la "gente de la tierra", la gente religiosa de cada nación, lengua, idioma y pueblo.

PREGUNTA: ¿Cuál es la condición del mundo cuando comience la tribulación de 2520 días?

RESPUESTA: Al comienzo de la tribulación de siete años, después del pequeño tiempo de angustia, el mundo religioso estará asombrado de lo que está ocurriendo en todo el mundo y de lo que debe hacerse para corregir la terrible situación. Las condiciones en todo el mundo serán absolutamente horrendas. El mundo religioso y no religioso estará abierto y receptivo a lo que los siervos de Dios están diciendo durante la primera parte de la tribulación de siete años. La verdad, ofrecida por los siervos elegidos de Dios, acerca de lo que está ocurriendo, se llama los siete truenos.

Son siete truenos, como se menciona en Apocalipsis 10:1-4. Los mensajes de estos siete truenos, que acompañan a los siete sellos, no iban a ser revelados en los días de Juan. Fueron sellados, según las instrucciones del Mensajero, hasta esta generación. Cada sello durante la tribulación venidera está acompañado por un trueno que expresa el mensaje en la apertura de cada sello. Es como si el sello fuera el relámpago y el trueno lo acompaña.

> *"Y VI otro ángel fuerte descender del cielo, cercado de una nube, y el arco celeste sobre su cabeza; y su rostro era como el sol, y sus pies como columnas de fuego. Y tenía en su mano un librito abierto: y puso su pie derecho sobre el mar, y el izquierdo sobre la tierra; Y clamó con grande voz, como cuando un león ruge: y cuando hubo clamado,* ***siete truenos*** *hablaron sus*

*voces. Y cuando los **siete truenos** hubieron hablado sus voces, yo iba á escribir, y oí una voz del cielo que me decía: Sella las cosas que los **siete truenos** han hablado, y no las escribas."* Apocalipsis 10:1-4

En el libro de Apocalipsis hay siete sellos, siete trompetas, siete ángeles, siete lamentos y siete truenos. Cada uno de estos cinco "sietes" diferentes se abre simultáneamente, uno a la vez, revelando una perspectiva diferente de los eventos que tienen lugar en cada uno de los siete sellos colocados en la línea de tiempo. Dios proporciona el mensaje del tiempo del fin desde cinco perspectivas para pintar un cuadro completo. Dios sabe que para una comprensión y aclaración adecuadas, es mejor revelar un secreto poco a poco, de forma independiente, en lugar de mezclar los cinco mensajes en una sola canasta. Es como tener cinco personas en fila para hablar sobre una perspectiva diferente sobre el mismo tema. Es mejor escuchar a una persona a la vez en lugar de que los cinco hablen a la vez.

El mensaje del primer ángel en el momento del primer sello es: "Temed a Dios y dadle gloria; porque la hora de su juicio ha llegado; y adorad a aquel que hizo el cielo y la tierra, el mar y las fuentes de las aguas." Apocalipsis 14:7

El mensaje del jinete será escuchado ansiosamente por todo el mundo con la esperanza de que el evangelista jinete tenga una solución a las crecientes condiciones catastróficas en el mundo. Pero en lugar de ofrecer una solución para reducir o prevenir el problema universal, el evangelista jinete le hará saber a la gente que no hay solución y que durante los próximos siete años el mundo será juzgado. Esta es una hora de juicio como ninguna otra en la historia del pecado. La decisión del juicio final es quién recibe la vida eterna y quién recibe la muerte eterna, y cada persona viva tomará esa decisión por sí misma durante el tiempo del juicio de la tribulación de siete años. El mensaje es claro; "Ríndete a Dios ya Su camino y recibe la vida eterna. Rechaza, sirviendo a Dios a su manera, y recibe la muerte eterna". El objetivo del evangelista jinete es captar la atención del oyente y alentarlo a conquistar su ser rindiéndose todo a Dios en el nombre de Jesús, a través del poder del Espíritu Santo que mora en nosotros, porque la "hora del juicio ha llegado". El mensaje audaz del jinete del caballo blanco, que lleva un arco iris desde la sala del trono de Dios, es que la tribulación de siete años ha comenzado.

PREGUNTA: ¿Quiénes son los siervos de Dios que estarán evangelizando el mundo en el tiempo de la gran persecución, cuando comience la tribulación de siete años?

RESPUESTA: El pueblo preparado, que previamente ha entregado su vida a Dios, antes de que comenzara la tribulación de siete años, rindiendo su voluntad total a la Suya, es el pueblo que constituye los siervos de Dios a nivel mundial. Estos son el "pueblo del cielo", que serán sellados y recibirán poder de lo alto, para ser los siervos elegidos de Dios. Esto se logra por el derramamiento del Espíritu Santo como se dice en Apocalipsis 18:1:

> *"Y DESPUÉS de estas cosas vi otro ángel descender del cielo teniendo grande potencia; y la tierra fué alumbrada de su gloria."*

Muchas personas, durante la tribulación de 2520 días, que no se han rendido previamente a la voluntad de Dios, lo harán, pero bajo coacción. Eventualmente le darán todo a Dios, no porque lo eligieron voluntariamente, sino porque la situación catastrófica mundial los está obligando a tomar esa decisión de vida o muerte. Estas son las "gentes de la tierra".

Muchas personas, que dicen ser seguidores de Dios, se negarán a abandonar sus ideas preconcebidas, incluso frente a ver el mundo a su alrededor en un trastorno, como lo revela la Biblia, y se negarán a obedecer o seguir a Dios. Estos son los "pueblos del mar".

PREGUNTA: ¿Tiene la Biblia un texto para definir a la desobediente "gente del mar"?

RESPUESTA: Sí. Note Romanos 1:21,22 para una definición bíblica de la desobediencia religiosa "gente del mar".

> *"Porque habiendo conocido á Dios, no le glorificaron como á Dios, ni dieron gracias; antes se desvanecieron en sus discursos, y el necio corazón de ellos fué entenebrecido. Diciéndose ser sabios, se hicieron fatuos."* Romanos 1:21,22.

Vienen tiempos difíciles para todos, sin excepción, en todo el mundo. Ahora es el momento para que los hijos de Dios dejen de lado todas aquellas cosas que los separan de su Creador y lo busquen diariamente en Su 66 libro Santa Biblia. Se acabó el tiempo de jugar a la iglesia. Ahora es el momento de tomar en serio su relación, o la falta de una relación, con Dios.

El primer sello es la libertad y la libertad de los siervos de Dios para evangelizar pública y abiertamente al mundo con un mensaje de advertencia sobre lo que la Biblia está prediciendo explicando claramente lo que está diciendo. Aquellos que dan el mensaje del primer sello son las personas del "cielo", aquellos que voluntariamente dieron todo a Dios antes de que comenzaran los siete años.

> *"Porque manifiesta es la ira de Dios **del cielo** contra toda impiedad é injusticia de los hombres, que detienen la verdad con injusticia."* Romanos 1:18.

APOCALIPSIS 6:3,4

> ***"Y cuando él abrió el segundo sello, oí al segundo animal, que decía: Ven y ve. Y salió otro caballo bermejo: y al que estaba sentado sobre él, fué dado poder de quitar la paz de la tierra, y que se maten unos á otros: y fuéle dada una grande espada."***

PREGUNTA: ¿Cuál de las cuatro bestias introduce el segundo sello?

RESPUESTA: Ya sea significativo o no, el autor está tomando la posición de que el segundo sello está siendo introducido por la segunda bestia que tiene la cabeza de un becerro, posiblemente representando la humildad.

PREGUNTA: ¿Por qué el segundo caballo es rojo y cuál es la espada que lleva el evangelista jinete?

RESPUESTA: El segundo caballo es rojo debido a las quejas acaloradas de las personas que se sienten incómodamente enojadas debido al evangelismo de los siervos de Dios en todo el mundo, que no están de acuerdo con lo que se ha enseñado y creído a la gente. La espada es la Palabra de Dios, la Biblia, que describirá claramente los eventos finales de los años finales de la tierra. Esa verdad bíblica quitará la paz a la "gente de la tierra" que está contenta con sus ideas falsas.

> *"Sirviendo con buena voluntad, como al Señor, y no á los hombres."* Efesios 6:7.

En el momento del segundo sello, la "gente de la tierra y del mar" religiosa se está enojando. Están rojos de ira contra los siervos de Dios que están demostrando y apoyando su posición con la Biblia, la Espada de Dios. El mundo religioso se está enojando con los siervos de Dios porque no quieren escuchar, ni aceptar lo que la Palabra de Dios está revelando, porque no quieren cambiar su posición sobre lo que creen como verdad bíblica, la verdad viva. Espada de Dios. Cambiar su punto de vista sobre asuntos religiosos significaría admitir que su creencia de que se les ha enseñado o que están enseñando es un error. Esta nueva verdad bíblica que viene del "pueblo del cielo" "quitará la paz del pueblo de la tierra". "Matarse unos a otros" es una expresión bíblica en la que una persona es condenada, muere a sí misma y se arrepiente para vivir su vida para Dios. Pablo dijo: "Cada día muero" (1 Corintios 15:31).

> *"Sí, por la gloria que en orden á vosotros tengo en Cristo Jesús Señor nuestro, cada día muero."*

> *"El cual mismo llevó nuestros pecados en su cuerpo sobre el madero, para que nosotros siendo muertos á los pecados, vivamos á la justicia: por la herida del cual habéis sido sanados."* 1 Pedro 2:24.

El mensaje del segundo ángel en el momento del segundo sello es: "Ha caído, ha caído Babilonia, la gran ciudad, porque ha hecho beber a todas las naciones del vino del furor de su fornicación". Apocalipsis 14:8.

APOCALIPSIS 6:5,6

> ***"Y cuando él abrió el tercer sello, oí al tercer animal, que decía: Ven y ve. Y miré, y he aquí un caballo negro: y el que estaba sentado encima de él, tenía un peso en su mano. Y oí una voz en medio de los cuatro animales, que decía: Dos libras de trigo por un denario, y seis libras de cebada por un denario: y no hagas daño al vino ni al aceite."***

PREGUNTA: ¿Cuál de las cuatro bestias introduce el tercer sello?

RESPUESTA: Ya sea significativo o no, el autor está tomando la posición de que el tercer sello está siendo introducido por la tercera bestia que tiene la cabeza de un hombre, posiblemente representando el razonamiento y la inteligencia.

PREGUNTA: ¿Por qué el caballo del tercer sello es negro y por qué el evangelista-jinete lleva una balanza?

RESPUESTA: El caballo es negro porque los legisladores están haciendo leyes para descontinuar la difusión de la Biblia, que es la luz del evangelio, a un mundo moribundo.

PREGUNTA: ¿Por qué el jinete lleva una "balanza" o balanza en la mano?

RESPUESTA: Las escalas apuntan a un número de cosas. Primero, la balanza apunta a la ley de Dios, que está siendo negada, y segundo, la balanza apunta a la escasez de comida y agua que necesita ser racionada. En tercer lugar, las balanzas nos recuerdan no solo la escasez de alimentos, sino que también señalan el aumento continuo del hambre de la Palabra de Dios, ya que está siendo negada. En cuarto lugar, las balanzas nos recuerdan que todas nuestras necesidades físicas solo se satisfacen en Cristo Jesús. Él es el Creador, Redentor y sustentador de toda la humanidad. También la balanza nos señala las fiestas ceremoniales de Levítico veintitrés (23). En las "fiestas de otoño" del séptimo mes, Dios delineó el orden de los eventos que tendrían lugar en el tiempo del fin en torno a la tribulación de siete años.

En el momento del tercer sello, los grupos religiosos de personas en todo el mundo están aprobando leyes para detener la evangelización de los siervos de Dios. Los siervos de Dios no se están alineando con el resto del mundo religioso y se les culpa por las terribles condiciones que continúan en todo el mundo. Aunque los siervos de Dios pierdan todo lo que tienen, Dios ha prometido cuidar de ellos, tal como cuidó de Noé y su familia en el arca (Génesis 6,7), y como cuidó de los hijos de Israel durante los 40 años anduvieron en el desierto (Deuteronomio 29:3-6), y así como cuidó de Elías en el tiempo de la sequía (1 Reyes 17:5,6). Mientras los siervos elegidos de Dios del último día comen lo que Dios provee milagrosamente, lo comerán con ansiedad, pavor y temor (Ezequiel 4:16).

> *"Díjome luego: Hijo del hombre, he aquí quebrantaré el sostén del pan en Jerusalem, y comerán el pan por peso, y con angustia; y beberán el agua por medida, y con espanto."* Ezequiel 4:16.

"Y yo os he traído cuarenta años por el desierto: vuestros vestidos no se han envejecido sobre vosotros, ni tu zapato se ha envejecido sobre tu pie. No habéis comido pan, ni bebisteis vino ni sidra: para que supieseis que yo soy Jehová vuestro Dios." Deuteronomio 29:5,6.

"Y fué á él palabra de Jehová, diciendo: Apártate de aquí, y vuélvete al oriente, y escóndete en el arroyo de Cherith, que está delante del Jordán; Y beberás del arroyo; y yo he mandado á los cuervos que te den allí de comer. Y él fué, é hizo conforme á la palabra de Jehová; pues se fué y asentó junto al arroyo de Cherith, que está antes del Jordán. Y los cuervos le traían pan y carne por la mañana, y pan y carne á la tarde; y bebía del arroyo. Pasados algunos días, secóse el arroyo; porque no había llovido sobre la tierra. Y fué á él palabra de Jehová, diciendo: Levántate, vete á Sarepta de Sidón, y allí morarás: he aquí yo he mandado allí á una mujer viuda que te sustente." 1 Reyes 17:2-9.

"El que camina en justicia, y habla lo recto; el que aborrece la ganancia de violencias, el que sacude sus manos por no recibir cohecho, el que tapa su oreja por no oir sangres, el que cierra sus ojos por no ver cosa mala: Este habitará en las alturas: fortalezas de rocas serán su lugar de acogimiento; se le dará su pan, y sus aguas serán ciertas." Isaías 33:15,16.

PREGUNTA: ¿Por qué se mide el trigo y la cebada, con el aceite y el vino mencionados en Apocalipsis 6:6?

RESPUESTA: Apocalipsis 6:6 es una forma en que Dios llama la atención del lector sobre la importancia de medir el grano, el aceite y el vino en el sistema de sacrificios del Antiguo Testamento, notado especialmente en los capítulos 28 y 29 de Números.

En los capítulos veintiocho y veintinueve de Números, Dios detalla expresamente la ofrenda de los sacrificios de animales para incluir una medida de grano, vino y aceite.

Dios desea que Sus siervos entiendan la conexión del sistema de sacrificios ceremoniales de otoño, revelado en Levítico 23, en relación con la tribulación de siete años y los 1000 años de Apocalipsis veinte.

Habrá hambre en la tierra. Lo más probable es que haya una hambruna de alimentos y agua, a nivel internacional, pero también habrá una hambruna de escuchar la Palabra de Dios, después de que la gente en control cierre el evangelismo de los siervos de Dios y rechace la enseñanza de la Espada., la palabra de Dios.

> *"He aquí vienen días, dice el Señor Jehová, en los cuales enviaré hambre á la tierra, no hambre de pan, ni sed de agua, sino de oir palabra de Jehová. E irán errantes de mar á mar: desde el norte hasta el oriente discurrirán buscando palabra de Jehová, y no la hallarán."* Amós 8:11,12.

El mensaje del tercer ángel en el momento del tercer sello es: "Si alguno adora a la bestia y a su imagen, y recibe la marca en su frente o en su mano, éste beberá del vino de la ira de Dios, que se derrama sin mezcla en la copa de su indignación; y será atormentado con fuego y azufre delante de los santos ángeles, y delante del Cordero; y el humo de su tormento sube por los siglos de los siglos; y no tienen reposo de día ni de noche los que adoran al bestia y su imagen, y cualquiera que reciba la marca de su nombre". Apocalipsis 9-11.

El tercer sello es la inquietud que experimenta la gente al cerrar los ojos y los oídos a la verdad. Se niegan a admitir que su sistema de creencias es defectuoso frente a los textos claros de la Biblia, y anuncian el deseo mundial de detener el evangelismo bíblico. El mensaje de advertencia de los Siervos de Dios es claro, que la marca de la bestia está a punto de ser dada a aquellos que rechacen la verdad de la salvación que Dios está proporcionando.

APOCALIPSIS 6:7,8

> ***"Y cuando él abrió el cuarto sello, oí la voz del cuarto animal, que decía: Ven y ve. Y miré, y he aquí un caballo amarillo: y el que estaba sentado sobre él tenía por nombre Muerte; y el infierno le seguía: y le fué dada potestad sobre la cuarta parte de la tierra, para matar con espada, con hambre, con mortandad, y con las bestias de la tierra."***

PREGUNTA: ¿Cuál de las cuatro bestias introduce el cuarto sello?

RESPUESTA: Sea significativo o no, el autor está tomando la posición de que el cuarto sello está siendo introducido por la cuarta bestia que tiene la cabeza de un águila, posiblemente representando firmeza, ya que los siervos de Dios rehúsan cambiar su posición.

PREGUNTA: ¿Por qué el caballo está pálido o sin sangre?

RESPUESTA: En el momento de la apertura del cuarto sello, a la mitad de la tribulación de siete años, o 1.260 días después de que el CONTINUO haya sido quitado (Daniel 12:11), la enseñanza de la Biblia, los dos testigos de Apocalipsis once, será ilegalizado. Aquellas personas que continúen desobedeciendo la ley de la tierra y continúen advirtiendo al mundo del fin inminente, serán encarceladas y muchas serán asesinadas o martirizadas.

> *"Entonces os entregarán para ser afligidos, y os matarán; y seréis aborrecidos de todas las gentes por causa de mi nombre. Y muchos entonces serán escandalizados; y se entregarán unos á otros, y unos á otros se aborrecerán.*

Y muchos falsos profetas se levantarán y engañarán á muchos. Y por haberse multiplicado la maldad, la caridad de muchos se resfriará." Mateo 24:9-12.

"Y daré á mis dos testigos, y ellos profetizarán por mil doscientos y sesenta días, vestidos de sacos." Apocalipsis 11:3.

"Y cuando ellos hubieren acabado su testimonio, la bestia que sube del abismo hará guerra contra ellos, y los vencerá, y los matará." Apocalipsis 11:7.

"Y le fué dado que diese espíritu á la imagen de la bestia, para que la imagen de la bestia hable; y hará que cualesquiera que no adoraren la imagen de la bestia sean muertos." Apocalipsis 13:15.

PREGUNTA: ¿Qué significa "la muerte y el infierno siguieron con él"?

RESPUESTA: La palabra infierno es una mala interpretación de la palabra griega "hades" que significa sepulcro, donde se colocan todos los muertos después de su muerte. A lo largo de la Biblia, los intérpretes equivocados de las Escrituras han reemplazado la palabra "tumba" con la palabra "infierno". Dondequiera que vaya el caballo negro, lo cual es una enseñanza ilícita de la Biblia en ese día, la muerte y la tumba lo siguen de cerca.

PREGUNTA: ¿Cuáles son las cuatro plagas mencionadas con el cuarto sello, "para matar con espada, con hambre, con mortandad y con las fieras de la tierra"?

RESPUESTA: A lo largo de la Biblia se han usado cuatro plagas para provocar la destrucción de Dios. Son por la espada, el hambre, la pestilencia y las fieras. Estas fuerzas destructivas vendrán sobre toda la humanidad, en todo el mundo, después de que comience la tribulación de siete años; en el punto medio, o 1.260 días después de que se quita el Continuo (Daniel 12:11).

> "Y cumplirásе mi furor, y haré que repose en ellos mi enojo, y tomaré satisfacción: y sabrán que yo Jehová he hablado en mi celo, cuando habré cumplido en ellos mi enojo. Y te tornaré en desierto y en oprobio entre las gentes que están alrededor de ti, á los ojos de todo transeunte. Y serás oprobio, y escarnio, y escarmiento, y espanto á las gentes que están alrededor de ti, cuando yo hiciere en ti juicios en furor é indignación, y en reprensiones de ira. Yo Jehová he hablado. Cuando arrojare yo sobre ellos las perniciosas saetas del hambre, que serán para destrucción, las cuales enviaré para destruiros, entonces aumentaré el hambre sobre vosotros, y quebrantaré entre vosotros el arrimo del pan. Enviaré pues sobre vosotros **hambre**, y malas **bestias** que te destruyan; y **pestilencia** y sangre pasarán por ti; y meteré sobre ti **cuchillo**. Yo Jehová he hablado." Ezequiel 5:13-17.

"Y desde el tiempo que fuere quitado el continuo sacrificio hasta la abominación espantosa, habrá mil doscientos y noventa días." Daniel 12:11. (La palabra sacrificio fue añadida y no pertenece a este texto.)

Por la ira de la mayoría religiosa, se establecerá un decreto de muerte para dar muerte a los siervos de Dios, que están evangelizando el mundo, contrario a la creencia popular. En este momento muchas personas serán encarceladas y asesinadas por la Palabra de Dios, como advirtió Jesús en Mateo 24:9. Se iniciará la adoración forzada, con la promesa de la muerte, para poner a todas las personas en línea con la mayoría gobernante, tal como lo hizo el rey Nabucodonosor, según se registra en el capítulo tres de Daniel. En el año 600 aC, el rey erigió una estatua de 60 codos de alto y 6 codos de ancho. Pero el verdadero pueblo de Dios se mantendrá firme, como lo hicieron Sadrac, Mesac y Abed-nego, sabiendo que el Dios del cielo y de la tierra estará con ellos, incluso si esta vida se pierde.

> *"EL rey Nabucodonosor hizo una estatua de oro, la altura de la cual era de sesenta codos, su anchura de seis codos: levantóla en el campo de Dura, en la provincia de Babilonia."* Daniel 3:1.
>
> *"Y el pregonero pregonaba en alta voz: Mándase á vosotros, oh pueblos, naciones, y lenguas, En oyendo el son de la bocina, del pífano, del tamboril, del arpa, del salterio, de la zampoña, y de todo instrumento músico, os postraréis y adoraréis la estatua de oro que el rey Nabucodonosor ha levantado: Y cualquiera que no se postrare y adorare, en la misma hora será echado dentro de un horno de fuego ardiendo. Por lo cual, en oyendo todos los pueblos el son de la bocina, del pífano, del tamboril, del arpa, del salterio, de la zampoña, y de todo instrumento músico, todos los pueblos, naciones, y lenguas, se postraron, y adoraron la estatua de oro que el rey Nabucodonosor había levantado."* Daniel 3:4-7.
>
> *"Sadrach, Mesach, y Abed-nego respondieron y dijeron al rey Nabucodonosor: no cuidamos de responderte sobre este negocio. He aquí nuestro Dios á quien honramos, puede librarnos del horno de fuego ardiendo; y de tu mano, oh rey, nos librará. Y si no, sepas, oh rey, que tu dios no adoraremos, ni tampoco honraremos la estatua que has levantado."* Daniel 3:16-18.
>
> *"Aquí hay sabiduría. El que tiene entendimiento, cuente el número de la bestia; porque es el número de hombre: y el número de ella, seiscientos sesenta y seis."* Apocalipsis 13:18.
>
> *"Entonces os entregarán para ser afligidos, y os matarán; y seréis aborrecidos de todas las gentes por causa de mi nombre."* Mateo 24:9.

El mensaje del cuarto ángel en el momento del cuarto sello es: “Bienaventurados los muertos que mueren en el Señor desde ahora en adelante: sí, dice el Espíritu, para que descansen de sus trabajos; y sus obras sí los siguen.” Apocalipsis 14:13.

El cuarto sello es un decreto de muerte activo para cualquiera que evangelice de la Biblia, pero los mártires sabrán que resucitarán poco tiempo después de su muerte, en la segunda venida de Jesús, en solo unos pocos años después de su asesinato.

APOCALIPSIS 6:9-11

> ***“Y cuando él abrió el quinto sello, vi debajo del altar las almas de los que habían sido muertos por la palabra de Dios y por el testimonio que ellos tenían. Y clamaban en alta voz diciendo: ¿Hasta cuándo, Señor, santo y verdadero, no juzgas y vengas nuestra sangre de los que moran en la tierra? Y les fueron dadas sendas ropas blancas, y fuéles dicho que reposasen todavía un poco de tiempo, hasta que se completaran sus consiervos y sus hermanos, que también habían de ser muertos como ellos.”***

PREGUNTA: ¿Cuánto tiempo es “un poco de tiempo” como se menciona en el versículo once anterior?

RESPUESTA: En el caso de los sellos y las trompetas, la diferencia de tiempo entre el quinto sello y el sexto sello, que es la segunda venida de Jesús, es de cinco meses.

> *“Y le fué dado que no los matasen, sino que los atormentasen cinco meses; y su tormento era como tormento de escorpión, cuando hiere al hombre.”* Apocalipsis 9:5.

Apocalipsis 6:9-11 de ninguna manera sugiere que los muertos estén vivos. Recuerde que esta es una presentación simbólica. Los muertos están muertos y no tienen conciencia ni conocimiento de nada que se esté haciendo en este planeta condenado:

> *"Porque los que viven saben que han de morir: mas los muertos nada saben, ni tienen más paga; porque su memoria es puesta en olvido. También su amor, y su odio y su envidia, feneció ya: ni tiene ya más parte en el siglo, en todo lo que se hace debajo del sol."* Eclesiastés 9:5,6.

Recuerde que esto es una visión, no es la realidad. Está demostrando que durante la tribulación de siete años, el pueblo de Dios estará en peligro, incluso de muerte, debido a su determinación de permanecer fiel a Él, tal como lo hicieron Sadrac, Mesac y Abed-nego, como se registra en el capítulo tres de Daniel.

En el momento del quinto sello, muchos del pueblo de Dios habrán sido encarcelados y/o asesinados, como se revela en los siguientes textos:

> *"Y vi tronos, y se sentaron sobre ellos, y les fué dado juicio; y vi las almas de los degollados por el testimonio de Jesús, y por la palabra de Dios, y que no habían adorado la bestia, ni á su imagen, y que no recibieron la señal en sus frentes, ni en sus manos, y vivieron y reinaron con Cristo mil años."* Apocalipsis 20:4.

> *"Entonces os entregarán para ser afligidos, y os matarán; y seréis aborrecidos de todas las gentes por causa de mi nombre. Y muchos entonces serán escandalizados; y se entregarán unos á otros, y unos á otros se aborrecerán. Y muchos falsos profetas se levantarán y engañarán á muchos. Y por haberse multiplicado la maldad, la*

> *caridad de muchos se resfriará. Mas el que perseverare hasta el fin, éste será salvo.*" Mateo 24:9-13.

> *"Y hace grandes señales, de tal manera que aun hace descender fuego del cielo á la tierra delante de los hombres. Y engaña á los moradores de la tierra por las señales que le ha sido dado hacer en presencia de la bestia, mandando á los moradores de la tierra que hagan la imagen de la bestia que tiene la herida de cuchillo, y vivió. Y le fué dado que diese espíritu á la imagen de la bestia, para que la imagen de la bestia hable; y hará que cualesquiera que no adoraren la imagen de la bestia sean muertos. Y hacía que á todos, á los pequeños y grandes, ricos y pobres, libres y siervos, se pusiese una marca en su mano derecha, ó en sus frentes: Y que ninguno pudiese comprar ó vender, sino el que tuviera la señal, ó el nombre de la bestia, ó el número de su nombre."* Apocalipsis 13:11-17.

El mensaje del quinto ángel en el momento del quinto sello es que la segunda venida de Jesús está literalmente muy cerca, a unos cinco meses de distancia:

> *"Y miré, y he aquí una nube blanca; y sobre la nube uno sentado semejante al Hijo del hombre, que tenía en su cabeza una corona de oro, y en su mano una hoz aguda."* Apocalipsis 14:14.

Se espera martirio y persecución durante el próximo período de tribulación de 2.520 días. Los hijos de Dios pueden protegerse a sí mismos de varias maneras para prevenir tanto daño como sea posible. Hoy los hijos de Dios pueden protegerse (1) Caminando con Dios, de la mano, cada minuto de cada día a partir de hoy. (2) Con la ayuda de Dios y el poder del Espíritu Santo, procurando dejar de lado todo lo posible o distracción que te separe de Él o te impida tener esa relación íntima. (3) Pasar tiempo de calidad en la Palabra de Dios, todos los días, conociéndolo y familiarizándonos con Su Palabra y Su

Camino. (4) Hablar a menudo con Dios en oración. Establezca momentos especiales de oración a lo largo del día, según su horario regular. Daniel oró tres veces al día con Dios como ejemplo para nosotros. (5) Comparta con amor y compasión su amor y comprensión acerca de la Biblia y la profecía bíblica con los demás mientras el tiempo lo permita. (6) Aprender a confiar en Dios en todos los sentidos aprendiendo a confiar en Él en todos los sentidos AHORA. (7) Cuando se elimine el CONTINUO, el sábado del séptimo día (Daniel 12:11), se les dice a los hijos de Dios que dejen las grandes ciudades por un área más rural y segura. Jesús dice,

> *"Por tanto, cuando viereis la abominación del asolamiento, que fué dicha por Daniel profeta, que estará en el lugar santo, (el que lee, entienda), Entonces los que están en Judea, huyan á los montes; Y el que sobre el terrado, no descienda á tomar algo de su casa; Y el que en el campo, no vuelva atrás á tomar sus vestidos."* Mateo 24:15-18.

La abominación desoladora es establecer un día forzado de adoración falsa en lugar del sábado del séptimo día. Cuando eso suceda, CORRE hacia las montañas.

El quinto sello es el primero de los tres ayes que tiene la intención de advertir a todas las personas que adorarán a la bestia rindiéndose a la adoración del sábado falso y abandonando el verdadero sábado bíblico del séptimo día. Es en ese punto y en adelante que Dios asigna la marca de la bestia a aquellos que lo rechazan a Él y a Su forma de adoración. La apertura del quinto sello tiene lugar 150 días (cinco meses) antes de la segunda venida de Jesús. La pregunta hecha en el quinto sello es:

> *"Y clamaban en alta voz diciendo: ¿Hasta cuándo, Señor, santo y verdadero, no juzgas y vengas nuestra sangre de los que moran en la tierra?* Apocalipsis 6:10.

Dios responde esa pregunta a través de la quinta trompeta:

> *"5 Y le fué dado que no los matasen, sino que los atormentasen **cinco meses**; y su tormento era como tormento de escorpión, cuando hiere al hombre." "10 Y tenían colas semejantes á las de los escorpiones, y tenían en sus colas aguijones; y su poder era de hacer daño á los hombres **cinco meses**."* Apocalipsis 9:5,10.

PREGUNTA: ¿Usó Dios un período de tiempo de cinco meses o 150 días antes en el castigo del pecado y los pecadores?

RESPUESTA: Sí, en los días de Noé, Dios usó un tiempo para que el diluvio cubriera la tierra durante cinco meses, 150 días, para provocar la destrucción completa de toda la vida en este planeta. Luego usó otros 150 días o cinco meses para dejar que las aguas retrocedieran.

"Y prevalecieron las aguas sobre la tierra ciento y cincuenta días." Génesis 7:24.

> *"Y tornáronse las aguas de sobre la tierra, yendo y volviendo: y decrecieron las aguas al cabo de ciento y cincuenta días."* Génesis 8:3.

APOCALIPSIS 6:12-17

> ***"Y miré cuando él abrió el sexto sello, y he aquí fué hecho un gran terremoto; y el sol se puso negro como un saco de cilicio, y la luna se puso toda como sangre; Y las estrellas del cielo cayeron sobre la tierra, como la higuera echa sus higos cuando es movida de gran viento. Y el cielo se apartó como un libro que es envuelto; y todo monte y las islas fueron movidas de sus lugares. Y los reyes de la tierra, y los príncipes, y los ricos, y los capitanes, y los fuertes, y todo siervo y todo libre, se escondieron en las cuevas y entre las peñas de los montes;***

> ***Y decían á los montes y á las peñas: Caed sobre nosotros, y escondednos de la cara de aquél que está sentado sobre el trono, y de la ira del Cordero: Porque el gran día de su ira es venido; ¿y quién podrá estar firme?"***

El sexto sello es la segunda venida literal real de Jesús.

En el segundo advenimiento, algunas personas, que sinceramente pensaron que su manera de interpretar la Biblia era la única manera, en el último segundo entregarán su voluntad a Dios, como el ladrón en la cruz, y serán salvos. Pero la mayoría de las personas religiosas no se arrepentirán y no rendirán su voluntad a Dios y se negarán a arrepentirse de su propia forma de adoración y comprensión.

Recuerde, esta es una visión, en lenguaje simbólico de un evento real. En este texto se encuentra la primera mención de un "terremoto" en el libro de Apocalipsis. Un terremoto profético no es un terremoto como el que experimentamos con las placas titánicas debajo de la tierra moviéndose, causando destrucción en la superficie. La palabra "terremoto" se menciona cinco veces en el libro de Apocalipsis refiriéndose a tres eventos separados durante la tribulación de siete años. Ninguno de ellos son terremotos literales. En el libro de Apocalipsis, la "tierra" habla en sentido figurado del pueblo de Dios, Su reino, y un "terremoto" es un evento que "sacude" al pueblo de Dios de su base de falsa creencia. Note lo siguiente:

> *"Porque he hablado en mi celo, y en el fuego de mi ira: Que en aquel tiempo habrá gran temblor sobre la tierra de Israel; Que los peces de la mar, y las aves del cielo, y las bestias del campo, y toda serpiente que anda arrastrando sobre la tierra, y todos los hombres que están sobre la haz de la tierra, temblarán á mi presencia; y se arruinarán los montes, y los vallados caerán, y todo muro caerá á tierra."* Ezequiel 38:19,20.

> *"Y los hombres de la guarnición respondieron á Jonathán y á su paje de armas, y dijeron: Subid á nosotros, y os haremos saber una cosa. Entonces Jonathán dijo á su paje de armas: Sube tras mí, que Jehová los ha entregado en la mano de Israel. Y subió Jonathán trepando con sus manos y sus pies, y tras él su paje de armas; y los que caían delante de Jonathán, su paje de armas que iba tras él, los mataba. Esta fué la primera rota, en la cual Jonathán con su paje de armas, mataron como unos veinte hombres en el espacio de una media yugada. Y hubo temblor en el real y por el campo, y entre toda la gente de la guarnición; y los que habían ido á hacer correrías, también ellos temblaron, y alborotóse la tierra: hubo pues gran consternación."* 1 Samuel 14:12-15.

El sol, la luna y las estrellas, mencionados en el sexto sello, no son literalmente el sol, la luna y las estrellas de nuestro universo. Estos son tres términos que se refieren también al pueblo de Dios. Estas personas son los líderes de las organizaciones religiosas. Se han negado a cambiar sus creencias y están totalmente desprevenidos cuando los cielos se abren y Jesús aparece en el cielo. Cuando el sol, la luna y las estrellas pierden la capacidad de producir luz, los líderes religiosos se quedan sin palabras. Hay otras personas también que sufren este "terremoto" religioso.

> *"Y los reyes de la tierra, y los príncipes, y los ricos, y los capitanes, y los fuertes, y todo siervo y todo libre, se escondieron en las cuevas y entre las peñas de los montes."* Apocalipsis 6:15.

Además del pueblo del "sol, la luna y las estrellas", también hay "Y los reyes de la tierra, y los grandes, y los ricos, y los capitanes, y los poderosos, y todo siervo, y todo libre". hombre", que es TODOS LOS DEMÁS. Serán testigos de la venida de Jesús, pero no serán levantados para encontrarse con Él en el cielo, debido a su rechazo de la verdad bíblica.

Recuerde que la palabra "tierra" en la profecía bíblica no es este planeta. La palabra "tierra" en la profecía bíblica es el pueblo que compone el reino de Dios. Al final del cumplimiento del sexto sello, se ha tomado la decisión de servir a Dios con todo o de rechazarlo. En este momento, después de la segunda venida de Jesús, las únicas personas que quedan en la "tierra" establecida son aquellas que rechazaron el mensaje de salvación de los últimos días y ahora tienen la marca de la bestia en su frente (condición mental) y en su mano. (aceptación física del error).

PREGUNTA: ¿Qué significa, "Y el cielo se apartó como un rollo cuando se enrolla; y toda montaña e isla fue movida de su lugar?

RESPUESTA: Una isla y una montaña representan el orgullo de una persona. Representa la actitud inmóvil de una persona que está decidida a salirse con la suya, sin importar lo que digan o hagan los demás, yendo en contra de la Palabra de Dios. Cuando los cielos se abran y se vea a Jesús venir en las nubes de gloria, rodeado por los 144.000 y la comitiva de los ángeles celestiales, en Su segunda venida, todo el orgullo se irá por la ventana. Todos; el sol, la luna, las estrellas, las islas, las montañas, "los reyes de la tierra, y los grandes, y los ricos, y los capitanes, y los poderosos, y todo siervo, y todo hombre libre," inmediatamente perder su orgullo y arrogancia. Pero solo unos pocos se arrepentirán y se rendirán a Jesús, en el último segundo de oportunidad, la mayoría de ellos, aunque humillados, todavía se negarán a arrepentirse.

> *"ESCUCHADME, islas, y esfuércense los pueblos; alléguense, y entonces hablen: estemos juntamente á juicio.... Las islas vieron, y tuvieron temor, los términos de la tierra se espantaron: congregáronse, y vinieron."* Isaías 41:1,5.

> *"Cantad á Jehová un nuevo cántico, su alabanza desde el fin de la tierra; los que descendéis á la mar, y lo que la*

> *hinche, las islas y los moradores de ellas. Alcen la voz el desierto y sus ciudades, las aldeas donde habita Cedar: canten los moradores de la Piedra, y desde la cumbre de los montes den voces de júbilo. Den gloria á Jehová, y prediquen sus loores en las islas." Isaías 42:10-12.*

> *"He aquí yo contra ti, oh monte destruidor, dice Jehová, que destruiste toda la tierra; y extenderé mi mano sobre ti, y te haré rodar de las peñas, y te tornaré monte quemado."* Jeremías 51:25.

El mensaje del sexto ángel en el momento del sexto sello es: "Mete tu hoz y siega, porque te ha llegado la hora de segar; porque la mies de la tierra está madura. Y el que estaba sentado sobre la nube metió su hoz en la tierra; y la tierra fue segada." Apocalipsis 14:15,16

El sexto sello es el cumplimiento bíblico real de la segunda venida de Jesús.

PREGUNTA: ¿Por qué no se encuentra el séptimo sello en el capítulo seis de Apocalipsis? ¿Por qué no se menciona hasta el capítulo ocho de Apocalipsis, después del capítulo séptimo de Apocalipsis?

RESPUESTA: Dios tiene una muy buena razón para no poner el séptimo sello en el capítulo seis de Apocalipsis. Hay una brecha de 1000 años entre el sexto y el séptimo sello. El séptimo sello se encuentra en Apocalipsis 8:1 y dice:

> ***"Y CUANDO él abrió el séptimo sello, fué hecho silencio en el cielo casi por media hora."*** Apocalipsis 8:1.

Al igual que la sexta trompeta, en Apocalipsis 9:13-21, está separada de la séptima trompeta en Apocalipsis 11:15 por información no asociada (por el capítulo diez), el sexto sello de Apocalipsis 6:12-17 y el séptimo sello de Apocalipsis 8 :1, también está separado (en el capítulo siete). Esto no es por accidente; es por diseño. Para los sellos y las trompetas, los primeros seis se enumeran uno tras otro en orden cronológico. Pero el sexto y séptimo sello y la sexta y séptima trompeta están separados por información no relacionada. La diferencia de tiempo entre el sexto sello y el séptimo sello es de 1000 años, así como también para la sexta trompeta y la séptima trompeta.

En el momento de la apertura del sexto sello, Jesús regresa a esta tierra para Su segunda venida. Los 1000 años del capítulo veinte de Apocalipsis comienzan a partir de entonces. 1000 años después Jesús regresa nuevamente a este planeta para Su tercera venida o tercer advenimiento. El séptimo sello se abre al final de los 1000 años de Apocalipsis 20, después de que Dios destruye toda rebelión y pecado.

(Las tres diferentes venidas o advenimientos de Jesús se explican claramente en los libros fáciles de leer, "The 3 Visible Advents of Jesus" y "Las 3 Venidas de Jesús" de Earl Schrock, disponibles en línea).

Observe los cuadros a continuación:

Entre la segunda venida de Jesús y la tercera venida de Jesús, este planeta es una bola de hielo oscura, lúgubre, vacía, muerta, como se describe en Jeremías 4:23-28:

> *"Miré la tierra, y he aquí que estaba asolada y vacía; y los cielos, y no había en ellos luz. Miré los montes, y he aquí que temblaban, y todos los collados fueron destruídos. Miré, y no parecía hombre, y todas las aves del cielo se habían ido. Miré, y he aquí el Carmelo desierto, y todas sus ciudades eran asoladas á la presencia de Jehová, á la presencia del furor de su ira. Porque así dijo Jehová: Toda la tierra será asolada; mas no haré consumación. Por esto se enlutará la tierra, y los cielos arriba se oscurecerán, porque hablé, pensé, y no me arrepentí, ni me tornaré de ello."* Jeremías 4:23-28.

Los únicos residentes en este planeta congelado y muerto durante los 1000 años serán Satanás y sus ángeles:

> *"Y VI un ángel descender del cielo, que tenía la llave del abismo, y una grande cadena en su mano. Y prendió al dragón, aquella serpiente antigua, que es el Diablo y Satanás, y le ató por mil años; Y arrojólo al abismo, y le encerró, y selló sobre él, porque no engañe más á las naciones, hasta que mil años sean cumplidos: y después de esto es necesario que sea desatado un poco de tiempo."* Apocalipsis 20:1-3.

Al final de los mil años de Apocalipsis 20, cuando Jesús regrese para su tercera venida, pisará el monte de los olivos para crear una gran llanura (Zacarías 14:4). La Ciudad Santa, saliendo del cielo, reposará en esa llanura (Apocalipsis 21:2) para que se lleve a cabo el juicio del gran trono blanco.

> *"Y afirmaránse sus pies en aquel día sobre el monte de las Olivas, que está en frente de Jerusalem á la parte de oriente: y el monte de las Olivas, se partirá por medio de sí hacia el oriente y hacia el occidente haciendo un muy grande valle; y la mitad del monte se apartará hacia el norte, y la otra mitad hacia el mediodía."* Zacarías 14:4.

> *"Y yo Juan vi la santa ciudad, Jerusalem nueva, que descendía del cielo, de Dios, dispuesta como una esposa ataviada para su marido."* Apocalipsis 21:2.

En la tercera venida, después de los 1000 años, cuando Jesús se acerque a este planeta, viniendo del cielo, Dios realizará la segunda resurrección y todos los muertos que hayan vivido serán resucitados para ver Su venida, "aquellos que traspasaron Su lado" (Apocalipsis 1:7) y luego, después de la segunda resurrección, serán juzgados. Este período de tiempo del juicio final de toda la humanidad se llama **"*el día postrero*"** en la Biblia. Todas las personas salvas desde Adán hasta la última persona que murió antes de la segunda venida resucitarán junto con todos los perdidos, al final de los 1000 años de Apocalipsis veinte.

"Dícele Jesús: Resucitará tu hermano. Marta le dice: Yo sé que resucitará en la resurrección en el ***día postrero****."* Juan 11:23,24

"*El que come mi carne y bebe mi sangre, tiene vida eterna: y yo le resucitaré en el* ***día postrero****."* Juan *6:54*

"Porque he descendido del cielo, no para hacer mi voluntad, mas la voluntad del que me envió. Y esta es la voluntad del que me envió, del Padre: Que todo lo que me diere, no pierda de ello, sino que lo resucite en ***el día postrero****. Y esta es la voluntad del que me ha enviado: Que todo aquel que ve al Hijo, y cree en él, tenga vida eterna: y yo le resucitaré en* ***el día postrero****."* Juan 6:38-40

"El que me desecha, y no recibe mis palabras, tiene quien le juzgue: la palabra que he hablado, ella le juzgará en ***el día postrero****."* Juan 12:48

""Y EN aquel tiempo se levantará Miguel, el gran príncipe que está por los hijos de tu pueblo; y será tiempo de angustia, cual nunca fué después que hubo gente hasta entonces: mas en aquel tiempo será libertado tu pueblo, todos los que se hallaren escritos en el libro. Y muchos de los que duermen en el polvo de la tierra serán despertados, ***unos*** *para vida eterna, y* ***otros*** *para vergüenza y confusión perpetua. Y los entendidos resplandecerán como el resplandor del firmamento; y los que enseñan á justicia la multitud, como las estrellas á perpetua eternidad."* Daniel 12:1-3.

"No os maravilléis de esto; porque vendrá hora, cuando todos los que están en los sepulcros oirán su voz; Y los que hicieron bien, saldrán á resurrección de vida; mas los que hicieron mal, á resurrección de condenación." Juan 5:28,29.

> *"Porque es menester que todos nosotros parezcamos ante el tribunal de Cristo, para que cada uno reciba según lo que hubiere hecho por medio del cuerpo, ora sea bueno ó malo."* 2 Corintios 5:10.

La Batalla de Armagedón tiene lugar después de que se completa el veredicto del juicio de 1000 años. Después de los 1000 años de Apocalipsis 20, al final del Juicio del Trono Blanco, los perdidos atacarán la Ciudad Santa y luego Dios hará llover fuego del cielo y aniquilará por completo al pecado, a los pecadores, a Satanás y a todos sus ángeles.

> *"Y cuando los mil años fueren cumplidos, Satanás será suelto de su prisión, Y saldrá para engañar las naciones que están sobre los cuatro ángulos de la tierra, á Gog y á Magog, á fin de congregarlos para la batalla; el número de los cuales es como la arena del mar. Y subieron sobre la anchura de la tierra, y circundaron el campo de los santos, y la ciudad amada: y de Dios descendió fuego del cielo, y los devoró. Y el diablo que los engañaba, fué lanzado en el lago de fuego y azufre, donde está la bestia y el falso profeta; y serán atormentados día y noche para siempre jamás."* Apocalipsis 20:7-10.

> *"Y vi salir de la boca del dragón, y de la boca de la bestia, y de la boca del falso profeta, tres espíritus inmundos á manera de ranas: Porque son espíritus de demonios, que hacen señales, para ir á los reyes de la tierra y de todo el mundo, para congregarlos para la batalla de aquel gran día del Dios Todopoderoso. He aquí, yo vengo como ladrón. Bienaventurado el que vela, y guarda sus vestiduras, para que no ande desnudo, y vean su vergüenza. Y los congregó en el lugar que en hebreo se llama Armagedón."* Apocalipsis 16:13-16.

Será **un último día** muy terrible y triste cuando Dios destruya a los perdidos. Todo el cielo se tomará el tiempo para llorar la pérdida de todas las personas que Dios ama, pero tuvo que destruir. Dios Padre, el Hijo Jesús, el Espíritu Santo, los ángeles del cielo, todos los salvos y todo el resto de la creación harán duelo por ellos. La destrucción completa de todos los malvados se llama el acto extraño de Dios:

> *"Porque Jehová se levantará como en el monte Perasim, como en el valle de Gabaón se enojará; para hacer su obra, su extraña obra, y para hacer su operación, su extraña operación." Isaías* 28:21

"Y el mar dió los muertos que estaban en él; y la muerte y el infierno dieron los muertos que estaban en ellos; y fué hecho juicio de cada uno según sus obras. Y el infierno y la muerte fueron lanzados en el lago de fuego. Esta es la muerte segunda." Apocalipsis 20:13,14.

> *"Y CUANDO él abrió el séptimo sello, fué hecho silencio en el cielo casi por media hora."* Apocalipsis 8:1.

El séptimo sello de Apocalipsis 8:1 se abre después de la destrucción de todo pecado, pecadores, rebelión y maldad.

El mensaje del séptimo ángel en el momento del séptimo sello es: "Y salió otro ángel del templo que está en el cielo, teniendo también una hoz aguda. Y salió otro ángel del altar, que tenía poder sobre el fuego; y clamó a gran voz al que tenía la hoz aguda, diciendo: Mete tu hoz aguda, y corta los racimos de la vid de la tierra; porque sus uvas están completamente maduras. Y el ángel metió su hoz en la tierra, y vengó la vid de la tierra, y la echó en el gran lagar de la ira de Dios. Y el lagar fue pisado fuera de la ciudad, y salió sangre del lagar, hasta los frenos de los caballos, por espacio de mil seiscientos estadios." Apocalipsis 14:17-20.

El séptimo sello es el tiempo de luto por el dolor emocional que sufre el universo tras la destrucción del pecado y de los pecadores. El "sobre el espacio de media hora" es simbólico.

El período de tiempo real que Dios ha establecido para este luto universal está en Sus manos.

Los siete sellos son postes de guía colocados en la línea de tiempo de Daniel y Apocalipsis que revelan las acciones que tienen lugar durante la tribulación de siete años.

LOS SIETE SELLOS DESCRITOS:

Sello 1: Evangelismo permitido.

Sello 2: Se tolera el evangelismo.

Sello 3: El evangelismo amenazado.

Sello 4: Evangelismo descontinuado.

Sello 5: Evangelismo destruido.

Sello 6: Evangelismo cumplido.

Sello 7: Evangelismo completado.

El siguiente cuadro revela la posición de cada uno de los siete sellos en la línea de tiempo.

APOCALIPSIS CAPÍTULO SEIS EN POCAS PALABRAS

La tribulación de siete años comienza con el primer sello y termina justo después del sexto sello. El período de tiempo entre el primero y el sexto sello es de 2520 días menos 70 días. Al final de la tribulación de siete años, después de la segunda venida de Jesús, comienzan los 1000 años de Apocalipsis 20. Después de los 1000 años, Jesús regresa a este planeta para Su tercera venida o advenimiento, para llevar a cabo el juicio del gran trono blanco que es seguido por la destrucción de todos los perdidos. La muerte y destrucción de los perdidos será un tremendo quebrantamiento de corazón para todo el cielo. Dios ha apartado un "espacio de media hora" tiempo de duelo universal por todos los perdidos, conocido como el séptimo sello.

APOCALIPSIS CAPÍTULO SEIS EN UNA ORACIÓN

Dios ha provisto seis hitos a lo largo de la línea de tiempo de los 2520 días de tribulación que revelan la obra evangélica mundial, su abandono y los resultados finales del pecado.

APOCALIPSIS CAPÍTULO SIETE

"Así que ya no sois extranjeros ni advenedizos, sino juntamente ciudadanos con los santos, y domésticos de Dios; ***Edificados sobre el fundamento de los apóstoles y profetas****, siendo la principal piedra del ángulo Jesucristo mismo; En el cual, compaginado todo el edificio, va creciendo para ser un templo santo en el Señor: En el cual vosotros también sois juntamente edificados, para morada de Dios en Espíritu."* Efesios 2:19-22.

El capítulo siete de Apocalipsis nos presenta a dos grupos separados de personas. **(1)** El primer grupo, los siervos de Dios, están siendo presentados justo cuando comienza la tribulación de siete años. **(2)** El segundo grupo, la multitud innumerable, se introduce después de que termine la tribulación de siete años, cuando comiencen los 1000 años, justo después de la segunda venida de Jesús. El **primer** grupo de personas se menciona en los versículos 1-4. El **segundo** grupo de personas se encuentra en los versículos 9-17.

APOCALIPSIS 7:1-4

> ***"Y DESPUÉS de estas cosas vi cuatro ángeles que estaban sobre los cuatro ángulos de la tierra, deteniendo los cuatro vientos de la tierra, para que no soplase viento sobre la tierra, ni sobre la mar, ni sobre ningún árbol. Y vi otro ángel que subía del nacimiento del sol, teniendo el sello del Dios vivo: y clamó con gran voz á los cuatro ángeles, á los cuales era dado hacer daño á la tierra y á la mar, Diciendo: No hagáis daño á la tierra, ni al mar, ni á los árboles, hasta que señalemos á los siervos de nuestro Dios en sus frentes. Y oí el número de los señalados: ciento cuarenta y cuatro mil señalados de todas las tribus de los hijos de Israel."***

PREGUNTA: ¿Qué significa tener "cuatro ángeles de pie sobre los cuatro ángulos de la tierra"?

RESPUESTA: Recuerde que el Libro de Apocalipsis está escrito en lenguaje figurado. Los "cuatro ángeles" son en realidad un mensajero, que es el Espíritu Santo. Las "cuatro esquinas" son en realidad los puntos cardinales de la brújula: norte, este, sur y oeste, con todos los puntos intermedios. Cuatro ángeles en las cuatro esquinas se refiere a todo el mundo.

PREGUNTA: ¿Qué representa el viento en la profecía bíblica?

RESPUESTA: En la profecía bíblica, la palabra "viento" representa agitación y contienda. Las cuatro esquinas de la tierra representan las cuatro direcciones de la brújula; norte, este, sur y oeste.

> *"Habló Daniel y dijo: Veía yo en mi visión de noche, y he aquí que los cuatro vientos del cielo combatían en la gran mar."* Daniel 7:2.

> *"Y levantándose, increpó al viento, y dijo á la mar: Calla, enmudece. Y cesó el viento, y fué hecha grande bonanza."* Marcos 4:39.

PREGUNTA: ¿Cuándo se les permite a los cuatro ángeles soltar los cuatro vientos?

RESPUESTA: A los cuatro ángeles se les dice que suelten los cuatro vientos en el momento del sonido de la sexta trompeta, que es en el momento de la segunda venida de Jesús.

> *"Y el sexto ángel tocó la trompeta; y oí una voz de los cuatro cuernos del altar de oro que estaba delante de Dios, Diciendo al sexto ángel que tenía la trompeta: Desata los **cuatro ángeles** que están atados en **el gran río Eufrates**. Y fueron desatados los cuatro ángeles que estaban aparejados para la hora y día y mes y año,*

para matar la tercera parte de los hombres." Apocalipsis 9:13-15.

PREGUNTA: ¿Quién está representado por el "cielo, la tierra y el mar" así como por "los árboles" que no deben sufrir daño hasta que todos los santos sean sellados?

RESPUESTA: El cielo, la tierra, el mar y los árboles representan personas. Estos son "Los siervos de nuestro Dios", que también son llamados las siete iglesias o asambleas en los capítulos dos y tres de Apocalipsis. La diferencia en los grupos de personas es que la "gente del cielo" sirve a Dios al 100%, la "gente de la tierra" sirve a Dios parcialmente y la "gente del mar" se niega a servir a Dios como Él exige. Los árboles, las plantas y el pasto verde representan a las personas en su cantidad de madurez de crecimiento en su caminar con Dios. Sólo Dios sabe a qué grupo o grado de madurez pertenece cada persona. Nunca es nuestro lugar determinar qué persona o personas entran en qué categoría, pero cada uno de nosotros determina individualmente en qué grupo estamos.

La gente de la tierra se divide en tres categorías de flora en este texto. La hierba verde son los nuevos en el evangelio de Jesucristo. Las plantas son aquellas que están familiarizadas con el evangelio de Jesucristo pero que no le han servido por mucho tiempo. Los árboles representan a personas familiarizadas con el evangelio de Jesucristo y que le han servido durante un largo período de tiempo. Compare esta información con la parábola de las semillas que Jesús contó en Mateo 13:1-23, Marcos 4:1-20 y/o Lucas capítulo 8:4-15. Note que el mismo lenguaje o descripción se usa en Apocalipsis 9:4 al describir al pueblo de Dios.

> *"Y les fué mandado que no hiciesen daño á la hierba de la tierra, ni á ninguna cosa verde, ni á ningún árbol, sino solamente á **los hombres** que no tienen la señal de Dios en sus frentes."* Apocalipsis 9:4.

Los "siervos de nuestro Dios" se introdujeron por primera vez en el libro de Apocalipsis en el capítulo uno, versículo uno. También son conocidas como las "siete iglesias" o "siete asambleas" como se revela en Apocalipsis 1:4. Los "siervos de Dios" provienen de los tres grupos de la gente del "cielo", la gente de la "tierra" y la gente del "mar". Los tiempos difíciles y las experiencias que experimentan estos tres grupos de personas, antes y durante la próxima tribulación de siete años, los desarrollará en el único grupo de aquellos dependientes y rendidos a Dios. El grupo del "pueblo del cielo", aquellas personas que entregaron todo a Dios antes de que comenzara la tribulación de siete años, son sellados al comienzo de la tribulación de siete años.

Estos primeros cuatro versículos de este capítulo simplemente están diciendo que durante la tribulación de siete años Dios estará aplicando Su sello protector sobre los "siervos de Dios". Estos siervos de Dios son del "pueblo del cielo", del "pueblo de la tierra" y del "pueblo del mar", los cuales se dedicarán completamente a Dios antes y durante el período de la tribulación. Cuando ese grupo de personas sea reconocido, por la atenta vigilancia de Dios Padre, cada uno de ellos recibirá "el sello de Dios".

El sello de Dios, ni la marca de la bestia, es una marca visible en la frente o en la mano. Es una marca que solo Dios puede poner y que solo el cielo puede reconocer. El "sello de Dios" está determinado por Dios, debido a la mentalidad de Su pueblo. Esta escena se desarrolla en Ezequiel 9:1-11.

"1 Y CLAMO en mis oídos con gran voz, diciendo: Los visitadores de la ciudad han llegado, y cada uno trae en su mano su instrumento para destruir. 2 Y he aquí que seis varones venían del camino de la puerta de arriba que está vuelta al aquilón, y cada uno traía en su mano su instrumento para destruir. Y entre ellos había un varón vestido de lienzos, el cual traía á su cintura una escribanía de escribano; y entrados, paráronse junto al altar de bronce. 3 Y la gloria del Dios de Israel se alzó de sobre el querubín sobre el cual había estado, al umbral de la casa: y llamó Jehová al varón vestido de lienzos, que tenía á su cintura la escribanía de escribano.

4 Y díjole Jehová: Pasa por medio de la ciudad, por medio de Jerusalem, y pon una señal en la frente á los hombres que gimen y que claman á causa de todas las abominaciones que se hacen en medio de ella. 5 Y á los otros dijo á mis oídos: Pasad por la ciudad en pos de él, y herid; no perdone vuestro ojo, ni tengáis misericordia. 6 Matad viejos, mozos y vírgenes, niños y mujeres, hasta que no quede ninguno: mas á todo aquel sobre el cual hubiere señal, no llegaréis; y habéis de comenzar desde mi santuario. Comenzaron pues desde los varones ancianos que estaban delante del templo. 7 Y díjoles: Contaminad la casa, y henchid los atrios de muertos: salid. Y salieron, é hirieron en la ciudad.

8 Y aconteció que, habiéndolos herido, yo quedé y postréme sobre mi rostro, y clamé, y dije: ¡Ah, Señor Jehová! ¿has de destruir todo el resto de Israel derramando tu furor sobre Jerusalem? 9 Y díjome: La maldad de la casa de Israel y de Judá es grande sobremanera, pues la tierra está llena de sangres, y la ciudad está llena de perversidad: porque han dicho: Dejado ha Jehová la tierra, y Jehová no ve. 10 Así pues, yo, mi ojo no perdonará, ni tendré misericordia: el camino de ellos tornaré sobre su cabeza. 11 Y he aquí que el varón vestido de lienzos, que tenía la escribanía á su cintura, respondió una palabra diciendo: Hecho he conforme á todo lo que me mandaste.

EL SELLO DE DIOS

Tener “el sello de Dios” en la frente, es tener la protección de Dios que Satanás no puede vencer. Una vez que los santos elegidos la reciban, Satanás y sus ángeles ya no podrán influir ni tentar a los santos elegidos de Dios, los 144.000. La batalla por la mente de los siervos de Dios, al comienzo de la tribulación de siete años, se describe en Apocalipsis 12:7-12:

> *"Y fué hecha una grande batalla en el cielo: Miguel y sus ángeles lidiaban contra el dragón; y lidiaba el dragón y sus ángeles. Y no prevalecieron, ni su lugar fué más hallado en el cielo. Y fué lanzado fuera aquel gran dragón, la serpiente antigua, que se llama Diablo y Satanás, el cual engaña á todo el mundo; fué arrojado en tierra, y sus ángeles fueron arrojados con él. Y oí una grande voz en el cielo que decía: Ahora ha venido la salvación, y la virtud, y el reino de nuestro Dios, y el poder de su Cristo; porque el acusador de nuestros hermanos ha sido arrojado, el cual los acusaba delante de nuestro Dios día y noche. Y ellos le han vencido por la sangre del Cordero, y por la palabra de su testimonio; y no han amado sus vidas hasta la muerte. Por lo cual alegraos, cielos, y los que moráis en ellos. ¡Ay de los moradores de la tierra y del mar! porque el diablo ha descendido á vosotros, teniendo grande ira, sabiendo que tiene poco tiempo."*

En este texto, la guerra que tiene lugar "en el cielo" no es una batalla en una galaxia lejana. Si fuera una batalla celestial contra Miguel, que es Jesús, en algún lugar lejano del universo, el Dios omnipotente hablaría una palabra y la batalla terminaría. No hay combate cuerpo a cuerpo contra el Señor Jesús. ¿Recuerdas cuando Jesús vino a este planeta para resucitar a Moisés y llevarlo al cielo en Judas 1:9? Satanás estaba allí para evitar que se llevara a cabo esa resurrección, pero Jesús se defendió con unas pocas palabras:

> *"Pero cuando el arcángel Miguel contendía con el diablo, disputando sobre el cuerpo de Moisés, no se atrevió á usar de juicio de maldición contra él, sino que dijo: El Señor te reprenda."* Judas 1:9.

La batalla que tiene lugar en el "cielo" es la batalla por la mente de los siervos elegidos de Dios. Esta es una batalla de por vida de todos los hombres y mujeres en todas partes de este planeta, ya que Satanás desea controlar las mentes de todas las personas para su pérdida eterna. En este texto en particular es la batalla para controlar las mentes de los siervos de Dios, los elegidos. Pero Satanás no puede prevalecer contra Dios. Cuando los siervos de Dios son sellados en sus frentes, Satanás ya no puede tener ningún poder sobre ellos. No puede molestarlos. Él no puede tentarlos. Es completamente impotente sobre los siervos elegidos de Dios.

Pero cuando eso sucede, y Satanás se da cuenta de que su influencia sobre los santos elegidos es inexistente, entonces dirige su ira diabólica y sus habilidades para molestar a los otros dos grupos de personas, la "gente de la tierra" y la "gente del mar". Satanás ahora se da cuenta de que le queda muy poco tiempo para destruir el objeto del amor de Dios, los seres humanos.

> *"Por lo cual alegraos, cielos, y los que moráis en ellos. ¡Ay de los moradores de la tierra y del mar! porque el diablo ha descendido á vosotros, teniendo grande ira, sabiendo que tiene poco tiempo."* Apocalipsis 12:12.

El número de personas del "cielo" que están selladas, constituyendo los "siervos de Dios" elegidos, los 144.000, provienen de toda nación, lengua y pueblo de todo el mundo. Pertenecer a los "hijos de la tribu de Israel" no tiene nada que ver con la línea de sangre o la nacionalidad. Tiene todo que ver con la relación de una persona con Jesucristo nuestro Señor.

> *"Porque todos sois hijos de Dios por la fe en Cristo Jesús. Porque todos los que habéis sido bautizados en Cristo, de Cristo estáis vestidos. No hay Judío, ni Griego; no hay siervo, ni libre; no hay varón, ni hembra: porque todos vosotros sois uno en Cristo Jesús. Y si vosotros sois de Cristo, ciertamente la simiente de Abraham sois, y conforme á la promesa los herederos."* Gálatas 3:26-29.

> *"Porque la circuncisión en verdad aprovecha, si guardares la ley; mas si eres rebelde á la ley, tu circuncisión es hecha incircuncisión. De manera que, si el incircunciso guardare*

las justicias de la ley, ¿no será tenida su incircuncisión por circuncisión? Y lo que de su natural es incircunciso, guardando perfectamente la ley, te juzgará á ti, que con la letra y con la circuncisión eres rebelde á la ley. Porque no es Judío el que lo es en manifiesto; ni la circuncisión es la que es en manifiesto en la carne: Mas es Judío el que lo es en lo interior; y la circuncisión es la del corazón, en espíritu, no en letra; la alabanza del cual no es de los hombres, sino de Dios." Romanos 2:25-29.

APOCALIPSIS 7:5-8

"De la tribu de Judá, doce mil señalados. De la tribu de Rubén, doce mil señalados. De la tribu de Gad, doce mil señalados. De la tribu de Aser, doce mil señalados. De la tribu de Neftalí, doce mil señalados. De la tribu de Manasés, doce mil señalados. De la tribu de Simeón, doce mil señalados. De la tribu de Leví, doce mil señalados. De la tribu de Issachâr, doce mil señalados. De la tribu de Zabulón, doce mil señalados. De la tribu de José, doce mil señalados. De la tribu de Benjamín, doce mil señalados."

La razón de enumerar 12 de las 15 tribus de Israel y asignarles 12.000 miembros para cada tribu es prerrogativa de Dios. Las tribus no mencionadas son: Dan y Ephraim. Es posible que ambas "medias tribus de Manasés" estén incluidas como una sola. Estos textos no se refieren a las tribus literales de Israel. Los asirios se llevaron para siempre a las diez tribus del norte y las reemplazaron con su propio pueblo asirio. Además, nunca en la historia de la Biblia ninguna de las tribus tuvo un censo tan pequeño como 12,000 personas, y sus poblaciones nunca fueron iguales.

PREGUNTA: De los millones de personas en esta tierra, que afirman ser descendientes de Jacob, o incluso tener una pequeña porción de sangre israelita en ellos, ¿por qué solo se seleccionan 144,000?

RESPUESTA: Las tribus y los números mencionados en el libro de Apocalipsis no tienen nada que ver con la línea de sangre o los descendientes de los hijos de Jacob del Antiguo Testamento. Al utilizar la historia que se encuentra en el Antiguo Testamento, Dios puede presentar una lección objetiva a todas las personas.

Dios ha llamado a Su pueblo los "siervos de Dios" en el libro de Apocalipsis hasta este punto. Pero ahora Él ha convertido ese título a los "144,000" santos elegidos de Dios. Los 144.000 y los "siervos de Dios" elegidos son todos uno en el mismo pueblo.

Aunque las 144.000 "iglesias" o "siervos de Dios" elegidos están sellados de la tentación de Satanás, eso no significa que no sufrirán. Todos los siervos de Dios a lo largo de la Biblia pasaron por el fuego de la adversidad de una forma u otra, incluso hasta la muerte. ¿Es posible que algunos de los 144.000 "santos" sean martirizados durante la tribulación de siete años? Sólo Dios sabe.

> "*Y ellos le han vencido por la sangre del Cordero, y por la palabra de su testimonio; y no han amado sus vidas hasta la muerte.*" Apocalipsis 12:11.

PREGUNTA: ¿Por qué doce tribus y por qué 12.000 de cada tribu?

RESPUESTA: Dios desea dibujar una imagen mental para que la gente entienda lo que quiere decir con el término "ciudad de Dios", la "Nueva Jerusalén" y el "Monte de Sión", en relación con Su pueblo entregado y devoto.

PREGUNTA: ¿Cómo llega uno a ser uno de los 144.000 siervos escogidos de Dios?

RESPUESTA: Una persona se vuelve elegible para ser miembro de los 144,000 en el momento en que se dedica a su Creador para hacer todo lo que Él desea, ir a donde Él lo guíe y ser todo lo que Él quiere que sea, a través de Su Palabra y del Espíritu Santo que mora en él. Espíritu. Dejando de lado las opiniones de la humanidad y buscando entender y obedecer todo lo que Dios quiere para Su pueblo; es conocer y entender Su Palabra. Una persona se posiciona para negarse humildemente a sí misma y servir a Dios con todo, no solo mental sino también físicamente. Nuestras acciones, nuestros frutos, revelan nuestras mentes.

> *"¡A la ley y al testimonio! Si no dijeren conforme á esto, es porque no les ha amanecido." Isaías* 8:20.

> *"Y fueron estós más nobles que los que estaban en Tesalónica, pues recibieron la palabra con toda solicitud, escudriñando cada día las Escrituras, si estas cosas eran así."* Hechos 17:11.

> *"AMADOS, no creáis á todo espíritu, sino probad los espíritus si son de Dios; porque muchos falsos profetas son salidos en el mundo.... Nosotros somos de Dios: el que conoce á Dios, nos oye: el que no es de Dios, no nos oye. Por esto conocemos el espíritu de verdad y el espíritu de error."* 1 Juan 4:1,6.

> *"Y guardaos de los falsos profetas, que vienen á vosotros con vestidos de ovejas, mas de dentro son lobos rapaces. Por sus frutos los conoceréis. ¿Cógense uvas de los espinos, ó higos de los abrojos? Así, todo buen árbol lleva buenos frutos; mas el árbol maleado lleva malos frutos. No puede el buen árbol llevar malos frutos, ni el árbol maleado llevar frutos buenos. Todo árbol que no lleva buen fruto, córtase y échase en el fuego. Así que, por sus frutos los conoceréis."* Mateo 7:15-20.

PREGUNTA: ¿Cuándo se sellan los 144.000 siervos de Dios como sus santos elegidos?

RESPUESTA: Los 144.000 santos de Dios son elegidos y sellados por el Espíritu Santo justo antes o en el momento en que comienza la tribulación de siete años de 2.520 días.

PREGUNTA: ¿Es el 144.000 un número literal en el libro de Apocalipsis?

RESPUESTA: La Biblia no dice si es un número literal o figurativo de las muchas personas que se dedican completamente a Dios. Pero es claro, una persona no se hace miembro de los 144,000 porque codicie ese puesto; una persona se vuelve elegible para ser uno de los 144.000 cuando se dedica completamente a Dios a pesar de los 144.000.

Nuestras vidas no están dedicadas a Dios por razones egoístas. Por el contrario, nuestras vidas están dedicadas a Dios para cumplir Sus planes y alcanzar a otras personas, sin importar el resultado final de nuestras propias vidas; hágase su voluntad. No buscamos la perfección ni la vida eterna, buscamos servir a Dios con todo lo que somos, dejándonos que Él nos moldee como Él quiere, no por razones egoístas. Dios primero, los demás en segundo lugar, nosotros mismos en último lugar.

PREGUNTA: ¿Cuál es la imagen mental que Dios quiere dibujar para nosotros, usando los 144.000, para ayudarnos a entender la construcción de Su reino?

RESPUESTA: La "ciudad de Dios" es de cuatro cuadrados. Con Dios como el agente activo en la vida de Su pueblo y con Jesús como la Principal Piedra del Angulo; la "Nueva Jerusalén" es un edificio perfecto, con dimensiones perfectas, "cuyo arquitecto y constructor es Dios".

> *"Y la ciudad está situada y puesta en cuadro, y su largura es tanta como su anchura: y él midió la ciudad con la caña, **doce mil** estadios: la largura y la altura y la anchura de ella son iguales."* Apocalipsis 21:16.

> *"Porque esperaba ciudad con fundamentos, el artífice y hacedor de la cual es Dios."* Hebreos 11:10.

> *"NO se turbe vuestro corazón; creéis en Dios, creed también en mí. En la casa de mi Padre muchas moradas hay: de otra manera os lo hubiera dicho: voy, pues, á preparar lugar para vosotros. Y si me fuere, y os aparejare lugar, vendré otra vez, y os tomaré á mí mismo: para que donde yo estoy, vosotros también estéis. Y sabéis á dónde yo voy; y sabéis el camino."* Juan 14:1-4.

La Nueva Jerusalén no está asociada con ninguna ciudad física en este planeta. La Nueva Jerusalén, el reino de Dios, se asienta sobre la perfecta estructura cúbica desarrollada en el Antiguo Testamento y Nuevo Testamento con las tribus de Israel, nuestra Santa Biblia de 66 libros. Aquí no se hace referencia a los parientes consanguíneos de los hijos de Jacob. Es el carácter de Cristo que los hijos de Dios han heredado al saber quién es Dios y lo que Él espera y requiere, debido a las historias y experiencias de los hijos de Jacob.

La Nueva Jerusalén, la Ciudad de Dios, el Monte Sion, es la ciudad que Dios está construyendo actualmente sin manos humanas. La piedra pequeña, que golpea la estatua de Daniel dos, es el Reino de Dios que se construye sin manos. Comenzó como una pequeña piedra, en la cruz del Calvario, pero se ha convertido en un reino que abarca toda la tierra, similar a una pequeña semilla que crece hasta convertirse en un gran árbol donde todos pueden buscar refugio. Dios está edificando la ciudad sobre un fundamento sólido al edificar sobre la Roca, Jesucristo el Señor, como se revela en Mateo 7:24:

> *"Cualquiera, pues, que me oye estas palabras, y las hace, le compararé á un hombre prudente, que edificó su casa sobre la peña."* Mateo 7:24.

> *"Porque esperaba ciudad con fundamentos, el artífice y hacedor de la cual es Dios."* Hebreos 11:10.

> *"Estabas mirando, hasta que una piedra fué cortada,* ***no con mano****, la cual hirió á la imagen en sus pies de hierro y de barro cocido, y los desmenuzó. Entonces fué también desmenuzado el hierro, el barro cocido, el metal, la plata y el oro, y se tornaron como tamo de las eras del verano: y levantólos el viento, y nunca más se les halló lugar. Mas la piedra que hirió á la imagen, fué hecha un gran monte, que hinchió toda la tierra."* Daniel 2:34,35.

> *"Y decía: ¿A qué haremos semejante* ***el reino de Dios****? ¿ó con qué parábola le compararemos? Es como el grano de mostaza, que, cuando se siembra en tierra, es la más pequeña de todas las simientes que hay en la tierra; Mas después de sembrado, sube, y se hace la mayor de todas las legumbres, y echa grandes ramas, de tal manera que las aves del cielo puedan morar bajo su sombra." Marcos 4:30-32.*

Una casa fuerte construida sobre la Roca también debe tener un armazón fuerte para mantener su forma y mantener su integridad en todo tipo de clima. Considere el tabernáculo del desierto. Dios diseñó la estructura o las tablas del tabernáculo para poder resistir las acciones de los israelitas durante sus cuarenta años de peregrinación en el desierto, y más allá, hasta los días del rey Salomón.

> *"Además hizo las tablas para el tabernáculo de madera de Sittim, para estar derechas. La longitud de cada tabla de diez codos, y de codo y medio la anchura. Cada tabla tenía dos quicios enclavijados el uno delante del otro: así hizo todas las tablas del tabernáculo."* Éxodo 36:20-22.

La ciudad santa de Dios se construye en ángulo recto utilizando a Sus siervos obedientes como su estructura perfecta. Ser cuadrado significa que es un cubo perfecto. La longitud, el ancho y la profundidad del cubo son perfectamente iguales en todos los lados.

> *"Al que venciere, yo lo haré* ***columna*** *en* ***el templo*** *de mi Dios, y nunca más saldrá fuera; y escribiré sobre él el nombre de mi Dios, y el nombre de la ciudad de mi Dios, la nueva Jerusalem, la cual desciende del cielo de con mi Dios, y mi nombre nuevo."* Apocalipsis 3:12.

> *"Así que ya no sois extranjeros ni advenedizos, sino juntamente ciudadanos con los santos, y domésticos de Dios;* ***Edificados sobre el fundamento de los apóstoles y profetas****, siendo la principal piedra del ángulo Jesucristo mismo; En el cual,* ***compaginado todo el edificio****, va creciendo para ser un* ***templo santo*** *en el Señor: En el cual vosotros también sois* ***juntamente edificados****, para morada de Dios en Espíritu."* Efesios 2:19-22.

JERUSELÉN: CUATRO CUADRADOS DE LA CIUDAD DE DIOS

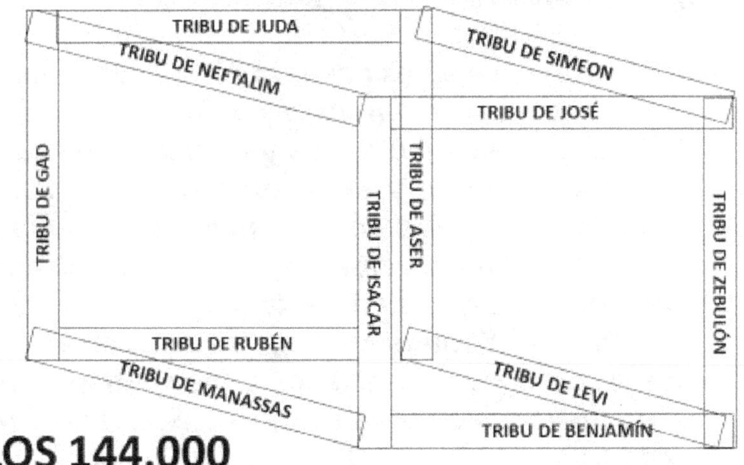

La ciudad perfecta de cuatro cuadrados de Dios, el reino de Dios, está perfectamente enmarcado como resultado de Su interacción con la humanidad a través de las experiencias de los hijos de Israel como se revela en la Santa Biblia. Ese ámbito, el reino de Dios, ha estado disponible para cada hombre, mujer y niño desde la cruz del Calvario cuando Jesús lo hizo disponible con Su vida, muerte y resurrección. (Lea el capítulo: El vinagre en la cruz del Calvario más adelante en este libro).

> *"Así que ya no sois extranjeros ni advenedizos, sino juntamente ciudadanos con los santos, y domésticos de Dios;* ***Edificados sobre el fundamento de los apóstoles y profetas****, siendo la principal piedra del ángulo Jesucristo mismo; En el cual,* ***compaginado todo el edificio****, va creciendo para ser un* ***templo santo*** *en el Señor: En el cual vosotros también sois* ***juntamente edificados****, para morada de Dios en Espíritu."* Efesios 2:19-22.

(Para obtener una mejor comprensión de cómo y cuándo el reino de Dios estuvo disponible para toda la humanidad, lea el libro electrónico, THE KINGDOM OF HEAVEN AND THE KINGDOM OF GOD, por Earl Schrock, disponible en línea)

APOCALIPSIS 7:9-17

> ***"9 Después de estas cosas miré, y he aquí una gran compañía, la cual ninguno podía contar, de todas gentes y linajes y pueblos y lenguas, que estaban delante del trono y en la presencia del Cordero, vestidos de ropas blancas, y palmas en sus manos;***
> ***10 Y clamaban en alta voz, diciendo: Salvación á nuestro Dios que está sentado sobre el trono, y al***
> ***Cordero. 11 Y todos los ángeles estaban alrededor del trono, y de los ancianos y los cuatro animales; y postráronse sobre sus rostros delante del trono,***
> ***y adoraron á Dios, 12 Diciendo: Amén: La bendición y la gloria y la sabiduría, y la acción de gracias y***

la honra y la potencia y la fortaleza, sean á nuestro Dios para siempre jamás. Amén.

13 Y respondió uno de los ancianos, diciéndome: Estos que están vestidos de ropas blancas, ¿quiénes son, y de dónde han venido? 14 Y yo le
dije: Señor, tú lo sabes. Y él me dijo: Estos son los que han venido de grande tribulación, y han lavado sus ropas, y las han blanqueado en la sangre del
Cordero. 15 Por esto están delante del trono de Dios, y le sirven día y noche en su templo: y el que está sentado en el trono tenderá su pabellón sobre
ellos. 16 No tendrán más hambre, ni sed, y el sol
no caerá más sobre ellos, ni otro ningún calor. 17
Porque el Cordero que está en medio del trono los pastoreará, y los guiará á fuentes vivas de aguas: y Dios limpiará toda lágrima de los ojos de ellos."

La "gran multitud, la cual nadie podía contar, de todas las naciones y tribus y pueblos y lenguas" son aquellas personas que entregaron todo a Dios DURANTE la tribulación de siete años y fueron redimidos de este planeta en la segunda venida de Jesús. Hay diferencias entre los 144.000 y la multitud innumerable en el momento en que comienza la tribulación de siete años:

1. Los siervos de Dios, los 144.000, voluntariamente entregaron todo a la voluntad de Dios antes o durante el "pequeño tiempo de angustia" (Mateo 24:4-8) antes de que comenzara la gran tribulación (Mateo 24:21).

2. La gente de la "tierra" y el "mar" lo entregan todo después de que comienza la gran tribulación, durante tiempos de extrema presión.

3. Los siervos de Dios, los 144.000 desinteresadamente sirven a Dios con todo, 100%.

4. La multitud innumerable previamente sirvió a Dios parcialmente, si es que lo hizo, seleccionando qué reglas obedecerían y cuáles dejarían de lado.

5. Los 144.000 tienen una relación desinteresada actual con Jesús, el Hijo de Dios.

6. La multitud innumerable tiene una relación causal con Jesús.

7. Los 144.000 están empapados de la Palabra, los 66 libros de la Santa Biblia.

8. La multitud innumerable tiene un entendimiento parcial de la Biblia.

9. Los 144.000 están totalmente dedicados a Dios en pensamiento, palabra y acción.

10. La innumerable multitud vestida de blanco son los que originalmente estaban parcialmente dedicados a Dios pero con el tiempo y la convicción, se entregaron todos a Jesús.

Al final de la tribulación de siete años, se habrán tomado todas las decisiones de dedicación. Las personas de la "tierra" y del "mar" que se arrepientan de sus propios caminos, lo habrán hecho al final de la tribulación de 2520 días. Ahora sirven a Dios con todo, y por los próximos 1000 años, siendo sellados por el Espíritu Santo, están en los atrios del cielo.

La multitud innumerable serán los sacerdotes de Dios, considerando y determinando el destino de toda la humanidad, durante los 1000 años de Apocalipsis 20. En la segunda venida de Jesús se encuentran con Jesús en el aire y son transportados al cielo por los 1000 años. Después volverán con Jesús, como Ciudad Santa, en el tercer advenimiento o venida de Jesús.

"Y vi tronos, y se sentaron sobre ellos, y les fué dado juicio; y vi las almas de los degollados por el testimonio de Jesús, y por la palabra de Dios, y que no habían adorado la bestia, ni á su imagen, y que no recibieron la señal en sus frentes, ni en sus manos, y vivieron y reinaron con Cristo mil años. Mas los otros muertos no tornaron á vivir hasta que sean cumplidos mil años. Esta es la primera resurrección. Bienaventurado y santo el que tiene parte en la primera resurrección; la segunda muerte no tiene potestad en éstos; antes serán sacerdotes de Dios y de Cristo, y reinarán con él mil años." Apocalipsis 20:4-6

"Por esto están delante del trono de Dios, y le sirven día y noche en su templo: y el que está sentado en el trono tenderá su pabellón sobre ellos. No tendrán más hambre, ni sed, y el sol no caerá más sobre ellos, ni otro ningún calor. Porque el Cordero que está en medio del trono los pastoreará, y los guiará á fuentes vivas de aguas: y Dios limpiará toda lágrima de los ojos de ellos." Apocalipsis 7:15-17.

APOCALIPSIS CAPÍTULO SIETE EN POCAS PALABRAS

Los siervos de Dios, las siete iglesias, serán sellados con el Espíritu Santo al comienzo de la tribulación de siete años y son llamados los 144.000 santos elegidos de Dios. Los siervos de Dios, que se rindan totalmente a Dios después de que comience la tribulación de siete años, también serán sellados por el Espíritu Santo en su conversión total y pasarán los 1000 años de Apocalipsis 20 decidiendo el futuro de toda la humanidad para todos desde Adán hasta la última persona nacida antes de la segunda venida de Jesús.

APOCALIPSIS CAPÍTULO SIETE EN UNA ORACIÓN

Dios sella a los 144.000 santos elegidos ya la multitud innumerable durante los 2.520 días de la tribulación de siete años, recompensándolos por su servicio desinteresado a Él ya Su Palabra.

APOCALIPSIS CAPÍTULO OCHO

APOCALIPSIS 8:1

> ***"Y CUANDO él abrió el séptimo sello, fué hecho silencio en el cielo casi por media hora."***

Las siguientes cuatro oraciones son una explicación abreviada de los capítulos seis, siete, ocho y nueve de Apocalipsis.

El capítulo seis de Apocalipsis habla de seis de los siete sellos.

El capítulo siete de Apocalipsis trata sobre las dos grandes divisiones de los salvos, que son (1) 144.000 y (2) la multitud innumerable.

El capítulo ocho de Apocalipsis habla de las primeras cuatro de las siete trompetas.

El capítulo nueve de Apocalipsis habla de dos de las siete trompetas.

Entre el capítulo siete de Apocalipsis y el capítulo ocho de Apocalipsis, el texto anterior, Apocalipsis 8:1, se encuentra solo, por sí solo, aparentemente no asociado con el capítulo siete ni con el capítulo ocho. Hay una buena razón para su independencia.

Como se mencionó en detalle en la discusión del capítulo seis de Apocalipsis, con respecto a los primeros seis sellos, el sexto sello está separado del séptimo sello por el capítulo siete de Apocalipsis. Hay una razón clara y simple para esto. El sexto sello se abre al comienzo de los 1000 años de Apocalipsis veinte y el séptimo sello se abre al final de los 1000 años.

El sexto sello se abre hacia el final de la tribulación de siete años, en el segundo advenimiento o segunda venida de Jesús, en el momento de la primera resurrección (Apocalipsis 20:6).

Después de la segunda venida de Jesús, después de que los salvos se encuentran con Jesús en el aire (1 Tesalonicenses 4:16,17), comienzan los 1000 años de Apocalipsis veinte. Al final de los 1000 años Jesús regresa, con todos los santos que llevó consigo al cielo, para su tercera venida y segunda resurrección (Zacarías 14:4). En el tercer advenimiento de Jesús, el juicio del "gran trono blanco" de Apocalipsis 20:11 tiene lugar, seguido por la destrucción y aniquilación completa de todos los malvados.

PREGUNTA: ¿Por qué Dios ha reservado media hora de silencio después de la aniquilación de todos los malvados?

RESPUESTA: La media hora de Apocalipsis 8:1 es un tiempo universal de luto reservado para todos los salvados, en memoria de todos los aniquilados perdidos al final de los 1000 años de Apocalipsis veinte.

> *"Bienaventurado y santo el que tiene parte en la primera resurrección; la segunda muerte no tiene potestad en éstos; antes serán sacerdotes de Dios y de Cristo, y reinarán con él mil años."* Apocalipsis 20:6.
>
> *"Porque el mismo Señor con aclamación, con voz de arcángel, y con trompeta de Dios, descenderá del cielo; y los muertos en Cristo resucitarán primero: Luego nosotros, los que vivimos, los que quedamos, juntamente con ellos seremos arrebatados en las nubes á recibir al Señor en el aire, y así estaremos siempre con el Señor."* 1 Tesalonicenses 4:16,17.
>
> *"Y afirmaránse sus pies en aquel día sobre el monte de las Olivas, que está en frente de Jerusalem á la parte de oriente: y el monte de las Olivas, se partirá por medio de sí hacia el oriente y hacia el occidente haciendo un muy grande valle; y la mitad del monte se apartará hacia el norte, y la otra mitad hacia el mediodía."* Zacarías 14:4

> *"Y vi un gran trono blanco y al que estaba sentado sobre él, de delante del cual huyó la tierra y el cielo; y no fué hallado el lugar de ellos."* Apocalipsis 20:11.

> *"Y CUANDO él abrió el séptimo sello, fué hecho silencio en el cielo casi por media hora."* Apocalipsis 8:1.

> *"Bienaventurado y santo el que tiene parte en la primera resurrección; la segunda muerte no tiene potestad en éstos; antes serán sacerdotes de Dios y de Cristo, y reinarán con él mil años."* Apocalipsis 20:6.

PREGUNTA: ¿Quién tendrá amigos, familiares y seres queridos aniquilados después del juicio del "gran trono blanco"?

RESPONDER A TODOS. Cada persona salvada por toda la eternidad tendrá seres queridos destruidos después del juicio del trono blanco. Qué tiempo tan triste será cuando los redimidos, seguros en la Nueva Jerusalén, sean testigos de la pérdida eterna de todas estas personas que conocían y amaban. Puede ser verdad que cada persona eligió por sí misma vivir para Dios o negarlo, pero eso no detiene el dolor de tenerlos destruidos para siempre debido a esa decisión personal.

PREGUNTA: ¿Quién tomó la decisión final de qué personas vivirán eternamente y cuáles morirán eternamente?

RESPUESTA: Los santos que fueron redimidos de esta tierra en la segunda venida de Jesús.

PREGUNTA: ¿Por qué los redimidos son llevados al cielo en la segunda venida de Jesús?

RESPUESTA: Los redimidos son llevados al cielo en la segunda venida de Jesús para ser sacerdotes y jueces de Dios, juzgando a las doce tribus de Israel, que son todas las personas que vivieron desde el tiempo de Adán hasta la segunda venida de Jesús.

> *"¿O no sabéis que hemos de juzgar á los angeles? ¿cuánto más las cosas de este siglo? Por tanto, si hubiereis de tener juicios de cosas de este siglo, poned para juzgar á los que son de menor estima en la iglesia."* 1 Corintios 6:2-4.

> *"Bienaventurado y santo el que tiene parte en la primera resurrección; la segunda muerte no tiene potestad en éstos; antes serán sacerdotes de Dios y de Cristo, y reinarán con él mil años."* Apocalipsis 20:6.

PREGUNTA: ¿Cuándo regresan a este planeta los santos, redimidos en la segunda venida?

RESPUESTA: Los santos redimidos, desde la segunda venida, regresan a este planeta al final de los 1000 años de Apocalipsis veinte. La tercera venida también se llama el tercer advenimiento.

> *"Porque si creemos que Jesús murió y resucitó, así* ***también traerá Dios*** *con él á los que durmieron en Jesús."* 1 Tesalonicenses 4:14.

El motivo del tercer regreso de Jesús es dictar sentencia sobre todas las personas que resucitarán en la "segunda resurrección" en el momento del Juicio del Gran Trono Blanco. En ese evento del "último día" (Juan 6:39-44,54; 11:24; 12;48) la innumerable multitud de personas resucitadas se divide en dos grupos, los perdidos y los salvos (Daniel 12:2). Jesús se refiere a estos dos grupos de personas en las parábolas de las "ovejas y las cabras" (Mateo 25:31-46), el "trigo y la cizaña" (Mateo 13:24-30; 36-40), y el "peces buenos y malos" (Mateo 13:47-50).

Al final de los 1000 años, los salvados resucitados, las ovejas y el trigo, son bienvenidos al reino eterno de Dios. Los perdidos, los machos cabríos y la cizaña, son eternamente destruidos por fuego que desciende del cielo (Apocalipsis 20:7-15), junto con Satanás y sus ángeles, después del juicio del Gran Trono Blanco y la rebelión final de los perdidos.

Después de que todo pecado sea erradicado y los perdidos sean destruidos, todo el universo interminable y sin pecado llorará por todas las personas que se negaron a aceptar el regalo gratuito de la vida eterna. Las personas perdidas a las que Dios amó y creó, las almas por las que Jesús ofreció su vida, los débiles seres humanos a los que cuidaron los ángeles de Dios, todos son destruidos en un rápido e instantáneo destello de fuego.

> *"Y fué á mí palabra de Jehová, diciendo: Hijo del hombre, la casa de Israel se me ha tornado en escoria: todos ellos son metal, y estaño, y hierro, y plomo, en medio del horno; escorias de plata se tornaron. Por tanto, así ha dicho el Señor Jehová: Por cuanto todos vosotros os habéis tornado en escorias, por tanto, he aquí que yo os junto en medio de Jerusalem. Como quien junta plata y metal y hierro y plomo y estaño en medio del horno, para encender fuego en él para fundir; así os juntaré en mi furor y en mi ira, y haré reposar, y os fundiré. Yo os juntaré y soplaré sobre vosotros en el fuego de mi furor, y en medio de él seréis fundidos. Como se funde la plata en medio del horno, así seréis fundidos en medio de él; y sabréis que yo Jehová habré derramado mi enojo sobre vosotros."* Ezequiel 22:17-22.

> *"PORQUE he aquí, viene el día ardiente como un horno; y todos los soberbios, y todos los que hacen maldad, serán estopa; y aquel día que vendrá, los abrasará, ha dicho Jehová de los ejércitos, el cual no les dejará ni raíz ni rama. Mas á vosotros los que teméis mi nombre, nacerá el Sol de justicia, y en sus alas traerá salud: y*

> *saldréis, y saltaréis como becerros de la manada. Y hollaréis á los malos, los cuales serán ceniza bajo las plantas de vuestros pies, en el día que yo hago, ha dicho Jehová de los ejércitos."* Malaquías 4:1-3

> *"Y esta será la plaga con que herirá Jehová á todos los pueblos que pelearon contra Jerusalem: la carne de ellos se disolverá estando ellos sobre sus pies, y se consumirán sus ojos en sus cuencas, y su lengua se les deshará en su boca."* Zacarías 14:12.

Después de que Dios haya completado este extraño acto (Isaías 28:21) de destruir toda maldad, el universo entero tendrá un tiempo de luto por todos los perdidos. Este tiempo de luto por todos los perdidos se llama en Apocalipsis "media hora".

> *"Y CUANDO él abrió el séptimo sello, fué hecho silencio en el cielo casi por media hora."* Apocalipsis 8:1.

El siguiente cuadro revela la posición de cada uno de los siete sellos en la línea de tiempo.

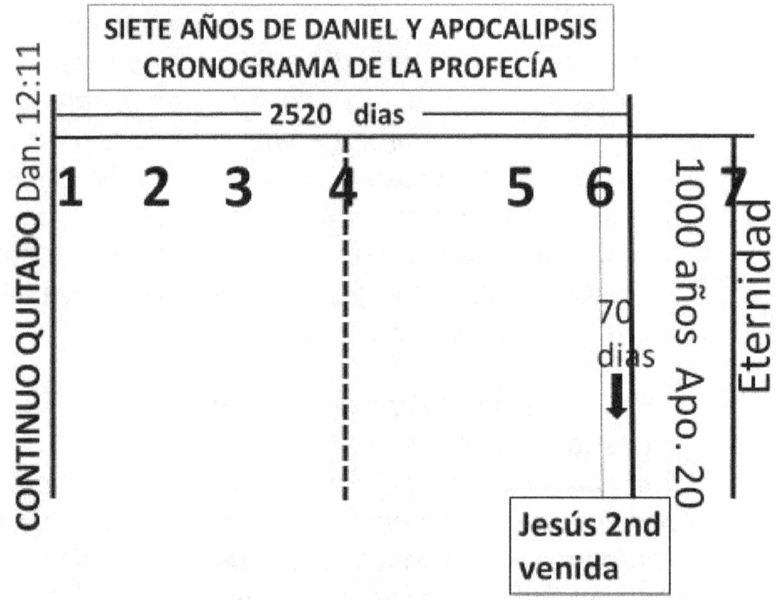

LOS SIETE SELLOS DESCRITOS:

Sello 1: Evangelismo permitido.

Sello 2: Se tolera el evangelismo.

Sello 3: El evangelismo amenazado.

Sello 4: Evangelismo descontinuado.

Sello 5: Evangelismo destruido.

Sello 6: Evangelismo cumplido.

Sello 7: Evangelismo completado.

PREGUNTA: ¿La media hora de duelo por la pérdida, después de que son aniquilados, es tiempo literal o tiempo figurado?

RESPUESTA: La Biblia no dice si la media hora de Apocalipsis 8:1 es literal o simbólica para hacer duelo por los perdidos. Pero debido a que se menciona en el Libro de Apocalipsis, que es un libro de simbolismo, está claro para este autor que la media hora es un símbolo de un período de tiempo mucho más largo para llorar la pérdida eterna de otros seres humanos; incluyendo a los amigos, miembros de la familia y asociados de los salvos. Este tiempo de luto universal está establecido por Dios y será suficiente para satisfacer las necesidades emocionales de todos los interesados.

APOCALIPSIS 8:2-4

> ***"Y vi los siete ángeles que estaban delante de Dios; y les fueron dadas siete trompetas. Y otro ángel vino, y se paró delante del altar, teniendo un incensario de oro; y le fué dado mucho incienso para que lo añadiese á las oraciones de todos los santos sobre el altar de oro que estaba delante del***

> ***trono. Y el humo del incienso subió de la mano del ángel delante de Dios, con las oraciones de los santos."***

Como mencionamos en nuestra discusión del capítulo uno de Apocalipsis, la palabra "ángel" es en realidad la palabra "mensajero" de la palabra griega "aggelos" pronunciada "angelos". Un mensajero es cualquiera que lleva un mensaje. En la Biblia algunos mensajeros, de la palabra griega "aggelos", que han sido nombrados son: Juan el Bautista, Jesús, el Espíritu Santo y Pablo, por mencionar algunos. Sabemos, en el Libro de Apocalipsis, que el Espíritu Santo es el Mensajero de Dios y está representado como las siete estrellas (Apocalipsis 1:16,20), así como las siete lámparas encendidas ante el trono de Dios.

> *"16 Y tenía en su diestra siete estrellas: y de su boca salía una espada aguda de dos filos. Y su rostro era como el sol cuando resplandece en su fuerza. .... 20 El misterio de las siete estrellas que has visto en mi diestra, y los siete candeleros de oro. Las siete estrellas son los ángeles de las siete iglesias; y los siete candeleros que has visto, son las siete iglesias."* Apocalipsis 1:16,20.

> *"Y del trono salían relámpagos y truenos y voces: y siete lámparas de fuego estaban ardiendo delante del trono, las cuales son los siete Espíritus de Dios."* Apocalipsis 4:5

Con este trasfondo sabemos que los siete ángeles o mensajeros con las siete trompetas en este capítulo es en realidad el Espíritu Santo. Es el Espíritu Santo el que presenta nuestras oraciones a Dios "de la mano del Ángel". Es el Espíritu Santo el que tiene control sobre el fuego. Las siete trompetas simbolizan el hecho de que el Espíritu Santo tiene siete mensajes de advertencia separados para dar a la humanidad caída, especialmente a las personas familiarizadas con el reino de Dios.

Las oraciones de los santos son preciosas para Dios como un aroma fragante. Estos primeros versículos le aseguran al pueblo de Dios que en el breve tiempo de angustia, que precede a la tribulación de siete años, todas sus oraciones serán entregadas al Padre por el Espíritu Santo y serán respondidas en el tiempo de Dios.

Apocalipsis 8:5,6

> ***"Y el ángel tomó el incensario, y lo llenó del fuego del altar, y echólo en la tierra; y fueron hechos truenos y voces y relámpagos y terremotos. Y los siete ángeles que tenían las siete trompetas, se aparejaron para tocar."***

Para ayudar a la humanidad a percibir y comprender la obra del Espíritu Santo, Dios usa un lenguaje alegórico para dibujar una imagen mental de la obra del Espíritu Santo. Recuerde que el libro de Apocalipsis es un libro de simbolismo. Realmente no hay un altar real en el cielo y ningún fuego real de brasas que se arrojen a la tierra. Este es un lenguaje simbólico para dibujar una imagen mental de la obra del Espíritu Santo, que está más allá de la apreciación humana.

PREGUNTA: ¿Quién es el ángel o mensajero que echa las brasas del altar sobre la "tierra"? ¿Y qué significa "echar las brasas a la tierra"?

RESPUESTA: El mensajero que recibe los mensajes de las siete trompetas de Jesús y que arroja "las brasas a la tierra" sobre la humanidad es el mismo Espíritu Santo.

En estos versículos se nos dice que antes de que comience la tribulación de siete años habrá un tiempo cuando el Espíritu Santo descenderá sobre la gente de la "tierra", aquellos que moran en el reino de Dios, y los llenará con Su presencia y Su presencia. con Su poder. El grupo particular de personas, de la tierra, en el reino de Dios, siendo llenos del Espíritu Santo serán originalmente los elegidos "siervos de Dios". Cuando están llenos del Espíritu Santo, se convierten en los 144.000 sellados con el sello de Dios, que es el Espíritu Santo que mora en ellos. Es con el poder del Espíritu Santo que a los 144.000 se les dará el poder, la audacia y la habilidad para presentar el mensaje de los últimos días a un mundo perdido, como se le dio a Isaías.

> *"Entonces dije: ¡Ay de mí! que soy muerto; que siendo hombre inmundo de labios, y habitando en medio de pueblo que tiene labios inmundos, han visto mis ojos al Rey, Jehová de los ejércitos. Y voló hacia mí uno de los serafines, teniendo en su mano un carbón encendido, tomado del altar con unas tenazas: Y tocando con él sobre mi boca, dijo: He aquí que esto tocó tus labios, y es quitada tu culpa, y limpio tu pecado. Después oí la voz del Señor, que decía: ¿A quién enviaré, y quién nos irá? Entonces respondí yo: Heme aquí, envíame á mí."* Isaías 6:5-8

Ese mensaje de los últimos días se llama en sentido figurado "el sonido de las siete trompetas", que serán las "voces, truenos y relámpagos" que saldrán del trono de Dios. Los mensajes del Espíritu Santo al mundo serán tan contrarios al pensamiento religioso establecido que el pueblo de Dios, la tierra, será sacudido de sus cimientos religiosos. La Biblia llama a esta sacudida un "terremoto" cinco veces en el libro de Apocalipsis. Note que la razón del terremoto en los días de Jonatán fue porque derrotó al enemigo.

> *"Y los hombres de la guarnición respondieron á Jonathán y á su paje de armas, y dijeron: Subid á nosotros, y os haremos saber una cosa. Entonces Jonathán dijo á su paje de armas: Sube tras mí, que Jehová los ha entregado en la mano de Israel. Y subió Jonathán trepando con sus manos y sus pies, y tras él su paje de armas; y los que caían delante de Jonathán, su paje de armas que iba tras él, los mataba.Esta fué la*

> *primera rota, en la cual Jonathán con su paje de armas, mataron como unos veinte hombres en el espacio de una media yugada. Y hubo temblor en el real y por el campo, y entre toda la gente de la guarnición; y los que habían ido á hacer correrías, también ellos temblaron, y alborotóse la tierra: hubo pues gran consternación."* 1 Samuel 14:12-15.

> *"Porque he hablado en mi celo, y en el fuego de mi ira: Que en aquel tiempo habrá gran temblor sobre la tierra de Israel; Que los peces de la mar, y las aves del cielo, y las bestias del campo, y toda serpiente que anda arrastrando sobre la tierra, y todos los hombres que están sobre la haz de la tierra, temblarán á mi presencia; y se arruinarán los montes, y los vallados caerán, y todo muro caerá á tierra."* Ezequiel 38:19,20.

PREGUNTA: Cuando el ángel lanza las brasas de fuego sobre la tierra, del altar de oro está el cielo, ¿qué aparece en la tierra?

RESPUESTA: Cuando el Mensajero arroja figurativamente las brasas del altar de oro, las cosas simbólicas que aparecen en la tierra son (1) "granizo y fuego mezclado con sangre", (2) "una gran montaña ardiendo en fuego", (3) "una gran estrella del cielo, que ardía como una lámpara", (4) "la tercera parte del sol fue herida", (5) "una estrella cayó del cielo a la tierra", 6) "una voz de los cuatro cuernos del altar de oro" y "teniendo corazas de fuego" y "fuego y humo y azufre" saliendo de las bocas de los caballos.

PREGUNTA: ¿Cuál es la relación entre los siete sellos y las siete trompetas?

RESPUESTA: Los siete sellos marcan siete eventos durante la tribulación de 7 años y las siete trompetas son los mensajes de Dios a Su pueblo en cada evento. Las siete trompetas que suenan están sincronizadas con los siete sellos que se sueltan. Se llevan a cabo simultáneamente.

El sonido de las trompetas simboliza los mensajes de Dios a su pueblo. El sonido de las trompetas en los días de Moisés se usaba para varios propósitos diferentes, especialmente para convocar un consejo para comunicar la voluntad de Dios.

PREGUNTA: ¿Por qué los mensajes de Dios en el libro de Apocalipsis se revelan simbólicamente como trompetas?

RESPUESTA: El sonido de la trompeta en toda la Biblia es un dispositivo de comunicación, para y para el pueblo de Dios. Las trompetas que suenan en el libro de Apocalipsis son mensajes de Dios a Sus santos de los últimos tiempos, así como Su voz fue como el sonido de una trompeta en los días de Moisés y a Juan, en el libro de Apocalipsis:

> *"Desperté también sobre vosotros atalayas, que dijesen: Escuchad á la voz de la trompeta. Y dijeron ellos: No escucharemos. Por tanto oid, gentes, y conoce, oh conjunto de ellas. Oye, tierra. He aquí yo traigo mal sobre este pueblo, el fruto de sus pensamientos; porque no escucharon á mis palabras, y aborrecieron mi ley."* Jeremías 6:17-19.

> *"Porque no os habéis llegado al monte que se podía tocar, y al fuego encendido, y al turbión, y á la oscuridad, y á la tempestad, Y al sonido de la trompeta, y á la voz de las palabras, la cual los que la oyeron rogaron que no se les hablase más."* Hebreos 12:18,19.

> *"Todo el pueblo consideraba las voces, y las llamas, y el sonido de la bocina, y el monte que humeaba: y viéndolo el pueblo, temblaron, y pusiéronse de lejos. Y dijeron á Moisés: Habla tú con nosotros, que nosotros oiremos; mas no hable Dios con nosotros, porque no muramos."* Éxodo 20:18,19.

> *"Yo fuí en el Espíritu en el día del Señor, y oí detrás de mí una gran voz como de trompeta, Que decía: Yo soy*

> *el Alpha y Omega, el primero y el último."* Apocalipsis 1:10,11.

> *"DESPUÉS de estas cosas miré, y he aquí una puerta abierta en el cielo: y la primera voz que oí, era como de trompeta que hablaba conmigo, diciendo: Sube acá, y yo te mostraré las cosas que han de ser después de éstas. Y luego yo fuí en Espíritu: y he aquí, un trono que estaba puesto en el cielo, y sobre el trono estaba uno sentado."* Apocalipsis 4:1,2.

El sonido de una trompeta, o shofar, en el Antiguo Testamento, se usaba tanto en tiempos de paz como en tiempos de guerra. Se usaba para convocar asambleas, para reunir a diferentes consejeros, en diferentes momentos, para diferentes ocasiones.

> *"Y JEHOVA habló á Moisés, diciendo: Hazte dos trompetas de plata; de obra de martillo las harás, las cuales te servirán para convocar la congregación, y para hacer mover el campo. Y cuando las tocaren, toda la congregación se juntará á ti á la puerta del tabernáculo del testimonio. Mas cuando tocaren sólo la una, entonces se congregarán á ti los príncipes, las cabezas de los millares de Israel. Y cuando tocareis alarma, entonces moverán el campo de los que están alojados al oriente. Y cuando tocareis alarma la segunda vez, entonces moverán el campo de los que están alojados al mediodía: alarma tocarán á sus partidas. Empero cuando hubiereis de juntar la congregación, tocaréis, mas no con sonido de alarma. Y los hijos de Aarón, los sacerdotes, tocarán las trompetas; y las tendréis por estatuto perpetuo por vuestras generaciones. Y cuando viniereis á la guerra en vuestra tierra contra el enemigo que os molestare, tocaréis alarma con las trompetas: y seréis en memoria delante de Jehová vuestro Dios, y seréis salvos de vuestros enemigos. Y en el día de vuestra alegría, y en vuestras solemnidades, y en los principios de vuestros meses, tocaréis las trompetas*

sobre vuestros holocaustos, y sobre los sacrificios de vuestras paces, y os serán por memoria delante de vuestro Dios: Yo Jehová vuestro Dios." Números 10:1-10.

"*Tocad trompeta en Sión, pregonad ayuno, llamad á congregación. Reunid el pueblo, santificad la reunión, juntad los viejos, congregad los niños y los que maman: salga de su cámara el novio, y de su tálamo la novia.*" Joel 2:15,16.

"*Circuncidaos á Jehová, y quitad los prepucios de vuestro corazón, varones de Judá y moradores de Jerusalem; no sea que mi ira salga como fuego, y se encienda y no haya quien apague, por la malicia de vuestras obras. Denunciad en Judá, y haced oid en Jerusalem, y decid: Sonad trompeta en la tierra. Pregonad, juntad, y decid: Reuníos, y entrémonos en las ciudades fuertes. Alzad bandera en Sión, juntaos, no os detengáis; porque yo hago venir mal del aquilón, y quebrantamiento grande.*" Jeremías 4:4-6.

"*CLAMA á voz en cuello, no te detengas; alza tu voz como trompeta, y anuncia á mi pueblo su rebelión, y á la casa de Jacob su pecado. Que me buscan cada día, y quieren saber mis caminos, como gente que hubiese obrado justicia, y que no hubiese dejado el derecho de su Dios: pregúntanme derechos de justicia, y quieren acercarse á Dios.*" Isaías 58:1,2.

El sonido de la trompeta en el libro de Apocalipsis es muy importante para que la gente de Dios del tiempo del fin se dé cuenta. En el libro de Apocalipsis hay siete trompetas que suenan, comenzando en el capítulo 8 de Apocalipsis. Esos toques de trompetas son mensajes específicos de Jesús a los santos de los últimos días. El deseo es entender lo que están diciendo cada uno de esos siete mensajes, siendo dirigidos a los santos o siervos de Dios, viviendo en el tiempo de la gran tribulación.

PREGUNTA: Si una persona está al tanto de los mensajes de las trompetas, ¿qué responsabilidad tiene con el resto de la humanidad?

RESPUESTA: Las personas con el conocimiento de los mensajes de las trompetas son responsables de compartir esos mensajes con el resto del mundo. Si no lo hacen, son responsables de las personas que no fueron advertidas y no tuvieron la opornidad de responderles.

> *"**1** Y FUÉ á mí palabra de Jehová, diciendo: **2** Hijo del hombre, habla á los hijos de tu pueblo, y diles: Cuando trajere yo espada sobre la tierra, y el pueblo de la tierra tomare un hombre de sus términos, y se lo pusiere por atalaya, **3** Y él viere venir l a espada sobre la tierra, y tocare corneta, y avisare al pueblo; **4** Cualquiera que oyere el sonido de la corneta, y no se apercibiere, y viniendo la espada lo tomare, su sangre será sobre su cabeza. **5** El sonido de la corneta oyó, y no se apercibió; su sangre será sobre él: mas el que se apercibiere, librará su vida. **6** Pero si el atalaya viere venir la espada, y no tocare la corneta, y el pueblo no se apercibiere, y viniendo la espada, tomare de él alguno; por causa de su pecado fué tomado, mas demandaré su sangre de mano del atalaya.**7** Tú pues, hijo del hombr e, yo te he puesto por atalaya á la casa de Israel, y oirás la palabra de mi boca, y los apercibirás de mi parte. **8** Diciendo yo al impío: Impío, de cierto morirás; si tú no hablares para que se guarde el impío de su camino, el impío morirá por su pecado, mas su sangre yo la demandaré de tu mano. **9** Y si tú avisares al impío de su camino para que de él se aparte, y él no se apartare de su camino, por su pecado morirá él, y tú libraste tu vida."* Ezequiel 33:1-9.

Las siete trompetas que suenan están sincronizadas con los siete sellos que se sueltan. El siguiente cuadro revela la posición de cada una de las siete trompetas en la línea de tiempo.

Ser consciente de la posición de los siete sellos, trompetas, ángeles, lamentos y truenos ayuda a la persona a comprender el significado de cada uno de ellos. Mantenga este cuadro a mano.

En el momento en que comienzan a sonar las siete trompetas, este mundo está en una condición terrible, como resultado de los eventos que suceden durante el pequeño tiempo de angustia, que precede a la tribulación de siete años. Algo ha sucedido en todo el mundo, lo que está afectando negativamente a cada hombre, mujer y niño en todo el planeta. ¿Podría ser el resultado del cambio climático internacional? ¿O alguna otra terrible calamidad? Pase lo que pase, las personas angustiadas buscan respuestas. Algunas personas se volverán hacia la ciencia y otras se volverán hacia la religión. Los cuerpos gobernantes de todo el mundo exigirán leyes para contrarrestar las condiciones drásticas en este planeta. Algunas de esas leyes en realidad serán contrarias a las leyes de Dios. Pero debemos obedecer a Dios antes que a los hombres, en casos de conflicto con la Biblia. En Lucas 20:25 Jesús dice:

> *"Entonces les dijo: Pues dad á César lo que es de César; y lo que es de Dios, á Dios."* Lucas 20:25.

> *"AMONESTO pues, ante todas cosas, que se hagan rogativas, oraciones, peticiones, hacimientos de gracias, por todos los hombres; Por los reyes y por todos los que están en eminencia, para que vivamos quieta y reposadamente en toda piedad y honestidad. Porque esto es bueno y agradable delante de Dios nuestro Salvador." 1 Timoteo 2:1-3.*

> *"Si pues hay en ti entendimiento, oye esto: Escucha la voz de mis palabras. ¿Enseñorearáse el que aborrece juicio? ¿Y condenarás tú al que es tan justo? ¿Hase de decir al rey: Perverso; Y á los príncipes: Impíos?"* Job 34:16-18.

Estos y otros textos de la Biblia han llevado al pueblo de Dios a aceptar el hecho de que tenemos la obligación celestial de obedecer los poderes gobernantes del hombre. Pero cuando los poderes que gobiernan sobre nosotros hacen leyes contrarias a las leyes de Dios, debemos obedecer a Dios antes que al hombre, incluso si eso significa encarcelamiento o muerte.

> *"Y llamándolos, les intimaron que en ninguna manera hablasen ni enseñasen en el nombre de Jesús. Entonces Pedro y Juan, respondiendo, les dijeron: Juzgad si es justo delante de Dios obedecer antes á vosotros que á Dios: Porque no podemos dejar de decir lo que hemos visto y oído."* Hechos 4:18-20.

> *"Y ellos dijeron á Jeremías: Jehová sea entre nosotros testigo de la verdad y de la lealtad, si no hiciéremos conforme á todo aquello para lo cual Jehová tu Dios te enviare á nosotros. Ora sea bueno, ora malo, á la voz de Jehová nuestro Dios, al cual te enviamos, obedeceremos; para que, obedeciendo á la voz de Jehová nuestro Dios, tengamos bien."* Jeremías 42:5,6

> *"Sadrach, Mesach, y Abed-nego respondieron y dijeron al rey Nabucodonosor: no cuidamos de responderte sobre este negocio. He aquí nuestro Dios á quien honramos, puede librarnos del horno de fuego ardiendo; y de tu mano, oh rey, nos librará. Y si no, sepas, oh rey, que tu dios no adoraremos, ni tampoco honraremos la estatua que has levantado."* Daniel 3:16-18.

PREGUNTA: Cada una de las primeras seis trompetas está acompañada por fuego que viene del cielo en una variedad de formas tales como "granizo de fuego" versículo siete, "una montaña en llamas" versículo ocho, "una estrella fugaz en llamas" versículo diez, algo "golpeador". y oscureciendo el sol, la luna y las estrellas" versículo doce, una "estrella que cae del cielo a la tierra" en 9:1, y a la sexta trompeta "una voz de los cuatro cuernos del altar de oro" en 9:13. ¿De dónde vienen estos artículos en llamas que caen y la voz?

RESPUESTA: Note en Apocalipsis 8:5 que el Ángel, el Espíritu Santo, simbólicamente toma carbones encendidos del Altar del Incienso, y arroja esos objetos ardientes a la "tierra" lo que provoca "voces, truenos, relámpagos y un terremoto."

En los siguientes versos se lanzarán diferentes elementos figurativos sobre este planeta. Hay (1) "granizo y fuego mezclado con sangre" (2) "una gran montaña ardiendo en fuego" (3) "una gran estrella del cielo" y (4) "la tercera parte del sol fue herida". Recuerde que estos no son eventos reales, sino que son representativos de "las brasas de fuego" tomadas del altar celestial figurativo. No son meteoritos reales, o alguna otra anormalidad física, cayendo literalmente del cielo.

También la razón por la que el granizo en el momento de la primera trompeta está "mezclado con sangre" es porque la sangre se colocaba sobre los cuernos del altar del incienso durante las sesiones ceremoniales en busca del perdón de los pecados.

> *"Y mojará el sacerdote su dedo en la sangre, y rociará de aquella sangre siete veces delante de Jehová, hacia el velo del santuario. Y pondrá el sacerdote de la sangre sobre los cuernos del altar del perfume aromático, que está en el tabernáculo del testimonio delante de Jehová: y echará toda la sangre del becerro al pie del altar del holocausto, que está á la puerta del tabernáculo del testimonio."* Levítico 4:6,7.

LAS PRIMERAS CUATRO DE LAS SIETE TROMPETAS

APOCALIPSIS 8:7

> ***"Y el primer ángel tocó la trompeta, y fué hecho granizo y fuego, mezclado con sangre, y fueron arrojados á la tierra; y la tercera parte de los árboles fué quemada, y quemóse toda la hierba verde."***

PREGUNTA: ¿Por qué el mensaje de la primera trompeta es "lanzado sobre la tierra"?

RESPUESTA: El mensaje de la primera trompeta "lanzado sobre la tierra" está dirigido a la "gente de la tierra" aquellos que sirven a Dios parcialmente. Es de este grupo de personas, la "gente de la tierra" de donde crecen los "árboles" y la "hierba verde".

PREGUNTA: ¿Qué representan los "árboles" y la "hierba verde"?

RESPUESTA: Los figurativos "árboles" y "hierba verde" representan personas. Los "árboles" representan al pueblo de Dios que le ha servido durante mucho tiempo, siendo "plantado junto al río" (Salmo 1:1-3). La "hierba verde" representa a las personas nuevas para servir a Dios (2 Reyes 19:26, Salmo 37:1-4; Isaías 40:6-8; 44:1-5).

> *"Diciendo: No hagáis daño á la tierra, ni al mar, ni á los árboles, hasta que señalemos á los siervos de nuestro Dios en sus frentes."* Apocalipsis 7:3.

> *"BIENAVENTURADO el varón que no anduvo en consejo de malos, Ni estuvo en camino de pecadores, Ni en silla de escarnecedores se ha sentado; Antes en la ley de Jehová está su delicia, Y en su ley medita de día y de noche. Y será como el árbol plantado junto á arroyos de aguas, Que da su fruto en su tiempo, Y su hoja no cae; Y todo lo que hace, prosperará." Salmos 1:1-3.*

> *"Bendito el varón que se fía en Jehová, y cuya confianza es Jehová. Porque él será como el árbol plantado junto á las aguas, que junto á la corriente."* Jeremías 17:7,8.

> *"Y sus moradores, cortos de manos, quebrantados y confusos, fueron cual hierba del campo, como legumbre verde, y heno de los tejados, que antes que venga á madurez es seco."* 2 Reyes 19:26.

> *"NO te impacientes á causa de los malignos, Ni tengas envidia de los que hacen iniquidad. Porque como hierba serán presto cortados, Y decaerán como verdor de renuevo. Espera en Jehová, y haz bien; Vivirás en la tierra, y en verdad serás alimentado. Pon asimismo tu delicia en Jehová, Y él te dará las peticiones de tu corazón."* Salmos 37:1-4.

> *"Y sus moradores, cortos de manos, quebrantados y confusos, serán como grama del campo y hortaliza verde, como hierba de los tejados, que antes de sazón se seca."* Isaías 37:27.

> *"Voz que decía: Da voces. Y yo respondí: ¿Qué tengo de decir á voces? Toda carne es hierba, y toda su gloria como flor del campo: La hierba se seca, y la flor se cae; porque el viento de Jehová sopló en ella: ciertamente hierba es el pueblo. Sécase la hierba, cáese la flor: mas la palabra del Dios nuestro permanece para siempre!"* Isaías 40:6-8

> *"AHORA pues oye, Jacob, siervo mío, y tú, Israel, á quien yo escogí. Así dice Jehová, Hacedor tuyo, y el que te formó desde el vientre, el cual te ayudará: No temas, siervo mío Jacob, y tú, Jeshurun, á quien yo escogí. Porque yo derramaré aguas sobre el secadal, y ríos sobre la tierra árida: mi espíritu derramaré sobre tu generación, y mi bendición sobre tus renuevos: Y brotarán entre hierba, como sauces junto á las riberas de las aguas. Este dirá: Yo soy de Jehová; el otro se llamará del nombre de Jacob; y otro escribirá con su mano, A Jehová, y se apellidará con el nombre de Israel."* Isaías 44:1-5.

La hierba verde simboliza a **las personas** nuevas en la fe en Jesús y los árboles representan a aquellas personas que han seguido a Jesús durante mucho tiempo.

> *"Y les fué mandado que no hiciesen daño á la hierba de la tierra, ni á ninguna cosa verde, ni á ningún árbol, sino solamente á los hombres que no tienen la señal de Dios en sus frentes."* Apocalipsis 9:4.

> *"Es pues ésta la parábola: La simiente es la palabra de Dios. Y los de junto al camino, éstos son los que oyen; y luego viene el diablo, y quita la palabra de su corazón,*

porque no crean y se salven. Y los de sobre la piedra, son los que habiendo oído, reciben la palabra con gozo; mas éstos no tienen raíces; que á tiempo creen, y en el tiempo de la tentación se apartan. Y la que cayó entre las espinas, éstos son los que oyeron; mas yéndose, son ahogados de los cuidados y de las riquezas y de los pasatiempos de la vida, y no llevan fruto. Mas la que en buena tierra, éstos son los que con corazón bueno y recto retienen la palabra oída, y llevan fruto en paciencia." Lucas 8:11-15.

*"Voz que decía: Da voces. Y yo respondí: ¿Qué tengo de decir á voces? **Toda carne es hierba,** y toda su gloria como flor del campo: La hierba se seca, y la flor se cae; porque el viento de Jehová sopló en ella: ciertamente **hierba es el pueblo**. Sécase la hierba, cáese la flor: mas la palabra del Dios nuestro permanece para siempre."* Isaías *40:6-8.*

*"AHORA pues oye, Jacob, siervo mío, y tú, Israel, á quien yo escogí. Así dice Jehová, Hacedor tuyo, y el que te formó desde el vientre, el cual te ayudará: No temas, siervo mío Jacob, y tú, Jeshurun, á quien yo escogí. Porque yo derramaré aguas sobre el secadal, y ríos sobre la tierra árida: mi espíritu derramaré sobre tu generación, y mi bendición sobre tus renuevos: Y **brotarán entre hierba**, como sauces junto á las riberas de las aguas. Este dirá: Yo soy de Jehová; el otro se llamará del nombre de Jacob; y otro escribirá con su mano, A Jehová, y se apellidará con el nombre de Israel."* Isaías *44:1-5.*

PREGUNTA: ¿Qué simboliza el granizo y el fuego mezclados con sangre?

RESPUESTA: El fuego y el granizo, siendo arrojados sobre la tierra, provienen del ángel que los recogió del altar del incienso en los versículos tres y cinco. El "granizo de fuego" y la sangre son del altar del incienso. El "granizo" es figurativo del juicio de Dios y la destrucción de la humanidad, como se demuestra en la séptima plaga sobre Egipto en Éxodo 9:23,24:

> *"Y Moisés extendió su vara hacia el cielo, y Jehová hizo tronar y granizar, y el fuego discurría por la tierra; y llovió Jehová granizo sobre la tierra de Egipto. Hubo pues granizo, y fuego mezclado con el granizo, tan grande, cual nunca hubo en toda la tierra de Egipto desde que fué habitada."* Éxodo 9:23,24.

> *"Y de aquella sangre pondrá sobre los cuernos del altar que está delante de Jehová en el tabernáculo del testimonio, y derramará toda la sangre al pie del altar del holocausto, que está á la puerta del tabernáculo del testimonio."* Levítico 4:18.

Dios protegió a Su pueblo en ese entonces de la plaga de Egipto, así como protegerá a Su pueblo durante la tribulación de siete años.

> *"Y aquel granizo hirió en toda la tierra de Egipto todo lo que estaba en el campo, así hombres como bestias; asimismo hirió el granizo toda la hierba del campo, y desgajó todos los árboles del país. Solamente en la tierra de Gosén, donde los hijos de Israel estaban, no hubo granizo."* Éxodo 9:25,26.

> *"Oidme, los que conocéis justicia, pueblo en cuyo corazón está mi ley. No temáis afrenta de hombre, ni desmayéis por sus denuestos."* Isaías 51:7.

PREGUNTA: ¿Cuál es el mensaje para el pueblo de Dios bajo el sonido de la primera trompeta?

RESPUESTA: El mensaje de la trompeta del primer ángel al pueblo de Dios es:

> *"Y vi otro ángel volar por en medio del cielo, que tenía el evangelio eterno para predicarlo á los que moran en la* ***tierra****, y á toda nación y tribu y lengua y pueblo, Diciendo en alta voz: Temed á Dios, y dadle honra; porque la hora de su juicio es venida; y adorad á aquel que ha hecho el* ***cielo*** *y la* ***tierra*** *y el* ***mar*** *y las fuentes de las aguas."* Apocalipsis 14:6,7).

El mensaje no es difícil de decir, pero a algunos les resultará difícil aceptarlo. El mensaje de la primera trompeta al pueblo de Dios es: **"La hora final del juicio ha llegado. Ahora es el momento de rendirse completamente a Dios para hacer Su voluntad, como se revela en las Escrituras"**.

El mensaje de la trompeta del primer ángel, así como todos los demás, no se limita a un solo grupo de personas. Dios no hace acepción de personas (Levítico 19:15; Hechos 10:34), pero Él; como su Creador, Salvador y Sustentador, ama a todas las personas por igual. Este mensaje de trompeta se grita a todos los **"moradores de la tierra, a toda nación, tribu, lengua y pueblo"**. El mensaje de advertencia de la primera trompeta, sale y es escuchado por toda la "gente de la tierra". Desde los que recién están aprendiendo el mensaje del evangelio, **la hierba**, hasta los que han estado familiarizados con los mensajes del evangelio por mucho tiempo; **los árboles**; todas las personas escucharán el mensaje alto y claro.

Note que el ángel está sonando "a gran voz". ¿Recuerdas lo que dijo Juan en Apocalipsis 1:10? Él dijo: "Yo estaba en el Espíritu en el día del Señor, y oí detrás de mí una **gran voz como de trompeta**". Lo mismo está sucediendo con los siete ángeles en Apocalipsis 14. Están gritando un mensaje al pueblo de Dios a gran **voz, como de trompeta**. Note también Apocalipsis 4:1:

> *"DESPUÉS de estas cosas miré, y he aquí una puerta abierta en el cielo: y la primera voz que oí, era como de* ***trompeta que hablaba*** *conmigo, diciendo: Sube acá,*

> *y yo te mostraré las cosas que han de ser después de éstas."* Apocalipsis 4:1.

PREGUNTA: ¿Cuál es el mensaje en lenguaje claro que el primer ángel está GRITANDO "como al sonido de una trompeta"?

RESPUESTA: Este mensaje va a todas las personas del mundo entero a través de los 144.000 siervos de Dios estacionados en todo el mundo. Simplemente están diciendo que la tribulación de siete años ha comenzado y cada alma viviente en la tierra está siendo juzgada por Dios. Ese juicio de Dios determinará quién se pierde y quién se salva. Esa decisión de Dios será determinada sobre todas las personas vivas dependiendo si son desobedientes u obedientes. La palabrería es una cosa, pero las acciones son otra. La Biblia dice: "Por sus hechos, acciones u obras los conoceréis".

> *"Y guardaos de los falsos profetas, que vienen á vosotros con vestidos de ovejas, mas de dentro son lobos rapaces.* ***Por sus frutos los conoceréis****. ¿Cógense uvas de los espinos, ó higos de los abrojos? Así, todo buen árbol lleva buenos frutos; mas el árbol maleado lleva malos frutos. No puede el buen árbol llevar malos frutos, ni el árbol maleado llevar frutos buenos. Todo árbol que no lleva buen fruto, córtase y échase en el fuego. Así que,* ***por sus frutos los conoceréis****. No todo el que me dice: Señor, Señor, entrará en el reino de los cielos: mas* ***el que hiciere la voluntad de mi Padre*** *que está en los cielos."* Mateo 7:15-21.

"Antes anuncié primeramente á los que están en Damasco, y Jerusalem, y por toda la tierra de Judea, y á los gentiles, que se arrepintiesen y se convirtiesen á Dios, haciendo obras dignas de arrepentimiento." Hechos 26:20

> *"Recuerda por tanto de dónde has caído, y arrepiéntete, y haz las primeras* ***obras****; pues si no, vendré presto á*

> *ti, y quitaré tu candelero de su lugar, si no te hubieres arrepentido."* Apocalipsis 2:5

(Lea sobre la importancia de las obras o hechos en las siete iglesias al reconsiderar las siete iglesias en este libro que explica los capítulos dos y tres de Apocalipsis).

El mensaje de la primera trompeta a todo el mundo tiene múltiples aspectos. (1) La única advertencia es dirigir la atención de la gente a ADORAR al Creador de todas las cosas. (2) El segundo aspecto de la primera trompeta es anunciar que "ha llegado la hora del juicio" y (3) el tercer aspecto de la primera trompeta es revelar al mundo religioso las tres categorías de personas del reino de Dios del "cielo" "tierra" y "mar".

> *"Y será predicado este evangelio del reino en todo el mundo, por testimonio á todos los Gentiles; y entonces vendrá el fin."* Mateo 24:14.

Este mensaje de la primera trompeta entrará en los corazones y mentes receptivos de la gente que conoce a Dios, la gente de la **"tierra".** Los árboles y la hierba que brotan de la tierra son los dos grupos de personas que constituyen los extremos de la gente de la "tierra". Uno está más firme que el otro en su relación con Jesús y por diferentes períodos de tiempo.

Observe las siguientes referencias bíblicas adicionales que revelan el significado del simbolismo de las plantas, la hierba y los árboles en Apocalipsis como personas:

> *"Voz que decía: Da voces. Y yo respondí: ¿Qué tengo de decir á voces? **Toda carne es hierba**, y toda su gloria como flor del campo: **La hierba** se seca, y la flor se cae; porque el viento de Jehová sopló en ella: ciertamente **hierba es el pueblo**. Sécase la hierba, cáese la flor: mas la palabra del Dios nuestro permanece para siempre."* Isaías 40:6-8

*"EL **HOMBRE** nacido de mujer, Corto de días, y harto de sinsabores: Que sale como **una flor** y es cortado; Y huye como la sombra, y no permanece."* Job 14:1,2

*"NO te impacientes á causa de los malignos, Ni tengas envidia de los que hacen iniquidad. Porque como **hierba** serán presto cortados, Y decaerán como verdor de renuevo."* Salmo 37:1,2

*"Tú mismo eres, oh rey, que creciste, y te hiciste fuerte, pues creció tu grandeza, y ha llegado hasta el cielo, y tu señorío hasta el **cabo de la tierra**."* Daniel 4:22.

*"Entonces, tomando la mano del ciego, le sacó fuera de la aldea; y escupiendo en sus ojos, y poniéndole las manos encima, le preguntó si veía algo. Y él mirando, dijo: Veo **los hombres**, pues veo que andan como **árboles**. Luego le puso otra vez las manos sobre sus ojos, y le hizo que mirase; y fué restablecido, y vió de lejos y claramente á todos."* Marcos 8:23-25.

*"Y tu **pueblo**, todos ellos serán justos, para siempre heredarán la tierra; renuevos de mi **plantío**, obra de mis manos, para glorificarme."* Isaías 60:21

*"Entonces llegándose sus discípulos, le dijeron: ¿Sabes que los Fariseos oyendo esta palabra se ofendieron? Mas respondiendo él, dijo: Toda **planta** que no plantó mi Padre celestial, será desarraigada. Dejadlos: son ciegos guías de ciegos; y si el ciego guiare al ciego, ambos caerán en el hoyo."* Mateo 15:12-14.

PREGUNTA: ¿Qué significa ser "quemado"?

RESPUESTA: Ser "quemado" significa que mueren a sí mismos y se entregan a Dios para hacer Su voluntad en los días finales de la historia de este mundo. Pablo dijo: "Cada día muero" en 1 Corintios 15:31. Los que estén alerta a los mensajes de las siete trompetas morirán a sí mismos, y cuando lo hagan, se unirán a la "innumerable multitud" mundial que espera la próxima venida de Jesús.

NOTA: EL MENSAJE DE LA PRIMERA TROMPETA ESTÁ DIRIGIDO A LA GENTE DE LA "TIERRA"; DE LA GENTE HIERBA A LA GENTE ÁRBOL.

EL MENSAJE DE LA SEGUNDA TROMPETA ESTÁ DIRIGIDO A LA GENTE DEL "MAR".

APOCALIPSIS 8:8,9

> ***"Y el segundo ángel tocó la trompeta, y como un grande monte ardiendo con fuego fué lanzado en la mar; y la tercera parte de la mar se tornó en sangre. Y murió la tercera parte de las criaturas que estaban en la mar, las cuales tenían vida; y la tercera parte de los navíos pereció."***

PREGUNTA: ¿Por qué se menciona aquí una "gran montaña ardiendo en fuego"?

RESPUESTA: El "gran monte ardiendo en fuego" era un solo carbón recogido por el Espíritu Santo del Altar del Incienso que está ante el trono de Dios. Es simbólico de un mensaje de Dios.

> *"Y el ángel tomó el incensario, y lo llenó del fuego del altar, y echólo en la tierra; y fueron hechos truenos y voces y relámpagos y terremotos."* Apocalipsis 8:5.

PREGUNTA: ¿Por qué el mensaje del segundo ángel está dirigido a la gente del "MAR"?

RESPUESTA: Aunque los siete mensajes de las trompetas de los ángeles irán a todas las personas, Dios conoce el corazón, y este mensaje está dirigido a aquellas personas que se han negado a adorarlo de la manera que Él ha exigido. La "gente del mar" entra en esa categoría.

PREGUNTA: ¿Cuál es el mensaje que está gritando el segundo ángel?

RESPUESTA: El mensaje de trompeta del segundo ángel para el pueblo de Dios es:

> *"Y otro ángel le siguió, diciendo: Ha caído, ha caído Babilonia, aquella grande ciudad, porque ella ha dado á beber á todas las naciones del vino del furor de su fornicación."* Apocalipsis 14:8.

PREGUNTA: ¿Qué es Babilonia y cómo cae?

RESPUESTA: Babilonia significa confusión. Babilonia es un símbolo de los falsos sistemas de adoración en todo el mundo. Decir que Babilonia ha caído, es revelar los falsos sistemas religiosos por lo que son. Cuando los honestos de corazón vean la realidad de los sistemas religiosos que los rodean, saldrán de ese sistema y entregarán todo al Señor Jesús. Mueren a sí mismos y cuando lo hacen, se unen a la "multitud innumerable".

Este mensaje candente cae sobre las mentes y los corazones receptivos de algunas de las "gentes del mar". Como se discutió anteriormente, la "gente del mar" son los hombres y mujeres que saben lo que Dios espera de su pueblo pero se niegan a obedecer. Cuando sus corazones son tocados por esta proclamación, se arrepienten de su desobediencia y mueren a sí mismos, comprometiéndose 100% con Dios y con lo que Él demanda. Los barcos sobre el mar son las plataformas inestables o falsas en las que se pararon para apoyar su rebelión. Pero cuando esa plataforma es destruida y ya no la tienen para pararse, se arrepienten para servir a Dios con todo. Note lo siguiente sobre el significado de los barcos en la profecía bíblica, se hunden bajo presión:

"Las naves de Tarsis, tus cuadrillas, fueron en tu negociación: y fuiste llena, y fuiste multiplicada en gran manera en medio de los mares. En muchas aguas te engolfaron tus remeros: viento solano te quebrantó en medio de los mares. Tus riquezas, y tus mercaderías, y tu negociación, tus remeros, y tus pilotos, los reparadores de tus hendiduras, y los agentes de tus negocios, y todos tus hombres de guerra que hay en ti, con toda tu compañía que en medio de ti se halla, caerán en medio de los mares el día de tu caída. Al estrépito de las voces de tus marineros temblarán los arrabales. Y descenderán de sus naves todos los que toman remo; remeros, y todos los pilotos de la mar se pararán en tierra: Y harán oir su voz sobre ti, y gritarán amargamente, y echarán polvo sobre sus cabezas, y se revolcarán en la ceniza. Y haránse por ti calva, y se ceñirán de sacos, y endecharán por ti endechas amargas, con amargura de alma. Y levantarán sobre ti endechas en sus lamentaciones, y endecharán sobre ti diciendo: ¿Quién como Tiro, como la destruída en medio de la mar? Cuando tus mercaderías salían de las naves, hartabas muchos pueblos: los reyes de la tierra enriqueciste con la multitud de tus riquezas y de tus contrataciones. En el tiempo que serás quebrantada de los mares en los profundos de las aguas, tu comercio y toda tu compañía caerán en medio de ti. Todos los moradores de las islas se maravillarán sobre ti, y sus reyes temblarán de espanto: inmutaránse en sus rostros. Los mercaderes en los pueblos silbarán sobre ti: vendrás á ser espanto, y dejarás de ser para siempre." Ezequiel 27:25-36.

APOCALIPSIS 8:10,11

"Y el tercer ángel tocó la trompeta, y cayó del cielo una grande estrella, ardiendo como una antorcha, y cayó en la tercera parte de los rios, y en las fuentes de las aguas. Y el nombre de la estrella se dice

> ***Ajenjo. Y la tercera parte de las aguas fué vuelta en ajenjo: y muchos murieron por las aguas, porque fueron hechas amargas."***

PREGUNTA: ¿Qué simboliza la "gran estrella del cielo"?

RESPUESTA: La "gran estrella del cielo" como un meteorito, una vez más es figurativa de una acción del Espíritu Santo que recogió las "brasas" del Altar del Incienso y las arrojó hacia el pueblo de Dios.

PREGUNTA: ¿De qué son figurativos los ríos y fuentes de agua?

RESPUESTA: Hay dos explicaciones sugeridas para la analogía del agua. (1) El agua representa la verdad del evangelio donde uno bebe para heredar la vida eterna. (2) El agua también es gente. El agua es el sustento de toda la vida en este planeta. Se hace referencia al pueblo de Dios como un árbol junto al agua. La verdadera agua espiritual que bebemos es clara y refrescante. El agua espiritual falsa es amarga, en comparación con el agua verdadera.

> *"BIENAVENTURADO el varón que no anduvo en consejo de malos, Ni estuvo en camino de pecadores, Ni en silla de escarnecedores se ha sentado; Antes en la ley de Jehová está su delicia, Y en su ley medita de día y de noche. Y será como el árbol plantado junto á arroyos de aguas, Que da su fruto en su tiempo, Y su hoja no cae; Y todo lo que hace, prosperará."* Salmos 1:1-3.

> *"Mas el que bebiere del agua que yo le daré, para siempre no tendrá sed: mas el agua que yo le daré, será en él una fuente de agua que salte para vida eterna."* Juan 4:14.

> *"Estos son fuentes sin agua, y nubes traídas de torbellino de viento: para los cuales está guardada la oscuridad de las tinieblas para siempre."* 2 Pedro 2:17.

> *"Y él me dice: Las aguas que has visto donde la ramera se sienta, son pueblos y muchedumbres y naciones y lenguas."* Apocalipsis 17:15.

Cuando la tribulación de siete años llegue al punto del sonido de la tercera trompeta, se establecerá una clara demarcación entre la forma correcta y la incorrecta de adorar a Dios.

PREGUNTA: ¿Cuál es el mensaje de la tercera trompeta para el pueblo de Dios?

RESPUESTA: El mensaje de trompeta del tercer ángel para el pueblo de Dios es:

> *"Y el tercer ángel los siguió, diciendo en alta voz: Si alguno adora á la bestia y á su imagen, y toma la señal en su frente, ó en su mano, Este también beberá del vino de la ira de Dios, el cual está echado puro en el cáliz de su ira; y será atormentado con fuego y azufre delante de los santos ángeles, y delante del Cordero: Y el humo del tormento de ellos sube para siempre jamás. Y los que adoran á la bestia y á su imagen, no tienen reposo día ni noche, ni cualquiera que tomare la señal de su nombre. Aquí está la paciencia de los santos; aquí están los que guardan los mandamientos de Dios, y la fe de Jesús."* Apocalipsis 14:9-12

Este mensaje sonado por la fuerte tercera trompeta no es difícil de entender. Este mensaje está destinado a todas las personas en todo el mundo que no se han arrepentido de su desobediencia. Desde la persona representada por las pequeñas gotas de agua que comienzan los pequeños arroyos, hasta las personas que forman los grandes ríos a punto de desembocar en el océano, todas las personas están siendo advertidas. Si persisten en su desobediencia, Dios les asignará la marca de la bestia. Esta marca no es visible. Es una marca asignada de distinción que distingue a una persona de otra y solo Dios y Su corte celestial pueden verla. Este es un mensaje muy serio y directo. Aquellos que rehúsen arrepentirse, y que reciban la marca de la bestia de parte de Dios, serán eternamente perdidos. Pero si se arrepienten y "guardan los mandamientos de Dios y la fe de Jesús", entonces serán contados como una persona que tiene "la paciencia de los santos" y recibirán la vida eterna.

> *"Aquí está la paciencia de los santos; aquí están los que guardan los mandamientos de Dios, y la fe de Jesús."* Apocalipsis 14:12.

"Y muchos hombres murieron a causa de las aguas, porque se hicieron amargas". Mientras se proclama este fuerte mensaje de trompeta, el mundo se encuentra en una condición tremendamente terrible y empeora cada minuto. Cuando este mensaje llegue a los corazones y las mentes de las personas receptivas al llamado final de Dios, morirán a sí mismas y someterán su voluntad a su Creador y Maestro. Cuando lo hacen, se unen a la "multitud innumerable".

PREGUNTA: *¿Por qué se amarga el agua?*

RESPUESTA: *El agua amarga está asociada con la experiencia amarga que tendrán estas personas. No es una cosa fácil darse cuenta y admitir que lo que has creído que era verdad de la Biblia, toda tu experiencia espiritual, en realidad es contrario a la Biblia y es falso. Es lo mismo con la persona en el capítulo diez de Apocalipsis cuando disfruta de deleitarse con la palabra de Dios, pero luego tiene una experiencia amarga cuando se da cuenta de la verdad de las Escrituras.*

> *"Y fuí al ángel, diciéndole que me diese el librito, y él me dijo: Toma, y trágalo; y él te hará amargar tu vientre, pero en tu boca será dulce como la miel. Y tomé el*

librito de la mano del ángel, y lo devoré; y era dulce en mi boca como la miel; y cuando lo hube devorado, fué amargo mi vientre." Apocalipsis 10:9,10.

APOCALIPSIS 8:12

"Y el cuarto ángel tocó la trompeta, y fué herida la tercera parte del sol, y la tercera parte de la luna, y la tercera parte de las estrellas; de tal manera que se oscureció la tercera parte de ellos, y no alumbraba la tercera parte del día, y lo mismo de la noche.

PREGUNTA: ¿Qué representan en la Biblia el sol, la luna y las estrellas?

RESPUESTA: El sol, la luna y las estrellas pueden representar a los líderes de una iglesia o denominación y pueden representar otras cosas espirituales. Hay al menos tres elementos separados representados por las luces del cielo. (1) Está la Biblia, la Palabra de Dios y (2) Está Cristo Jesús, que es la Luz del mundo. Y (3) están las personas que comparten esa luz con el resto del mundo.

"Lámpara es á mis pies tu palabra, Y lumbrera á mi camino." Salmos 119:105.

"En él estaba la vida, y la vida era la luz de los hombres. Y la luz en las tinieblas resplandece; mas las tinieblas no la comprendieron. Fué un hombre enviado de Dios, el cual se llamaba Juan. Este vino por testimonio, para que diese testimonio de la luz, para que todos creyesen por él. No era él la luz, sino para que diese testimonio de la luz." Juan 1:4-8.

"Porque Dios, que mandó que de las tinieblas resplandeciese la luz, es el que resplandeció en nuestros

corazones, para iluminación del conocimiento de la gloria de Dios en la faz de Jesucristo." 2 Corintios 4:6.

"Así alumbre vuestra luz delante de los hombres, para que vean vuestras obras buenas, y glorifiquen á vuestro Padre que está en los cielos." Mateo 5:16.

"El principio de tus palabras alumbra; Hace entender á los simples." Salmos 119:130.

PREGUNTA: ¿Cuál es el mensaje de la cuarta trompeta para el pueblo de Dios?

RESPUESTA: El mensaje de la trompeta del cuarto ángel para el pueblo de Dios es:

"Y oí una voz del cielo que me decía: Escribe: Bienaventurados los muertos que de aquí adelante mueren en el Señor. Sí, dice el Espíritu, que descansarán de sus trabajos; porque sus obras con ellos siguen." Apocalipsis 14:13.

PREGUNTA: ¿Por qué se advierte a la gente que muera en el Señor a la cuarta trompeta?

RESPUESTA: El sonido de la cuarta trompeta tiene lugar 1.260 días después de que comience la tribulación de siete años, que es el punto medio de ese período de tiempo, al que a menudo se hace referencia en las Escrituras. Debido a la agitación mundana y las terribles condiciones, el pueblo de Dios en realidad será considerado el enemigo del mundo y muchos del pueblo de Dios comenzarán a ser asesinados y martirizados en este momento. Al darse cuenta de que esto es el cumplimiento de la profecía, el pueblo de Dios cobrará valor al enfrentar este terrible destino. También se dan cuenta de que en menos de cuatro años en el futuro resucitarán en la segunda venida de Jesús.

Fíjate en el cuadro a continuación que muestra la posición de las siete trompetas y los mensajes de los siete ángeles.

PREGUNTA: ¿Qué significa que se apague la luz del sol, la luna y las estrellas?

RESPUESTA: La luz es indicativa de influencia y testimonio. Jesús nos advierte que si no hacemos Su voluntad, Él puede "quitar nuestro candelero de su lugar" (Apocalipsis 2:5). Eso significa que si desobedecemos a Dios, Él eliminará nuestra influencia para bien con otras personas y perderemos la vida eterna. Similar a la advertencia de quitar nuestro nombre del Libro de la Vida.

> *"Recuerda por tanto de dónde has caído, y arrepiéntete, y haz las primeras obras; pues si no, vendré presto á ti, y quitaré tu candelero de su lugar, si no te hubieres arrepentido."* Apocalipsis 2:5.

> *"Sean raídos del libro de los vivientes, Y no sean escritos con los justos."* Salmo 69:28.

> *"El que venciere, será vestido de vestiduras blancas; y no borraré su nombre del libro de la vida, y confesaré su nombre delante de mi Padre, y delante de sus ángeles."* Apocalipsis 3:5.

Hay una serie de pensamientos especulativos sobre lo que significa que una parte del sol, la luna y las estrellas pierdan su luz. (1) La Palabra de Dios está siendo rehusada a ser presentada o evangelizada. (2) Algunos de los líderes influyentes en el movimiento religioso mundial se están convirtiendo y se están arrepintiendo para servir a Dios con todo su ser. (3) Algunos de los líderes religiosos se están endureciendo inmutablemente en sus propios ideales de adoración y están rechazando totalmente el mensaje de Dios para los últimos días. (4) O podría significar otra cosa. (5) En el momento de la cuarta trompeta, se inicia el decreto de muerte contra los siervos de Dios. ¿Es posible que la desaparición de la luz del sol, la luna y las estrellas signifique que algunos de los representantes más fervientes de Dios se están alejando de la verdad del evangelio para evitar daños físicos o la muerte? Sólo el tiempo dirá.

Apocalipsis 8:13:

> ***"Y miré, y oí un ángel volar por medio del cielo, diciendo en alta voz: ¡Ay! ¡ay! ¡ay! de los que moran en la tierra, por razón de las otras voces de trompeta de los tres ángeles que han de tocar!"***

Los primeros cuatro mensajes de trompeta para el pueblo de Dios están dirigidos a inspirarlos a volverse de sus malos caminos, arrepentirse y dedicar completamente sus vidas al Señor en los últimos años de la historia de este mundo.

Los últimos tres mensajes, o ayes, están dirigidos al pueblo de Dios que se niega a rendirle su voluntad. El Espíritu Santo advierte además que los últimos tres de los siete ayes de las trompetas serán peores para los impenitentes. Pero no son peores para los hijos de Dios sellados, son peores para ese pueblo rebelde que no tiene el sello de Dios, ese pueblo que tiene o va a recibir la marca de la bestia.

APOCALIPSIS CAPÍTULO OCHO EN POCAS PALABRAS

A lo largo de la historia del pecado, Dios ha hecho todo lo terrenal y celestial posible para la salvación de la humanidad, como se revela en la Santa Biblia. Durante la primera mitad de la tribulación de siete años Dios enviará a Sus siervos, los 144.000, bajo el poder del Espíritu Santo, para dar la advertencia final a todo el pueblo que no lo ha aceptado completamente como su Salvador, y que rehúsa aceptarlo. adorarle como Él dicta. Se les dará una última oportunidad de entregarle sus vidas a Él antes de que sea demasiado tarde. Los que acepten su llamado serán sellados con el "sello de Dios"; aquellos que rechacen Su oferta recibirán la "marca de la bestia". Estos dos símbolos invisibles son asignados por Dios.

APOCALIPSIS CAPÍTULO OCHO EN UNA ORACIÓN

Los primeros cuatro mensajes de las trompetas están dirigidos a los hijos de Dios para que se aparten de su propia forma de creer y adorar, para dedicar completamente sus vidas a Él como Él lo exige.

APOCALIPSIS CAPITULO NUEVE

DOS DE LAS ÚLTIMAS TRES DE LAS SIETE TROMPETAS APOCALIPSIS 9:1,2

> ***"Y EL quinto ángel tocó la trompeta, y vi una estrella que cayó del cielo en la tierra; y le fué dada la llave del pozo del abismo. Y abrió el pozo del abismo, y subió humo del pozo como el humo de un gran horno; y oscurecióse el sol y el aire por el humo del pozo."***

PREGUNTA: ¿Qué significa que "caiga una estrella del cielo a la tierra"?

RESPUESTA: Una estrella que cae del cielo continúa con la metáfora de las brasas figurativas tomadas del altar en el cielo y arrojadas sobre la tierra.

> *"Y el ángel tomó el incensario, y lo llenó del fuego del altar, y echólo en la tierra; y fueron hechos truenos y voces y relámpagos y terremotos."* Apocalipsis 8:5.

Según el capítulo ocho de Apocalipsis, estas brasas del altar tienen la apariencia de (1) "granizo y fuego mezclados con sangre, y fueron arrojados sobre la tierra", (2) "una gran montaña ardiendo en fuego fue arrojada al mar", (3) "una gran estrella del cielo, que ardía como una lámpara", (4) "la tercera parte del sol, la luna y las estrellas están ocultas, y ahora nuevamente" (5) "una estrella cae del cielo al tierra".

Como resultado de esta quinta estrella de trompeta, se desencadena un gran mal. En la profecía bíblica, una estrella en el cielo simboliza a un gran líder religioso influyente que llama la atención del pueblo de Dios. Aparentemente hay una persona u organización, durante la tribulación de siete años, que es reverenciada por muchos como un gran líder espiritual, que alejará a muchos de la verdad de la Biblia e influirá en muchas personas para que rechacen el claro mensaje de las Escrituras y la verdad. Adoración. Cuando esta persona u organización surja, abrirá las compuertas para que el mal entre en la vida de todas las personas que lo siguen.

PREGUNTA: ¿Cómo llama la Biblia a esta persona que llevará a otros a ir en contra de la clara Palabra de Dios?

RESPUESTA: EN el libro de Daniel, esta persona influyente del tiempo del fin que lidera una rebelión contra Dios, Sus mandamientos y Su Palabra, se llama "el cuerno pequeño" y "el rey de rostro feroz", así como el "rey del norte"."

> *"Estando yo contemplando los cuernos, he aquí que otro* ***cuerno pequeño*** *subía entre ellos, y delante de él fueron arrancados tres cuernos de los primeros; y he aquí, en este cuerno había ojos como ojos de hombre, y una boca que hablaba grandezas..... Y los diez cuernos significan que de aquel reino se levantarán diez reyes; y tras ellos se levantará otro, el cual será mayor que los primeros, y á tres reyes derribará. Y hablará palabras contra el Altísimo, y á los santos del Altísimo quebrantará, y pensará en mudar los tiempos y la ley: y entregados serán en su mano hasta tiempo, y tiempos, y el medio de un tiempo. Empero se sentará el juez, y quitaránle su señorío, para que sea destruído y arruinado hasta el extremo."* Daniel 7:8,24-26.

> *"Y del uno de ellos salió un* ***cuerno pequeño****, el cual creció mucho al mediodía, y al oriente, y hacia la tierra deseable. Y engrandecióse hasta el ejército del cielo; y parte del ejército y de las estrellas echó por tierra, y las holló. Aun contra el príncipe de la fortaleza se engrandeció, y por él fué quitado el continuo sacrificio, y el lugar de su santuario fué echado por tierra. Y el ejército fué le entregado á causa de la prevaricación sobre el continuo sacrificio: y echó por tierra la verdad, é hizo cuanto quiso, y sucedióle prósperamente. Y oí un*

santo que hablaba; y otro de los santos dijo á aquél que hablaba: ¿Hasta cuándo durará la visión del continuo sacrificio, y la prevaricación asoladora que pone el santuario y el ejército para ser hollados? Y él me dijo: Hasta dos mil y trescientos días de tarde y mañana; y el santuario (SANTO) será purificado (VINDICADO).” Daniel 8:9-14.

(Recuerde que la palabra “sacrificio” no pertenece a estos textos. Se agregó por error.).

“Y al cabo del imperio de éstos, cuando se cumplirán los prevaricadores, levantaráse ***un rey altivo de rostro****, y entendido en dudas. Y su poder se fortalecerá, mas no con fuerza suya, y destruirá maravillosamente, y prosperará; y hará arbitrariamente, y destruirá fuertes y al pueblo de los santos. Y con su sagacidad hará prosperar el engaño en su mano; y en su corazón se engrandecerá, y con paz destruirá á muchos: y contra el príncipe de los príncipes se levantará; mas sin mano será quebrantado.”* Daniel 8:23-25.

“Y volveráse á su tierra con grande riqueza, y su corazón será contra el pacto santo: hará pues, y volveráse á su tierra. Al tiempo señalado tornará al mediodía; mas no será la postrera venida como la primera. Porque vendrán contra él naves de Chîttim, y él se contristará, y se volverá, y enojaráse contra el pacto santo, y hará: volveráse pues, y pensará en los que habrán desamparado el santo pacto.” Daniel 11:28-30.

PREGUNTA: ¿Qué significa ser “dado la llave del abismo”?

RESPUESTA: A lo largo de la historia de este mundo y del pecado, Dios ha impedido que Satanás y sus ángeles dañen a los seres humanos. Tiene el permiso de Dios para tentar a la humanidad, pero no puede interferir físicamente ni dañar a los humanos, sin el permiso expreso de Dios, como en la historia bíblica del fiel Job.

> *"Y un día vinieron los hijos de Dios á presentarse delante de Jehová, entre los cuales vino también Satán. Y dijo Jehová á Satán: ¿De dónde vienes? Y respondiendo Satán á Jehová, dijo: De rodear la tierra, y de andar por ella."* Job 1:6,7.

> *"Y Jehová dijo á Satán: ¿No has considerado á mi siervo Job, que no hay otro como él en la tierra, varón perfecto y recto, temeroso de Dios y apartado de mal, y que aun retiene su perfección, habiéndome tú incitado contra él, para que lo arruinara sin causa? Y respondiendo Satán dijo á Jehová: Piel por piel, todo lo que el hombre tiene dará por su vida. Mas extiende ahora tu mano, y toca á su hueso y á su carne, y verás si no te blasfema en tu rostro. Y Jehová dijo á Satán: He aquí, él está en tu mano; mas guarda su vida. Y salió Satán de delante de Jehová, é hirió á Job de una maligna sarna desde la planta de su pie hasta la mollera de su cabeza."* Job 2:3-7.

A Satanás y sus seguidores se les permite un acceso limitado a la humanidad. Los seres humanos no pueden vencer o desafiar las fuerzas de Satanás, fuera de la protección de Dios. Dios ha reservado estos ángeles caídos para un futuro día de juicio y destrucción.

> *"Por lo demás, hermanos míos, confortaos en el Señor, y en la potencia de su fortaleza. Vestíos de toda la armadura de Dios, para que podáis estar firmes contra las asechanzas del diablo. Porque no tenemos lucha contra sangre y carne; sino contra principados, contra potestades, contra señores del mundo, gobernadores de estas tinieblas, contra malicias espirituales en los aires. Por tanto, tomad toda la armadura de Dios, para que*

podáis resistir en el día malo, y estar firmes, habiendo acabado todo." Efesios 6:10-13.

"Mas los cielos que son ahora, y la tierra, son conservados por la misma palabra, guardados para el fuego en el día del juicio, y de la perdición de los hombres impíos." 2 Pedro 3:7.

"Porque si Dios no perdonó á los ángeles que habían pecado, sino que habiéndolos despeñado en el infierno con cadenas de oscuridad, los entregó para ser reservados al juicio." 2 Pedro 2:4.

Pero en el momento del sonido de la quinta trompeta, debido a la rebelión abierta, Dios está liberando a Satanás de su prisión dimensional y le permitirá un acceso limitado a los seres humanos que se niegan a aceptar la graciosa oferta de la vida eterna. El pueblo que tenga la "marca de la bestia" en este tiempo (1) no descansará ni de día ni de noche, (2) no podrá morir, y (3) será atormentado durante cinco meses.

APOCALIPSIS 9:3

Y del humo salieron langostas sobre la tierra; y fueles dada potestad, como tienen potestad los escorpiones de la tierra.

No solo el mismo Satanás es liberado del "pozo sin fondo", que es figurativo de su prisión dimensional, sino que todos los ángeles rebeldes que creyeron en él y cayeron del cielo con él, también serán liberados para atacar a la humanidad impenitente. Hoy en día, el resultado de ser picado por un escorpión puede ser entumecimiento y dolor localizados o reacciones graves que amenazan la vida. En la Biblia, los escorpiones son la fuente del castigo extremo.

"Y hablóles conforme al consejo de los mancebos, diciendo: Mi padre agravó vuestro yugo, pero yo añadiré á vuestro yugo; mi padre os hirió con azotes, mas yo os heriré con escorpiones." 1 Reyes 12:14.

APOCALIPSIS 9:4

Y les fué mandado que no hiciesen daño á la hierba de la tierra, ni á ninguna cosa verde, ni á ningún árbol, sino solamente á los hombres que no tienen la señal de Dios en sus frentes.

En el momento de la quinta trompeta todavía hay algunos seguidores honestos de Dios que están en el valle de la decisión y no han tomado la decisión de renunciar a lo que creen para aceptar lo que la Biblia enseña correctamente. Dios sabe quiénes son estas personas. En este punto Él está llamando figurativamente a estos seres humanos, "*la hierba de la tierra,...cosa verde,...árbol*".

Los nuevos conversos, son descritos como *"la hierba de la tierra"*. Los conversos más maduros se conocen como *"la cosa verde"* o plantas, y los cristianos más maduros desde hace mucho tiempo se llaman *"árboles"*. Estas personas estarán fuera del alcance de Satanás y sus ángeles porque Dios conoce su corazón. Estas personas se convertirán, pero en el transcurso del tiempo, a medida que la historia del pecado se acerque a su fin.

"Asimismo echarás de ver que tu simiente es mucha, Y tu prole como ***la hierba*** *de la tierra."* Job 5:25.

"NO te impacientes á causa de los malignos, Ni tengas envidia de los que hacen iniquidad. Porque como hierba serán ***presto*** *cortados, Y decaerán como* ***verdor*** *de renuevo."* Salmos 37:1,2.

> *"Voz que decía: Da voces. Y yo respondí: ¿Qué tengo de decir á voces?* ***Toda carne es hierba,*** *y toda su gloria como flor del campo:* ***La hierba*** *se seca, y la flor se cae; porque el viento de Jehová sopló en ella: ciertamente* ***hierba es el pueblo****. Sécase la hierba, cáese la flor: mas la palabra del Dios nuestro permanece para siempre."* Isaías 40:6-8.

> *"Porque yo derramaré aguas sobre el secadal, y ríos sobre la tierra árida: mi espíritu derramaré sobre tu generación, y mi bendición sobre tus renuevos: Y* ***brotarán entre hierba****, como sauces junto á las riberas de las aguas. Este dirá: Yo soy de Jehová; el otro se llamará del nombre de Jacob; y otro escribirá con su mano, A Jehová, y se apellidará con el nombre de Israel."* Isaías 44:3-5.

> *"Bendito el varón que se fía en Jehová, y cuya confianza es Jehová. Porque él será como* ***el árbol*** *plantado junto á las aguas, que junto á la corriente."* Jeremías 17:7,8.

Las únicas personas a las que Satanás y sus seguidores tienen acceso y pueden tocar, en el momento del quinto sello, son aquellos "hombres" que han tomado la firme decisión de rechazar la forma de adoración de Dios.

APOCALIPSIS 9:5

> ***"Y le fué dado que no los matasen, sino que los atormentasen cinco meses; y su tormento era como tormento de escorpión, cuando hiere al hombre."***

El período de tiempo durante el cual Satanás tiene acceso limitado a los seres humanos es de cinco meses. Este es el tiempo literal. El período de tiempo entre el mensaje de la quinta trompeta y el mensaje de la sexta trompeta es de cinco meses o ciento cincuenta (150) días literales. Durante este tiempo, a Satanás y sus seguidores se les permite torturar a las personas que tienen la marca de la bestia, pero no pueden matarlas, como en los días de Job.

> *"Y Jehová dijo á Satán: He aquí, él está en tu mano; mas guarda su vida."* Job 2:6

PREGUNTA: ¿Ha usado Dios 5 meses o 150 días antes en el castigo de la humanidad?

RESPUESTA: Sí. Durante el diluvio de los días de Noé, el diluvio permaneció sobre la tierra durante 150 días hasta que toda vida se extinguió por completo, excepto lo que estaba en el Arca de seguridad. Luego Dios usó otros 5 meses o 150 días, para permitir que el agua retrocediera.

> *"Así fué destruída toda sustancia que vivía sobre la faz de la tierra, desde el hombre hasta la bestia, y los reptiles, y las aves del cielo; y fueron raídos de la tierra; y quedó solamente Noé, y lo que con él estaba en el arca. Y prevalecieron las aguas sobre la tierra ciento y cincuenta días."* Génesis 7:23,24.

> *"Y tornáronse las aguas de sobre la tierra, yendo y volviendo: y decrecieron las aguas al cabo de ciento y cincuenta días."* Génesis 8:3.

APOCALIPSIS 9:6

> ***"Y en aquellos días buscarán los hombres la muerte, y no la hallarán; y desearán morir, y la muerte huirá de ellos."***

Debido a que estas personas han rechazado totalmente la graciosa oferta de vida eterna con el Padre Celestial, también han rechazado al "Mensajero" de la quinta trompeta, el Espíritu Santo. Ya no pueden escuchar, comprender o incluso desear la inspiración del Espíritu. En este tiempo hay hambre, pero no solo hambre de comida, hay hambre de oír la Palabra de Dios.

"He aquí vienen días, dice el Señor Jehová, en los cuales enviaré hambre á la tierra, no hambre de pan, ni sed de agua, sino de oir palabra de Jehová. E irán errantes de mar á mar: desde el norte hasta el oriente discurrirán buscando palabra de Jehová, y no la hallarán." Amós 8:11,12.

APOCALIPSIS 9:7-11

"7 Y el parecer de las langostas era semejante á caballos aparejados para la guerra: y sobre sus cabezas tenían como coronas semejantes al oro; y sus caras como caras de hombres. 8 Y tenían cabellos como cabellos de mujeres: y sus dientes eran como dientes de leones. 9 Y tenían corazas como corazas de hierro; y el estruendo de sus alas, como el ruido de carros que con muchos caballos corren á la batalla. 10 Y tenían colas semejantes á las de los escorpiones, y tenían en sus colas aguijones; y su poder era de hacer daño á los hombres cinco meses. 11 Y tienen sobre sí por rey al ángel del abismo, cuyo nombre en hebraico es Abaddon, y en griego, Apollyon."

Estos versículos reiteran el hecho de que el tiempo de la quinta trompeta será un tiempo muy aterrador y difícil para el pueblo rebelde que rechaza la Palabra de Dios. Puede haber una lección espiritual que aprender de la descripción de los ángeles de Satanás, pero no estoy al tanto al momento de imprimir este pequeño libro. Una vez más se repite el tiempo para abusar de aquellos con la Marca de la Bestia siendo cinco meses. Este número es muy importante para determinar el momento del quinto sello y la quinta trompeta, que se llevan a cabo simultáneamente.

Abadón es un término hebreo que significa destrucción. Apollyon (Strong's number 623) es la transliteración griega del hebreo Abaddon. Abaddon es el ángel de plomo del pozo sin fondo, o prisión; que es Satanás. Él y sus ángeles están encadenados por las circunstancias y preservados para el juicio en esa dimensión particular.

"Mas los cielos que son ahora, y la tierra, son conservados por la misma palabra, guardados para el fuego en el día del juicio, y de la perdición de los hombres impíos." 2 Pedro 3:7.

> *"Porque si Dios no perdonó á los ángeles que habían pecado, sino que habiéndolos despeñado en el infierno* (Strong's # 5020 Tartarus or Gehenna,, la tumba) *con cadenas de oscuridad, los entregó para ser reservados al juicio... Sabe el Señor librar de tentación á los píos, y reservar á los injustos para ser atormentados en el día del juicio."* 2 Pedro 2:4,9.

APOCALIPSIS 9:12

> ***"El primer ¡Ay! es pasado: he aquí, vienen aún dos ayes después de estas cosas."***

El primero de los tres ayes tiene lugar en el momento de la quinta trompeta. Los siguientes dos "ayes" asignados a las personas religiosas rebeldes todavía están en el futuro en la sexta y séptima trompetas.

PREGUNTA: ¿Qué es un "ay"?

RESPUESTA: Un ay se refiere a un momento muy difícil o una experiencia terrible.

> *"¡Ay del mundo por los escándalos! porque necesario es que vengan escándalos; mas ¡ay de aquel hombre por el cual viene el escándalo!"* Mateo 18:7.

PREGUNTA: ¿Cuál es el mensaje de la quinta trompeta para el pueblo de Dios?

RESPUESTA: El mensaje de la trompeta del quinto ángel para el pueblo de Dios es anunciar la proximidad de la muy esperada segunda venida de Jesús, que tendrá lugar en la sexta trompeta, que es solo cinco meses (150 días) en el futuro para ellos:

> *"Y miré, y he aquí una nube blanca; y sobre la nube uno sentado semejante al Hijo del hombre, que tenía en su cabeza una corona de oro, y en su mano una hoz aguda."* Apocalipsis 14:14.

Este es un mensaje de aliento del Espíritu Santo para todos los hijos de Dios que enfrentan tremendas dificultades en todo el mundo. Simplemente está diciendo: "Jesús está en camino, ten paciencia, sé fuerte, permanece fiel".

"Mas el que perseverare hasta el fin, éste será salvo." Mateo 24:13.

APOCALIPSIS 9:13-21

> ***"13 Y el sexto ángel tocó la trompeta; y oí una voz de los cuatro cuernos del altar de oro que estaba delante de Dios, 14 Diciendo al sexto ángel que tenía la trompeta: Desata los cuatro ángeles que están atados en el gran río Eufrates. 15 Y fueron desatados los cuatro ángeles que estaban aparejados para la hora y día y mes y año, para matar la tercera parte de los hombres. 16 Y el número del ejército de los de á caballo era doscientos millones. Y oí el número de ellos. 17 Y así vi los caballos en visión, y los que sobre ellos estaban sentados, los cuales tenían corazas de fuego, de jacinto, y de azufre. Y las cabezas de los caballos eran como cabezas de leones; y de la boca de ellos salía fuego y humo y azufre. 18 De estas tres plagas fué muerta la tercera parte de los hombres: del fuego, y del humo, y del azufre, que salían de la boca de ellos. 19 Porque***

su poder está en su boca y en sus colas: porque sus colas eran semejantes á serpientes, y tenían cabezas, y con ellas dañan. 20 Y los otros hombres que no fueron muertos con estas plagas, aun no se arrepintieron de las obras de sus manos, para que no adorasen á los demonios, y á las imágenes de oro, y de plata, y de metal, y de piedra, y de madera; las cuales no pueden ver, ni oir, ni andar: 21 Y no se arrepintieron de sus homicidios, ni de sus hechicerías, ni de su fornicación, ni de sus hurtos."

PREGUNTA: En los versículos 14 y 15 anteriores, ¿qué es lo que los cuatro ángeles estaban reteniendo al comienzo de la tribulación de 7 años que ahora se les dice que "suelten" o suelten?

RESPUESTA: De acuerdo con Apocalipsis 7:1-3, se les dice a los cuatro ángeles que detengan los cuatro "vientos" destructivos, del furor de Dios, hasta el final de la tribulación de 7 años, en la segunda venida de Jesús, después de todo. los santos de Dios, la "tierra", el "mar" y los "árboles", habían sido sellados.

> *"Y DESPUÉS de estas cosas vi **cuatro ángeles** que estaban sobre los cuatro ángulos de la tierra, deteniendo los **cuatro vientos** de la tierra, para que no soplase viento sobre la tierra, ni sobre la mar, ni sobre ningún árbol. Y vi otro ángel que subía del nacimiento del sol, teniendo el sello del Dios vivo: y clamó con gran voz á los cuatro ángeles, á los cuales era dado hacer daño á la tierra y á la mar, Diciendo: No hagáis daño á la tierra, ni al mar, ni á los árboles, hasta que señalemos á los siervos de nuestro Dios en sus frentes."* Apocalipsis 7:1-3.

PREGUNTA: ¿Por qué dice el versículo 15: "Y fueron desatados los cuatro ángeles que estaban preparados para la hora, el día, el mes y el año, para matar la tercera parte de los hombres"?

RESPUESTA: El sexto sello se abre en la segunda venida de Jesús. La segunda venida de Jesús no se puede apresurar ni retrasar. El tiempo para el segundo advenimiento fue planeado por Dios antes de que se creara la tierra. Dios es omnisciente. Él sabe todo desde el principio hasta el final y no depende de las acciones o inacciones de los seres humanos para cumplir con Su horario. Dios tiene un tiempo señalado para todo, incluyendo la segunda venida de Jesús, y el tiempo señalado que Él ha establecido se cumplirá hasta el último minuto en Su plan.

Los versículos trece al diecinueve son una imagen de la visión que vio Juan de la segunda venida de Jesús. Esta terrible escena espantosa es desde la perspectiva de la pérdida, no desde la perspectiva de los salvos. El versículo dieciocho dice que en ese último momento, mientras se lleva a cabo la segunda venida de Jesús, un número de personas entregarán todo a Jesús, tal como lo hizo el ladrón arrepentido en la cruz, y se unirán a la "innumerable multitud".

> *"Y uno de los malhechores que estaban colgados, le injuriaba, diciendo: Si tú eres el Cristo, sálvate á ti mismo y á nosotros. Y respondiendo el otro, reprendióle, diciendo: ¿Ni aun tú temes á Dios, estando en la misma condenación? Y nosotros, á la verdad, justamente padecemos; porque recibimos lo que merecieron nuestros hechos: mas éste ningún mal hizo. Y dijo á Jesús: Acuérdate de mí cuando vinieres á tu reino. Entonces Jesús le dijo: De cierto te digo, que hoy estarás conmigo en el paraíso."* Lucas 23:39-43.

Los versículos veinte y veintiuno nos dicen que, aunque las personas rebeldes que afirman creer en Dios ven la segunda venida de Jesús, todavía se niegan a arrepentirse. Se niegan a cambiar de opinión o de corazón. Se niegan a humillarse ante su Creador y Redentor.

PREGUNTA: ¿Cuál es el mensaje de la sexta trompeta para el pueblo de Dios?

RESPUESTA: El mensaje de la trompeta del sexto ángel para el pueblo de Dios es:

> *"Y miré, y he aquí una nube blanca; y sobre la nube uno sentado semejante al Hijo del hombre, que tenía en su cabeza una corona de oro, y en su mano una hoz aguda. Y otro ángel salió del templo, clamando en alta voz al que estaba sentado sobre la nube: Mete tu hoz, y siega; porque la hora de segar te es venida, porque la mies de la tierra está madura."* Apocalipsis 14:15,16.

El sexto sello de Apocalipsis seis, el sonido de la sexta trompeta de Apocalipsis nueve y el mensaje del sexto ángel de Apocalipsis catorce tienen lugar al mismo tiempo. Tienen lugar en la segunda venida de Jesús. En este momento los ángeles de Dios descienden en picado del cielo. Los muertos en Cristo, los que fueron asesinados durante la tribulación de siete años, resucitarán de entre los muertos. Los santos vivos, junto con los justos santos resucitados, son arrebatados en los brazos de los ángeles y son levantados de este planeta para encontrarse con el Señor Jesús en el aire.

> *"Tampoco, hermanos, queremos que ignoréis acerca de los que duermen, que no os entristezcáis como los otros que no tienen esperanza. Porque si creemos que Jesús murió y resucitó, así también traerá Dios con él á los que durmieron en Jesús. Por lo cual, os decimos esto en palabra del Señor: que nosotros que vivimos, que habremos quedado hasta la venida del Señor, no seremos delanteros á los que durmieron. Porque el mismo Señor con aclamación, con voz de arcángel, y con trompeta de Dios, descenderá del cielo; y los*

muertos en Cristo resucitarán primero: Luego nosotros, los que vivimos, los que quedamos, juntamente con ellos seremos arrebatados en las nubes á recibir al Señor en el aire, y así estaremos siempre con el Señor. Por tanto, consolaos los unos á los otros en estas palabras." 1 Tesalonicenses 4:13-18.

"Esto empero digo, hermanos: que la carne y la sangre no pueden heredar el reino de Dios; ni la corrupción hereda la incorrupción. He aquí, os digo un misterio: Todos ciertamente no dormiremos, mas todos seremos transformados. En un momento, en un abrir de ojo, á la final trompeta; porque será tocada la trompeta, y los muertos serán levantados sin corrupción, y nosotros seremos transformados. Porque es menester que esto corruptible sea vestido de incorrupción, y esto mortal sea vestido de inmortalidad. Y cuando esto corruptible fuere vestido de incorrupción, y esto mortal fuere vestido de inmortalidad, entonces se efectuará la palabra que está escrita: Sorbida la muerte con victoria.¿Dónde está, oh muerte, tu aguijón? ¿dónde, oh sepulcro, tu victoria? Ya que el aguijón de la muerte es el pecado, y la potencia del pecado, la ley. Mas á Dios gracias, que nos da la victoria por el Señor nuestro Jesucristo.Así que, hermanos míos amados, estad firmes y constantes, creciendo en la obra del Señor siempre, sabiendo que vuestro trabajo en el Señor no es vano." 1 Corintios 15:50-58.

Los impíos y los perdidos rebeldes anteriores seguidores de Dios, "el sol, la luna y las estrellas" son testigos de la segunda venida de Jesús con temor y temblor. Ven las nubes retroceder y son testigos de cómo los ángeles celestiales reúnen a los santos y los llevan al cielo para rodear el trono resplandeciente de Cristo. Luego observan cómo las nubes vuelven a cerrarse mientras el glorioso séquito desaparece de la vista.

LA DISTANCIA ENTRE LA SEXTA Y LA SÉPTIMA TROMPETA ES DE 1000 AÑOS.

La sexta trompeta se revela en Apocalipsis 9:13-21. La séptima trompeta se analiza en Apocalipsis 11:14,15. Las trompetas sexta y séptima están separadas por detalles adicionales no relacionados que se encuentran en el capítulo diez. Esta separación de las trompetas sexta y séptima no es un error. Esta separación es por diseño. La razón por la cual las trompetas sexta y séptima están separadas por todo el capítulo diez y la mayor parte del capítulo once es porque las trompetas sexta y séptima están separadas por los 1000 años de Apocalipsis 20. Pero Apocalipsis 10:7 menciona la séptima trompeta cuando dice: "Pero en los días de la voz del séptimo ángel, cuando él comience a tocar la trompeta, el misterio de Dios será consumado, como él lo ha declarado a sus siervos los profetas", señalando el tiempo al final de los 1000 años. de Apocalipsis 20.

LA SÉPTIMA TROMPETA ES SONADA POR EL ESPÍRITU SANTO DESPUÉS DEL MILENIO.

APOCALIPSIS 11:14,15

> ***"El segundo ¡Ay! es pasado: he aquí, el tercer ¡Ay! vendrá presto. Y el séptimo ángel tocó la trompeta, y fueron hechas grandes voces en el cielo, que decían: Los reinos del mundo han venido á ser los reinos de nuestro Señor, y de su Cristo: y reinará para siempre jamás."***

La distancia entre el segundo ay y el tercer ay es de 1000 años.

La segunda venida de Jesús inicia los 1000 años de Apocalipsis 20. Algunas personas están preocupadas porque los 1000 años también se llaman el milenio bíblico, un término que no se encuentra en las Escrituras. Solo puedo suponer que tienen su razón particular para hacerlo, pero 1000 años en realidad se llama milenio en el idioma inglés. Durante ese milenio se llevará a cabo un juicio en la corte celestial como se revela en Daniel 7:9,10 y Apocalipsis 20:4-6.

> *"Estuve mirando hasta que fueron puestas sillas: y un Anciano de grande edad se sentó, cuyo vestido era blanco como la nieve, y el pelo de su cabeza como lana limpia; su silla llama de fuego, sus ruedas fuego ardiente. Un río de fuego procedía y salía de delante de él: millares de millares le servían, y millones de millones asistían delante de él: el Juez se sentó, y los libros se abrieron."* Daniel 7:9,10.

> *"Y vi tronos, y se sentaron sobre ellos, y les fué dado juicio; y vi las almas de los degollados por el testimonio de Jesús, y por la palabra de Dios, y que no habían adorado la bestia, ni á su imagen, y que no recibieron la señal en sus frentes, ni en sus manos, y vivieron y reinaron con Cristo mil años. Mas los otros muertos no tornaron á vivir hasta que sean cumplidos mil años. Esta es la primera resurrección. Bienaventurado y santo el que tiene parte en la primera resurrección; la segunda muerte no tiene potestad en éstos; antes serán sacerdotes de Dios y de Cristo, y reinarán con él mil años."* Apocalipsis 20:4-6.

> *"¿OSA alguno de vosotros, teniendo algo con otro, ir á juicio delante de los injustos, y no delante de los santos? ¿O no sabéis que los santos han de juzgar al mundo? Y si el mundo ha de ser juzgado por vosotros, ¿sois indignos de juzgar cosas muy pequeñas? ¿O no sabéis que hemos de juzgar á los angeles? ¿cuánto más las cosas de este siglo?"* 1 Corintios 6:1-3.

Durante los 1000 años de Apocalipsis 20 se decidirá la decisión de vida o muerte, para todas las personas que han vivido, desde Adán hasta la última persona nacida. Esa decisión la tomarán todos los seres humanos que fueron levantados de la tierra por los ángeles de Dios en la segunda venida de Jesús. "Y vi tronos, y se sentaron sobre ellos, y les fue dado juicio" (versículo 4) y "serán sacerdotes de Dios y de Cristo, y reinarán con él mil años" (versículo 6). Durante esos 1000 años están en el cielo con Dios y Cristo conduciendo el juicio y tomando las decisiones de quién recibe la vida eterna y quién recibe la muerte eterna.

Al final del milenio, en "el último día", cuando se lleve a cabo la segunda resurrección, habrá un juicio del gran trono blanco como se menciona en Apocalipsis 20:11-15:

> *"**11** Y vi un gran trono blanco y al que estaba sentado sobre él, de delante del cual huyó la tierra y el cielo; y no fué hallado el lugar de ellos. **12** Y vi los muertos, grandes y pequeños, que estaban delante de Dios; y los libros fueron abiertos: y otro libro fué abierto, el cual es de la vida: y fueron juzgados los muertos por las cosas que estaban escritas en los libros, según sus obras. **13** Y el mar dió los muertos que estaban en él; y la muerte y el infierno dieron los muertos que estaban en ellos; y fué hecho juicio de cada uno según sus obras. **14** Y el infierno y la muerte fueron lanzados en el lago de fuego. Esta es la muerte segunda. **15** Y el que no fué hallado escrito en el libro de la vida, fué lanzado en el lago de fuego."*

> *"Y muchos de los que duermen en el polvo de la tierra serán despertados, unos para vida eterna, y otros para vergüenza y confusión perpetua."* Daniel 12:2.

> *"Porque he descendido del cielo, no para hacer mi voluntad, mas la voluntad del que me envió. Y esta es la voluntad del que me envió, del Padre: Que todo lo que me diere, no pierda de ello, sino que lo resucite en* ***el día postrero****. Y esta es la voluntad del que me ha enviado: Que todo aquel que ve al Hijo, y cree en él,*

*tenga vida eterna: y yo le resucitaré en **el día postrero**.”* Juan 6:38-40.

*“Y el que oyere mis palabras, y no las creyere, yo no le juzgo; porque no he venido á juzgar al mundo, sino á salvar al mundo. El que me desecha, y no recibe mis palabras, tiene quien le juzgue: la palabra que he hablado, ella le juzgará en **el día postrero**.”* Juan 12:47,48.

En el juicio del Gran Trono Blanco, cada persona se presentará ante el trono de Dios y se le comunicarán los resultados del jurado milenario. Ya sea perdido o salvado, cada persona reconocerá la autoridad de Dios.

“Porque escrito está: Vivo yo, dice el Señor, que á mí se doblará toda rodilla, Y toda lengua confesará á Dios.” Romanos 14:11.

Al final del juicio, cuando se han tomado todas las decisiones sobre quién obtiene la vida eterna y quién obtiene la muerte eterna, hay una demora en imponer el castigo de la muerte eterna a todos los perdidos. Durante ese lapso de tiempo, Satanás está ocupado coordinando un ataque a la Ciudad Santa de Dios, llena de todos los santos de Dios. Organiza su ejército de almas perdidas resucitadas y las convence de que pueden apoderarse de la Nueva Jerusalén y reclamarla para sí mismos. Cuando las innumerables hordas de personas perdidas rodean y atacan la ciudad santa, Dios hace llover fuego sobre ellos y en un instante son aniquilados y vencidos al olvido para toda la eternidad. Note cómo se lee esto en Apocalipsis 20:7-10.

*“**7** Y cuando los mil años fueren cumplidos, Satanás será suelto de su prisión, **8** Y saldrá para engañar las naciones que están sobre los cuatro ángulos de la tierra, á Gog y á Magog, á fin de congregarlos para la batalla; el número de los cuales es como la arena del mar.* **9**

Y subieron sobre la anchura de la tierra, y circundaron el campo de los santos, y la ciudad amada: y de Dios descendió fuego del cielo, y los devoró. **10** *Y el diablo que los engañaba, fué lanzado en el lago de fuego y azufre, donde está la bestia y el falso profeta; y serán atormentados día y noche para siempre jamás."*

PREGUNTA: ¿Cuál es el mensaje de la trompeta del séptimo ángel para el pueblo de Dios?

RESPUESTA: El mensaje de la trompeta del séptimo ángel para el pueblo de Dios es:

> *"Y salió otro ángel del templo que está en el cielo, teniendo también una hoz aguda. Y otro ángel salió del altar, el cual tenía poder sobre el fuego, y clamó con gran voz al que tenía la hoz aguda, diciendo: Mete tu hoz aguda, y vendimia los racimos de la tierra; porque están maduras sus uvas. Y el ángel echó su hoz aguda en la tierra, y vendimió la viña de la tierra, y echó la uva en el grande lagar de la ira de Dios. Y el lagar fué hollado fuera de la ciudad, y del lagar salió sangre hasta los frenos de los caballos por mil y seiscientos estadios."* Apocalipsis 14:17-20.

Recuerde que esto es una visión. No es real, pero representa simbólicamente la destrucción de la pérdida. Esto simplemente está diciendo que después del juicio de Apocalipsis 20 en el juicio del Gran Trono Blanco, los racimos de uvas, los salvos y los perdidos, son separados. Las uvas y viñas malas son luego destruidas por el fuego.

> ***"Y el séptimo ángel tocó la trompeta, y fueron hechas grandes voces en el cielo, que decían: Los reinos del mundo han venido á ser los reinos de nuestro Señor, y de su Cristo: y reinará para siempre jamás."*** Apocalipsis 11:15

En la destrucción del pecado, de los pecadores y de este planeta pecaminoso, la separación entre el reino de este mundo y el reino sin pecado de nuestro Señor es destruida para siempre. Después de que todo pecado sea destruido, al final de los 1000 años de Apocalipsis 20, el universo se reunirá en un reino sin pecado alabando y glorificando para siempre al Señor Jesucristo, Su Padre Celestial y al Espíritu Santo activo. En ese momento habrá un solo reino eterno sin pecado y un Señor, los Tres en Uno. Y entonces se cumplirá Jeremías 31:31-34:

> *"**31** He aquí que vienen días, dice Jehová, en los cuales haré nuevo pacto con la casa de Jacob y la casa de Judá: **32** No como el pacto que hice con sus padres el día que tomé su mano para sacarlos de tierra de Egipto; porque ellos invalidaron mi pacto, bien que fuí yo un marido para ellos, dice Jehová: **33** Mas éste es el pacto que haré con la casa de Israel después de aquellos días, dice Jehová: Daré mi ley en sus entrañas, y escribiréla en sus corazones; y seré yo á ellos por Dios, y ellos me serán por pueblo. **34** Y no enseñará más ninguno á su prójimo, ni ninguno á su hermano, diciendo: Conoce á Jehová: porque todos me conocerán, desde el más pequeño de ellos hasta el más grande, dice Jehová: porque perdonaré la maldad de ellos, y no me acordaré más de su pecado."*

No existe tal cosa como un infierno de fuego eterno donde Dios tortura a las personas por cada segundo de cada día a través de toda la eternidad. ¿Qué clase de Dios de amor podría torturar a personas así por toda la eternidad, porque lo rechazaron por unos cortos 70 años más o menos? Dios promete la muerte eterna para aquellos que lo rechazan. No porque no le gusten, sino porque sabe que serían totalmente infelices viviendo en Su reino eterno y sin pecado. Por amor a aquellos que han optado por ignorarlo y odiarlo, y por respeto a las decisiones que han tomado, Él cumple Su promesa y destruye todo pecado y pecadores por toda la eternidad.

Además, si hubiera un infierno de fuego eterno, ¿podría cualquier persona disfrutar de la dicha del cielo sabiendo que sus parientes más cercanos están en un rincón del universo en algún lugar retorciéndose de dolor? Además... si hubiera un lugar de tortura como ese, ¿puedes imaginar las palabras blasfemas gritadas a Dios por cada persona atrapada en ese lugar inimaginable, cada segundo de cada día durante toda la eternidad? No. Definitivamente no hay un lugar de fuego del infierno eterno donde Dios tolerará tal blasfemia.

Fíjate en el cuadro de abajo. El séptimo sello, la séptima trompeta, el séptimo ángel, el tercer ay y el séptimo lamento tienen lugar al final de los 1000 años. Los eventos sexto y séptimo están separados por los 1000 años de Apocalipsis 20.

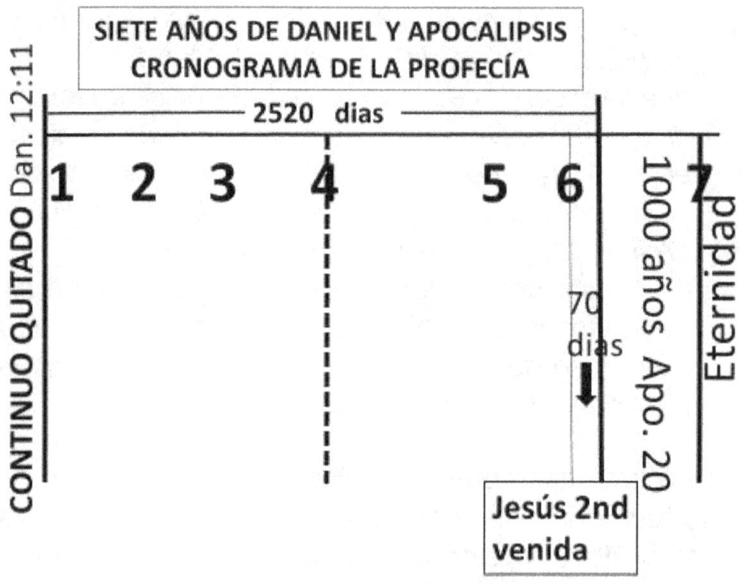

APOCALIPSIS CAPÍTULO NUEVE EN POCAS PALABRAS

Los primeros cuatro mensajes de trompeta, de Apocalipsis ocho, de Dios a su pueblo son mensajes de esperanza y aliento, mensajes de edificación y advertencia. Los últimos tres mensajes de "ay", en el capítulo nueve de Apocalipsis, son mensajes dirigidos a los obstinados creyentes en Dios que se niegan a abandonar su propia forma de pensar. Se niegan a someterse a la Palabra de Dios.

APOCALIPSIS CAPÍTULO NUEVE EN UNA ORACIÓN

Apocalipsis nueve habla de los últimos dos de los siete sonidos de trompeta, también conocidos como dos de los "tres ayes", dirigidos a los seres humanos impenitentes del tiempo del fin que reciben la Marca de la Bestia.

APOCALIPSIS CAPÍTULO DIEZ

APOCALIPSIS 10:1

> ***"Y VI otro ángel fuerte descender del cielo, cercado de una nube, y el arco celeste sobre su cabeza; y su rostro era como el sol, y sus pies como columnas de fuego."***

Desde el comienzo de este libro se ha demostrado que el ángel de Dios o el Mensajero de Dios en el Libro del Apocalipsis es el Espíritu Santo, que es las siete lámparas delante del trono de Dios.

> *"Y del trono salían relámpagos y truenos y voces: y siete lámparas de fuego estaban ardiendo delante del trono, las cuales son los siete Espíritus de Dios."* Apocalipsis 4:5.

El Espíritu Santo es también el ángel o Mensajero que tiene poder o control sobre el fuego.

> *"Y otro ángel salió del altar, el cual tenía poder sobre el fuego, y clamó con gran voz al que tenía la hoz aguda, diciendo: Mete tu hoz aguda, y vendimia los racimos de la tierra; porque están maduras sus uvas."* Apocalipsis *14:18.*

> *"Y otro ángel vino, y se paró delante del altar, teniendo un incensario de oro; y le fué dado mucho incienso para que lo añadiese á las oraciones de todos los santos sobre el altar de oro que estaba delante del trono. Y el humo del incienso subió de la mano del ángel delante de Dios, con las oraciones de los santos. Y el ángel tomó el incensario, y lo llenó del fuego del altar, y echólo en la tierra; y fueron hechos truenos y voces y relámpagos y terremotos. Y los siete ángeles que tenían las siete trompetas, se aparejaron para tocar. Y el primer ángel*

> *tocó la trompeta, y fué hecho granizo y fuego, mezclado con sangre, y fueron arrojados á la tierra; y la tercera parte de los árboles fué quemada, y quemóse toda la hierba verde."* Apocalipsis 8:3-7.

El ángel descrito en el capítulo diez de Apocalipsis es el Espíritu Santo que sale del trono de Dios y lleva el "arco iris" de Dios (Apocalipsis 4:3) y revela que "su rostro era como el sol, y sus pies como columnas de fuego".

El Mensajero del Espíritu Santo del capítulo diez de Apocalipsis representa a Jesús y tiene un mensaje especial. El capítulo diez de Apocalipsis es un BUCLE DE PROFECÍA que nos lleva de regreso al comienzo de la tribulación de siete años, proporcionando información adicional desconocida hasta este momento.

(Nota: UN BUCLE DE PROFECÍA es un estilo de escritura bíblica donde los versículos o capítulos siguen un ciclo de pensamiento completo para agregar información a los versículos o capítulos anteriores).

El Espíritu Santo es el representante de Jesús, compartiendo el mensaje del tiempo del fin de parte de Dios, a los siervos de Dios, para que lo enseñen a su prójimo. El pueblo que está siendo llenado por el Espíritu Santo para llevar los mensajes de la tribulación de siete años es el "pueblo del cielo", los siervos elegidos de Dios que se han rendido completamente a Dios antes de que comenzara la tribulación de 2520 días. El "pueblo del cielo" llevará los mensajes de Dios al pueblo de la "tierra" y del "mar" en el poder del Espíritu Santo. El "pueblo del cielo", bajo la influencia del Espíritu Santo, también son llamados los 144.000.

PREGUNTA: ¿Cuál es el significado del ángel que lleva un arcoíris?

RESPUESTA: El arcoíris que adorna al ángel de Apocalipsis diez proviene del salón del trono de Dios. Al usar el arcoíris, el ángel certifica que es un embajador de Dios, cumpliendo Su voluntad.

> *"DESPUÉS de estas cosas miré, y he aquí una puerta abierta en el cielo: y la primera voz que oí, era como de trompeta que hablaba conmigo, diciendo: Sube acá, y yo te mostraré las cosas que han de ser después de éstas. Y luego yo fuí en Espíritu: y he aquí, un trono que estaba puesto en el cielo, y sobre el trono estaba uno sentado. Y el que estaba sentado, era al parecer semejante á una piedra de jaspe y de sardio: y un arco celeste había alrededor del trono, semejante en el aspecto á la esmeralda."* Apocalipsis 4:1-3

Lo mismo se aplica al jinete del caballo blanco que lleva un "arco" o arco iris después de la apertura del primer sello. Esto significa que el mensajero es auténtico y viene directamente de la sala del trono de Dios, donde se encuentra el arco iris de acumulación.

> *"Y MIRÉ cuando el Cordero abrió uno de los sellos, y oí á uno los cuatro animales diciendo como con una voz de trueno: Ven y ve. Y miré, y he aquí un caballo blanco: y el que estaba sentado encima de él, tenía un arco; y le fué dada una corona, y salió victorioso, para que también venciese."* Apocalipsis 6:1,2.

> *"Y luego yo fuí en Espíritu: y he aquí, un trono que estaba puesto en el cielo, y sobre el trono estaba uno sentado. Y el que estaba sentado, era al parecer semejante á una piedra de jaspe y de sardio: y un arco celeste había alrededor del trono, semejante en el aspecto á la esmeralda."* Apocalipsis 4:2,3.

APOCALIPSIS 10:2-4

> ***"Y tenía en su mano un librito abierto: y puso su pie derecho sobre el mar, y el izquierdo sobre la tierra; Y clamó con grande voz, como cuando un león ruge: y cuando hubo clamado, siete truenos hablaron sus voces. Y cuando los siete truenos hubieron hablado sus voces, yo iba á escribir, y oí una voz del cielo que me decía: Sella las cosas que los siete truenos han hablado, y no las escribas."***

Este versículo nos permite saber que la acción que se lleva a cabo, en este momento en particular, se lleva a cabo al comienzo de la tribulación de siete años. El Espíritu Santo tiene los siete mensajes de trueno, que son los siete mensajes unificados de Apocalipsis revelados en los sellos, trompetas, ángeles y lamentos, para ser anunciados al mundo religioso, a la gente de la "tierra" y del "mar". En este momento, Él aún no ha lanzado los mensajes que son como "una gran voz, como cuando un león ruge".

PREGUNTA: ¿Cuál es el librito que el Espíritu Santo, a través de los 144.000, tiene abierto en Su mano? ¿Podría ser toda la Biblia? ¿Podría ser una porción de la Biblia? ¿O es otra cosa?

RESPUESTA: La identidad del libro no se revela en la Biblia, pero los resultados de lo que contiene el libro son más importantes que el nombre del libro. El libro contiene la verdad que será revelada a la última generación de Dios. Esas verdades se revelan en "los siete truenos". Este autor está tomando la posición de que el librito muy probablemente es el Libro de Apocalipsis que se está aclarando a los habitantes de la "tierra" y el "mar".

PREGUNTA: ¿Por qué es importante en este texto la "gran voz, como cuando ruge un león"?

RESPUESTA: Hay varias razones para esto. (1) El rugido proviene de la Bestia León del Espíritu Santo que está delante del trono, como se revela en Apocalipsis 4:7. (2) El rugido de un león invoca miedo y exige atención como se revela en Proverbios 20:2. (3) El rugido de un león llama la atención del pueblo de Dios y los atrae hacia Él como se revela en Oseas 11:10.

> *"Y el primer animal era semejante á un león; y el segundo animal, semejante á un becerro; y el tercer animal tenía la cara como de hombre; y el cuarto animal, semejante á un águila volando."* Apocalipsis 4:7.

> *"Como bramido de cachorro de león es el terror del rey: El que lo hace enfurecerse, peca contra su alma."* Proverbios 20:2.

> *"En pos de Jehová caminarán: él bramará como león: cual león rugirá él de cierto, y los hijos se moverán azorados del occidente."* Oseas 11:10.

Este versículo nos informa no solo de dónde provienen los mensajes, sino también a quiénes están destinados. Por el hecho de que el Ángel tiene "su pie derecho sobre el mar, y su pie izquierdo sobre la tierra" significa que la audiencia prevista para los mensajes de los siete truenos es para la "gente del mar" y para la "gente de la tierra" como nosotros discutido en los capítulos anteriores, especialmente cuando se habla de las siete trompetas, que también suenan como "una gran voz, como cuando un león ruge".

PREGUNTA: Si el mensaje va literalmente a la gente de la "tierra" y del "mar", ¿quién está entregando los mensajes de los siete truenos del Espíritu Santo?

RESPUESTA: ¿Los mensajes de los siete truenos de Apocalipsis están siendo propagados o evangelizados por el "pueblo del cielo", los 144,000 santos sellados de Dios?

El ángel le dijo a Juan que "sellara las cosas que los siete truenos pronunciaron". Así como se le dijo a Daniel que sellara el libro de Daniel hasta "el tiempo del fin" (Daniel 12:4), a Juan se le dice lo mismo con respecto al libro de Apocalipsis. La razón es simple. Si el mensaje o la comprensión de lo que son los siete truenos y lo que dicen están sellados, entonces todo el libro de Apocalipsis está sellado o es imposible de entender correctamente, hasta que llegue el momento adecuado. En la línea de tiempo o calendario de Dios, el libro de Daniel y el libro de Apocalipsis deben ser sellados hasta "el tiempo señalado del fin" (Daniel 8:19). Bueno, ese tiempo señalado es AHORA, para esta generación, porque es ahora que se les abre el libro de Apocalipsis mientras leen este librito. Por el hecho de que el librito está abierto, significa que ya no está sellado y el mensaje debe ser compartido por la gente del "cielo", y dirigido a la gente del "mar" y de la "tierra".

APOCALIPSIS 10:5,6

> ***"Y el ángel que vi estar sobre el mar y sobre la tierra, levantó su mano al cielo, Y juró por el que vive para siempre jamás, que ha criado el cielo y las cosas que están en él, y la tierra y las cosas que están en ella, y el mar y las cosas que están en él, que el tiempo no será más."***

El ángel Mensajero que está de pie "sobre el mar y sobre la tierra" es el Espíritu Santo obrando a través de los santos elegidos de Dios, representando a Dios el Padre y a Su Hijo Jesús.

PREGUNTA: ¿Por qué el mensajero repite que es Dios "quien creó el cielo y las cosas que están en él, y la tierra y las cosas que están en él, y el mar y las cosas que están en él"?

RESPUESTA: El entendimiento de que el cielo, la tierra y el mar son tres categorías de personas en la profecía bíblica, que representan los tres grupos de personas del tiempo del fin que viven en el reino de Dios, no se ha conocido hasta ahora. Pero esa información está siendo revelada a esta última generación. Esa información acerca de la gente del "cielo", la "gente de la tierra" y la "gente del mar" es muy importante para poder entender más completamente la Biblia, la profecía bíblica y el libro de Apocalipsis.

PREGUNTA: ¿Por qué la "tierra" y el "mar" junto con el "cielo" se mencionan cuatro veces en el capítulo diez de Apocalipsis en los versículos 1, 2, 4, 5, 6, 8?

RESPUESTA: Cuando Dios se repite a Sí mismo, es hora de que Su pueblo preste mucha atención a lo que Él está diciendo. Al leer los versículos anteriores, el cielo, la tierra y el mar físicos, por supuesto, vienen primero a la mente, ya que Dios creó todas estas cosas, y todo lo que hay en ellas según el capítulo uno de Génesis, pero el cielo, la tierra y el mar espirituales son lo que se está promocionando aquí, más que lo físico. Dios tiene tres divisiones del reino de Dios, al cual pertenece toda persona que cree en Jesucristo.

PREGUNTA: ¿Quiénes son la gente del cielo, la gente de la tierra y la gente del mar?

RESPUESTA: La gente del cielo son aquellos santos que sirven a Dios al 100%. La gente de la tierra son aquellos que sirven a Dios parcialmente, eligiendo y eligiendo lo que harán y no harán. La gente del mar es la gente del reino de Dios que sabe lo que Dios quiere pero se niega a hacer lo que Él exige.

PREGUNTA: ¿Cómo se relaciona la comprensión de las tres divisiones del reino de Dios y el anuncio "que ya no habrá más tiempo"?

RESPUESTA: En el momento en que el mundo religioso se dé cuenta de que la división del reino de Dios tiene tres designaciones, la comprensión de la Biblia se realizará más plenamente y esto marcará el comienzo del tiempo final para la historia del pecado. Este dicho, "que no haya más tiempo" va de la mano con el mensaje del primer ángel que anuncia que "ha llegado la hora de su juicio":

> *"Y vi otro ángel volar por en medio del cielo, que tenía el evangelio eterno para predicarlo á los que moran en la tierra, y á toda nación y tribu y lengua y pueblo, Diciendo en alta voz: Temed á Dios, y dadle honra; porque la hora de su juicio es venida; y adorad á aquel que ha hecho el cielo y la tierra y el mar y las fuentes de las aguas."* Apocalipsis 14:6,7.

La razón por la cual la mano del Mensajero del Espíritu Santo está en el "cielo" es porque el mensaje que viene del trono de Dios está siendo promovido por el "pueblo del cielo" que está en Su mano. Es el "pueblo del cielo", el que sirve a Dios al 100%, los 144.000 siervos elegidos de Dios, representados por las siete iglesias, que son los que dan el mensaje final al pueblo de la "tierra" y del "mar" bajo el poder del Espíritu Santo, al comenzar la tribulación de siete años.

APOCALIPSIS 10:7

> ***"Pero en los días de la voz del séptimo ángel, cuando él comenzare á tocar la trompeta, el misterio de Dios será consumado, como él lo anunció á sus siervos los profetas."***

Esta es una pista importante para la cronología de los siete sellos, las siete trompetas, los siete ángeles, los siete lamentos y el sonido de los siete truenos. El primer sonido del trueno del mensaje unificado de sellos, trompetas, ángeles y lamentos sale al comienzo de la tribulación de siete años. El último trueno del mensaje unificado de sellos, trompetas, ángeles y lamentos sale al final de los tiempos, en el último día. El espacio de tiempo entre el primer mensaje y el último mensaje es exactamente de 1007 años. Los primeros seis mensajes suenan durante los primeros siete años; el último mensaje del trueno del séptimo ángel suena 1000 años después, al final de los 1000 años de Apocalipsis 20, como lo revela el siguiente cuadro.

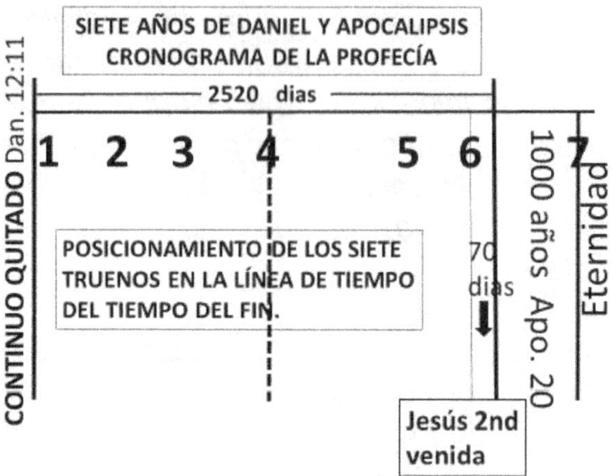

PREGUNTA: ¿Por qué se acaba el misterio de Dios con el sonido del mensaje del séptimo trueno?

RESPUESTA: El misterio del plan de salvación desde la caída de Satanás hasta su destrucción total va desde antes de la creación de este mundo hasta después del juicio del gran trono blanco de Apocalipsis 20. Después de que todo pecado es aniquilado entonces el plan de salvación, el misterio de Dios, será consumado, y el último séptimo sello, trompeta, ángel, lamento y trueno, serán sonados, y comenzará una eternidad sin pecado con Dios para todos los redimidos.

APOCALIPSIS 10:8-10

> ***"Y la voz que oí del cielo hablaba otra vez conmigo, y decía: Ve, y toma el librito abierto de la mano del ángel que está sobre el mar y sobre la tierra. Y fuí al ángel, diciéndole que me diese el librito, y él me dijo: Toma, y trágalo; y él te hará amargar tu vientre, pero en tu boca será dulce como la miel. Y tomé el librito de la mano del ángel, y lo devoré; y era***

> ***dulce en mi boca como la miel; y cuando lo hube devorado, fué amargo mi vientre."***

Ya sea que el librito, en la mano del ángel, sea el libro de Daniel o el libro de Apocalipsis o la Biblia entera, el mandato del Espíritu Santo es "Tómalo y cómelo". El dicho "Tómalo y cómelo" es como el resto del libro de Apocalipsis, está en lenguaje simbólico. No debemos poner literalmente los libros de profecías bíblicas en un plato y verter salsa sobre ellos en preparación para una comida. Pero el Espíritu Santo nos ordena leerlos, estudiarlos, incorporarlos y digerirlos en nuestros corazones y mentes hasta que se conviertan en parte de nosotros y podamos entenderlos y explicarlos a otros. Esta habilidad de entender y enseñar los libros de Daniel y Apocalipsis, en armonía con la Biblia total, es lo que significa "tener el Espíritu de profecía" como se menciona en Apocalipsis 19:10:

> *"Y yo me eché á sus pies para adorarle. Y él me dijo: Mira que no lo hagas: yo soy siervo contigo, y con tus hermanos que tienen el testimonio de Jesús: adora á Dios; porque el testimonio de Jesús es el espíritu de la profecía."* Apocalipsis 19:10.

PREGUNTA: ¿Qué significa ser dulce en la boca pero amargo en el estómago?

RESPUESTA: Ser dulce en la boca significa hacer algo que realmente disfrutamos hacer. Pero estar amargado en el estómago significa que los resultados no son los que pensábamos que serían. Los resultados son decepcionantes y desalentadores. Esa es la amarga experiencia cuando una persona estudia la profecía bíblica y se da cuenta de que sus ideas y conclusiones preconcebidas son inexactas. El cambio es difícil y puede ser una experiencia muy amarga. Pero los hijos de Dios tomarán esa experiencia con calma y buscarán diligentemente la verdad, luego también compartirán ese mensaje con otros, en todo el mundo.

APOCALIPSIS 10:11

> ***"Y él me dice: Necesario es que otra vez profetices á muchos pueblos y gentes y lenguas y reyes."***

Este es un dicho similar a Marcos 16:15:

> "*Y les dijo: Id por todo el mundo y predicad el evangelio a toda criatura*". Y también...

> "*Mas recibiréis la virtud del Espíritu Santo que vendrá sobre vosotros; y me sereís testigos en Jerusalem, en toda Judea, y Samaria, y hasta lo último de la tierra.*" Hechos 1:8

> "*Y será predicado este evangelio del reino en todo el mundo, por testimonio á todos los Gentiles; y entonces vendrá el fin.*" Mateo 24:14.

La verdad profética para los últimos tiempos no es una verdad que el pueblo de Dios pueda darse el lujo de sentarse o demorar en compartir. El mundo necesita entender lo que viene y hacer los arreglos apropiados lo antes posible (tan pronto como sea posible) para que nadie quede desprevenido como cuando un ladrón (Mateo 24:43) entra por la fuerza. Compartiendo lo dulce/ amargo mensaje no es una sugerencia. Este es un mandato del Espíritu Santo ordenando a los hijos de Dios que actúen para evangelizar al mundo, "otra vez".

> "*Esto empero sabed, que si el padre de la familia supiese á cuál vela el ladrón había de venir, velaría, y no dejaría minar su casa.*" Mateo 24:43.

Cuando llegue ese momento de testificar, debemos seguir la dirección del Espíritu Santo. No necesitamos preocuparnos por lo que debemos decir, Él nos dará esa información en el momento correcto, en el lugar correcto, con las palabras correctas. Él usará la información que hemos obtenido de la Biblia y la traerá a nuestra memoria en el momento justo.

> *"Y cuando os trajeren para entregaros, no premeditéis qué habéis de decir, ni lo penséis: mas lo que os fuere dado en aquella hora, eso hablad; porque no sois vosotros los que habláis, sino el Espíritu Santo."* Marcos 13:11.

PREGUNTA: ¿Cómo nos da el Espíritu Santo las palabras correctas para decir cuando tenemos la oportunidad de testificar?

RESPUESTA: El Espíritu Santo es capaz de darnos las palabras correctas en el momento correcto mientras filtra toda la información en nuestro cerebro, que hemos recopilado al estudiar las Escrituras diariamente durante un largo período de tiempo. La información de las Escrituras que hemos leído o estudiado en el pasado se convierte en la fuente de información que el Espíritu Santo usa para darnos las palabras correctas para decir, en el momento adecuado.

APOCALIPSIS CAPÍTULO DIEZ EN POCAS PALABRAS

Este capítulo nos lleva al comienzo de la tribulación de siete años después de que los santos elegidos de Dios sean sellados y llenos del Espíritu Santo. Estos santos, las siete iglesias 144,000 predicadores de Dios, entregarán el mensaje de verdad de los últimos días a las personas del "mar" y la "tierra" que aún no se han dedicado 100% a Dios el Padre. Al principio, el mensaje será dulce para los oídos del pueblo del reino de Dios, pero esa dulzura se volverá amarga cuando las personas se den cuenta de que deben cambiar su concepto de la Biblia y el trono de Dios.

APOCALIPSIS CAPÍTULO DIEZ EN UNA ORACIÓN

Los siervos de Dios de los últimos días, el "pueblo del cielo", que reflejan el carácter de Jesús, harán sonar los siete mensajes de trueno a la gente de la "tierra" y del "mar" con las advertencias finales que son "dulces a la boca pero amargas al estómago."

APOCALIPSIS CAPÍTULO ONCE

> *"Así que ya no sois extranjeros ni advenedizos, sino juntamente ciudadanos con los santos, y domésticos de Dios; Edificados* ***sobre el fundamento de los apóstoles y profetas****, siendo la principal piedra del ángulo Jesucristo mismo; En el cual, compaginado todo el edificio, va creciendo para ser un templo santo en el Señor: En el cual vosotros también sois juntamente edificados, para morada de Dios en Espíritu."* Efesios 2:19-22.

PREGUNTA: ¿Cuál es *"el fundamento de los apóstoles y profetas"?*

RESPUESTA: Los "apóstoles" apuntan al Nuevo Testamento, los "profetas" apuntan al Antiguo Testamento. Los dos testamentos, "los apóstoles y los profetas", son los dos testigos del amor de Dios, que componen toda la Biblia, por los que se juzga o mide a todos los hombres. El reino de Dios está edificado sobre el fundamento de las Escrituras sobre las cuales todas las personas, de toda nación, lengua y pueblo, deben estar cimentadas.

Durante la tribulación de 2520 días (7 años), el mensaje bíblico de los dos testigos jugará un papel muy importante. La Biblia será tolerada o se permitirá que se comparta con el mundo durante los primeros 1260 días del período de la tribulación, pero será "muerta" o silenciada durante la última mitad de la tribulación. En Apocalipsis once, se hace referencia a la última mitad de los 2520 días como 42 meses, así como a tres días y medio (3 días y medio). Cerca del final de la tribulación, en la segunda venida de Jesús, las profecías de la Biblia se harán realidad, dando vida a los dos testigos, los dos testamentos, que son la Biblia entera. Note el siguiente cuadro que demuestra la vida, muerte y resurrección de "los dos testigos".

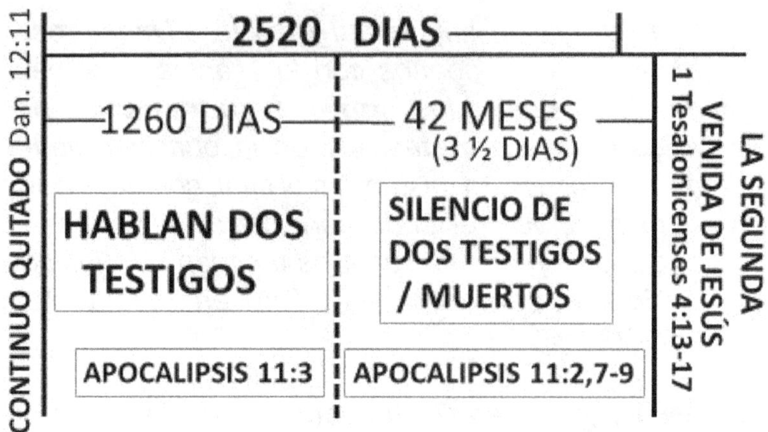

APOCALIPSIS 11:1,2

> ***"Y ME fué dada una caña semejante á una vara, y se me dijo: Levántate, y mide el templo de Dios, y el altar, y á los que adoran en él. Y echa fuera el patio que está fuera del templo, y no lo midas, porque es dado á los Gentiles; y hollarán la ciudad santa cuarenta y dos meses."***

PREGUNTA: ¿Qué es la "caña como una vara"?

RESPUESTA: La caña como una vara es el libro la Santa Biblia:

> *"Y la palabra de Jehová fué á mí, diciendo: ¿Qué ves tú, Jeremías? Y dije: Yo veo una vara de almendro. Y díjome Jehová: Bien has visto; porque yo apresuro mi palabra para ponerla por obra."* Jeremías 1:11,12.

> *"Aunque ande en valle de sombra de muerte, No temeré mal alguno; porque tú estarás conmigo: Tu vara y tu cayado me infundirán aliento." Salmos 23:4.*

> *"YO soy el hombre que ha visto aflicción en la vara de su enojo."* Lamentaciones 3:1.

> *"Mas Jesús clamó y dijo: El que cree en mí, no cree en mí, sino en el que me envió; Y el que me ve, ve al que me envió. Yo la luz he venido al mundo, para que todo aquel que cree en mí no permanezca en tinieblas. Y el que oyere mis palabras, y no las creyere, yo no le juzgo; porque no he venido á juzgar al mundo, sino á salvar al mundo. El que me desecha, y no recibe* ***mis palabras****, tiene quien le juzgue: la palabra que he hablado, ella le juzgará en* ***el día postrero****."* Juan 12:44-48.

El libro de Apocalipsis es un libro escrito en lenguaje figurado. Comprender el libro de Apocalipsis es darse cuenta de que es un libro de simbolismo. Una nube no es una nube. Una estrella no es una estrella. Una espada no es una espada, etc. Una "caña como una vara" es figurativa de la Biblia por la cual todos los hombres son medidos en su andar y su obediencia a Dios.

Todo el pueblo de Dios está llamado a estar a la altura de lo que saben acerca del Creador. Aunque la naturaleza revela un poder superior organizado, no puede usarse totalmente como una vara de medir de nuestra espiritualidad. El único elemento con el que se puede medir a una persona es la Palabra segura de Dios. En la Biblia, Dios claramente nos deja saber de dónde venimos, por qué estamos aquí y hacia dónde vamos. La Palabra de Dios, la espada de dos filos (Hebreos 4:12), explica claramente en casi todos los idiomas de este planeta, el plan de salvación. Podemos aceptarlo o rechazarlo, pero de cualquier manera, la Biblia es "la caña como una vara".

> *"Porque la palabra de Dios es viva y eficaz, y más penetrante que toda espada de dos filos: y que alcanza hasta partir el alma, y aun el espíritu, y las coyunturas y tuétanos, y discierne los pensamientos y las intenciones del corazón."* Hebreos 4:12.

PREGUNTA: ¿Cómo se llama el instrumento que Dios usa para medir el templo, que es su pueblo?

RESPUESTA: Dios usa una "caña" como vara de medir para medir Su templo. El templo de Dios son las personas, no un edificio, tú y yo somos el templo de Dios para ser medido (1 Corintios 6:19).

> *"Y he aquí, un muro fuera de la casa: y la caña de medir que aquel varón tenía en la mano, era de seis codos, de á codo y palmo: y midió la anchura del edificio de una caña, y la altura, de otra caña."* Ezequiel 40:5.

> *"Y luego que acabó las medidas de la casa de adentro, sacóme por el camino de la puerta que miraba hacia el oriente, y midiólo todo alrededor. Midió el lado oriental con la caña de medir, quinientas cañas de la caña de medir en derredor. Midió al lado del norte, quinientas cañas de la caña de medir alrededor. Midió al lado del mediodía, quinientas cañas de la caña de medir. Rodeó al lado del occidente, y midió quinientas cañas de la caña de medir. A los cuatro lados lo midió: tuvo el muro todo alrededor quinientas cañas de longitud, y quinientas cañas de anchura, para hacer separación entre el santuario y el lugar profano."* Ezequiel 42:15-20.

> *"¿O ignoráis que vuestro cuerpo es templo del Espíritu Santo, el cual está en vosotros, el cual tenéis de Dios, y que no sois vuestros?"* 1 Corintios 6:19.

PREGUNTA: ¿Qué lenguaje simbólico se usa en todo el libro de Apocalipsis que se refiere en la Santa Biblia?

RESPONDER:

(1) La caña como vara de Apocalipsis 11:1.

(2) La espada de Apocalipsis 1:16; 2:12,16; 6:4,8; 13:10,14; 19:15,21.

(3) Los dos testigos de Apocalipsis 11:3-7,9-12.

(4) Los 24 ancianos de Apocalipsis 4:4,10; 5:5-8,11,14; 7:11,13; 11:16; 14:3; 19:4.

PREGUNTA: ¿Qué es la "ciudad santa" que será "hollada" durante 42 meses?

RESPUESTA: En la profecía bíblica, la "ciudad santa" es el pueblo de Dios, Su reino. El pueblo de Dios de los últimos días es llamado simbólicamente "Jerusalén", "tu ciudad", "tu santo monte", etc. Daniel usó esta misma analogía en el capítulo nueve de Daniel cuando se refirió al pueblo de Dios como la ciudad de Dios.

> *"Ahora pues, Señor Dios nuestro, que sacaste* ***tu pueblo*** *de la tierra de Egipto con mano poderosa, y te hiciste nombre cual en este día; hemos pecado, impíamente hemos hecho. Oh Señor, según todas tus justicias, apártese ahora tu ira y tu furor de sobre* ***tu ciudad Jerusalem, tu santo monte****: porque á causa de nuestros pecados, y por la maldad de nuestros padres,* ***Jerusalem*** *y* ***tu pueblo*** *dados son en oprobio á todos en derredor nuestro."* Daniel 9:15,16.

> *"Setenta semanas están determinadas sobre tu pueblo y sobre tu santa ciudad, para acabar la prevaricación, y concluir el pecado, y expiar la iniquidad; y para traer la justicia de los siglos, y sellar la visión y la profecía, y ungir al Santo de los santos."* Daniel 9:24.

El gran conflicto, en la profecía bíblica, es entre las dos ciudades figurativas de Babilonia y Jerusalén. Ambas ciudades son la habitación de todas las personas religiosas que viven en los últimos tiempos. Babilonia representa simbólicamente al pueblo que adora a Dios falsamente, y Jerusalén representa simbólicamente al pueblo que adora a Dios apropiadamente. La Biblia, desde Génesis hasta Apocalipsis, revela claramente cómo adorar a Dios correctamente. Recuerde, la profecía bíblica, se trata de ADORACIÓN.

PREGUNTA: ¿Por qué el "tribunal" está separado del "templo" en los últimos tiempos?

RESPUESTA: La adoración falsa está fuera del templo y mira hacia adentro. La adoración verdadera está dentro del templo y mira hacia afuera. El reino de Dios está compuesto por personas tanto del "atrio" alrededor del santuario como del "templo" dentro del santuario. La diferencia está determinada por la relación de una persona con Dios Padre y Su Santa Palabra.

La separación del atrio del templo revela simbólicamente la dicotomía de la adoración falsa versus la adoración verdadera. La presencia del altar del incienso en el templo representa la presencia del Espíritu Santo, el cual está figurativamente representado por el Ángel o Mensajero en este texto.

> *"Y otro ángel vino, y se paró delante del altar, teniendo un incensario de oro; y le fué dado mucho incienso para que lo añadiese á las oraciones de todos los santos sobre el altar de oro que estaba delante del trono. Y el humo del incienso subió de la mano del ángel delante de Dios, con las oraciones de los santos. Y el ángel tomó el incensario, y lo llenó del fuego del altar, y echólo en la tierra; y fueron hechos truenos y voces y relámpagos y terremotos."* Apocalipsis 8:3-5

> *"Y DESPUÉS de estas cosas vi otro ángel descender del cielo teniendo grande potencia; y la tierra fué alumbrada de su gloria. Y clamó con fortaleza en alta voz, diciendo: Caída es, caída es la grande Babilonia, y es hecha habitación de demonios, y guarida de todo*

> *espíritu inmundo, y albergue de todas aves sucias y aborrecibles."* Apocalipsis 18:1,2.

PREGUNTA: ¿Cuál es la principal diferencia entre los adoradores en "el templo de Dios" y los adoradores en "el atrio alrededor del templo"?

RESPUESTA: El tema central del templo de Dios es el "pacto" de Dios que se encuentra dentro del Arca del Pacto, que se encuentra en el centro del templo. El tema central de los santos de Dios de los últimos tiempos es el "pacto", los Diez Mandamientos, como el centro de su obediencia a su Dios Creador. Los que están en el templo son obedientes a la ley de Dios, los Diez Mandamientos. Los que están fuera del templo no lo son.

> *"Y él os anunció su pacto, el cual os mandó poner por obra, las diez palabras; y escribiólas en dos tablas de piedra."* Deuteronomio 4:13.

PREGUNTA: ¿Por qué usar la Biblia, la vara de medir, para separar a los verdaderos adoradores de los falsos adoradores?

RESPUESTA: Porque, eso es lo que hace la Biblia. Eso es lo que hace desde Génesis hasta Apocalipsis. La Biblia es el único libro en toda la creación que dirige los corazones y las mentes de los hombres sobre cómo adorar a Dios correctamente, de la manera que Él exige. Cuando una persona se sale de la Biblia para aprender a adorar a Dios, se crea confusión (Babilonia). La verdad y el error separan naturalmente a las personas en dos grupos de adoradores.

> *"Porque la palabra de Dios es viva y eficaz, y más penetrante que toda espada de dos filos: y que alcanza hasta partir el alma, y aun el espíritu, y las coyunturas y tuétanos, y discierne los pensamientos y las intenciones del corazón."* Hebreos 4:12.

PREGUNTA: ¿Qué significa ser "hollado bajo los pies"?

RESPUESTA: Ser "pisoteado" significa ser esclavizado o forzado a alejarse de lo que es correcto. Ser golpeado. Ser maltratado. En el tiempo del fin, los babilonios simbólicos maltratarán a los habitantes de Jerusalén, en todas las formas imaginables, hasta llevarlos a la muerte. Jesús, el profeta Daniel, junto con Jeremías y el apóstol Pablo, advierten que el pueblo de Dios será maltratado durante los próximos siete años de tribulación, no por el mundo no religioso, sino por el mundo religioso en desacuerdo con el verdadero pueblo de Dios.

> *"Y todas estas cosas, principio de dolores. Entonces os entregarán para ser afligidos, y os matarán; y seréis aborrecidos de todas las gentes por causa de mi nombre."* Mateo 24:8,9.

> *"Muchos pastores han destruído mi viña, hollaron mi heredad, tornaron en desierto y soledad mi heredad preciosa."* Jeremías 12:10.

> *"¿Cuánto pensáis que será más digno de mayor castigo, el que hollare al Hijo de Dios, y tuviere por inmunda la sangre del testamento, en la cual fué santificado, é hiciere afrenta al Espíritu de gracia?"* Hebreos 10:29.

> *"Y oí un santo que hablaba; y otro de los santos dijo á aquél que hablaba: ¿Hasta cuándo durará la visión del continuo sacrificio, y la prevaricación asoladora <u>que pone el santuario y el ejército para ser hollados?</u> Y él me dijo: Hasta dos mil y trescientos días de tarde y mañana; y el santuario será purificado."* Daniel 8:13,14.

(Una traducción mejor y más precisa de Daniel 8:13,14, es la siguiente:)

> *"Entonces oí hablar a un santo, y otro santo dijo a aquel santo que hablaba: ¿Hasta cuándo será la visión del continuo, y la transgresión desoladora, para dar el santo (pueblo) y el ejército (Jesucristo) para ser pisoteado? Y me dijo: Hasta dos mil trescientas tardes y mañanas; entonces el (pueblo) santo será vindicado".* Daniel 8:13,14.

APOCALIPSIS 11:3,4

> ***"Y daré á mis dos testigos, y ellos profetizarán por mil doscientos y sesenta días, vestidos de sacos. Estas son las dos olivas, y los dos candeleros que están delante del Dios de la tierra."***

PREGUNTA: ¿Qué es un testigo?

RESPUESTA: Un testigo es el que da testimonio de algo que vio.

PREGUNTA: ¿Quiénes son los dos testigos de Apocalipsis once?

RESPUESTA: Los dos testigos son el Antiguo y el Nuevo Testamento de la Santa Biblia. Un testigo testifica.

PREGUNTA: ¿Cómo es posible que los dos testigos simbólicos profeticen, lo que significa testificar, hablar o evangelizar?

RESPUESTA: La Biblia, la Palabra de Dios, da testimonio de Su amor, paciencia, misericordia y justicia para todos los que la lean y estudien. La Biblia contiene un mensaje para la generación de los últimos tiempos que, cuando lo escuchen, tocará sus corazones y mentes. Esos santos de los últimos tiempos que predican el último mensaje del evangelio de advertencia al mundo son los testigos de Dios.

> *"Y Jehová me respondió, y dijo: Escribe la visión, y declárala en tablas, para que corra el que leyere en ella. Aunque la visión tardará aún por tiempo, mas al fin hablará, y no mentirá: aunque se tardare, espéralo, que sin duda vendrá; no tardará."* Habacuc 2:2,3.

PREGUNTA: ¿Cuál es el propósito de dos testigos o por qué hay dos testigos?

RESPUESTA: El juicio final del hombre u oportunidad de rendirse a Dios, para vida eterna o muerte eterna, comienza cuando comienza la tribulación de siete años. En un juicio en un tribunal bíblico, una persona no puede ser ejecutada bajo el testimonio de un testigo. Debe haber dos o más testigos que estén de acuerdo en su testimonio para que una persona sea declarada culpable en un tribunal de justicia. El Antiguo y el Nuevo Testamento de la Biblia son los dos testigos, que dan testimonio de las acciones del hombre y de Dios, con respecto al plan de redención.

> *"No valdrá un testigo contra ninguno en cualquier delito, ó en cualquier pecado, en cualquier pecado que se cometiere. En el dicho de dos testigos, ó en el dicho de tres testigos consistirá el negocio."* Deuteronomio 19:15

> *"Por dicho de dos testigos, ó de tres testigos, morirá el que hubiere de morir; no morirá por el dicho de un solo testigo."* Deuteronomio 17:6.

> *"ESTA tercera vez voy á vosotros. En la boca de dos ó de tres testigos consistirá todo negocio."* 2 Corintios 13:1.

PREGUNTA: ¿Qué significa "profetizar mil doscientos sesenta días, vestidos de cilicio"?

RESPUESTA: (1) Profetizar "mil doscientos sesenta días" es enseñar, instruir o amonestar a otros por 1260 días literales.

La tribulación de siete años tiene una duración de 2520 días literales, lo que significa que los dos testigos testifican por la primera mitad de los 2520 días, o por 1260 días. (2) Vestirse de cilicio es sufrir ansiedad, remordimiento y tristeza por algún acontecimiento como acto de arrepentimiento y humildad. El mensaje del tiempo del fin de "la hora del juicio ha llegado" (Apocalipsis 14:6,7) es un mensaje muy serio y sincero que se entrega en un tiempo de gran agitación y persecución, a un pueblo decidido a adorar a Dios a su manera, en lugar de a la manera bíblica.

> *"Y alzando David sus ojos, vió al ángel de Jehová, que estaba entre el cielo y la tierra, teniendo un espada desnuda en su mano, extendida contra Jerusalem. Entonces David y los ancianos se postraron sobre sus rostros, cubiertos de sacos. Y dijo David á Dios: ¿No soy yo el que hizo contar el pueblo? Yo mismo soy el que pequé, y ciertamente he hecho mal; mas estas ovejas, ¿qué han hecho? Jehová Dios mío, sea ahora tu mano contra mí, y contra la casa de mi padre, y no haya plaga en tu pueblo."* 1 Crónicas 21:16,17.

> *"Y acaeció cuando Achâb oyó estas palabras, que rasgó sus vestidos, y puso saco sobre su carne, y ayunó, y durmió en saco, y anduvo humillado. Entonces fué palabra de Jehová á Elías Thisbita, diciendo:¿No has visto como Achâb se ha humillado delante de mí? Pues por cuanto se ha humillado delante de mí, no traeré el mal en sus días: en los días de su hijo traeré el mal sobre su casa."* 1 Reyes 21:27-29.

> *"Y vi otro ángel volar por en medio del cielo, que tenía el evangelio eterno para predicarlo á los que moran en la tierra, y á toda nación y tribu y lengua y pueblo, Diciendo en alta voz: Temed á Dios, y dadle honra; porque la hora de su juicio es venida; y adorad á aquel que ha hecho el cielo y la tierra y el mar y las fuentes de las aguas."* Apocalipsis 14:6,7.

PREGUNTA: ¿Qué otra descripción se da para describir a los dos testigos?

RESPUESTA: "Estos son los dos olivos y los dos candeleros que están delante del Dios de la tierra".

En la primera lectura, un estudiante de la Biblia podría creer que los dos testigos son en realidad dos personas. Se describen de la siguiente manera: (1) Predican o testifican durante los primeros 1.260 días de la gran tribulación de 2.520 días. (2) Reciben poder especial del Espíritu Santo. (3) Evangelizan en actitud humilde. (4) son llamados los dos olivos, (5) y los dos candeleros, (6) y están delante, o representan, "el Rey de la tierra". Estos primeros seis atributos se pueden aplicar a un ser humano. Pero hay descripciones que no son humanas, como el fuego que sale de sus bocas para matar personas. Hay que entender que los dos testigos, que son los dos olivos, los dos candelabros o candelabros, y los 24 ancianos son una misma cosa, la Santa Biblia, y todos están delante del trono de Dios.

> *"Y los veinticuatro ancianos que estaban sentados delante de Dios en sus sillas, se postraron sobre sus rostros, y adoraron á Dios."* Apocalipsis 11:16.

PREGUNTA: ¿En la Biblia qué o quién son los dos olivos y los dos candeleros?

RESPUESTA: Los dos olivos y los dos candeleros representan el Antiguo y Nuevo Testamento de la Biblia. Debido a que son dos, están siendo llamados a testificar oa testificar como testigos oculares veraces y válidos. El aceite de oliva proviene del olivo que se usa como combustible en el candelabro ubicado en el santuario del Antiguo Testamento. El aceite en la Biblia representa el Espíritu Santo (Éxodo 39:37; Mateo 25:3,4). Los candeleros dan luz. La luz en la Biblia es la verdad. (7) Estos dos testigos son inspirados por el Espíritu Santo y dicen la verdad.

"Lámpara es á mis pies tu palabra, Y lumbrera á mi camino." Salmos 119:105.

> *"Tenemos también la palabra profética más permanente, á la cual hacéis bien de estar atentos como á una antorcha que alumbra en lugar oscuro hasta que el día esclarezca, y el lucero de la mañana salga en vuestros corazones: Entendiendo primero esto, que ninguna profecía de la Escritura es de particular interpretación; Porque la profecía no fué en los tiempos pasados traída por voluntad humana, sino los santos hombres de Dios hablaron siendo inspirados del Espíritu Santo."* 2 Pedro 1:19-21.

APOCALIPSIS 11:5,6

> ***"Y si alguno les quisiere dañar, sale fuego de la boca de ellos, y devora á sus enemigos: y si alguno les quisiere hacer daño, es necesario que él sea así muerto. Estos tienen potestad de cerrar el cielo, que no llueva en los días de su profecía, y tienen poder sobre las aguas para convertirlas en sangre, y para herir la tierra con toda plaga cuantas veces quisieren."***

Estos versículos proporcionan más pistas sobre la identidad de los dos testigos. (8) Pueden matar con el fuego que escupen de sus bocas. (9) Cualquier persona que vaya en contra de ellos es merecedor de muerte. (10) Pueden controlar la naturaleza y detener la lluvia y (11) convertir el agua en sangre. (12) Pueden castigar al pueblo de Dios, la "tierra", con plagas cuando lo deseen, como testifica la Biblia. Todas estas cosas ya se han hecho en la Biblia:

> *"JEHOVA reinó: regocíjese la tierra: Alégrense las muchas islas. Nube y oscuridad alrededor de él: Justicia y juicio son el asiento de su trono.* ***Fuego irá delante de***

> ***él, Y abrasará en derredor sus enemigos."*** Salmos 97:1-3.
>
> *"PASADOS muchos días, fué palabra de Jehová á Elías en el tercer año, diciendo: Ve, muéstrate á Achâb, y yo **daré lluvia** sobre la haz de la tierra."* 1 Reyes 18:1.
>
> *"Y COMO Salomón acabó de orar, **el fuego** descendió de los cielos, y consumió el holocausto y las víctimas; y la gloria de Jehová hinchió la casa."* 2 Crónicas 7:1.
>
> *"Así ha dicho Jehová: En esto conocerás que yo soy Jehová: he aquí, yo heriré con la vara que tengo en mi mano el **agua** que está en el río, y se convertirá en **sangre**."* Éxodo 7:17.
>
> *"Envié entre vosotros **mortandad** al modo que en Egipto: maté á cuchillo vuestros mancebos, con cautiverio de vuestros caballos; é hice subir el hedor de vuestros reales hasta vuestras narices: empero no os tornasteis á mí, dice Jehová."* Amós 4:10.

Cuando se consideran todas las pistas de identificación, se da cuenta de que los dos testigos no son en realidad personas porque ninguna persona puede escupir fuego por la boca y destruir a sus enemigos. Ninguna persona, por sí sola, puede provocar una sequía o una hambruna. Pero la Palabra de Dios, la Santa Biblia, enseña que estas cosas fueron hechas en el poder de Dios, no por el hombre. La Biblia son los dos testigos de Apocalipsis once. Son la caña como una vara de Dios que mide la espiritualidad y el carácter del pueblo de Dios.

APOCALIPSIS 11:7

> ***"Y cuando ellos hubieren acabado su testimonio, la bestia que sube del abismo hará guerra contra ellos, y los vencerá, y los matará."***

PREGUNTA: ¿Qué significa "cuando hayan terminado su testimonio"?

RESPUESTA: Los versículos dos y tres nos dicen que los dos testigos, la Biblia, testificarán (serán compartidos o evangelizados), durante tiempos difíciles, durante los primeros 1260 días de la tribulación de siete años. Eso significa que serán compartidos durante la primera mitad de la tribulación y cuando hayan "terminado su testimonio" a la mitad del camino, o tres años y medio (3 ½) después de que comience la tribulación, serán silenciados. Los 1.260 días nos llevan al punto del tiempo del sonido de la cuarta trompeta de Apocalipsis 8:12, como se discutió anteriormente.

> *"Y el cuarto ángel tocó la trompeta, y fué herida la tercera parte del sol, y la tercera parte de la luna, y la tercera parte de las estrellas; de tal manera que se oscureció la tercera parte de ellos, y no alumbraba la tercera parte del día, y lo mismo de la noche."*

La luz de Dios, el sol, la luna y las estrellas también son figurativas de la Biblia. La revelación de la verdad bíblica y la evangelización se verán seriamente disminuidas a la mitad de la tribulación de siete años debido a la controversia contra la Biblia. Satanás será liberado a medida que los corazones del pueblo de Dios, que rechazan Su verdad, se oscurecen. En el momento de la mitad del camino de la tribulación de siete años, la gente que no quiera escuchar los mensajes de la Biblia, deseará y actuará para detener el evangelismo mundial y dejar de tener lugar.

PREGUNTA: ¿Quién es "la bestia que sube del abismo" a la mitad del camino después de que comience la tribulación?

RESPUESTA: La bestia que sale del abismo, en el momento del sonido de la cuarta trompeta, no es Satanás mismo, sino "la bestia", que son ese grupo de personas que él controla e influye. Satanás mismo no sale del abismo hasta que suena el ángel de la quinta trompeta. (14) La "bestia" odia a los dos testigos. (15) Satanás odia a los dos testigos. (16) Son asesinados o silenciados por la bestia que es controlada por Satanás.

> *"**1** Y EL quinto ángel tocó la trompeta, y vi una estrella que cayó del cielo en la tierra; y le fué dada la llave del pozo del abismo. **11** Y tienen sobre sí por rey al ángel del abismo, cuyo nombre en hebraico es Abaddon, y en griego, Apollyon."* Apocalipsis 9:1,11.

Según Apocalipsis 9:1, 11, 12, el momento en que el mismo diablo, Abadón o Apolión, sale del abismo es cuando suena la quinta trompeta, al principio de los cinco meses de tormento para los que tienen la marca de la bestia. Note la posición de los cinco meses en el gráfico a continuación, que se sitúa entre el quinto y el sexto sello:

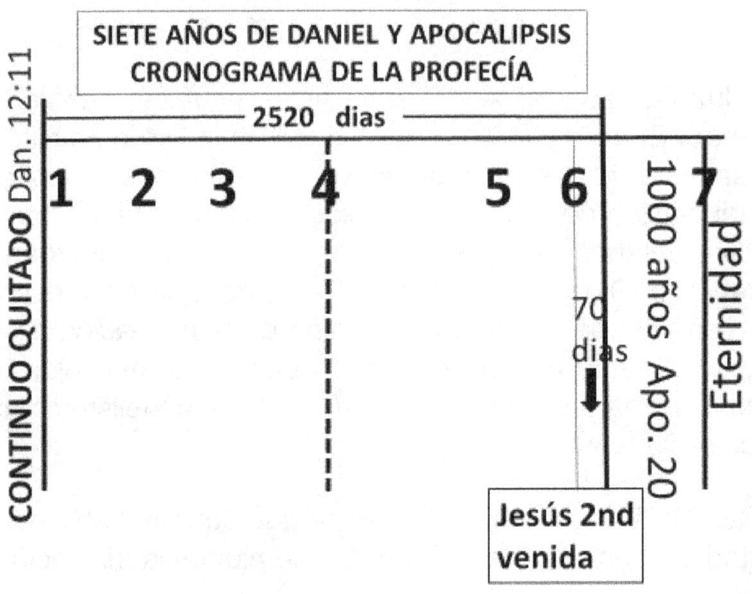

PREGUNTA: ¿Qué significa "hacer guerra contra ellos, y los vencerá y los matará, en referencia a los dos testigos"?

RESPUESTA: Esto significa que la gente de "la bestia" estará muy descontenta con los dos testigos y tomará medidas contra ellos, y los silenciará, no permitiéndoles evangelizar. (17) Después de evangelizar por 1260 días los dos testigos, la Biblia, son silenciados. El pueblo dedicado a Dios en la promoción de Su Palabra será silenciado ante la amenaza de muerte.

PREGUNTA: En el punto medio de la tribulación de siete años, 1260 días después de que el CONTINUO sea quitado (Daniel 12:11), ¿quién es el que toma el control del mundo religioso y proscribe la Palabra de Dios?

RESPUESTA: El que tomará el control del mundo religioso a la mitad del camino de la tribulación de siete años es mencionado por varios nombres en la Biblia:

(1) Se le llama "el cuerno pequeño" en Daniel siete y ocho.

(2) Se le llama "el rey altivo de rostro" en Daniel 8:23.

(3) Se le llama "el rey del norte" en Daniel 11:21,27,40.

(4) Se le llama "una persona vil" en Daniel 11:21.

(5) Se le llama "el rey" en Daniel 11:36.

(6) Se le llama "el hombre de pecado" en 2 Tesalonicenses 2:3,4.

(7) Se le llama "el cordero de dos cuernos" en Apocalipsis 13:11-18.

APOCALIPSIS 11:8-10

> ***"Y sus cuerpos serán echados en las plazas de la grande ciudad, que espiritualmente es llamada Sodoma y Egipto, donde también nuestro Señor fué***

> ***crucificado. Y los de los linajes, y de los pueblos, y de las lenguas, y de los Gentiles verán los cuerpos de ellos por tres días y medio, y no permitirán que sus cuerpos sean puestos en sepulcros. Y los moradores de la tierra se gozarán sobre ellos, y se alegrarán, y se enviarán dones los unos á los otros; porque estos dos profetas han atormentado á los que moran sobre la tierra."***

"La gran ciudad, que en sentido espiritual se llama Sodoma y Egipto" es otro nombre para la bestia. La bestia se compone del pueblo religioso rebelde, llamado Babilonia, que también se llama Sodoma y Egipto por su desafuero. La ciudad donde nuestro Señor fue crucificado, se llama Jerusalén, la ciudad santa. Tanto Babilonia como Jerusalén se discutieron anteriormente en los comentarios bajo Apocalipsis 11:1,2 que representan dos aspectos del reino de Dios. La gente, tanto en los campamentos como en las ciudades, se dará cuenta de que los dos testigos, la Biblia, han sido silenciados, pero ningún grupo puede enterrarlos fuera de su conciencia o mente, ni quitarlos de su vista espiritual.

Los dos testigos (18), la Biblia, permanecerán muertos, o inactivos, por tres días y medio (3 ½). Con el principio de día por año, esto se calcula en un período de tiempo de tres años y medio (3 ½) o 1260 días. Así que según Apocalipsis 11:2,3,7,9; los dos testigos evangelizan la "tierra" para la primera mitad (1.260 días) de la gran tribulación. Y luego los dos testigos son silenciados por la última mitad (1260 días) de la tribulación. 3 ½ días más 3 ½ días = 7 días de años. 1260 más 1260 es igual a 2520 días o 7 años.

Los siguientes textos respaldan el principio de día por año como se mencionó anteriormente:

> *"Conforme al número de los días, de los cuarenta días en que reconocisteis la tierra, llevaréis vuestras iniquidades*

> *cuarenta años, un año por cada día; y conoceréis mi castigo."* Números 14:34.
>
> *"Y cumplidos estos, dormirás sobre tu lado derecho segunda vez, y llevarás la maldad de la casa de Judá cuarenta días: día por año, día por año te lo he dado."* Ezequiel 4:6.

PREGUNTA: ¿Qué personas de la "tierra" se describen en Apocalipsis 11:9,10?

RESPUESTA: La "tierra" mencionada aquí, se refiere a las personas que conocen a Dios pero eligen servirle parcialmente.

PREGUNTA: ¿Por qué es importante reconocer a los tres grupos de personas que componen el reino de Dios como las personas del "cielo", la "tierra" y el "mar"?

RESPUESTA: El libro de Apocalipsis, y muchos lugares en la Biblia, hablan en lenguaje simbólico. Conocer el lenguaje figurativo y lo que cada uno representa ayuda al estudiante de la Biblia a ver más allá de las palabras y comprender el significado de la profecía bíblica. Es imposible entender completamente a Daniel y Apocalipsis sin comprender el simbolismo del cielo, la tierra y el mar como personas en el reino de Dios.

PREGUNTA: ¿Cuál es la definición de la gente del "cielo", la gente de la "tierra" y la gente del "mar" en la profecía bíblica?

RESPUESTA: El pueblo "cielo" sirve a Dios con todo, 100%. La gente de la "tierra" sirve a Dios parcialmente, escogiendo y eligiendo lo que harán o no. La gente del "mar" está familiarizada con lo que Dios quiere, pero se niega a servirlo como Él desea.

PREGUNTA: ¿Qué significa en el versículo diez cuando dice: "Y los moradores de la tierra se regocijarán y se alegrarán por ellos, y se enviarán regalos unos a otros; porque estos dos profetas atormentaron a los que moraban en la tierra?

RESPUESTA: Los dos testigos, que aquí se llaman los dos profetas, (19) hicieron sentir muy incómoda a la "gente de la tierra" hasta el punto de ser realmente atormentada. Luego la "gente de la tierra" lucha contra los dos testigos (la Biblia) y los silencia para detener el tormento que están viviendo. Esto los hace muy felices de que los dos testigos sean silenciados. Estarán tan felices y unidos que toda la "gente de la tierra" se felicitará entre sí, contentos de haber alcanzado su objetivo. (20) El pueblo de Dios, en las ciudades figurativas de Babilonia y Jerusalén, no puede sepultar a los dos testigos, para ser escondidos, ya que están en el corazón de los siervos de Dios. (21) Los babilonios espirituales estarán encantados de que a los dos testigos ya no se les permita molestar su conciencia.

APOCALIPSIS 11:11,12

> ***"Y después de tres días y medio el espíritu de vida enviado de Dios, entró en ellos, y se alzaron sobre sus pies, y vino gran temor sobre los que los vieron. Y oyeron una grande voz del cielo, que les decía: Subid acá. Y subieron al cielo en una nube, y sus enemigos los vieron."***

PREGUNTA: ¿Qué significa que "después de tres días y medio entró en ellos el Espíritu de vida enviado por Dios, y se levantaron sobre sus pies?

RESPUESTA: Durante la última mitad de la tribulación de 2520 días, durante 1260 días, que son tres días y medio espirituales, la Biblia y las profecías bíblicas guardan silencio sobre la segunda mitad de la tribulación de siete años. Pero cerca del final de ese tiempo, en el momento de la segunda venida de Jesús, con la resurrección de los muertos, resucitan o cobran vida cuando se cumplen las profecías que predijeron. Cuando Jesús regresa para el segundo advenimiento, las profecías bíblicas se ven visualmente cumplidas, lo que permite a los testigos figurativamente "ponerse de pie".

Hasta ahora en este capítulo se nos mostró el momento en que a los dos testigos (A) se les permitió predicar, (B) el momento en que fueron silenciados (asesinados), no se les permitió hablar, y ahora en este versículo se nos muestra (C) cuándo serán resucitados o reactivados. Observe el gráfico a continuación:

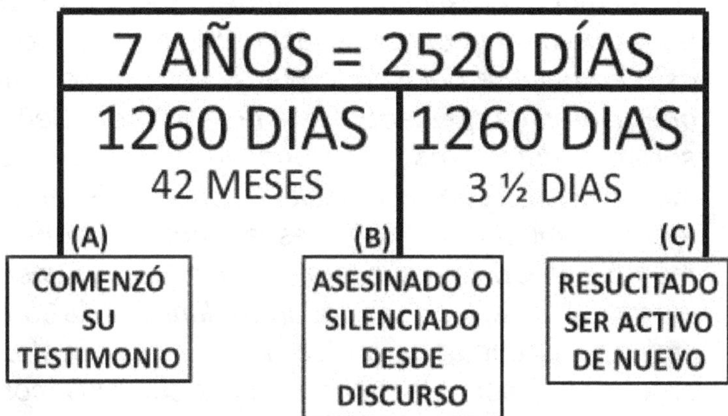

LOS DOS TESTIGOS DE APOCALIPSIS ONCE

PREGUNTA: ¿Quiénes son los "enemigos" que los ven resucitar y ser llevados al cielo?

RESPUESTA: El versículo diez revela que los enemigos de los dos testigos son "los moradores de la tierra" o en otras palabras: el remanente del pueblo religioso rebelde que ocupa el reino de Dios en la ciudad simbólica de Babilonia. (22) Los dos testigos permanecen muertos por 3 ½ años o por 1,260 días. (23) Los dos testigos tienen un papel que desempeñar durante toda la tribulación de siete años. (24) Ellos evangelizan la primera mitad y son silenciados para la segunda mitad de la gran tribulación de 2520 días. (25) son resucitados y llevados al cielo en la forma de la segunda venida de Jesús. (26) Los que los mataron o silenciaron presenciaron personalmente que el pueblo de Dios arrepentido sube al cielo, en la segunda venida de Jesús, dejándolos en este planeta, como se hace realidad 1 Tesalonicenses 4:13-18.

> *"Tampoco, hermanos, queremos que ignoréis acerca de los que duermen, que no os entristezcáis como los otros que no tienen esperanza. Porque si creemos que Jesús murió y resucitó, así también traerá Dios con él á los que durmieron en Jesús. Por lo cual, os decimos esto en palabra del Señor: que nosotros que vivimos, que habremos quedado hasta la venida del Señor, no seremos delanteros á los que durmieron. Porque el mismo Señor con aclamación, con voz de arcángel, y con trompeta de Dios, descenderá del cielo; y los muertos en Cristo resucitarán primero: Luego nosotros, los que vivimos, los que quedamos, juntamente con ellos seremos arrebatados en las nubes á recibir al Señor en el aire, y así estaremos siempre con el Señor. Por tanto, consolaos los unos á los otros en estas palabras."* 1 Tesalonicenses 4:13-18.

APOCALIPSIS 11:13

> ***"Y en aquella hora fué hecho gran temblor de tierra, y la décima parte de la ciudad cayó, y fueron muertos en el temblor de tierra en número de siete mil hombres: y los demás fueron espantados, y dieron gloria al Dios del cielo."***

Cuando los dos testigos son resucitados o vistos, por la segunda venida real de Jesús, todas las personas vivas ven el segundo advenimiento. Cuando los perdidos del tiempo del fin con la marca de la bestia vean el segundo advenimiento, se estremecerán hasta su base mental, que en sentido figurado se llama "un gran terremoto". Pero la gente sin la marca de la bestia, un remanente de verdaderos creyentes, se arrepentirá y dará gloria a Dios en el último segundo, tal como lo hizo el ladrón en la cruz que se arrepintió al presenciar a Jesús en la cruz.

PREGUNTA: ¿Qué es un terremoto en la profecía bíblica?

RESPUESTA: Un terremoto en la profecía bíblica es cuando las creencias espirituales o los cimientos de los hijos de Dios son sacudidos hasta el punto de que pierden el equilibrio y caen ante su Creador. Este terremoto puede despertarlos o enterrarlos. Hay tres "terremotos" mencionados en el libro de Apocalipsis en cinco lugares.

> *"Porque he aquí yo mandaré, y haré que la casa de Israel sea zarandeada entre todas las gentes, como se zarandea el grano en un harnero, y no cae un granito en la tierra."* Amos 9:9.

> *"Porque he hablado en mi celo, y en el fuego de mi ira: Que en aquel tiempo habrá gran temblor sobre la tierra de Israel; Que los peces de la mar, y las aves del cielo, y las bestias del campo, y toda serpiente que anda arrastrando sobre la tierra, y todos los hombres que están sobre la haz de la tierra, temblarán á mi presencia; y se arruinarán los montes, y los vallados caerán, y todo muro caerá á tierra."* Ezequiel 38:19,20.

LOS TERREMOTOS SE MENCIONAN EN APOCALIPSIS 6:12; 8:5; 11:13; 11:19 y 16:18.

PREGUNTA: ¿Cuál es el nombre de la ciudad donde cayó el diez por ciento?

RESPUESTA: El nombre figurativo de la ciudad que cayó el diez por ciento es Babilonia.

PREGUNTA: ¿Cuál fue el efecto sobre el remanente en la ciudad de Babilonia, el último pueblo de Dios que es sincero de corazón?

RESPUESTA: De los setenta mil ocupantes restantes de Babilonia, (27) el diez por ciento o 7,000 de ellos son los santos remanentes finales que mueren a sí mismos. Como el ladrón arrepentido en la cruz, este grupo de personas entrega su voluntad a Dios en el último segundo de tiempo en reconocimiento de quién es Él. Y ellos también se unen a la multitud innumerable.

PREGUNTA: ¿QUIÉNES SON LOS DOS TESTIGOS?

Consideremos las pistas o atributos o características de los dos testigos:

Los dos testigos (1) no son seres humanos. (2) Predican o testifican durante los primeros 1.260 días de la gran tribulación de 2.520 días. (3) Reciben poder especial del Espíritu Santo. (4) Evangelizan en actitud humilde. (5) son llamados los dos olivos, (6) y los dos candeleros, (7) y están delante, o representan al Rey del reino de Dios, la “tierra”. (8) Los dos testigos son inspirados por el Espíritu Santo y dicen la verdad. (9) Pueden matar con fuego. (10 Cualquier persona que vaya contra ellos es merecedor de muerte. (11) Ellos pueden controlar la naturaleza y detener la lluvia y (12) convertir el agua en sangre. (13) Ellos pueden castigar al pueblo de Dios, la “tierra”, con plagas cuando el deseo. (14) La “bestia” odia a los dos testigos. (15) Satanás odia a los dos testigos. (16) Ellos son asesinados o silenciados por la bestia que es controlada por Satanás. (17) Después de evangelizar por 1,260 días los dos testigos son silenciados.(18) permanecerán muertos, o inactivos, por tres días y medio (3 ½) que son 3 años y medio o 1,260 días. (19) Hicieron sentir a la “gente de la tierra” muy incómodo hasta el punto de ser realmente atormentado. (20) El pueblo de Dios en las ciudades figurativas de Babilonia y Jerusalén no permitió que los dos testigos fueran escondidos o enterrados. (21) Los babilonios estaban extasiados porque los dos testigos no ya no les preocupaba la conciencia. (22) Los dos testigos permanecen muertos durante 3 años y medio o 1.260 días. (23) Los dos testigos tienen un papel que desempeñar para r toda la tribulación de siete años. (24) Ellos evangelizan la primera mitad y son silenciados para la segunda mitad de la gran tribulación de 2520 días. (25) Son resucitados y llevados al cielo. (26) Los que los mataron o silenciaron los ven subir al cielo. (27) El diez por ciento de las personas en Babilonia mueren a sí mismas, salen de Babilonia y dan alabanza a Dios.

RESPUESTA: Con toda la información y las pistas proporcionadas en el capítulo once de Apocalipsis, el único reconocimiento posible de los dos testigos es que son un símbolo de la Santa Biblia. La Biblia está dividida en dos secciones llamadas Antiguo Testamento y Nuevo Testamento; los dos testamentos son los dos testigos. La división de la Biblia es inspirada por Dios. En Apocalipsis once, Juan escribió sobre el Nuevo Testamento, incluso antes de que existiera. Dios sabía de antemano que la Biblia se dividiría en dos secciones, el Antiguo y el Nuevo Testamento, también llamados "los apóstoles y los profetas" antes de la creación del mundo.

La Biblia, los dos testigos, es la caña como una vara o una herramienta de medir que determina la recompensa de la vida eterna o la muerte eterna. Revela las historias que revelan que los cielos están cerrados y no se permite la lluvia. Como sabemos por las historias bíblicas en la Biblia hubo tiempos de sequía y hambruna. También sabemos que descendió fuego del cielo varias veces y destruyó a los enemigos de Dios. También sabemos que después del juicio del gran trono blanco de Apocalipsis 20, todos los enemigos de Dios, que hayan vivido, serán eternamente aniquilados por fuego, la única forma en que los enemigos de Dios pueden y serán eternamente destruidos.

Los 144.000 elegidos son los expertos de la Biblia y su mensaje del tiempo del fin, cuando comienza la tribulación de 2.520 días. Al comienzo de la tribulación, debido a las terribles condiciones en el mundo, las mentes inquisitivas de todos los ocupantes del sufrimiento global, darán la bienvenida y permitirán que la Biblia sea evangelizada por la primera mitad o 1260 días, de la tribulación de 7 años, pero no sin resistencia. Habrá muchos seguidores de Dios de dura cerviz que no apreciarán el mensaje de la Biblia y eventualmente cerrarán cualquier y todo evangelismo con un decreto de muerte literal.

Al final de los primeros 3 ½ días/años se iniciará un decreto de muerte para detener el evangelismo mundial. Este período de muerte para los dos testigos, tendrá una duración de 42 meses. Al final de esos 42 meses, se lleva a cabo una resurrección, lo que significa que su mensaje de una segunda venida se hará realidad. Cuando eso pasa; el remanente, el diez por ciento de los 70.000 ocupantes de la Babilonia figurativa, se arrepentirá, morirá a sí mismo y entregará todo a Dios, dándole la gloria. Serán los últimos de toda la humanidad en rendirse a Dios justo antes de la segunda venida de Jesús. Por eso se les llama el remanente.

CONCLUSIÓN: Si el lector de este librito está vivo o no cuando comience la tribulación de siete años, nadie puede decirlo. Pero lo que definitivamente se puede decir es que cada persona que vive hoy puede ser un experto en los mensajes de la Biblia. Cada persona puede ser un evangelista en su propia sección del mundo preparando a otros para lo que depara el futuro. Mediante la lectura diaria y el estudio de la Biblia en oración, cualquiera y cada uno puede ser un experto en la Biblia, con la capacidad de proclamar correctamente el mensaje del tiempo del fin, como testigo de Dios.

APOCALIPSIS 11:14

> ***"El segundo ¡Ay! es pasado: he aquí, el tercer ¡Ay! vendrá presto."***

Las últimas tres de las siete trompetas se llaman ayes. Las siete trompetas son fuertes toques de advertencia de Dios Padre a las personas que son invocadas por Su nombre, las personas que componen Su reino, las personas de la "tierra" y el "mar". Las primeras cuatro trompetas no se identifican como ayes, sino que son mensajes de tiempos difíciles dirigidos a los seguidores de Dios verdaderos, devotos y dedicados.

Las últimas tres trompetas, llamadas ayes, son mensajes de tiempos difíciles dirigidos al tiempo del fin, testarudos, rebeldes, seguidores de Dios. Estas personas rebeldes de la "tierra" y el "mar" han determinado en sus mentes cómo quieren servir y adorar a Dios y no tienen interés en lo que la clara Palabra de Dios, los 66 libros de la Santa Biblia, tiene que decir. Para estas personas testarudas o de "cuello duro", es "a su manera o no" en la creencia, el servicio y la adoración a Dios. Las últimas tres trompetas o ayes están dirigidas a ellos.

El **primer ay** o quinta trompeta, (Apocalipsis 9:1-12) se refiere al dolor que sufrirán las personas que tengan la marca de la bestia, durante los cinco meses o 150 días literales. Esas personas, que apagaron la voz del Espíritu Santo, son los objetivos de Satanás y sus ángeles. Estas personas sufrirán el dolor y la miseria que experimentó Job y no encontrarán alivio. No pueden morir, la muerte los evitará. Pero a Satanás y sus ángeles no se les permitirá dañar a las personas que están dedicadas a Dios, aquellos que tienen el sello de Dios en sus frentes.

> *"Y les fué mandado que no hiciesen daño á la hierba de la tierra, ni á ninguna cosa verde, ni á ningún árbol, sino solamente á los hombres que no tienen la señal de Dios en sus frentes."* Apocalipsis 9:4.

El **segundo ay**, descrito en Apocalipsis once, será el mensaje de la sexta trompeta (Apocalipsis 9:13-21). El evento del mensaje de la sexta trompeta es la segunda venida de Jesús. Para la gente del "mar" es un tiempo de horror, pero para los "hijos sellados de Dios" será el evento más maravilloso y emocionante que cualquier ser humano haya disfrutado jamás. Es entonces cuando la Biblia será revivida porque los eventos que profetizó se llevarán a cabo cuando los cielos se abran y los santos resucitados y vivos sean llamados al cielo para encontrarse con Jesús en el aire. En ese momento, el último remanente de personas sinceras admitirá su error, se arrepentirá, entregará todo a Dios y será salvo. Su experiencia es similar a la del ladrón arrepentido en la cruz en el momento en que Jesús fue crucificado (Lucas 23:42,43).

> *"Y dijo á Jesús: Acuérdate de mí cuando vinieres á tu reino. Entonces Jesús le dijo: De cierto te digo, que hoy estarás conmigo en el paraíso."* Lucas 23:42,43.

El **tercer ay**, o el sonido de la séptima trompeta, es el último ay o mensaje de condenación. Suena al final de los 1000 años de Apocalipsis 20 cuando todos los pecados y pecadores son aniquilados. Note lo siguiente:

> *"Y vi un gran trono blanco y al que estaba sentado sobre él, de delante del cual huyó la tierra y el cielo; y no fué hallado el lugar de ellos. Y vi los muertos, grandes y pequeños, que estaban delante de Dios; y los libros fueron abiertos: y otro libro fué abierto, el cual es de la vida: y fueron juzgados los muertos por las cosas que estaban escritas en los libros, según sus obras. Y el mar dió los muertos que estaban en él; y la muerte y el infierno dieron los muertos que estaban en ellos; y fué hecho juicio de cada uno según sus obras. Y el infierno y la muerte fueron lanzados en el lago de fuego. Esta es la muerte segunda. Y el que no fué hallado escrito en el libro de la vida, fué lanzado en el lago de fuego."* Apocalipsis 20:11-15.

APOCALIPSIS 11:15

> ***"Y el séptimo ángel tocó la trompeta, y fueron hechas grandes voces en el cielo, que decían: Los reinos del mundo han venido á ser los reinos de nuestro Señor, y de su Cristo: y reinará para siempre jamás.***

El segundo ay, la sexta trompeta (Apocalipsis 9:13-21), suena en el momento de la segunda venida de Jesucristo. El segundo advenimiento de Jesús comienza, inicia o comienza los 1000 años de Apocalipsis veinte (20). El tercer ay, o la séptima trompeta (Apocalipsis 10:7; 11:15) se toca al final de los 1000 años en el momento de la destrucción eterna del pecado y de toda la humanidad rebelde. Es en ese momento que todo el poder en el cielo y en la tierra se devuelve legítimamente a Dios, quien luego pasa el glorioso reino de Dios eterno y sin pecado a Jesús.

APOCALIPSIS 11:16-19

> ***"Y otros, tentando, pedían de él señal del cielo. Mas él, conociendo los pensamientos de ellos, les dijo: Todo reino dividido contra sí mismo, es asolado; y una casa dividida contra sí misma, cae. Y si también Satanás está dividido contra sí mismo, ¿cómo estará en pie su reino? porque decís que en Beelzebub echo yo fuera los demonios. Pues si yo echo fuera los demonios en Beelzebub, ¿vuestros hijos en quién los echan fuera? Por tanto, ellos serán vuestros jueces."***

En Apocalipsis once, los versículos 1-15 tienen lugar antes de la segunda venida de Jesús, y los versículos 16-19 tienen lugar después de la segunda venida de Jesús.

Los 24 ancianos de Apocalipsis 11:16-19 son las 12 tribus de Israel más los 12 apóstoles. Los 24 ancianos representan el Antiguo y Nuevo Testamento, nuestra Santa Biblia de 66 libros. Se usará durante el juicio de 1000 años para probar o medir la vida de aquellos que afirman haber sido el pueblo de Dios.

Durante ese tiempo de juicio de 1000 años, cada persona que esté muerta en el planeta tierra será juzgada por aquellas personas rescatadas de la tierra en la segunda venida de Jesús. Los muertos que están siendo juzgados son todas las personas que alguna vez vivieron y murieron desde los días de Adán hasta e incluyendo la muerte de la última persona que murió durante las siete últimas plagas. Este grupo de personas está siendo juzgado por sus pares humanos para determinar quién obtiene la muerte eterna y quién obtiene la vida eterna durante los 1000 años. En “el último día”, todas estas personas serán resucitadas para enfrentar el tribunal de Cristo al final de los 1000 años. El templo abierto es figurativo del juicio de 1000 años que está teniendo lugar.

> *“Y de la manera que está establecido á los hombres que mueran una vez, y después el juicio.”* Hebreos 9:27.

> *“Y esta es la voluntad del que me ha enviado: Que todo aquel que ve al Hijo, y cree en él, tenga vida eterna: y yo le resucitaré en* ***el día postrero****.”* Juan 6:40.

> *“Y el que oyere mis palabras, y no las creyere, yo no le juzgo; porque no he venido á juzgar al mundo, sino á salvar al mundo. El que me desecha, y no recibe mis palabras, tiene quien le juzgue: la palabra que he hablado, ella le juzgará en* ***el día postrero****.”* Juan 12:47,48.

> *“Y muchos de los que duermen en el polvo de la tierra serán despertados, unos para vida eterna, y otros para vergüenza y confusión perpetua. Y los entendidos resplandecerán como el resplandor del firmamento; y los que enseñan á justicia la multitud, como las estrellas á perpetua eternidad.”* Daniel 12:2,3.

> *“Entonces el Rey dirá á los que estarán á su derecha: Venid, benditos de mi Padre, heredad el reino preparado para vosotros desde la fundación del mundo.”* Mateo 25:34.

> *“Entonces dirá también á los que estarán á la izquierda: Apartaos de mí, malditos, al fuego eterno preparado para el diablo y para sus ángeles.”* Mateo 25:41.

PREGUNTA: ¿Cuál es la diferencia entre el "tiempo de la ira de Dios" y el "tiempo de juzgar a los muertos"?

RESPUESTA: El "tiempo de la ira de Dios" es la próxima tribulación de 7 años. El "tiempo de juzgar a los muertos" son los 1000 años de Apocalipsis veinte que siguen a la tribulación de siete años.

El "tiempo de recompensar a los santos" y el "tiempo de destruir la tierra", tienen lugar al mismo tiempo al final de los 1000 años de Apocalipsis 20. El centro de atención de todo lo que Dios ha hecho, está haciendo y hará es la base de Su santo pacto, los Diez Mandamientos, como se señala en el Arca del testimonio, en el centro del Lugar Santísimo, del santuario mosaico. Todas las acciones que vendrán sobre la tierra durante la próxima tribulación de siete años (2.520 días) en la forma de "relámpagos, y voces, y truenos, y un terremoto, y gran granizo" vienen del trono de Dios el Padre, a través de Jesucristo, a través del Espíritu Santo.

"El arca de Su testamento" se refiere a los Diez Mandamientos que son el centro del criterio del juicio.

> *"Y habló Jehová con vosotros de en medio del fuego: oisteis la voz de sus palabras, mas á excepción de oir la voz, ninguna figura visteis: Y él os anunció su pacto, el cual os mandó poner por obra, las diez palabras; y escribiólas en dos tablas de piedra."* Deuteronomio 4:12,13.

> *"En el arca ninguna cosa había más de las dos tablas de piedra que había allí puesto Moisés en Horeb, donde Jehová hizo la alianza con los hijos de Israel, cuando salieron de la tierra de Egipto."* 1 Reyes 8:9.

APOCALIPSIS CAPÍTULO ONCE EN POCAS PALABRAS

La tribulación de siete años se divide en dos mitades iguales, por varias razones. Una razón es permitir que Dios analice los eventos que tienen lugar en ambos lados o alas del período de la tribulación para nuestro mejor entendimiento. Durante la primera mitad de la tribulación de 2.520 días, los primeros 1.260 días, se permitirá que se predique el mensaje bíblico, aunque bajo coacción y rechazo. A la mitad del camino, 1.260 días, o 3 ½ días de años, después de que comenzó, el mensaje bíblico será proscrito. Promocionar la Biblia después de la mitad del camino, es arriesgar la propia vida, de la cual algunos serán y serán martirizados. En ese punto medio, la Biblia es "asesinada" y no se permite que se comparta durante los siguientes 42 meses o 3 ½ días de años. En Apocalipsis once, se hace referencia simbólicamente a la Biblia como los "dos testigos", refiriéndose al Antiguo y al Nuevo Testamento. Un testamento es un testigo. Nadie puede ser condenado a muerte si no hay dos o más testigos que declaren en su contra.

APOCALIPSIS CAPÍTULO ONCE EN UNA ORACIÓN

Las advertencias finales, que provienen de los dos testigos, el Antiguo y el Nuevo Testamento de la Biblia, serán bienvenidas los primeros 1260 días del período de la tribulación, pero serán totalmente rechazadas, o "muertas", los últimos 42 meses (3 ½ días). /años) de la tribulación de 2.520 días. Fíjate en el siguiente gráfico:

EVANGELISMO BAJO RESTRICCIONES

PREGUNTA: ¿Qué tiene que decir el libro de Daniel con respecto al período de tiempo de la próxima tribulación de 2520 días y el pisoteo del pueblo de Dios del tiempo del fin?

RESPUESTA: Con respecto a la tribulación venidera de 2.520 días, lo siguiente está tomado del capítulo ocho de Daniel, con las correcciones necesarias hechas por el autor de este libro, en consideración del lenguaje original:

*"**9**Y de uno de ellos salió un cuerno pequeño, el cual creció en gran manera hacia el sur, y hacia el oriente, y hacia la tierra deseable. **10** Y se engrandeció hasta el ejército de los cielos; y echó por tierra parte del ejército y de las estrellas, y las pisoteó. **11** Sí, se engrandeció hasta el príncipe de los ejércitos, y por él fue quitado el CONTINUO, y el lugar de su santuario fue derribado. **12** Y le fue dado un ejército contra el CONTINUO a causa de la transgresión, y echó por tierra la verdad; y practicó, y prosperó. **13**Entonces oí hablar a un santo, y otro santo dijo a aquel santo que hablaba: ¿Hasta cuándo será la visión del CONTINUO, y la transgresión desoladora, para dar el santuario y el ejército para ser hollados? **14**Y me dijo: Hasta dos mil*

trescientas TARDES Y MAÑANAS; entonces el PUEBLO SANTO será VINDICADO." Daniel 8:9-14 con correcciones.

Los 2,300 días completos de 24 horas es la cantidad exacta de tiempo literal desde el punto en que se quita el CONTINUO hasta que se libera el quinto sello. Observe el gráfico a continuación:

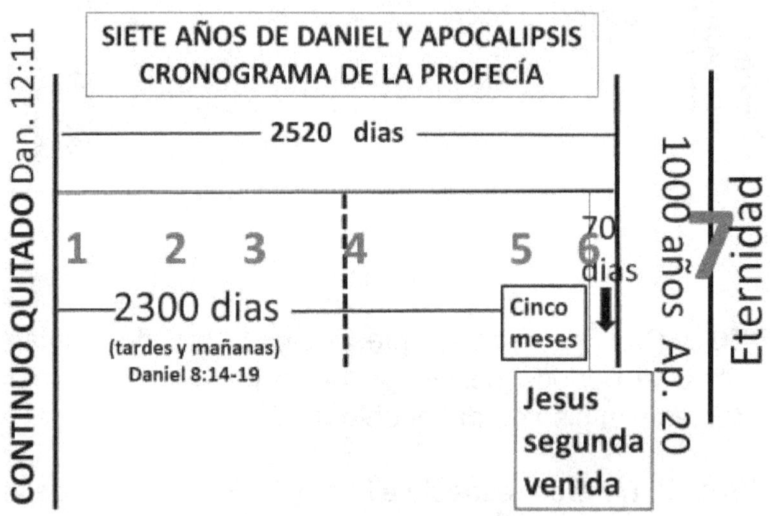

PREGUNTA: ¿Qué tiene que decir el libro de Daniel con respecto al período de tiempo de la próxima tribulación de 2520 días y el pisoteo del pueblo de Dios del tiempo del fin?

RESPUESTA: Observe la conversación entre el mensajero y el profeta Daniel acerca de la tribulación de 2520 días que se encuentra en los capítulos diez, once y doce de Daniel:

> *"Soy pues venido para hacerte saber lo que ha de venir á tu pueblo **en los postreros días**; porque la visión es aún para días."* Daniel 10:14.

*"**30** Porque vendrán contra él naves de Chîttim, y él se contristará, y se volverá, y enojaráse contra el pacto santo* (La Biblia), *y hará: volveráse pues, y pensará en los que habrán desamparado el santo pacto* (La Biblia). ***31*** *Y serán puestos brazos de su parte; y contaminarán el santuario de fortaleza, y quitarán **el continuo**, y pondrán la abominación espantosa.* ***32*** *Y con lisonjas hará pecar á los violadores del pacto* (La Biblia)*: mas el pueblo que conoce á su Dios, se esforzará, y hará.* ***33*** *Y los sabios del pueblo darán sabiduría á muchos: y caerán á cuchillo y á fuego, en cautividad y despojo, por días.* ***34*** *Y en su caer serán ayudados de pequeño socorro: y muchos se juntarán á ellos con lisonjas.* ***35*** *Y algunos de los sabios caerán para ser purgados, y limpiados, y emblanquecidos, hasta **el tiempo determinado**: porque aun para esto hay plazo."* Daniel 11:30-35 con correcciones.

*"**10** Muchos serán limpios, y emblanquecidos, y purificados; mas los impíos obrarán impíamente, y ninguno de los impíos entenderá, pero entenderán los entendidos.* ***11*** *Y desde el tiempo que fuere quitado **el continuo** hasta la abominación espantosa, habrá mil doscientos y noventa días.* ***12*** *Bienaventurado el que esperare, y llegare hasta mil trescientos treinta y cinco días.* ***13*** *Y tú irás al fin, y reposarás, y te levantarás en tu suerte al fin de los días."* Daniel 12:10-12.

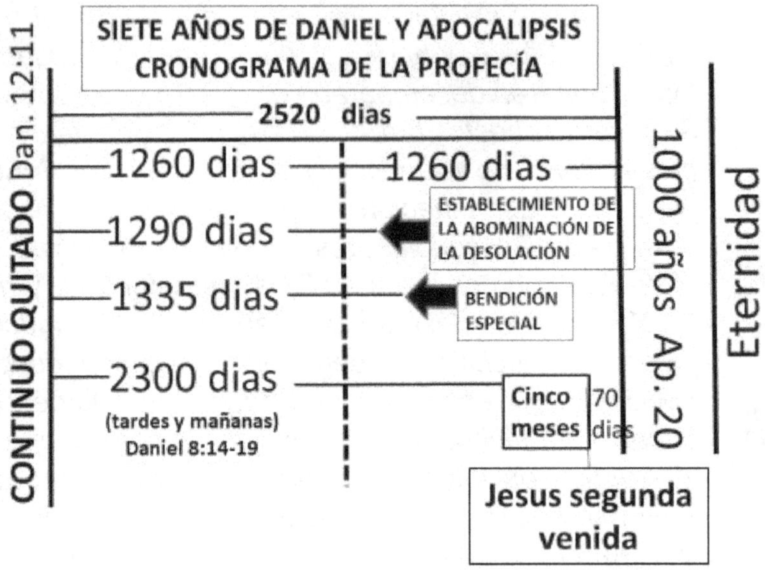
SIETE AÑOS DE DANIEL Y APOCALIPSIS
CRONOGRAMA DE LA PROFECÍA
CONTINUO QUITADO Dan. 12:11
2520 dias
1260 dias
1260 dias
1290 dias
ESTABLECIMIENTO DE LA ABOMINACIÓN DE LA DESOLACIÓN
1335 dias
BENDICIÓN ESPECIAL
2300 dias
(tardes y mañanas)
Daniel 8:14-19
Cinco meses
70 días
1000 años Ap. 20
Eternidad
Jesus segunda venida

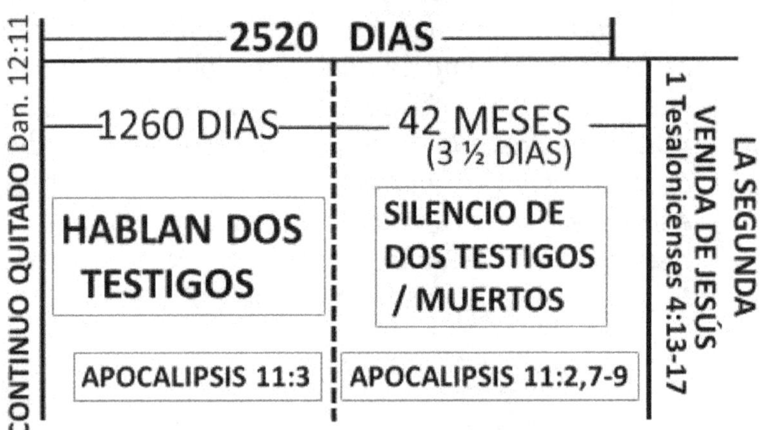
SIETE AÑOS APOCALIPSIS ONCE DOS TESTIGOS BIBLIA CRONOGRAMA
CONTINUO QUITADO Dan. 12:11
2520 DIAS
1260 DIAS
42 MESES
(3 ½ DIAS)
HABLAN DOS TESTIGOS
SILENCIO DE DOS TESTIGOS / MUERTOS
APOCALIPSIS 11:3
APOCALIPSIS 11:2,7-9
LA SEGUNDA VENIDA DE JESÚS
1 Tesalonicenses 4:13-17

APOCALIPSIS CAPITULO DOCE

Hay dos mujeres diferentes y una bestia de siete cabezas representadas en el capítulo doce de Apocalipsis. Una mujer pura en la Biblia representa el reino de Dios, los siervos de Dios en todo el mundo, de toda nación, lengua y pueblo (Jeremías 6:2). La primera mujer pura, en los versículos 1-6, representa a los 144.000 siervos de Dios que dieron todo a Dios **antes** de que comenzara la tribulación. Están a punto de estallar, como una mujer embarazada a término, para compartir los mensajes de la Biblia. La segunda mujer pura, de los versículos 13-17, representa a ese pueblo que se entregó a Dios **durante** los siete años de tribulación. La primera mujer sufre como mujer en el dolor, dando a luz a un niño, que es arrebatado al cielo. Ella está protegida por Dios durante la primera mitad de la tribulación de siete años, los 1260 días. La segunda mujer se presenta junto con un hombre maduro, como en el versículo 13. (La palabra "niño" en el versículo trece fue añadida y no corresponde allí). La segunda mujer es protegida por Dios durante la última mitad de los siete años. tribulación, "el tiempo, los tiempos y la mitad de un tiempo". La bestia, representada en el capítulo doce de Apocalipsis, está simbolizada por el dragón de siete cabezas que representa las influencias paganas de Satanás en la comunidad religiosa. En la profecía bíblica una mujer representa la iglesia, el reino de Dios, ya sea pura o impura según Ezequiel 23.

> *"A mujer hermosa y delicada comparé á la hija de Sión."* Jeremías 6:2.

APOCALIPSIS 12:1,2

> ***"Y UNA grande señal apareció en el cielo: una mujer vestida del sol, y la luna debajo de sus pies, y sobre su cabeza una corona de doce estrellas. Y estando preñada, clamaba con dolores de parto, y sufría tormento por parir."***

En el tiempo final de la historia del pecado aparecerán dos grupos de personas religiosas. El primer grupo, representado por una mujer pura, serán los que sirven a Dios, siguiendo las cosas de la Biblia. El segundo grupo, representado por el dragón rojo de siete cabezas y diez cuernos, serán los que sirvan a Dios de la forma que prefieran. Adoración pura versus adoración falsa.

Recuerde: el libro del Apocalipsis de Jesucristo es un libro de simbolismo. Todo es una visión revelada a Juan, por el Espíritu Santo y preservada por Dios para Su última generación de siervos en el tiempo del fin. Note cómo se revela esto en Apocalipsis 1:1:

> *"LA revelación de Jesucristo, que Dios le dió, para manifestar á sus **siervos** las cosas que deben suceder presto; y la declaró, enviándo la por su ángel á Juan su siervo."* (El "ángel" o Mensajero es el Espíritu Santo.)

PREGUNTA: ¿Por qué la mujer está "vestida del sol"?

RESPUESTA: La ropa en la Biblia representa la justicia. Podemos vestirnos con la justicia de Cristo o vestirnos con los harapos de la injusticia. El sol dorado produce calor y luz. Quienes componen el grupo de personas representadas por la mujer pura han elegido vestirse de la justicia de Cristo compartiendo Su calor y Su luz (Mateo 5:14) a un mundo oscuro, moribundo y frío.

> *"Si bien todos nosotros somos como suciedad, y todas nuestras justicias como trapo de inmundicia; y caímos todos nosotros **como la hoja**, y nuestras maldades nos llevaron como viento."* Isaías 64:6.

PREGUNTA: ¿Qué significa tener "la luna bajo sus pies"?

RESPUESTA: La luna no produce su propia luz. Refleja la luz del sol. Esas personas representadas por la mujer pura reflejan el carácter de Cristo que depende del poder de Dios en todo lo que hacen. La luna debajo de sus pies puede estar en referencia al hecho de que las personas de los últimos días, fieles a Dios, reflejarán Su carácter en las cosas que hacen, las cosas que dicen y los lugares a los que van.

PREGUNTA: ¿Qué representa una corona de doce estrellas?

RESPUESTA: Las doce estrellas pueden señalar tanto a las doce tribus de Israel como a los doce apóstoles, es decir, toda la Biblia, el Antiguo y el Nuevo Testamento.

Cuando se consideran los tres; el sol, la luna y las estrellas, pueden señalar las escrituras desde Génesis hasta Apocalipsis con respecto al sueño de José en Génesis 37:9-11.

> *"Y soñó aún otro sueño, y contólo á sus hermanos, diciendo: He aquí que he soñado otro sueño, y he aquí que el sol y la luna y once estrellas se inclinaban á mí. Y contólo á su padre y á sus hermanos: y su padre le reprendió, y díjole: ¿Qué sueño es este que soñaste? ¿Hemos de venir yo y tu madre, y tus hermanos, á inclinarnos á ti á tierra? Y sus hermanos le tenían envidia, mas su padre paraba la consideración en ello."* Génesis 37:9-11.
>
> *"Vosotros sois la luz del mundo: una ciudad asentada sobre un monte no se puede esconder."* Mateo 5:14.

"Otro es el que da testimonio de mí; y sé que el testimonio que da de mí, es verdadero. Vosotros enviasteis á Juan, y él dió testimonio á la verdad. Empero yo no tomo el testimonio de hombre; mas digo esto, para que vosotros seáis salvos. El era ***antorcha que ardía y alumbraba****: y vosotros quisisteis recrearos por un poco á su luz. Mas yo tengo mayor testimonio que el de Juan: porque las obras que el Padre me dió que cumpliese, las mismas obras que yo hago, dan testimonio de mí, que el Padre me haya enviado."* Juan 5:32-36

Al estar vestida con el sol, esta mujer pura de color dorado no representa a ningún grupo determinado de personas, iglesia, congregación o comunidad de adoración. Esta asamblea del reino de Dios está compuesta por personas de toda nación, lengua y pueblo, dedicadas a la voluntad de Dios, sin importar su trasfondo religioso. Lo que tienen en común también es que todos están tristes y dolidos, como una mujer embarazada a término, angustiados por (1) la terrible condición del mundo, (2) la preocupación por las personas perdidas y que luchan, y por (3) la aprensión de la tribulación esperada y la pronta venida de Jesús. Por esta ansiedad sufren los dolores de una mujer antes del nacimiento de su hijo.

> *"Jehová, en la tribulación te buscaron: derramaron oración cuando los castigaste. Como la preñada cuando se acerca el parto gime, y da gritos con sus dolores, así hemos sido delante de ti, oh Jehová. Concebimos, tuvimos dolores de parto, parimos como viento: salud ninguna hicimos en la tierra, ni cayeron los moradores del mundo. Tus muertos vivirán; junto con mi cuerpo muerto resucitarán. ¡Despertad y cantad, moradores del polvo! porque tu rocío, cual rocío de hortalizas; y la tierra echará los muertos."* Isaías 26:16-19.

> *"Duélete y gime, hija de Sión como mujer de parto; porque ahora saldrás de la ciudad, y morarás en el campo, y llegarás hasta Babilonia: allí serás librada, allí te redimirá Jehová de la mano de tus enemigos."* Miqueas 4:10.

En los versículos anteriores, estar embarazada y con dolores de parto es figurativo de tener ansiedad y profunda preocupación. Fíjate en los siguientes textos:

> *"Ahora ¿por qué gritas tanto? ¿No hay rey en ti? ¿Pereció tu consejero, que te ha tomado dolor como de mujer de parto?"* Miqueas 4:9.

> *"Aullad, porque cerca está el día de Jehová; vendrá como asolamiento del Todopoderoso. Por tanto, se enervarán todas la manos, y desleiráse todo corazón de hombre: Y se llenarán de terror; angustias y dolores los comprenderán; tendrán dolores como mujer de parto; pasmaráse cada cual al mirar á su compañero; sus rostros, rostros de llamas. He aquí el día de Jehová viene, crudo, y de saña y ardor de ira, para tornar la tierra en soledad, y raer de ella sus pecadores."* Isaías 13:6-9.

APOCALIPSIS 12:3,4

> ***"Y fué vista otra señal en el cielo: y he aquí un grande dragón bermejo, que tenía siete cabezas y diez cuernos, y en sus cabezas siete diademas. Y su cola arrastraba la tercera parte de las estrellas del cielo, y las echó en tierra. Y el dragón se paró delante de la mujer que estaba para parir, á fin de devorar á su hijo cuando hubiese parido."***

Tener siete cabezas y diez cuernos nos remite al capítulo siete de Daniel. Esta es una referencia al paganismo que se había infiltrado en la verdadera adoración a Dios desde los días de Daniel hasta nuestros días. La verdadera adoración a Dios, destinada a Dios, se ha desplazado hacia la adoración a Satanás, lejos de Dios, debido al poder corruptor del antiguo paganismo. El número siete para el dragón pagano de siete cabezas proviene de agregar las cabezas de las bestias en el capítulo siete de Daniel. Las cabezas representan prácticas paganas de las naciones de Babilonia, Medo-Persia, Grecia y Roma. La numeración de las cabezas es: León: **una** cabeza; Oso: **una** cabeza; Leopardo: **cuatro** cabezas; bestia: **una** cabeza con diez cuernos para igualar a una sola criatura con un total de **siete** cabezas y diez cuernos.

> *"**3** Y **cuatro bestias grandes**, diferentes la una de la otra, subían de la mar. **4** La primera era como **león**, y*

> *tenía alas de águila. Yo estaba mirando hasta tanto que sus alas fueron arrancadas, y fué quitada de la tierra; y púsose enhiesta sobre los pies á manera de hombre, y fuéle dado corazón de hombre.* ***5*** *Y he aquí otra segunda bestia, semejante á un* ***oso****, la cual se puso al un lado, y tenía en su boca tres costillas entre sus dientes; y fuéle dicho así: Levántate, traga carne mucha.* ***6*** *Después de esto yo miraba, y he aquí otra, semejante á* ***un tigre****, y tenía cuatro alas de ave en sus espaldas: tenía también esta bestia cuatro cabezas; y fuéle dada potestad.* ***7*** *Después de esto miraba yo en las visiones de la noche, y he aquí la cuarta* ***bestia****, espantosa y terrible, y en grande manera fuerte; la cual tenía unos dientes grandes de hierro: devoraba y desmenuzaba, y las sobras hollaba con sus pies: y era muy diferente de todas las bestias que habían sido antes de ella, y tenía diez cuernos.”* Daniel 7:3-7.

De Apocalipsis 12:1-4 se representan dos grupos de personas. En el momento del cumplimiento de este texto, el mundo religioso, que constituye estos dos grupos de personas, estará enfrentado entre sí, discrepando vehementemente. Los que malinterpretan la Palabra de Dios se opondrán violentamente a los que honran Su Palabra. Aquellos que entiendan correctamente la Palabra de Dios eventualmente se verán obligados a esconderse, de aquellos que se oponen a ellos, por su propia seguridad.

El grupo opuesto o violento de personas, el grupo de dragones o bestias, está controlado por Satanás. Este grupo de bestias, “que tiene siete cabezas y diez cuernos, y siete diademas sobre sus cabezas” es el resultado de la mezcla de la adoración pagana con la adoración pura durante los últimos 1600 años. En este momento, es imposible para nosotros los humanos determinar cuáles de nuestros compañeros adoradores son verdaderos y cuáles son falsos, todos debemos crecer juntos por ahora, respetándonos unos a otros, pero Dios traerá la separación necesaria durante los próximos siete años.

tribulación. Jesús llama a esta amalgama de crecer juntos en el reino de Dios como las "ovejas y las cabras" (Mateo 25:31-46) y el "trigo y la cizaña" (Mateo 13:24-30). El plan de Satanás es hacer todo lo que pueda para destruir a los adoradores puros de Dios, incluso infiltrando sus filas con adoradores falsos que la Biblia llama "lobos rapaces" vestidos de ovejas.

> *"Y guardaos de los falsos profetas, que vienen á vosotros con vestidos de ovejas, mas de dentro son lobos rapaces."* Mateo 7:15.

PREGUNTA: ¿Qué significa, "su cola arrastró la tercera parte de las estrellas del cielo, y las arrojó sobre la tierra?"

RESPUESTA: Cuando comience la gran tribulación de siete años, tendrá lugar una separación dentro del reino de Dios. Dentro del reino de los cielos están aquellos que brillan como las "estrellas" porque han seguido a Dios con todo lo que saben y entienden. Los fieles a Dios, que tienen un fundamento sólido en la Palabra de Dios, permanecerán firmes en su fe. Pero aquellos sin ese fundamento fuerte se saldrán de esa relación con Dios. Perder esa relación firme de fe es pasar de ser PERSONA DEL CIELO a ser PERSONA DE LA TIERRA. La tribulación, o persecución, siempre ha sido el dispositivo de separación dentro de la iglesia para separar el trigo de la paja. Un tercio, una minoría, del PUEBLO DEL CIELO, se apartará de su caminar con Dios. Se negarán a aceptar la verdad real de las Escrituras e insistirán en mantener su propia forma de pensar y adorar. Cuando rechacen la verdadera instrucción bíblica, pasarán de ser una persona del "cielo" a ser una persona de la "tierra". Serán las "estrellas que caen del cielo a la tierra". Satanás hará que una minoría de personas caiga fuera de su influencia celestial al negarse a aceptar la verdad actual que se revela en la Biblia. El cuerpo de Cristo, la iglesia, será sacudido, como con un terremoto, y algunas de las estrellas caerán.

"Porque he hablado en mi celo, y en el fuego de mi ira: Que en aquel tiempo habrá gran temblor sobre la tierra de Israel; Que los peces de la mar, y las aves del cielo, y las bestias del campo, y toda serpiente que anda arrastrando sobre la tierra, y todos los hombres que están sobre la haz de la tierra, temblarán á mi presencia; y se arruinarán los montes, y los vallados caerán, y todo muro caerá á tierra." Ezequiel 38:19,20.

"Mas Dios le da el cuerpo como quiso, y á cada simiente su propio cuerpo. Toda carne no es la misma carne; mas una carne ciertamente es la de los hombres, y otra carne la de los animales, y otra la de los peces, y otra la de las aves. Y cuerpos hay celestiales, y cuerpos terrestres; mas ciertamente una es la gloria de los celestiales, y otra la de los terrestres: Otra es la gloria del sol, y otra la gloria de la luna, y otra la gloria de las estrellas: porque una estrella es diferente de otra en gloria." 1 Corintios 15:38-41.

*"Y el ángel tomó el incensario, y lo llenó del fuego del altar, y echólo en la tierra; y fueron hechos truenos y voces y relámpagos y **terremotos**."* Apocalipsis 8:5.

*"Y en aquella hora fué hecho gran **temblo**r de tierra, y la décima parte de la ciudad cayó, y fueron muertos en el **temblor** de tierra en número de siete mil hombres: y los demás fueron espantados, y dieron gloria al Dios del cielo."* Apocalipsis 11:13.

APOCALIPSIS 12:5,6

"Y ella parió un hijo varón, el cual había de regir todas las gentes con vara de hierro: y su hijo fué arrebatado para Dios y á su trono. Y la mujer huyó al desierto, donde tiene lugar aparejado de Dios, para que allí la mantengan mil doscientos y sesenta días."

El reino de Dios, representado por la mujer pura, es el pueblo de Dios del tiempo del fin que se entregó a Jesucristo, el Señor resucitado, antes de que comenzara la tribulación de siete años. Serán el blanco de los ataques de Satanás durante la tribulación de siete años, pero estos santos sellados serán protegidos por Dios. Estos ataques de Satanás vendrán al pueblo de Dios en una variedad de formas; como económica, social y físicamente, por nombrar algunas. Pero Dios no ha dejado a Su pueblo andando solo en esta persecución. Él tiene un plan para estar con su pueblo. "Nunca te dejaré ni te desampararé", dice Jesús en Hebreos 13:5.

PREGUNTA: ¿Qué significa dar a luz "un hijo varón, que ha de regir a todas las naciones con vara de hierro; y su hijo fue arrebatado para Dios y para su trono"?

RESPUESTA: Al tiempo que comience la tribulación de siete años, aquellas personas que sirven a Dios, con la angustia de una mujer embarazada en angustia, tendrán un mensaje urgente y oportuno para compartir con el resto de la cristiandad. Ese mensaje es sobre el Mesías resucitado y el plan de salvación, que también incluye el juicio final de los vivos, que cada persona viva enfrentará durante ese tiempo. Estos santos sellados, el pueblo celestial, representarán a Cristo Jesús como sus embajadores en este mundo moribundo.

Esta declaración no puede ser en referencia a Jesús cuando era un bebé y el asalto contra Él por parte del rey Herodes cuando todos los niños menores de dos años fueron asesinados en Belén. El bebé que nace en este capítulo tiene lugar al comienzo de la tribulación de siete años y se menciona en el presente, no en el pasado.

> *"Herodes entonces, como se vió burlado de los magos, se enojó mucho, y envió, y mató á todos los niños que había en Bethlehem y en todos sus términos, de edad de dos años abajo, conforme al tiempo que había entendido de los magos."* Mateo 2:16.

Y no puede referirse a Jesús cuando ascendió después de Su muerte y resurrección, porque Él no era un bebé cuando eso sucedió, Él era un hombre adulto.

La aparición inmediata de una mujer en el cielo (versículo uno) y el dragón que aparece al mismo tiempo (versículo 3) no se refiere al pasado, se refiere a un momento en nuestro futuro cercano. La mujer pura representa una futura iglesia pura o reino de Dios, que aún no está aquí. También habla de los esfuerzos de Satanás cuando llega y cómo se le impide molestar a esa iglesia pura con las tentaciones que antes había tenido éxito.

PREGUNTA: ¿Qué significa "su hijo fue arrebatado para Dios y para su trono"?

RESPUESTA: Esta afirmación no puede estar hablando de Jesús y Su ascensión, ya que eso le sucedió a Él después de Su muerte y resurrección, y no a Él cuando era niño. Creo que se refiere en sentido figurado al tipo de carácter que tendrán los siervos de Dios del tiempo del fin al reflejar el carácter de Cristo. Los siervos de Dios del tiempo del fin, los 144.000, son el pueblo del cielo, lo que significa que están siguiendo a Cristo, completamente dependientes de la gracia de Dios para su protección, sustento y acciones.

PREGUNTA: ¿Qué significa ser llevado "al desierto"?

RESPUESTA: Ir al desierto en la Biblia es tener una experiencia de juicio con Dios el Padre, una experiencia única de crecimiento cara a cara al rendirse a Su voluntad.

> *"Vivo yo, dice el Señor Jehová, que con mano fuerte, y brazo extendido, y enojo derramado, tengo de reinar sobre vosotros: Y os sacaré de entre los pueblos, y os juntaré de las tierras en que estáis esparcidos, con mano fuerte, y brazo extendido, y enojo derramado: Y os he de traer al desierto de pueblos, y allí litigaré con*

> *vosotros cara á cara. Como litigué con vuestros padres en el desierto de la tierra de Egipto, así litigaré con vosotros, dice el Señor Jehová. Y os haré pasar bajo de vara y os traeré en vínculo de concierto; Y apartaré de entre vosotros los rebeldes, y los que se rebelaron contra mí: de la tierra de sus destierros los sacaré, y á la tierra de Israel no vendrán; y sabréis que yo soy Jehová."* Ezequiel 20:33-38.

Moisés estuvo en el desierto cuarenta años preparándose para guiar a los hijos de Israel. Los hijos de Israel estuvieron cuarenta años en el desierto, aprendiendo a someterse a Dios (Números 14:33, 32:13; Nehemías 9:21). El chivo expiatorio fue enviado al desierto (Levítico 16:10) para ser juzgado por Dios. David pasó años en el desierto (1 Samuel 23:14) preparándose para la realeza. Jesús estuvo en el desierto (Mateo 4:1-4) cuarenta días y cuarenta noches. La mujer pura de Apocalipsis 12, así como la mujer impura de Apocalipsis 17, son enviadas al desierto. Sólo para nombrar unos pocos.

> *"Y me llevó en Espíritu al desierto; y vi una mujer sentada sobre una bestia bermeja llena de nombres de blasfemia y que tenía siete cabezas y diez cuernos."* Apocalipsis 17:3.

Como los fieles a lo largo de la Biblia, estos santos de los últimos días, de Apocalipsis 12:5,6, pueden sufrir de muchas maneras, hasta la muerte, pero Dios no los dejará solos, Él estará con ellos. Los 1.260 días cuando Dios cuidará de Sus fieles y "la alimentará allí por mil doscientos sesenta días", es una referencia a la primera mitad de los 2.520 días de la tribulación de siete años. Esa primera mitad de la gran tribulación es cuando al pueblo de Dios se le permitirá evangelizar al mundo bajo el cuidado y la protección de Dios. Estas personas fieles estarán luchando con ansiedad por las almas perdidas y mal informadas. Aunque estén angustiados por las almas de otras personas, seguirán representando a Jesús en todo lo que hagan.

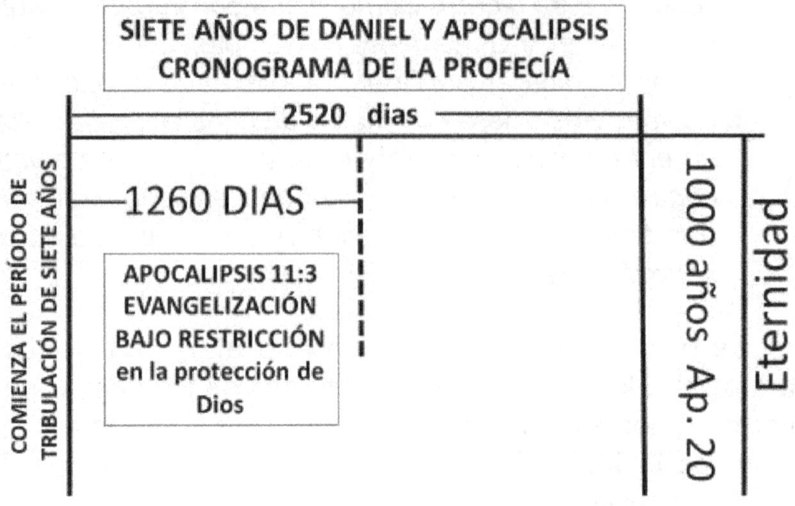

APOCALIPSIS 12:7-9

> ***"Y fué hecha una grande batalla en el cielo: Miguel y sus ángeles lidiaban contra el dragón; y lidiaba el dragón y sus ángeles. Y no prevalecieron, ni su lugar fué más hallado en el cielo. Y fué lanzado fuera aquel gran dragón, la serpiente antigua, que se llama Diablo y Satanás, el cual engaña á todo el mundo; fué arrojado en tierra, y sus ángeles fueron arrojados con él."***

UNA BATALLA ESPIRITUAL POR LA MENTE

Definiciones:

Guerra: Palabra griega: "polemos", (Strong's #4171) batallar, pelear, esforzarse, pelear o hacer la guerra.

Cielo: Los fieles servidores de Dios que le sirven al 100%, con todo su ser.

Miguel: El nombre de Jesús antes de Su encarnación de nacer hombre.

Dragón: Otro nombre para Satanás (Apocalipsis 12:9).

Los ángeles o mensajeros de Jesús: El pueblo dedicado de Dios.

Ángeles o mensajeros de Satanás: Colaboradores de Satanás, gente no arrepentida.

Tierra: Las personas en el reino de Dios que le sirven parcialmente.

La lucha entre Jesús y el diablo no es una situación de combate cuerpo a cuerpo en una galaxia lejana. Satanás no tiene ese tipo de poder. Todo lo que Jesús tiene que hacer es decir una palabra y Satanás es desterrado o aniquilado inmediatamente. Esta no es una batalla física; es una batalla mental. Hoy Satanás tiene acceso al proceso de pensamiento de todos de una forma u otra; para tentar a la humanidad a actuar en contra de Dios oa dudar de su propia fe en Él. Al comienzo de la tribulación de siete años, esas PERSONAS DEL CIELO recibirán el "sello de Dios" (Apocalipsis 7:3,4) por el Espíritu Santo y cuando eso suceda, Satanás será "sellado" fuera de sus mentes. Ya no puede molestarlos ni tentarlos de ninguna manera. Está completamente excluido de molestarlos mentalmente, por lo que es "expulsado del cielo". Note los siguientes textos que hablan sobre el sello de Dios:

> *"Diciendo: No hagáis daño á la tierra, ni al mar, ni á los árboles, hasta que señalemos á los siervos de nuestro Dios en sus frentes. Y oí el número de los señalados: ciento cuarenta y cuatro mil señalados de todas las tribus de los hijos de Israel."* Apocalipsis 7:3,4.

> *"Y les fué mandado que no hiciesen daño á la hierba de la tierra, ni á ninguna cosa verde, ni á ningún árbol, sino solamente á los hombres que no tienen la señal de Dios en sus frentes."* Apocalipsis 9:4.

Cuando el diablo esté fuera de las mentes de la GENTE DEL CIELO, él y sus ángeles todavía tendrán acceso a las mentes de la gente de la TIERRA y del MAR. Continuará su lucha para obtener el control total de sus mentes. Su objetivo es “engañar al mundo entero” tanto como sea posible y evitar que se arrepientan.

APOCALIPSIS 12:10,11

> ***“Y oí una grande voz en el cielo que decía: Ahora ha venido la salvación, y la virtud, y el reino de nuestro Dios, y el poder de su Cristo; porque el acusador de nuestros hermanos ha sido arrojado, el cual los acusaba delante de nuestro Dios día y noche. Y ellos le han vencido por la sangre del Cordero, y por la palabra de su testimonio; y no han amado sus vidas hasta la muerte.”***

Cuando el PUEBLO DEL CIELO se libere de los ataques de Satanás, las cortes celestiales se alegrarán de que ahora Satanás haya perdido el dominio sobre el pueblo dedicado a Dios, al cual había tentado y atacado durante cada segundo posible de sus vidas. La gente del cielo también se sentirá aliviada y complacida de estar libre de él. Él ya no puede interferir en su ministerio, pero aún puede tentar y molestar a la gente de la “tierra” y del “mar”, lo que a su vez puede hacer miserable la vida de la gente del cielo.

La elección de quién es una persona sellada del cielo y quién no, no es un acto aleatorio de favoritismo de parte de Dios. Las tres cosas que posicionaron a estos seres humanos para ser sellados con el sello del Dios viviente son: (1) Creen en el poder y la salvación provistos por el Cordero de Dios al morir por ellos. (2) Estaban completamente convencidos de la verdad de la Santa Biblia y lo aceptan con fe como completamente inspirados por Dios a través del Espíritu Santo. (3) Y están tan dedicados a Dios que incluso la amenaza sobre sus vidas no los alejará de Él.

"Y ellos le han vencido por la sangre del Cordero, y por la palabra de su testimonio; y no han amado sus vidas hasta la muerte." Apocalipsis 12:11.

Este grupo de personas entiende el sacrificio que hizo Jesús y puede compartirlo con otros por medio de la palabra de su propio testimonio. Están tan dedicados a Dios que la amenaza de la muerte no los disuade de estar 100% dedicados a Él.

Esta generación de los últimos días, que estará mental y emocionalmente dedicada a Dios con su fe en la vida, muerte y resurrección de Jesús; vencerán las tentaciones que los acosan, en el poder del Espíritu Santo, conociendo y creyendo en Jesús. Esta determinación mental se demuestra aún más por el estilo de vida y las decisiones diarias que toman mientras ejemplifican a los que los rodean el amor de Dios, ahora. Esta determinación mental y física también se revelará ante la perspectiva de perder la vida. Se entregan voluntariamente, en mente, cuerpo y alma, al cuidado de Aquel que nunca falla. Esta generación ejemplifica Deuteronomio 11:18 al tener el sello de Dios, que es la marca celestial en la frente y en la mano derecha que solo el cielo puede colocar y ver.

> *"Por tanto, pondréis estas mis palabras en vuestro corazón y en vuestra alma, y las ataréis por señal en vuestra mano, y serán por frontales entre vuestros ojos."* Deuteronomio 11:18.
>
> *"Diciendo: No hagáis daño á la tierra, ni al mar, ni á los árboles, hasta que señalemos á los siervos de nuestro Dios en sus frentes."* Apocalipsis 7:3.
>
> *"Serte ha, pues, como una señal sobre tu mano, y por una memoria delante de tus ojos; ya que Jehová nos sacó de Egipto con mano fuerte."* Éxodo 13:16.
>
> *"Oye, Israel: Jehová nuestro Dios, Jehová uno es: Y Amarás á Jehová tu Dios de todo tu corazón, y de*

toda tu alma, y con todo tu poder. Y estas palabras que yo te mando hoy, estarán sobre tu corazón: Y las repetirás á tus hijos, y hablarás de ellas estando en tu casa, y andando por el camino, y al acostarte, y cuando te levantes: Y has de atarlas por señal en tu mano, y estarán por frontales entre tus ojos: Y las escribirás en los postes de tu casa, y en tus portadas." Deuteronomio 6:4-9.

La decisión de ser una PERSONA DEL CIELO, una PERSONA DE LA TIERRA o una PERSONA DEL MAR es nuestra para hacer por nuestras propias elecciones personales. Ahora mismo, hoy, es nuestra oportunidad de elegir dentro de qué grupo nos vamos a asentar. Si queremos estar en el grupo de PERSONAS DEL CIELO, ahora es nuestra oportunidad de dedicarnos totalmente a Dios al rendirle todo a Él. Debemos volvernos a Él y hablar con Él en la oración diaria. Debemos pasar tiempo con Él todos los días en Su Palabra, permitiéndole hablar con nosotros. Debemos testificar por Él contándoles a otros acerca de Su obra en nuestras vidas y lo que Él ofrece para ellos. Debemos buscar y eliminar todo lo posible en nuestras vidas que nos separe de Él. Debemos confiar en el poder del Espíritu Santo que mora en nosotros para lograr todas estas cosas en nosotros porque no podemos hacer ninguna de estas cosas por nuestra cuenta. Debemos "buscarlo diariamente con todo nuestro corazón, mente y alma" según Deuteronomio 6:4-9 arriba y Jeremías 29:11-14 abajo.

"Porque yo sé los pensamientos que tengo acerca de vosotros, dice Jehová, pensamientos de paz, y no de mal, para daros el fin que esperáis. Entonces me invocaréis, é iréis y oraréis á mí, y yo os oiré: Y me buscaréis y hallaréis, porque me buscaréis de todo vuestro corazón. Y seré hallado de vosotros, dice Jehová, y tornaré vuestra cautividad, y os juntaré de todas las gentes, y de todos los lugares adonde os arrojé, dice Jehová; y os haré volver al lugar de donde os hice ser llevados." Jeremías 29:11-14.

APOCALIPSIS 12:12

> ***"Por lo cual alegraos, cielos, y los que moráis en ellos. ¡Ay de los moradores de la tierra y del mar! porque el diablo ha descendido á vosotros, teniendo grande ira, sabiendo que tiene poco tiempo."***

Al comienzo de la tribulación de siete años, el Espíritu Santo se derrama (Apocalipsis 18:1) sobre los siervos fieles de Dios, sellándolos de la influencia de Satanás. Estos siervos de Dios se mencionan en Apocalipsis 1:1 y 1:4, así como en Apocalipsis 7:4 y 14:1, como los 144.000.

> *"Y oí el número de los señalados: ciento cuarenta y cuatro mil señalados de todas las tribus de los hijos de Israel."* Apocalipsis 7:4.

> *"Y DESPUÉS de estas cosas vi otro ángel descender del cielo teniendo grande potencia; y la tierra fué alumbrada de su gloria."* Apocalipsis 18:1.

Estos siervos de Dios, los 144.000, que son sellados al comienzo de la tribulación de 7 años, también son mencionados en la profecía bíblica como "CIELO". En la profecía bíblica al pueblo que se entrega totalmente a Dios, antes de que comience la tribulación, se le llama "PUEBLO DEL CIELO". Recuerde que la "GENTE DEL CIELO" sirve a Dios al 100%, la "GENTE DE LA TIERRA" sirve a Dios parcialmente, y la "GENTE DEL MAR" se niega a servir a Dios como Él dicta.

En el momento en que el Espíritu Santo sea derramado sobre el "pueblo celestial" de Dios, estarán protegidos de los ataques de Satanás. Ya no puede tener ninguna influencia sobre estas personas porque ha sido "expulsado" para que no tenga ninguna influencia sobre ellos.

Cuando Satanás se da cuenta de que su hostigamiento demoníaco de la "GENTE DEL CIELO" ahora se evita, entonces dirige su ira y atención a la gente de la "TIERRA" y el "MAR". Satanás está muy familiarizado con la profecía bíblica y esta acción de sellar a los siervos de Dios en sus frentes (Apocalipsis 7:3; 9:4). Cuando esto sucede, él sabe que su tiempo para corromper al pueblo de Dios se está acabando, su "tiempo es corto". Debido a esto, aumentará sus intentos de destruir a las personas disponibles para él a las que puede hostigar y tentar, que son las personas de la tierra y el mar. Después de un tiempo, muchas personas de la tierra y del mar verán el error de su camino, se arrepentirán y entregarán su voluntad a Dios. Al hacerlo, Dios también sellará a esas personas de los ataques de Satanás. Aquellos que se nieguen a arrepentirse eventualmente recibirán la marca de la bestia, lo que significa que están totalmente bajo la influencia de Satanás.

> *"Diciendo: No hagáis daño á la tierra, ni al mar, ni á los árboles, hasta que señalemos á los siervos de nuestro Dios en sus frentes."* Apocalipsis 7:3
>
> *"Y les fué mandado que no hiciesen daño á la hierba de la tierra, ni á ninguna cosa verde, ni á ningún árbol, sino solamente á los hombres que no tienen la señal de Dios en sus frentes."* Apocalipsis 9:4.

Jesús describe la exclusión de Satanás del "pueblo del cielo" en Lucas 10:17-20:

> *"Y volvieron los setenta con gozo, diciendo: Señor, aun los demonios se nos sujetan en tu nombre. Y les dijo: Yo veía á Satanás, como un rayo, que caía del cielo. He aquí os doy potestad de hollar sobre las serpientes y sobre los escorpiones, y sobre toda fuerza del enemigo, y nada os dañará. Mas no os gocéis de esto, que los espíritus se os sujetan; antes gozaos de que vuestros nombres están escritos en los cielos."*

APOCALIPSIS 12:13,14

> ***"Y cuando vió el dragón que él había sido arrojado á la tierra, persiguió á la mujer que había parido al hijo varón. Y fueron dadas á la mujer dos alas de grande águila, para que de la presencia de la serpiente volase al desierto, á su lugar, donde es mantenida por un tiempo, y tiempos, y la mitad de un tiempo."***

Los 1260 días de Apocalipsis 12:6 se refieren a la primera mitad de la tribulación de 2520 días. El "tiempo, tiempos y la mitad de un tiempo" de Apocalipsis 12:14 se refiere a la última mitad de la tribulación de siete años.

La mujer mencionada en el versículo catorce es diferente de la mencionada en el versículo uno. La mujer en el versículo uno fue sellada por Dios en el momento en que **comenzó** la tribulación de siete años. En ese momento, Satanás fue expulsado de sus vidas. Pero la mujer del versículo catorce es perseguida por Satanás **después** de que "él es arrojado a la tierra". (La palabra "niño" en el versículo trece no pertenece allí, se agregó). Ser "arrojado del cielo a la tierra" significa que Satanás dirige su ira hacia un grupo diferente de personas. La gente de la tierra, que constituye la segunda mujer, son aquellos que se habían negado a dar su lealtad total a Dios antes de que comenzara la persecución, pero bajo el estrés de la tribulación, se someterán totalmente a Dios, y Él los sellará y estará con ellos. durante la última mitad de la tribulación de 2.520 días, aunque puedan ser martirizados. El punto medio de la tribulación de siete años está marcado por el cuarto sello de Apocalipsis seis versículos siete y ocho. Algunas de esas personas serán martirizadas como se menciona en el quinto sello en Apocalipsis 6:9-11.

OTRA MANERA DE CONSIDERAR APOCALIPSIS DOCE EN UN GRÁFICO ES:

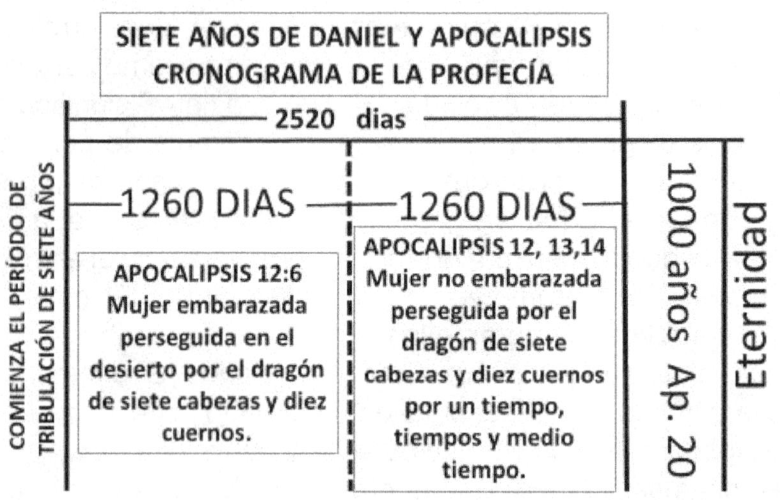

Dar a luz al hijo varón, que se describe como el Mesías (Apocalipsis 12:4,5), es simbólico de representar al Mesías o ser como el Mesías, no literalmente darle a luz. El nacimiento de Jesús tuvo lugar en el año 3 a. C. y no volverá a suceder. Además, al considerar Apocalipsis 12:4,5, Jesús no ascendió al cielo como un bebé, ascendió al cielo como un hombre adulto, aproximadamente a la edad de 35 años.

> *"Los cuales también les dijeron: Varones Galileos, ¿qué estáis mirando al cielo? este mismo Jesús que ha sido tomado desde vosotros arriba en el cielo, así vendrá como le habéis visto ir al cielo."* Hechos 1:11.

Estos 144.000 siervos de Dios están protegidos "del rostro de la serpiente" por este período de tiempo porque están sellados por el Espíritu Santo. El dragón o serpiente es Satanás, el diablo.

> *"Y fué lanzado fuera aquel gran dragón, la serpiente antigua, que se llama Diablo y Satanás, el cual engaña á todo el mundo; fué arrojado en tierra, y sus ángeles fueron arrojados con él."* Apocalipsis 12:9.

APOCALIPSIS 12:15-17

> ***"Y la serpiente echó de su boca tras la mujer agua como un río, á fin de hacer que fuese arrebatada del río. Y la tierra ayudó á la mujer, y la tierra abrió su boca, y sorbió el río que había echado el dragón de su boca. Entonces el dragón fué airado contra la mujer; y se fué á hacer guerra contra los otros de la simiente de ella, los cuales guardan los mandamientos de Dios, y tienen el testimonio de Jesucristo."***

Simbolismo definido:

1. La **serpiente** es el diablo.

2. La **mujer** es el reino de Dios.

3. El **diluvio** es un término que significa destrucción o persecución.

4. La **tierra** es el pueblo de Dios que le sirve parcialmente.

5. **Beber** del diluvio es prevenir la destrucción.

6. **Escupir** el diluvio es iniciar la destrucción.

7. Hacer la **guerra** es causar confusión y angustia.

8. El **remanente** de la simiente de la mujer, se refiere a todas las personas religiosas.

9. "**Guardar los mandamientos de Dios**" es obedecer a Dios en todos los sentidos.

10. "**Tener el testimonio de Jesucristo**" es ser un embajador de Jesucristo en pensamiento, palabra y acción.

Después de que los 144.000 sean sellados, Satanás intentará destruirlos de cualquier manera que pueda, pero no tendrá acceso a sus mentes. Pero en este momento algunas de las personas de la "tierra" y del "mar" se están arrepintiendo de su comportamiento anterior y están entregando sus vidas a Dios, como lo habían hecho las personas del "cielo" antes de que comenzara la tribulación. Las personas convertidas de la "tierra" y el "mar", se convierten en el "remanente de su simiente" porque ahora se están volviendo como las personas del "cielo", para ser sellados también.

Cuando se convierten, estas personas ahora hacen activamente lo que pueden para evitar que se lleven a cabo los planes de Satanás contra los 144.000. Además, las personas que se arrepienten recientemente se convertirán en objetivos de Satanás y sufrirán de muchas maneras, incluso hasta la muerte. Las personas convertidas y arrepentidas de la "tierra" y el "mar" ahora "guardan los mandamientos de Dios y tienen el testimonio de Jesucristo". Ahora sirven a Dios con todo y representan y defienden a Jesucristo en todas las formas posibles. No está claro si los 144.000 sufrirán o no el martirio, pero lo más seguro es que algunas de las personas convertidas de la "tierra" y el "mar" serán literalmente encarceladas y asesinadas por su fe.

PREGUNTA: ¿Puede la tribulación de siete años ser apoyada por el capítulo doce de Apocalipsis?

RESPUESTA: Sí. La primera mujer va al desierto para la primera mitad de la tribulación de siete años (1.260 días) y la segunda mujer es enviada al desierto para la segunda mitad de la tribulación de siete años (tiempo, tiempos y la mitad de un tiempo o 1.260 días). Cada grupo que experimente la "experiencia del desierto" se volverá más devoto y fiel a Dios y se volverá totalmente dependiente de Él.

PREGUNTA: ¿Hay textos en la Biblia que respalden que Dios cuidará de su pueblo durante los siete años de tribulación?

RESPUESTA: Sí, hay muchos textos que apoyan a Dios protegiendo a Su pueblo. A continuación se enumeran solo una pequeña muestra del libro de los Salmos, de los muchos textos que revelan la protección de Dios sobre su pueblo. Salmos 27:5,14; 33:18-22; 34:7-10; 37:39,40; 41:2.

> *"Pero la salvación de los justos es de Jehová, Y él es su fortaleza en el tiempo de angustia. Y Jehová los ayudará, Y los librará: y libertarálos de los impíos, y los salvará, Por cuanto en él esperaron."* Salmos 37:39,40.

APOCALIPSIS CAPÍTULO DOCE EN POCAS PALABRAS

Durante los próximos siete años de tribulación, el tiempo de la ira de Dios, se desarrolla el gran conflicto entre el bien y el mal. Los 144.000 siervos de Dios, el pueblo del "cielo", están sellados contra daño durante los primeros 1.260 días, por lo que Satanás dirige su ira hacia el pueblo de la "tierra" y el "mar". La mujer es enviada al desierto para la segunda mitad de la tribulación de siete años para que Dios la cuide.

APOCALIPSIS CAPÍTULO DOCE EN UNA ORACIÓN

Puesto que los 144.000 siervos de Dios, el pueblo "del cielo", están sellados contra daño durante la tribulación de siete años; el tiempo de la ira de Dios, Satanás vuelve su ira hacia la gente de la "tierra" y del "mar" durante toda la tribulación de 2520 días.

APOCALIPSIS CAPITULO TRECE

> *"Y Jehová es el que va delante de ti; él será contigo, no te dejará, ni te desamparará; no temas, ni te intimides."* Deuteronomio 31:8.

APOCALIPSIS 13:1

> ***"Y YO me paré sobre la arena del mar, y vi una bestia subir del mar, que tenía siete cabezas y diez cuernos; y sobre sus cuernos diez diademas; y sobre las cabezas de ella nombre de blasfemia."***

Apocalipsis trece nos remite a la "bestia dragón" de Apocalipsis doce y nos dice de dónde es la bestia de siete cabezas y diez cuernos y en qué se ha convertido. Una vez más tenemos la "tierra" y el "mar" en lenguaje figurado. La "tierra" en este caso se conoce como la "arena del mar" o la playa. Y mientras está parado en la playa, Juan ve a esta bestia saliendo del agua, "que tiene siete cabezas y diez cuernos", tal como vimos en Apocalipsis 12:3, excepto que esta vez las coronas están en los diez cuernos, mientras que en Apocalipsis 12, las coronas estaban sobre las siete cabezas. También en esta visión, en lugar de tener coronas sobre sus cabezas, las siete cabezas llevan nombres de blasfemia.

El libro de Apocalipsis es un mensaje de Dios, a través de Jesús, a través del Espíritu Santo para y para el pueblo de Dios del tiempo del fin, Su última generación. Fue escrito para la gente religiosa, no para el mundo no religioso. Así como la religión fue dividida en dos facciones en los días de Cristo por los saduceos y los fariseos, la iglesia del tiempo del fin será dividida por la gente del "mar" y la gente de la "tierra". La persecución contra los siervos de Dios del tiempo del fin durante la primera mitad de la tribulación de siete años proviene de la gente del "mar". La persecución contra los siervos de

Dios del tiempo del fin por la segunda mitad de la tribulación de siete años viene de la gente de la "tierra".

PREGUNTA: ¿Qué significa salir del mar?

RESPUESTA: Salir del "mar" es tener su origen en el pueblo que conoce a Dios pero rehúsa servirle como Él quiere. En el reino de Dios, en este planeta ahora mismo, hay tres grupos de personas: la gente del "cielo", la gente de la "tierra", y la gente del "mar". La gente del cielo sirve a Dios al 100%, la gente de la tierra sirve a Dios parcialmente y la gente del mar se niega a adorar a Dios como Él exige en la Santa Biblia. Al comienzo de la tribulación de siete años, la gente del "mar" tendrá la mayor influencia en lo que está sucediendo globalmente en el mundo religioso. Ellos serán los que establezcan el reinado de la bestia combinada de Apocalipsis 13, que representa las ideas paganas que se han infiltrado en todas las religiones de este planeta.

PREGUNTA: ¿Por qué la única bestia tiene siete cabezas?

RESPUESTA: Esta visión nos remite al capítulo siete de Daniel. (Ahora sería un buen momento para pasar al capítulo siete de Daniel y leer el capítulo completo). En Daniel siete hay cuatro bestias diferentes. El león tiene UNA cabeza, el oso tiene UNA cabeza, el leopardo tiene CUATRO cabezas y el dragón tiene UNA cabeza. Cuando se suman las cabezas, son SIETE cabezas en cuatro bestias diferentes.

Pero en Apocalipsis trece solo hay UNA bestia saliendo del mar, y esta bestia tiene siete cabezas diferentes, en un solo cuerpo. Ese cuerpo está compuesto de diferentes partes de las cuatro bestias del capítulo siete de Daniel. Cada una de las cuatro bestias de Daniel siete representa imperios paganos que influyeron en las ideas de adoración pagana que se combinaron e incorporaron a la verdadera adoración de Dios.

PREGUNTA: ¿Qué representan los cuernos en la profecía bíblica?

RESPUESTA: Los cuernos representan poder en la profecía bíblica. Cuantos más cuernos tiene una bestia, más poder tiene. Cuanto más grande es el cuerno de una bestia, más poder tiene.

¿Recuerdas cuando el carnero con dos cuernos estaba peleando contra el macho cabrío con un cuerno grande en el capítulo ocho de Daniel? Cuando los dos cuernos fueron desgajados del Carnero, no tenía poder. En Apocalipsis trece, la bestia tiene diez cuernos, lo que la hace súper poderosa.

> *"Y vilo que llegó junto al carnero, y levantóse contra él, é hiriólo, y quebró sus dos cuernos, porque en el carnero no había fuerzas para parar delante de él: derribólo por tanto en tierra, y hollólo; ni hubo quien librase al carnero de su mano."* Daniel 8:7.

PREGUNTA: ¿Qué significa que las siete cabezas "llevaban nombres de blasfemia"?

RESPUESTA: Quiere decir que la bestia de siete cabezas, diez cuernos y diez coronas, es una criatura religiosa. Para que sea denotada como blasfema debe declararse religiosa o espiritual, pero representando a Dios en contra de la verdad de la Biblia. Recuerde también que la profecía tiene que ver con la ADORACIÓN. Las cuatro bestias en Daniel siete representan la influencia pagana en la adoración pura como el oro de Dios, proveniente de los imperios babilónico, medo-persa, griego y romano. (Si aún no lo ha hecho, ahora sería un buen momento para ir al capítulo siete de Daniel y leer el capítulo completo). Esa acumulación de adoración pagana desde los días de Daniel hasta los días de los Apóstoles, ha encontrado su camino en el adoración a Dios en todo el mundo hoy. Cada religión en el mundo de hoy tiene una parte de esas debilitantes prácticas paganas en su interior.

PREGUNTA: ¿Qué significa que las cabezas llevaban coronas en Apocalipsis doce pero ahora los cuernos llevan coronas en Apocalipsis trece?

RESPUESTA: Las coronas representan autoridad y liderazgo. En Apocalipsis doce las cabezas tenían el poder y control del dragón, pero en Apocalipsis trece los diez cuernos tienen el poder y control sobre la bestia combinada.

PREGUNTA: ¿Cuándo se ponen los diez cuernos en las coronas?

RESPUESTA: Los "diez cuernos" reciben poder en el momento de la tribulación de siete años, por un corto período de tiempo al que se hace referencia simbólicamente como "una hora".

> *"Y los diez cuernos que has visto, son diez reyes, que aun no han recibido reino; mas tomarán potencia por una hora como reyes con la bestia. Estos tienen un consejo, y darán su potencia y autoridad á la bestia."* Apocalipsis 17:12,13.

APOCALIPSIS 13:2,3

> ***"Y la bestia que vi, era semejante á un leopardo, y sus pies como de oso, y su boca como boca de león. Y el dragón le dió su poder, y su trono, y grande potestad. Y vi una de sus cabezas como herida de muerte, y la llaga de su muerte fué curada: y se maravilló toda la tierra en pos de la bestia."***

Estos versículos describen además a la UNA sola bestia combinada que sale del "mar" y que tiene las siete cabezas y los diez cuernos. Al referirnos al capítulo siete de Daniel, nos damos cuenta de que esta UNA bestia tiene el cuerpo de un leopardo, los pies de un oso, la boca de un león, los cuernos de la bestia dragón, y las siete cabezas de esas cuatro bestias, envueltas en una.

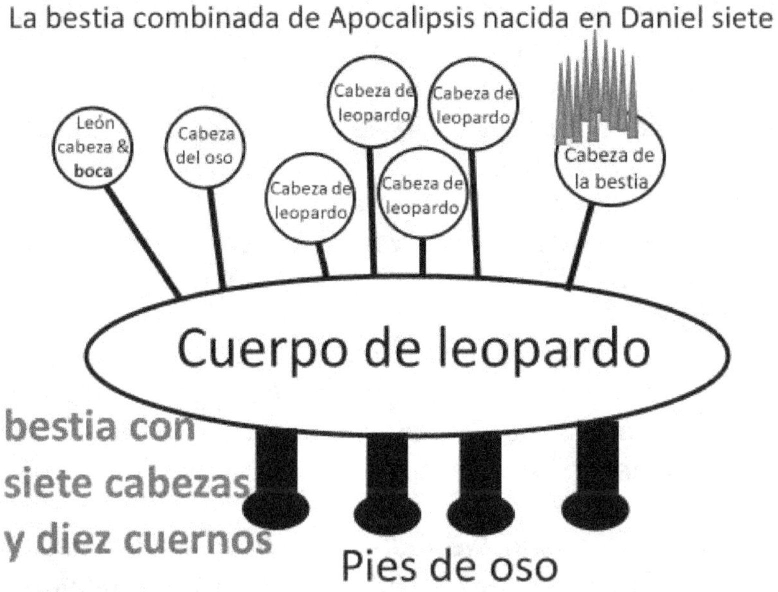

La bestia combinada de Apocalipsis nacida en Daniel siete

PREGUNTA: ¿Qué significa tener "una de sus cabezas herida de muerte"?

RESPUESTA: Esta combinación "bestia marina" existe en este momento y su influencia es mundial. Pero no controla las mentes de las personas religiosas como un todo en un solo acuerdo, hasta el momento. Pero saldrá de la gente del mar al comienzo de la próxima tribulación de siete años. En algún momento, esta bestia "marina" será silenciada, pero no muerta. Matar a esta bestia de siete cabezas es herir todas sus cabezas, no solo una.

Si la única cabeza herida es la de la "bestia aterradora", entonces todo su poder es removido porque los diez cuernos de poder solo están unidos a la cabeza de la bestia. Si la cabeza de la bestia está herida, eso hace que la bestia combinada sea débil e inútil. Si la única cabeza herida es la del "León", entonces al quitarle la "boca" a la bestia de siete cabezas, ya no podrá hablar. Herir la cabeza de un "león" es silenciarla, pero no matarla ni destruirla. Cuando se cumpla esta parte de la profecía, cuando una cabeza sea herida, las personas familiarizadas con esta profecía lo reconocerán. En este punto de la historia, se desconoce el verdadero significado de esto, pero Daniel 7:12 sugiere que la cabeza que está herida es la cabeza de la bestia ya que "le quitaron el dominio" por un corto tiempo. Pero Apocalipsis 13:5 sugiere que es la cabeza del "león" la que está herida, ya que, con el tiempo, el cuerno pequeño se convierte en su voz. Este texto también sugiere que es la cabeza de la bestia la que está herida ya que "le fue dado poder".

> *"Y le fué dada boca que hablaba grandes cosas y blasfemias: y le fué dada potencia de obrar cuarenta y dos meses."* Apocalipsis 13:5.

> *"As concerning the rest of the beasts, they had their dominion taken away: yet their lives were prolonged for a season and time."* Daniel 7:12.

PREGUNTA: ¿Qué significa, "y su herida mortal fue sanada; y todo el mundo se maravilló en pos de la bestia"?

RESPUESTA: En el lenguaje figurativo que se usa aquí, significa que en algún momento, en el futuro, la bestia combinada, que representa la religión pagana, perderá su influencia temporalmente, pero más tarde, en algún momento, volverá a tomar posesión. un papel importante en la decisión de lo que sucede en el mundo que nos rodea.

PREGUNTA: ¿Quién es el dragón?

RESPUESTA: Apocalipsis 12:9 dice que el diablo, Satanás, es el dragón. Satanás está detrás de toda la corrupción y las influencias paganas que envuelven a las religiones del mundo hoy. La adoración, que se suponía que debía ir al Dios Creador, va a Satanás en su lugar, debido a la adoración falsa dentro de las religiones modernas.

> "Y fué lanzado fuera aquel gran dragón, la serpiente antigua, que se llama Diablo y Satanás, el cual engaña á todo el mundo; fué arrojado en tierra, y sus ángeles fueron arrojados con él." Apocalipsis 12:9.

APOCALIPSIS 13:4

> ***Y adoraron al dragón que había dado la potestad á la bestia, y adoraron á la bestia, diciendo: ¿Quién es semejante á la bestia, y quién podrá lidiar con ella?***

PREGUNTA: ¿Quién es el que está adorando a la bestia, adorando así a Satanás en lugar del Dios Creador del Cielo?

RESPUESTA: Cualquiera y todos los que siguen los dictados de la religión falsa, que va en contra de la Palabra de Dios, son los que adoran a Satanás y no a Dios.

PREGUNTA: ¿Cómo evita una persona seguir a la bestia religiosa venidera?

RESPUESTA: La única manera de evitar seguir la religión falsa es estar extremadamente familiarizado con la Santa Biblia de 66 Libros que revela la adoración verdadera. Aquellos siervos de Dios que leen y estudian la Biblia diariamente son llamados "los elegidos" en las Escrituras. En los últimos tiempos, la falsificación será tan convincente y tan impresionante que todos serán engañados, excepto los mismos elegidos, que están íntimamente familiarizados con la Palabra de Dios desde Génesis hasta Apocalipsis.

> *"Porque habrá entonces grande aflicción, cual no fué desde el principio del mundo hasta ahora, ni será. Y si aquellos días no fuesen acortados, ninguna carne sería salva; mas por causa de* ***los escogidos****, aquellos días serán acortados. Entonces, si alguno os dijere: He aquí está el Cristo, ó allí, no creáis. Porque se levantarán falsos Cristos, y falsos profetas, y darán señales grandes*

y prodigios; de tal manera que engañarán, si es posible, aun á ***los escogidos****. He aquí os lo he dicho antes."* Mateo 24:21-25.

APOCALIPSIS 13:5,6

"Y le fué dada boca que hablaba grandes cosas y blasfemias: y le fué dada potencia de obrar cuarenta y dos meses. Y abrió su boca en blasfemias contra Dios, para blasfemar su nombre, y su tabernáculo, y á los que moran en el cielo."

La influencia blasfema mundial de la religión, en el momento del fin, será súper poderosa e influyente. Este poder tendrá dominio sobre las personas religiosas del mundo durante cuarenta y dos (42) meses. El objetivo de tres puntas de esta bestia es "blasfemar su nombre, su tabernáculo y los que moran en el cielo". Blasfemar el nombre de Dios es desacreditar su carácter. Blasfemar Su templo es desacreditar al Espíritu Santo que vive dentro de los siervos de Dios. Blasfemar a los que moran en el cielo es desacreditar a los 144.000 siervos de Dios del tiempo del fin, el "pueblo del cielo"; los elegidos

"Y Jehová descendió en la nube, y estuvo allí con él, proclamando el nombre de Jehová. Y pasando Jehová por delante de él, proclamó: Jehová, Jehová, fuerte, misericordioso, y piadoso; tardo para la ira, y grande en benignidad y verdad; Que guarda la misericordia en millares, que perdona la iniquidad, la rebelión, y el pecado, y que de ningún modo justificará al malvado; que visita la iniquidad de los padres sobre los hijos y sobre los hijos de los hijos, sobre los terceros, y sobre los cuartos." Éxodo 34:5-7.

"¿O ignoráis que vuestro cuerpo es templo del Espíritu Santo, el cual está en vosotros, el cual tenéis de Dios, y que no sois vuestros? Porque comprados sois por precio: glorificad pues á Dios en vuestro cuerpo y en

> *vuestro espíritu, los cuales son de Dios."* 1 Corintios 6:19,20

> *"Y MIRÉ, y he aquí, el Cordero estaba sobre el monte de Sión, y con él ciento cuarenta y cuatro mil, que tenían el nombre de su Padre escrito en sus frentes."* Apocalipsis 14:1.

PREGUNTA: ¿Cómo puede la bestia hablar grandes cosas y blasfemias?

RESPUESTA: A la bestia combinada se le da una boca. Tiene siete cabezas, pero una sola boca. Esa boca es la boca del león, que representa el reino de Babilonia.

> *"Y la bestia que vi, era semejante á un leopardo, y sus pies como de oso, y* ***su boca como boca de león****. Y el dragón le dió su poder, y su trono, y grande potestad."* Apocalipsis 13:2.

> "*Y le fué dada* ***boca*** *que hablaba grandes cosas y blasfemias: y le fué dada potencia de obrar cuarenta y dos meses."* Apocalipsis 13:5.

PREGUNTA: ¿Qué significa blasfemar el nombre de Dios?

RESPUESTA: Blasfemar el nombre de Dios es tergiversar Su carácter. Dios es amor, bondad, misericordioso, misericordioso y justo.

> *"Y Jehová descendió en la nube, y estuvo allí con él, proclamando el nombre de Jehová. Y pasando Jehová por delante de él, proclamó: Jehová, Jehová, fuerte, misericordioso, y piadoso; tardo para la ira, y grande en benignidad y verdad; Que guarda la misericordia en millares, que perdona la iniquidad, la rebelión, y el pecado, y que de ningún modo justificará al malvado; que visita la iniquidad de los padres sobre los hijos y*

> *sobre los hijos de los hijos, sobre los terceros, y sobre los cuartos."* Éxodo 34:5-7.

PREGUNTA: ¿Cuál es un ejemplo del carácter de Dios siendo blasfemado?

RESPUESTA: Un ejemplo del carácter de Dios siendo blasfemado es con la falsa enseñanza pagana de un infierno de fuego eterno, donde los perdidos son torturados cada segundo de cada día por toda la eternidad. Esa enseñanza va 100% en contra del carácter de un Dios misericordioso de amor. No hay lugar de tormento o tortura eterna, pero hay muerte eterna.

PREGUNTA: ¿Qué significa blasfemar Su tabernáculo?

RESPUESTA: El tabernáculo o templo de Dios, es el corazón humano. Cada persona tiene un trono en su corazón. Todos fuimos creados para adorar. Aquel a quien permitimos que se siente en ese trono es a quien rendimos lealtad. Ese trono fue originalmente creado para que nuestro Dios Creador tuviera dominio en nuestras vidas. Cualquier otra persona a la que permitamos que se siente en ese trono es una blasfemia contra el tabernáculo de Dios.

> *"¿No sabéis que vuestros cuerpos son miembros de Cristo? ¿Quitaré pues los miembros de Cristo, y los haré miembros de una ramera? Lejos sea. ¿O no sabéis que el que se junta con una ramera, es hecho con ella un cuerpo? porque serán, dice, los dos en una carne. Empero el que se junta con el Señor, un espíritu es. Huid la fornicación. Cualquier otro pecado que el hombre hiciere, fuera del cuerpo es; mas el que fornica, contra su propio cuerpo peca.¿O ignoráis que vuestro cuerpo es templo del Espíritu Santo, el cual está en vosotros, el cual tenéis de Dios, y que no sois vuestros? Porque comprados sois por precio: glorificad pues á Dios en vuestro cuerpo y en vuestro espíritu, los cuales son de Dios."* 1 Corintios 6:15-20.

> *"ASI que, hermanos, os ruego por las misericordias de Dios, que presentéis vuestros cuerpos en sacrificio vivo, santo, agradable á Dios, que es vuestro racional culto. Y no os conforméis á este siglo; mas reformaos por la renovación de vuestro entendimiento, para que experimentéis cuál sea la buena voluntad de Dios, agradable y perfecta."* Romanos 12:1,2.

> *"¿No sabéis que sois templo de Dios, y que el Espíritu de Dios mora en vosotros? Si alguno violare el templo de Dios, Dios destruirá al tal: porque el templo de Dios, el cual sois vosotros, santo es."* 1 Corintios 3:16,17.

PREGUNTA: ¿Qué significa blasfemar contra los que moran en el cielo?

RESPUESTA: Esta pregunta tiene múltiples respuestas. (1) Los que moran en el cielo son Dios Padre, Dios Hijo y Dios Espíritu Santo. Negar uno es negarlos a todos. (2) Los que moran en el cielo son también el pueblo que sirve a Dios al 100% en este planeta hoy, el "pueblo del cielo". Note cómo la trinidad de los cielos se revela en Apocalipsis 1:1:

> "LA revelación de **Jesucristo**, que **Dios** le dió, para manifestar á sus siervos las cosas que deben suceder presto; y la declaró, enviándo la por su **ángel** á Juan su siervo."

El Ángel (griego: aggelos) o mensajero de Dios, a lo largo de todo el libro del Apocalipsis es el Espíritu Santo.

Las personas son llamadas habitantes o moradores del "cielo" cuando se entregan completamente al control y la influencia de Dios.

> *"Por lo cual alegraos, cielos, y los que moráis en ellos. ¡Ay de los moradores de la tierra y del mar! porque el*

diablo ha descendido á vosotros, teniendo grande ira, sabiendo que tiene poco tiempo." Apocalipsis 12:12.

PREGUNTA: ¿Cuándo serán los cuarenta y dos (42) meses en que la bestia que sale del mar tendrá esta tremenda influencia sobre el mundo religioso?

RESPUESTA: Los cuarenta y dos meses en los que reinará la bestia del mar serán la primera mitad de la tribulación de siete años. Fíjate en el siguiente cuadro:

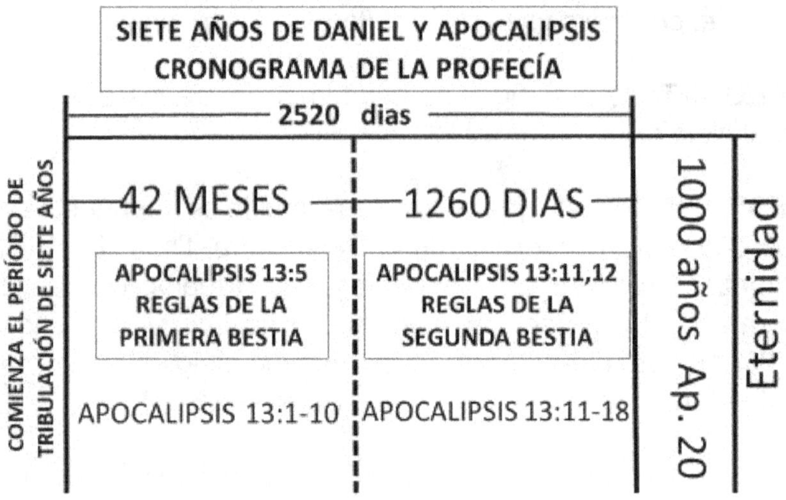

PREGUNTA: ¿Qué cabeza de la bestia es herida por la espada, que hará callar a la bestia, 1260 días después de que comience la tribulación de siete años?

RESPUESTA: La cabeza del León será herida por la espada. Es la única cabeza que tiene boca. Solo la verdad de la Biblia, la espada de Dios, puede revelar y silenciar la combinación de bestias "marinas".

APOCALIPSIS 13:7-10

> ***"Y le fué dado hacer guerra contra los santos, y vencerlos. También le fué dada potencia sobre toda tribu y pueblo y lengua y gente. Y todos los que moran en la tierra le adoraron, cuyos nombres no están escritos en el libro de la vida del Cordero, el cual fué muerto desde el principio del mundo. Si alguno tiene oído, oiga. El que lleva en cautividad, va en cautividad: el que á cuchillo matare, es necesario que á cuchillo sea muerto. Aquí está la paciencia y la fe de los santos."***

Debido a la devastadora condición desenfrenada del mundo natural, la bestia combinada, una camaradería religiosa rebelde de todas las personas religiosas del mundo, recibirá el poder sobre todo el pueblo de Dios, porque será el regimiento más popular en el mundo religioso. En ese tiempo. Al principio estorbará el evangelismo de la verdad como se enseña en la Biblia, poniendo como más importante las tradiciones de los hombres. Con el tiempo se le dará el derecho de cazar, capturar, encarcelar y matar a cualquier persona que no lo obedezca.

> *"Y respondiendo él, les dijo: Hipócritas, bien profetizó de vosotros Isaías, como está escrito: Este pueblo con los labios me honra, Mas su corazón lejos está de mí. Y en vano me honra, Enseñando como doctrinas mandamientos de hombres. Porque dejando el mandamiento de Dios, tenéis la tradición de los hombres; las lavaduras de los jarros y de los vasos de beber: y hacéis otras muchas cosas semejantes."* Marcos 7:6-8.

> *"Entonces os entregarán para ser afligidos, y os matarán; y seréis aborrecidos de todas las gentes por causa de mi nombre. Y muchos entonces serán escandalizados; y se entregarán unos á otros, y unos á otros se aborrecerán.*

> *Y muchos falsos profetas se levantarán y engañarán á muchos. Y por haberse multiplicado la maldad, la caridad de muchos se resfriará."* Mateo 24:9-12.

PREGUNTA: ¿Por qué la bestia combinada está tan enojada contra aquellas personas que "guardan los mandamientos de Dios y tienen el testimonio de Jesucristo"?

RESPUESTA: Para cuando comience la tribulación de siete años, después del breve tiempo de angustia que viene, este planeta se está muriendo y las circunstancias en cada sección de la tierra son terribles. La gente está muriendo de guerras, hambre, plagas, enfermedades y bestias salvajes hambrientas. El agua se agota, el suelo está reseco, la temperatura de la tierra es sofocante y el frío es insoportable. Los gobiernos de todo el mundo han intentado resolver el problema científicamente sin éxito y las personas religiosas rebeldes han instituido leyes de adoración forzada para reducir la terrible situación mundial. Pero el problema es que aquellas personas que "guardan los mandamientos de Dios y tienen el testimonio de Jesucristo", no participarán en la adoración falsa forzada. Como Moisés, se niegan, a costa de sus vidas, a ir en contra de la clara palabra de Dios, la Biblia.

> *"Por fe Moisés, hecho ya grande, rehusó ser llamado hijo de la hija de Faraón; Escogiendo antes ser afligido con el pueblo de Dios, que gozar de comodidades temporales de pecado. Teniendo por mayores riquezas el vituperio de Cristo que los tesoros de los Egipcios; porque miraba á la remuneración. Por fe dejó á Egipto, no temiendo la ira del rey; porque se sostuvo como viendo al Invisible."* Hebreos 11:24-27

PREGUNTA: ¿Qué significa "Y le adorarán todos los moradores de la tierra, cuyos nombres no están escritos en el libro de la vida del Cordero inmolado desde la fundación del mundo"?

RESPUESTA: (1) Morar en "la tierra", es ser residente en el reino de Dios, creyendo en Dios, pero sirviéndole parcialmente. (2) Los que serán fieles a la primera bestia de Apocalipsis trece no están siendo fieles al Dios Creador, adorándolo como se revela en la Biblia. (3) El libro de la Vida es un libro escrito por Dios antes de la creación de este mundo. Contiene todos los nombres de todas las personas, a lo largo de la historia de este mundo, que reconocieron y sirvieron a Dios lo mejor que pudieron con lo que entendieron. Ese libro se abrirá al final de los 1000 años de Apocalipsis veinte. Los que adoran a la bestia al final de los tiempos no tendrán sus nombres en el libro de la Vida, y serán castigados con muerte eterna.

> *"Y vi un gran trono blanco y al que estaba sentado sobre él, de delante del cual huyó la tierra y el cielo; y no fué hallado el lugar de ellos. Y vi los muertos, grandes y pequeños, que estaban delante de Dios; y los libros fueron abiertos: y otro libro fué abierto, el cual es de la vida: y fueron juzgados los muertos por las cosas que estaban escritas en los libros, según sus obras. Y el mar dió los muertos que estaban en él; y la muerte y el infierno dieron los muertos que estaban en ellos; y fué hecho juicio de cada uno según sus obras. Y el infierno y la muerte fueron lanzados en el lago de fuego. Esta es la muerte segunda. Y el que no fué hallado escrito en* ***el libro de la vida****, fué lanzado en el lago de fuego."* Apocalipsis 20:11-15.

PREGUNTA: ¿Qué significa, "Si alguno tiene oído, que oiga"?

RESPUESTA: Tener un "oído para oír" es tener discernimiento bíblico. Así como el oído de un músico se entrena al sonido de un instrumento musical, el discernimiento bíblico de una persona se sintoniza con la Biblia y el mensaje de la Biblia, mediante una conexión constante con la Palabra de Dios. Quienes estén familiarizados con el mensaje de la Biblia tendrán la capacidad de comprender las cosas secretas, los misterios de las Escrituras. Podrán mirar más allá del lenguaje figurativo y podrán discernir el significado literal de las Escrituras.

PREGUNTA: ¿Qué significa "El que lleva en cautividad, irá en cautividad"?

RESPUESTA: Para llevar cautiva a otra persona a la verdad bíblica, una persona primero debe creer en la verdad de la Biblia. Toda persona que entrega su voluntad al Dios Creador, el Autor de la Biblia, se convierte en esclavo (doulos en griego) o cautivo. Para guiar a otros a convertirse en esclavos dedicados de Dios, una persona primero debe ser un esclavo de Dios. Para llevar a una persona a la conversión para servir a Dios, una persona debe ser una persona convertida.

PREGUNTA: ¿Qué significa, "el que mata a espada, a espada debe ser muerto"?

RESPUESTA: La Biblia es la "ESPADA DE DIOS". Para llevar a una persona a morir a sí misma, mientras se entrega a Dios, la persona que testifica y evangeliza primero debe haber muerto a sí misma. Morir a uno mismo es morir con la Espada, la Palabra de Dios.

> *"Porque la palabra de Dios es viva y eficaz, y más penetrante que toda espada de dos filos: y que alcanza hasta partir el alma, y aun el espíritu, y las coyunturas y tuétanos, y discierne los pensamientos y las intenciones del corazón."* Hebreos 4:12.
>
> *"Y tomad el yelmo de salud, y la espada del Espíritu; que es la palabra de Dios."* Efesios 6:17.

PREGUNTA: ¿Qué significa, "Aquí está la paciencia y la fe de los santos"?

RESPUESTA: En el momento, durante la tribulación de siete años, cuando un seguidor del Dios verdadero esté sufriendo o siendo amenazado con sufrir, por su fe, confiará pacientemente en el Dios Altísimo para que lo libere del problema o lo preserve. en Su cuidado para Su próxima segunda venida. Perseverar hasta el fin es tener la paciencia y la fe de los santos, y no ceder a la regla de la mayoría que es contraria a la Palabra de Dios.

> *"Y el hermano entregará al hermano á la muerte, y el padre al hijo; y los hijos se levantarán contra los padres, y los harán morir. Y seréis aborrecidos de todos por mi nombre; mas el que soportare hasta el fin, éste será salvo."* Mateo 10:21,22.

APOCALIPSIS 13:11,12

> ***"Después vi otra bestia que subía de la tierra; y tenía dos cuernos semejantes á los de un cordero, mas hablaba como un dragón. Y ejerce todo el poder de la primera bestia en presencia de ella; y hace á la tierra y á los moradores de ella adorar la primera bestia, cuya llaga de muerte fué curada."***

PREGUNTA: ¿Qué significa salir "de la tierra"?

RESPUESTA: La primera bestia sale del "mar", lo que significa que es promovida por la "gente del mar" que dice ser religiosa, pero vive en contra de ella. La segunda bestia sale de la "tierra", lo que significa que nace de las actividades de aquellos que sirven parcialmente a Dios, el "pueblo de la tierra".

PREGUNTA: ¿Nos advierte la Biblia en otro lugar, además del Libro de Apocalipsis, que la bestia de los últimos tiempos saldría del "mar" y de la "tierra"?

RESPUESTA: Sí. Note Daniel 7:2,3 y Daniel 7:17.

> *"Habló Daniel y dijo: Veía yo en mi visión de noche, y he aquí que los cuatro vientos del cielo combatían en*

la gran mar. Y cuatro bestias grandes, diferentes la una de la otra, subían de la mar." Daniel 7:2,3.

"Miraba yo en la visión de la noche, y he aquí en las nubes del cielo como un hijo de hombre que venía, y llegó hasta el Anciano de grande edad, é hiciéronle llegar delante de él." Daniel 7:17.

PREGUNTA: ¿Qué significa tener "dos cuernos como de cordero, y hablaba como dragón"?

RESPUESTA: Un cuerno representa poder en la profecía bíblica. Cuantos más cuernos tiene una criatura, más poder tiene. La combinación "bestia del mar" tiene diez cuernos, la "bestia parecida a un cordero" tiene dos cuernos. Tener dos cuernos significa que es influyente y tiene algo de poder. Pero su poder no es tanto como el de la primera bestia, que tiene diez cuernos. También tener dos cuernos como un cordero significa que parece un cordero, pero debido a que habla como un dragón, en realidad no es un cordero. Es como un lobo rapaz con piel de oveja, haciendo la voluntad del dragón, Satanás.

"Y guardaos de los falsos profetas, que vienen á vosotros con vestidos de ovejas, mas de dentro son lobos rapaces. Por sus frutos los conoceréis. ¿Cógense uvas de los espinos, ó higos de los abrojos?" Mateo 7:15,16.

"Y fué lanzado fuera aquel gran dragón, la serpiente antigua, que se llama Diablo y Satanás, el cual engaña á todo el mundo; fué arrojado en tierra, y sus ángeles fueron arrojados con él." Apocalipsis 12:9.

PREGUNTA: ¿Hay una historia bíblica que revele a una persona que tiene una apariencia pero cuya voz no coincide con esa apariencia?

RESPUESTA: Sí. La historia de Jacob engañando a su padre cuando se hizo pasar por Esaú es un ejemplo de apariencia y voz que no concuerdan.

> *"E Isaac dijo á Jacob: Acércate ahora, y te palparé, hijo mío, por si eres mi hijo Esaú ó no. Y llegóse Jacob á su padre Isaac; y él le palpó, y dijo: La voz es la voz de Jacob, mas las manos, las manos de Esaú."* Génesis 27:21,22.

PREGUNTA: ¿Cómo se vuelve tan poderosa la segunda bestia?

RESPUESTA: La segunda bestia, la "bestia de la tierra" de dos cuernos, se vuelve poderosa porque toma el control de la primera bestia, la "bestia del mar" de diez cuernos con la herida curada en la cabeza. La bestia de la "tierra" posiciona a la primera bestia del "mar" para ser adorada por todas las "personas de la tierra" religiosas en todo el mundo. Es poderoso porque diez cuernos más dos cuernos son doce cuernos de poder y fuerza. Y cuando se le añade el "cuerno pequeño" de Daniel, entonces tiene 13 cuernos.

> *"Estando yo contemplando los cuernos, he aquí que* ***otro cuerno pequeño*** *subía entre ellos, y delante de él fueron arrancados tres cuernos de los primeros; y he aquí, en este cuerno había ojos como ojos de hombre, y una boca que hablaba grandezas."* Daniel 7:8.

APOCALIPSIS 13:13,14a

> ***"Y hace grandes señales, de tal manera que aun hace descender fuego del cielo á la tierra delante de los hombres. Y engaña á los moradores de la tierra por las señales que le ha sido dado hacer en presencia de la bestia."***

La "bestia de la tierra" se vuelve poderosa al engañar al mundo religioso por la acción que realiza.

> "**9** *Y del uno de ellos salió un cuerno pequeño, el cual creció mucho al mediodía, y al oriente, y hacia la tierra deseable.* **10** *Y engrandecióse hasta el ejército del cielo; y parte del ejército y de las estrellas echó por tierra, y las holló.* **11** *Aun contra el príncipe de la fortaleza se engrandeció, y por él fué quitado* ***el continuo****, y el lugar de su santuario fué echado por tierra.* **12** *Y el ejército fué le entregado á causa de la prevaricación sobre* ***el continuo****: y echó por tierra la verdad, é hizo cuanto quiso, y sucedióle prósperamente.* **13** *Y oí un santo que hablaba; y otro de los santos dijo á aquél que hablaba: ¿Hasta cuándo durará la visión* ***del continuo****, y la prevaricación asoladora que pone el santuario y el ejército para ser hollados?* **14** *Y él me dijo: Hasta dos mil y trescientos días de tarde y mañana; y el santuario será purificado."* Daniel 8:9-14 con correcciones.

(En el texto anterior las correcciones son proporcionadas por el autor. Se añadió la palabra sacrificio, no pertenece.)

PREGUNTA: ¿Cuánto tiempo tendrán poder sobre el pueblo de Dios la primera y la segunda bestia de Apocalipsis trece?

RESPUESTA: La primera y segunda bestia de Apocalipsis trece (13) tendrán poder sobre el pueblo de Dios, pisoteándolo, por 2,300 días literales, durante los próximos 2,520 días del período de tiempo de la tribulación. Observe el gráfico a continuación:

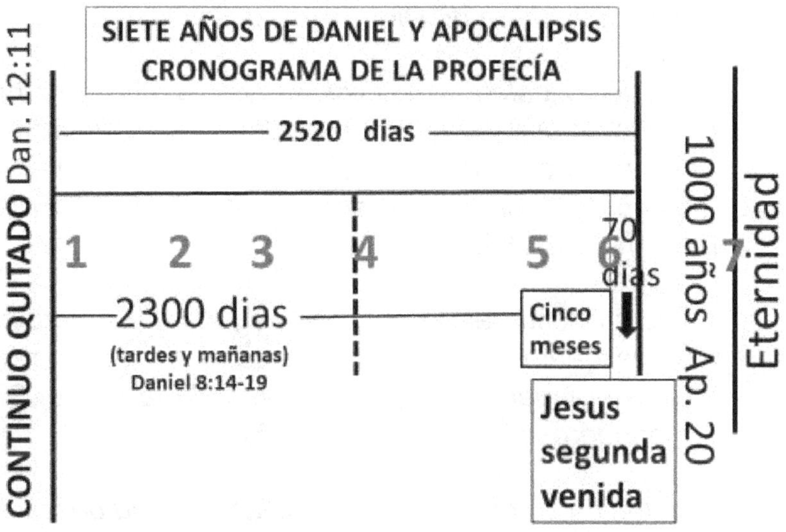

APOCALIPSIS 13:14b,15

> ***"Mandando á los moradores de la tierra que hagan la imagen de la bestia que tiene la herida de cuchillo, y vivió. Y le fué dado que diese espíritu á la imagen de la bestia, para que la imagen de la bestia hable; y hará que cualesquiera que no adoraren la imagen de la bestia sean muertos."***

PREGUNTA: ¿Nos dice la Biblia cómo es herida una de las cabezas de la bestia de siete cabezas?

RESPUESTA: Sí, la Biblia dice que una cabeza está herida por una espada. Una bestia figurativa no puede ser herida por una espada literal. En este caso, la cabeza figurativa de la bestia está herida por una espada figurativa. Esa espada simbólica es la Palabra de Dios. La Biblia, la Espada de Dios, identificará claramente a la bestia y su falsa enseñanza.

"Y tomad el yelmo de salud, y la espada del Espíritu; que es la palabra de Dios." Efesios 6:17.

"Porque la palabra de Dios es viva y eficaz, y más penetrante que toda espada de dos filos: y que alcanza hasta partir el alma, y aun el espíritu, y las coyunturas y tuétanos, y discierne los pensamientos y las intenciones del corazón." Hebreos 4:12.

"Y de su boca sale una espada aguda, para herir con ella las gentes: y él los regirá con vara de hierro; y él pisa el lagar del vino del furor, y de la ira del Dios Todopoderoso." Apocalipsis 19:15.

"Y tenía en su diestra siete estrellas: y de su boca salía una espada aguda de dos filos. Y su rostro era como el sol cuando resplandece en su fuerza." Apocalipsis 1:16.

PREGUNTA: ¿Cómo demuestra su poder la "bestia terrestre" de dos cuernos?

RESPUESTA: La "bestia de la tierra" demuestra su poder devolviendo la vida a la herida "bestia del mar" de siete cabezas y creando una imagen de la "bestia del mar". La imagen levantada por la "bestia de la tierra" que glorifica a la "bestia del mar" es un objeto de adoración. Aquellas personas que adoran "la imagen de la bestia" vivirán, aquellas que se niegan a adorar "la imagen de la bestia" sufrirán, serán encarceladas y/o muertas.

"Entonces os entregarán para ser afligidos, y os matarán; y seréis aborrecidos de todas las gentes por causa de mi nombre. Y muchos entonces serán escandalizados; y se entregarán unos á otros, y unos á otros se aborrecerán. Y muchos falsos profetas se levantarán y engañarán á muchos. Y por haberse multiplicado la maldad, la caridad de muchos se resfriará. Mas el que perseverare hasta el fin, éste será salvo. Y será predicado este

> *evangelio del reino en todo el mundo, por testimonio á todos los Gentiles; y entonces vendrá el fin."* Mateo 24:9-14.

PREGUNTA: ¿Hay una historia similar en la Biblia en la que se "colocó" una imagen y se obligó a la gente a adorarla o morir?

RESPUESTA: Sí. En el capítulo tres de Daniel sucedió lo mismo en el año 600 a. C. con los tres compañeros de Daniel. (Ahora es un buen momento para hacer una pausa y leer todo el capítulo tres de Daniel si aún no lo ha hecho). Las lecciones aprendidas de las acciones de los tres compañeros de Daniel en este capítulo son extremadamente importantes para aquellos que viven en la última generación.

> *"Por lo cual, en oyendo todos los pueblos el son de la bocina, del pífano, del tamboril, del arpa, del salterio, de la zampoña, y de todo instrumento músico, todos los pueblos, naciones, y lenguas, se postraron, y adoraron la estatua de oro que el rey Nabucodonosor había levantado."* Daniel 3:7.

> *"Hay unos varones Judíos, los cuales pusiste tú sobre los negocios de la provincia de Babilonia; Sadrach, Mesach, y Abed-nego: estos varones, oh rey, no han hecho cuenta de ti; no adoran tus dioses, no adoran la estatua de oro que tú levantaste."* Daniel 3:12.

PREGUNTA: ¿Cuánto tiempo vive la "bestia marina"?

RESPUESTA: La "bestia marina" de diez cuernos vive todo el tiempo del período de siete años de la tribulación de 2.520 días. Para la primera mitad, los primeros cuarenta y dos (42) meses (Apocalipsis 13:5), existe por sí mismo hasta que es herido por la "espada del Espíritu". Luego, durante los siguientes cuarenta y dos meses, existe debido a la influencia de la "bestia de la tierra" de dos cuernos, que también se llama "el cuerno pequeño" en el libro de Daniel.

"Y le fué dada boca que hablaba grandes cosas y blasfemias: y le fué dada potencia de obrar cuarenta y dos meses." Apocalipsis 13:5.

"Y ejerce todo el poder de la primera bestia en presencia de ella; y hace á la tierra y á los moradores de ella adorar la primera bestia, cuya llaga de muerte fué curada." Apocalipsis 13:12.

"Y los diez cuernos significan que de aquel reino se levantarán diez reyes; y tras ellos se levantará otro, el cual será mayor que los primeros, y á tres reyes derribará. Y hablará palabras contra el Altísimo, y á los santos del Altísimo quebrantará, y pensará en mudar los tiempos y la ley: y entregados serán en su mano hasta tiempo, y tiempos, y el medio de un tiempo." Daniel 7:24,25.

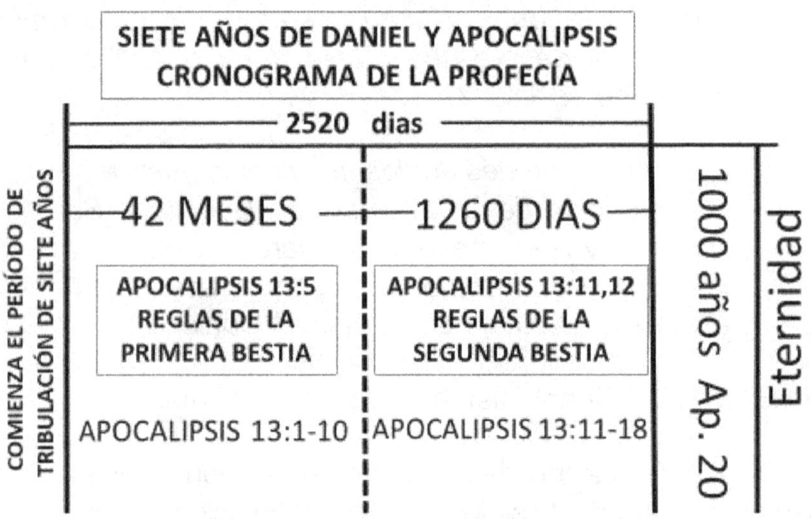

PREGUNTA: ¿Le da la Biblia un nombre a la imagen de la bestia que el "cordero semejante a una bestia" de dos cuernos erige y obliga a la gente a adorar?

RESPUESTA: Sí. La Biblia llama a la imagen de la bestia "la abominación desoladora".

> *"Por tanto, cuando viereis la abominación del asolamiento, que fué dicha por Daniel profeta, que estará en el lugar santo, (el que lee, entienda), Entonces los que están en Judea, huyan á los montes."* Mateo 24:15,16.

PREGUNTA: ¿Por qué la imagen de la bestia que se levanta y que las personas se ven obligadas a adorar se llama la "abominación desoladora"?

RESPUESTA: Una abominación es algo que Dios odia absolutamente. El odio de Dios es tan grande contra ella que promueve a Dios a aniquilar o desolar totalmente la cosa odiada. Establecer un objeto de adoración falsa es una abominación para Dios.

PREGUNTA: ¿Registra la Biblia algún momento en la historia en que Dios desoló algo que odiaba?

RESPUESTA: Sí. Hay varios casos en la Biblia que fueron "una abominación desoladora. Hubo (1) el pecado en los días de Noé que provocó el diluvio, (2) el pecado en los días de Abraham que provocó la desolación de Sodoma y Gomorra, (3) la desobediencia del pueblo en el mundo de Daniel día que provocó la destrucción de Jerusalén y comenzó el cautiverio de setenta años, (4) y hubo 70 semanas de desobediencia de Israel que provocaron la destrucción de Jerusalén en el año 70 d.C., por nombrar algunas.

PREGUNTA: ¿Dice la Biblia en qué momento durante la tribulación de 2520 días se "establecerá" la imagen de la bestia, la abominación desoladora?

RESPUESTA: Sí. La Biblia dice que 1.290 días después de que comience la tribulación de siete años, se levantará la imagen de la bestia, la abominación desoladora.

> *"Y desde el tiempo que fuere quitado el continuo hasta la abominación espantosa, habrá mil doscientos y noventa días."* Daniel 12:11 (Correcciones de texto hechas por el autor).

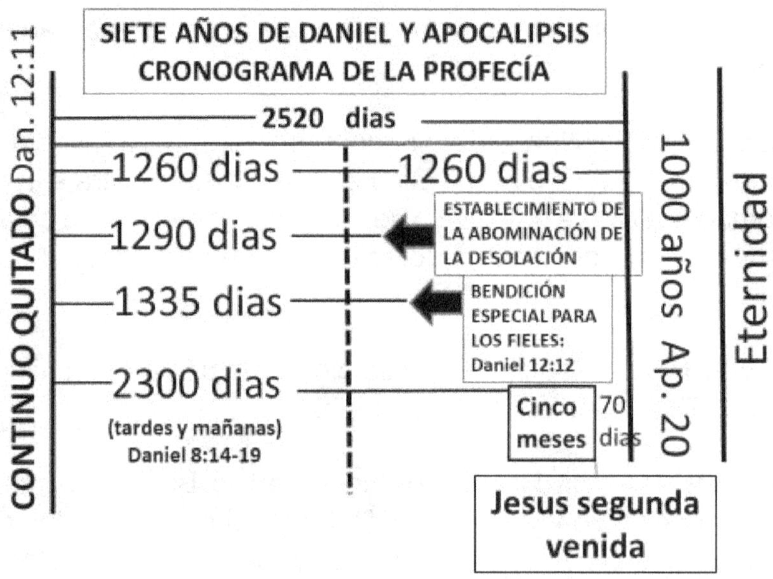

APOCALIPSIS 13:16-18

> ***"Y hacía que á todos, á los pequeños y grandes, ricos y pobres, libres y siervos, se pusiese una marca en su mano derecha, ó en sus frentes: Y que ninguno pudiese comprar ó vender, sino el que tuviera la señal, ó el nombre de la bestia, ó el número de su nombre. Aquí hay sabiduría. El que tiene entendimiento, cuente el número de la bestia; porque es el número de hombre: y el número de ella, seiscientos sesenta y seis."***

PREGUNTA: ¿Qué significa recibir una "marca en la mano derecha o en la frente"?

RESPUESTA: Una marca en la mano derecha o en la frente es una frase prestada del Antiguo Testamento que se encuentra en Éxodo 13:15,16 y Deuteronomio 11:18. Esa frase es simbólica de las obras o acciones que hace una persona (la mano) y el acto de adherir o aceptar algo en la memoria (la frente). La marca no es una marca visible, es asignada por Dios y solo el cielo puede verla.

> *"Y endureciéndose Faraón en no dejarnos ir, Jehová mató en la tierra de Egipto á todo primogénito, desde el primogénito humano hasta el primogénito de la bestia: y por esta causa yo sacrifico á Jehová todo primogénito macho, y redimo todo primogénito de mis hijos. Serte ha, pues, como <u>una señal sobre tu mano, y por una memoria delante de tus ojos</u>; ya que Jehová nos sacó de Egipto con mano fuerte."* Éxodo 13:15,16.

> *"Por tanto, pondréis estas mis palabras en vuestro corazón y en vuestra alma, y las ataréis por señal en vuestra mano, <u>y serán por frontales entre vuestros ojos</u>."* Deuteronomio 11:18.

PREGUNTA: ¿Tiene la Biblia un ejemplo de cómo una persona recibe la marca en la mano y en la frente?

RESPUESTA: Sí. La Biblia tiene una visión similar que se encuentra en Ezequiel nueve, donde Dios determina qué persona recibe la marca que conduce a la vida.

> *"Y la gloria del Dios de Israel se alzó de sobre el querubín sobre el cual había estado, al umbral de la casa: y llamó Jehová al varón vestido de lienzos, que tenía á su cintura la escribanía de escribano. Y díjole Jehová: Pasa por medio de la ciudad, por medio de Jerusalem, y pon una señal en la frente á los hombres que gimen y que claman*

> *á causa de todas las abominaciones que se hacen en medio de ella. Y á los otros dijo á mis oídos: Pasad por la ciudad en pos de él, y herid; no perdone vuestro ojo, ni tengáis misericordia. Matad viejos, mozos y vírgenes, niños y mujeres, hasta que no quede ninguno: mas á todo aquel sobre el cual hubiere señal, no llegaréis; y habéis de comenzar desde mi santuario. Comenzaron pues desde los varones ancianos que estaban delante del templo."* Ezequiel 9:3-6.

PREGUNTA: ¿Qué significa "comprar o vender"?

RESPUESTA: La habilidad de "comprar o vender" puede o no ser una influencia económica en el pueblo de Dios, solo el tiempo lo dirá, pero seguramente es una frase simbólica bíblica. En Apocalipsis 3:18, Dios le dice a su pueblo que le compre oro, ropa blanca y colirio. El oro es la información invaluable, proveniente de Dios, que se encuentra en la Biblia; la vestidura blanca es el vestido de boda puro y justo de Cristo Jesús, y el colirio es el Espíritu Santo que mora en nosotros.

> *"Compra la verdad, y no la vendas; La sabiduría, la enseñanza, y la inteligencia."* Proverbios *23:23.*

> *"Y el Espíritu y la Esposa dicen: Ven. Y el que oye, diga: Ven. Y el que tiene sed, venga: y el que quiere, tome del agua de la vida de balde."* Apocalipsis 22:17.

> "Yo te amonesto que de mí compres oro afinado en fuego, para que seas hecho rico, y seas vestido de vestiduras blancas, para que no se descubra la vergüenza de tu desnudez; y unge tus ojos con colirio, para que veas." Apocalipsis 3:18.

> *"Ni su plata ni su oro podrá librarlos en **el día de la ira de Jehová**; pues toda la tierra será consumida con el fuego de su celo: porque ciertamente consumación*

apresurada hará con todos los moradores de la tierra.” Sofonías 1:18.

“Vuestro oro y plata están corrompidos de orín; y su orín os será testimonio, y comerá del todo vuestras carnes como fuego. Os habéis allegado tesoro para en los postreros días.” Santiago 5:3.

“La ley de Jehová es perfecta, que vuelve el alma: El testimonio de Jehová, fiel, que hace sabio al pequeño. Los mandamientos de Jehová son rectos, que alegran el corazón: El precepto de Jehová, puro, que alumbra los ojos. El temor de Jehová, limpio, que permanece para siempre; Los juicios de Jehová son verdad, todos justos. Deseables son más que el oro, y más que mucho oro afinado; Y dulces más que miel, y que la que destila del panal.” Salmos 19:7-10.

“El que venciere, será vestido de vestiduras blancas; y no borraré su nombre del libro de la vida, y confesaré su nombre delante de mi Padre, y delante de sus ángeles.” Apocalipsis 3:5.

“Y entró el rey para ver los convidados, y vió allí un hombre no vestido de boda. Y le dijo: Amigo, ¿cómo entraste aquí no teniendo vestido de boda? Mas él cerró la boca. Entonces el rey dijo á los que servían: Atado de pies y de manos tomadle, y echadle en las tinieblas de afuera: allí será el lloro y el crujir de dientes. Porque muchos son llamados, y pocos escogidos.” Mateo 22:11-14.

“La antorcha del cuerpo es el ojo: pues si tu ojo fuere simple, también todo tu cuerpo será resplandeciente; mas si fuere malo, también tu cuerpo será tenebroso.” Lucas 11:34.

> *"Cegó los ojos de ellos, y endureció su corazón; Porque no vean con los ojos, y entiendan de corazón, Y se conviertan, Y yo los sane."* Juan 12:40.

> *"Al Espíritu de verdad, al cual el mundo no puede recibir, porque no le ve, ni le conoce: mas vosotros le conocéis; porque está con vosotros, y será en vosotros."* Juan 14:17.

PREGUNTA: ¿Cuál es la diferencia entre (1) la imagen de la bestia, (2) la marca de la bestia, (3) el nombre de la bestia y (4) el número de la bestia?

RESPUESTA: (1) La imagen de la bestia es el establecimiento de un elemento de adoración contrario a la Palabra de Dios. (2) La marca de la bestia es la insignia invisible que Dios pone en las personas por su apego físico y/o mental a la bestia. (3) el nombre de la bestia es la asociación que una persona tiene con la bestia y (4) el número de la bestia es el número de un hombre que se encuentra en la Biblia, que es un ejemplo de una persona que "establece" una adoración falsa forzada y cómo el pueblo de Dios debe responder a esa falsa adoración forzada.

PREGUNTA: ¿Quién es el hombre en la Biblia que es un ejemplo de erigir una imagen y obligar a la gente a adorarla, a costa de sus vidas, y cuyo "número es Seiscientos sesenta y seis" (666)?

RESPUESTA: El hombre en la Biblia cuyo "número es seiscientos sesenta y seis" es el rey Nabucodonosor. Según el capítulo tres de Daniel, el rey Nabucodonosor erigió una estatua en la llanura de Dura, en Babilonia, y obligó a todos a adorarla o morir. Estableció su imagen de adoración falsa en el año 600 a. La imagen tenía sesenta (60) codos de alto y seis (6) codos de ancho. También el número 666 está asociado con el rey Nabucodonosor porque cuando los cautivos regresaban a Jerusalén, después de 70 años de cautiverio, el número de parientes de un hombre llamado Adonikam era 666 como se revela en Esdras 2:13.

"Los hijos de Adonicam, seiscientos sesenta y seis." Esdras 2:13.

> *"EL rey Nabucodonosor hizo una estatua de oro, la altura de la cual era de sesenta codos, su anchura de seis codos: levantóla en el campo de Dura, en la provincia de Babilonia."* Daniel 3:1.

Las acciones del rey Nabucodonosor están escritas para nuestra amonestación, pero lo que es más importante son las acciones de Sadrac, Mesac y Abed-nego, como un ejemplo para la última generación de siervos de Dios. Incluso frente a la muerte, los tres dignos se negaron a ir en contra de los mandamientos de Dios. Y en ese momento de terrible prueba, Dios no los dejó solos, Él estuvo allí a su lado, incluso en la llama de la dificultad. (Ahora es un buen momento para leer el capítulo tres si aún no lo ha hecho).

CONSIDERACIONES ADICIONALES PARA APOCALIPSIS TRECE

En algún momento en el tiempo, el grupo original de la gente del "mar", del cual se desarrolló la primera bestia con diez cuernos, se une a la gente de la "tierra" que no se arrepiente, y el cordero de dos cuernos como la bestia, en un intento de unificarse. Estas personas tendrán la impresión de que necesitan pacificar al Señor para cambiar las condiciones del mundo. Creen que si pueden obligar a todo el mundo a adorar a Dios a su manera, Él cambiará de opinión, como lo prometió en Jeremías 18:5-8.

> *"Porque manifiesta es la ira de Dios del cielo contra toda impiedad é injusticia de los hombres, que detienen la verdad con injusticia."* Romanos 1:18.

"Entonces fué á mí palabra de Jehová, diciendo: ¿No podré yo hacer de vosotros como este alfarero, oh casa de Israel, dice Jehová? He aquí que como el barro en la mano del alfarero, así sois vosotros en mi mano, oh casa de Israel. En un instante hablaré contra gentes y contra reinos, para arrancar, y disipar, y destruir. Empero si esas gentes se convirtieren de su maldad, de que habré hablado, yo me arrepentiré del mal que había pensado hacerles." Jeremías 18:5-8

Agregar los dos cuernos adicionales del cordero como bestia a la bestia de diez cuernos le dará más poder. Asumen que cuanto más poder se le dé a la primera bestia, se producirá un renacimiento religioso en todo el mundo para hacer todo lo posible para apaciguar a un Dios enojado, al que se culpa por la terrible condición del mundo. Los dos grupos creen que la única forma de apaciguar a un Dios enojado es hacer todo lo humanamente posible para unificar a todas las personas religiosas de todas las naciones, lenguas y personas de todo el mundo. Una forma segura de unificar a todas las personas del mundo es establecer un solo día internacional de adoración. Este día internacional de adoración se llama "la imagen de la bestia". Quienquiera que adore ese día en particular, será alabado, quien se niegue a adorar ese día será literalmente asesinado. Este acto se denomina CULTO FORZADO.

La frase "marca en la mano o en la frente" en Apocalipsis 13:16 está usando figurativamente este lenguaje para revelar la desobediencia mental y física de una persona a la voluntad de Dios. Está usando estos artículos para revelar la intención de lo que significa tener "la marca de la bestia en la frente y en la mano derecha". El pueblo que obedece a Dios, contrario al culto forzoso que se exige a todos los pueblos, recibe el sello de Dios. Las personas que desobedecen a Dios reciben la marca de la bestia porque eligen cumplir los requisitos de la bestia en lugar de obedecer los mandamientos de Dios. Tanto el sello de Dios como la marca de la bestia son invisibles al ojo humano. Ambos son asignados por el Espíritu Santo y solo los seres celestiales saben quién los tiene. La marca de la bestia no es una marca física y no se le otorga a nadie hasta el tiempo de la quinta trompeta que ocurre 150 días (cinco meses) antes de la segunda venida de Jesús, que ocurre bajo la sexta trompeta.

> "Y EL quinto ángel tocó la trompeta, y vi una estrella que cayó del cielo en la tierra; y le fué dada la llave del pozo del abismo. Y abrió el pozo del abismo, y subió humo del pozo como el humo de un gran horno; y oscurecióse el sol y el aire por el humo del pozo. Y del humo salieron langostas sobre la tierra; y fueles dada potestad, como tienen potestad los escorpiones de la tierra. Y les fué mandado que no hiciesen daño á la hierba de la tierra, ni á ninguna cosa verde, ni á ningún árbol, sino solamente á los hombres que no tienen la señal de Dios en sus frentes. Y le fué dado que no los matasen, sino que los atormentasen cinco meses; y su tormento era como tormento de escorpión, cuando hiere al hombre. Y en aquellos días buscarán los hombres la muerte, y no la hallarán; y desearán morir, y la muerte huirá de ellos." Apocalipsis 9:1-6.

Comprar el "oro refinado en fuego" es leer la Biblia, aceptar lo que está escrito como verdad y aprender de los logros y errores de todos los personajes de la Biblia como se revela en la Palabra de Dios. Nuestro estilo de vida, o el fruto que producimos, revela nuestro carácter. Nuestro carácter está influenciado por las cosas con las que nos rodeamos. Para tener el carácter de Dios, debemos rodearnos de aquellas cosas que revelan Su carácter, y vivir nuestras vidas de acuerdo con esa influencia, que es la Santa Biblia.

> *"A TODOS los sedientos: Venid á las aguas; y los que no tienen dinero, venid, comprad, y comed. Venid, comprad, sin dinero y sin precio, vino y leche.¿Por qué gastáis el dinero no en pan, y vuestro trabajo no en hartura? Oidme atentamente, y comed del bien, y*

> *deleitaráse vuestra alma con grosura. Inclinad vuestros oídos, y venid á mí; oid, y vivirá vuestra alma; y haré con vosotros pacto eterno, las misericordias firmes á David."* Isaías 55:1-3.

La Palabra de Dios, la Biblia, todos los 66 libros de la Biblia, tienen el agua de la vida fluyendo libremente para todas y cada una de las personas que se detengan, se inclinen y beban del manantial que fluye del trono de Dios. El árbol de la vida es la Palabra de Dios para todas y cada una de las personas que se detendrán, tenderán la mano, arrancarán el alimento gratuito del árbol y comerán sus hojas. Está disponible para que todos se nutran cada segundo de cada día, aquí y ahora.

> *"DESPUÉS me mostró un río limpio de agua de vida, resplandeciente como cristal, que salía del trono de Dios y del Cordero. En el medio de la plaza de ella, y de la una y de la otra parte del río, estaba el árbol de la vida, que lleva doce frutos, dando cada mes su fruto: y las hojas del árbol eran para la sanidad de las naciones."* Apocalipsis 22:1,2

La comida y la bebida, ofrecidas gratuitamente ahora desde el trono de Dios, no estarán disponibles para siempre. El odio hacia el pueblo de Dios, Sus siervos, y el odio hacia la Palabra de Dios, toda la Santa Biblia de 66 libros, se magnificará cuando comience la tribulación de siete años. Los que hablan la verdad real de la Biblia estarán hablando en contra de aquellos que no quieren que se predique toda la Biblia. Las personas religiosas más influyentes del mundo solo querrán que se predique una parte de la Biblia, no toda. Por eso proscribirán la predicación de la Biblia bajo amenaza de muerte para los que lo hagan. La Biblia será silenciada como se revela en el capítulo once de Apocalipsis.

> *"Y cuando ellos hubieren acabado su testimonio, la bestia que sube del abismo hará guerra contra ellos, y los vencerá, y los matará. Y sus cuerpos serán echados*

> *en las plazas de la grande ciudad, que espiritualmente es llamada Sodoma y Egipto, donde también nuestro Señor fué crucificado. Y los de los linajes, y de los pueblos, y de las lenguas, y de los Gentiles verán los cuerpos de ellos por tres días y medio, y no permitirán que sus cuerpos sean puestos en sepulcros. Y los moradores de la tierra se gozarán sobre ellos, y se alegrarán, y se enviarán dones los unos á los otros; porque estos dos profetas han atormentado á los que moran sobre la tierra."* Apocalipsis 11:7-10

En el momento en que Dios otorga la marca de la bestia, en el quinto sello, después de que se haya eliminado la libertad de expresión y de religión. Las únicas personas que pueden compartir algo de la Biblia serán aquellos que estén de acuerdo con el mensaje de la bestia, el brazo rebelde de la religión, que controla el mundo religioso.

> *"He aquí vienen días, dice el Señor Jehová, en los cuales enviaré hambre á la tierra, no hambre de pan, ni sed de agua, sino de oir palabra de Jehová. E irán errantes de mar á mar: desde el norte hasta el oriente discurrirán buscando palabra de Jehová, y no la hallarán."* Amós 8:11,12.

Viene una hambruna. No sólo una hambruna de comida y agua, sino una hambruna de escuchar la Palabra de Dios.

> *"Y cuando él abrió el tercer sello, oí al tercer animal, que decía: Ven y ve. Y miré, y he aquí un caballo negro: y el que estaba sentado encima de él, tenía un peso en su mano. Y oí una voz en medio de los cuatro animales, que decía: Dos libras de trigo por un denario, y seis libras de cebada por un denario: y no hagas daño al vino ni al aceite."* Apocalipsis 6:5,6

> *"Aquí hay sabiduría. El que tiene entendimiento, cuente el número de la bestia; porque es el número de*

hombre: y el número de ella, seiscientos sesenta y seis." Apocalipsis *13:18*

Los sabios entenderán esto, pero los necios no. La bestia, la coalición de todas las religiones del mundo, establecerá un día de adoración forzada y posiblemente un tiempo particular para que todo el mundo se postre sobre sus rostros en ese día de adoración al son de la música, como se hizo en Daniel Capítulo tres. Los que obedecen, viven, los que no, mueren. Pero este tipo de adoración forzada no es nuevo. Hay una historia en la Biblia, de un hombre en la Biblia, que hizo esto mismo en el pasado. Para reconocer quién es, busque el número "Seiscientos sesenta y seis" en la Biblia. La información importante a sacar de la historia del capítulo tres de Daniel, sobre el hombre cuyo número es "666", es cómo actuaron los hijos fieles de Dios y qué hicieron, durante todo el evento. Permanecieron fieles a Dios, incluso ante la amenaza de muerte. Apocalipsis 13:18 no le pide a la humanidad que mire fuera de la Biblia para determinar quién es el hombre cuyo número es "666", nos está diciendo que busquemos a esa persona dentro de la Biblia.

El rey Nabucodonosor había capturado y llevado a Adonikam, junto con Daniel y sus tres compañeros, a Babilonia en el 605 a. Tres años más tarde, en 602 a. C., el rey soñó con una imagen fantástica (Daniel 2). Dos años después del sueño, en 600 a. C., el rey Nabucodonosor hizo crear una réplica dorada de esa imagen (Daniel 3). La imagen tenía 60 codos de alto y 6 codos de ancho.

El capítulo tres de Daniel cuenta la historia completa de las acciones del rey, sus consejeros y las de los tres compañeros de Daniel; Sadrac, Mesac y Abednego. Apocalipsis 13:18 no está tan interesado en el rey Nabucodonosor como en las acciones de los tres amigos de Daniel, como una lección objetiva para aquellos siervos de Dios que viven en el tiempo del fin, cuando se establece o establece la adoración forzada que amenaza la vida. en el momento de la última generación.

En el capítulo tres de Daniel, el rey erige su imagen y obliga a todos en su reino bajo su mando a venir a la Llanura de Dura para adorar su imagen. Todo el que es alguien obedece la orden del rey, incluso Sadrac, Mesac y Abed-nego, de conjugar en un solo lugar. Seguir la orden del rey de reunirse en la Llanura de Dura no era contrario a la ley de Dios. De hecho, tenemos el consejo de Jesús de obedecer al gobierno:

> "*Entonces les dijo: Pues dad á César lo que es de César; y lo que es de Dios, á Dios.*" Lucas 20:25.

El rey hace un anuncio muy importante que afectó a todo el pueblo de su época y que aplica a todos los hijos de Dios que viven en el tiempo del fin. Note Daniel 3:4-7:

> "*Y el pregonero pregonaba en alta voz: Mándase á vosotros, oh pueblos, naciones, y lenguas, En oyendo el son de la bocina, del pífano, del tamboril, del arpa, del salterio, de la zampoña, y de todo instrumento músico, os postraréis y adoraréis la estatua de oro que el rey Nabucodonosor ha levantado: Y cualquiera que no se postrare y adorare, en la misma hora será echado dentro de un horno de fuego ardiendo. Por lo cual, en oyendo todos los pueblos el son de la bocina, del pífano, del tamboril, del arpa, del salterio, de la zampoña, y de todo instrumento músico, todos los pueblos, naciones, y lenguas, se postraron, y adoraron la estatua de oro que el rey Nabucodonosor había levantado.*" Daniel 3:4-7.

En esta historia del capítulo tres de Daniel ocurre una aparente redundancia. A medida que lea el capítulo, descubrirá que la lista de instrumentos musicales se menciona cuatro veces diferentes. Eso no es un error. Cuando Dios repite algo en la Biblia, es algo de lo que Él quiere que prestemos especial atención. La historia se repetirá.

Al leer el libro de Daniel y especialmente esta muy interesante y conocida historia en el capítulo tres de Daniel, recordará la dedicación a Dios que tenían Daniel y sus tres amigos. Estaban determinados en su mente (frente) que servirían a Dios con todo lo que tenían y realizarían las acciones y harían las obras (mano derecha) que respaldaban su compromiso mental.

DIOS SIEMPRE ESTÁ CONTIGO. NUNCA ESTÁS SOLO.

Así como Dios estuvo con Daniel y sus tres amigos, y todas las demás personas fieles en la Biblia, Él estará con sus siervos del tiempo del fin, tal como lo prometió. Nunca estás solo.

> *"Y Jehová es el que va delante de ti; él será contigo, no te dejará, ni te desamparará; no temas, ni te intimides."* Deuteronomio 31:8

> *"No temas, que yo soy contigo; no desmayes, que yo soy tu Dios que te esfuerzo: siempre te ayudaré, siempre te sustentaré con la diestra de mi justicia."* Isaías 41:10

> *"Y he aquí, yo soy contigo, y te guardaré por donde quiera que fueres, y te volveré á esta tierra; porque no te dejaré hasta tanto que haya hecho lo que te he dicho."* Génesis 28:15.

> *"Porque yo soy contigo, dice Jehová, para salvarte: y haré consumación en todas las gentes entre la cuales te esparcí; en ti empero no haré consumación, sino que te castigaré con juicio, y no te talaré del todo."* Jeremías 30:11.

> *"Nadie te podrá hacer frente en todos los días de tu vida: como yo fuí con Moisés, seré contigo; no te dejaré, ni te desampararé."* Josué 1:5.

> *"Enseñándoles que guarden todas las cosas que os he mandado: y he aquí, yo estoy con vosotros todos los días, hasta el fin del mundo. Amén."* Mateo *28:20.*

El objetivo principal de Apocalipsis trece es informar a los santos dedicados que creen en la Biblia de Dios, que se establecerá un tiempo serio de adoración forzada durante los próximos siete años de tribulación. Aquellos que no obedezcan las reglas de adoración hechas por el hombre serán elegibles para la aplicación de la ley, incluido el encarcelamiento y, finalmente, la muerte. El señalar al rey Nabucodonosor, como el hombre en la Biblia cuyo número es 666, tiene la intención de centrar la atención en el capítulo tres de Daniel, donde el rey exigió la adoración forzada. La principal lección que se tiene, del capítulo tres de Daniel, es la reacción y la actitud de los tres fieles hebreos que eligieron permanecer fieles a Dios, sin importar el castigo o el resultado. Otra lección que hay que darse cuenta es que sin importar las acciones de la humanidad, Dios el Padre, Su Hijo y el Espíritu Santo estarán con Su pueblo sufriendo los horribles actos que se les imponen. Nunca nos dejarán ni nos abandonarán.

APOCALIPSIS CAPÍTULO TRECE EN POCAS PALABRAS

Debido a los eventos catastróficos que suceden en todo el mundo, al comienzo de la tribulación de siete años, las naciones buscarán una solución al problema universal de la supervivencia. El mundo religioso, controlado por la gente del "mar", dirigirá su atención a resolver las tremendas dificultades estableciendo reglas de adoración que obliguen a todos, en todo el mundo, a adorar a Dios como lo perciban. Cuarenta y dos meses después, el "pueblo de la tierra" se unirá al "pueblo del mar" para fortalecer los actos del esfuerzo original para lograr la intervención de Dios. Se exigirá el culto forzado bajo amenaza de muerte.

APOCALIPSIS CAPÍTULO TRECE EN UNA ORACIÓN

La "gente del mar" establecerá un protocolo de adoración forzada al comienzo de la tribulación de siete años que será fortalecido en gran medida por la "gente de la tierra" durante la última mitad de la tribulación de 2520 días con una coalición de fe.

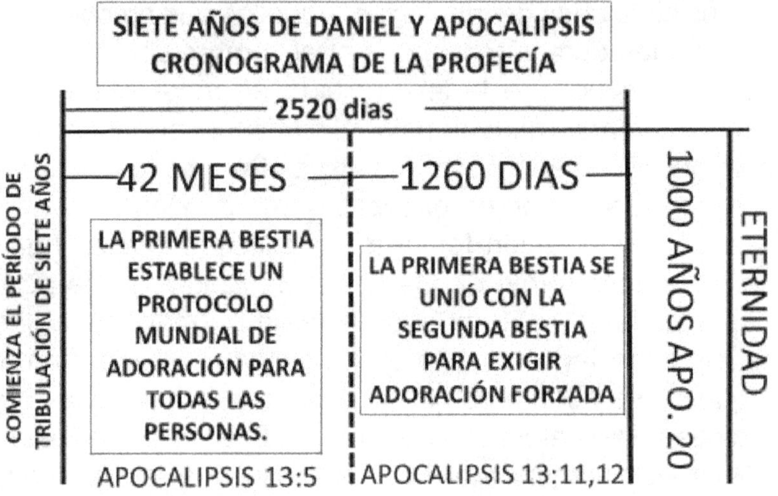

APOCALIPSIS CAPÍTULO CATORCE

"Y EN aquel tiempo se levantará Miguel, el gran príncipe que está por los hijos de tu pueblo; y será tiempo de angustia, cual nunca fué después que hubo gente hasta entonces: mas en aquel tiempo será libertado tu pueblo, todos los que se hallaren escritos en el libro." Daniel 12:1.

Apocalipsis catorce se puede organizar en tres secciones con respecto a los 144.000:

1. Dónde están: versículos 1-3.

2. Cómo llegaron allí: versículos 4,5 y

3. Los mensajes de los 144.000 durante la tribulación de siete años: versículos 6-20.

APOCALIPSIS 14:1

> ***"Y MIRÉ, y he aquí, el Cordero estaba sobre el monte de Sión, y con él ciento cuarenta y cuatro mil, que tenían el nombre de su Padre escrito en sus frentes."***

PREGUNTA: ¿Quién está "de pie" con los 144.000 en el Monte Sión?

RESPUESTA: El "Cordero de Dios" está de pie con los 144.000, que es el mismo Jesús.

PREGUNTA: Según Daniel 12:1 anterior, ¿cuándo se "pone de pie" Jesús, que es Miguel?

RESPUESTA: Miguel, quien es Jesús, el Cordero de Dios, "se pone de pie" justo antes de que comience el gran "tiempo de angustia".

PREGUNTA: ¿Dónde están los 144.000 en este versículo?

RESPUESTA: Todo el libro de Apocalipsis está escrito en orden cronológico y revela las acciones que tendrán lugar durante la tribulación de siete años. Espiritualmente los 144.000 están en el cielo, en la sala del trono de Dios, con Jesús, el Espíritu Santo y la Palabra de Dios, que son los veinticuatro ancianos. Lo que significa que los 144.000 están trabajando junto con el Padre, el Hijo, el Espíritu Santo y los 24 ancianos (la Biblia) para dar el mensaje del último día a un mundo moribundo. Físicamente, los 144.000 están en este planeta, nuestra tierra, dispersos por todo el mundo, listos para declarar los mensajes del tiempo del fin que Dios tiene para su pueblo del tiempo del fin.

PREGUNTA: ¿A qué momento se refiere el versículo uno?

RESPUESTA: Apocalipsis 14:1 se refiere al tiempo justo antes del comienzo de la tribulación de siete años. Los 144.000 tienen siete mensajes para entregar durante los próximos 2.520 días. Dios los llena con Su Espíritu Santo (Apocalipsis 18:1), dándoles la fuerza y las habilidades necesarias para presentar los mensajes de los siete ángeles de Apocalipsis catorce durante esos 2520 días de prueba, persecución y tribulación.

> *"Y DESPUÉS de estas cosas vi otro ángel descender del cielo teniendo grande potencia; y la tierra fué alumbrada de su gloria."* Apocalipsis 18:1.

PREGUNTA: ¿Qué significa tener el "nombre del Padre escrito en la frente"?

RESPUESTA: Tener el "nombre del Padre escrito en la frente" significa estar totalmente mentalmente dedicados al Padre en pensamiento, palabra y acción.

"Por tanto, pondréis estas mis palabras en vuestro corazón y en vuestra alma, y las ataréis por señal en vuestra mano, y serán por frontales entre vuestros ojos." Deuteronomio 11:18.

APOCALIPSIS 14:2

Y oí una voz del cielo como ruido de muchas aguas, y como sonido de un gran trueno: y oí una voz de tañedores de arpas que tañían con sus arpas.

PREGUNTA: ¿Cuándo nos presentaron por primera vez a los 144.000 en el libro de Apocalipsis?

RESPUESTA: Apocalipsis 7:1-8 nos presentó a los 144.000 santos de Dios al comienzo de la tribulación de siete años.

PREGUNTA: ¿Cuál es la responsabilidad de los 144.000 durante la próxima tribulación de siete años?

RESPUESTA: Los 144.000 "siervos de Dios" (Ap. 1:1) serán los portavoces de Dios, de toda tribu, nación, lengua y pueblo de todo el mundo, para llevar los mensajes de Apocalipsis a todo el pueblo de el mundo. Gálatas 3:26-29 dice:

"Porque todos sois hijos de Dios por la fe en Cristo Jesús. Porque todos los que habéis sido bautizados en Cristo, de Cristo estáis vestidos. No hay Judío, ni Griego; no hay siervo, ni libre; no hay varón, ni hembra: porque todos vosotros sois uno en Cristo Jesús. Y si vosotros sois de Cristo, ciertamente la simiente de Abraham sois, y conforme á la promesa los herederos." Gálatas 3: 26-29.

PREGUNTA: ¿Por qué cuando los 144.000 hablan tienen (1) la voz de muchas aguas, (2) la voz del trueno y (3) la voz de los arpistas que tocan?

RESPUESTA: Cuando los 144.000 hablan en esta tierra están (1) reflejando la voz de Dios que habla como el sonido de muchas aguas (Ezequiel 1:24), (2) están compartiendo los mensajes del trueno de Apocalipsis 10:3,4, y (3) están tocando una "canción fúnebre" o lamentación, incitando a la gente a bailar con la emotiva música de Dios de los últimos días (Mateo 11:16,17; Jeremías 9:9,10; Salmo 98:5).

> *"Y oí el sonido de sus alas cuando andaban, como sonido de muchas aguas, como la voz del Omnipotente, como ruido de muchedumbre, como la voz de un ejército. Cuando se paraban, aflojaban sus alas."* Ezequiel 1:24.

> *"Y clamó con grande voz, como cuando un león ruge: y cuando hubo clamado, siete truenos hablaron sus voces.*

> *"Y cuando los siete truenos hubieron hablado sus voces, yo iba á escribir, y oí una voz del cielo que me decía: Sella las cosas que los siete truenos han hablado, y no las escribas."* Apocalipsis 10:3,4.

> *"Mas ¿á quién compararé esta generación? Es semejante á los muchachos que se sientan en las plazas, y dan voces á sus compañeros, Y dicen: Os tañimos flauta, y no bailasteis; os endechamos, y no lamentasteis."* Mateo 11:16,17.

> *"¿No los tengo de visitar sobre estas cosas? dice Jehová. ¿De tal gente no se vengará mi alma? Sobre los montes levantaré lloro y lamentación, y llanto sobre las moradas del desierto; porque desolados fueron hasta no quedar quien pase, ni oyeron bramido de ganado: desde las aves del cielo y hasta las bestias de la tierra se trasportaron, y se fueron."* Jeremías 9:9,10.

> *"Salmead á Jehová con arpa; Con arpa y voz de cántico."* Salmos 98:5.

APOCALIPSIS 14:3

> ***"Y cantaban como un cántico nuevo delante del trono, y delante de los cuatro animales, y de los ancianos: y ninguno podía aprender el cántico sino aquellos ciento cuarenta y cuatro mil, los cuales fueron comprados de entre los de la tierra."***

PREGUNTA: ¿Por qué la canción es una canción nueva?

RESPUESTA: El cántico que cantan los 144.000 es un "cántico nuevo" porque (1) llega en un momento de tribulación nunca antes visto (2) su mensaje es de Dios y (3) se escucha por primera vez en los oídos de mucha gente, durante la tribulación de siete años.

PREGUNTA: ¿Por qué dice que "fueron redimidos de la tierra"?

RESPUESTA: Ser "redimidos de la tierra" significa que los 144.000, en un momento estuvieron en el grupo de personas "gente de la tierra" en el reino de Dios. Pero debido a que habían dedicado tanto sus vidas a Dios, durante el pequeño tiempo de angustia, para ser 100% obediente a Él, Dios los bendijo con el sello de Dios y están protegidos de Satanás y llenos del Espíritu Santo, haciéndolos el "gente del cielo" que había sido sacada del grupo de "gente de la tierra".

> *"Y DESPUÉS de estas cosas vi cuatro ángeles que estaban sobre los cuatro ángulos de la tierra, deteniendo los cuatro vientos de la tierra, para que no soplase viento sobre la tierra, ni sobre la mar, ni sobre ningún árbol. Y vi otro ángel que subía del nacimiento del sol, teniendo el sello del Dios vivo: y clamó con gran voz á los cuatro ángeles, á los cuales era dado hacer daño á la tierra y á la mar, Diciendo: No hagáis daño á la tierra, ni al mar, ni á los árboles, hasta que señalemos á los siervos de nuestro Dios en sus frentes. Y oí el número de los señalados: ciento cuarenta y cuatro mil*

señalados de todas las tribus de los hijos de Israel." Apocalipsis 7:1-4.

"Por lo cual alegraos, cielos, y los que moráis en ellos. ¡Ay de los moradores de la tierra y del mar! porque el diablo ha descendido á vosotros, teniendo grande ira, sabiendo que tiene poco tiempo." Apocalipsis 12:12.

APOCALIPSIS 14:4,5

"Estos son los que con mujeres no fueron contaminados; porque son vírgenes. Estos, los que siguen al Cordero por donde quiera que fuere. Estos fueron comprados de entre los hombres por primicias para Dios y para el Cordero. Y en sus bocas no ha sido hallado engaño; porque ellos son sin mácula delante del trono de Dios."

Los 144.000 tienen una serie de características que los separan de otras personas que creen en Dios. La relación que tienen con Dios es de completa entrega y obediencia a Su voluntad, como se describe en la Santa Biblia.

No ser "contaminado con mujeres", como "vírgenes", no tiene nada que ver con el género o una relación sexual. El tiempo del fin 144,000 seguramente estará compuesto tanto de hombres como de mujeres que están o estuvieron casados. Significa que no estaban apegadas ni controladas por las creencias de ninguna organización religiosa en particular, o denominación de la iglesia, que a menudo se compara con una mujer en la Biblia. A veces la mujer en la profecía bíblica representa simbólicamente a la iglesia como una mujer pura, obediente a Dios, ya veces como una mujer impura, infiel a Dios (ver Ezequiel 23).

"Seguir al Cordero por dondequiera que va" es revelar las características de la estricta obediencia a la Palabra de Dios al adherirse a todas las palabras y hechos de Jesús. No tener "engaño" en la boca significaba que tenían una integridad estricta y solo hablaban la verdad clara y directa como se revela en las Escrituras. Son impecables ante el trono de Dios.

PREGUNTA: ¿Qué significa ser "redimidos de entre los hombres, siendo las primicias para Dios y para el Cordero"?

RESPUESTA: Haber sido redimidos de entre los hombres podría implicar (1) que fueron apartados o separados específicamente de otros seres humanos porque fueron los primeros en ser sellados con el sello de Dios. Y ser redimidos de entre los hombres (2) también podría implicar que serán los primeros seres humanos llevados al cielo desde hace 2000 años, cuando Jesús y Sus primicias (1 Corintios 15:20) fueron llevados al cielo después de Su resurrección. Las "primicias" originales con Jesús eran "primicias" para Dios, pero este segundo grupo de "primicias" son tanto para Dios como para Jesús, el Cordero.

> *"Mas ahora Cristo ha resucitado de los muertos; primicias de los que durmieron es hecho."* 1 Corintios 15:20.

> *"Y abriéronse los sepulcros, y muchos cuerpos de santos que habían dormido, se levantaron; Y salidos de los sepulcros, después de su resurrección, vinieron á la santa ciudad, y aparecieron á muchos."* Mateo 27:52,53.

PREGUNTA: ¿Cuándo son los 144.000 literalmente llevados al cielo como las "primicias para Dios y para el Cordero" durante la tribulación de siete años?

RESPUESTA: El acto redentor de Dios de llevar las "primicias", los 144.000, literalmente al cielo, tiene lugar 1.335 días después del comienzo de la tribulación. Note el siguiente versículo de Daniel 12:11,12:

"Y desde el tiempo que fuere quitado el continuo sacrificio hasta la abominación espantosa, habrá mil doscientos y noventa días. Bienaventurado el que esperare, y llegare hasta mil trescientos treinta y cinco días."

Una traducción mejor y más precisa de Daniel 12:11,12 es:

""Y desde el tiempo que fuere quitado el continuo hasta la abominación espantosa, habrá mil doscientos y noventa días (**1.290**). *Bienaventurado el que esperare, y llegare hasta mil trescientos treinta y cinco días (**1.335**)."*

PREGUNTA: Para los primeros 1.335 días de la tribulación de siete años, ¿cuáles son los mensajes de los 144.000 santos de Dios?

RESPUESTA: La obra y los mensajes de los 144.000 siervos de Dios durante la tribulación de siete años es explicar el significado de los siete sellos, trompetas, lamentos y truenos y presentar los mensajes de los siete ángeles de Apocalipsis catorce.

PREGUNTA: Durante la tribulación de siete años, ¿cuáles son los mensajes o cánticos que los 144.000 deben compartir con el mundo?

RESPUESTA: El mensaje de los siervos de Dios, las siete iglesias, predicar al mundo son los siete mensajes de los siete ángeles que se encuentran en Apocalipsis 14:6-20.

PREGUNTA: ¿Quiénes son los siete ángeles que entregan los mensajes de los siete ángeles?

RESPUESTA: Los siete ángeles o mensajeros de Dios es el Espíritu Santo obrando a través de los 144.000 siervos de Dios.

PREGUNTA: ¿Cuál es el momento de dar los mensajes de los siete ángeles de Apocalipsis catorce?

RESPUESTA: Los siete mensajes distintos de los ángeles se dan a intervalos de tiempo durante la tribulación de siete años. Se dan simultáneamente con los siete sellos, las siete trompetas, los siete lamentos y los siete truenos. Observe el cuadro a continuación que muestra la posición del tiempo para los mensajes de los siete ángeles:

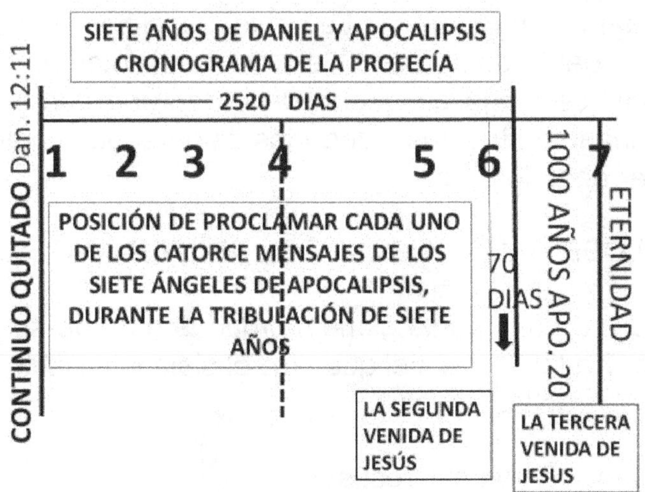

APOCALIPSIS 14:6-20

Los mensajes de los siete ángeles

Mensaje del primer ángel: Apocalipsis 14:6,7.

> ***"Y vi otro ángel volar por en medio del cielo, que tenía el evangelio eterno para predicarlo á los que moran en la tierra, y á toda nación y tribu y lengua y pueblo, Diciendo en alta voz: Temed á Dios, y dadle honra; porque la hora de su juicio es venida; y adorad á aquel que ha hecho el cielo y la tierra y el mar y las fuentes de las aguas.***

PREGUNTA: ¿Por qué se dirige el mensaje "a los que moran en la tierra"?

RESPUESTA: Para el momento de la tribulación de siete años, las personas religiosas y no religiosas de este planeta prácticamente han tomado la determinación de aceptar o rechazar a Dios y Su Hijo. Los mensajes del trueno del último día de los siete ángeles de Apocalipsis catorce están dirigidos a toda la "gente de la tierra" en "toda nación y tribu y lengua y pueblo". El mensaje llegará también a la "gente del mar" que conocen a Dios pero no se han dedicado a obedecerle completamente. Recuerde: La gente del "cielo" sirve a Dios al 100%, la gente de la "tierra" le sirve parcialmente, y la gente del "mar" se niega a obedecerle y adorarlo como Él lo ha determinado. Estas tres categorías de personas componen el reino terrenal de Dios.

DESGLOSE DEL MENSAJE DEL PRIMER ÁNGEL

"Temed a Dios, y dadle gloria; porque la hora de su juicio ha llegado; y adorad a aquel que hizo el cielo y la tierra, el mar y las fuentes de las aguas."

1. Entregue su vida a Jesús.

2. Glorifica a tu Creador en todo lo que haces.

3. El tiempo está al final; ahora es el momento de dedicarse completamente a Dios.

4. Ahora toda la humanidad viviente está siendo juzgada en preparación para la segunda venida de Jesús.

5. El juicio de 1000 años viene pronto para juzgar a toda la humanidad.

6. Reconocer las tres categorías de personas del reino de Dios.

Mensaje del segundo ángel: Apocalipsis 14:8.

> ***"Y otro ángel le siguió, diciendo: Ha caído, ha caído Babilonia, aquella grande ciudad, porque ella ha dado á beber á todas las naciones del vino del furor de su fornicación."***

DESGLOSE DEL MENSAJE DEL SEGUNDO ÁNGEL:

1. Los sistemas religiosos del mundo han fallado.

2. La verdad del evangelio y el verdadero carácter de Dios en los sistemas religiosos están ocultos por la inclusión de ideas y prácticas de adoración paganas.

3. Está a punto de promoverse el culto forzado que todas las naciones del mundo aceptarán y harán cumplir.

Mensaje del tercer ángel: Apocalipsis 14:9-12

> ***"Y el tercer ángel los siguió, diciendo en alta voz: Si alguno adora á la bestia y á su imagen, y toma la señal en su frente, ó en su mano, Este también beberá del vino de la ira de Dios, el cual está echado***

puro en el cáliz de su ira; y será atormentado con fuego y azufre delante de los santos ángeles, y delante del Cordero: Y el humo del tormento de ellos sube para siempre jamás. Y los que adoran á la bestia y á su imagen, no tienen reposo día ni noche, ni cualquiera que tomare la señal de su nombre. Aquí está la paciencia de los santos; aquí están los que guardan los mandamientos de Dios, y la fe de Jesús."

DESGLOSE DEL MENSAJE DEL TERCER ÁNGEL:

1. Ahora es el momento de entregar todo a Jesús.

2. Los que se nieguen a darlo todo recibirán la marca de la bestia.

3. Los que tengan el sello de Dios tendrán vida eterna, los que tengan la marca de la bestia tendrán muerte eterna.

4. Los que obedezcan el culto falso que exigen las religiones del mundo, recibirán la marca de la bestia.

5. Dios les asigna esa marca por no aceptar a Jesucristo como Señor de sus vidas y por rechazar la Biblia y los Diez Mandamientos.

6. Aquellas personas vivas que reciban la marca de la bestia, hacia el final de la tribulación de siete años (1) no encontrarán descanso, ni de día ni de noche, (2) serán atormentados por Satanás y sus ángeles, (3) serán buscarán morir pero no podrán morir, y (4) serán eternamente destruidos por fuego después de los 1000 años de Apocalipsis veinte.

PREGUNTA: ¿Qué significa en Apocalipsis 14:11: "...y no tienen descanso de día ni de noche los que adoran a la bestia ya su imagen, y cualquiera que recibe la marca de su nombre"?

RESPUESTA: Esta parte de los versículos anteriores no se refiere al juicio del gran trono blanco de Apocalipsis 20, cuando todos los pecados y pecadores sean aniquilados "con fuego y azufre en presencia de los santos ángeles y en presencia del Cordero" . Estos textos se refieren al tiempo presente, durante la tribulación de siete años, antes de que se lleve a cabo el juicio del trono blanco. El pueblo con la marca de la bestia, la última mitad del período de la tribulación, estará activo en la destrucción del verdadero pueblo de Dios al "pisarlo". Ellos "no tendrán descanso de día ni de noche" después de recibir la marca de la bestia porque (1) Satanás los estará atormentando y (2) más tarde también serán torturados por las últimas plagas de Apocalipsis dieciséis. Dios está siendo transparente con honestidad y franqueza en estos mensajes para que nadie quede sin excusa cuando se dicte el veredicto final del juicio venidero, después del milenio.

El mensaje del cuarto ángel: Apocalipsis 14:13

> ***"Y oí una voz del cielo que me decía: Escribe: Bienaventurados los muertos que de aquí adelante mueren en el Señor. Sí, dice el Espíritu, que descansarán de sus trabajos; porque sus obras con ellos siguen."***

DESGLOSE DEL MENSAJE DEL CUARTO ÁNGEL:

1. Mantente fuerte en tu fe, incluso frente a la muerte.

2. Los que mueran durante la persecución de 2.520 días serán resucitados en la próxima segunda venida de Jesús y serán llevados al cielo.

3. Los que perseveren hasta el fin serán salvos y resucitarán en la segunda venida de Jesús.

Mensaje del quinto ángel: Apocalipsis 14:14

> ***"Y miré, y he aquí una nube blanca; y sobre la nube uno sentado semejante al Hijo del hombre, que tenía en su cabeza una corona de oro, y en su mano una hoz aguda."***

DESGLOSE DEL MENSAJE DEL QUINTO ÁNGEL:

1. En el momento del quinto sello, la quinta trompeta y el mensaje del quinto ángel, Jesús se está preparando para dejar el cielo y venir a este planeta. Estará aquí en cinco meses para resucitar a los muertos en Cristo y recoger a los santos vivos.

2. Arrepiéntete y entrega tu vida totalmente a Jesús y Su Padre a través del Espíritu Santo.

3. Jesús está en camino. Armarse de valor. Él estará aquí pronto.

El mensaje del sexto ángel: Apocalipsis 14:15,16

> ***"Y otro ángel salió del templo, clamando en alta voz al que estaba sentado sobre la nube: Mete tu hoz, y siega; porque la hora de segar te es venida, porque la mies de la tierra está madura. Y el que estaba sentado sobre la nube echó su hoz sobre la tierra, y la tierra fué segada."***

DESGLOSE DEL MENSAJE DEL SEXTO ÁNGEL:

1. Jesús ha llegado para Su segunda venida prometida.

2. Los muertos justos son resucitados y ellos y los santos vivos son levantados de este planeta para encontrarse con Jesús en el aire.

3. El juicio de 1000 años de Apocalipsis veinte está por comenzar, después de que las terribles siete últimas plagas sean derramadas sobre la humanidad rebelde.

Mensaje del séptimo ángel: Apocalipsis 14:17-20

> ***"Y salió otro ángel del templo que está en el cielo, teniendo también una hoz aguda. Y otro ángel salió del altar, el cual tenía poder sobre el fuego, y clamó con gran voz al que tenía la hoz aguda, diciendo: Mete tu hoz aguda, y vendimia los racimos de la tierra; porque están maduras sus uvas. Y el ángel echó su hoz aguda en la tierra, y vendimió la viña de la tierra, y echó la uva en el grande lagar de la ira de Dios. Y el lagar fué hollado fuera de la ciudad, y del lagar salió sangre hasta los frenos de los caballos por mil y seiscientos estadios."***

DESGLOSE DEL MENSAJE DEL SÉPTIMO ÁNGEL:

1. Los 1000 años de juicio para toda la humanidad han terminado.

2. Los salvos y los perdidos están siendo resucitados en el "último día".

3. Ambos grupos están siendo juzgados.

4. Los santos, u ovejas, obtendrán la vida eterna.

5. Los perdidos, o machos cabríos, obtendrán la muerte eterna.

> *"¡Jerusalem, Jerusalem, que matas á los profetas, y apedreas á los que son enviados á ti! ¡cuántas veces quise juntar tus hijos, como la gallina junta sus pollos debajo de las alas, y no quisiste! He aquí vuestra casa os es dejada desierta porque os digo que desde ahora*

> *no me veréis, hasta que digáis: Bendito el que viene en el nombre del Señor."* Mateo 23:37-39.

> *"He aquí que viene con las nubes, y todo ojo le verá, y los que le traspasaron; y todos los linajes de la tierra se lamentarán sobre él. Así sea. Amén."* Apocalipsis 1:7.

> *"Y cuando el Hijo del hombre venga en su gloria, y todos los santos ángeles con él, entonces se sentará sobre el trono de su gloria. Y serán reunidas delante de él todas las gentes: y los apartará los unos de los otros, como aparta el pastor las ovejas de los cabritos. Y pondrá las ovejas á su derecha, y los cabritos á la izquierda."* Mateo 25:31-33.

> *"Porque el Hijo del hombre vendrá en la gloria de su Padre con sus ángeles, y entonces pagará á cada uno conforme á sus obras."* Mateo 16:27.

PREGUNTA: ¿Por qué Apocalipsis veinte habla de una primera y una segunda resurrección?

RESPUESTA: En la segunda venida de Cristo, en la primera resurrección, al comienzo de los 1000 años, solo los santos que murieron durante la tribulación de 7 años resucitarán para encontrarse con Jesús en el aire, junto con los santos vivos. El resto de los muertos son resucitados en la segunda resurrección al final del juicio de 1000 años de Apocalipsis veinte.

> *"Y vi tronos, y se sentaron sobre ellos, y les fué dado juicio; y vi las almas de los degollados por el testimonio de Jesús, y por la palabra de Dios, y que no habían adorado la bestia, ni á su imagen, y que no recibieron la señal en sus frentes, ni en sus manos, y vivieron y reinaron con Cristo mil años. Mas los otros muertos no tornaron á vivir hasta que sean cumplidos mil años. Esta es* ***la primera resurrección.*** *Bienaventurado y*

> *santo el que tiene parte en **la primera resurrección**; la segunda muerte no tiene potestad en éstos; antes serán sacerdotes de Dios y de Cristo, y reinarán con él mil años."* Apocalipsis 20:4-6

Las únicas personas muertas resucitadas en la segunda venida de Jesús son las personas que cumplen con los seis criterios descritos en Apocalipsis 20 versículos 4 al 6. Estos son los seis criterios que cada persona debe cumplir, según esos versículos, para resucitar en la segunda venida. de Jesús:

1. Fueron decapitados por el testimonio de Jesús (mártires).

2. Fueron asesinados por la Palabra de Dios, la Biblia.

3. No adoraron a la bestia.

4. No adoraron la imagen de la bestia.

5. No recibieron la marca de la bestia en su frente.

6. No recibieron la marca de la bestia en su mano derecha.

PREGUNTA: Si solo los muertos, que murieron durante la tribulación de siete años, son resucitados en la segunda venida de Jesús, ¿cuándo resucitarán el resto de los muertos, que murieron durante los 6000 años antes de la tribulación de siete años?

RESPUESTA: Los resucitados en la segunda venida de Jesús resucitarán en la "primera resurrección". Los resucitados al final de los 1000 años resucitarán en la "segunda resurrección". El resto de los muertos, los que murieron antes de la tribulación de 7 años, no resucitarán hasta el final de los 1000 años, después de que el juicio de toda la humanidad haya sido completado por sus pares humanos. En ese momento se separan las ovejas y las cabras como se registra en Mateo

25:31-46. Las ovejas resucitan a la vida eterna las cabras resucitan a la muerte eterna.

> *"Y muchos de los que duermen en el polvo de la tierra serán despertados, unos para vida eterna, y otros para vergüenza y confusión perpetua. Y los entendidos resplandecerán como el resplandor del firmamento; y los que enseñan á justicia la multitud, como las estrellas á perpetua eternidad."* Daniel 12:2,3.

> *"No os maravilléis de esto; porque vendrá hora, cuando todos los que están en los sepulcros oirán su voz; Y los que hicieron bien, saldrán á resurrección de vida; mas los que hicieron mal, á resurrección de condenación."* Juan 5:28,29

> *"Y esta es la voluntad del que me envió, del Padre: Que todo lo que me diere, no pierda de ello, sino que lo resucite en* ***el día postrero****. Y esta es la voluntad del que me ha enviado: Que todo aquel que ve al Hijo, y cree en él, tenga vida eterna: y yo le resucitaré en* ***el día postrero****."* Juan *6:39,40*

> *"Y el que oyere mis palabras, y no las creyere, yo no le juzgo; porque no he venido á juzgar al mundo, sino á salvar al mundo. El que me desecha, y no recibe mis palabras, tiene quien le juzgue: la palabra que he hablado, ella le juzgará en el día postrero."* Juan 12:47,48.

> *"Y vi tronos, y se sentaron sobre ellos, y les fué dado juicio; y vi las almas de los degollados por el testimonio de Jesús, y por la palabra de Dios, y que no habían adorado la bestia, ni á su imagen, y que no recibieron la señal en sus frentes, ni en sus manos, y vivieron y reinaron con Cristo mil años. Mas los otros muertos no tornaron á vivir hasta que sean cumplidos mil años. Esta es* ***la primera resurrección****. Bienaventurado y*

santo el que tiene parte en ***la primera resurrección****; la segunda muerte no tiene potestad en éstos; antes serán sacerdotes de Dios y de Cristo, y reinarán con él mil años."* Apocalipsis 20:4-6.

PREGUNTA: ¿Es justo que las personas que murieron justo antes de la tribulación de siete años deban esperar otros 1000 años antes de resucitar?

RESPUESTA: Para todas y cada una de las personas que murieron antes de la tribulación de siete años, el tiempo no tiene significado. A ellos les cierran los ojos y en un instante los abren para ver a Jesús. "Los vivos saben que van a morir, pero los muertos nada saben". Eclesiastés 9:5,6. Es lo mismo con todas las personas que alguna vez vivieron. La muerte no tiene tiempo para ellos. Desde Abel muerto hasta la última persona que muere después de la tribulación de siete años, aunque han estado en la tumba miles de años, para ellos es solo una fracción de segundo cuando cobran vida.

El siguiente cuadro revela el posicionamiento de los mensajes de los siete ángeles durante la tribulación de siete años.

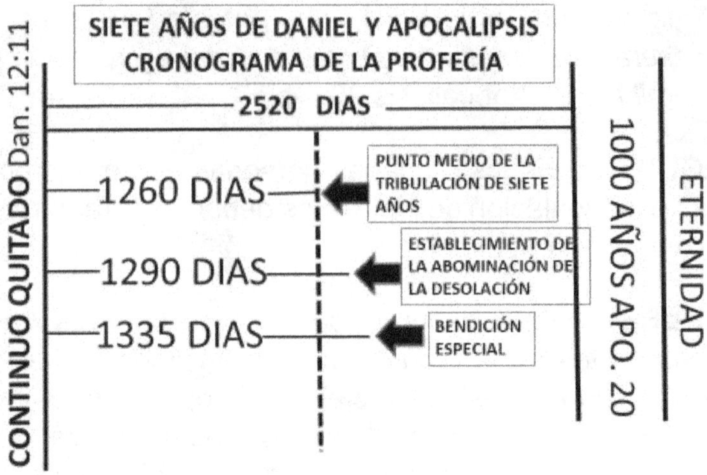

Para obtener más información sobre la primera, segunda y tercera venida o advenimiento de Jesús, descargue el librito de fácil lectura, "The 3 Visible Advents of Jesus" de Earl Schrock. También disponible en español bajo el título, "Las 3 Venidas de Jesús", disponible en línea.

APOCALIPSIS CAPÍTULO CATORCE EN POCAS PALABRAS

Los 144.000 siervos de Dios estarán en este planeta durante la mayor parte de los siete años de tribulación. Estarán cooperando con Dios el Padre, el Hijo y el Espíritu Santo advirtiendo a la humanidad. En un momento durante la tribulación de siete años, los 144.000 serán literalmente llevados al cielo para comparecer ante el trono de Dios. Ese acto redentor podría tener lugar 1.335 días después de que comience la tribulación. Cuando Jesús regrese para Su segunda venida, los 144.000 estarán con Él para presenciar la segunda venida desde una perspectiva celestial. Los mensajes que los siervos de Dios entregaron durante la tribulación de 2520 días se llaman los mensajes de los siete ángeles en el capítulo catorce de Apocalipsis.

APOCALIPSIS CAPÍTULO CATORCE EN UNA ORACIÓN

Después de que los 144.000 hayan dado los mensajes de los siete ángeles, como se muestra en Apocalipsis 14, serán redimidos de la tierra para estar en la presencia de Dios el Padre y presenciar personalmente el derramamiento de las siete postreras plagas de Apocalipsis dieciséis y experimentarán el segunda venida de Jesús desde una perspectiva celestial.

APOCALIPSIS CAPITULO QUINCE

APOCALIPSIS 15:1

> ***"Y VI otra señal en el cielo, grande y admirable, que era siete ángeles que tenían las siete plagas postreras; porque en ellas es consumada la ira de Dios."***

El acto final del drama, en el que Dios derrama Su ira sobre la humanidad rebelde, es el derramamiento de las siete últimas plagas. Los siete ángeles o mensajeros que derraman la ira de Dios sobre la humanidad perdida, no son otros que el mismo Espíritu Santo. Apocalipsis quince es una introducción a Apocalipsis dieciséis donde se describen las siete últimas plagas.

PREGUNTA: ¿Por qué las plagas de Apocalipsis 16 se llaman las ÚLTIMAS plagas?

RESPUESTA: Hay dos razones que me vienen a la mente por las cuales las plagas de Apocalipsis dieciséis (16) son llamadas las ÚLTIMAS plagas. (1) Hay siete PRIMERAS plagas mencionadas antes de ellos y (2) estas siete últimas plagas son los últimos actos de Dios contra la humanidad impenitente, rebelde e irrespetuosa.

Las PRIMERAS siete plagas mencionadas en la Biblia son las de las siete trompetas en Apocalipsis ocho y nueve. Estas primeras siete plagas o ayes, las siete trompetas, comienzan al comienzo de la tribulación de siete años y terminan con la destrucción eterna de la humanidad, al final de los 1000 años de Apocalipsis veinte (20).

Las ÚLTIMAS plagas se describen en el capítulo dieciséis de Apocalipsis, el siguiente capítulo. Seis, de las siete ÚLTIMAS plagas, mencionadas en la Biblia en Apocalipsis 16, son derramadas por el Espíritu Santo durante los últimos (70) setenta días, de los siete años de tribulación, después de la segunda venida de Jesús. La séptima plaga, la última, se derrama sobre la humanidad perdida al final de los 1000 años de Apocalipsis veinte (20) cuando el pecado y los pecadores son eternamente aniquilados mientras se reúnen "en un lugar llamado en lengua hebrea Armagedón". Apocalipsis 16:16.

Los siguientes textos revelan las acciones de la Trinidad al final del milenio, los 1000 años de Apocalipsis veinte (20), en el momento en que se derrama la séptima última plaga.

> *"Después saldrá Jehová, y peleará con aquellas gentes, como peleó el día de la batalla. Y afirmaránse sus pies en aquel día sobre el monte de las Olivas, que está en frente de Jerusalem á la parte de oriente: y el monte de las Olivas, se partirá por medio de sí hacia el oriente y hacia el occidente haciendo un* ***muy grande valle****; y la mitad del monte se apartará hacia el norte, y la otra mitad hacia el mediodía."* Zacarías 14:3,4

> *"Y cuando los mil años fueren cumplidos, Satanás será suelto de su prisión, Y saldrá para engañar las naciones que están sobre los cuatro ángulos de la tierra, á Gog y á Magog, á fin de* ***congregarlos para la batalla****; el número de los cuales es como la arena del mar. Y subieron sobre la anchura de la tierra, y circundaron el campo de los santos, y la ciudad amada: y de Dios descendió fuego del cielo, y los devoró."* Apocalipsis 20:7-9.

> *"Y vi salir de la boca del dragón, y de la boca de la bestia, y de la boca del falso profeta, tres espíritus inmundos á manera de ranas: Porque son espíritus de demonios, que hacen señales, para ir á los reyes de la tierra y de todo el mundo,* ***para congregarlos para la batalla*** *de aquel gran día del Dios Todopoderoso. He aquí, yo vengo como ladrón. Bienaventurado el que vela, y guarda sus vestiduras, para que no ande desnudo, y*

vean su vergüenza. Y los congregó en el lugar que en hebreo se llama Armagedón." Apocalipsis 16:13-16

APOCALIPSIS 15:2-4

"Y vi así como un mar de vidrio mezclado con fuego; y los que habían alcanzado la victoria de la bestia, y de su imagen, y de su señal, y del número de su nombre, estar sobre el mar de vidrio, teniendo las arpas de Dios. Y cantan el cántico de Moisés siervo de Dios, y el cántico del Cordero, diciendo: Grandes y maravillosas son tus obras, Señor Dios Todopoderoso; justos y verdaderos son tus caminos, Rey de los santos. ¿Quién no te temerá, oh Señor, y engrandecerá tu nombre? porque tú sólo eres santo; por lo cual todas las naciones vendrán, y adorarán delante de ti, porque tus juicios son manifestados."

Apocalipsis quince revela la posición de los redimidos en la presencia de Dios justo después de la segunda venida de Jesús, 70 días antes del final de la tribulación de siete años. Están en Su salón del trono, sobre el mar de vidrio, 2450 días después de que comenzara la tribulación de 2520 días. En la segunda venida de Jesús, Dios saca a los santos redimidos y resucitados de este planeta en preparación para el derramamiento de seis de las siete últimas plagas sobre la humanidad perdida y los lleva al cielo para unirse a los 144.000 que ya están allí.

Seis de las siete últimas plagas serán derramadas durante los últimos setenta (70) días de la existencia pecaminosa de este mundo. Esas seis plagas destruirán todo ser vivo en este planeta. Los únicos seres que quedan vivos en este planeta después de que se derramen las primeras seis plagas son Satanás y sus ángeles, que estarán atados aquí en este planeta muerto, oscuro y congelado durante los próximos 1000 años según Jeremías 4:23-28 y Apocalipsis 20: 1-3.

> *"Miré la tierra, y he aquí que estaba asolada y vacía; y los cielos, y no había en ellos luz. Miré los montes, y he aquí que temblaban, y todos los collados fueron destruídos. Miré, y no parecía hombre, y todas las aves del cielo se habían ido. Miré, y he aquí el Carmelo desierto, y todas sus ciudades eran asoladas á la presencia de Jehová, á la presencia del furor de su ira. Porque así dijo Jehová: Toda la tierra será asolada; mas no haré consumación. Por esto se enlutará la tierra, y los cielos arriba se oscurecerán, porque hablé, pensé, y no me arrepentí, ni me tornaré de ello."* Jeremías 4:23-28.

> *"Y VI un ángel descender del cielo, que tenía la llave del abismo, y una grande cadena en su mano. Y prendió al dragón, aquella serpiente antigua, que es el Diablo y Satanás, y le ató por mil años; Y arrojólo al abismo, y le encerró, y selló sobre él, porque no engañe más á las naciones, hasta que mil años sean cumplidos: y después de esto es necesario que sea desatado un poco de tiempo."* Apocalipsis 20:1-3.

1.335 días después de que comience la tribulación de siete años, los 144.000 santos de Dios serán llevados al cielo. Durante los próximos 1115 días contemplarán todos los eventos que tienen lugar en la tierra entre el bien y el mal que existen en el reino corrupto restante de Dios. A ellos se unirán en el cielo los santos resucitados y redimidos después de la segunda venida de Jesús.

> *"Y desde el tiempo que fuere quitado el continuo sacrificio hasta la abominación espantosa, habrá mil doscientos y noventa días. Bienaventurado el que esperare, y llegare hasta mil trescientos treinta y cinco días."* Daniel 12:11,12.

En realidad, en opinión de este autor, este texto debería decir:

*"Y desde el tiempo que fuere quitado el continuo sacrificio hasta la abominación espantosa, habrá mil doscientos y noventa y cinco días **(1.295)**. Bienaventurado el que esperare, y llegare hasta mil trescientos treinta días **(1.330)**."* Daniel 12:11,12. **

Mientras estaban de pie sobre el mar de vidrio, cantaron "el cántico de Moisés, siervo de Dios, y el cántico del Cordero". Esas dos canciones son canciones de liberación para el pueblo de Dios. La salvación a través del Cordero, para todas las personas, sólo puede venir a través de la gracia de Dios, a través de Jesucristo, el Cordero de Dios, y esa gracia está claramente revelada en la Santa Biblia.

"Después de estas cosas miré, y he aquí una gran compañía, la cual ninguno podía contar, de todas gentes y linajes y pueblos y lenguas, que estaban delante del trono y en la presencia del Cordero, vestidos de ropas blancas, y palmas en sus manos; Y clamaban en alta voz, diciendo: Salvación á nuestro Dios que está sentado sobre el trono, y al Cordero." Apocalipsis 7:9,10.

PREGUNTA: ¿Cómo llegó físicamente al cielo la innumerable multitud de Apocalipsis 7:9 para unirse a los 144.000 siervos de Dios y cuándo llegaron allí?

RESPUESTA: ¿CÓMO? La "multitud innumerable" salvada. santos redimidos de la tierra, de pie sobre el mar de vidrio, subieron al cielo, para estar en la presencia de Dios, en el tiempo de la segunda venida de Jesús, como está predicho en 1 Tesalonicenses 4:13-18, antes de seis de las siete postreras plagas sean derramadas.

> *"Tampoco, hermanos, queremos que ignoréis acerca de los que duermen, que no os entristezcáis como los otros que no tienen esperanza. Porque si creemos que Jesús murió y resucitó, así también traerá Dios con él á los que durmieron en Jesús. Por lo cual, os decimos esto en palabra del Señor: que nosotros que vivimos, que habremos quedado hasta la venida del Señor, no seremos delanteros á los que durmieron. Porque el mismo Señor con aclamación, con voz de arcángel, y con trompeta de Dios, descenderá del cielo; y los muertos en Cristo resucitarán primero: Luego nosotros, los que vivimos, los que quedamos, juntamente con ellos seremos arrebatados en las nubes á recibir al Señor en el aire, y así estaremos siempre con el Señor. Por tanto, consolaos los unos á los otros en estas palabras."* 1 Tesalonicenses 4:13-18.

¿CUÁNDO? La "innumerable multitud" salvada de santos redimidos de la tierra, de pie sobre el mar de vidrio, llegó al cielo, para estar en la presencia de Dios, setenta días antes del final de la tribulación de siete años, en el segundo venida de Jesús, como está predicho en Mateo 24:21,22:

> *"Porque habrá entonces grande aflicción, cual no fué desde el principio del mundo hasta ahora, ni será. Y si aquellos días no fuesen acortados, ninguna carne sería*

salva; mas por causa de los escogidos, aquellos días serán acortados."

Recuerde el siguiente cuadro que muestra la gran tribulación de 2520 días. (A) La tabla está igualmente dividida en 36 secciones de tiempo de setenta días. Hay 18 intervalos de setenta días a la izquierda y 18 períodos de setenta días a la derecha. (B) De la tabla recuerde también que el quinto (5º) sello, trompeta, ángel, etc., tiene lugar al principio de los cinco meses de Apocalipsis 9:5,10. (C) Recuerde que la segunda venida de Jesús tiene lugar en el momento del sexto (6º) sello, después de esos cinco meses. (D) Recuerde también que la segunda venida de Jesús tiene lugar "antes" del final de la gran tribulación, cuando "aquellos días serán acortados por causa de los escogidos", como nos dice Jesús en Mateo 24:21,22.

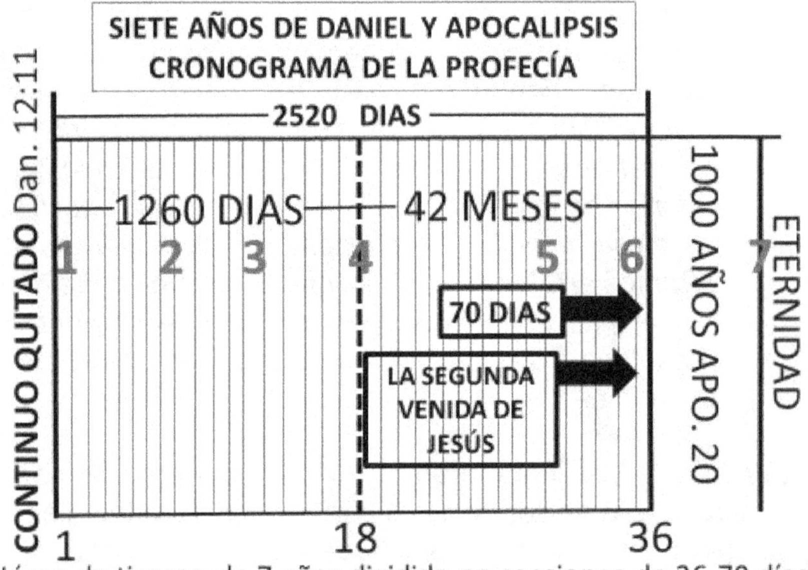

(Línea de tiempo de 7 años dividida en secciones de 36-70 días)

Así, para cuando seis de las siete ÚLTIMAS plagas de Apocalipsis 16 sean derramadas sobre la humanidad perdida, todos los santos salvados y redimidos con "primicias" estarán en el cielo con Dios, después de la segunda venida de Jesús, pero antes de las últimas plagas de la ira de Dios. en lanzamiento.

PREGUNTA: ¿Cuál es el cántico de Moisés que cantó el redimido mientras se preparaban las siete últimas plagas para ser derramadas?

RESPUESTA: El "Cántico de Moisés" Deuteronomio 31:30, se encuentra en Deuteronomio 32:1-43:

> *"**30**Entonces habló Moisés en oídos de toda la congregación de Israel las palabras de este cántico hasta acabarlo."*
>
> *"1 ESCUCHAD, cielos, y hablaré; Y oiga la tierra los dichos de mi boca. 2 Goteará como la lluvia mi doctrina; Destilará como el rocío mi razonamiento; Como la llovizna sobre la grama, Y como las gotas sobre la hierba: 3 Porque el nombre de Jehová invocaré: Engrandeced á nuestro Dios. 4 El es la Roca, cuya obra es perfecta, Porque todos sus caminos son rectitud: Dios de verdad, y ninguna iniquidad en él: Es justo y recto. 5 La corrupción no es suya: á sus hijos la mancha de ellos, Generación torcida y perversa. 6 ¿Así pagáis á Jehová, Pueblo loco é ignorante? ¿No es él tu padre que te poseyó? El te hizo y te ha organizado. 7 Acuérdate de los tiempos antiguos; Considerad los años de generación y generación: Pregunta á tu padre, que él te declarará; A tus viejos, y ellos te dirán. 8 Cuando el Altísimo hizo heredar á las gentes, Cuando hizo dividir los hijos de los hombres, Estableció los términos de los pueblos Según el número de los hijos de Israel. 9 Porque la parte de Jehová es su pueblo; Jacob la cuerda de su heredad. 10 Hallólo en tierra de desierto, Y en desierto horrible y yermo; Trájolo alrededor, instruyólo, Guardólo como la niña de su ojo. 11 Como el águila despierta su nidada, Revolotea sobre sus pollos, Extiende sus alas, los toma, Los lleva sobre sus plumas: 12 Jehová solo le guió, Que*

no hubo con él dios ajeno. 13 *Hízolo subir sobre las
alturas de la tierra, Y comió los frutos del campo, E hizo
que chupase miel de la peña, Y aceite del duro pedernal;*
14 *Manteca de vacas y leche de ovejas, Con grosura
de corderos, Y carneros de Basán; también machos
de cabrío, Con grosura de riñones de trigo: Y sangre
de uva bebiste, vino puro.* 15 *Y engrosó Jeshurun, y
tiró coces: Engordástete, engrosástete, cubrístete: Y
dejó al Dios que le hizo, Y menospreció la Roca de su
salud.* 16 *Despertáronle á celos con los dioses ajenos;
Ensañáronle con abominaciones.* 17 *Sacrificaron á los
diablos, no á Dios; A dioses que no habían conocido, A
nuevos dioses venidos de cerca, Que no habían temido
vuestros padres.* 18 *De la Roca que te crió te olvidaste:
Te has olvidado del Dios tu criador.* 19 *Y vió lo Jehová,
y encendióse en ira, por el menosprecio de sus hijos y
de sus hijas.* 20 *Y dijo: Esconderé de ellos mi rostro,
Veré cuál será su postrimería: Que son generación de
perversidades, Hijos sin fe.* 21 *Ellos me movieron á
celos con lo que no es Dios; Hiciéronme ensañar con
sus vanidades: Yo también los moveré á celos con un
pueblo que no es pueblo, Con gente insensata los haré
ensañar.* 22 *Porque fuego se encenderá en mi furor,
Y arderá hasta el profundo; Y devorará la tierra y sus
frutos, Y abrasará los fundamentos de los montes.* 23
*Yo allegaré males sobre ellos; Emplearé en ellos mis
saetas.* 24 *Consumidos serán de hambre, y comidos
de fiebre ardiente Y de amarga pestilencia; Diente de
bestias enviaré también sobre ellos, Con veneno de
serpiente de la tierra.* 25 *De fuera desolará la espada,
Y dentro de las cámaras el espanto: Así al mancebo
como á la doncella, Al que mama como el hombre
cano.* 26 *Dije: Echaríalos yo del mundo, Haría cesar
de entre los hombres la memoria de ellos,* 27 *Si no
temiese la ira del enemigo, No sea que se envanezcan
sus adversarios, No sea que digan: Nuestra mano alta
Ha hecho todo esto, no Jehová.* 28 *Porque son gente*

> *de perdidos consejos, Y no hay en ellos entendimiento. 29 ¡Ojalá fueran sabios, que comprendieran esto, Y entendieran su postrimería! 30 ¿Cómo podría perseguir uno á mil, Y dos harían huir á diez mil, Si su Roca no los hubiese vendido, Y Jehová no los hubiera entregado? 31 Que la roca de ellos no es como nuestra Roca: Y nuestros enemigos sean de ello jueces. 32 Porque de la vid de Sodoma es la vid de ellos, Y de los sarmientos de Gomorra: Las uvas de ellos son uvas ponzoñosas, Racimos muy amargos tienen. 33 Veneno de dragones es su vino, Y ponzoña cruel de áspides. 34 ¿No tengo yo esto guardado, Sellado en mis tesoros? 35 Mía es la venganza y el pago, Al tiempo que su pie vacilará; Porque el día de su aflicción está cercano, Y lo que les está preparado se apresura. 36 Porque Jehová juzgará á su pueblo, Y por amor de sus siervos se arrepentirá, Cuando viere que la fuerza pereció, Y que no hay guardado, mas desamparado. 37 Y dirá: ¿Dónde están sus dioses, La roca en que se guarecían; 38 Que comían el sebo de sus sacrificios, Bebían el vino de sus libaciones? Levántense, que os ayuden Y os defiendan. 39 Ved ahora que yo, yo soy, Y no hay dioses conmigo: Yo hago morir, y yo hago vivir: Yo hiero, y yo curo: Y no hay quien pueda librar de mi mano. 40 Cuando yo alzaré á los cielos mi mano, Y diré: Vivo yo para siempre, 41 Si afilare mi reluciente espada, Y mi mano arrebatare el juicio, Yo volveré la venganza á mis enemigos, Y daré el pago á los que me aborrecen. 42 Embriagaré de sangre mis saetas, Y mi espada devorará carne: En la sangre de los muertos y de los cautivos, De las cabezas, con venganzas de enemigo. 43 Alabad, gentes, á su pueblo, Porque él vengará la sangre de sus siervos, Y volverá la venganza á sus enemigos, Y expiará su tierra, á su pueblo."*

Hay una serie de cosas que tienen lugar en la segunda venida de Jesús en el momento del sexto sello, la sexta trompeta, el sexto ángel, el sexto lamento y el sexto trueno. Algunos de ellos son:

1. El cielo se enrolla hacia atrás como un pergamino que revela a Jesús rodeado de nubes.

2. Los muertos en Cristo son resucitados y levantados de este planeta.

3. Los santos vivos son llevados al cielo uniéndose a los santos resucitados.

4. Los no salvos ven este maravilloso evento y claman que las rocas caigan sobre ellos.

5. Entonces Jesús y los santos redimidos son tragados por la negrura del espacio dejando a los perdidos mirando hacia el cielo tras ellos.

6. Seis de las siete últimas plagas se derramarán sobre la humanidad restante durante los próximos 70 días.

7. Después de que las plagas sean derramadas sobre la humanidad perdida, toda la vida en este planeta se extinguirá y comenzará el juicio celestial de 1000 años de Apocalipsis veinte (20).

> *"Miré la tierra, y he aquí que estaba asolada y vacía; y los cielos, y no había en ellos luz. Miré los montes, y he aquí que temblaban, y todos los collados fueron destruídos. Miré, y no parecía hombre, y todas las aves del cielo se habían ido. Miré, y he aquí el Carmelo desierto, y todas sus ciudades eran asoladas á la presencia de Jehová, á la presencia del furor de su ira. Porque así dijo Jehová: Toda la tierra será asolada; mas no haré consumación. Por esto se enlutará la tierra, y los cielos arriba se oscurecerán, porque hablé, pensé, y no me arrepentí, ni me tornaré de ello."* Jeremías 4:23-28.

> *"Y VI un ángel descender del cielo, que tenía la llave del abismo, y una grande cadena en su mano. Y prendió al dragón, aquella serpiente antigua, que es el Diablo y Satanás, y le ató por mil años; Y arrojólo al abismo, y le encerró, y selló sobre él, porque no engañe más á las naciones, hasta que mil años sean cumplidos: y después de esto es necesario que sea desatado un poco de tiempo. Y vi tronos, y se sentaron sobre ellos, y les fué dado juicio; y vi las almas de los degollados por el testimonio de Jesús, y por la palabra de Dios, y que no habían adorado la bestia, ni á su imagen, y que no recibieron la señal en sus frentes, ni en sus manos, y vivieron y reinaron con Cristo mil años. Mas los otros muertos no tornaron á vivir hasta que sean cumplidos mil años. Esta es la primera resurrección. Bienaventurado y santo el que tiene parte en la primera resurrección; la segunda muerte no tiene potestad en éstos; antes serán sacerdotes de Dios y de Cristo, y reinarán con él mil años."* Apocalipsis 20:1-6.

APOCALIPSIS 15:5,6

> **"Y después de estas cosas miré, y he aquí el templo del tabernáculo del testimonio fué abierto en el cielo; Y salieron del templo siete ángeles, que tenían siete plagas, vestidos de un lino limpio y blanco, y ceñidos alrededor de los pechos con bandas de oro."**

Mientras Juan, en visión, nota que la puerta del templo en el cielo está abierta, nota siete ángeles o mensajeros que vienen del trono de Dios, que está ubicado en el templo, y están "vestidos de lino puro y blanco" con oro. fajas o fajas sobre el pecho. Hemos visto este guardarropa antes en Apocalipsis capítulo uno versículo trece, representando a Jesús. Estos siete mensajeros solo pueden ser el Espíritu Santo al que se le permite vestirse con las Sagradas Vestiduras de la Deidad.

"Y sus pies semejantes al latón fino, ardientes como en un horno; y su voz como ruido de muchas aguas." Apocalipsis 1:13.

APOCALIPSIS 15:7,8

"Y uno de los cuatro animales dió á los siete ángeles siete copas de oro, llenas de la ira de Dios, que vive para siempre jamás. Y fué el templo lleno de humo por la majestad de Dios, y por su potencia; y ninguno podía entrar en el templo, hasta que fuesen consumadas las siete plagas de los siete ángeles."

Por favor visualice los siguientes eventos cronológicos en su imaginación con las siguientes actividades:

1. Jesús viene a la tierra y recoge las "primicias" de los santos en Su segunda venida.

2. Los santos son llevados al cielo y son presentados ante el trono de Dios.

3. Se abren las puertas del "templo del tabernáculo del testimonio en el cielo".

4. Mientras los santos en éxtasis observan, del templo salen los siete ángeles, a los que se les dan las siete últimas plagas, en grandes copas o entrañas.

5. Los siete mensajeros reciben estas copas de las manos de una de las cuatro bestias, que también representan al Espíritu Santo.

6. Los redimidos en el cielo observan cómo los siete ángeles figurativos se preparan para dejar el cielo en su camino hacia el planeta tierra.

7. El tiempo de prueba para la humanidad perdida ha terminado, el templo está sellado, la tierra ha sido juzgada. No hay más oportunidades para arrepentirse dadas a las personas que todavía están en este planeta. El templo no se vuelve a abrir hasta después de que se completen las 7 últimas plagas.

8. Durante los últimos 70 días de la historia de la tierra, seis de las siete últimas plagas, el juicio de Dios, son entregados a los perdidos vivos que rechazaron Sus súplicas de misericordia.

9. La séptima postrera plaga será entregada al final del milenio en un lugar llamado en lengua hebrea Armagedón (Apocalipsis 16:16,17).

> *"Y los congregó en el lugar que en hebreo se llama Armagedón. Y el séptimo ángel derramó su copa por el aire; y salió una grande voz del templo del cielo, del trono, diciendo: Hecho es."* Apocalipsis 16:16,17.

** Explicación de la opinión del autor sobre la numeración de Daniel 12:11,12. La pregunta en consideración es dónde se ubica la palabra "cinco" para el número cinco en este texto. ¿El cinco va con el 1.330 o pertenece al 1.290? El autor de este libro cree que la palabra "cinco" debe agregarse a los 1.290 y no a los 1.330. En ese caso, el texto quedaría así:

> *"Y desde el tiempo que fuere quitado el continuo sacrificio hasta la abominación espantosa, habrá mil doscientos y noventa días. Bienaventurado el que esperare, y llegare hasta mil trescientos treinta y **cinco días**." Daniel 12:11,12.*

Esta opinión independiente de este autor mueve los cinco días de los 1.335 días a los 1.290 días haciendo que los números pasen a ser 1.330 días y 1.295 días. La razón por la que se sugiere que estas palabras "cinco días" estén fuera de lugar es porque el tiempo en el cuadro de tiempo final está fuera de cinco días. Para mantener el tiempo exacto en la línea de tiempo de siete años, considerando los 36 intervalos de 70 días revelados en ella, los números deben ser 1295 y 1330 días respectivamente. El siguiente gráfico de 2520 días (7 años) revela los 36 intervalos de setenta días.

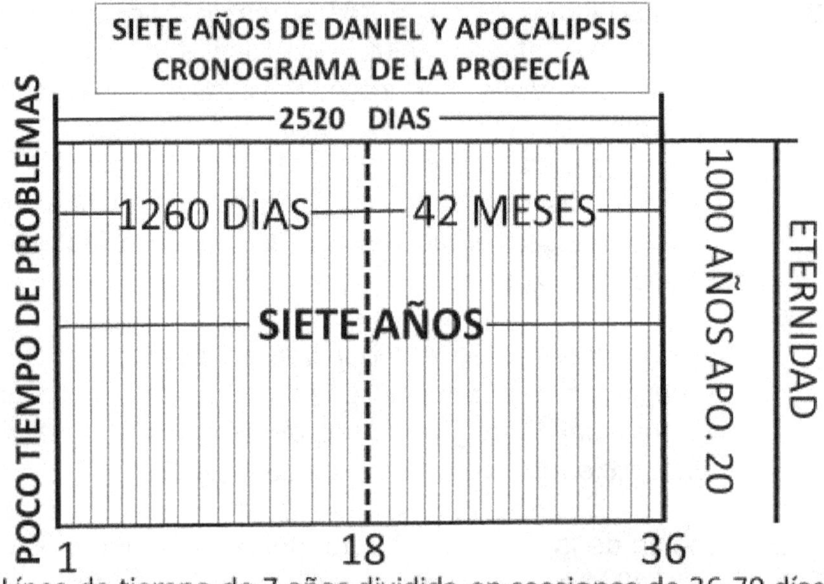

(Línea de tiempo de 7 años dividida en secciones de 36-70 días)

La siguiente es una sección central ampliada del gráfico anterior que revela el problema con los 1290 y 1335 días de la línea de tiempo. La diferencia de cinco días coloca a estos dos números con cinco (5) días de diferencia, considerando la exactitud de las otras líneas de tiempo que están en la ubicación exacta al considerar los 36 intervalos de tiempo de 70 días.

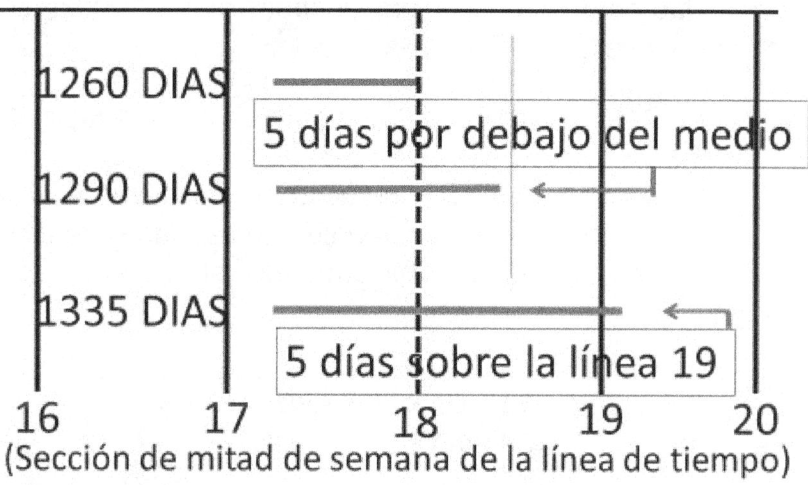

Si los cinco días se cambiaran de 1.335 a 1.290 días, entonces la tabla sería matemáticamente exacta en todos los sentidos, en lugar de cinco días desalineados. El cambio de estos números, como se sugirió anteriormente, no altera ni cambia ninguno de los eventos finales de ninguna forma o forma. Pero Dios es exacto en cada aspecto de la profecía bíblica. La única inconsistencia con esa exactitud es colocar los cinco días en el número 1335, lo que hace que el gráfico anterior no esté sincronizado con todo lo demás.

APOCALIPSIS CAPÍTULO QUINCE EN POCAS PALABRAS

La segunda venida de Jesús tiene lugar en el momento del sexto sello y la sexta trompeta, 70 días antes del final de la tribulación de 2520 días, cumpliendo la promesa de Jesús de acortar el tiempo para salvar a los redimidos. Los santos redimidos vivos y resucitados son llevados al cielo y son testigos de la asignación de las siete últimas plagas a los siete mensajeros de Dios. El templo de Dios, la avenida del perdón de los pecados, está lleno de Su presencia y ningún ser humano puede entrar porque el tiempo del arrepentimiento y del perdón ha pasado. El templo en el cielo no se abrirá de nuevo, hasta que la séptima copa sea derramada sobre la humanidad perdida, en el juicio, después de los 1000 años de Apocalipsis veinte.

APOCALIPSIS CAPÍTULO QUINCE EN UNA ORACIÓN

Los santos vivos redimidos y resucitados son llevados al cielo en la segunda venida de Jesús antes de que las siete últimas plagas sean asignadas y derramadas sobre la humanidad perdida.

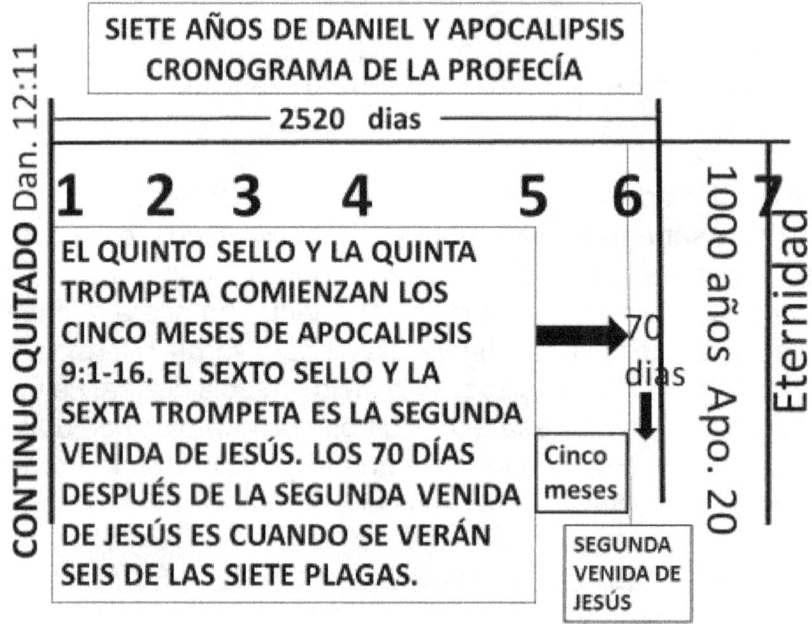

APOCALIPSIS CAPITULO DIECISÉIS

El capítulo dieciséis de Apocalipsis habla de las siete últimas plagas, que se introducen en el capítulo quince. Seis de las siete ÚLTIMAS plagas son derramadas por el Espíritu Santo durante los últimos (70) setenta días, de la tribulación de siete años. La séptima plaga, la última, se derrama sobre la humanidad perdida al final de los 1000 años de Apocalipsis 20, después del juicio del gran trono blanco.

APOCALIPSIS 16:1

> ***"Y OI una gran voz del templo, que decía á los siete ángeles: Id, y derramad las siete copas de la ira de Dios sobre la tierra."***

Seis de las siete últimas plagas se derraman, después de la segunda venida de Jesús. Considere la siguiente cronología de eventos previos y posteriores a la segunda venida de Jesús.

1. El quinto sello se abre al principio de los cinco meses de Apocalipsis 9:5,10.

2. Después de esos 150 días literales, se abre el sexto sello, que es la esperada segunda venida de Jesús.

3. Después de que Jesús deje este planeta, con todos los redimidos, comenzarán los últimos 70 días de vida en este planeta.

4. Cuando comienzan los setenta últimos días, Dios envía el Espíritu Santo, llamados simbólicamente los siete ángeles, para derramar seis de las siete últimas plagas sobre la humanidad restante, provocando la destrucción total de todos los seres vivos en este planeta, como los días de Noé. La única criatura viviente que queda es Satanás, "atado" aquí por 1000 años.

APOCALIPSIS 16:2

> ***"Y fué el primero, y derramó su copa sobre la tierra; y vino una plaga mala y dañosa sobre los hombres que tenían la señal de la bestia, y sobre los que adoraban su imagen."***

Este texto es muy importante al establecer una línea de tiempo para el derramamiento de las plagas. La primera plaga se derrama "sobre los hombres que tenían la marca de la bestia". Según Apocalipsis 9:1-12 y Apocalipsis 13:11-18, la marca de la bestia no se otorga hasta el momento de la quinta trompeta. La segunda bestia de Apocalipsis trece aparece después de la mitad de la tribulación de siete años. La marca de la bestia se otorga en el apogeo del reinado de la segunda bestia. Apocalipsis nueve revela que la marca de la bestia se otorga después de la quinta trompeta, que tiene lugar 2300 días después de que comience la tribulación y cinco meses antes de la segunda venida de Jesús.

Las primeras seis plagas, que representan el derramamiento de la ira de Dios sobre la humanidad rebelde y perdida, se describen en Apocalipsis dieciséis versículos dos al doce. Hay preguntas sin respuesta con respecto a si las plagas son literales o simbólicas, o qué representa cada una, etc. El momento de las plagas es seguro, pero el significado de cada una no lo es. No hace falta decir que las siete últimas plagas que revelan la ira de Dios serán totalmente destructivas y aniquiladoras para toda la vida en este planeta, tal como lo fue el diluvio en los días de Noé y similar a las diez plagas derramadas sobre Egipto en los días de Moisés.

Es importante notar que este capítulo está advirtiendo claramente a toda la humanidad de lo que está por venir para aquellos que ignoren la súplica de Dios de arrepentimiento y rendición. E incluso cuando la ira de Dios se derrama sobre estas últimas personas en la tierra, todavía (1) se niegan a arrepentirse de su rebelión adúltera espiritual, (2) blasfeman Su nombre y (3) no dan la gloria a Dios.

"y no se arrepintieron para darle gloria" en el versículo nueve.

"blasfemaron contra el Dios de los cielos" versículo once.

"y no se arrepintieron de sus obras" versículo once.

"y los hombres blasfemaban de Dios a causa de la plaga" versículo veintiuno.

PREGUNTA: El libro de Apocalipsis es un libro de simbolismo. Pero eso no significa que Dios está restringido a usar solo lenguaje figurado en Su propio libro. ¿Es posible que el capítulo dieciséis sea literal? Si no, y es simbólico, ¿qué representan las plagas?

RESPUESTA: Para las siguientes descripciones de las siete últimas plagas, el autor sugerirá una interpretación LITERAL de las plagas y una interpretación SIMBÓLICA. La palabra "sugerir" es importante aquí. Estas sugerencias no están grabadas en piedra. Nadie sabe con certeza si las siete últimas plagas son literales o simbólicas, por lo que en este momento, cualquier interpretación sugerida es especulativa.

Dios tiene cuatro juicios que usa a lo largo de la Biblia. Ellos son: (1) espada, (2) hambre, (3) pestilencia y (4) bestias salvajes. ¿Podrían estos cuatro juicios estar asociados con las siete últimas plagas?

> *"Enviaré pues sobre vosotros* ***hambre****, y malas* ***bestias*** *que te destruyan; y* ***pestilencia*** *y sangre pasarán por ti; y meteré sobre ti* ***cuchillo****. Yo Jehová he hablado."* Ezequiel 5:17.
>
> *"Por lo cual así ha dicho el Señor Jehová: ¿Cuánto más, si mis cuatro malos juicios,* ***espada****, y* ***hambre,*** *y mala* ***bestia****, y* ***pestilencia****, enviare contra Jerusalem, para talar de ella hombres y bestias?"* Ezequiel 14:21.
>
> *"Y miré, y he aquí un caballo amarillo: y el que estaba sentado sobre él tenía por nombre Muerte; y el infierno le seguía: y le fué dada potestad sobre la cuarta parte de la tierra, para matar con espada, con hambre, con mortandad, y con las bestias de la tierra."* Apocalipsis 6:8

PREGUNTA: ¿Qué es la primera plaga y dónde se derrama?

RESPUESTA: Note las siguientes tres sugerencias. La primera de las últimas siete plagas es (1) "una llaga pestilente y pestilente", (2) derramada sobre el "pueblo de la tierra", y (3) sólo sobre aquellos hombres con la marca de la bestia. Esto podría encajar en la categoría de juicio de una "pestilencia".

Uno 1). **LITERALMENTE**: "Una llaga pestilente y pestilente" puede ser real y literalmente lo que dice que es, "una llaga pestilente y pestilente". **SIMBÓLICAMENTE**: considerando que las plagas son derramadas después de la segunda venida de Jesús, esto podría ser un terrible dolor y enfermedad en los corazones y almas de aquellas personas impenitentes que se dan cuenta de que están "dejadas atrás" y perdidas. Los "pueblos de la tierra" que quedaron atrás podrían sufrir una angustia extrema cuando se den cuenta de que han descuidado las muchas oportunidades que Dios les dio para arrepentirse.

Dos (2). La primera de las últimas siete plagas se derrama sobre la "tierra". **LITERALMENTE**: Aunque esta acción se lleva a cabo en este planeta, la tierra, este texto podría estar refiriéndose literalmente a este planeta. **SIMBÓLICAMENTE**: La "tierra" en la profecía bíblica representa al pueblo en el reino de Dios que conoce a Dios pero lo sirve parcialmente, eligiendo lo que hará y lo que no. Estas personas de la "tierra" rehusaron arrepentirse y cambiar sus vidas para servir a Dios totalmente como Él lo exige. Por esa razón, no son redimidos en la segunda venida de Jesús.

Tres (3). Las plagas solo se derraman sobre las personas con la marca de la bestia. Una vez más, aquellos que rehusaron arrepentirse antes y hasta la segunda venida de Jesús, que habían recibido la marca de desobediencia, no fueron redimidos en la segunda venida de Jesús, y ahora sufren la primera de las últimas siete plagas.

APOCALIPSIS 16:3

> **"Y el segundo ángel derramó su copa sobre el mar, y se convirtió en sangre como de un muerto; y toda alma viviente fué muerta en el mar."**

PREGUNTA: ¿Qué es la segunda plaga?

RESPUESTA: La segunda plaga, que se derrama sobre el "mar", convierte el mar en sangre, haciendo imposible la vida en el agua salada. **LITERALMENTE**: Como en los días de Moisés, Dios puede convertir el agua real en sangre real si así lo desea, poniendo fin a la vida en el agua. **SIMBÓLICAMENTE**: Esta plaga se derrama sobre el "mar" que representa a aquellas personas que saben acerca de Dios pero rehúsan servirlo o adorarlo. Después de ver a Jesús venir en las nubes de gloria y a los salvos expulsados de este planeta, la gente del "mar" podría experimentar una dolorosa y mortal comprensión de que están perdidos. Esto podría encajar en la categoría de juicio de una "hambruna".

APOCALIPSIS 16:4-7

> ***"Y el tercer ángel derramó su copa sobre los ríos, y sobre las fuentes de las aguas, y se convirtieron en sangre. Y oí al ángel de las aguas, que decía: Justo eres tú, oh Señor, que eres y que eras, el Santo, porque has juzgado estas cosas: Porque ellos derramaron la sangre de los santos y de los profetas, también tú les has dado á beber sangre; pues lo merecen. Y oí á otro del altar, que decía: Ciertamente, Señor Dios Todopoderoso, tus juicios son verdaderos y justos."***

PREGUNTA: ¿Qué es la tercera plaga?

RESPUESTA: La tercera plaga es también convertir el agua en sangre y se derrama sobre los ríos y fuentes de agua, que son fuentes de agua dulce. **LITERALMENTE**: Como en los días de Moisés, Dios puede convertir el agua real en sangre real si así lo desea, poniendo fin a la vida dentro y fuera del agua. **SIMBÓLICAMENTE**: Esta "gente de agua dulce", un subconjunto de la gente del "mar", sufre mucho debido al dolor y la muerte que trajeron al pueblo de Dios antes de la segunda venida de Jesús. Dios les da a beber agua amarga al considerar su situación actual y su historia de dolor y miseria que han desatado.

> *"Cortarélos de por junto, dice Jehová. No habrá uvas en la vid, ni higos en la higuera, y caeráse la hoja; y lo que les he dado pasará de ellos. ¿Sobre qué nos*

> *aseguramos? Juntaos, y entrémonos en las ciudades fuertes, y allí reposaremos: porque Jehová nuestro Dios nos ha hecho callar, y* ***dádonos á beber bebida de hiel****, porque pecamos contra Jehová."* Jeremías 8:13,14.

Es interesante que en este texto de Apocalipsis 16:4-7 Dios declara que los "ríos y fuentes de agua" son los "ellos" que "derramaron la sangre de los santos y de los profetas", haciendo que la tercera plaga sea figurativa y no literal.

APOCALIPSIS 16:8,9

> ***"Y el cuarto ángel derramó su copa sobre el sol; y le fué dado quemar á los hombres con fuego. Y los hombres se quemaron con el grande calor, y blasfemaron el nombre de Dios, que tiene potestad sobre estas plagas, y no se arrepintieron para darle gloria."***

PREGUNTA: ¿Qué es la cuarta última plaga?

RESPUESTA: La cuarta plaga se derrama sobre el sol y provoca un calor que quema a la humanidad. **LITERALMENTE**: Dios puede provocar una ola de calor sofocante en este planeta, como está sucediendo ahora con el calentamiento global, pero en una escala mucho mayor y dañina. En el pasado, en un momento dado, como se registra en el libro de Amós, Dios trajo terribles condiciones de vida para los israelitas, en un esfuerzo por hacer que se volvieran a Él. Pero rehusaron volverse a Dios y sufrieron las consecuencias. La diferencia entre ese tiempo y este es el resultado deseado es diferente. En el libro de Amós Dios deseaba el arrepentimiento, en Apocalipsis Dios deseaba el castigo. **SIMBÓLICAMENTE**: Esto también podría ser figurativo de una sequía mundial que traerá una hambruna mundial.

> "Yo también os dí limpieza de dientes en todas vuestras ciudades, y falta de pan en todos vuestros pueblos:

mas no os tornasteis á mí, dice Jehová. 7 Y también yo os detuve la lluvia tres meses antes de la siega: é hice llover sobre una ciudad, y sobre otra ciudad no hice llover: sobre una parte llovió; la parte sobre la cual no llovió, secóse. 8 Y venían dos ó tres ciudades á una ciudad para beber agua, y no se hartaban: con todo no os tornásteis á mí, dice Jehová. 9 Os herí con viento solano y oruga; vuestros muchos huertos y vuestras viñas, y vuestros higuerales y vuestros olivares comió la langosta: pero nunca os tornasteis á mí, dice Jehová. 10 Envié entre vosotros mortandad al modo que en Egipto: maté á cuchillo vuestros mancebos, con cautiverio de vuestros caballos; é hice subir el hedor de vuestros reales hasta vuestras narices: empero no os tornasteis á mí, dice Jehová. 11 Trastornéos, como cuando Dios trastornó á Sodoma y á Gomorra, y fuisteis como tizón escapado del fuego: mas no os tornasteis á mí, dice Jehová. 12 Por tanto, de esta manera haré á ti, oh Israel: y porque te he de hacer esto, aparéjate para venir al encuentro á tu Dios, oh Israel. 13 Porque he aquí, el que forma los montes, y cría el viento, y denuncia al hombre su pensamiento; el que hace á las tinieblas mañana, y pasa sobre las alturas de la tierra; Jehová, Dios de los ejércitos, es su nombre." Amós 4:6-13

"Antes que fuesen estas cosas, venían al montón de veinte hanegas, y había diez; venían al lagar para sacar cincuenta cántaros del lagar, y había veinte. Os herí con viento solano, y con tizoncillo, y con granizo en toda obra de vuestras manos; mas no os convertisteis á mí, dice Jehová." Hageo 2:16,17

APOCALIPSIS 16:10,11

"Y el quinto ángel derramó su copa sobre la silla de la bestia; y su reino se hizo tenebroso, y se mordían sus lenguas de dolor; Y blasfemaron del Dios del

> ***cielo por sus dolores, y por sus plagas, y no se arrepintieron de sus obras."***

PREGUNTA: ¿Qué es la quinta última plaga?

RESPUESTA: La quinta plaga son las tinieblas que se derraman sobre el asiento de la bestia. Otro nombre para el "asiento de la bestia" es el "trono de la bestia". El trono de la bestia es el corazón humano. Ese trono interior del corazón fue colocado originalmente en cada ser humano por Dios para que Dios lo ocupara, pero aquellos que se niegan a permitir que Dios se siente en el trono de su corazón, permiten que Satanás o la bestia se siente allí. SIMBÓLICAMENTE: La ausencia de Dios, fuente de luz y vida, en el corazón humano sólo puede crear una profunda oscuridad negra que vacía el alma de toda razón, amor y deseo, llenándola sólo de odio por todos y por todo. LITERALMENTE: Esto podría representar el momento en que Dios extingue todas las fuentes de luz de este planeta, trayendo consigo la aniquilación segura de toda vida. Sin sol, sin luna, sin estrellas, solo oscuridad profunda, profunda, convirtiendo este planeta en una bola congelada de hielo y destrucción, como se revela en Jeremías 4:23-28. Esta quinta plaga podría encajar en la categoría de juicio de una "pestilencia" total.

> *"Miré la tierra, y he aquí que estaba asolada y vacía; y los cielos, y no había en ellos luz. Miré los montes, y he aquí que temblaban, y todos los collados fueron destruídos. Miré, y no parecía hombre, y todas las aves del cielo se habían ido. Miré, y he aquí el Carmelo desierto, y todas sus ciudades eran asoladas á la presencia de Jehová, á la presencia del furor de su ira. Porque así dijo Jehová: Toda la tierra será asolada; mas no haré consumación. Por esto se enlutará la tierra, y los cielos arriba se oscurecerán, porque hablé, pensé, y no me arrepentí, ni me tornaré de ello."* Jeremías 4:23-28.

La destrucción total de toda la humanidad, debido al pecado, no es nueva para nosotros. La Biblia contiene la historia popular de Noé y el diluvio en Génesis seis y siete donde toda la humanidad fue destruida, excepto aquellos en el Arca de la protección de Dios. También está la destrucción total de Sodoma y Gomorra. Después de que toda la vida humana sea destruida en esta tierra, los únicos ocupantes vivos durante los próximos 1000 años serán Satanás y sus ángeles. Estarán "atados" aquí en esta bola de hielo muerta, oscura, congelada, sin humanos para tentar o molestar.

> *"Y VI un ángel descender del cielo, que tenía la llave del abismo, y una grande cadena en su mano. Y prendió al dragón, aquella serpiente antigua, que es el Diablo y Satanás, y le ató por mil años; Y arrojólo al abismo, y le encerró, y selló sobre él, porque no engañe más á las naciones, hasta que mil años sean cumplidos: y después de esto es necesario que sea desatado un poco de tiempo."* Apocalipsis 20:1-3.

APOCALIPSIS 16:12

> **"Y el sexto ángel derramó su copa sobre el gran río Eufrates; y el agua de él se secó, para que fuese preparado el camino de los reyes del Oriente."**

PREGUNTA: ¿Qué es la sexta última plaga?

RESPUESTA: La sexta plaga es la desecación del río Éufrates. El río Éufrates ha sido la fuente de vida a lo largo de la Biblia, así como un conocido marcador de fronteras. **LITERALMENTE**: Si el río Éufrates, uno de los ríos más antiguos de la historia humana, se secara real y literalmente, como resultado de las condiciones de sobrecalentamiento causadas por la cuarta plaga, eso sugiere que todos los demás ríos también están condenados. **SIMBÓLICAMENTE**: La sequía del río Éufrates podría ser un símbolo de la muerte en todo el mundo. La quinta plaga, acabando con toda la luz de este planeta, traería la muerte en todo el mundo, la sexta plaga. Después de la muerte de toda la humanidad y todos los seres vivos, los únicos en este planeta muerto serían Satanás y sus ángeles, como se discutió en la quinta plaga anterior. Serían los únicos seres vivos en este planeta muerto, "atados" aquí durante los próximos 1000 años sin vida en total aislamiento.

¿Recuerda nuestro estudio sobre Apocalipsis siete y Apocalipsis capítulo nueve? A los cuatro ángeles de Apocalipsis 7:1-3 se les dice que detengan los "vientos" de destrucción y muerte hasta que los siervos de Dios sean sellados, durante la tribulación de siete años. Luego, en Apocalipsis 9:13,14, a la sexta trompeta, se les dice que suelten los "vientos" de destrucción en la segunda venida de Jesús, provocando la destrucción completa de todo en este planeta. Los resultados de soltar las "últimas plagas" de Apocalipsis 16 sobre la humanidad restante, después de la segunda venida de Jesús, es la muerte para todos los que las experimenten.

APOCALIPSIS 16:13,14

> ***"Y vi salir de la boca del dragón, y de la boca de la bestia, y de la boca del falso profeta, tres espíritus inmundos á manera de ranas: Porque son espíritus de demonios, que hacen señales, para ir á los reyes de la tierra y de todo el mundo, para congregarlos para la batalla de aquel gran día del Dios Todopoderoso."***

Después de la muerte de toda la humanidad, la sofisticada mascarada de Satanás llega a su fin. Ya no es necesario que se esconda como un dragón, una bestia o un falso profeta. Por lo tanto, se deshace de estas tres formas exitosas de engañar a la humanidad hasta después del juicio de 1000 años, cuando volverá a usar estas mismas tácticas para organizar a la humanidad perdida para atacar la ciudad de Dios.

Después de los mil años de Apocalipsis veinte, la segunda resurrección tiene lugar en el momento de celebrar el Juicio del Gran Trono Blanco. En ese momento se informa a cada resucitado si tiene vida eterna o muerte eterna. Los salvos serán recogidos en la ciudad de Dios, la Nueva Jerusalén, mientras que los perdidos deambularán por este planeta muerto. La Biblia no nos dice el período de tiempo entre la sentencia de los perdidos y el momento en que se lleva a cabo la sentencia. Durante este período de tiempo "intermedio", Satanás será soltado por un tiempo para organizar a los perdidos para la última gran batalla entre la humanidad y Dios, entre el bien y el mal. La Biblia llama a esto la batalla de Armagedón.

> *"Y cuando los mil años fueren cumplidos, Satanás será suelto de su prisión, Y saldrá para engañar las naciones que están sobre los cuatro ángulos de la tierra, á Gog y á Magog, á fin de congregarlos para la batalla; el número de los cuales es como la arena del mar. Y subieron sobre la anchura de la tierra, y circundaron el campo de los santos, y la ciudad amada: y de Dios descendió fuego del cielo, y los devoró."* Apocalipsis 20:7-9.

> *"Y los congregó en el lugar que en hebreo se llama Armagedón."* Apocalipsis 16:16.

APOCALIPSIS 16:15

> ***"He aquí, yo vengo como ladrón. Bienaventurado el que vela, y guarda sus vestiduras, para que no ande desnudo, y vean su vergüenza."***

PREGUNTA: ¿Por qué se deja caer la mención de la segunda venida de Jesús en medio de esta conversación sobre la destrucción total de todos los malvados después de los 1000 años?

RESPUESTA: La mención en este tiempo, entre la sexta y la séptima última plaga, de la prometida segunda venida de Jesús, es una forma de señalar un tiempo de distancia entre las dos últimas plagas. Hay una brecha de 1000 años entre el derramamiento de la sexta y la séptima última plaga.

Dios ha sido muy claro desde el principio de los tiempos en que destruiría a Satanás y a cualquiera que esté relacionado con él. Apocalipsis 16:15 es otra súplica que viene de Dios para que toda la humanidad se entregue a Él porque los resultados de nuestras decisiones en esta vida nos otorgarán la vida eterna o la muerte eterna en la próxima. Dios pregunta: "¿Por qué morirías?"

> *"Diles: Vivo yo, dice el Señor Jehová, que no quiero la muerte del impío, sino que se torne el impío de su camino, y que viva. Volveos, volveos de vuestros caminos: ¿y por qué moriréis, oh casa de Israel?"* Ezequiel 33:11.

Jesús viene de nuevo. Él viene para Su segundo advenimiento para reunir a Sus santos para pasar 1000 años con Él en el cielo, juzgando a toda la humanidad. Todas y cada una de las personas que leen este pequeño libro, con suerte, se están haciendo muy conscientes de ese hecho. Ojalá los lectores de este librito entreguen su voluntad a Dios antes de que sea demasiado tarde. Es ahora que debemos entregarle nuestros corazones, mentes y almas para que cuando comience la tribulación de siete años podamos ser contados entre los siervos de Dios, viviendo nuestras vidas para la gloria de Dios, ahora y para siempre.

APOCALIPSIS 16:16-21

> ***"Y los congregó en el lugar que en hebreo se llama Armagedón. Y el séptimo ángel derramó su copa por el aire; y salió una grande voz del templo del cielo, del trono, diciendo: Hecho es. Entonces fueron hechos relámpagos y voces y truenos; y hubo un gran temblor de tierra, un terremoto tan grande, cual no fué jamás desde que los hombres***

han estado sobre la tierra. Y la ciudad grande fué partida en tres partes, y las ciudades de las naciones cayeron; y la grande Babilonia vino en memoria delante de Dios, para darle el cáliz del vino del furor de su ira. Y toda isla huyó, y los montes no fueron hallados. Y cayó del cielo sobre los hombres un grande granizo como del peso de un talento: y los hombres blasfemaron de Dios por la plaga del granizo; porque su plaga fué muy grande."

PREGUNTA: ¿Qué es la séptima última plaga?

RESPUESTA: La séptima última plaga es la destrucción completa de todos los pecados y pecadores, incluyendo a Satanás y sus ángeles. Se destruye todo orgullo y se aniquila toda autosuficiencia que es la devastación total de toda "isla" y "montaña". LITERALMENTE: Dios va a aniquilar el pecado, todo. ¿Es con fuego o con grandes bolas de hielo que caen del cielo, o es una combinación de ambas fuerzas destructivas? El tiempo dirá. SIMBOLICAMENTE: La séptima plaga es simbólica de la destrucción total de toda rebelión contra Dios en la forma de la destrucción total de la humanidad rebelde y la aniquilación del desafiante Satanás junto con sus ángeles.

Después de que terminen los 1000 años, después de que se complete el juicio del gran trono blanco, después de que todo el pueblo se haya presentado, individualmente, ante el trono de Dios, y haya recibido la recompensa de la vida eterna o la muerte eterna, Dios reunirá a todos los perdidos. juntos en un lugar llamado Armagedón. Y cuando el diablo, sus ángeles y la humanidad perdida ataquen físicamente la hermosa ciudad de Dios, la Nueva Jerusalén, Dios derramará la última y última copa de muerte, la séptima plaga, destruyendo eternamente y aniquilando para siempre al pecado y a los pecadores.

Seis de las siete ÚLTIMAS plagas son derramadas por el Espíritu Santo durante los últimos (70) setenta días, de la tribulación de siete años. La séptima plaga, la última, se derrama sobre la humanidad perdida al final de los 1000 años de Apocalipsis 20, según el cuadro a continuación.

> *"Después saldrá Jehová, y peleará con aquellas gentes, como peleó el día de la batalla. Y afirmaránse sus pies en aquel día sobre el monte de las Olivas, que está en frente de Jerusalem á la parte de oriente: y el monte de las Olivas, se partirá por medio de sí hacia el oriente y hacia el occidente haciendo un* ***muy grande valle****; y la mitad del monte se apartará hacia el norte, y la otra mitad hacia el mediodía."* Zacarías 14:3,4

> *"Y cuando los mil años fueren cumplidos, Satanás será suelto de su prisión, Y saldrá para engañar las naciones que están sobre los cuatro ángulos de la tierra, á Gog y á Magog, á fin de* ***congregarlos para la batalla****; el número de los cuales es como la arena del mar. Y subieron sobre la anchura de la tierra, y circundaron el campo de los santos, y la ciudad amada: y de Dios descendió fuego del cielo, y los devoró."* Apocalipsis 20:7-9.

> *"Y vi salir de la boca del dragón, y de la boca de la bestia, y de la boca del falso profeta, tres espíritus inmundos á manera de ranas: Porque son espíritus de demonios, que hacen señales, para ir á los reyes de la tierra y de todo el mundo,* ***para congregarlos para la batalla*** *de aquel gran día del Dios Todopoderoso. He aquí, yo vengo como ladrón. Bienaventurado el que vela, y guarda sus vestiduras, para que no ande desnudo, y vean su vergüenza. Y los congregó en el lugar que en hebreo se llama Armagedón."* Apocalipsis 16:13-16

> *"Y cuando los mil años fueren cumplidos, Satanás será suelto de su prisión, Y saldrá para engañar las naciones que están sobre los cuatro ángulos de la tierra, á Gog y á Magog, á fin de congregarlos para la batalla; el número de los cuales es como la arena del mar. Y*

subieron sobre la anchura de la tierra, y circundaron el campo de los santos, y la ciudad amada: y de Dios descendió fuego del cielo, y los devoró." Apocalipsis 20:7-9,

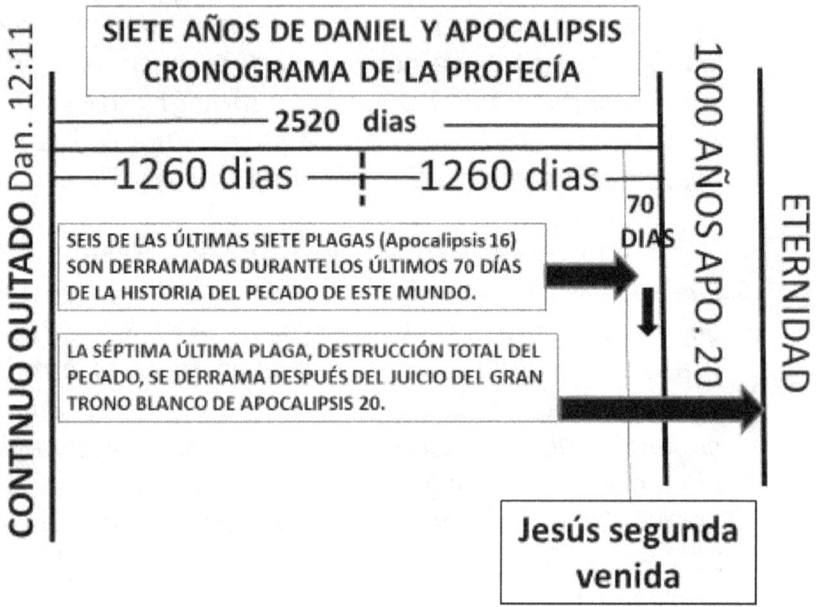

PREGUNTA: ¿Cuál es la relación entre las siete trompetas y las siete últimas plagas?

RESPUESTA: Observe el siguiente cuadro que revela las similitudes entre las siete trompetas de Apocalipsis ocho y nueve y las siete últimas plagas de Apocalipsis dieciséis.

COMPARACIÓN DE LA TERMINOLOGÍA DE APOCALIPSIS 8 Y 9 CON APOCALIPSIS 16

NÚMERO	TROMPETA	REFERENCIAS	VIAL
1	Granizo y fuego sobre la tierra destruyendo 1/3 de los árboles y toda la hierba verde.	8:7/16:2	Derramado en la tierra causando llagas dolorosas en personas con la marca de la bestia.
2	Montaña ardiente en el mar, 1/3 agua a sangre, 1/3 criaturas mueren, 1/3 barcos destruidos.	8:8,9/16:3	Derramado en el mar, agua para sangre, todas las almas mueren en el mar.
3	Estrella ardiente cae sobre 1/3 de aguas y manantiales. 1/3 aguas amargas, mucha gente muere.	8:10,11/16:4-7	Derramada sobre ríos y manantiales, convirtiendo el agua en sangre.
4	1/3 del sol, la luna y las estrellas oscurecidas.	8:12/16:8,9	Derramada sobre el sol abrasador de todas las personas.
5	La estrella cae del cielo abriendo un pozo sin fondo liberando oscuridad. "No dañes las plantas, el césped o los árboles".	9:1-11/16:410,11	Derramado sobre el trono de la bestia, reino lleno de tinieblas. Los hombres en el dolor maldicen a Dios.
6	Cuatro ángeles liberados en el "Río Éufrates" para esta hora, día y mes.	9:12-19/16:12-15	Derramado sobre el río Éufrates, que se seca, vienen los reyes del oriente.
7	El reino es de Dios y de Jesús, se abre el templo, se ve el Arca. Terremoto y terrible tormenta de granizo.	10:7; 11:15-19/ 16:16-21	Tazón derramado en el aire, la voz del trono del templo dice "está hecho".

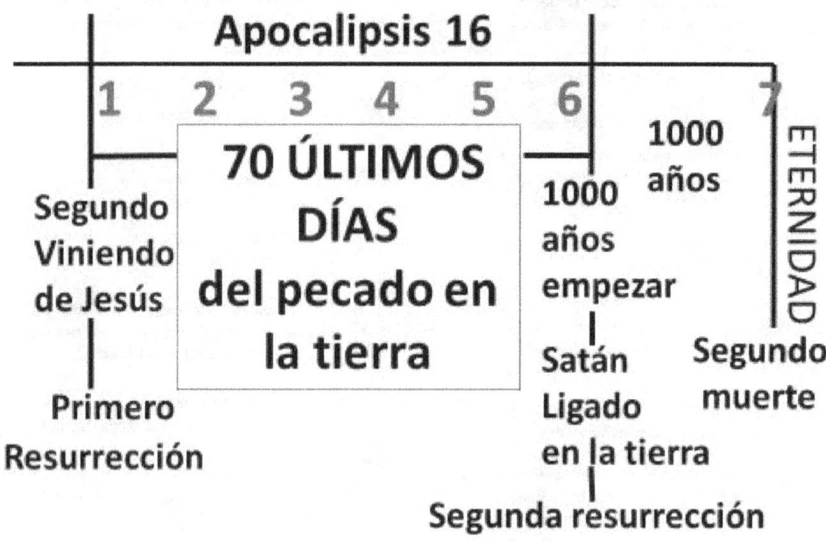

PREGUNTA: El cuadro anterior revela que las siete trompetas de los capítulos ocho y nueve de Apocalipsis ocurren durante la tribulación de siete años, pero las plagas de Apocalipsis dieciséis tienen lugar después de la segunda venida de Jesús, al final de la tribulación de siete años . . ¿Por qué las trompetas y las plagas son tan similares?

RESPUESTA: Los siete toques de trompeta son mensajes de Dios, para Su pueblo, durante el período de la tribulación, en un esfuerzo por atraerlos a Él en completa obediencia. Él da estos mensajes en un orden específico para Él. El primer mensaje va a la gente de la "tierra" que le sirve parcialmente. El segundo mensaje va a la gente del "mar" que está familiarizada con Él pero no le sirve como Él demanda. El tercer mensaje va a la gente que se da cuenta de que Él es el Dios del cielo y el Creador de toda la humanidad. Etc. Los mensajes se dan en ese orden y también las plagas a aquellas personas que rehusaron aceptar Su súplica de rendición y misericordia.

APOCALIPSIS CAPÍTULO DIECISÉIS EN POCAS PALABRAS

En Su misericordia y amor, Dios ha tolerado la blasfemia y el orgullo de la humanidad durante los últimos 6000 años. Al final de la historia del pecado de la tierra, Dios, en su gracia, apartó siete años para darle a la humanidad una última oportunidad de aceptarlo como el Creador, Redentor y Sustentador de la vida de cada persona individual. Aquellas personas que entreguen todo a Dios, en reconocimiento de Su gracia, serán redimidas en la segunda venida de Jesús y llevadas al cielo. Aquellas personas que rehúsen arrepentirse serán completamente destruidas después de la segunda venida de Jesús, durante los últimos setenta días del período de la tribulación, por medio de seis de las siete últimas plagas. La séptima última plaga será derramada al final de los 1000 años de Apocalipsis veinte cuando todo pecado y pecadores sean aniquilados para siempre.

APOCALIPSIS CAPÍTULO DIECISÉIS EN UNA ORACIÓN

Los últimos setenta días de la tribulación de siete años están reservados para el derramamiento de seis de las siete últimas plagas, provocando la aniquilación de toda la vida en este planeta, reservando la séptima plaga para la eterna destrucción de toda la humanidad pecadora al final de los 1000 años de Apocalipsis veinte.

APOCALIPSIS CAPITULO DIECISIETE

APOCALIPSIS 17:1,2

> ***"Y VINO uno de los siete ángeles que tenían las siete copas, y habló conmigo, diciéndome: Ven acá, y te mostraré la condenación de la grande ramera, la cual está sentada sobre muchas aguas: Con la cual han fornicado los reyes de la tierra, y los que moran en la tierra se han embriagado con el vino de su fornicación."***

A veces, Juan tiene un orden específico o un patrón al describir las visiones en el libro de Apocalipsis. Primero (1) revela quién le está hablando, luego (2) revela su invitación y finalmente (3) dice cuál es el tema a tratar. Fíjate en esto del texto anterior. (1) Uno de los siete ángeles o mensajeros, se acerca a Juan y le habla. Ese ángel es el Espíritu Santo, en forma de "uno de los siete ángeles". (2) Luego invita a Juan diciendo: "Ven acá" o "ven conmigo, quiero mostrarte algo". (3) Entonces el Espíritu Santo le dice a Juan que quiere (A) revelar el JUICIO de "la gran ramera que se sienta sobre muchas aguas" y (B) decirle que los reyes y los habitantes de la "tierra" han sido seducidos a la embriaguez por "el vino de su fornicación".

PREGUNTAS: ¿Qué es una gran ramera bíblica? y (2) ¿qué representa el agua?

RESPUESTA: (1) En la Biblia, una mujer impura representa un cuerpo religioso de creyentes que viven en contra de los requisitos bíblicos de un Dios Todopoderoso. Un ejemplo se encuentra en el capítulo tres de Jeremías, donde tanto las diez tribus del norte de Israel como las dos tribus del sur de Israel (Judá) fueron llamadas mujeres impuras debido a su rebelión contra Dios. Se negaron a adorarlo como Él exigió, pero adorarían a otros dioses. Él había hecho pacto con ellos en matrimonio, como su esposo, su amo y su Padre, pero en su lugar se volvieron a los ídolos paganos en busca de consuelo.

> "Y díjome Jehová en días del rey Josías: ¿Has visto lo que ha hecho la rebelde Israel? Vase ella sobre todo monte alto y debajo de todo árbol umbroso, y allí fornica. Y dije después que hizo todo esto: Vuélvete á mí; mas no se volvió. Y vió la rebelde su hermana Judá. Que yo lo había visto; que por todas estas causas en las cuales fornicó la rebelde Israel, yo la había despedido, y dádole la carta de su repudio; y no tuvo temor la rebelde Judá su hermana, sino que también fué ella y fornicó. Y sucedió que por la liviandad de su fornicación la tierra fué contaminada, y adulteró con la piedra y con el leño. Y con todo esto, la rebelde su hermana Judá no se tornó á mí de todo su corazón, sino mentirosamente, dice Jehová." Jeremías 3:6-10.

(2) **Sentarse en muchas aguas**, como un bote que flota en el océano, es ser apoyado por personas de todos los aspectos o partes de este planeta. En este texto, el agua, o el "mar", representa a personas irrespetuosas en el reino de Dios, que conocen a Dios, pero se niegan a servirle. Debido a que el "mar" representa a las personas infieles en el reino de Dios, no habrá "mar" en el Cielo Nuevo y la Tierra Nueva, porque no habrá rebelión en el cielo nuevo. Note lo siguiente:

> *"Y él me dice: Las aguas que has visto donde la ramera se sienta, son pueblos y muchedumbres y naciones y lenguas."* Apocalipsis 17:15.

> *"Y VI un cielo nuevo, y una tierra nueva: porque el primer cielo y la primera tierra se fueron, y el mar ya no es."* Apocalipsis 21:1.

PREGUNTAS: (1) ¿Qué es la "tierra"? (2) ¿Quiénes son los reyes de la "tierra"? y (3) ¿Quiénes son los habitantes de la "tierra"?

RESPUESTA: (1) Así como el "agua" o el "mar" representa a la gente, la "tierra" figurativamente también representa a la gente. El "pueblo de la tierra" son los humanos que conocen a Dios y lo sirven parcialmente, en Su reino, escogiendo y eligiendo lo que obedecerán y no obedecerán. (2) Los "reyes de la tierra" son las personas en posiciones de autoridad, dentro del ámbito religioso. Estos serían el pastor, sacerdote, ministro, rabino, maestro de Biblia, etc. (3) Los "habitantes de la tierra" serían todas las demás personas familiarizadas con Dios y que le sirven parcialmente, que no son líderes ni instructores.

> *"Y VI en la mano derecha del que estaba sentado sobre el trono un libro escrito de dentro y de fuera, sellado con siete sellos. Y vi un fuerte ángel predicando en alta voz: ¿**Quién** es digno de abrir el libro, y de desatar sus sellos? Y **ninguno** podía, ni **en el cielo**, ni **en la tierra**, ni **debajo de la tierra**, abrir el libro, ni mirarlo. Y yo lloraba mucho, porque no había sido hallado **ninguno** digno de abrir el libro, ni de leerlo, ni de mirarlo."* Apocalipsis 5:1-4.

> *"Alégrense los **cielos**, y gócese la **tierra**, Y digan en las naciones: Reina Jehová."* 1 Crónicas 16:31.

> *"CANTAD á Jehová canción nueva; Cantad á Jehová, toda **la tierra**. Cantad á Jehová, bendecid su nombre: Anunciad de día en día su salud. Contad entre las gentes su gloria, En todos los pueblos sus maravillas. Porque grande es Jehová, y digno de suprema alabanza; Terrible sobre todos los dioses. Porque todos los dioses de los pueblos son ídolos: Mas Jehová hizo **los cielos**. Alabanza y magnificencia delante de él: Fortaleza y gloria en su santuario. Dad á Jehová, oh familias de los pueblos, Dad á Jehová la gloria y la fortaleza. Dad á Jehová la honra debida á su nombre: Tomad presentes, y venid á sus atrios. Encorvaos á Jehová en la hermosura de su santuario: Temed delante de él, toda **la tierra**. Decid en las gentes: Jehová reinó,*

También afirmó el mundo, no será conmovido: Juzgará á los pueblos en justicia. Alégrense ***los cielos****, y gócese* ***la tierra****: Brame* ***la mar*** *y su plenitud. Regocíjese el campo, y todo lo que en él está: Entonces todos los árboles del bosque rebosarán de contento. Delante de Jehová que vino: Porque vino á juzgar* ***la tierra****. Juzgará al mundo con justicia, Y á los pueblos con su verdad."* Salmos 96.

PREGUNTA: ¿Por qué Apocalipsis 17:2 anterior habla de los actos de la gran ramera en tiempo pasado, como "han" y "han sido" realizados?

RESPUESTA: En el momento del cumplimiento de la visión de Apocalipsis diecisiete, la tribulación de siete años está en sus etapas finales. Durante los primeros 2.300 días, del tiempo de la ira de Dios, la iglesia rebelde ha cometido actos atroces de asesinato y caos en todo el mundo, costando la vida a millones de personas. La mujer impura sostiene una copa en sus manos que está "llena" de sus abominaciones. Pronto ella y el dragón que la sostiene serán juzgados.

"Y vi la mujer embriagada de la sangre de los santos, y de la sangre de los mártires de Jesús: y cuando la vi, quedé maravillado de grande admiración." Apocalipsis 17:6.

APOCALIPSIS 17:3

"Y me llevó en Espíritu al desierto; y vi una mujer sentada sobre una bestia bermeja llena de nombres de blasfemia y que tenía siete cabezas y diez cuernos."

Juan admite que está siendo "llevado en el espíritu" o que está teniendo una visión. Juan, una vez más, revela que el mismo ángel Mensajero está hablando con él y que el ángel lo lleva al desierto donde está la mujer impura, junto con la bestia de color escarlata que la lleva.

PREGUNTA: En el libro de Apocalipsis, ¿de cuántas maneras Juan divulga que está siendo llevado o llevado a una visión?

RESPUESTA: Aquí hay una lista de algunas de las formas en que Juan dice que el Espíritu Santo lo está sacando de la realidad, a una visión:

(1) Apocalipsis 1:10: "Yo estaba en el Espíritu". Tema: El día del Señor.

(2) Apocalipsis 4:2: "Yo estaba en el Espíritu". Tema: El salón del trono de Dios.

(3) Apocalipsis 17:3: "Él me llevó en el Espíritu. Tema: Babilonia.

(4) Apocalipsis 21:10: "Me llevó en el Espíritu. Tema: La Ciudad Santa.

A lo largo del libro de Apocalipsis Juan admite lo siguiente mientras está en visión: "Juan, a las siete iglesias; Giré; Y cuando lo vi; Me caí; Puso su diestra sobre mí; Miré y he aquí; la voz que escuché; He oído; miré; Yo vi; Lloré; Después de esto miré; diciéndome; me dijo; Yo Juan vi; y así vi; El me dijo; Él me mostró; Fui; Yo tomé; me fue dado; que vi; Miré y he aquí; habló conmigo; Yo Juan vi estas cosas y las oí; Yo Juan vi; y cuando hube oído y visto, caí, porque doy testimonio."

PREGUNTA: ¿Qué significa ser llevado "al desierto"?

RESPUESTA: Ir al desierto en la Biblia es tener una experiencia de juicio con Dios Padre, una experiencia de crecimiento cara a cara al rendirse a Su voluntad, o un tiempo de rechazo a Él, provocando Su furia.

> *"Vivo yo, dice el Señor Jehová, que con mano fuerte, y brazo extendido, y enojo derramado, tengo de reinar sobre vosotros: Y os sacaré de entre los pueblos, y os juntaré de las tierras en que estáis esparcidos, con mano fuerte, y brazo extendido, y enojo derramado: Y os he de traer* ***al desierto*** *de pueblos, y allí litigaré con vosotros cara á cara. Como litigué con vuestros padres en* ***el desierto*** *de la tierra de Egipto, así litigaré con vosotros, dice el Señor Jehová. Y os haré pasar bajo de vara y os traeré en vínculo de concierto; Y apartaré de entre vosotros los rebeldes, y los que se rebelaron contra mí: de la tierra de sus destierros los sacaré, y á la tierra de Israel no vendrán; y sabréis que yo soy Jehová."* Ezequiel 20:33-38.

Moisés estuvo en el desierto cuarenta años preparándose para guiar a los hijos de Israel. Los hijos de Israel estuvieron cuarenta años en el desierto, aprendiendo a someterse a Dios (Números 14:33, 32:13; Nehemías 9:21). El chivo expiatorio fue enviado al desierto (Levítico 16:10) para ser juzgado por Dios. David pasó años en el desierto (1 Samuel 23:14) preparándose para la realeza. Jesús estuvo en el desierto (Mateo 4:1-4) cuarenta días y cuarenta noches siendo probado. La mujer pura de Apocalipsis 12, así como la mujer impura de Apocalipsis 17, son enviadas al desierto.

PREGUNTA: ¿Qué es lo primero que ve Juan en esta visión de Apocalipsis 17?

RESPUESTA: Lo primero que llama la atención de Juan es una mujer.

PREGUNTA: ¿Sobre qué está sentada la mujer?

RESPUESTA: La mujer está sentada sobre una bestia roja, que tiene siete cabezas y diez cuernos, y la bestia está "llena de nombres de blasfemia".

PREGUNTA: ¿Qué significa estar "lleno de nombres de blasfemia"?

RESPUESTA: Estar lleno de algo es estar lleno hasta el borde. Un vaso "lleno" de agua es un vaso sin espacio para más agua. La bestia está repleta y atestada de nombres de blasfemia. Toda la composición interna de la bestia es de blasfemia, lo que significa que está llena de todo lo posible que es contrario o en contra de la voluntad del Dios Creador.

PREGUNTA: ¿Qué representa la bestia escarlata de siete cabezas y diez cuernos?

RESPUESTA: La bestia roja, o dragón, representa a Satanás. El escarlata o rojo también representa el pecado.

> *"Y fué vista otra señal en el cielo: y he aquí un grande dragón bermejo, que tenía siete cabezas y diez cuernos, y en sus cabezas siete diademas..... Y fué lanzado fuera aquel gran dragón, la serpiente antigua, que se llama Diablo y Satanás, el cual engaña á todo el mundo; fué arrojado en tierra, y sus ángeles fueron arrojados con él."* Apocalipsis 12:3,9.

> *"Venid luego, dirá Jehová, y estemos á cuenta: si vuestros pecados fueren como la grana, como la nieve serán emblanquecidos: si fueren rojos como el carmesí, vendrán á ser como blanca lana."* Isaías 1:18.

PREGUNTA: ¿Qué significa "tener siete cabezas y diez cuernos"?

RESPUESTA: La referencia de las siete cabezas y los diez cuernos nos retrotrae al capítulo siete de Daniel que revela las cuatro criaturas que salen del "mar" y de la "tierra" teniendo un total de siete cabezas y diez cuernos. Estas cuatro criaturas representan las influencias paganas que salieron de Babilonia, Medo-Persia, Grecia y Roma; y que prevalecen en la adoración moderna de hoy en todo el mundo. Los diez cuernos representan el poder de la bestia. La bestia también representa al diablo, Satanás.

> *"**3** Y cuatro bestias grandes, diferentes la una de la otra, subían de la mar.... **17** Estas grandes bestias, las cuales son cuatro, cuatro reyes son, que se levantarán en la tierra.."* Daniel 7:3,17.

> *"**3** Y fué vista otra señal en el cielo: y he aquí un grande dragón bermejo, que tenía siete cabezas y diez cuernos, y en sus cabezas siete diademas. .... **9** Y fué lanzado fuera aquel gran dragón, la serpiente antigua, que se llama Diablo y Satanás, el cual engaña á todo el mundo."* Apocalipsis 12:3,9.

APOCALIPSIS 17:4

> ***Y la mujer estaba vestida de púrpura y de escarlata, y dorada con oro, y adornada de piedras preciosas y de perlas, teniendo un cáliz de oro en su mano lleno de abominaciones y de la suciedad de su fornicación.***

La mujer se presenta con adornos de púrpura y escarlata y es muy rica. La copa de oro, un vaso sagrado, está llena de maldad. La mujer es una imagen del pecado y la blasfemia. La mujer representa las religiones organizadas mundialmente combinadas que están arraigadas en la desobediencia a la voluntad de Dios. El mundo religioso sólo se divide en dos campos. Está el campo de la obediencia y el campo de la desobediencia, representados por mujeres puras o impuras. La única forma de distinguir entre los dos campos es a través de la "vara", la clara Palabra de Dios, la Biblia. La iglesia verdadera se atiene a la Palabra de Dios, la iglesia falsa rechaza la Palabra pura de Dios.

"Aunque ande en valle de sombra de muerte, No temeré mal alguno; porque tú estarás conmigo: Tu vara y tu cayado me infundirán aliento." Salmos 23:4.

"Y ME fué dada una caña semejante á una vara, y se me dijo: Levántate, y mide el templo de Dios, y el altar, y á los que adoran en él." Apocalipsis 11:1.

APOCALIPSIS 17:5

"Y en su frente un nombre escrito: MISTERIO, BABILONIA LA GRANDE, LA MADRE DE LAS FORNICACIONES Y DE LAS ABOMINACIONES DE LA TIERRA."

La palabra Babilonia significa confusión, como sucedió en la torre de Babel cuando Dios confundió sus idiomas en Génesis once. En el mundo religioso, tanto dentro como fuera del cristianismo, hay mucha confusión. Cada congregación o grupo religioso diferente cree de manera diferente y, sin embargo, a menudo del mismo libro. Hay una multitud de salvadores y mesías de todo el mundo que afirman estar hablando de la Biblia.

"Ahora pues, descendamos, y confundamos allí sus lenguas, para que ninguno entienda el habla de su compañero. Así los esparció Jehová desde allí sobre la faz de toda la tierra, y dejaron de edificar la ciudad. Por esto fué llamado el nombre de ella Babel, porque allí confudió Jehová el lenguaje de toda la tierra, y desde allí los esparció sobre la faz de toda la tierra." Génesis 11:7-9.

En la Biblia, considerando la cultura en la que fue escrito, ser "madre de las rameras y de las abominaciones de la tierra" no tiene nada que ver con la paternidad. Simplemente significa que es lo más o lo peor de lo que se refiere. Puede ser la madre de todas las tormentas, o la madre de todas las guerras, o la madre de todas las catástrofes, etc., lo que significa que es lo peor de lo peor.

APOCALIPSIS 17:6,7

> ***"Y vi la mujer embriagada de la sangre de los santos, y de la sangre de los mártires de Jesús: y cuando la vi, quedé maravillado de grande admiración Y el ángel me dijo: ¿Por qué te maravillas? Yo te diré el misterio de la mujer, y de la bestia que la trae, la cual tiene siete cabezas y diez cuernos."***

El martirio no es nuevo en el ámbito de la religión. Desde los días de Abel, el primer mártir, la gente se ha estado matando entre sí por el culto y los ideales y mentalidades religiosas en todo el mundo. Las vidas que esta misteriosa mujer ha tomado podrían ser de la extensión de todos los tiempos, o podrían ser solo de las vidas perdidas durante la tribulación de siete años. En este caso menciona dos categorías de personas que han sido destruidas por esta mujer: los santos y los seguidores de Jesús. El autor favorece que todos los santos asesinados y los mártires que mueren por Jesús, como se representa en este texto, son solo de los últimos siete años de la historia del pecado de esta tierra y no de todos los tiempos. A medida que las condiciones de este mundo se deterioren en la última generación, el mundo religioso se unirá para tratar de evitar que cualquiera las desobedezca. Tomarán acciones extremas incluso hasta el punto de detener la disensión con la muerte.

La bestia, apoyando y animando a la mujer, es la bestia "con siete cabezas y diez cuernos" refiriéndose a las enseñanzas paganas acumuladas que provienen de las cuatro bestias del capítulo siete de Daniel. Esos cuatro imperios paganos que han contaminado la adoración verdadera son Babilonia, Medo-Persia, Grecia y Roma.

SIMBOLISMO REVELADO:

1. El Espíritu Santo se representa como los siete ángeles (versículo 3).

2. La "gran ramera sobre muchas aguas" es la falsa religión universal sostenida por personas descarriadas de toda nación, lengua y pueblo.

3. Los "reyes de la tierra" son líderes religiosos descarriados de todas las religiones.

4. "Cometer fornicación" es abrazar la idolatría en lugar de la verdadera adoración.

5. Los "habitantes de la tierra" son las personas que sirven parcialmente a Dios.

6. Los colores "púrpura y escarlata" representan el pecado no perdonado. "Aunque vuestros pecados sean como la grana, como la nieve serán emblanquecidos" (Isaías 1:18).

7. El término "blasfemia" se aplica a la adoración de ídolos en lugar de la adoración verdadera.

8. "Adornado con oro y piedras preciosas y perlas" debe tener la apariencia de gran riqueza, santidad y justicia.

9. La "copa llena en su mano" significa que ella ha llenado su copa de iniquidad, como lo hicieron los amorreos, y está lista para enfrentar el juicio por ello. "Pero en la cuarta generación volverán acá, porque la iniquidad de los amorreos aún no está completa". Génesis 15:16.

10. "Sobre su frente" representa una actitud mental inmutable.

11. Ser la "madre de las rameras y de las abominaciones" significa que ella es la peor.

12. El versículo seis habla de su abominable pecado de matar a los santos de Dios durante la tribulación de siete años.

13. La "mujer" son organizaciones religiosas de todo el mundo en un solo cuerpo.

14. La bestia inspirada por el diablo tiene siete cabezas y diez cuernos representados por las prácticas paganas adoptadas de Babilonia, Medo-Persia, Grecia y Roma reveladas en el capítulo dos de Daniel y el capítulo siete de Daniel.

El versículo tres anterior nos asegura que es el Mensajero del Espíritu Santo, que le da a Juan una visión, mostrando a una mujer impura sentada sobre una bestia roja rodeada y flotando sobre el agua. En Apocalipsis hay dos mujeres presentadas en la profecía bíblica. La mujer pura de Apocalipsis 12:1,2 representando a los santos de los últimos tiempos fieles a la Palabra de Dios, y la mujer impura de Apocalipsis 17:1, representando a los siervos de Dios rebeldes, la iglesia desafiante.

Hay dos grandes diferencias entre las dos mujeres. La primera diferencia es el respeto, o falta de respeto, que cada uno tiene hacia de la Santa Biblia, la Palabra de Dios. La segunda diferencia está en su apariencia. La mujer pura de Apocalipsis 12, que respeta la Biblia, se revela tal como aparece antes de que comience la tribulación de siete años. La mujer impura se muestra tal como aparece después del quinto sello de la tribulación de siete años, después de que las iglesias rebeldes y los cuerpos religiosos hayan matado o martirizado a los seguidores verdaderos de Dios.

Hay dos grupos de personas que tienen relaciones ilícitas con las mujeres impuras. Ellos son (1) los "reyes de la tierra", que son los líderes de la iglesia, y (2) "los habitantes de la tierra", que son todos los demás. Cometer "fornicación" es un símbolo de desobediencia por medio de adoración falsa o idolatría.

> *"Y FUÉ á mí palabra de Jehová, diciendo: Hijo del hombre, hubo dos mujeres, hijas de una madre, Las cuales fornicaron en Egipto; en sus mocedades fornicaron. Allí fueron apretados sus pechos, y allí fueron estrujados los pechos de su virginidad. Y llamábanse, la mayor, Aholah, y su hermana, Aholibah; las cuales fueron mías, y parieron hijos é hijas. Y llamáronse, Samaria, Aholah; y Jerusalem, Aholibah."* Ezequiel 23:1-4.

> *"Y FUÉ á mí palabra de Jehová, diciendo: Hijo del hombre, notifica á Jerusalem sus abominaciones.... "'Mas confiaste en tu hermosura, y fornicaste á causa de tu nombradía, y derramaste tus fornicaciones á cuantos pasaron; suya eras. Y tomaste de tus vestidos, e hicístete diversos altos lugares, y fornicaste en ellos: cosa semejante no vendrá, ni será así."* Ezequiel 16:1,2,15,16.

Recuerde que la palabra "tierra" en la profecía bíblica es un símbolo del pueblo de Dios, Su reino. En el reino de Dios hay tres grupos de personas llamados en sentido figurado, "cielo", "tierra" y "mar". La gente del "cielo" sirve a Dios al 100%, la gente de la "tierra" le sirve parcialmente y la gente del "mar" se niega a servirle. Fíjese en los siguientes textos que corroboran acerca de la "tierra" como el pueblo y el reino de Dios:

"¡Tierra, tierra, tierra! oye palabra de Jehová." Jeremías 22:29.

> *"Toda la tierra te adorará, Y cantará á ti; Cantarán á tu nombre. (Selah.)."* Salmo 66:4.

> *"Conforme á tu nombre, oh Dios, Así es tu loor hasta los fines de la tierra: De justicia está llena tu diestra."* Salmo 48:10.

En el versículo cinco dice: "MISTERIO, BABILONIA LA GRANDE, LA MADRE DE LAS RAMERAS Y DE LAS ABOMINACIONES DE LA TIERRA". El término **"Babilonia**

la grande" no se refiere a ninguna denominación, iglesia o comunidad religiosa. Se refiere a todos ellos como un grupo colectivo. Todas las religiones de hoy, de una forma u otra, están contaminadas en algún grado, pequeño o grande, por las influencias paganas de los cuatro imperios principales discutidos a lo largo del libro de Daniel.

El término **"madre de las rameras"** no tiene nada que ver con la paternidad. Pero tiene que ver con la inmensidad de su influencia destructiva. Ser la "madre" de cualquier cosa en los días de Juan significaba ser "lo peor" de cualquier cosa. Por ejemplo, si una persona dijera: "Si alguna vez hay una tercera guerra mundial, será la madre de todas las guerras", la persona no está diciendo que la tercera guerra mundial es responsable de las dos primeras, simplemente lo está diciendo. es la peor de todas las guerras anteriores y posteriores.

En la visión, Juan ve a una mujer impura sentada sobre una bestia de color escarlata, que tiene siete cabezas y diez cuernos, de pie o rodeada de agua. Note la siguiente pirámide de Apocalipsis 17.

APOCALIPSIS 17 PIRÁMIDE DE TRES NIVELES

La mujer impura o prostituta, representa a las iglesias apóstatas.

La bestia de siete cabezas y diez cuernos representa al dragón; Satanás, así como las prácticas paganas que la iglesia apóstata se niega a desechar o eliminar.

El agua representa a la gente del "mar" de cada nación, lengua y pueblo que apoya a la bestia y la mujer.

Satanás es el poder de la bestia que ha corrompido a la mujer que es apoyada con entusiasmo por la gente del "mar" que conoce la voluntad de Dios pero se niega a seguirla.

APOCALIPSIS 17:8-14

> ***"8 La bestia que has visto, fué, y no es; y ha de subir del abismo, y ha de ir á perdición: y los moradores de la tierra, cuyos nombres no están escritos en el libro de la vida desde la fundación del mundo, se maravillarán viendo la bestia que era y no es,***

***aunque es. 9 Y aquí hay mente que tiene sabiduría.
Las siete cabezas son siete montes, sobre los cuales
se asienta la mujer. 10 Y son siete reyes. Los cinco
son caídos; el uno es, el otro aun no es venido;
y cuando viniere, es necesario que dure breve
tiempo. 11 Y la bestia que era, y no es, es también
el octavo, y es de los siete, y va á perdición. 12 Y
los diez cuernos que has visto, son diez reyes, que
aun no han recibido reino; mas tomarán potencia
por una hora como reyes con la bestia. 13 Estos
tienen un consejo, y darán su potencia y autoridad
á la bestia. 14 Ellos pelearán contra el Cordero, y
el Cordero los vencerá, porque es el Señor de los
señores, y el Rey de los reyes: y los que están con
él son llamados, y elegidos, y fieles."***

SIMBOLISMO REVELADO:

1. La bestia, que sale "del abismo" es Satanás, representado con siete cabezas y diez cuernos. "Y vi a un ángel que descendía del cielo con la llave del abismo y una gran cadena en la mano. Y prendió al dragón, la serpiente antigua, que es el Diablo y Satanás, y lo ató por mil años, y lo arrojó al abismo, y lo encerró, y puso su sello sobre él, para que no engañen más a las naciones, hasta que sean cumplidos los mil años; y después de esto debe ser desatado por un poco de tiempo." Apocalipsis 20:1-3. Es soltado en el momento del quinto sello o trompeta.

2. El pueblo rebelde de la "tierra", que sirve parcialmente a Dios, está abrumado con la bestia y está asociado con ella.

3. Las "siete cabezas", que son los "siete montes", representan la influencia pagana de los imperios de Babilonia, Medo-Persia, Grecia y Roma. El número siete proviene de la suma de las siete cabezas en Daniel siete.

4. Cinco de las cabezas ya se han manifestado, una cabeza está aquí actualmente, y la última cabeza, la que tiene los diez cuernos, aún no está aquí. Lo que significa que la adoración forzada y la insensibilidad del Imperio Romano aún están por llegar.

5. Los "diez cuernos" representan el vasto poder de la bestia. Ese poder se demostrará durante la tribulación de siete años cuando su poder se ponga en práctica bajo el control de Satanás. Cuantos más cuernos tiene una bestia, más poder tiene. "Y lo vi acercarse al carnero, y se movió con cólera contra él, e hirió al carnero, y quebró sus dos cuernos; y no había poder en el carnero para estar de pie delante de él, sino que lo derribó a la tierra, y lo pisoteó, y no hubo quien pudiera librar el carnero de su mano." Daniel 8:7.

6. Bajo la influencia de Satanás, la gente rebelde de la tierra y el mar luchará contra los verdaderos adoradores de Dios tanto en una batalla mental como física durante la tribulación de siete años.

La bestia en Apocalipsis diecisiete representa a Satanás, el dragón, y el poder que proporciona a la bestia combinada de siete cabezas y diez cuernos de Apocalipsis 13:1-9. Esa bestia combinada representa todas las influencias y prácticas paganas en la religión de hoy, que se infiltraron en la adoración pura de Dios desde los imperios babilónico, medo-persa, griego y romano, ya que cada uno de ellos gobernó sobre el pueblo de Dios desde el 605 a. C. hasta hoy.

Es importante reconocer los diez cuernos de esta bestia y la bestia combinada de Apocalipsis 13. Cuantos más cuernos tiene una bestia, más poder tiene una bestia. Estos diez cuernos han estado inactivos desde los días de Daniel, pero en los últimos siete años de la historia del pecado de este mundo, su poder será utilizado cuando se pongan las coronas como reyes, como se muestra en Apocalipsis 13:1:

> *"Y YO me paré sobre la arena del mar, y vi una bestia subir del mar, que tenía siete cabezas y diez cuernos; y sobre sus cuernos diez diademas; y sobre las cabezas de ella nombre de blasfemia."* Apocalipsis 13:1.

> *"Y los diez cuernos que has visto, son diez reyes, que aun no han recibido reino; mas tomarán potencia por una hora como reyes con la bestia."* Apocalipsis 17:12.

Blasfemar es pretender ser religioso pero vivir en contra de esa pretensión; ser hipócrita. Su objetivo es profanar de manera ofensiva o sacrílega a Dios y todas las cosas sagradas bajo el pretexto de ser religiosamente justos, bajo el control y la influencia del diablo.

APOCALIPSIS 17:14

> ***"Ellos pelearán contra el Cordero, y el Cordero los vencerá, porque es el Señor de los señores, y el Rey de los reyes: y los que están con él son llamados, y elegidos, y fieles."***

El pueblo de Dios, durante la tribulación de siete años, será asaltado, o "pisoteado", de todas las formas posibles por la bestia. Hacer guerra contra el pueblo de Dios es hacer guerra contra Él y Su Hijo, Jesucristo, el Cordero. Pero al final Jesús y su pueblo prevalecerán. Fueron llamados por Dios, aceptaron ese llamado y eligieron servir a Dios y ser fieles hasta el final, sin importar los obstáculos que se les presenten.

> *"Y oí un santo que hablaba; y otro de los santos dijo á aquél que hablaba: ¿Hasta cuándo durará la visión del continuo sacrificio, y la prevaricación asoladora que pone el santuario y el ejército para ser hollados?"* Daniel 8:13.

> *"Y con lisonjas hará pecar á los violadores del pacto: mas el pueblo que conoce á su Dios, se esforzará, y hará.*

Y los sabios del pueblo darán sabiduría á muchos: y ***caerán*** *á cuchillo y á fuego, en cautividad y despojo, por días. Y en su caer serán ayudados de pequeño socorro: y muchos se juntarán á ellos con lisonjas. Y algunos de los* ***sabios caerán*** *para ser purgados, y limpiados, y emblanquecidos, hasta el tiempo determinado: porque aun para esto hay plazo."* Daniel 11:32-35.

"Y echa fuera el patio que está fuera del templo, y no lo midas, porque es dado á los Gentiles; y hollarán la ciudad santa cuarenta y dos meses." Apocalipsis 11:2.

APOCALIPSIS 17:15-18

"Y él me dice: Las aguas que has visto donde la ramera se sienta, son pueblos y muchedumbres y naciones y lenguas. Y los diez cuernos que viste en la bestia, éstos aborrecerán á la ramera, y la harán desolada y desnuda: y comerán sus carnes, y la quemarán con fuego: Porque Dios ha puesto en sus corazones ejecutar lo que le plugo, y el ponerse de acuerdo, y dar su reino á la bestia, hasta que sean cumplidas las palabras de Dios. Y la mujer que has visto, es la grande ciudad que tiene reino sobre los reyes de la tierra."

PREGUNTA: ¿Qué representa el agua o el "mar" en la Biblia?

RESPUESTA: El agua representa "pueblos, multitudes, naciones y lenguas".

La mujer impura, sentada sobre la bestia, representa a la iglesia rebelde. La iglesia insubordinada es mantenida y apoyada por personas religiosas descarriadas de todo el mundo que sirven a Dios de la manera que quieren y no de la manera que Él exige. La gente del "agua" se llama la gente del "mar" en el Libro de Apocalipsis. Aunque la "gente del mar" es uno de los tres grupos de personas en el reino de Dios, son "llamados los menores" ya que enseñan y viven en contra de lo que la Biblia realmente dice. Note Mateo 5:19 que dice:

> *"De manera que cualquiera que infringiere uno de estos mandamientos muy pequeños, y así enseñare á los hombres, muy pequeño será llamado en el reino de los cielos: mas cualquiera que hiciere y enseñare, éste será llamado grande en el reino de los cielos."* Mateo 5:19.

PREGUNTA: ¿Cuál es la diferencia entre la ramera sentada sobre la bestia y los diez cuernos de la bestia?

RESPUESTA: La mujer impura, la ramera, sentada sobre la bestia representa el mundo religioso y los diez cuernos representan el mundo no religioso. Estarán en desacuerdo entre sí y el elemento del pueblo representado por los diez cuernos políticos hará todo lo posible para destruir la comunidad religiosa. En el tiempo del fin, el Cuerno Pequeño de Daniel se unirá a los Diez Cuernos de la bestia y causará muchos problemas a cualquier persona que forme parte del reino de Dios, hasta el punto de abolir las Escrituras, especialmente los Diez Mandamientos y el séptimo. día sábado como se revela en el capítulo once de Daniel.

> *"**30** Porque vendrán contra él naves de Chîttim, y él se contristará, y se volverá, y enojaráse contra **el pacto santo [Los diez Mandamientos]**, y hará: volveráse pues, y pensará en los que habrán desamparado **el santo pacto [Los diez Mandamientos]**. **31** Y serán puestos brazos de su parte; y contaminarán el santuario de fortaleza, y quitarán el continuo sacrificio, y pondrán la abominación espantosa. **32** Y con lisonjas hará pecar á los violadores **del pacto: [Los diez Mandamientos]**, mas el pueblo que conoce á su Dios, se esforzará, y hará. **33** Y los sabios del pueblo darán sabiduría á muchos: y caerán á cuchillo y á fuego, en cautividad y despojo, por días."* Daniel 11:30-33.

> (Los comentarios agregados en los corchetes anteriores [] son del autor).
>
> *"Y los sacerdotes metieron el arca del pacto de Jehová en su lugar, en el oratorio de la casa, en el lugar santísimo, bajo las alas de los querubines."* 2 Crónicas 5:7.
>
> *"En el arca no había sino las dos tablas que Moisés había puesto en Horeb, con las cuales Jehová había hecho alianza con los hijos de Israel, después que salieron de Egipto."* 2 Crónicas 5:10.
>
> *"Y en ella he puesto el arca, en la cual está el pacto de Jehová que concertó con los hijos de Israel."* 2 Crónicas 6:11.

La bestia, el paganismo controlado por Satanás, tiene su poder que se deriva de los diez cuernos. El Cuerno Pequeño se le unirá en la forma del cordero de dos cuernos de Apocalipsis trece. Los diez cuernos más el "cuerno pequeño" de dos cuernos es igual a doce cuernos de los cuales ningún otro poder en la tierra puede alcanzar, derrotar o controlar.

El poder de los doce cuernos de la bestia, el movimiento antidios/anticristo, hará todo lo posible para destruir a la mujer impura debido al odio que se tienen el uno al otro. La mujer, la iglesia, tiene un nombre. Ese nombre es Babilonia, que significa confusión, porque no solo estará compuesta por todas las religiones del mundo, sino que será muy activa en el mal uso de la Palabra de Dios para defender su comprensión equivocada de la santidad.

APOCALIPSIS CAPÍTULO DIECISIETE EN POCAS PALABRAS

La fusión y culminación de todas las actividades y prácticas paganas, incorporadas a la religión. que fueron adoptados de los imperios babilónico, medo-persa, griego y romano, se practicarán durante el tiempo de la ira de Dios. Satanás ha desarrollado esta rebelión contra Dios a través de los siglos y Su influencia se verá y se sentirá en todo el mundo al inspirar a las personas religiosas a capturar, atormentarse y matarse unos a otros en nombre de la religión.

APOCALIPSIS CAPÍTULO DIECISIETE EN UNA ORACIÓN

La confusión y el verdadero carácter de la religión mundial organizada rebelde serán claramente revelados por las actividades horribles que las religiones del mundo realizarán contra los siervos verdaderos y dedicados de Dios durante los próximos siete años de tribulación.

APOCALIPSIS CAPITULO DIECIOCHO

Apocalipsis dieciocho registra los siete lamentos que son paralelos a los otros "siete" eventos del Libro de Apocalipsis, durante la tribulación de siete años; como se revela con el siguiente gráfico. Los siete lamentos tienen lugar al mismo tiempo que los siete sellos de Apocalipsis seis, las siete trompetas de Apocalipsis ocho y nueve, los siete truenos de Apocalipsis diez y las siete voces de ángeles de Apocalipsis catorce. Estos se llaman lamentos porque describen la descripción final o caída del mundo religioso, bíblicamente llamado Babilonia, durante la tribulación de siete años. Una descripción de un lamento o endecha se encuentra en Jeremías 9:10.

> *"Sobre los montes levantaré lloro y lamentación, y llanto sobre las moradas del desierto; porque desolados fueron hasta no quedar quien pase, ni oyeron bramido de ganado: desde las aves del cielo y hasta las bestias de la tierra se trasportaron, y se fueron."* Jeremías 9:10.

LOS LAMENTOS DE APOCALIPSIS 18

PRIMER LAMENTO: Verso uno.

SEGUNDO LAMENTO: Versículos dos y tres.

TERCER LAMENTO: Versículo cuatro y cinco.

CUARTO LAMENTO: Versículos seis y siete.

QUINTO LAMENTO: Versículo ocho.

SEXTO LAMENTO: Versículos nueve al veinte.

SÉPTIMO LAMENTO: Versículos veintiuno al veinticuatro.

Observe la línea de tiempo que posiciona los siete lamentos en el cuadro a continuación:

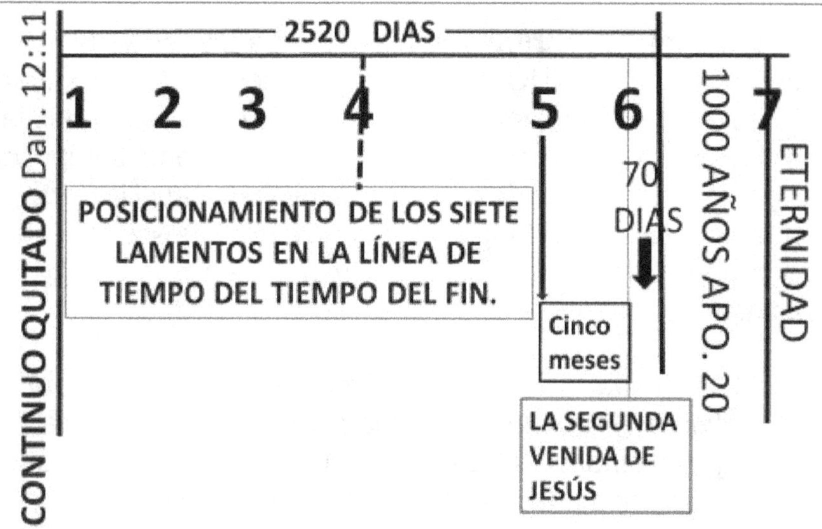

APOCALIPSIS 18

PRIMER LAMENTO: Verso uno.

> ***"Y DESPUÉS de estas cosas vi otro ángel descender del cielo teniendo grande potencia; y la tierra fué alumbrada de su gloria."***

El primer lamento es el derramamiento del Espíritu Santo sobre los siervos elegidos de Dios, dándoles el poder necesario para proclamar el mensaje final de advertencia de los últimos días a un mundo perdido durante la tribulación de siete años. Este mensaje acompaña al mensaje del primer ángel de Apocalipsis catorce que dice:

> *"Y vi otro ángel volar por en medio del cielo, que tenía el evangelio eterno para predicarlo á los que moran en la*

> *tierra, y á toda nación y tribu y lengua y pueblo, Diciendo en alta voz: Temed á Dios, y dadle honra; porque la hora de su juicio es venida; y adorad á aquel que ha hecho el cielo y la tierra y el mar y las fuentes de las aguas."* Apocalipsis 14:6,7.

El comienzo de **la tribulación** de siete años, que comienza cuando el CONTINUO es quitado (Daniel 12:11), tiene lugar al final del período llamado "el pequeño tiempo de angustia", como se refiere en Mateo 24:4- 8. El pequeño tiempo de angustia es un tiempo de prueba que juega un papel importante en la separación de la iglesia mundial, compuesta por todas las organizaciones religiosas del mundo, en tres categorías distintas.

> *"Y desde el tiempo que fuere quitado el continuo ... hasta la abominación espantosa, habrá mil doscientos y noventa días."* Daniel 12:11 (con las correcciones apropiadas hechas por el autor de este libro).

> *"Y respondiendo Jesús, les dijo: Mirad que nadie os engañe. Porque vendrán muchos en mi nombre, diciendo: Yo soy el Cristo; y á muchos engañarán. Y oiréis guerras, y rumores de guerras: mirad que no os turbéis; porque es menester que todo esto acontezca; mas aún no es el fin. Porque se levantará nación contra nación, y reino contra reino; y habrá pestilencias, y hambres, y terremotos por los lugares. Y todas estas cosas, principio de dolores."* Mateo 24:4-8.

Esas tres categorías distintas de personas, en el mundo religioso del tiempo del fin, son (1) los elegidos, que conocen y entienden la Biblia y sirven a Dios con todo. Estos son bíblicamente llamados la gente del **"cielo".** (2) Las personas que sirven a Dios parcialmente, eligiendo y eligiendo a lo que se adherirán, son bíblicamente llamadas las personas de la **"tierra".** Y (3) aquellos que saben lo que Dios quiere pero eligen adorarlo a su manera, son bíblicamente llamados la gente del **"mar"**.

El primer grupo, el pueblo elegido del cielo, recibirá la fuerza y la ayuda que necesitan a medida que sean llenos del Espíritu Santo y comiencen a educar al oscuro y confuso mundo religioso sobre el juicio que está a punto de ocurrir durante los próximos siete años. También proclamarán la advertencia del juicio venidero de 1000 años de Apocalipsis veinte, que comienza inmediatamente después de la tribulación de siete años y la segunda venida de Jesús.

Cuando el Espíritu Santo llena a los individuos elegidos, devotos e informados por la Biblia, entonces son sellados con "el sello de Dios" que evita que Satanás tenga influencia sobre ellos. Note Apocalipsis 12:12:

> *"Por lo cual alegraos, **cielos**, y los que moráis en ellos. ¡Ay de los moradores de la **tierra** y del **mar**! porque el diablo ha descendido á vosotros, teniendo grande ira, sabiendo que tiene poco tiempo."*

> *"Y DESPUÉS de estas cosas vi cuatro ángeles que estaban sobre los cuatro ángulos de la tierra, deteniendo los cuatro vientos de la tierra, para que no soplase viento sobre la **tierra**, ni sobre la **mar**, ni sobre ningún **árbol**. Y vi otro ángel que subía del nacimiento del sol, teniendo **el sello del Dios vivo**: y clamó con gran voz á los cuatro ángeles, á los cuales era dado hacer daño á la tierra y á la mar, Diciendo: No hagáis daño á la tierra, ni al mar, ni á los árboles, hasta que señalemos á los siervos de nuestro Dios en sus frentes."* Apocalipsis 7:1-3.

ORDEN DE LOS EVENTOS CON RESPECTO AL TIEMPO DEL LIBRO DE APOCALIPSIS:

1. Se producen eventos catastróficos en todo el mundo.

2. Tiene lugar el “tiempo de angustia” global que afectará a todo el mundo religioso.

3. Se quita el SÁBADO CONTINUO.

4. Comienza la tribulación de siete años.

5. Los primeros seis de los “siete” de Apocalipsis se desarrollan en orden secuencial paralelo.

6. Tiene lugar la segunda venida de Jesús.

7. Seis de las siete últimas plagas se derramarán durante los últimos setenta días de la tribulación de siete años.

8. Los 1000 años de Apocalipsis veinte tienen lugar.

9. Jesús regresa a este planeta para Su tercer advenimiento.

10. Dios separa a los perdidos de los salvos y aniquila completamente todo pecado.

11. Tiene lugar el séptimo evento final de los “siete” de Apocalipsis.

12. Una eternidad de paz y bienaventuranza; vivir con Dios, comienza.

SEGUNDO LAMENTO: Versículos dos y tres.

> ***“Y clamó con fortaleza en alta voz, diciendo: Caída es, caída es la grande Babilonia, y es hecha habitación de demonios, y guarida de todo espíritu inmundo, y albergue de todas aves sucias y aborrecibles. Porque todas las gentes han bebido del vino del furor de su fornicación; y los reyes de la tierra han fornicado con ella, y los mercaderes de la tierra se han enriquecido de la potencia de sus deleites.”***

Este texto es similar al mensaje del segundo ángel en Apocalipsis catorce que dice:

> *"Y otro ángel le siguió, diciendo: Ha caído, ha caído Babilonia, aquella grande ciudad, porque ella ha dado á beber á todas las naciones del vino del furor de su fornicación."* Apocalipsis 14:8.

El mensaje de los "elegidos" revelará la verdad a la gente de la "tierra" y del "mar" alentándolos a adorar al Señor como Él lo exige. "Ha caído Babilonia" se refiere a las organizaciones religiosas del mundo y la confusión que promueven y mantienen. Cuando las personas honestas, temerosas de Dios, de la "tierra" y del "mar" reconozcan la verdad, se adaptarán apropiadamente al mensaje de las personas del "cielo" y también recibirán el "sello de Dios" como se revela en Apocalipsis 7:2,3:

> *"Y vi otro ángel que subía del nacimiento del sol, teniendo el sello del Dios vivo: y clamó con gran voz á los cuatro ángeles, á los cuales era dado hacer daño á la tierra y á la mar, Diciendo: No hagáis daño á la tierra, ni al mar, ni á los árboles, hasta que señalemos á los siervos de nuestro Dios en sus frentes."*

PREGUNTA: ¿Quiénes son la "tierra", el "mar" y los "árboles" que están protegidos en el texto anterior, en previsión de recibir el "sello de Dios en sus frentes"?

RESPUESTA: Las personas protegidas por Dios son aquellas personas que aún deben ser convencidas de arrepentirse de su forma de pensar (frente) y ajustarse a la forma de pensar de Dios. La "tierra" son las personas que sirven a Dios parcialmente, los "árboles" son aquellas personas que conocen a Dios desde hace mucho tiempo y están plantados firmemente en Su Palabra. Estos son los que están plantados junto al río de manantiales de agua.

"Bendito el varón que se fía en Jehová, y cuya confianza es Jehová. Porque él será como el árbol plantado junto á las aguas, que junto á la corriente echará sus raices, y no verá cuando viniere el calor, sino que su hoja estará verde; y en el año de sequía no se fatigará, ni dejará de hacer fruto." Jeremías 17:7,8.

"Mas yo estoy como oliva verde en la casa de Dios: En la misericordia de Dios confío perpetua y eternalmente." Salmo 52:8.

TERCER LAMENTO: Versículo cuatro y cinco.

"Y oí otra voz del cielo, que decía: Salid de ella, pueblo mío, porque no seáis participantes de sus pecados, y que no recibáis de sus plagas; Porque sus pecados han llegado hasta el cielo, y Dios se ha acordado de sus maldades."

El mensaje del tercer lamento es similar al mensaje del tercer ángel de Apocalipsis 14:

"Y el tercer ángel los siguió, diciendo en alta voz: Si alguno adora á la bestia y á su imagen, y toma la señal en su frente, ó en su mano, Este también beberá del vino de la ira de Dios, el cual está echado puro en el cáliz de su ira; y será atormentado con fuego y azufre delante de los santos ángeles, y delante del Cordero: Y el humo del tormento de ellos sube para siempre jamás. Y los que adoran á la bestia y á su imagen, no tienen reposo día ni noche, ni cualquiera que tomare la señal de su nombre. Aquí está la paciencia de los santos; aquí están los que guardan los mandamientos de Dios, y la fe de Jesús." Apocalipsis 14:9-12.

El tercer lamento es un mensaje de arrepentimiento y conversión para que la gente de "tierra" y "mar" cambie su forma de pensar porque aquellos que rehúsen adorar a Dios en la forma que

Él demanda, recibirán las terribles plagas mencionadas en Apocalipsis 16.

> *"Y OI una gran voz del templo, que decía á los siete ángeles: Id, y derramad las siete copas de la ira de Dios sobre la tierra."* Apocalipsis 16:1.

CUARTO LAMENTO: Versículos seis y siete.

> ***"Tornadle á dar como ella os ha dado, y pagadle al doble según sus obras; en el cáliz que ella os dió á beber, dadle á beber doblado. Cuanto ella se ha glorificado, y ha estado en deleites, tanto dadle de tormento y llanto; porque dice en su corazón: Yo estoy sentada reina, y no soy viuda, y no veré llanto."***

El cuarto lamento acompaña el mensaje del cuarto ángel de Apocalipsis catorce:

> *"Y oí una voz del cielo que me decía: Escribe: Bienaventurados los muertos que de aquí adelante mueren en el Señor. Sí, dice el Espíritu, que descansarán de sus trabajos; porque sus obras con ellos siguen."* Apocalipsis 14:13.

El mensaje que sale al mundo religioso expone completamente los pecados y malentendidos de las diferentes iglesias y organizaciones de adoración de todo el mundo. La Biblia, la Palabra de Dios, es la única fuente de verdad y vida del hombre, no la iglesia, la congregación, el ministro o la comunidad religiosa. No solo se rechaza la Biblia en este momento, sino que el mensaje revelador de los "elegidos" tampoco es bien recibido por la comunidad religiosa mundial y, enojados, amenazarán a los siervos de Dios, los encarcelarán y matarán a los siervos de Dios en todo el mundo.

QUINTO LAMENTO: Versículo ocho.

> ***"Por lo cual en un día vendrán sus plagas, muerte, llanto y hambre, y será quemada con fuego; porque el Señor Dios es fuerte, que la juzgará."***

El quinto lamento va acompañado del mensaje del quinto ángel de Apocalipsis 14:

> *"Y miré, y he aquí una nube blanca; y sobre la nube uno sentado semejante al Hijo del hombre, que tenía en su cabeza una corona de oro, y en su mano una hoz aguda. Y otro ángel salió del templo, clamando en alta voz al que estaba sentado sobre la nube: Mete tu hoz, y siega; porque la hora de segar te es venida, porque la mies de la tierra está madura. Y el que estaba sentado sobre la nube echó su hoz sobre la tierra, y la tierra fué segada."* Apocalipsis 14:14-16.

Este es un mensaje de advertencia de que la segunda venida de Jesús está muy cerca, solo dentro de 150 días o cinco meses (Apocalipsis 9: 5, 6, 10). Los que no sean redimidos de este planeta, en el segundo advenimiento de Cristo, sufrirán las últimas plagas de Apocalipsis dieciséis que se derramarán durante los últimos setenta (70) días de la tribulación de 2520 días.

> *"Y le fué dado que no los matasen, sino que los atormentasen cinco meses; y su tormento era como tormento de escorpión, cuando hiere al hombre. Y en aquellos días buscarán los hombres la muerte, y no la hallarán; y desearán morir, y la muerte huirá de ellos.... Y tenían colas semejantes á las de los escorpiones, y tenían en sus colas aguijones; y su poder era de hacer daño á los hombres cinco meses."* Apocalipsis 9:5,6,10.

PREGUNTA: ¿Cuánto dura este "un día" en el que las calamidades de Apocalipsis dieciséis (16) se derramarán sobre todas las personas impenitentes en todo el mundo?

RESPUESTA: En este caso, el "un día" será un total de setenta días (70) que componen el período de tiempo entre la segunda venida de Jesús hasta el final de la tribulación de siete años. Los siete lamentos se corresponden con los siete sellos, las siete trompetas, los siete ángeles y los siete truenos durante la tribulación de 2520 días. Observe el gráfico a continuación.

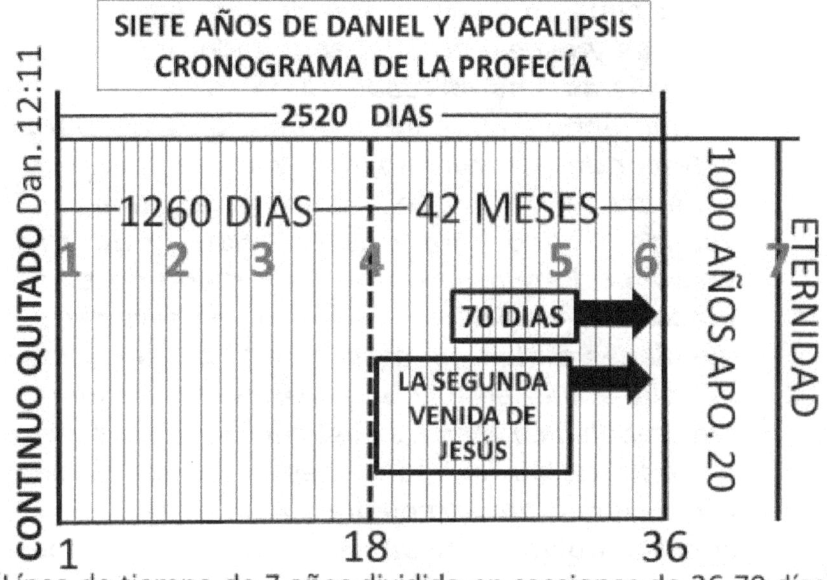

(Línea de tiempo de 7 años dividida en secciones de 36-70 días)

SEXTO LAMENTO: Versículos 9-20.

> ***"Y llorarán y se lamentarán sobre ella los reyes de la tierra, los cuales han fornicado con ella y han vivido en deleites, cuando ellos vieren el humo de su incendio, Estando lejos por el temor de su tormento, diciendo: ¡Ay, ay, de aquella gran ciudad de Babilonia, aquella fuerte ciudad; porque en una hora vino tu juicio! Y los mercaderes de la tierra lloran y se lamentan sobre ella, porque ninguno compra más sus mercaderías: Mercadería de oro, y de plata, y de piedras preciosas, y de margaritas, y de lino fino, y de escarlata, y de seda,***

> ***y de grana, y de toda madera olorosa, y de todo vaso de marfil, y de todo vaso de madera preciosa, y de cobre, y de hierro, y de mármol; Y canela, y olores, y ungüentos, y de incienso, y de vino, y de aceite; y flor de harina y trigo, y de bestias, y de ovejas; y de caballos, y de carros, y de siervos, y de almas de hombres. Y los frutos del deseo de tu alma se apartaron de ti; y todas las cosas gruesas y excelentes te han faltado, y nunca más las hallarás. Los mercaderes de estas cosas, que se han enriquecido, se pondrán lejos de ella por el temor de su tormento, llorando y lamentando, Y diciendo: ¡Ay, ay, aquella gran ciudad, que estaba vestida de lino fino, y de escarlata, y de grana, y estaba dorada con oro, y adornada de piedras preciosas y de perlas! Porque en una hora han sido desoladas tantas riquezas. Y todo patrón, y todos los que viajan en naves, y marineros, y todos los que trabajan en el mar, se estuvieron lejos; Y viendo el humo de su incendio, dieron voces, diciendo: ¿Qué ciudad era semejante á esta gran ciudad? Y echaron polvo sobre sus cabezas; y dieron voces, llorando y lamentando, diciendo: ¡Ay, ay, de aquella gran ciudad, en la cual todos los que tenían navíos en la mar se habían enriquecido de sus riquezas; que en una hora ha sido desolada! Alégrate sobre ella, cielo, y vosotros, santos, apóstoles, y profetas; porque Dios ha vengado vuestra causa en ella."***

El sexto lamento acompaña el mensaje del sexto ángel de Apocalipsis 14:

> *"Y salió otro ángel del templo que está en el cielo, teniendo también una hoz aguda."* Apocalipsis 14:17.

El tiempo del sexto lamento es el tiempo de la segunda venida de Jesús. Todos los artículos importantes y costosos asociados con la adoración de este mundo se volverán totalmente inútiles y obsoletos. La mayoría de la gente de la "tierra" y del "mar", el "remanente", aún se negará a rendir su voluntad a Dios mientras presencian la segunda venida de principio a fin. Verán los cielos abiertos y serán testigos de la primera resurrección largamente esperada cuando las tumbas se abran y los santos sean levantados de este planeta para encontrarse con Jesús en el aire. Estarán totalmente decepcionados, gimiendo y lamentándose, porque se quedaron atrás en este planeta moribundo, dándose cuenta de que todas las oportunidades de rendirse a Dios se han ido para siempre, mientras los últimos remanentes de la segunda venida desaparecen en las nubes de arriba.

SÉPTIMO LAMENTO: Versículos 21-24.

> ***"Y un ángel fuerte tomó una piedra como una grande piedra de molino, y la echó en la mar, diciendo: Con tanto ímpetu será derribada Babilonia, aquella grande ciudad, y nunca jamás será hallada. Y voz de tañedores de arpas, y de músicos, y de tañedores de flautas y de trompetas, no será más oída en ti; y todo artífice de cualquier oficio, no será más hallado en ti; y el sonido de muela no será más en ti oído: Y luz de antorcha no alumbrará más en ti; y voz de esposo ni de esposa no será más en ti oída; porque tus mercaderes eran los magnates de la tierra; porque en tus hechicerías todas las gentes han errado. Y en ella fué hallada la sangre de los profetas y de los santos, y de todos los que han sido muertos en la tierra."***

El séptimo lamento acompaña el mensaje del séptimo ángel de Apocalipsis 14:

> *"Y otro ángel salió del altar, el cual tenía poder sobre el fuego, y clamó con gran voz al que tenía la hoz aguda, diciendo: Mete tu hoz aguda, y vendimia los racimos de la tierra; porque están maduras sus uvas. Y el ángel*

echó su hoz aguda en la tierra, y vendimió la viña de la tierra, y echó la uva en el grande lagar de la ira de Dios. Y el lagar fué hollado fuera de la ciudad, y del lagar salió sangre hasta los frenos de los caballos por mil y seiscientos estadios." Apocalipsis 14:18-20.

El séptimo lamento tiene lugar después del juicio del gran trono blanco de Apocalipsis 20 y después de que todo el pecado y los pecadores hayan sido aniquilados por el fuego. Nunca más habrá discordia, ira y pecado en la creación de Dios. Dios ya no tendrá que tolerar la desobediencia y el rechazo. Babilonia, confusión entre los religiosos, será arrojada al "lago de fuego" que significa aniquilación total en la segunda muerte. Todo y cualquier cosa arrojada al simbólico "lago de fuego" es eterna y para siempre totalmente aniquilada.

"Y cuando los mil años fueren cumplidos, Satanás será suelto de su prisión, Y saldrá para engañar las naciones que están sobre los cuatro ángulos de la tierra, á Gog y á Magog, á fin de congregarlos para la batalla; el número de los cuales es como la arena del mar. Y subieron sobre la anchura de la tierra, y circundaron el campo de los santos, y la ciudad amada: y de Dios descendió fuego del cielo, y los devoró. Y el diablo que los engañaba, fué lanzado en el lago de fuego y azufre, donde está la bestia y el falso profeta; y serán atormentados día y noche para siempre jamás." Apocalipsis 20:7-10.

"Y vi un gran trono blanco y al que estaba sentado sobre él, de delante del cual huyó la tierra y el cielo; y no fué hallado el lugar de ellos. Y vi los muertos, grandes y pequeños, que estaban delante de Dios; y los libros fueron abiertos: y otro libro fué abierto, el cual es de la vida: y fueron juzgados los muertos por las cosas que estaban escritas en los libros, según sus obras. Y el mar dió los muertos que estaban en él; y la muerte y el infierno dieron los muertos que estaban en ellos; y fué hecho juicio de cada uno según sus obras. Y el infierno

y la muerte fueron lanzados en el lago de fuego. Esta es la muerte segunda. Y el que no fué hallado escrito en el libro de la vida, fué lanzado en el lago de fuego." Apocalipsis 20:11-15.

LÍNEA DE TIEMPO DE LA PROFECÍA DE SIETE AÑOS DE DANIEL Y APOCALIPSIS CON 7 SELLOS, TROMPETAS, ÁNGELES, ETC.

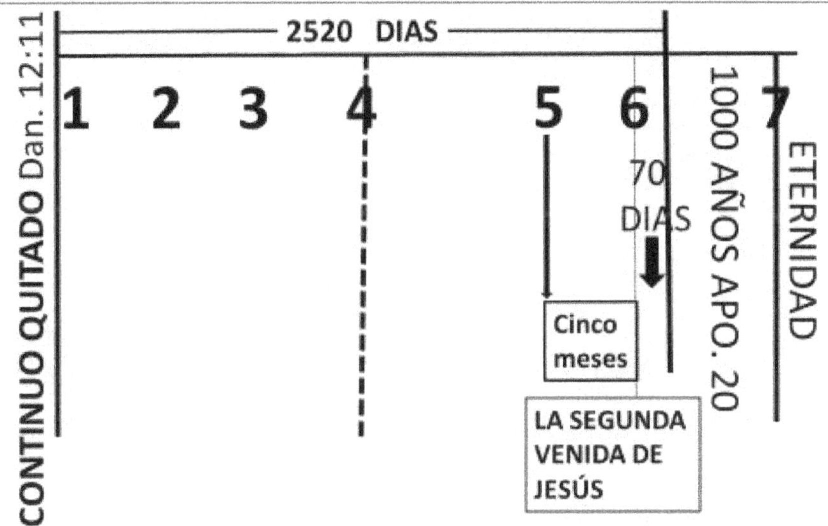

APOCALIPSIS CAPÍTULO DIECIOCHO EN POCAS PALABRAS

Desde los días de Daniel, comenzando con la influencia pagana del Imperio Babilónico, la adoración pura como el oro de Dios ha seguido disminuyendo bajo las influencias paganas adicionales de los tres imperios que siguieron. Para el tiempo del fin, las religiones del mundo se han contaminado tanto por las influencias paganas, que todo el mundo religioso es una gran bola de confusión. Ese mundo de confusión, la estructura de adoración babilónica del tiempo del fin, la religión organizada, se derrumbará y desaparecerá a medida que se desarrolle la tribulación de siete años.

APOCALIPSIS CAPÍTULO DIECIOCHO EN UNA ORACIÓN

Durante los siete gritos de lamentación, el mundo religioso de confusión será expuesto y eliminado, en el transcurso de la tribulación de siete años.

APOCALIPSIS CAPITULO DIECINUEVE

Apocalipsis diecinueve cubre el período de tiempo durante el milenio o los mil años de Apocalipsis veinte, desde el tiempo de la segunda venida de Jesús hasta la completa aniquilación del pecado, después del juicio del gran trono blanco. Este período de tiempo, entre la segunda y la tercera venida de Jesús, se conoce como la CENA DE LAS BODAS DEL CORDERO.

APOCALIPSIS 19:1-3

DESPUÉS DE LA SEGUNDA VENIDA DE JESÚS EN EL CIELO

> ***"DESPUÉS de estas cosas oí una gran voz de gran compañía en el cielo, que decía: Aleluya: Salvación y honra y gloria y potencia al Señor Dios nuestro porque sus juicios son verdaderos y justos; porque él ha juzgado á la grande ramera, que ha corrompido la tierra con su fornicación, y ha vengado la sangre de sus siervos de la mano de ella. Y otra vez dijeron: Aleluya. Y su humo subió para siempre jamás."***

En la segunda venida de Jesús todos los redimidos; los santos resucitados y los santos vivos, son llevados al cielo, uniéndose a los 144.000 siervos de Dios elegidos, que fueron llevados al cielo tres años antes. Los santos redimidos alabarán a Dios por Su interacción con ellos y por Su justa ira derramada sobre los perdidos en la forma de seis de las siete últimas plagas de Apocalipsis dieciséis. La destrucción de los religiosos perdidos, es la destrucción de la gran ramera, Babilonia. La aniquilación final de Babilonia tiene lugar durante los últimos setenta días de la tribulación de siete años cuando el pueblo que promueve la adoración falsa es destruido. El dicho, "su humo subió por los siglos de los siglos" es figurativo de la destrucción eterna de las religiones falsas. No hay vida en el humo, simplemente se disipa y desaparece.

APOCALIPSIS 19:4,5

> ***"Y los veinticuatro ancianos y los cuatro animales se postraron en tierra, y adoraron á Dios que estaba sentado sobre el trono, diciendo: Amén: Aleluya. Y salió una voz del trono, que decía: Load á nuestro Dios todos sus siervos, y los que le teméis, así pequeños como grandes."***

Los veinticuatro ancianos es la Biblia. La Biblia fundamenta las acciones de Dios con la destrucción de las personas que quedan en la tierra. Las cuatro bestias son representativas del Espíritu Santo. El Espíritu Santo es testigo de todo lo que Dios intentó en la salvación de la humanidad y también apoya estos justos actos finales de la ira de Dios que se derrama sobre el resto de la humanidad. El Espíritu Santo anima a la "mucha gente en el cielo" en su alabanza a Dios.

APOCALIPSIS 19:6

> ***"Y oí como la voz de una grande compañía, y como el ruido de muchas aguas, y como la voz de grandes truenos, que decía: Aleluya: porque reinó el Señor nuestro Dios Todopoderoso."***

Este texto menciona las voces de tres fuentes diferentes alabando a Dios Padre. Son (1) la voz de la "gran multitud", (2) la voz de "muchas aguas", y (3) la voz de "grandes truenos".

Apocalipsis 1:15 nos deja saber que Aquel con la voz de "muchas aguas" es el mismo Jesucristo.

> *"Y me volví á ver la voz que hablaba conmigo: y vuelto, vi siete candeleros de oro; Y en medio de los siete candeleros, uno semejante al Hijo del hombre, vestido*

> *de una ropa que llegaba hasta los pies, y ceñido por los pechos con una cinta de oro. Y su cabeza y sus cabellos eran blancos como la lana blanca, como la nieve; y sus ojos como llama de fuego; Y sus pies semejantes al latón fino, ardientes como en un horno; y su* ***voz como ruido de muchas aguas****. Y tenía en su diestra siete estrellas: y de su boca salía una espada aguda de dos filos. Y su rostro era como el sol cuando resplandece en su fuerza."* Apocalipsis 1:12-16.

La voz de poderosos truenos es la voz del Espíritu Santo.

> *"Y del trono salían relámpagos y* ***truenos*** *y voces: y siete lámparas de fuego estaban ardiendo delante del trono, las cuales son los siete* ***Espíritus de Dios****."* Apocalipsis 4:5.

La voz de una gran multitud es la de todos los redimidos de la tierra. Esta gran multitud se puede dividir en dos grupos distintos de personas. El primer grupo de personas son aquellos que entregaron su voluntad total a Dios antes de que comenzara la tribulación de siete años. Son los 144.000 que fueron llevados al cielo 1.335 días (Daniel 12:12) después de iniciada la tribulación de siete años. El segundo grupo de personas son todos aquellos santos que entregaron su voluntad a Dios durante la gran tribulación.

> *"Y MIRÉ, y he aquí, el Cordero estaba sobre el monte de Sión, y con* ***él ciento cuarenta y cuatro mil****, que tenían el nombre de su Padre escrito en sus frentes. Y oí una voz del cielo como ruido de muchas aguas, y como sonido de un gran trueno: y oí una voz de tañedores de arpas que tañían con sus arpas: Y cantaban como un cántico nuevo delante del trono, y delante de los cuatro animales, y de los ancianos: y ninguno podía aprender el cántico sino aquellos ciento cuarenta y cuatro mil, los cuales fueron comprados de entre los de la tierra. Estos son los que con mujeres no fueron contaminados;*

porque son vírgenes. Estos, los que siguen al Cordero por donde quiera que fuere. Estos fueron comprados de entre los hombres por primicias para Dios y para el Cordero. Y en sus bocas no ha sido hallado engaño; porque ellos son sin mácula delante del trono de Dios." Apocalipsis 14:1-5

"Bienaventurado el que esperare, y llegare hasta mil trescientos treinta y cinco días." Daniel 12:12.

"Y cantaban como un cántico nuevo delante del trono, y delante de los cuatro animales, y de los ancianos: y ninguno podía aprender el cántico sino aquellos ***ciento cuarenta y cuatro mil****, los cuales fueron comprados de entre los de la tierra. Estos son los que con mujeres no fueron contaminados; porque son vírgenes. Estos, los que siguen al Cordero por donde quiera que fuere. Estos fueron comprados de entre* ***los hombres por primicias*** *para Dios y para el Cordero."* Apocalipsis 14:3,4.

"Después de estas cosas miré, y he aquí ***una gran compañía****, la cual ninguno podía contar, de todas gentes y linajes y pueblos y lenguas, que estaban delante del trono y en la presencia del Cordero, vestidos de ropas blancas, y palmas en sus manos; Y clamaban en alta voz, diciendo: Salvación á nuestro Dios que está sentado sobre el trono, y al Cordero."* Apocalipsis 7:9,10.

"Y al que hubiere vencido, y hubiere guardado mis obras hasta el fin, yo le daré potestad sobre las gentes." Apocalipsis 2:26.

APOCALIPSIS 19:7-9

"Gocémonos y alegrémonos y démosle gloria; porque son venidas las bodas del Cordero, y su esposa se ha aparejado. Y le fué dado que se vista

> ***de lino fino, limpio y brillante: porque el lino fino son las justificaciones de los santos. Y él me dice: Escribe: Bienaventurados los que son llamados á la cena del Cordero. Y me dijo: Estas palabras de Dios son verdaderas."***

La **"cena de las bodas del Cordero"** tiene lugar en el cielo durante los 1000 años de Apocalipsis veinte. Los invitados a asistir a "la cena de las bodas del Cordero" son los millones de santos de Dios redimidos de la tierra que serán los privilegiados para juzgar al resto del mundo durante el milenio. Los redimidos juzgarán a todos los muertos, desde el tiempo de Adán hasta el tiempo de la gran tribulación, de todas las personas que no fueron redimidas de la tierra en la segunda venida de Jesús.

> *"¿OSA alguno de vosotros, teniendo algo con otro, ir á juicio delante de los injustos, y no delante de los santos? ¿O no sabéis que los santos han de juzgar al mundo? Y si el mundo ha de ser juzgado por vosotros, ¿sois indignos de juzgar cosas muy pequeñas? ¿O no sabéis que hemos de juzgar á los angeles? ¿cuánto más las cosas de este siglo?"* 1 Corintios 6:1-3.

> *"Y vi tronos, y se sentaron sobre ellos, y les fué dado juicio; y vi las almas de los degollados por el testimonio de Jesús, y por la palabra de Dios, y que no habían adorado la bestia, ni á su imagen, y que no recibieron la señal en sus frentes, ni en sus manos, y vivieron y reinaron con Cristo mil años. Mas los otros muertos no tornaron á vivir hasta que sean cumplidos mil años. Esta es la primera resurrección. Bienaventurado y santo el que tiene parte en la primera resurrección; la segunda muerte no tiene potestad en éstos; antes serán sacerdotes de Dios y de Cristo, y reinarán con él mil años."* Apocalipsis 20:4-6.

> *"Estuve mirando hasta que fueron puestas sillas: y un Anciano de grande edad se sentó, cuyo vestido era*

> *blanco como la nieve, y el pelo de su cabeza como lana limpia; su silla llama de fuego, sus ruedas fuego ardiente. Un río de fuego procedía y salía de delante de él: millares de millares le servían, y millones de millones asistían delante de él: el Juez se sentó, y los libros se abrieron."* Daniel 7:9,10.

La "cena de las bodas del Cordero" y las bodas del Cordero son dos eventos diferentes. La cena de bodas tiene lugar durante los 1000 años, o milenio, de Apocalipsis veinte. Las bodas del cordero con la novia no tienen lugar hasta después del milenio. Cuando todo pecado es erradicado y Dios se une con todo Su pueblo que fue redimido de este planeta, entonces se realizan las bodas con el Cordero.

APOCALIPSIS 19:10

> ***"Y yo me eché á sus pies para adorarle. Y él me dijo: Mira que no lo hagas: yo soy siervo contigo, y con tus hermanos que tienen el testimonio de Jesús: adora á Dios; porque el testimonio de Jesús es el espíritu de la profecía."***

La profecía bíblica tiene que ver con la adoración. Dios Padre, Su Hijo Jesús y el Espíritu Santo son los Creadores de toda la humanidad. Solo los Creadores pueden ser adorados por lo creado. Satanás, un ser creado, codicia la adoración que pertenece a Dios. La adoración falsa, cualquier adoración que se aleje del Dios Creador, automáticamente se vuelve hacia Satanás, ya que él es el padre de la adoración falsa.

> *"¡Cómo caiste del cielo, oh Lucero, hijo de la mañana! Cortado fuiste por tierra, tú que debilitabas las gentes. Tú que decías en tu corazón: Subiré al cielo, en lo alto junto á las estrellas de Dios ensalzaré mi solio, y en el monte del testimonio me sentaré, á los lados del aquilón; Sobre las alturas de las nubes subiré, y seré semejante al Altísimo."* Isaías 14:12-14.

En la visión, Juan tiene la impresión de que está hablando con un ser humano. Juan está tan cautivado con los mensajes que se le presentan que desea inclinarse y adorar a este "hombre". Pero la adoración solo está reservada para Dios, no para el hombre ni para nada que el hombre pueda crear. A Juan se le dice que no adore a esta figura de "hombre", sino que "adore a Dios".

Luego se le recuerda a Juan que el gran grupo de personas vestidas de blanco delante de él tienen **"el testimonio de Jesús".** Entonces el mensajero define ese término diciendo: **"el testimonio de Jesús es el espíritu de profecía".**

PREGUNTA: ¿Cuál es una definición de "el espíritu de profecía"?

RESPUESTA: El "espíritu de profecía" es un profundo e intenso interés y conocimiento de la profecía bíblica. Todas las profecías bíblicas apuntan a Jesús. Aquellas personas con ese profundo deseo de saber, comprender y enseñar la profecía bíblica a otros tienen el "espíritu de profecía". Una analogía sería el intenso deseo que tiene una persona de apoyar a su escuela. En ese caso se dice que tienen "espíritu escolar". A menudo, las escuelas secundarias tendrán "reuniones de espíritu escolar" para animar y animar a sus devotos estudiantes antes de una competencia con otra escuela. También se puede decir que los humanos, que están completamente dedicados a un equipo deportivo, están "en el espíritu" de ese equipo en particular. Estos normalmente se llaman fanáticos "die hard".

Aquellas personas con esa misma actitud dedicada "en el espíritu" hacia la profecía bíblica tienen "el espíritu de profecía". Juan el revelador tenía el espíritu de profecía en su día:

> *"Yo Juan, vuestro hermano, y participante en la tribulación y en el reino, y en la paciencia de Jesucristo, estaba en la isla que es llamada Patmos, por la palabra de Dios y **el testimonio de Jesucristo**."* Apocalipsis 1:9.

"El testimonio de Jesús es el espíritu de la profecía." Apocalipsis 19:10.

APOCALIPSIS DIECINUEVE DESGLOSE

Los versículos uno al diez de Apocalipsis diecinueve tienen lugar en el cielo justo después de la segunda venida de Jesús, al comienzo de los mil años de Apocalipsis veinte.

Los versículos once al veintiuno tienen lugar al final de los mil años de Apocalipsis veinte, cuando Cristo y su séquito celestial regresan a este planeta para (1) la resurrección del resto de los muertos (llamada la segunda resurrección), (2) el juicio del gran trono blanco, y (3) la aniquilación de toda maldad.

APOCALIPSIS 19:11-13

LA TERCERA VENIDA DE JESÚS

> ***"Y vi el cielo abierto; y he aquí un caballo blanco, y el que estaba sentado sobre él, era llamado Fiel y Verdadero, el cual con justicia juzga y pelea. Y sus ojos eran como llama de fuego, y había en su cabeza muchas diademas; y tenía un nombre escrito que ninguno entendía sino él mismo. Y estaba vestido de una ropa teñida en sangre: y su nombre es llamado EL VERBO DE DIOS."***

Estos textos revelan una imagen simbólica del tercer advenimiento de Jesús cuando deja el cielo para venir a este planeta. En la segunda venida Él vino a este planeta como REDENTOR, pero en la tercera venida Él viene como JUEZ para entregar el veredicto de todas las personas resucitadas en la segunda resurrección, que tiene lugar en la tercera venida de Jesús.

Obtenga más información sobre las tres venidas o advenimientos descargando el libro electrónico titulado "The 3 Visible Advents of Jesus" de Earl Schrock. Este libro también está disponible en línea en español bajo el título "Las Tres Venidas de Jesús".

APOCALIPSIS 19:14

> ***"Y los ejércitos que están en el cielo le seguían en caballos blancos, vestidos de lino finísimo, blanco y limpio."***

Los que siguen a Jesús en Apocalipsis 19:14, *"los ejércitos que estaban en los cielos le seguían sobre caballos blancos, vestidos de lino fino, blanco y limpio",* son los 144.000 y "la gran multitud" de los santos redimidos en la segunda venida. Recuerde cómo fueron descritos anteriormente en el versículo ocho:

> *"Y le fué dado que se vista de lino fino, limpio y brillante: porque el lino fino son las justificaciones de los santos."* Apocalipsis 19:8.

Por supuesto, la imagen de Jesús y los santos que regresan montados en caballos es una visión. No es real, sino figurativo de la tercera venida de Jesús. Tanto en la segunda como en la tercera venida de Jesús, se supone que todo el cielo, incluidos Dios el Padre, el Espíritu Santo y los ángeles celestiales, estarán en el séquito de los participantes.

APOCALIPSIS 19:15,16

> ***"Y de su boca sale una espada aguda, para herir con ella las gentes: y él los regirá con vara de hierro; y él pisa el lagar del vino del furor, y de la ira del Dios Todopoderoso. Y en su vestidura y en su muslo tiene escrito este nombre: REY DE REYES Y SEñOR DE SEñORES."***

Pasado el milenio de Apocalipsis veinte y concluido el juicio de toda la humanidad, Jesús es justificado por la Palabra de

Dios, "la Espada del Espíritu", para volver a este planeta a realizar la siguiente fase prevista en el plan de salvación. Los resultados de la prueba en el cielo durante los 1000 años es que Jesús es justificado por la Palabra de Dios, la Biblia y Él es garantizado como el "REY DE REYES Y SEÑOR DE SEÑORES". Él también está justificado para llevar a cabo el veredicto sobre la tierra ya que Él tiene el derecho de "pisar el lagar del vino del furor y de la ira del Dios Todopoderoso" para traer la destrucción total de los pecados.

> *"Y tomad el yelmo de salud, y la espada del Espíritu; que es la palabra de Dios."* Efesios 6:17.

APOCALIPSIS 19:17-18

> ***"Y vi un ángel que estaba en el sol, y clamó con gran voz, diciendo á todas las aves que volaban por medio del cielo: Venid, y congregaos á la cena del gran Dios, Para que comáis carnes de reyes, y de capitanes, y carnes de fuertes, y carnes de caballos, y de los que están sentados sobre ellos; y carnes de todos, libres y siervos, de pequeños y de grandes."***

La **"cena de las bodas del Cordero",** que se encuentra en el versículo siete, fue provista y completada durante el milenio, los mil (1000) años de Apocalipsis veinte, para todos los redimidos de la tierra, que subieron al cielo con Jesús en el segundo viniendo.

La **"cena del gran Dios"** tiene lugar en este planeta, después de la tercera venida de Jesús, cuando toda la humanidad perdida sea resucitada y luego aniquilada, después del "juicio del gran trono blanco" de Apocalipsis 20:11.

La "cena de las bodas del Cordero" fue la fiesta milenaria que disfrutaron los seres humanos redimidos en la presencia de Dios en el desempeño de sus deberes sacerdotales, juzgando a toda la humanidad. La "cena del gran Dios" es la destrucción de toda la humanidad, desde los días de Adán hasta el final de la tribulación de 2520 días, de todas las personas que rechazaron la salvación misericordiosa que Dios les ofreció. Esta destrucción eterna tiene lugar después del juicio del gran trono blanco de Apocalipsis veinte.

> *"Y vi un gran trono blanco y al que estaba sentado sobre él, de delante del cual huyó la tierra y el cielo; y no fué hallado el lugar de ellos. Y vi los muertos, grandes y pequeños, que estaban delante de Dios; y los libros fueron abiertos: y otro libro fué abierto, el cual es de la vida: y fueron juzgados los muertos por las cosas que estaban escritas en los libros, según sus obras. Y el mar dió los muertos que estaban en él; y la muerte y el infierno dieron los muertos que estaban en ellos; y fué hecho juicio de cada uno según sus obras."* Apocalipsis 20:11-13.

Recuerde que esta es una visión usando lenguaje figurado. No hay sol. No hay aves ni ningún tipo de vida silvestre. El juicio final de la humanidad tiene lugar 1000 años después de que este planeta se convierta en una bola de hielo muerta y oscura después de la segunda venida de Jesús.

> *"Miré la tierra, y he aquí que estaba asolada y vacía; y los cielos, y no había en ellos luz. Miré los montes, y he aquí que temblaban, y todos los collados fueron destruídos. Miré, y no parecía hombre, y todas las aves del cielo se habían ido. Miré, y he aquí el Carmelo desierto, y todas sus ciudades eran asoladas á la presencia de Jehová, á la presencia del furor de su ira. Porque así dijo Jehová: Toda la tierra será asolada; mas no haré consumación. Por esto se enlutará la tierra, y los cielos arriba se oscurecerán, porque hablé, pensé, y no me arrepentí, ni me tornaré de ello."* Jeremías 4:23-28.

También Apocalipsis veinte nos dice que la vida es destruida por fuego del cielo, no devorada por pájaros y animales salvajes. El término “cena del gran Dios” no es realmente un festín de humanos siendo comidos, sino su destrucción total. Esta es una visión figurativa usando el lenguaje simbólico, necesitamos entender, describiendo los actos finales de Dios en la destrucción del pecado y la rebelión.

> *“Y subieron sobre la anchura de la tierra, y circundaron el campo de los santos, y la ciudad amada: y de Dios descendió fuego del cielo, y los devoró. Y el diablo que los engañaba, fué lanzado en el lago de fuego y azufre, donde está la bestia y el falso profeta; y serán atormentados día y noche para siempre jamás.”* Apocalipsis 20:9,10.

APOCALIPSIS 19:19-21

DESTRUCCIÓN DE LOS MALVADOS

> ***“Y vi la bestia, y los reyes de la tierra y sus ejércitos, congregados para hacer guerra contra el que estaba sentado sobre el caballo, y contra su ejército. Y la bestia fué presa, y con ella el falso profeta que había hecho las señales delante de ella, con las cuales había engañado á los que tomaron la señal de la bestia, y habían adorado su imagen. Estos dos fueron lanzados vivos dentro de un lago de fuego ardiendo en azufre. Y los otros fueron muertos con la espada que salía de la boca del que estaba sentado sobre el caballo, y todas las aves fueron hartas de las carnes de ellos.”***

Al final del juicio de 1000 años, de Apocalipsis veinte, Jesús y Su corte humana regresarán a este planeta en la tercera venida, el tercer advenimiento. La comitiva con Jesús se llama la “Nueva Jerusalén”, ya que se asienta en la llanura que Jesús prepara cuando pone un pie en este planeta muerto.

> *"Y yo Juan vi la santa ciudad, Jerusalem nueva, que descendía del cielo, de Dios, dispuesta como una esposa ataviada para su marido."* Apocalipsis 21:2

> *"Y afirmaránse sus pies en aquel día sobre el monte de las Olivas, que está en frente de Jerusalem á la parte de oriente: y el monte de las Olivas, se partirá por medio de sí hacia el oriente y hacia el occidente haciendo un muy grande valle; y la mitad del monte se apartará hacia el norte, y la otra mitad hacia el mediodía."* Zacarías 14:4

A medida que Jesús se acerque a esta tierra, tocará la trompeta para traer la segunda resurrección (Apocalipsis 20:6) como lo prometió, levantando al resto de los muertos de sus tumbas. Es en el momento del tercer advenimiento, 1000 años después de la segunda venida, que la escritura se cumplirá con respecto a aquellas personas que rechazaron y mataron a Jesús cuando caminó por esta tierra como hombre.

> *"Mas cuando vinieron á Jesús, como le vieron ya muerto, no le quebraron las piernas: Empero uno de los soldados le* ***abrió el costado con una lanza****, y luego salió sangre y agua."* Juan 19:33,34.

> *"He aquí que viene con las nubes, y todo ojo le verá, y los que* ***le traspasaron****; y todos los linajes de la tierra se lamentarán sobre él. Así sea. Amén."* Apocalipsis 1:7

> *"Y levantándose el pontífice, le dijo: ¿No respondes nada? ¿qué testifican éstos contra ti? Mas Jesús callaba. Respondiendo el pontífice, le dijo: Te conjuro por el Dios viviente, que nos digas si eres tú el Cristo, Hijo de Dios. Jesús le dijo: Tú lo has dicho: y aun os digo, que desde ahora habéis de ver al Hijo de los hombres sentado á la diestra de la potencia de Dios, y que viene en las nubes del cielo."* Mateo 26:62-64.

Cuando suene la trompeta en la tercera venida o advenimiento de Jesús, todos los muertos que hayan vivido, desde Adán hasta la última persona nacida, resucitarán para enfrentar el tribunal de Dios en **"el día postrero".** Es en ese momento que Dios separará las ovejas de las cabras, los salvos de los perdidos. Él dará la bienvenida a las personas salvas recién resucitadas a la Nueva Jerusalén y en el juicio del gran trono blanco condenará a los perdidos a la muerte eterna.

> *"Y de la manera que está establecido á los hombres que mueran una vez, y después el juicio."* Hebreos 9:27.

> *"Y muchos de los que duermen en el polvo de la tierra serán despertados, unos para vida eterna, y otros para vergüenza y confusión perpetua. Y los entendidos resplandecerán como el resplandor del firmamento; y los que enseñan á justicia la multitud, como las estrellas á perpetua eternidad."* Daniel 12:2,3.

> *"Porque he descendido del cielo, no para hacer mi voluntad, mas la voluntad del que me envió. Y esta es la voluntad del que me envió, del Padre: Que todo lo que me diere, no pierda de ello, sino que lo resucite en el día postrero. Y esta es la voluntad del que me ha enviado: Que todo aquel que ve al Hijo, y cree en él, tenga vida eterna: y yo le resucitaré en* ***el día postrero****."* Juan 6:38-40

> "*Yo la luz he venido al mundo, para que todo aquel que cree en mí no permanezca en tinieblas. Y el que oyere mis palabras, y no las creyere, yo no le juzgo; porque no he venido á juzgar al mundo, sino á salvar al mundo. El que me desecha, y no recibe mis palabras, tiene quien le juzgue: la palabra que he hablado, ella le juzgará en* ***el día postrero****."* Juan 12:46-48.

> *"Y cuando el Hijo del hombre venga en su gloria, y todos los santos ángeles con él, entonces se sentará*

sobre el trono de su gloria. Y serán reunidas delante de él todas las gentes: y los apartará los unos de los otros, como aparta el pastor las ovejas de los cabritos. Y pondrá las ovejas á su derecha, y los cabritos á la izquierda. Entonces el Rey dirá á los que estarán á su derecha: Venid, benditos de mi Padre, heredad el reino preparado para vosotros desde la fundación del mundo." Mateo 25:31-34.

"Entonces dirá también á los que estarán á la izquierda: Apartaos de mí, malditos, al fuego eterno preparado para el diablo y para sus ángeles.... E irán éstos al tormento eterno, y los justos á la vida eterna." Mateo 25:41,46.

La siguiente es la cronología de Apocalipsis diecinueve.

(1) El capítulo comienza justo después de la segunda venida de Jesús.

(2) Los santos redimidos son llevados al cielo y son testigos de las siete últimas plagas de Apocalipsis dieciséis que se derraman sobre la humanidad rebelde e infiel.

(3) Al ver esto, exclaman a Dios cuán justo es Él al derramar Sus juicios finales.

(4) Luego se lleva a cabo la "cena de las bodas del Cordero" de mil años, en cuyo momento todos los muertos serán juzgados por las "primicias" redimidas de la tierra.

(5) Una vez que se completa el juicio, al final de los 1000 años, Dios realiza Su próxima tarea.

(6) La siguiente tarea de Jesús es regresar a este planeta, para Su tercer advenimiento, resucitar a todos los muertos, separar a los perdidos de los salvos (las ovejas de las

cabras), pronunciar los juicios sobre ambos grupos de personas y destruir el pecado. .

(7) Una vez que el pecado es destruido, las "bodas del Cordero" se llevan a cabo con el pueblo de Dios viviendo para siempre con Él en paz y gozo eternos.

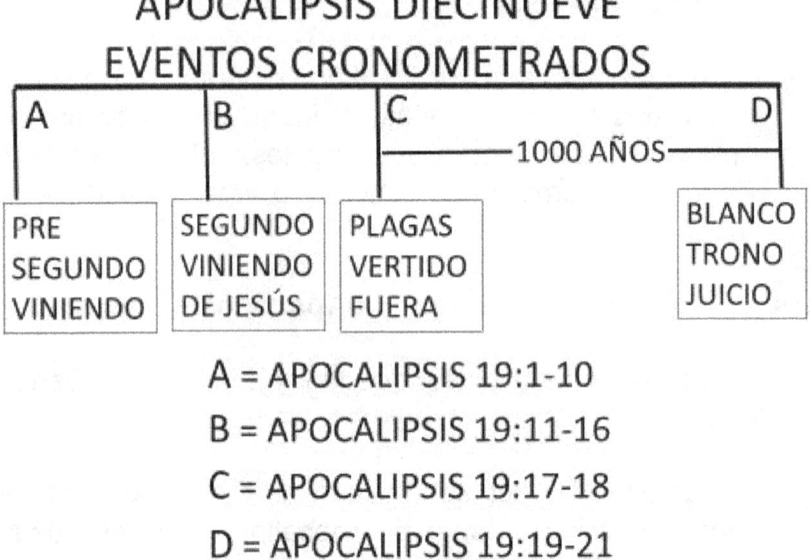

A = APOCALIPSIS 19:1-10

B = APOCALIPSIS 19:11-16

C = APOCALIPSIS 19:17-18

D = APOCALIPSIS 19:19-21

APOCALIPSIS CAPÍTULO DIECINUEVE EN POCAS PALABRAS

En la segunda venida de Jesús, los santos redimidos son llevados al cielo con Jesús. Mientras están allí disfrutan de la "cena de las bodas del Cordero" durante el milenio mientras desempeñan el oficio de sacerdotes y jueces. Ellos juzgarán a toda la humanidad para determinar la vida eterna o la muerte eterna para todas las personas que alguna vez vivieron. Una vez finalizada la prueba milenaria todos los redimidos regresarán a este planeta con Jesús para dar a cada persona su recompensa, en la tercera venida.

APOCALIPSIS CAPÍTULO DIECINUEVE EN UNA ORACIÓN

Después de la prueba del milenio, Jesús regresa a esta tierra para su tercer advenimiento acompañado de los 144.000 santos, la gran multitud redimida y todos los ángeles celestiales.

APOCALIPSIS CAPITULO VEINTE

LÍNEA DE TIEMPO PROFÉTICO DEL TIEMPO FINAL: EL JUICIO VIENE

Al establecer una línea de tiempo para los eventos del tiempo del fin, Apocalipsis 20 se eleva a la cima de la lista en importancia. Saber cuándo y dónde tienen lugar realmente los 1000 años de Apocalipsis 20 en la historia tiene una profunda influencia en el establecimiento de una línea de tiempo bíblica, desde la creación, a través de la historia bíblica y hasta el milenio. A lo largo de este capítulo me referiré indistintamente al período de 1000 años como el milenio. Aunque la palabra "milenio" en sí misma no está en la Biblia, es inequívocamente sinónimo del término "mil (1000) años".

Esta es la línea de tiempo que he establecido para este capítulo. Familiarícese con él mientras abro las puertas para comprender cómo y por qué este gráfico de tiempo es preciso.

SIETE MIL AÑOS DE HISTORIA BÍBLICA

4000 AÑOS	2000 AÑOS	1000 AÑOS	ETERN-IDAD
ADÁN CREADO	**JESÚS NACIMIENTO**	**SEGUNDO VINIENDO**	**BLANCO TRONO JUICIO**

(TABLA NO DIBUJADA A ESCALA: SOLO PARA DEMOSTRACIÓN)

"Y él me dice: Escribe: Bienaventurados los que son llamados á la cena del Cordero. Y me dijo: Estas palabras de Dios son verdaderas." Apocalipsis 19:9

Apocalipsis dieciocho y diecinueve dibujan un cuadro, desde la perspectiva celestial, de los eventos que suceden en el planeta tierra, hacia el final de la tribulación de siete años. Estos eventos anotados incluyen (1) la segunda venida de Jesús, (2) la primera resurrección, (3) la reunión gozosa de los santos vivos y resucitados (4) y después de que ambos se unen (5) se encuentran con Jesús en el aire y (5) son llevados al cielo. Todos los santos de Dios reunidos son llevados al cielo con un propósito específico como jueces, juzgando a las 12 tribus de Israel, como se describe en el capítulo veinte de Apocalipsis. Son llevados también al cielo para participar y disfrutar de la "cena de las bodas del Cordero".

> *"Empero vosotros sois los que habéis permanecido conmigo en mis tentaciones: Yo pues os ordeno un reino, como mi Padre me lo ordenó á mí, Para que comáis y bebáis en mi mesa en mi reino, y os sentéis sobre tronos juzgando á las doce tribus de Israel."* Lucas 22:28-30.

La "cena de las bodas del Cordero" tiene lugar entre el segundo y el tercer advenimiento o venida de Jesús. La cena de bodas debe tener lugar antes de las bodas de Cristo, con Su novia, la iglesia. La novia, la iglesia, está compuesta por todas las personas que alguna vez vivieron, que entregaron su voluntad a Dios, a lo largo de la historia humana. **La cena de bodas** precede a la boda real y tiene lugar DESPUÉS de la segunda venida de Jesús. **El matrimonio de Cristo** con la iglesia completa se lleva a cabo DESPUÉS de la tercera venida de Jesús. Los requisitos para estar preparados para la próxima "cena de las bodas del Cordero" es entregar todo a Jesús y ser totalmente obediente a la voluntad escrita de Dios, por el Espíritu Santo que mora en nosotros, ahora mismo, como se revela en Su Santa Palabra.

> *"Y yo Juan vi la santa ciudad, Jerusalem nueva, que descendía del cielo, de Dios, dispuesta como una esposa ataviada para su marido."* Apocalipsis 21:2.

Para comprender más acerca de la segunda y tercera venida de Jesús, lea el libro, "The 3 Visible Advents of Jesus" o "Las 3 Venidas de Jesús", de Earl Schrock. Ambos libros están disponibles en línea en tapa blanda o como libro electrónico.

Por favor, recuerda el siguiente cuadro mientras consideras el capítulo veinte de Apocalipsis.

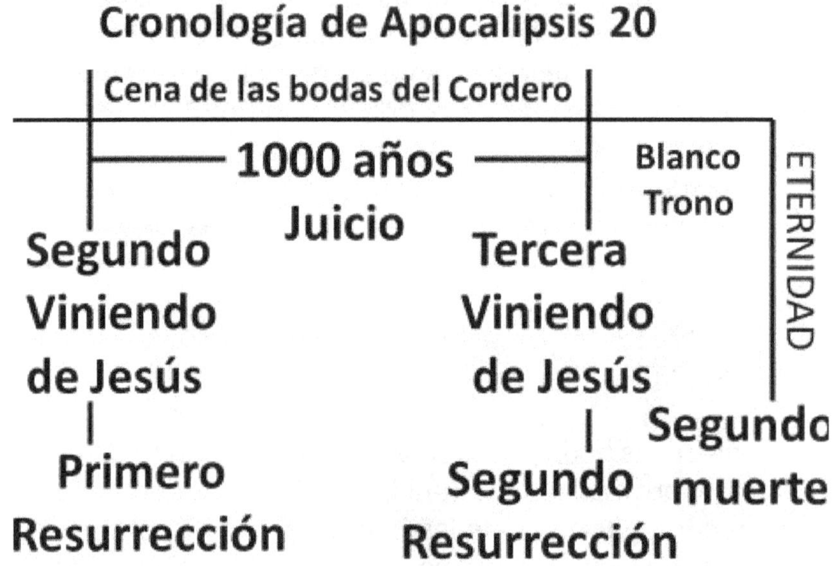

APOCALIPSIS 20:1-3

> ***"Y VI un ángel descender del cielo, que tenía la llave del abismo, y una grande cadena en su mano. Y prendió al dragón, aquella serpiente antigua, que es el Diablo y Satanás, y le ató por mil años; Y arrojólo al abismo, y le encerró, y selló sobre él, porque no engañe más á las naciones, hasta que mil años sean cumplidos: y después de esto es necesario que sea desatado un poco de tiempo."***

Tenga en cuenta que Apocalipsis es un libro de simbolismo. No hay una CLAVE real, no hay una CADENA real, no hay un

POZO SIN FONDO real. Todas estas cosas son figurativas para ayudar a dibujar una imagen mental de lo que Dios está haciendo a favor del hombre.

Lo que es real es el tiempo. Los 1000 años de Apocalipsis 20 son reales. Descubriremos la razón de este importante período de tiempo a medida que analicemos el significado del capítulo.

PREGUNTA: ¿Quién es el ángel o mensajero que encierra al diablo en un pozo o abismo sin fondo?

RESPUESTA: El mensajero de Dios, lo suficientemente fuerte como para atrapar y controlar a Satanás, solo puede ser el mismo Mensajero que ha jugado un papel importante y activo a lo largo de todo el Libro de Apocalipsis. Ese Mensajero no es otro que el mismo Espíritu Santo, el tercer miembro de la Deidad.

PREGUNTA: ¿Qué es el pozo sin fondo?

RESPUESTA: La palabra griega (Strong's #12) es "abussos" (ab'-us-sos) que significa un "abismo" o un lugar sin límites al que no hay escapatoria.

Ejemplos de la palabra "abismo" en la Biblia son:

1. Lucas 8:26-39. Después de calmar el mar, Jesús navegó a un lugar llamado Gerasenes, donde se encontró con un hombre poseído por un demonio. En el versículo 31, los demonios le pidieron a Jesús que los pusiera en los cerdos en lugar de ser enviados al "abismo".

2. Romanos 10:7 y Deuteronomio 30:13. El abismo es un lugar que está fuera de alcance o inaccesible. Lo que está afuera no puede entrar y lo que está adentro no puede salir.

3. Apocalipsis 9:1,2,11. En estos textos el Espíritu Santo libera a los demonios del "abismo" para que puedan

dañar físicamente a los que tienen la marca de la bestia. El "abismo" es la capa de protección que Dios mantiene entre la humanidad y los ángeles malos. El ejército de los ángeles malos puede tentarnos con sugestiones pero no pueden tocar a la humanidad para hacerles daño, sin que Dios lo permita, como sucedió con Job.

4. Apocalipsis 11:7. Los Dos Testigos, que es la Biblia que contiene el Antiguo y el Nuevo Testamento, serán silenciados la última mitad de la tribulación de siete años por la bestia, Satanás, que será liberada del "abismo" dándole acceso a los seres humanos como nunca antes. antes de.

5. Apocalipsis 20:1. Después de la segunda venida de Jesús, el diablo y sus ángeles son reasignados al "abismo", donde no pueden hacer daño a nadie.

6. Este planeta muerto es el "abismo" o pozo sin fondo, al cual Satanás y sus ángeles están atados y no pueden salir por los 1000 años completos de Apocalipsis veinte.

7. Durante ese tiempo no hay almas vivientes en este planeta muerto para que él hostigue.

PREGUNTA: ¿Qué significa estar atado?

RESPUESTA: Estar atado es ser un cautivo sin lugar adonde ir. Cuando una persona se compromete, está obligada a esa decisión. Una persona en una prisión por diez años, está atada en esa prisión por diez años, sin posibilidad de escape. Que Satanás esté atado a este planeta significa que no tiene ningún lugar al que pueda ir. Satanás estará atado en este planeta por mil años. No habrá ningún lugar al que pueda ir y ningún ser humano vivo al que pueda tentar o torturar.

PREGUNTA: ¿Cuándo será arrojado al abismo Satanás, la serpiente antigua?

RESPUESTA: Satanás y sus ángeles son puestos en el "pozo sin fondo", un lugar sin escape, al comienzo del milenio de 1000 años.

PREGUNTA: ¿Cuándo es Satanás liberado del abismo?

RESPUESTA: Satanás es liberado del abismo después de los 1000 años, después del "juicio del gran trono blanco", al final del milenio.

PREGUNTA: ¿Qué le sucede a Satanás al final de los 1000 años?

RESPUESTA: Él es soltado por un poco de tiempo para engañar a las naciones de los perdidos.

> *"Y cuando los mil años fueren cumplidos, Satanás será suelto de su prisión, Y saldrá para engañar las naciones que están sobre los cuatro ángulos de la tierra, á Gog y á Magog, á fin de congregarlos para la batalla; el número de los cuales es como la arena del mar."* Apocalipsis 20:7,8.

Los 1000 años es un tiempo de juicio celestial. Después del juicio en la corte celestial de mil años de todos los humanos que alguna vez vivieron, Jesús regresa a este planeta y resucita a todos los muertos en la "segunda resurrección". Todos los resucitados serán juzgados y serán recompensados con la vida eterna o la muerte eterna. Desde el momento en que los seres humanos son resucitados de entre los muertos hasta que son destruidos en el "lago de fuego", que significa recibir la muerte eterna, son libres de deambular por este planeta. Es en ese momento que Satanás es puesto en libertad para molestarlos, tentarlos y organizarlos para atacar la ciudad de Dios, después de que termine el juicio del trono blanco.

ANTES DE COMENZAR EL MILENIO

PREGUNTA: ¿Antes de la segunda venida de Jesús que está en esta tierra?

RESPUESTA: Antes de la segunda venida de Jesús, esta tierra contiene: (1) los muertos en Cristo, (2) los santos vivos con el sello de Dios, (3) los perdidos con la marca de la bestia, junto con (4) Satanás y sus ángeles que fueron soltados a la quinta trompeta, al principio de los cinco meses de Apocalipsis 9:1-12, (5) y todos los demás que aún viven.

Al final de los cinco meses, se abre el sexto sello (Apocalipsis 6:12-17) que es la segunda venida de Jesús. Según 1 Tesalonicenses 4:13-18, en la segunda venida de Jesús, los muertos en Cristo resucitarán y serán levantados de esta tierra. Luego, los santos vivos son levantados de esta tierra y tanto los santos resucitados como los vivos se encuentran con Jesús en el aire, para nunca más separarse de Él.

> *"Tampoco, hermanos, queremos que ignoréis acerca de los que duermen, que no os entristezcáis como los otros que no tienen esperanza. Porque si creemos que Jesús murió y resucitó, así también traerá Dios con él á los que durmieron en Jesús. Por lo cual, os decimos esto en palabra del Señor: que nosotros que vivimos, que habremos quedado hasta la venida del Señor, no seremos delanteros á los que durmieron. Porque el mismo Señor con aclamación, con voz de arcángel, y con trompeta de Dios, descenderá del cielo; y los muertos en Cristo resucitarán primero: Luego nosotros, los que vivimos, los que quedamos, juntamente con ellos seremos arrebatados en las nubes á recibir al Señor en el aire, y así estaremos siempre con el Señor. Por tanto, consolaos los unos á los otros en estas palabras."* 1 Tesalonicenses 4:13-18.

Después de que los santos se encuentran con Jesús en el aire, los únicos que quedan en este planeta son (1) los vivientes perdidos con la marca de la bestia y (2) Satanás con sus ángeles. En ese tiempo, seis de las siete últimas plagas, de Apocalipsis 16, serán derramadas sobre la humanidad perdida y rebelde durante los próximos setenta días. Observe el gráfico a continuación:

SIETE ÚLTIMAS PLAGAS DERRAMADAS

Apocalipsis 16

1 2 3 4 5 6 7

70 ÚLTIMOS DÍAS del pecado en la tierra

Segundo Viniendo de Jesús

Primero Resurrección

1000 años empezar

Satán ligado en la tierra

Segunda resurrección

1000 años

ETERNIDAD

Segundo muerte

Después de que se derramen seis de las siete últimas plagas sobre este planeta, toda la vida humana en este globo se extinguirá, como lo fue en los días de Noé.

> *"Y yo, he aquí que yo traigo un diluvio de aguas sobre la tierra, para destruir toda carne en que haya espíritu de vida debajo del cielo; todo lo que hay en la tierra morirá."* Génesis 6:17.

Al final de los setenta días, después de que seis de las siete últimas plagas hayan matado a toda la humanidad, los únicos habitantes de este planeta son Satanás y sus ángeles. Se quedan aquí solos, atados en esta bola de tierra oscura, congelada y sin sol; el abismo, incapaz de ir a ninguna parte, durante los próximos 1000 años.

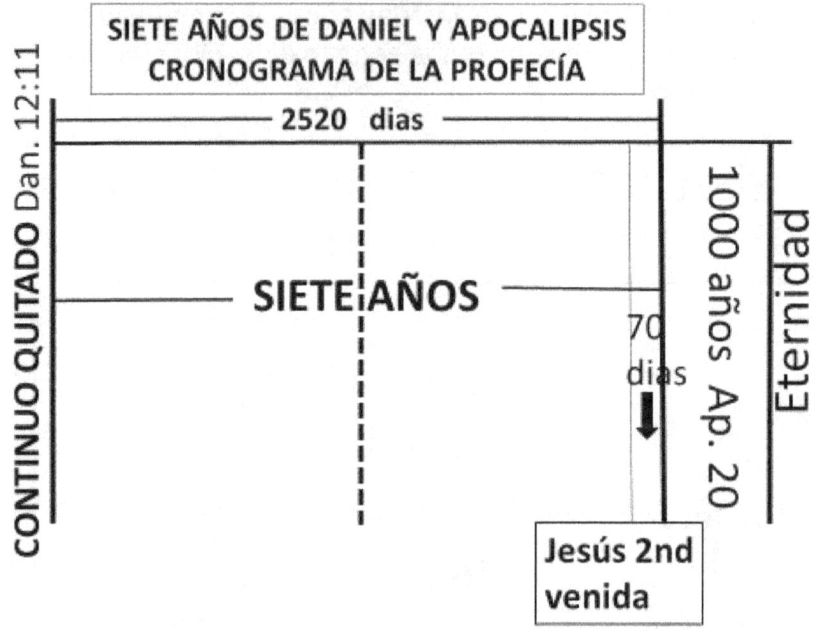

PREGUNTA: ¿Cuál es la condición de este planeta después de que se derramen seis de las siete últimas plagas y todos los perdidos sean asesinados?

RESPUESTA: Note las palabras de Jeremías 4:23-28:

> *"Miré la tierra, y he aquí que estaba asolada y vacía; y los cielos, y no había en ellos luz. Miré los montes, y he aquí que temblaban, y todos los collados fueron destruídos. Miré, y no parecía hombre, y todas las aves del cielo se habían ido. Miré, y he aquí el Carmelo desierto, y todas sus ciudades eran asoladas á la presencia de Jehová, á la presencia del furor de su ira. Porque así dijo Jehová: Toda la tierra será asolada; mas no haré consumación. Por esto se enlutará la tierra, y los cielos arriba se*

> *oscurecerán, porque hablé, pensé, y no me arrepentí, ni me tornaré de ello." Jeremías 4:23-28.*

En la segunda venida, Jesús se lleva a todos los santos de este planeta. Después del segundo advenimiento, durante los siguientes 70 días, seis de las siete últimas plagas caen sobre este planeta, matando a todos los seres humanos restantes y toda vida. Dios hizo lo mismo con el diluvio en los días de Noé, como está registrado en Génesis 7:21-24. Cuando se vierten las últimas seis copas, dejan esta tierra como un planeta oscuro y muerto con todas las fuentes de luz extinguidas. Los únicos habitantes son Satanás y sus ángeles.

> *"Y murió toda carne que se mueve sobre la tierra, así de aves como de ganados, y de bestias, y de todo reptil que anda arrastrando sobre la tierra, y todo hombre: Todo lo que tenía aliento de espíritu de vida en sus narices, de todo lo que había en la tierra, murió. Así fué destruída toda sustancia que vivía sobre la faz de la tierra, desde el hombre hasta la bestia, y los reptiles, y las aves del cielo; y fueron raídos de la tierra; y quedó solamente Noé, y lo que con él estaba en el arca."* Génesis 7:21-23.

> *"Pues como todas estas cosas han de ser deshechas, ¿qué tales conviene que vosotros seáis en santas y pías conversaciones, esperando y apresurándoos para la venida del día de Dios, en el cual los cielos siendo encendidos serán deshechos, y los elementos siendo abrasados, se fundirán?"* 2 Pedro 3:11,12.

PREGUNTA: ¿Es extraño que Dios apartara los últimos setenta (70) días de la tribulación de 2520 días para derramar las siete últimas plagas sobre la humanidad rebelde?

RESPUESTA: Absolutamente no. Dios ha usado el número setenta (70) a lo largo de la Biblia en varias ocasiones diferentes y para varios propósitos diferentes. Es bastante apropiado que

Dios use “tres sesenta días y diez” para completar Su “tiempo de ira” sobre la humanidad rebelde.

> *“Y partiendo de Mara, vinieron á Elim, donde había doce fuentes de aguas, y setenta palmeras; y asentaron allí.”* Números 33:9.

> *“Los días de nuestra edad son setenta años; Que si en los más robustos son ochenta años, Con todo su fortaleza es molestia y trabajo; Porque es cortado presto, y volamos.”* Salmos 90:10.

> *“Y tuvo Gedeón setenta hijos que salieron de su muslo, porque tuvo muchas mujeres.”* Jueces 8:30.

> *“Y diéronle setenta siclos de plata del templo de Baal-berith, con los cuales Abimelech alquiló hombres ociosos y vagabundos, que le siguieron.”* Jueces 9:4.

> *“Y respondió el ángel de Jehová, y dijo: Oh Jehová de los ejércitos, ¿hasta cuándo no tendrás piedad de Jerusalem, y de las ciudades de Judá, con las cuales has estado airado por espacio de setenta años?”* Zacarías 1:12.

> *“Y los hijos de José, que le nacieron en Egipto, dos personas. Todas las almas de la casa de Jacob, que entraron en Egipto, fueron setenta.”* Génesis 46:27.

> *“Para que se cumpliese la palabra de Jehová por la boca de Jeremías, hasta que la tierra hubo gozado sus sábados: porque todo el tiempo de su asolamiento reposó, hasta que los setenta años fueron cumplidos.”* 2 Crónicas 36:21.

PREGUNTA: ¿Habrá 1000 años de paz en este planeta después de la segunda venida de Jesús?

RESPUESTA: No. No hay mil años del reinado de Cristo en este planeta después de la segunda venida. Durante esos 1000 años, este planeta es una bola de hielo muerta y congelada ocupada solo por Satanás y sus ángeles, que están atados aquí. Toda la vida en este planeta es destruida cuando se derraman las plagas de Apocalipsis 16. Durante ese tiempo, los santos salvados de Dios están en el cielo con el Señor como se revela en Apocalipsis 19:1-3.

> *"DESPUÉS de estas cosas oí una gran voz de gran compañía en el cielo, que decía: Aleluya: Salvación y honra y gloria y potencia al Señor Dios nuestro porque sus juicios son verdaderos y justos; porque él ha juzgado á la grande ramera, que ha corrompido la tierra con su fornicación, y ha vengado la sangre de sus siervos de la mano de ella. Y otra vez dijeron: Aleluya. Y su humo subió para siempre jamás."* Apocalipsis 19:1-3.

> *"Y VI un ángel descender del cielo, que tenía la llave del abismo, y una grande cadena en su mano. Y prendió al dragón, aquella serpiente antigua, que es el Diablo y Satanás, y le ató por mil años; Y arrojólo al abismo, y le encerró, y selló sobre él, porque no engañe más á las naciones, hasta que mil años sean cumplidos: y después de esto es necesario que sea desatado un poco de tiempo."* Apocalipsis 20:1.3.

> *"Miré la tierra, y he aquí que estaba asolada y vacía; y los cielos, y no había en ellos luz. Miré los montes, y he aquí que temblaban, y todos los collados fueron destruídos. Miré, y no parecía hombre, y todas las aves del cielo se habían ido. Miré, y he aquí el Carmelo desierto, y todas sus ciudades eran asoladas á la presencia de Jehová, á la presencia del furor de su ira. Porque así dijo Jehová: Toda la tierra será asolada; mas no haré consumación. Por esto se enlutará la tierra, y los cielos arriba se oscurecerán, porque hablé, pensé, y no me arrepentí, ni me tornaré de ello."* Jeremías 4:23-28.

PREGUNTA: Los santos que fueron sacados de este planeta en la segunda venida de Jesús, ¿adónde fueron y qué están haciendo?

RESPUESTA: Note lo siguiente que se encuentra en Apocalipsis 20:4-6.

DURANTE EL MILENIO

APOCALIPSIS 20:4-6

> ***"Y vi tronos, y se sentaron sobre ellos, y les fué dado juicio; y vi las almas de los degollados por el testimonio de Jesús, y por la palabra de Dios, y que no habían adorado la bestia, ni á su imagen, y que no recibieron la señal en sus frentes, ni en sus manos, y vivieron y reinaron con Cristo mil años. Mas los otros muertos no tornaron á vivir hasta que sean cumplidos mil años. Esta es la primera resurrección. Bienaventurado y santo el que tiene parte en la primera resurrección; la segunda muerte no tiene potestad en éstos; antes serán sacerdotes de Dios y de Cristo, y reinarán con él mil años.***

PREGUNTA: ¿Qué sucede con los santos salvos que se encontraron con Jesús en el aire en el segundo advenimiento y qué están haciendo?

RESPUESTA: Los santos salvados cosechados de este planeta muerto son llevados al cielo para estar con Dios con el propósito específico del juicio. Durante el milenio, los santos salvos considerarán las vidas de todos los que alguna vez vivieron para determinar quién se salva y quién se pierde. Son los seres humanos, redimidos en la segunda venida de Jesús, en el cielo, los que determinan el destino eterno de todos los que alguna vez han vivido.

PREGUNTA: ¿Quiénes son las personas que deciden quién vive eternamente y quién no?

RESPUESTA: Los santos resucitados y los santos vivos, tomados en la segunda venida de Jesús, deciden el destino de cada persona que haya vivido. Los seres humanos son juzgados por sus pares humanos en los tribunales del cielo.

> *"Tampoco, hermanos, queremos que ignoréis acerca de los que duermen, que no os entristezcáis como los otros que no tienen esperanza. Porque si creemos que Jesús murió y resucitó, así también traerá Dios con él á los que durmieron en Jesús. Por lo cual, os decimos esto en palabra del Señor: que nosotros que vivimos, que habremos quedado hasta la venida del Señor, no seremos delanteros á los que durmieron. Porque el mismo Señor con aclamación, con voz de arcángel, y con trompeta de Dios, descenderá del cielo; y los muertos en Cristo resucitarán primero: Luego nosotros, los que vivimos, los que quedamos, juntamente con ellos seremos arrebatados en las nubes á recibir al Señor en el aire, y así estaremos siempre con el Señor. Por tanto, consolaos los unos á los otros en estas palabras."* 1 Tesalonicenses 4:13-18.

> *"¿O no sabéis que los santos han de juzgar al mundo? Y si el mundo ha de ser juzgado por vosotros, ¿sois indignos de juzgar cosas muy pequeñas? ¿O no sabéis que hemos de juzgar á los angeles? ¿cuánto más las cosas de este siglo?"* 1 Corintios 6:2,3

PREGUNTA: ¿Por qué Dios no juzga y decide quién vive eternamente y quién no?

RESPUESTA: Dios ya sabe quién se salva y quién se pierde. Antes de que este mundo fuera creado, Dios escribió el "libro de la vida" que contiene todos los nombres de los salvos. Ese libro será abierto y comparado con la decisión de los jueces humanos, en el juicio del gran trono blanco, después de que termine el milenio.

> *"Ya ordenado de* antes de la fundación del mundo, *pero manifestado en los postrimeros tiempos por amor de vosotros."* 1 Pedro 1:20

> *"Según nos escogió en él antes de la fundación del mundo, para que fuésemos santos y sin mancha delante de él en amor."* Efesios 1:4.

> *"Y abrió su boca en blasfemias contra Dios, para blasfemar su nombre, y su tabernáculo, y á los que moran en el cielo. Y le fué dado hacer guerra contra los santos, y vencerlos. También le fué dada potencia sobre toda tribu y pueblo y lengua y gente. Y todos los que moran en la tierra le adoraron, cuyos nombres no están escritos en el libro de la vida del Cordero, el cual fué muerto desde el principio del mundo."* Apocalipsis 13:6-8.

> *"La bestia que has visto, fué, y no es; y ha de subir del abismo, y ha de ir á perdición: y los moradores de la tierra, cuyos nombres no están escritos en el libro de la vida desde la fundación del mundo, se maravillarán viendo la bestia que era y no es, aunque es."* Apocalipsis 17:8

PREGUNTA: ¿Quiénes son las personas resucitadas de entre los muertos en la primera resurrección en la segunda venida de Jesús?

RESPUESTA: Esas personas resucitadas en la segunda venida de Jesús son llamadas "bienaventuradas" siete veces en el libro de Apocalipsis y están claramente definidas en Apocalipsis 20:4-6.

> "Y vi tronos, y se sentaron sobre ellos, y les fué dado juicio; y vi las almas de **(1)** los degollados por el testimonio de Jesús, y **(2)** por la palabra de Dios, y **(3)** que no habían adorado la bestia, **(4)** ni á su imagen, y **(5)** que no recibieron la señal en sus frentes, **(6)** ni en sus manos, y vivieron y reinaron con Cristo mil años. Mas los otros muertos no tornaron á vivir hasta que sean cumplidos mil años. Esta es la primera resurrección. Bienaventurado y santo el que tiene parte en la primera resurrección; la segunda muerte no tiene potestad en éstos; antes serán sacerdotes de Dios y de Cristo, y reinarán con él mil años."

Los muertos resucitados en la segunda venida de Jesús son aquellos que cumplen con TODOS los siguientes requisitos y criterios:

1. Se sentarán en tronos celestiales y se les dará juicio

2. Son martirizados por el testimonio de Jesús.

3. Son martirizados por la Palabra de Dios, la Biblia.

4. No había adorado a la bestia.

5. No había adorado la imagen de la bestia.

6. No habían recibido la marca de la bestia en su frente.

7. No habían recibido la marca de la bestia en su mano.

8. Vivirán con Cristo, en el cielo, por mil años.

9. Verá a los muertos resucitados en la segunda resurrección cuando regresen a la tierra, en el tercer advenimiento o venida de Cristo.

10. No sufrirá la segunda muerte.

11. Serán sacerdotes de Dios y de Cristo.

12. Reinará con Jesús por 1000 años entre la segunda y la tercera venida.

Sólo las personas que mueran, durante la tribulación de siete años, resucitarán de entre los muertos, en la segunda venida de Jesús. Esto se llama la primera resurrección. Todos los demás, desde Adán hasta la última persona muerta, descansarán en la tumba hasta la segunda resurrección en el tercer advenimiento de Jesús.

(Aprenda más sobre "The 2 Visible Advents of Jesus" en el libro escrito por Earl Schrock. También en español bajo el título: "Las 3 Venidas de Jesús" por Earl Schrock. Estos libros fáciles de leer están disponibles en línea como cubierta y como libros electrónicos.)

Note cómo los resucitados en la segunda venida de Jesús, junto con los santos vivos llevados al encuentro del Señor en el aire, son los santos que acompañarán a Jesús cuando regrese para el tercer advenimiento, al final de los 1000 años:

> *"Para que sean confirmados vuestros corazones en santidad, irreprensibles delante de Dios y nuestro Padre, **para la venida de nuestro Señor Jesucristo con todos sus santos**."* 1 Tesalonicenses 3:13
>
> *"Porque si creemos que Jesús murió y resucitó, **así también traerá Dios con él á los que durmieron en Jesús**."* 1 Tesalonicenses 4:14.
>
> *"Porque no nos ha puesto Dios para ira, sino para alcanzar salud por nuestro Señor Jesucristo; El cual murió por nosotros, para que ó que velemos, ó que durmamos, vivamos juntamente con él."* 1 Tesalonicenses 5:9,10.

PREGUNTA: ¿Cuándo son juzgadas TODAS las personas, cualquiera que haya vivido, para determinar la vida eterna o la muerte eterna para cada persona?

RESPUESTA: El juicio de todos los muertos tiene lugar durante los 1000 años del capítulo veinte (20) de Apocalipsis.

La separación de los perdidos y los salvos, en el "último día", al final de los 1000 años, está claramente definida en la parábola que Jesús contó sobre las "ovejas y las cabras" en Mateo 25:31-46:

"31 Y cuando el Hijo del hombre venga en su gloria, y todos los
santos ángeles con él, entonces se sentará sobre el trono de
su gloria. 32 Y serán reunidas delante de él todas las gentes:
y los apartará los unos de los otros, como aparta el pastor las
ovejas de los cabritos. 33 Y pondrá las ovejas á su derecha, y
los cabritos á la izquierda. 34 Entonces el Rey dirá á los que
estarán á su derecha: Venid, benditos de mi Padre, heredad el
reino preparado para vosotros desde la fundación del mundo.
35 Porque tuve hambre, y me disteis de comer; tuve sed, y me
disteis de beber; fuí huésped, y me recogisteis; 36 Desnudo, y
me cubristeis; enfermo, y me visitasteis; estuve en la cárcel, y
vinisteis á mí. 37 Entonces los justos le responderán, diciendo:
Señor, ¿cuándo te vimos hambriento, y te sustentamos?
¿ó sediento, y te dimos de beber? 38 ¿Y cuándo te vimos
huésped, y te recogimos? ¿ó desnudo, y te cubrimos? 39 ¿O
cuándo te vimos enfermo, ó en la cárcel, y vinimos á ti? 40 Y
respondiendo el Rey, les dirá: De cierto os digo que en cuanto
lo hicisteis á uno de estos mis hermanos pequeñitos, á mí lo
hicisteis.

41 Entonces dirá también á los que estarán á la izquierda:
Apartaos de mí, malditos, al fuego eterno preparado para el
diablo y para sus ángeles: 42 Porque tuve hambre, y no me
disteis de comer; tuve sed, y no me disteis de beber; 43 Fuí
huésped, y no me recogisteis; desnudo, y no me cubristeis;
enfermo, y en la cárcel, y no me visitasteis. 44 Entonces

también ellos le responderán, diciendo: Señor, ¿cuándo te vimos hambriento, ó sediento, ó huésped, ó desnudo, ó enfermo, ó en la cárcel, y no te servimos? 45 Entonces les responderá, diciendo: De cierto os digo que en cuanto no lo hicisteis á uno de estos pequeñitos, ni á mí lo hicisteis. 46 E irán éstos al tormento eterno, y los justos á la vida eterna." Mateo 25:31-46.

Ver también Mateo 13:24-30, 36-43 la parábola del "trigo y la cizaña" y la parábola de "los peces buenos y malos" en Mateo 13:47-50. Tanto los justos como los injustos resucitarán al final del mundo, en el **"último día",** luego los justos serán bienvenidos al glorioso y eterno reino de Dios sin pecado y los injustos serán eternamente destruidos.

PREGUNTA: ¿La Biblia nos da alguna información sobre la escena del juicio al final de los 1000 años?

RESPUESTA: Sí. El juicio milenario se describe en Daniel 7:9,10 y en Apocalipsis 20:11-13.

> *"Estuve mirando hasta que fueron puestas sillas: y un Anciano de grande edad se sentó, cuyo vestido era blanco como la nieve, y el pelo de su cabeza como lana limpia; su silla llama de fuego, sus ruedas fuego ardiente. Un río de fuego procedía y salía de delante de él: millares de millares le servían, y millones de millones asistían delante de él: el Juez se sentó, y los libros se abrieron."* Daniel 7:9,10.

> *"Y vi un gran trono blanco y al que estaba sentado sobre él, de delante del cual huyó la tierra y el cielo; y no fué hallado el lugar de ellos. Y vi los muertos, grandes y pequeños, que estaban delante de Dios; y los libros fueron abiertos: y otro libro fué abierto, el cual es de la vida: y fueron juzgados los muertos por las cosas que estaban escritas en los libros, según sus obras. Y el mar dió los muertos que estaban en él; y la muerte y el*

> *infierno dieron los muertos que estaban en ellos; y fué hecho juicio de cada uno según sus obras."* Apocalipsis 20:11-13.

PREGUNTA: En el tercer advenimiento, la venida de Jesús después de los 1000 años, ¿quiénes son los "diez mil de sus santos" que acompañan a Jesús como se revela en Apocalipsis 19:14?

RESPUESTA: Cuando Jesús regrese a la tierra para Su tercer advenimiento, los "diez mil de sus santos" vendrán con Él. Estos son los salvos que fueron redimidos de la tierra en la segunda venida y han sido los jueces de todos los muertos durante los 1000 años en el cielo.

> *"De los cuales también profetizó Enoc, séptimo desde Adam, diciendo: He aquí, el Señor es venido con sus santos millares, A hacer juicio contra todos, y á convencer á todos los impíos de entre ellos tocante á todas sus obras de impiedad que han hecho impíamente, y á todas las cosas duras que los pecadores impíos han hablado contra él."* Judas 1:14,15.

> *"Y los ejércitos que están en el cielo le seguían en caballos blancos, vestidos de lino finísimo, blanco y limpio."* Apocalipsis 19:14

> *"Tampoco, hermanos, queremos que ignoréis acerca de los que duermen, que no os entristezcáis como los otros que no tienen esperanza. Porque si creemos que Jesús murió y resucitó, así también traerá Dios con él á los que durmieron en Jesús. Por lo cual, os decimos esto en palabra del Señor: que nosotros que vivimos, que habremos quedado hasta la venida del Señor, no seremos delanteros á los que durmieron. Porque el mismo Señor con aclamación, con voz de arcángel, y con trompeta de Dios, descenderá del cielo; y los muertos en Cristo resucitarán primero: Luego nosotros,*

los que vivimos, los que quedamos, juntamente con ellos seremos arrebatados en las nubes á recibir al Señor en el aire, y así estaremos siempre con el Señor. Por tanto, consolaos los unos á los otros en estas palabras." 1 Tesalonicenses 4:13-18.

DESPUÉS DEL MILENIO

LA SEGUNDA RESURRECCIÓN

En Daniel 12:1-3 Dios le dijo a Daniel que después del tiempo de angustia, cual nunca fue, habría una resurrección de todos los muertos que jamás hayan vivido. Dios dijo en esa segunda resurrección "muchos de los que duermen en el polvo de la tierra serán despertados, unos para vida eterna, y otros para vergüenza y confusión perpetua". Esa resurrección de todos los muertos, después del milenio, se llama la "segunda resurrección" ya que "la primera resurrección" tiene lugar en la segunda venida de Jesús, 1000 años antes.

En el libro de Juan, el día en que resucitan todos los muertos, al final de los 1000 años, se llama el último día. Descubrimos que en el último día tanto los muertos justos como los muertos injustos resucitarán en la "segunda resurrección".

> *"Y esta es la voluntad del que me envió, del Padre: Que todo lo que me diere, no pierda de ello, sino que lo resucite en* ***el día postrero****. Y esta es la voluntad del que me ha enviado: Que todo aquel que ve al Hijo, y cree en él, tenga vida eterna: y yo le resucitaré en* ***el día postrero****."* Juan 6:39,40.
>
> *"Ninguno puede venir á mí, si el Padre que me envió no le trajere; y yo le resucitaré en* ***el día postrero****."* Juan 6:44.
>
> *"Y Marta dijo á Jesús: Señor, si hubieses estado aquí, mi hermano no fuera muerto; Mas también sé ahora,*

> *que todo lo que pidieres de Dios, te dará Dios. Dícele Jesús: Resucitará tu hermano. Marta le dice: Yo sé que resucitará en la resurrección en* ***el día postrero****."* Juan 11:21-24.

> *"Y el que oyere mis palabras, y no las creyere, yo no le juzgo; porque no he venido á juzgar al mundo, sino á salvar al mundo. El que me desecha, y no recibe mis palabras, tiene quien le juzgue: la palabra que he hablado, ella le juzgará en* ***el día postrero****."* Juan 12:47,48.

APOCALIPSIS 20:11-13

> ***"Y vi un gran trono blanco y al que estaba sentado sobre él, de delante del cual huyó la tierra y el cielo; y no fué hallado el lugar de ellos. Y vi los muertos, grandes y pequeños, que estaban delante de Dios; y los libros fueron abiertos: y otro libro fué abierto, el cual es de la vida: y fueron juzgados los muertos por las cosas que estaban escritas en los libros, según sus obras. Y el mar dió los muertos que estaban en él; y la muerte y el infierno dieron los muertos que estaban en ellos; y fué hecho juicio de cada uno según sus obras."***

PREGUNTA: ¿Qué significa "de delante del cual huyeron la tierra y el cielo"?

RESPUESTA: El término, "de delante del cual huyeron la tierra y el cielo" se refiere al orgullo de una persona. Cuando los seres humanos orgullosos y jactanciosos estén cara a cara con su Creador, en el juicio, su comportamiento cambiará por completo. Todas sus declaraciones audaces, jactanciosas y orgullosas que habían revelado mientras descuidaban las enseñanzas de Cristo serán olvidadas. Estar ante el Creador del universo es una experiencia humillante para todas las personas que viven para contar su experiencia.

"Y estando hablando conmigo semejantes palabras, puse mis ojos en tierra, y enmudecí. Mas he aquí, como una semejanza de hijo de hombre tocó mis labios. Entonces abrí mi boca, y hablé, y dije á aquel que estaba delante de mí: Señor mío, con la visión se revolvieron mis dolores sobre mí, y no me quedó fuerza. ¿Cómo pues podrá el siervo de mi señor hablar con este mi señor? porque al instante me faltó la fuerza, y no me ha quedado aliento." Daniel 10:15-17.

"Entonces dije: ¡Ay de mí! que soy muerto; que siendo hombre inmundo de labios, y habitando en medio de pueblo que tiene labios inmundos, han visto mis ojos al Rey, Jehová de los ejércitos." Isaías 6:5.

PREGUNTA: ¿Cuándo es el juicio del "gran trono blanco" cuando los humanos comparecen ante el tribunal de Cristo?

RESPUESTA: El juicio del "gran trono blanco" se establece al final de los 1000 años. Jesús es el juez y los miles de santos redimidos de la tierra ministrarán ante Él. Las actas o libros, que los santos escribieron durante los 1000 años, para cada persona que haya vivido alguna vez, se abren y cada persona recibe los resultados de la prueba. El "libro de la vida", que Dios escribió antes de que el mundo fuera creado, se abrirá y se encontrará que está exactamente de acuerdo con los libros que los pares humanos prepararon. Los salvos serán bienvenidos a la Nueva Jerusalén, la Ciudad de Dios (Mateo 25:34). Los perdidos estarán ante Dios y tendrán la oportunidad de presentar su propio caso. El "mar entregó a los muertos" se refiere simbólicamente a los perdidos que son juzgados, que son el pueblo del "mar", que sabían lo que Dios exigía, pero se negaron a obedecer. Sus palabras en la tierra eran una cosa, pero sus acciones o actos por el bienestar de otros seres humanos eran otra cosa. Cada uno de los perdidos responderá ante Dios; cara a cara.

Al final del juicio, cada persona condenada se dará cuenta de que Dios tiene razón en esta decisión de su aniquilación eterna y confesará Su Señorío ante Él.

> *"Que si vivimos, para el Señor vivimos; y si morimos, para el Señor morimos. Así que, ó que vivamos, ó que muramos, del Señor somos. Porque Cristo para esto murió, y resucitó, y volvió á vivir, para ser Señor así de los muertos como de los que viven. Mas tú ¿por qué juzgas á tu hermano? ó tú también, ¿por qué menosprecias á tu hermano? porque todos hemos de estar ante el tribunal de Cristo. Porque escrito está: Vivo yo, dice el Señor, que á mí se doblará toda rodilla, Y toda lengua confesará á Dios. De manera que, cada uno de nosotros dará á Dios razón de sí."* Romanos 14:8-12.

PREGUNTA: ¿Qué significa que "la muerte y el infierno entregaron los muertos que había en ellos"?

RESPUESTA: A lo largo de la Biblia, la palabra moderna "infierno" ha reemplazado las diferentes palabras de la palabra "tumba" en los idiomas originales. La existencia del "infierno" no se enseña en la Biblia. La palabra "infierno" en Apocalipsis 20:14 es una mala traducción de la palabra griega número 86 de Strong, "hades" (hah'-dace), que se refiere a la "tumba". No hay ninguna enseñanza bíblica sobre un lugar de tormento eterno llamado "infierno" o con cualquier otro nombre. Un Dios de amor nunca podría patrocinar un lugar de tortura eterna donde cada hombre, mujer y niño sufra sin cesar, cada segundo de cada día, por toda la eternidad, porque rechazaron a Dios durante sus cortas vidas. Dios promete la destrucción eterna, la aniquilación eterna, la muerte eterna a aquellos que se nieguen a aceptar Su sacrificio en favor de ellos. Él ofrece el don gratuito de la vida eterna a todas las personas que aceptan a Jesucristo como su Señor. Dios no promete la vida eterna o la vida eterna. Él ofrece la vida eterna o la muerte eterna y cada uno de nosotros decide su propio destino.

Establecer un lugar de tortura eterna alimentaría el pecado, promovería la desobediencia y permitiría un lugar de eterna blasfemia contra Dios. ¿Quién podría disfrutar de la dicha del cielo sabiendo que sus seres queridos estaban siendo eternamente torturados en algún rincón oscuro del universo? Esta es una enseñanza pagana tomada de la religión pagana medopersa del zoroastrismo, cuya influencia aún persiste en los sistemas de creencias del judaísmo, el cristianismo y el Islam.

PREGUNTA: ¿Qué sucede después de que los santos salvos estén a salvo en la Nueva Jerusalén prometida y se complete el juicio y el juicio del gran trono blanco?

RESPUESTA: Después de que se establezcan todas las sentencias para toda la humanidad, hay un período de tiempo en el que todos los vivos perdidos tendrán la oportunidad de considerar su situación. No se dice la duración del período de tiempo entre el final del juicio del "gran trono blanco" hasta la destrucción de todos los pecados y pecadores. Este período de tiempo se describe en Apocalipsis 20:7-9.

APOCALIPSIS 20:7-9

> ***"Y cuando los mil años fueren cumplidos, Satanás será suelto de su prisión, Y saldrá para engañar las naciones que están sobre los cuatro ángulos de la tierra, á Gog y á Magog, á fin de congregarlos para la batalla; el número de los cuales es como la arena del mar. Y subieron sobre la anchura de la tierra, y circundaron el campo de los santos, y la ciudad amada: y de Dios descendió fuego del cielo, y los devoró."***

Después de confesar que Dios tiene razón al condenar a los perdidos, uno pensaría que los perdidos mostrarían algún remordimiento. Pero no lo hacen. En lugar de remordimiento, los perdidos muestran más rebelión. Con Satanás como su líder estratégico, construyen un ejército con el objetivo de tomar la Ciudad Santa llena de salvos. Su gran número de trillones y trillones de personas es lo suficientemente convincente como para que puedan forzar su entrada en la Ciudad Santa, destruir a sus habitantes y gobernarla eternamente por sí mismos, con Satanás como rey.

Bajo el liderazgo de Satanás se organizan y rodean el "campamento de los santos". Luego, con un grito, la innumerable multitud repugnante de almas perdidas resucitadas ataca la Ciudad Santa. Es entonces cuando, por amor, Dios derrama sin piedad fuego derretido sobre ellos, destruyéndolos instantáneamente con fuego. Note Apocalipsis 11:5:

> *"Y si alguno les quisiere dañar, sale fuego de la boca de ellos, y devora á sus enemigos: y si alguno les quisiere hacer daño, es necesario que él sea así muerto."* Apocalipsis 11:5:
>
> *"Y toda la tierra se tornará como llanura desde Gabaa hasta Rimmón al mediodía de Jerusalem: y ésta será enaltecida, y habitarse ha en su lugar desde la puerta de Benjamín hasta el lugar de la puerta primera, hasta la puerta de los rincones; y desde la torre de Hananeel hasta los lagares del rey. Y morarán en ella, y nunca más será anatema: sino que será Jerusalem habitada confiadamente. Y esta será la plaga con que herirá Jehová á todos los pueblos que pelearon contra Jerusalem: la carne de ellos se disolverá estando ellos sobre sus pies, y se consumirán sus ojos en sus cuencas, y su lengua se les deshará en su boca."* Zacarías 14:10-12.
>
> *"PORQUE he aquí, viene el día ardiente como un horno; y todos los soberbios, y todos los que hacen maldad, serán estopa; y aquel día que vendrá, los abrasará, ha dicho Jehová de los ejércitos, el cual no les dejará ni raíz ni rama. Mas á vosotros los que teméis mi nombre,*

nacerá el Sol de justicia, y en sus alas traerá salud: y saldréis, y saltaréis como becerros de la manada. Y hollaréis á los malos, los cuales serán ceniza bajo las plantas de vuestros pies, en el día que yo hago, ha dicho Jehová de los ejércitos." Malaquías 4:1-3.

PREGUNTA: ¿Cómo describe la Biblia la aniquilación eterna de los perdidos?

RESPUESTA: La aniquilación eterna de los perdidos y todo lo relacionado con el pecado y los pecadores se llama simbólicamente ser "arrojados en el lago de fuego y azufre", que es la muerte segunda. Esa muerte, esa aniquilación, es instantánea. Ninguna criatura en todo el cielo se beneficia si los moribundos perdidos son castigados con un dolor duradero, aunque sea por un segundo.

APOCALIPSIS 20:10,14,15

> ***"Y el diablo que los engañaba, fué lanzado en el lago de fuego y azufre, donde está la bestia y el falso profeta; y serán atormentados día y noche para siempre jamás." "Y el infierno y la muerte fueron lanzados en el lago de fuego. Esta es la muerte segunda. Y el que no fué hallado escrito en el libro de la vida, fué lanzado en el lago de fuego."***

Cualquier cosa y todo lo que es arrojado al "lago de fuego" es destruido eternamente. Apocalipsis 20:14 dice claramente, "el lago de fuego, esta es la muerte segunda". Este texto no dice que sea la segunda vida. Ningún alma humana es inmortal. La persona o alma pecadora morirá.

> *"El alma que pecare, esa morirá: el hijo no llevará por el pecado del padre, ni el padre llevará por el pecado del hijo: la justicia del justo será sobre él, y la impiedad el impío será sobre él."* Ezequiel 18:20.

> *"Y no temáis á los que matan el cuerpo, mas al alma no pueden matar: temed antes á aquel que puede destruir el alma y el cuerpo en el infierno."* Mateo 10:28.

Después de la aniquilación de todos los pecados y pecadores, Dios creará un cielo nuevo y una tierra nueva. Dios eliminará todos y cada uno de los elementos del pecado y recreará el universo para que sea el hogar eterno y feliz de todas las personas que lo aman y lo sirven. No se sabe si este lugar en el universo es donde se colocarán el cielo nuevo y la tierra nueva.

APOCALIPSIS 21:1

> ***"Y VI un cielo nuevo, y una tierra nueva: porque el primer cielo y la primera tierra se fueron, y el mar ya no es."***

Todo el libro de Apocalipsis desde el capítulo uno hasta el capítulo veintidós es una letra. El Apóstol Juan no lo dividió en capítulos y versículos, eso se hizo siglos después. El uno o los que dividieron brillantemente la Biblia en capítulos y versículos en realidad hicieron un muy buen trabajo, aunque no sin algunos errores en el proceso de separación.

Apocalipsis 21:1 en realidad debería ser Apocalipsis veinte, versículo dieciséis (Apocalipsis 20:16), en lugar de lo que es hoy. La razón de ello se encuentra en la última parte del texto, "...y el mar ya no existía".

Recuerde, el libro de Apocalipsis es un libro de simbolismo. El cielo no es el cielo. La tierra no es tierra. Y el "mar" no es un cuerpo de agua. En Apocalipsis 20:13 el texto dice:

> *"Y el **mar** dió los muertos que estaban en él; y la muerte y el infierno dieron los muertos que estaban en ellos; y fué hecho juicio de cada uno según sus obras."* Apocalipsis 20:13.

Y Apocalipsis 21:1 dice; "…y ya no había mar."

PREGUNTA: En la profecía bíblica, ¿qué representa el mar?

RESPUESTA: En la profecía bíblica, el "mar" representa a las personas, como se revela en Apocalipsis 17:15 que dice:

> *"Y él me dice: Las aguas que has visto donde la ramera se sienta, son pueblos y muchedumbres y naciones y lenguas."*

TAMBIÉN… Apocalipsis 12:12 dice:

> *"Por lo cual alegraos, cielos, y los que moráis en ellos. ¡Ay de los moradores de la tierra y del mar! porque el diablo ha descendido á vosotros, teniendo grande ira, sabiendo que tiene poco tiempo."*

Apocalipsis 12:12 nos dice que después de que Satanás sea "sellado" o bloqueado para que no moleste a la "gente del cielo", al comienzo de la tribulación de siete años, volverá su atención a la "tierra" y al "mar". pueblo, que aún no está protegido por el sello de Dios.

Recuerda lo que se reveló antes. En la profecía bíblica, el "cielo" representa simbólicamente a las personas que sirven a Dios al 100%, la "tierra" representa a las personas que sirven a Dios parcialmente y el "mar" es a las personas que se niegan a servir a Dios, aunque sabían lo que Él demanda.

Con eso en mente; revise Apocalipsis 21:1 nuevamente:

> ***"Y VI un cielo nuevo, y una tierra nueva: porque el primer cielo y la primera tierra se fueron, y el mar ya no es."***

Este texto está diciendo, en el momento en que el pecado sea aniquilado, las divisiones de las tres personas en el reino de Dios serán revisadas. La razón de esto es que cuando se vuelve a crear el universo, todos sirven a Dios al 100%. No hay rebelión, ni servicio parcial, ni negarse a servir ni desobedecer a Dios. El pueblo mortal anterior del "cielo" servirá a Dios al 100 %, el pueblo mortal anterior de la "tierra" servirá a Dios al 100 %. La anterior gente rebelde del "mar" ya no existirá. No hay rebelión en el nuevo universo limpio de pecado, y nunca más habrá rebelión en el cielo. **¡YA NO HAY MAR!**

PREGUNTA: Al final del milenio, después de la escena del juicio, ¿cuáles son los mensajes del SÉPTIMO sello, trompeta, ángel, plaga, lamento y trueno?

RESPONDER:

SÉPTIMO SELLO: "Y cuando hubo abierto el séptimo sello, se hizo silencio en el cielo como por espacio de media hora." Apocalipsis 8:1. (Tiempo de duelo por los perdidos.)

SÉPTIMA TROMPETA: *"Y el séptimo ángel tocó la trompeta, y fueron hechas grandes voces en el cielo, que decían: Los reinos del mundo han venido á ser los reinos de nuestro Señor, y de su Cristo: y reinará para siempre jamás. 16 Y los veinticuatro ancianos que estaban sentados delante de Dios en sus sillas, se postraron sobre sus rostros, y adoraron á Dios, 17 Diciendo: Te damos gracias, Señor Dios Todopoderoso, que eres y que eras y que has de venir, porque has tomado tu grande potencia, y has reinado. 18 Y se han airado las naciones, y tu ira es venida, y el tiempo de los muertos, para que sean juzgados, y para que des el galardón á tus siervos los profetas, y á los santos, y á los que temen tu nombre, á los pequeñitos y á los grandes, y para que destruyas los que destruyen la tierra. 19 Y el templo de Dios fué abierto en el cielo, y el arca de su testamento fué vista en su templo. Y fueron hechos relámpagos y voces y truenos y terremotos y grande granizo."* Apocalipsis 11:15-19.

SÉPTIMO ÁNGEL: *"18 Y otro ángel salió del altar, el cual tenía poder sobre el fuego, y clamó con gran voz al que tenía la hoz aguda, diciendo: Mete tu hoz aguda, y vendimia los racimos de la tierra; porque están maduras sus uvas. 19 Y el ángel echó su hoz aguda en la tierra, y vendimió la viña de la tierra, y echó la uva en el grande lagar de la ira de Dios. 20 Y el lagar fué hollado fuera de la ciudad, y del lagar salió sangre hasta los frenos de los caballos por mil y seiscientos estadios."* Apocalipsis 14:18-20

SÉPTIMA PLAGA: *"16 Y los congregó en el lugar que en hebreo se llama Armagedón. 17 Y el séptimo ángel derramó su copa por el aire; y salió una grande voz del templo del cielo, del trono, diciendo: Hecho es. 18 Entonces fueron hechos relámpagos y voces y truenos; y hubo un gran temblor de tierra, un terremoto tan grande, cual no fué jamás desde que los hombres han estado sobre la tierra. 19 Y la ciudad grande fué partida en tres partes, y las ciudades de las naciones cayeron; y la grande Babilonia vino en memoria delante de Dios, para darle el cáliz del vino del furor de su ira. 20 Y toda isla huyó,* *y los montes no fueron hallados. 21 Y cayó del cielo sobre los hombres un grande granizo como del peso de un talento: y los hombres blasfemaron de Dios por la plaga del granizo; porque su plaga fué muy grande."* Apocalipsis 16:16-21

SÉPTIMO LAMENTO: *"21 Y un ángel fuerte tomó una piedra como una grande piedra de molino, y la echó en la mar, diciendo: Con tanto ímpetu será derribada Babilonia, aquella grande ciudad, y nunca jamás será hallada. 22 Y voz de tañedores de arpas, y de músicos, y de tañedores de flautas y de trompetas, no será más oída en ti; y todo artífice de cualquier oficio, no será más hallado en ti; y el sonido de muela no será más en ti oído: 23 Y luz de antorcha no alumbrará más en ti; y voz de esposo ni de esposa no será más en ti oída; porque tus mercaderes eran los magnates de la tierra; porque en tus hechicerías todas las gentes han errado. 24 Y en ella fué hallada la sangre de los profetas y de los santos, y de todos los que han sido muertos en la tierra."* Apocalipsis 18:21-24.

SÉPTIMO TRUENO: (CONSUELO DE TODOS LOS ANTERIORES SIETE)

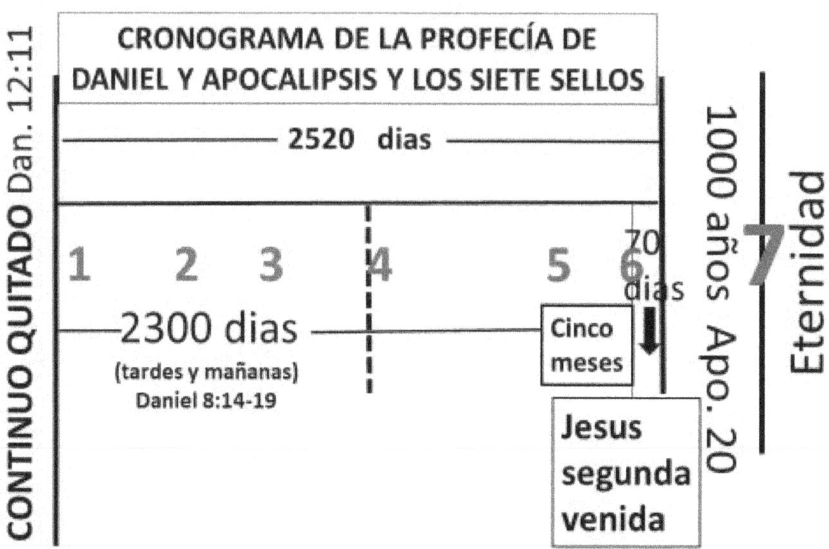

APOCALIPSIS CAPÍTULO VEINTE EN POCAS PALABRAS

En la segunda venida de Jesús, el tiempo de la primera resurrección, los santos vivos y resucitados van al cielo para estar con Jesús como sus sacerdotes y jueces. Las seis de las siete últimas plagas se derraman destruyendo toda la vida en este planeta, dejando a Satanás y sus ángeles atados solos en este planeta muerto durante los próximos 1000 años. Al final del milenio, Jesús regresa con los santos y resucita a los demás muertos en la segunda resurrección. En ese "último día" los salvos son bienvenidos al reino eterno y después de que los perdidos son juzgados, son eternamente aniquilados.

APOCALIPSIS CAPÍTULO VEINTE EN UNA ORACIÓN

Durante los 1000 años los santos redimidos juzgarán a todos los muertos para determinar su destino eterno de vida o muerte.

APOCALIPSIS CAPÍTULO VEINTIUNO

Como se mencionó en el capítulo anterior, Apocalipsis 21:1 pertenece al final de Apocalipsis 20. Recuerde, la división de la Biblia en capítulos y versículos es una excelente idea, no es perfecta, pero es muy necesaria. La persona o personas que dividieron la Biblia pusieron esas divisiones donde pensaron que era mejor, pero eso no significa que sus divisiones fueran perfectas. A medida que uno se familiariza con la Biblia y su mensaje, se comprende mejor la separación correcta de capítulos y versículos.

APOCALIPSIS 21:1

> ***"Y VI un cielo nuevo, y una tierra nueva: porque el primer cielo y la primera tierra se fueron, y el mar ya no es."***

Este versículo simplemente dice que al final de los 1000 años de Apocalipsis 20, después del juicio del gran trono blanco, y después de la destrucción del pecado y la maldad, el reino de Dios será cambiado. Será libre de rebelión. El reino de Dios actual está compuesto por grupos de personas que encajan en tres categorías. Son la **"gente del cielo"**, la **"gente de la tierra"** y la **"gente del mar".** La gente del **cielo** sirve a Dios al 100%, la gente de la **tierra** sirve a Dios parcialmente y la gente del **mar** se niega a servirle. Un ejemplo de la Biblia que revela estas tres divisiones actuales del reino de Dios se encuentra en Apocalipsis 5:1-3 y 12:12:

> *"Y VI en la mano derecha del que estaba sentado sobre el trono un libro escrito de dentro y de fuera, sellado con siete sellos. Y vi un fuerte ángel predicando en alta voz: ¿Quién es digno de abrir el libro, y de desatar sus sellos? Y* ***ninguno*** *podía, ni* ***en el cielo****, ni* ***en la***

> ***tierra**, ni **debajo de la tierra**, abrir el libro, ni mirarlo.”* Apocalipsis 5:1-3.

En Apocalipsis capítulo cinco Dios está buscando a alguien, alguna persona, algún hombre o mujer, algún ser humano, digno de abrir el libro que está en Su mano. Después de considerar a todos los seres humanos de este planeta y de escudriñar todas las categorías de los hombres del **cielo**, todos los hombres de la **tierra** y todos los hombres del **mar**, no se encontró a ninguna persona digna o lo suficientemente calificada para abrir el libro con los siete sellos. . No solo no había gente en el reino de Dios que pudiera abrir el libro, no había gente que pudiera siquiera mirarlo o leerlo. Note cómo las personas de las tres categorías del reino de Dios se identifican en el siguiente versículo:

> *“Por lo cual alegraos, cielos, y los que moráis en ellos. ¡Ay de los moradores de la tierra y del mar! porque el diablo ha descendido á vosotros, teniendo grande ira, sabiendo que tiene poco tiempo.”* Apocalipsis 12:12.

En Apocalipsis doce, en el momento en que comience la tribulación de siete años, el “pueblo del cielo”, aquellos que entregaron todo a Dios durante el “tiempo de angustia”, recibirán el “sello de Dios”. El Sello de Dios evita que Satanás se comunique más con este grupo especial de siervos de Dios. Cuando Satanás se dé cuenta de que ya no tiene ninguna influencia sobre estas personas dedicadas, dirigirá su atención a los seguidores de Jesús a los que puede influir. Los dos grupos de personas en los que Satanás aún puede influir son la “gente de la tierra” y la “gente del mar”. Cuando pierde la capacidad de tentar a los elegidos o “pueblo del cielo”, se da cuenta de que su tiempo para destruir al pueblo remanente de Dios es corto, por lo que se mueve con furia y entusiasmo para provocar la destrucción de la gente de la tierra y el mar.

La Biblia, en numerosos lugares, insinúa que a las personas se les llama cielo y tierra, pero es muy claro que el “mar” o agua representa positivamente a las personas, como se encuentra en Apocalipsis 17:15.

> *"Y él me dice: **Las aguas** que has visto donde la ramera se sienta, son **pueblos y muchedumbres y naciones y lenguas."***

En Apocalipsis 21:1 dice que ya no habría más mar. Recuerde que Apocalipsis habla en lenguaje simbólico o figurativo. Dado que el "mar" representa a las personas rebeldes que saben acerca de Dios, pero se niegan a seguirlo o adorarlo de la manera que Él exige, ese grupo de personas ya no se encuentra en el reino de Dios perfecto, sin pecado, libre de rebeliones, eterno y glorioso. No solo la "gente del mar" ya no está en el reino de Dios, la gente del cielo y la tierra ahora han cambiado completamente de lo que eran antes y ahora son una nueva creación sin pecado.

Pero este versículo también tiene una doble aplicación. Dios va a destruir este planeta pecaminoso y este universo y creará una nueva ubicación física para Su pueblo eternamente redimido. No hay nada en este planeta que Dios codicie o desee, excepto los seres humanos que Él creó. Él ha hecho todo lo que ha podido a lo largo de nuestra historia para redimirnos, una vez que Su plan de salvación esté completo, con la destrucción final de todo pecado, Él destruirá por completo todo remanente de este planeta y este universo.

APOCALIPSIS 21:2

> ***"Y le he dado tiempo para que se arrepienta de la fornicación; y no se ha arrepentido."***

Después de que Dios destruye completamente el pecado, los pecadores, esta tierra y el universo total que la rodea, Él construye "un cielo nuevo y una tierra nueva". La Biblia no dice dónde reubica a toda la humanidad. El cielo nuevo y la tierra nueva podrían volver a crearse en este mismo lugar del vasto universo, o no. Sólo Dios sabe. Pero es seguro que este planeta y este sistema solar, tal como lo conocemos, serán total y absolutamente aniquilados. Después de que Dios hace un nuevo hogar para Su novia, se lleva a cabo la boda largamente esperada y Cristo se casa con la iglesia, Su novia. "y los dos serán uno." Marcos 10:8.

En el capítulo veintiuno, el pueblo de Dios, Su reino, se representa como una ciudad. Es importante tener esto en mente cuando intentamos descubrir el misterio de la representación figurativa como ciudad y sus muchas partes.

El nombre de la ciudad en este capítulo es la "Nueva Jerusalén". La Vieja Jerusalén a la que se infiere, no es la polvorienta ciudad vieja ubicada en Israel, en el medio oriente. Se infiere que la "Vieja Jerusalén" es el pueblo que compuso el reino de Dios en la tierra donde vivía la humanidad mortal, al colocarse bajo el estandarte de pertenecer a Jesucristo.

> *"Y yo Juan vi la santa ciudad, Jerusalem nueva, que descendía del cielo, de Dios, dispuesta como una esposa ataviada para su marido."* Apocalipsis 21:2.

La nueva Jerusalén que Juan ve, es la ciudad de Dios, compuesta por el pueblo inmortal e incorruptible rescatado del planeta tierra. Es puro, limpio, sin mancha y listo para casarse para siempre con el Creador por toda la eternidad. Dios con el hombre y el hombre con Dios en eterna armonía.

En Apocalipsis 21:3 a Apocalipsis 22:5 se presenta la descripción simbólica de la novia de la ciudad santa.

APOCALIPSIS 21:3,4

> ***"Y oí una gran voz del cielo que decía: He aquí el tabernáculo de Dios con los hombres, y morará con ellos; y ellos serán su pueblo, y el mismo Dios será su Dios con ellos. Y limpiará Dios toda lágrima***

> ***de los ojos de ellos; y la muerte no será más; y no habrá más llanto, ni clamor, ni dolor: porque las primeras cosas son pasadas."***

Dios hará que la humanidad sea una con Él cuando sea el momento adecuado y todo pecado haya sido derrotado. Pero hay tres etapas del tiempo del fin que deben completarse para que eso sea posible.

La primera etapa para unirse como uno con el Padre es cuando las "primicias" del tiempo del fin se unan con el Padre en el cielo antes de la segunda venida de Jesús.

La segunda etapa es cuando los "siervos de Dios" redimidos se unen a Él en la segunda venida de Jesús. Durante la segunda etapa "la cena de las bodas del Cordero" (Apocalipsis 19:9) tiene lugar en el gran salón que Dios ha preparado en el cielo, durante el milenio.

La tercera etapa, para unirse como uno con el Padre, tiene lugar después de que todo el pecado y los pecadores sean aniquilados después de los 1000 años de Apocalipsis 20. Entonces se completan las bodas del Cordero. Después de que se cumplan estas tres etapas de unión con el Padre, entonces se llevará a cabo la boda.

La primera etapa sucede cuando Dios se reunirá con las primicias "siervos de Dios", los 144.000 santos, mil trescientos treinta y cinco (1.335) días después de que comience la tribulación de siete años.

> "*Y desde el tiempo que fuere quitado el continuo ... hasta la abominación espantosa, habrá mil doscientos y noventa días.* ***Bienaventurado*** *el que esperare, y llegare hasta mil trescientos treinta y cinco días.*" Daniel 12:11,12 (con correcciones).

> *"Y MIRÉ, y he aquí, el Cordero estaba sobre el monte de Sión, y con* ***él ciento cuarenta y cuatro mil,*** *que tenían el nombre de su Padre escrito en sus frentes. Y oí una voz del cielo como ruido de muchas aguas, y como sonido de un gran trueno: y oí una voz de tañedores de arpas que tañían con sus arpas: Y cantaban como un cántico nuevo delante del trono, y delante de los cuatro animales, y de los ancianos: y ninguno podía aprender el cántico sino aquellos* ***ciento cuarenta y cuatro mil****, los cuales fueron comprados de entre los de la tierra. Estos son los que con mujeres no fueron contaminados; porque son vírgenes. Estos, los que siguen al Cordero por donde quiera que fuere. Estos fueron comprados de entre los hombres por* ***primicias*** *para Dios y para el Cordero. Y en sus bocas no ha sido hallado engaño; porque ellos son sin mácula delante del trono de Dios."* Apocalipsis 14:1-5.

La segunda etapa de unión con el Padre es después de la segunda venida de Jesús. Dios se unirá a la próxima ola de sus "santos" del planeta tierra en la segunda venida de Jesús, cuando comience el juicio de 1000 años, y "serán sacerdotes de Dios y de Cristo, y reinarán con él mil años". años" (Apocalipsis 20:6). La segunda etapa tiene lugar 2.450 días después de que comience la tribulación de siete años, que son 1.115 días, o unos tres años después de que los 144.000 sean sacados de este planeta.

Luego tiene lugar la tercera etapa, después de que el pecado es completamente destruido, al final de los 1000 años. En ese momento Dios se unirá con el resto de la humanidad salva, cuando la novia de Cristo esté completa.

Una vez que toda la humanidad sea redimida y el universo sea rehecho, la boda de la novia y el novio podrá tener lugar a medida que la humanidad se traslade a la nueva Ciudad de Dios, para estar para siempre con su Creador, Redentor,

Salvador, Juez, Esposo y Dios; en su hogar para siempre. Esas tres etapas se revelan en los siguientes versículos:

> *"Mas ahora Cristo ha resucitado de los muertos;* ***primicias*** *de los que durmieron es hecho. Porque por cuanto la muerte entró por un hombre, también por un hombre la resurrección de los muertos. Porque así como en Adam todos mueren, así también en Cristo todos serán vivificados. Mas cada uno en su orden: Cristo* ***(1)*** *las* ***primicias****; luego los que son de Cristo,* ***(2)*** *en su venida. Luego el fin;* ***(3)*** *cuando entregará el reino á Dios y al Padre, cuando habrá quitado todo imperio, y toda potencia y potestad. Porque es menester que él reine, hasta poner á todos sus enemigos debajo de sus pies. Y el postrer enemigo que será deshecho, será la muerte."* 1 Corintios 15:20-26.

APOCALIPSIS 21:5-8

> ***"Y el que estaba sentado en el trono dijo: He aquí, yo hago nuevas todas las cosas. Y me dijo: Escribe; porque estas palabras son fieles y verdaderas. Y díjome: Hecho es. Yo soy Alpha y Omega, el principio y el fin. Al que tuviere sed, yo le daré de la fuente del agua de vida gratuitamente. El que venciere, poseerá todas las cosas; y yo seré su Dios, y él será mi hijo. Mas á los temerosos é incrédulos, á los abominables y homicidas, á los fornicarios y hechiceros, y á los idólatras, y á todos los mentirosos, su parte será en el lago ardiendo con fuego y azufre, que es la muerte segunda."***

No hay razón para que ningún ser humano, que tenga acceso a la Santa Biblia, o que haya oído o aprendido el mensaje de salvación, se pierda de experimentar la salvación eterna que Dios ha provisto, ha prometido y ha revelado claramente en Su palabra. Apocalipsis 21:5-8 es una ofrenda de otra oportunidad para que todas las personas, en todas partes, consideren lo que Dios tiene reservado para sus siervos, con tal de que se rindan a Él.

Aquí Dios repite lo que la Biblia ha declarado durante milenios. Él es el Creador que tiene todo el poder y ofrece a todos ya todos el gozo de la vida eterna. La única estipulación que debe hacer la humanidad es invitar a Dios a su vida, a través del poder del Espíritu Santo. Jesús hizo esto posible por Su vida, muerte y resurrección. Todas las personas que aceptan el regalo gratuito de Dios, heredarán todas las cosas como hijos de Dios. Venimos a Dios tal como somos y Él nos moldeará en la persona que Él quiere que seamos, a fin de prepararnos para Su reino eterno.

En Apocalipsis 21:8 Dios hace una lista de las cosas que impiden que la gente entre en Su reino. En los versículos cinco al siete, Dios hizo un acercamiento positivo al prometer la vida eterna a aquellos que lo aceptan como Salvador. Luego proporciona una lista clara de restricciones que impedirán que una persona herede la vida eterna. Los diferentes enfoques de Dios para explicar la ofrenda de la vida eterna no deben dejar a nadie en duda sobre cómo una persona puede tener vida eterna y quién no. Dios no impide ni bloquea a una persona de vivir eternamente con Él, debido a parcialidad, prejuicio o despecho. Dios toma estas decisiones eternas, de vida o muerte, para evitar que la rebelión vuelva a surgir. Se da cuenta de que las personas que no son felices viviendo con Él ahora, en esta vida, no serán felices viviendo con Él en el futuro. Dios no quiere descontento en la eternidad futura que ha planeado para toda la humanidad. La elección es nuestra. Servir a Dios ahora y para siempre o rechazar a Dios ahora y para siempre. Cualquier decisión que tomemos, Dios la respetará y la honrará.

APOCALIPSIS 21:9-14

> ***"9 Y vino á mí uno de los siete ángeles que tenían las siete copas llenas de las siete postreras plagas, y***

habló conmigo, diciendo: Ven acá, yo te mostraré la esposa, mujer del Cordero. 10 Y llevóme en Espíritu á un grande y alto monte, y me mostró la grande ciudad santa de Jerusalem, que descendía del cielo de Dios, 11 Teniendo la claridad de Dios: y su luz era semejante á una piedra preciosísima, como piedra de jaspe, resplandeciente como cristal. 12 Y tenía un muro grande y alto con doce puertas; y en las puertas, doce ángeles, y nombres escritos, que son los de las doce tribus de los hijos de Israel. 13 Al oriente tres puertas; al norte tres puertas; al mediodiá tres puertas; al poniente tres puertas. 14 Y el muro de la ciudad tenía doce fundamentos, y en ellos los doce nombres de los doce apóstoles del Cordero."

PREGUNTA: ¿Cuándo tiene lugar la Bajada de la Nueva Jerusalén del Padre?

RESPUESTA: Este texto tiene doble aplicación. (1) Ahora mismo, hoy, cuando las personas rinden su voluntad a Dios, Él comienza el cambio de su carácter y personalidad, convirtiéndolos en la persona de la Nueva Jerusalén que Él quiere que sean, preparándolos para el cielo. Los moldea como el alfarero moldea el barro. (2) Dios también desarrollará la Nueva Jerusalén perfecta y sin pecado después de que el pecado sea aniquilado.

"Ahora pues, Jehová, tú eres nuestro padre; nosotros lodo, y tú el que nos formaste; así que obra de tus manos, todos nosotros." Isaías 64:8.

"¿No podré yo hacer de vosotros como este alfarero, oh casa de Israel, dice Jehová? He aquí que como el barro en la mano del alfarero, así sois vosotros en mi mano, oh casa de Israel." Jeremías 18:6.

En Apocalipsis 21:9-14, el Espíritu Santo está describiendo al pueblo de Dios usando una analogía de ciudad simbólica. Las referencias a las doce tribus de Israel apuntan al Antiguo Testamento y las referencias a los doce apóstoles al Nuevo Testamento. Estas analogías, que resaltan la importancia del libro 66 completo de la Santa Biblia, no son nuevas en el libro de Apocalipsis. La Biblia completa, el Antiguo y el Nuevo Testamento, se mencionan como los 24 ancianos a lo largo del libro de Apocalipsis y también como los "dos testigos", que son los dos testamentos de Apocalipsis once. La Santa Biblia es el cimiento seguro sobre el que debe apoyarse el pueblo de Dios para poder resistir los ataques del enemigo. El muro de protección para los hijos de Dios se construye con la fe necesaria para vivir una vida agradable a Dios, como se revela en Su Palabra, la Santa Biblia completa, la cual debemos leer diariamente.

> *"Por tanto, el Señor Jehová dice así: He aquí que yo fundo en Sión una piedra, piedra de fortaleza, de esquina, de precio, de cimiento estable: el que creyere, no se apresure."* Isaías 28:16.

> *"Será ensalzado Jehová, el cual mora en las alturas: llenó á Sión de juicio y de justicia. Y reinarán en tus tiempos la sabiduría y la ciencia, y la fuerza de la salvación: el temor de Jehová será su tesoro."* Isaías 33:5,6.

> *"Por esto te dará gloria el pueblo fuerte, te temerá la ciudad de gentes robustas. Porque fuiste fortaleza al pobre, fortaleza al menesteroso en su aflicción, amparo contra el turbión, sombra contra el calor: porque el ímpetu de los violentos es como turbión contra frontispicio."* Isaías 25:3,4.

> *"Sea notorio á todos vosotros, y á todo el pueblo de Israel, que en el nombre de Jesucristo de Nazaret, al que vosotros crucificasteis y Dios le resucitó de los*

muertos, por él este hombre está en vuestra presencia sano. Este es la piedra reprobada de vosotros los edificadores, la cual es puesta por cabeza del ángulo. Y en ningún otro hay salud; porque no hay otro nombre debajo del cielo, dado á los hombres, en que podamos ser salvos." Hechos 4:10-12.

APOCALIPSIS 21:15-18

> ***"Y el que hablaba conmigo, tenía una medida de una caña de oro para medir la ciudad, y sus puertas, y su muro. Y la ciudad está situada y puesta en cuadro, y su largura es tanta como su anchura: y él midió la ciudad con la caña, doce mil estadios: la largura y la altura y la anchura de ella son iguales. Y midió su muro, ciento cuarenta y cuatro codos, de medida de hombre, la cual es del ángel. Y el material de su muro era de jaspe: mas la ciudad era de oro puro, semejante al vidrio limpio."***

La ciudad de Dios es tanto presente como futura. La caña de oro que mide la ciudad es la Santa Biblia. La ciudad que se mide es el pueblo actual de Dios en comparación con los dictados de la Biblia. Cada persona debe hacerse una pregunta importante: ¿Cómo estoy a la altura de los deseos de Dios dentro de Su Palabra? Esa comparación debe tener lugar todos los días mientras leemos y estudiamos la Biblia.

La ciudad de Dios, edificada sobre el Antiguo Testamento según las doce tribus y sobre el Nuevo Testamento según los doce apóstoles, es un cubo perfecto. Esa estructura de cubo perfecto se describe en Apocalipsis 7:4-8:

> "Y oí el número de los señalados: ciento cuarenta y cuatro mil señalados de todas las tribus de los hijos de Israel. De la tribu de Judá, doce mil señalados. De la tribu de Rubén, doce mil señalados. De la tribu de Gad, doce mil señalados. De la tribu de Aser, doce mil

señalados. De la tribu de Neftalí, doce mil señalados. De la tribu de Manasés, doce mil señalados. De la tribu de Simeón, doce mil señalados. De la tribu de Leví, doce mil señalados. De la tribu de Issachâr, doce mil señalados. De la tribu de Zabulón, doce mil señalados. De la tribu de José, doce mil señalados. De la tribu de Benjamín, doce mil señalados." Apocalipsis 7:4-8.

A continuación se muestra una representación visual de la ciudad perfecta de Dios, como un cubo perfecto. Al seguir a Dios, en el nombre de Jesús, a través del Espíritu Santo, cualquier persona de cualquier idioma de cualquier nacionalidad puede ser contada con los 144,000, ya que permiten que el carácter perfecto de Jesús los cubra, permitiendo que Su justicia sea su justicia. ante los ojos de un Dios perfecto y sin pecado.

JERUSELÉN: CUATRO CUADRADOS DE LA CIUDAD DE DIOS

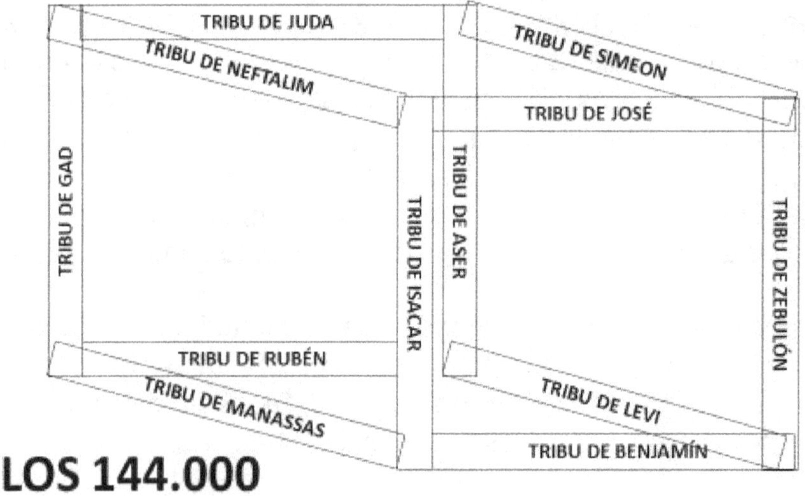

Nombrando al pueblo de Dios, Su reino, ya que Su ciudad no es nueva. El pueblo de Dios en todo el mundo se llama Jerusalén, Israel, Sion, Su montaña, etc. Note los nombres que Daniel usó en el capítulo nueve de Daniel, para describir al pueblo de Dios viviendo en su día:

> *"Ahora pues, Señor Dios nuestro, que sacaste* ***tu pueblo*** *de la tierra de Egipto con mano poderosa, y te hiciste nombre cual en este día; hemos pecado, impíamente hemos hecho. Oh Señor, según todas tus justicias, apártese ahora tu ira y tu furor de sobre* ***tu ciudad Jerusalem, tu santo monte****: porque á causa de nuestros pecados, y por la maldad de nuestros padres,* ***Jerusalem*** *y* ***tu pueblo*** *dados son en oprobio á todos en derredor nuestro. Ahora pues, Dios nuestro, oye la oración de tu siervo, y sus ruegos, y haz que tu rostro resplandezca sobre* ***tu santuario*** *asolado, por amor del Señor. Inclina, oh Dios mío, tu oído, y oye; abre tus ojos, y mira nuestros asolamientos, y* ***la ciudad sobre la cual es llamado tu nombre****: porque no derramamos nuestros ruegos ante tu acatamiento confiados en nuestras justicias, sino en tus muchas miseraciones. Oye, Señor; oh Señor, perdona; presta oído, Señor, y haz; no pongas dilación, por amor de ti mismo, Dios mío: porque* ***tu nombre*** *es llamado sobre* ***tu ciudad*** *y sobre* ***tu pueblo****."* Daniel 9:15-19.

Dios está en proceso hoy de construir Su ciudad perfecta. Su invitación es a todas las personas en todas partes para que entren en esa ciudad y permanezcan en Él. Es la misma ciudad que buscó Abraham.

> *"Por la fe Abraham, siendo llamado, obedeció para salir al lugar que había de recibir por heredad; y salió sin saber dónde iba. Por fe habitó en la tierra prometida como en tierra ajena, morando en cabañas con Isaac y Jacob, herederos juntamente de la misma promesa: Porque esperaba* ***ciudad*** *con* ***fundamentos****, el artífice y hacedor de la cual es Dios. Por la fe también la misma Sara, siendo estéril, recibió fuerza para concebir simiente; parió aun fuera del tiempo de la edad, porque*

> *creyó ser fiel el que lo había prometido. Por lo cual también, de uno, y ése ya amortecido, salieron como las estrellas del cielo en multitud, y como la arena inmunerable que está á la orilla de la mar. Conforme á la fe murieron todos éstos sin haber recibido las promesas, sino mirándolas de lejos, y creyéndolas, y saludándolas, y confesando que eran peregrinos y advenedizos sobre la tierra. Porque los que esto dicen, claramente dan á entender que buscan una patria. Que si se acordaran de aquella de donde salieron, cierto tenían tiempo para volverse: Empero deseaban la mejor, es á saber, la celestial; por lo cual Dios no se avergüenza de llamarse Dios de ellos: porque les había aparejado* ***ciudad****."* Hebreos 11:8-16.

"NO se turbe vuestro corazón; creéis en Dios, creed también en mí. En la casa de mi Padre muchas moradas hay: de otra manera os lo hubiera dicho: voy, pues, á preparar lugar para vosotros. Y si me fuere, y os aparejare lugar, vendré otra vez, y os tomaré á mí mismo: para que donde yo estoy, vosotros también estéis. Y sabéis á dónde yo voy; y sabéis el camino." Juan 14:1-4.

> *"Entonces el Rey dirá á los que estarán á su derecha: Venid, benditos de mi Padre, heredad el reino preparado para vosotros desde la fundación del mundo."* Mateo 25:34.

> *"PORQUE sabemos, que si la casa terrestre de nuestra habitación se deshiciere, tenemos de Dios un edificio, una casa no hecha de manos, eterna en los cielos."* 2 Corintios 5:1.

APOCALIPSIS 21:19-21

> ***"Y los fundamentos del muro de la ciudad estaban adornados de toda piedra preciosa. El primer fundamento era jaspe; el segundo, zafiro; el***

> ***tercero, calcedonia; el cuarto, esmeralda; El quinto, sardónica; el sexto, sardio; el séptimo, crisólito; el octavo, berilo; el nono, topacio; el décimo, crisopraso; el undécimo, jacinto; el duodécimo, amatista. Y las doce puertas eran doce perlas, en cada una, una; cada puerta era de una perla. Y la plaza de la ciudad era de oro puro como vidrio trasparente."***

Note las joyas que se usan para adornar los doce cimientos del muro de la ciudad en comparación con las doce joyas que representan a las doce tribus de Israel en el Antiguo Testamento.

> *"Y lo llenarás de pedrería con cuatro órdenes de piedras: un orden de una piedra sárdica, un topacio, y un carbunclo; será el primer orden; El segundo orden, una esmeralda, un zafiro, y un diamante; El tercer orden, un rubí, un ágata, y una amatista; Y el cuarto orden, un berilo, un onix, y un jaspe: estarán engastadas en oro en sus encajes. Y serán aquellas piedra según los nombres de los hijos de Israel, doce según sus nombres; como grabaduras de sello cada una con su nombre, vendrán á ser según las doce tribus."* Éxodo 28:17-21.

Note también que cada una de las doce entradas tiene una puerta y cada puerta está hecha de una sola perla. La única perla de cada puerta, que nunca se cierra, representa a Jesús. Él es la perla de gran precio (Mateo 13:45,46) y Él es la puerta (Juan 10:7-10) que conduce a la vida eterna.

> *"También el reino de los cielos es semejante al hombre tratante, que busca buenas perlas; Que hallando una preciosa perla, fué y vendió todo lo que tenía, y la compró."* Mateo 13:45,46.

> *"Volvióles, pues, Jesús á decir: De cierto, de cierto os digo: Yo soy la puerta de las ovejas. Todos los que*

antes de mí vinieron, ladrones son y robadores; mas no los oyeron las ovejas. Yo soy la puerta: el que por mí entrare, será salvo; y entrará, y saldrá, y hallará pastos. El ladrón no viene sino para hurtar, y matar, y destruir: yo he venido para que tengan vida, y para que la tengan en abundancia." Juan 10:7-10.

APOCALIPSIS 21:22-27

*"**Y no vi en ella templo; porque el Señor Dios Todopoderoso es el templo de ella, y el Cordero. Y la ciudad no tenía necesidad de sol, ni de luna, para que resplandezcan en ella: porque la claridad de Dios la iluminó, y el Cordero era su lumbrera. Y las naciones que hubieren sido salvas andarán en la lumbre de ella: y los reyes de la tierra traerán su gloria y honor á ellaY sus puertas nunca serán cerradas de día, porque allí no habrá noche. Y llevarán la gloria y la honra de las naciones á ella. No entrará en ella ninguna cosa sucia, ó que hace abominación y mentira; sino solamente los que están escritos en el libro de la vida del Cordero."***

PREGUNTA: ¿Quiénes son los "reyes de la tierra" que traen "gloria y honra" a la ciudad santa, la Nueva Jerusalén?

RESPUESTA: Entendiendo que la "tierra" representa a los seres humanos, que aceptan a Jesús como su Salvador personal, entonces "los reyes de la tierra" son aquellas personas que lo representan. Estos representantes de Dios, llamados reyes, son el ministro, el pastor, el obrero bíblico, el maestro bíblico y cualquier otra persona que asuma la posición de guiar a otros a Cristo Jesús en un deber administrativo.

PREGUNTA: ¿Qué es el libro de la vida del Cordero, quién lo escribió y cuándo fue escrito?

RESPUESTA: (1) El "Libro de la Vida del Cordero" es un libro que contiene todos los nombres de todas las personas que se salvan, enumeradas desde el comienzo de la creación de la humanidad hasta la última persona nacida. (2) El "Libro de la Vida" fue escrito por Dios. (3) El "libro de la vida del Cordero" fue escrito antes de que se pusiera la fundación de este mundo, o antes de que este mundo fuera creado.

> *"Y le fué dado hacer guerra contra los santos, y vencerlos. También le fué dada potencia sobre toda tribu y pueblo y lengua y gente. Y todos los que moran en la tierra le adoraron, cuyos nombres no están escritos en* ***el libro de la vida*** *del Cordero, el cual fué muerto desde* ***el principio del mundo****."* Apocalipsis 13:7,8.

Las únicas personas que ocupan o forman parte de esta comunidad perfecta son aquellos cuyos nombres están escritos en el libro de la Vida del Cordero (versículo 27). Todos tenemos un papel que desempeñar en cuanto a si nuestros nombres están escritos allí o no. Si entregamos nuestros corazones a Dios y vivimos nuestras vidas para agradarle, entonces nuestros nombres están escritos allí. Si rechazamos a Dios o nos alejamos de Él, entonces nuestros nombres no están escritos allí. Tienes libre albedrío. No estás predeterminado para perderte o salvarte, es solo que Dios ya sabe quién lo acepta y quién lo rechaza. Usa tu libre albedrío hoy y entrégalo todo a Jesús.

APOCALIPSIS CAPÍTULO VEINTIUNO EN POCAS PALABRAS

Dios está en el proceso de construir Su ciudad perfecta hoy en día en los corazones y las mentes de las personas de todo este enorme globo. Está edificando una ciudad cuyo constructor y hacedor es Dios. No está construido con manos humanas ni hay gente dentro que lo rechace a Él ya Su Palabra.

APOCALIPSIS CAPÍTULO VEINTIUNO EN UNA ORACIÓN

Dios está en el proceso de construir una ciudad perfecta, abierta a todas las personas, basada en las enseñanzas que se encuentran en el Antiguo y Nuevo Testamento, el libro sesenta y seis de la Santa Biblia.

APOCALIPSIS CAPÍTULO VEINTIDÓS

Recuerde antes que dije: "Apocalipsis 21:3 a Apocalipsis 22:5 es la descripción simbólica de esta ciudad santa, la novia de Cristo". Apocalipsis veintidós versículos uno al cinco continúan con la descripción de la perfecta ciudad de Dios de cuatro cuadrados.

APOCALIPSIS 22:1-5

> ***"DESPUÉS me mostró un río limpio de agua de vida, resplandeciente como cristal, que salía del trono de Dios y del Cordero. En el medio de la plaza de ella, y de la una y de la otra parte del río, estaba el árbol de la vida, que lleva doce frutos, dando cada mes su fruto: y las hojas del árbol eran para la sanidad de las naciones. Y no habrá más maldición; sino que el trono de Dios y del Cordero estará en ella, y sus siervos le servirán. Y verán su cara; y su nombre estará en sus frentes. Y allí no habrá más noche; y no tienen necesidad de lumbre de antorcha, ni de lumbre de sol: porque el Señor Dios los alumbrará: y reinarán para siempre jamás."***

Jesús dijo en Juan 4:14:

> *"Mas el que bebiere del agua que yo le daré, para siempre no tendrá sed: mas el agua que yo le daré, será en él una fuente de agua que salte para vida eterna."*

Ese río de vida brota del trono de Dios ahora mismo. Él es la fuente y sustentador de toda vida. Aquellos dedicados siervos de Dios, que entregan su existencia total al Dador de la Vida, caminarán con Jesús, día a día, en Su Palabra, bebiendo del agua de la vida. También son un conducto que pasa esa agua de vida a otros.

"Bienaventurados los que tienen hambre y sed de justicia: porque ellos serán hartos." Mateo 5:6.

"Y Jehová te pastoreará siempre, y en las sequías hartará tu alma, y engordará tus huesos; y serán como huerta de riego, y como manadero de aguas, cuyas aguas nunca faltan." Isaías 58:11.

"El que cree en mí, como dice la Escritura, ríos de agua viva correrán de su vientre." Juan 7:38.

El árbol de la vida está ubicado junto al río de la vida; ambos provienen del trono de Dios. Las hojas del árbol de la vida están disponibles aquí y ahora mientras una persona se alimenta diariamente de la Palabra de Dios.

"La sana lengua es árbol de vida: Mas la perversidad en ella es quebrantamiento de espíritu." Proverbios 15:4.

"El fruto del justo es árbol de vida: Y el que prende almas, es sabio." Proverbios 11:30.

"Ella es árbol de vida á los que de ella asen: Y bienaventurados son los que la mantienen." Proverbios 3:18.

El río de la vida y el árbol de la vida están disponibles para toda la humanidad, aquí y ahora. Todo lo que hay que hacer es volver al "jardín del Edén", el reino de Dios, que está custodiado por la "espada encendida", la Palabra de Dios.

"Echó, pues, fuera al hombre, y puso al oriente del huerto de Edén querubines, y una espada encendida que se revolvía á todos lados, para guardar el camino del árbol de la vida." Génesis 3:24.

"Porque la palabra de Dios es viva y eficaz, y más penetrante que toda espada de dos filos: y que alcanza

hasta partir el alma, y aun el espíritu, y las coyunturas y tuétanos, y discierne los pensamientos y las intenciones del corazón." Hebreos 4:12.

"Lámpara es á mis pies tu palabra, Y lumbrera á mi camino." Salmos 119:105.

Los siervos de Dios se someten diariamente a la Palabra de Dios, caminando con Él y hablando con Él en oración. Y Dios responde y responde de innumerables maneras a través del Espíritu Santo. Al igual que en el Jardín del Edén, con Adán y Eva, Dios desea caminar y hablar con la humanidad. En este tiempo presente, debido a que somos pecado, Dios está limitado a Su interacción personal con nosotros. En Su presencia física literal, Su pureza nos mataría inmediatamente si fuéramos a estar físicamente en Su misma compañía. Pero en la tierra nueva, esa restricción se levanta, y la humanidad y el Creador de la humanidad pueden caminar y hablar juntos, tomados de la mano. ¡Qué tiempo tan maravilloso será ese para pasar tiempo, durante toda la eternidad, "por los siglos de los siglos", caminando y hablando literalmente, con nuestro Señor y Salvador! ¡Amén!

APOCALIPSIS 22:6,7

"Y me dijo: Estas palabras son fieles y verdaderas. Y el Señor Dios de los santos profetas ha enviado su ángel, para mostrar á sus siervos las cosas que es necesario que sean hechas presto. Y he aquí, vengo presto. Bienaventurado el que guarda las palabras de la profecía de este libro."

Estos versículos son muy similares a los versículos que se encuentran en Apocalipsis 1:1-3.

"LA revelación de Jesucristo, que Dios le dió, para manifestar á sus siervos las cosas que deben suceder presto; y la declaró, enviándo la por su ángel á Juan su

> *siervo, El cual ha dado testimonio de la palabra de Dios, y del testimonio de Jesucristo, y de todas las cosas que ha visto. Bienaventurado el que lee, y los que oyen las palabras de esta profecía, y guardan las cosas en ella escritas: porque el tiempo está cerca."*

Hay varias razones para la similitud en la introducción y la conclusión del libro de Apocalipsis:

1. Dios dio estos "dichos"; el libro de Apocalipsis, a Jesús.

2. Jesús dio estos "dichos"; el libro de Apocalipsis, al Espíritu Santo.

3. El Espíritu Santo dio estos "dichos"; el libro de Apocalipsis, a Juan.

4. Juan dio estos "dichos"; el libro de Apocalipsis, a los siervos de Dios.

5. Todo el libro de Apocalipsis es una sola carta a "Sus siervos".

6. Todo el mensaje a los siervos de Dios es el mismo al principio de la carta que al final de la carta sobre "cosas que deben suceder pronto", porque "el tiempo está cerca" y "He aquí que vengo rápidamente."

7. El libro de Apocalipsis es "la Palabra de Dios" y es el "testimonio de Jesucristo".

8. Benditas sean todas las personas que estudien, entiendan y enseñen los dichos del Libro de Apocalipsis.

9. Todo el libro de Apocalipsis fue escrito para y para los santos de los últimos días.

10. El tiempo inminente para que el libro sea entendido y cumplido está sobre nosotros y sobre la última generación.

Aunque partes del libro de Apocalipsis han sido una bendición para todas las personas desde el día en que se publicó, nunca el libro completo de Apocalipsis ha sido aplicable a una sola generación como lo es hoy. Si estás leyendo este libro, entonces es muy probable que seas un siervo del Dios Altísimo en los últimos tiempos (Salmo 57:2). El libro de Apocalipsis es una carta completa para ser cumplida y completada de principio a fin en una sola generación. ¿Es usted un siervo de Dios, una o más de las siete iglesias, un seguidor dedicado de Jesucristo en el tiempo del fin que guarda los mandamientos de Dios y tiene el testimonio de Jesucristo? Si no, puedes serlo. La elección y decisión es suya.

> *"Clamaré al Dios Altísimo, Al Dios que me favorece."* Salmos 57:2.

APOCALIPSIS 22:8,9

> ***"Yo Juan soy el que ha oído y visto estas cosas. Y después que hube oído y visto, me postré para adorar delante de los pies del ángel que me mostraba estas cosas. Y él me dijo: Mira que no lo hagas: porque yo soy siervo contigo, y con tus hermanos los profetas, y con los que guardan las palabras de este libro. Adora á Dios."***

PREGUNTA: ¿Por qué el Espíritu Santo, el tercer miembro de la Deidad, le dice a Juan que no lo adore a él, sino que adore a Dios?

RESPUESTA: Hay un par de razones por las que el Espíritu Santo negó la adoración de Juan en los versículos anteriores. (1) En visión, el Espíritu Santo aparece como una persona y nadie debe adorar a otra persona ni a ningún objeto creado. (2) El Espíritu Santo tiene un trabajo y ese trabajo es traer gloria a

Dios al representar a Jesús a la humanidad caída. Él no atrae la atención hacia Sí mismo.

Aunque el Mensajero (ángel) agente único en todo el libro de Apocalipsis es el Espíritu Santo, Él no llama la atención sobre Sí mismo. Sólo lo descubren, como agente de la Revelación, aquellas personas que estudian diligentemente los libros proféticos de la Biblia. El Espíritu Santo es nuestro "consiervo" para servir y glorificar a Dios. Está íntimamente unido a los profetas humanos porque todos ellos escribieron lo que el Espíritu Santo les dijo que escribieran, formando nuestra Santa Biblia de 66 libros. Él guarda "los dichos de este libro" porque Él es el agente activo para cumplir la voluntad de Dios en todo lo que revela el Libro de Apocalipsis.

> *"Mas para que se cumpla la palabra que está escrita en su ley: Que sin causa me aborrecieron. Empero cuando viniere el Consolador, el cual yo os enviaré del Padre, el Espíritu de verdad, el cual procede del Padre, él dará testimonio de mí."* Juan 15:26.27.

> *"Aun tengo muchas cosas que deciros, mas ahora no las podéis llevar. Pero cuando viniere aquel Espíritu de verdad, él os guiará á toda verdad; porque no hablará de sí mismo, sino que hablará todo lo que oyere, y os hará saber las cosas que han de venir. El me glorificará: porque tomará de lo mío, y os lo hará saber. Todo lo que tiene el Padre, mío es: por eso dije que tomará de lo mío, y os lo hará saber."* Juan 16:12-15.

APOCALIPSIS 22:10,11

> ***"Y me dijo: No selles las palabras de la profecía de este libro; porque el tiempo está cerca. El que es injusto, sea injusto todavía: y el que es sucio, ensúciese todavía: y el que es justo, sea todavía justificado: y el santo sea santificado todavía."***

A menudo se ha pensado que el libro de Apocalipsis no era un libro sellado y que la humanidad puede definirlo y comprenderlo apropiadamente en cualquier momento de la historia, pero ese no es el caso. Considere lo que el Espíritu Santo le dijo a Juan en Apocalipsis 10:4:

> *"Y cuando los siete truenos hubieron hablado sus voces, yo iba á escribir, y oí una voz del cielo que me decía: **Sella las cosas** que los siete truenos han hablado, y no las escribas."*

Y ahora Él le está diciendo a Juan, a esta generación, que DESSELLE "las palabras de la profecía de este libro, porque el tiempo está cerca". Es ahora, con la generación final de este planeta, que Dios va a abrir y cumplir todos los "dichos de este libro".

***PREGUNTA**: ¿Cuándo se puso a disposición del público el libro de Apocalipsis?*

***RESPUESTA**: No fue hasta principios de 1800, a través del trabajo de la Sociedad Bíblica Europea y la Sociedad Bíblica Americana, que la Biblia se produjo en masa y se distribuyó al público en general en numerosos idiomas. Hasta entonces pocos tenían acceso a él o incluso sabían que existía. El libro de Apocalipsis no era importante para que las generaciones anteriores tuvieran acceso a él, ya que en realidad no se aplicaba a ellas. Pero desde entonces, la gente lo ha estado leyendo y estudiando tratando de resolver sus misterios, aplicando sus mensajes a su generación y antes. Pero ahora se entiende, el libro de Apocalipsis en su totalidad está escrito para y para la última generación de personas en este planeta.*

***PREGUNTA**: ¿Por qué era importante que el libro simbólico de Apocalipsis estuviera sellado hasta ahora?*

RESPUESTA: *La comprensión completa del mensaje del libro de Apocalipsis solo está destinada a la última generación, porque esa es la generación impactada por él.*

El libro de Apocalipsis está escrito en un formato de "necesidad de saber". Aquellos que no necesitaron entenderlo en el pasado; no podía, aunque pensaban que podían. Aquellas personas que viven en los últimos tiempos, que necesitan conocer el mensaje completo del Apocalipsis; ahora puede saberlo y entenderlo, a través del Espíritu Santo. La gente ha intentado, sin éxito, abrir el Libro del Apocalipsis con una multitud de razonamientos humanos durante la duración de su existencia. Pero Dios solo se mueve para revelar Su Palabra completa en Su tiempo, no en el nuestro. El libro de Apocalipsis no iba a ser abierto y entendido completamente hasta el momento de la historia cuando:

> *"El que es injusto, sea injusto todavía: y el que es sucio, ensúciese todavía: y el que es justo, sea todavía justificado: y el santo sea santificado todavía."* Apocalipsis 22:11.

El "sello de Dios" está llegando. Este libro revela que se acerca un sellamiento de Su pueblo. Viene el sello de la "marca de la bestia". Cualquiera que sea sellado por el sello que reciba, mantendrá ese sello eternamente. Hay dos sellos que se estampan sobre la humanidad. El único sello es el "sello de Dios" que se aplica a aquellas personas del tiempo del fin, Sus siervos, que están familiarizados con Su Palabra y que la siguen. El otro sello que se estampa en la humanidad es la "marca de la bestia" para aquellas personas que rehúsan obedecer y rendirse a Dios. Cada ser humano determina qué sello recibe; no se entrega al azar.

PREGUNTA: ¿Quién es responsable de asignar "el sello de Dios" o "la marca de la bestia" a la humanidad?

RESPUESTA: El "sello de Dios" y la "marca de la bestia" son otorgados por Dios. Note Ezequiel 9:3-6:

> *"Y la gloria del Dios de Israel se alzó de sobre el querubín sobre el cual había estado, al umbral de la casa: y llamó Jehová al varón vestido de lienzos, que tenía á su cintura la escribanía de escribano. Y díjole Jehová: Pasa por medio de la ciudad, por medio de Jerusalem, y pon una señal en la frente á los hombres que gimen y que claman á causa de todas las abominaciones que se hacen en medio de ella. Y á los otros dijo á mis oídos: Pasad por la ciudad en pos de él, y herid; no perdone vuestro ojo, ni tengáis misericordia. Matad viejos, mozos y vírgenes, niños y mujeres, hasta que no quede ninguno: mas á todo aquel sobre el cual hubiere señal, no llegaréis; y habéis de comenzar desde mi santuario. Comenzaron pues desde los varones ancianos que estaban delante del templo."*

PREGUNTA: ¿Por qué Dios da el sello o la marca?

RESPUESTA: Solo Dios puede leer el corazón y la mente. Él solo está familiarizado con lo que sabemos, cómo lo aprendimos y lo que hicimos con lo que nos reveló. Ninguna persona, fuera de nosotros mismos, es responsable del sello que Dios provee para cada uno de nosotros.

PREGUNTA: ¿Quién puede ver el sello o la marca que Dios administra a todos los seres humanos de los últimos días?

RESPUESTA: Solo Dios, y los mensajeros celestiales o ángeles, pueden ver quién tiene el sello o la marca. Es invisible al ojo humano. No nos corresponde a nosotros conocer la verdadera condición espiritual interna de otras personas. Debemos darnos cuenta de que todos somos seres humanos débiles y caídos, incapaces de conocer el ser interior de otras personas.

Todo el libro de Apocalipsis está escrito en lenguaje simbólico, con la excepción de algunas partes de la introducción y la conclusión. Te dejo a ti decidir cuál crees que es el punto de corte, si lo hay, de dónde termina lo figurativo y comienza lo literal. Los siguientes versículos no son figurativos, son literales.

APOCALIPSIS 22:12,13

> ***"Y he aquí, yo vengo presto, y mi galardón conmigo, para recompensar á cada uno según fuere su obra. Yo soy Alpha y Omega, principio y fin, el primero y el postrero."***

Esta es la segunda vez en este capítulo que Jesús nos anima con la seguridad de su próxima segunda venida, de regreso a esta tierra:

> *"Y he aquí, vengo presto. Bienaventurado el que guarda las palabras de la profecía de este libro."* Apocalipsis 22:7.

Jesús está tan ansioso por regresar por Su pueblo como Su pueblo lo anhela a Él.

Para ser salvos, debemos tener fe en la sangre purificadora del Cordero. No hay nada que podamos hacer para ganar la salvación. Jesús vivió y murió por nosotros para tener vida eterna. Es un regalo gratis.

Pero son nuestros estilos de vida los que revelan lo que realmente está en nuestros corazones y mentes. Si estamos viviendo nuestras vidas para Dios, en todo lo que hacemos, decimos, pensamos y en los lugares a los que vamos, entonces nuestras obras revelarán que lo hemos abandonado todo y le hemos rendido nuestra voluntad. La escritura dice claramente: "Por sus frutos los conoceréis".

> *"Y guardaos de los falsos profetas, que vienen á vosotros con vestidos de ovejas, mas de dentro son lobos rapaces. Por sus frutos los conoceréis. ¿Cógense uvas de los espinos, ó higos de los abrojos? Así, todo buen árbol lleva buenos frutos; mas el árbol maleado lleva malos frutos. No puede el buen árbol llevar malos frutos, ni el árbol maleado llevar frutos buenos. Todo árbol que no lleva buen fruto, córtase y échase en el fuego. Así que, por sus frutos los conoceréis. No todo el que me dice: Señor, Señor, entrará en el reino de los cielos: mas el que hiciere la voluntad de mi Padre que está en los cielos."* Mateo 7:15-21.

APOCALIPSIS 22:14,15

> ***"Bienaventurados los que guardan sus mandamientos, para que su potencia sea en el árbol de la vida, y que entren por las puertas en la ciudad. Mas los perros estarán fuera, y los hechiceros, y los disolutos, y los homicidas, y los idólatras, y cualquiera que ama y hace mentira."***

El mensaje de los versículos 14 y 15 es para nosotros, esta generación, la gente que vive hoy y puede leer este librito y la Santa Biblia. Podemos tener acceso al árbol de la vida, al río de la vida, a Cristo Jesús ya la ciudad de Dios aceptándolo por fe, aquí y ahora. Al hacerlo, entramos inmediatamente en el reino de Dios, la ciudad de Dios. El reino de Dios no es un lugar, es una relación. Yo la llamo la iglesia mundial invisible de Dios; Él lo llama Su reino.

Cuando aceptemos al Dios de toda la creación como nuestro Salvador, nuestro deseo será servirle y hacer todo lo que Él requiera. Guardamos Sus mandamientos, los Diez Mandamientos, incluida la observancia del sábado del séptimo día desde la puesta del sol del viernes hasta la puesta del sol del sábado.

Los siguientes textos revelan la diferencia entre los que están en el reino de Dios, ahora mismo, y los que no lo están. Los que están en el reino, guarden la ley de los Diez Mandamientos por amor y respeto al Señor de señores, y al Rey de reyes. Los que están fuera de la ciudad hacen todo lo contrario. Rechazan el amor de Dios y no respetan los Diez Mandamientos. Jesús dice:

"Si me amáis, guardad mis mandamientos." Juan 14:15.

> *"¿Por qué me llamáis, Señor, Señor, y no hacéis lo que digo? Todo aquel que viene á mí, y oye mis palabras, y las hace, os enseñaré á quién es semejante: Semejante es al hombre que edifica una casa, el cual cavó y ahondó, y puso el fundamento sobre la peña; y cuando vino una avenida, el río dió con ímpetu en aquella casa, mas no la pudo menear: porque estaba fundada sobre la peña. Mas el que oyó y no hizo, semejante es al hombre que edificó su casa sobre tierra, sin fundamento; en la cual el río dió con ímpetu, y luego cayó; y fué grande la ruina de aquella casa."* Lucas 6:46-49.

APOCALIPSIS 22:16,17

> ***"Yo Jesús he enviado mi ángel para daros testimonio de estas cosas en las iglesias. Yo soy la raíz y el linaje de David, la estrella resplandeciente, y de la mañana. Y el Espíritu y la Esposa dicen: Ven. Y el que oye, diga: Ven. Y el que tiene sed, venga: y el que quiere, tome del agua de la vida de balde."***

Estos textos son muy importantes de entender. Jesús se repite y dice que envió al Mensajero del Espíritu Santo, "mi ángel", para ser Su testigo a los siervos de Dios, conocidos también como las siete iglesias. Tanto Jesús como el Espíritu Santo nos llaman a venir a Él, aprender de Él y servirlo con todo nuestro ser.

Todo el libro de Apocalipsis es enviado a y para las SIETE IGLESIAS, los siervos del tiempo del fin del Dios viviente, los "elegidos". ¿Eres uno de los siervos de Dios? Luego, una vez que haya terminado de leer este libro de explicaciones; regrese a los capítulos dos y tres de Apocalipsis, y búsquese usted mismo en esas descripciones de los siervos de Dios, y siga ese consejo.

Como siervo del Dios viviente, el Espíritu Santo te está invitando a seguir los dictados y la información del libro de Apocalipsis. La iglesia invisible, el pueblo de Dios de todo el mundo, Su reino, también te están invitando a hacer lo mismo. Únase a ellos y al Espíritu Santo en la preparación de un mundo moribundo para las cosas que van a suceder en los próximos siete últimos años de la historia del pecado. Ven a comer del árbol de la vida y bebe gratuitamente del agua de la vida que Dios te ofrece tal como lo hizo con la mujer junto al pozo hace tantos años:

> *"Respondió Jesús y díjole: Si conocieses el don de Dios, y quién es el que te dice: Dame de beber: tú pedirías de él, y él te daría agua viva."* Juan 4:10.

APOCALIPSIS 22:18,19

> ***"Porque yo protesto á cualquiera que oye las palabras de la profecía de este libro: Si alguno añadiere á estas cosas, Dios pondrá sobre él las plagas que están escritas en este libro. Y si alguno quitare de las palabras del libro de esta profecía, Dios quitará su parte del libro de la vida, y de la santa ciudad, y de las cosas que están escritas en este libro."***

> *"Bienaventurado el que lee, y los que oyen las palabras de esta profecía, y guardan las cosas en ella escritas: porque el tiempo está cerca."* Apocalipsis 1:3.

Leer, escuchar y hacer las cosas dentro del libro de Apocalipsis es cosechar una gran recompensa; vida eterna. Pero quitar o agregar algo en este libro de profecía es perder la vida eterna. Se nos aconseja tomar el libro de Apocalipsis por lo que dice y entender su mensaje sin mezclarlo con tradiciones humanas y conceptos humanos.

APOCALIPSIS 22:20

> ***"El que da testimonio de estas cosas, dice: Ciertamente, vengo en breve. Amén, sea así. Ven: Señor Jesús."***

Por tercera vez, en este breve capítulo, Jesús nos anima a darnos cuenta de que Él viene otra vez. No podemos rechazar Su oferta. No podemos negarnos a vivir nuestras vidas para Él. Si nos tomamos en serio servirle, entonces ahora es el momento de dedicar completamente nuestras vidas a Él, aquí y ahora. Podemos llegar a otras almas que buscan a Jesús sirviéndole ahora mismo; y no esperar un tiempo futuro. Debemos decidir servirle ahora y por toda la eternidad por nuestra propia salvación y por la salvación de los demás a los que podemos alcanzar.

El Apóstol Juan concluye la carta de Apocalipsis con una invitación personal para que permitamos la gracia y el amor de Jesucristo en nuestras vidas. Tomo la decisión, aquí y ahora, de continuar permitiendo que el Señor Jesús dirija mi vida, que puedo hacer todo lo humanamente posible para vivir mi vida en obediencia a Su voluntad y guiar a otros a Él. ¿Y usted?

APOCALIPSIS CAPÍTULO VEINTIDÓS EN POCAS PALABRAS

Todo el libro de Apocalipsis está escrito para los santos o siervos de Dios de los últimos días llamados las "siete iglesias". Aceptar Su invitación a entrar en el reino de Dios ahora mismo es valerse para comer del árbol de la vida y beber del agua de la vida, no sólo como un acontecimiento futuro, sino ahora mismo. Jesús viene pronto. La tribulación de siete años está en nuestro futuro cercano. No esperemos a dedicarle nuestra vida a Él cuando comience la tribulación. Sirvámosle hoy, ahora mismo, con todo nuestro corazón, mente y alma para el mejoramiento de nosotros mismos y para la salvación de los demás.

APOCALIPSIS CAPÍTULO VEINTIDÓS EN UNA ORACIÓN

El reino de Dios está abierto y disponible para todas las personas en todas partes, ahora mismo, para comer del árbol de la vida y beber del río de la vida que conduce a una existencia eterna con Jesús.

LA CARTA DEL LIBRO DE APOCALIPSIS

Dios el Padre le dio a Jesucristo la historia de la revelación, quien se la pasó a Juan a través del Espíritu Santo, para Sus siervos del tiempo del fin, revelando las cosas que sucederán durante el día venidero del Señor. (2 y 3) Los siervos de Dios del tiempo del fin se describen como las siete asambleas o iglesias. (4 y 5) Los siervos de Dios están equipados para difundir el evangelio del reino de los últimos tiempos con el apoyo de Dios Padre, Su Hijo Jesús, el Espíritu Santo, los ángeles celestiales y la Palabra de Dios. (6) Los siete sellos marcan siete eventos que tendrán lugar durante el período de tiempo de la tribulación que se avecina. (7) Durante este período de tiempo los siervos de Dios se dividen en dos campos; los 144.000 y la multitud innumerable. Este segundo grupo de personas se llama simbólicamente "tierra", "mar" y "árboles" en la Biblia. (8 y 9) El Espíritu Santo se derrama sobre los siervos de Dios al comienzo de la tribulación, equipándolos para hacer sonar los mensajes de las siete trompetas a todo el mundo. (10) Los siervos de Dios de los últimos días, que reflejan el carácter de Jesús, harán sonar los siete mensajes de trompeta de trueno a la gente de la "tierra" y el "mar" con las advertencias finales que son "dulces para la boca pero amargas para el estómago". ." (11) Las advertencias finales, que provienen de los dos testigos, el Antiguo y el Nuevo Testamento de la Biblia, serán bien recibidas los primeros 1260 días de la tribulación, pero serán totalmente rechazadas, o muertas, los últimos 42 meses (3 ½ días).) del período de tribulación de 2.520 días. (12) Durante este tiempo de la ira de Dios se desarrolla el gran conflicto entre el bien y el mal. Los 144.000 siervos, la gente del "cielo", están sellados para que no sufran daño, por lo que Satanás dirige su ira hacia la gente de la "tierra" y del "mar". (13) La gente del "mar" formará un protocolo específico de adoración forzada al comienzo de los 2.520 días, pero cuando falle, la gente de la "tierra" lo restablecerá con condiciones más duras. (14) Después de los primeros 1.335 días los 144.000 santos son llevados al cielo como "primicias" para el Padre. Los mensajes de los siete ángeles son paralelos al tiempo de los siete sellos, trompetas y truenos. (15 y 16) Al final de los siete años, las copas de la ira de Dios se derraman sobre los habitantes de Babilonia; los que tienen la marca de la bestia. (17 y 18) Se revela la historia de Babilonia, la fusión de todas las instituciones religiosas de este planeta, y también su destrucción en la segunda venida. (19) En Su tercera venida, Jesús está acompañado por una enorme nube blanca formada por los 144.000 santos que regresan, los redimidos de la segunda venida y todos los ángeles celestiales. (20) La segunda venida y la primera resurrección tienen lugar al final de la tribulación de siete años cuando los santos van al cielo para ser sacerdotes, participar en la "cena de las bodas del Cordero", y para juzgar tanto a los hombres como a los ángeles durante los 1000 años. Mientras tanto, Satanás y sus ángeles están "atados" en este planeta oscuro, frío, muerto, arruinado y sin vida. Después del milenio, Jesús regresa para Su tercer advenimiento y la segunda resurrección para otorgar la vida eterna o la muerte eterna a todos los resucitados en "el último día". (21) Después de la tercera venida de Jesús y el juicio del Gran Trono Blanco, cuando el pecado y los pecadores sean aniquilados, Dios creará un cielo y una tierra nuevos y eternos donde no haya pecado ni rebelión. (22) A través de todo esto, Dios provee esperanza para Su pueblo fiel de los últimos días al prometerles que vendrán pronto. *"Aun así, ven Señor Jesús".*

El libro completo de Apocalipsis cuenta la historia completa de los eventos que tendrán lugar durante los próximos siete años de tribulación. Durante esos 2,520 días literales TODOS los períodos de tiempo proféticos de la Biblia serán demostrados exactamente como predicen las escrituras. Los siguientes cuadros enumeran los períodos de tiempo proféticos; los siete sellos, trompetas, ángeles, lamentos y truenos; así como todos los versículos del libro de Apocalipsis en sus lugares apropiados.

GRÁFICA DE TIEMPO DE SIETE AÑOS DE APOCALIPSIS

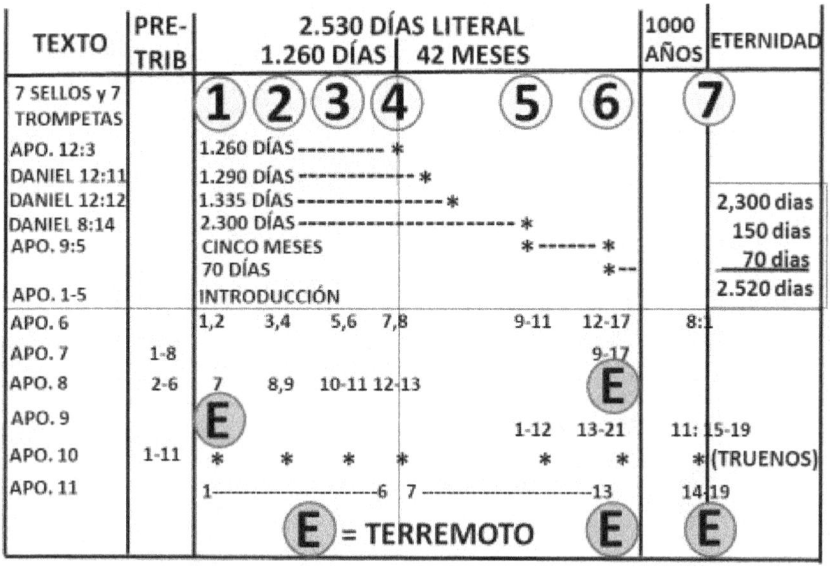

TEXTO	PRE-TRIB	2.530 DÍAS LITERAL 1.260 DÍAS				42 MESES		1000 AÑOS	ETERNIDAD
7 SELLOS y 7 TROMPETAS		1	2	3	4	5	6	7	
APO. 12:3		1.260 DÍAS --------- *							
DANIEL 12:11		1.290 DÍAS ------------ *							2,300 dias
DANIEL 12:12		1.335 DÍAS ---------------- *							150 dias
DANIEL 8:14		2.300 DÍAS ---------------------- *							70 dias
APO. 9:5		CINCO MESES				* ------	*		2.520 dias
		70 DÍAS					*--		
APO. 1-5		INTRODUCCIÓN							
APO. 6		1,2	3,4	5,6	7,8	9-11	12-17	8:1	
APO. 7	1-8						9-17		
APO. 8	2-6	7	8,9	10-11	12-13		E		
APO. 9		E				1-12	13-21	11: 15-19	
APO. 10	1-11	*	*	*	*	*	*	*	(TRUENOS)
APO. 11		1------------------------6				7 ------------------------13		14 19	
			E = TERREMOTO				E	E	

GRÁFICA DE TIEMPO DE SIETE AÑOS DE APOCALIPSIS

TEXTO	PRE-TRIB	2.530 DÍAS LITERAL 1.260 DÍAS				42 MESES		1000 AÑOS	ETERNIDAD
7 ÁNGELES Y 7 LAMENTOS		1	2	3	4	5	6	7	
APO. 12	1--5	6 ------------------- 12				13 ------------------- 17			
APO. 13	1--4	5 ------------------- 10				11 ------------------- 18			
APO. 14a					1------------------------5				
APO. 14b		6,7	8	9-12	13	14-16	17	18 20	
APO. 15						1-4	5-8		
APO. 16							1-15	16 21	
APO. 17		1--18						E	
APO. 18		1	2,3	4	5 7	8	9-20		
APO. 19							1-10	11 21	
APO. 20								1-15	
APO. 21,22		CONCLUSIÓN							(TRUENOS)
			E = TERREMOTO						

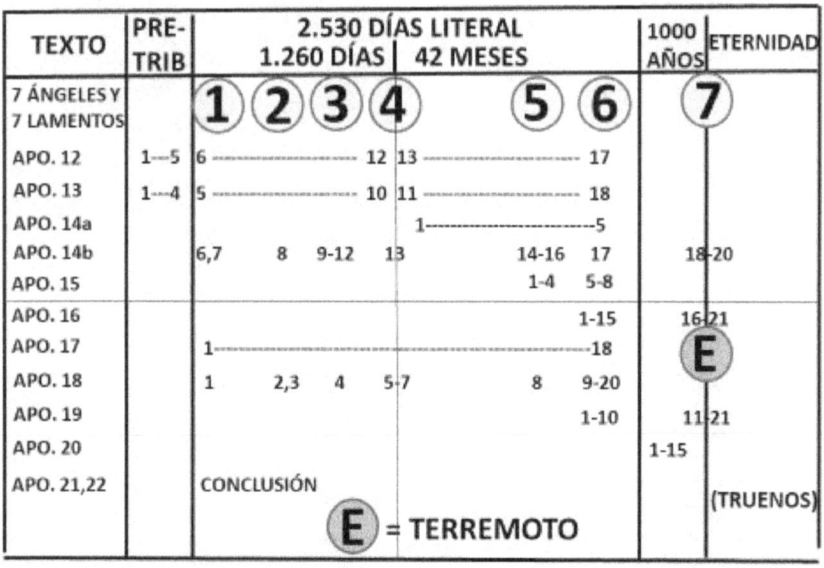

TODAS LAS PROFECÍAS DE TIEMPO DE LA BIBLIA Y SU COLOCACIÓN EN LA LÍNEA DE TIEMPO

Tiempo	Daniel	Apocalipsis
X, X's, ½ X	7:25, 12:7 (1.260)	12:14
2.300 dias	8:14	
1.290 dias	12:11	
1.335 dias	12:12	
1.260 dias		11:3, 12:6
42 meses	(1.260 dias)	11:2, 13:5
5 meses	(150 dias)	9:5, 10
3 ½ dias/años	(1.260 dias)	11:9, 11
70 semanas	9:24 (2.520 dias)	
1 semana = 7 dias 9:27 (2.520 dias)		

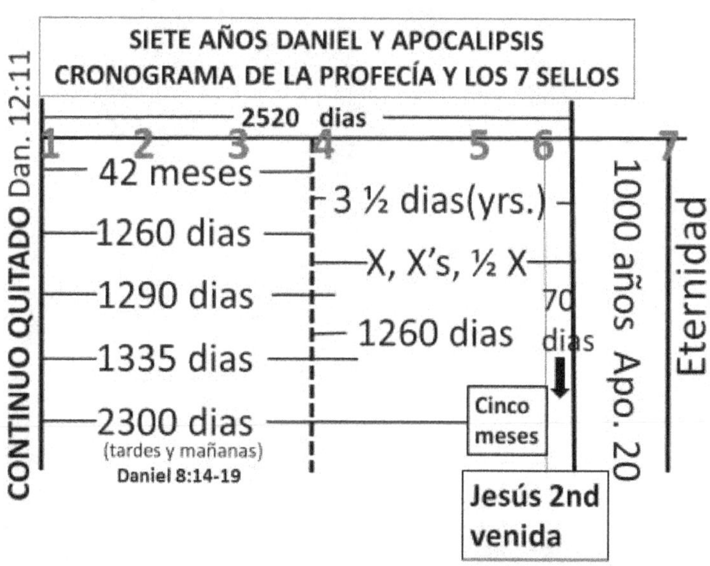

AVISO DEL ÚLTIMO DÍA DEL APÓSTOL PEDRO

__1__ CARISIMOS, yo os escribo ahora esta segunda carta, por las cuales ambas despierto con exhortación vuestro limpio entendimiento;

__2__ Para que tengáis memoria de las palabras que antes han sido dichas por los santos profetas, y de nuestro mandamiento, que somos apóstoles del Señor y Salvador:

__3__ Sabiendo primero esto, que en los postrimeros días vendrán burladores, andando según sus propias concupiscencias,

__4__ Y diciendo: ¿Dónde está la promesa de su advenimiento? porque desde el día en que los padres durmieron, todas las cosas permanecen así como desde el principio de la creación.

__5__ Cierto ellos ignoran voluntariamente, que los cielos fueron en el tiempo antiguo, y la tierra que por agua y en agua está asentada, por la palabra de Dios;

__6__ Por lo cual el mundo de entonces pereció anegado en agua:

__7__ Mas los cielos que son ahora, y la tierra, son conservados por la misma palabra, guardados para el fuego en el día del juicio, y de la perdición de los hombres impíos.

__8__ Mas, oh amados, no ignoréis esta una cosa: que un día delante del Señor es como mil años y mil años como un día.

__9__ El Señor no tarda su promesa, como algunos la tienen por tardanza; sino que es paciente para con nosotros, no queriendo que ninguno perezca, sino que todos procedan al arrepentimiento.

<u>10</u> Mas el día del Señor vendrá como ladrón en la noche; en el cual los cielos pasarán con grande estruendo, y los elementos ardiendo serán deshechos, y la tierra y las obras que en ella están serán quemadas.

<u>11</u> Pues como todas estas cosas han de ser deshechas, ¿qué tales conviene que vosotros seáis en santas y pías conversaciones,

<u>12</u> Esperando y apresurándoos para la venida del día de Dios, en el cual los cielos siendo encendidos serán deshechos, y los elementos siendo abrasados, se fundirán?

<u>13</u> Bien que esperamos cielos nuevos y tierra nueva, según sus promesas, en los cuales mora la justicia.

<u>14</u> Por lo cual, oh amados, estando en esperanza de estas cosas, procurad con diligencia que seáis hallados de él sin mácula, y sin reprensión, en paz.

2 Pedro 3:1-14

SIETE SELLOS, TROMPETAS, ÁNGELES, LAMENTOS, Y TRUENOS

Es la impresión de los autores que los siete SELLOS, TROMPETAS, ÁNGELES, LAMENTOS y TRUENOS ocurren simultáneamente, en orden cronológico, durante los próximos siete años de tribulación. Cada uno de los sellos, trompetas, ángeles y lamentos son una sola pieza del rompecabezas que revela un aspecto diferente de cada evento que tendrá lugar durante la tribulación de siete años. Cuando esas cuatro piezas del rompecabezas encajan, forman una sola imagen. Es la impresión de los autores que el TRUENO es la única conclusión unificadora para cada evento. En otras palabras, los siete truenos son los mensajes acumulados de los siete sellos, trompetas, ángeles y lamentos. Esta impresión no se basa en ningún texto bíblico en particular. Las conclusiones de THUNDER son del autor, y cada individuo puede ver algo diferente. La posición de los siete sellos, trompetas, ángeles, lamentos y truenos aparecen en secuencia cronológica en la línea de tiempo de siete años como sigue:

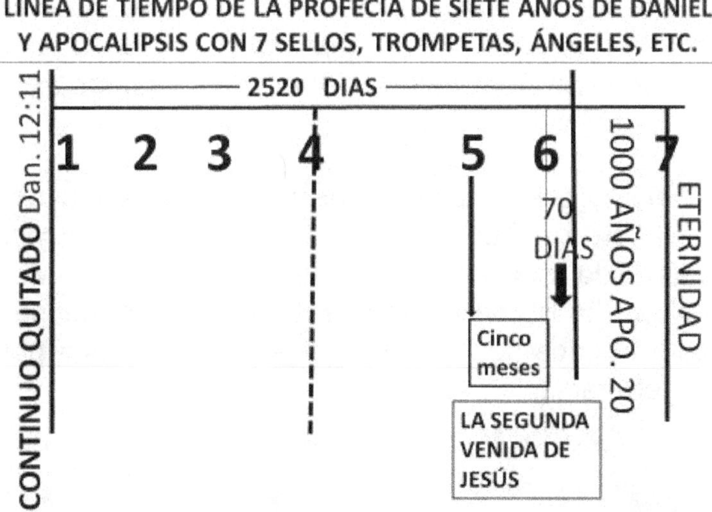

Las siguientes páginas unificarán cada uno de estos siete eventos individualmente y numéricamente, junto con los textos bíblicos que se refieren a ellos. El deseo de organizar estos cuatro eventos con los textos bíblicos correspondientes es intentar revelar una imagen completa de cada evento usando todas las piezas del rompecabezas de las Escrituras. Dado que cada uno tiene lugar al mismo tiempo, debe haber una oración final, bíblicamente conocida como TRUENO, como un cordón conector o unificador que une los siete sellos, trompetas, ángeles y lamentos en una sola frase.

PREGUNTA: ¿Dónde dice la Biblia que hay siete truenos por descubrir en el libro de Apocalipsis?

RESPUESTA: Considere lo siguiente:

> **TRUENOS:** *"Y VI otro ángel fuerte descender del cielo, cercado de una nube, y el arco celeste sobre su cabeza; y su rostro era como el sol, y sus pies como columnas de fuego. Y tenía en su mano un librito abierto: y puso su pie derecho sobre el mar, y el izquierdo sobre la tierra; Y clamó con grande voz, como cuando un león ruge: y cuando hubo clamado, siete truenos hablaron sus voces. Y cuando los siete truenos hubieron hablado sus voces, yo iba á escribir, y oí una voz del cielo que me decía: Sella las cosas que los siete truenos han hablado, y no las escribas."* Apocalipsis 10:1-4.

Hasta el momento, justo antes de la tribulación de siete años, el libro de Apocalipsis iba a ser sellado, incapaz de ser entendido total y correctamente por el pueblo de Dios. Pero ahora ha llegado el momento de que los mensajes de los siete truenos sean escuchados y compartidos por esta última generación.

La siguiente explicación de los TRUENOS no proviene de ningún versículo de la Biblia. La explicación de los TRUENOS enumerados a continuación es la propia interpretación y resumen de los mensajes individuales del sello, la trompeta, el ángel y el lamento, combinados en una oración, frase o párrafo, bajo cada uno de los siete eventos separados que abordan. Es la esperanza de los autores que otros que lean este libro apliquen su conocimiento y experiencia dados por Dios a lo siguiente, con la esperanza de que se ofrezca un mensaje o explicación mejor o más preciso para cada uno de los siete truenos.

Hasta el momento, justo antes de la tribulación de siete años, el libro de Apocalipsis iba a ser sellado, incapaz de ser entendido total y correctamente por el pueblo de Dios. Pero ahora ha llegado el momento de que los mensajes de los siete truenos sean escuchados y compartidos por esta última generación.

La siguiente explicación de los TRUENOS no proviene de ningún versículo de la Biblia. La explicación de los TRUENOS enumerados a continuación es la propia interpretación y resumen de los mensajes individuales del sello, la trompeta, el ángel y el lamento, combinados en una oración, frase o párrafo, bajo cada uno de los siete eventos separados que abordan. Es la esperanza de los autores que otros que lean este libro apliquen su conocimiento y experiencia dados por Dios a lo siguiente, con la esperanza de que se ofrezca un mensaje o explicación mejor o más preciso para cada uno de los siete truenos.

EVENTO UNO: EVANGELIZACIÓN UNIVERSAL: LA TRIBULACIÓN HA COMENZADO

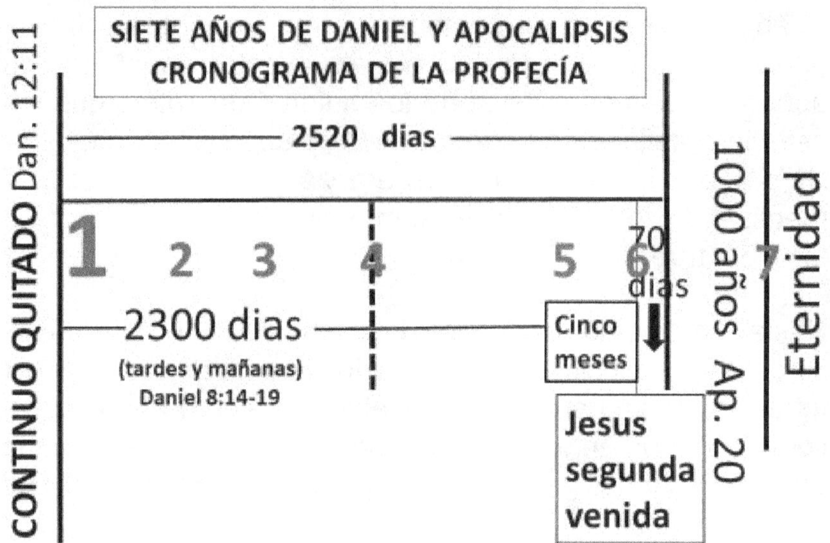

SELLO: *"Y MIRÉ cuando el Cordero abrió uno de los sellos, y oí á uno los cuatro animales diciendo como con una voz de trueno: Ven y ve. Y miré, y he aquí un caballo blanco: y el que estaba sentado encima de él, tenía un arco; y le fué dada una corona, y salió victorioso, para que también venciese."* Apocalipsis 6:1,2.

TRUENOS: "*Y el primer ángel tocó la trompeta, y fué hecho granizo y fuego, mezclado con sangre, y fueron arrojados á la tierra; y la tercera parte de los árboles fué quemada, y quemóse toda la hierba verde."* Apocalipsis 8:7.

ÁNGEL: *"Y vi otro ángel volar por en medio del cielo, que tenía el evangelio eterno para predicarlo á los que moran en la tierra, y á toda nación y tribu y lengua y pueblo, Diciendo en alta voz: Temed á Dios, y dadle honra; porque la hora de su juicio es venida; y adorad á aquel que ha hecho el cielo y la tierra y el mar y las fuentes de las aguas."* Apocalipsis 14:6,7.

LAMENTO: *"Y DESPUÉS de estas cosas vi otro ángel descender del cielo teniendo grande potencia; y la tierra fué alumbrada de su gloria."* Apocalipsis 18:1.

TRUENO: Bajo el poder del Espíritu Santo, el evangelismo mundial, promoviendo el mensaje de "ha llegado la hora del juicio", será escuchado por la gente religiosa de la "tierra" de todo el mundo que busca respuestas a los problemas universales que enfrenta toda la humanidad.

EVENTO DOS: LA BIBLIA ES LLAMADA A CONTENCIÓN POR LA GENTE DEL MAR DE LA CUAL EVENTUALMENTE UN TERCIO SE ARREPENTIRÁ Y SE VOLVERÁ A DIOS.

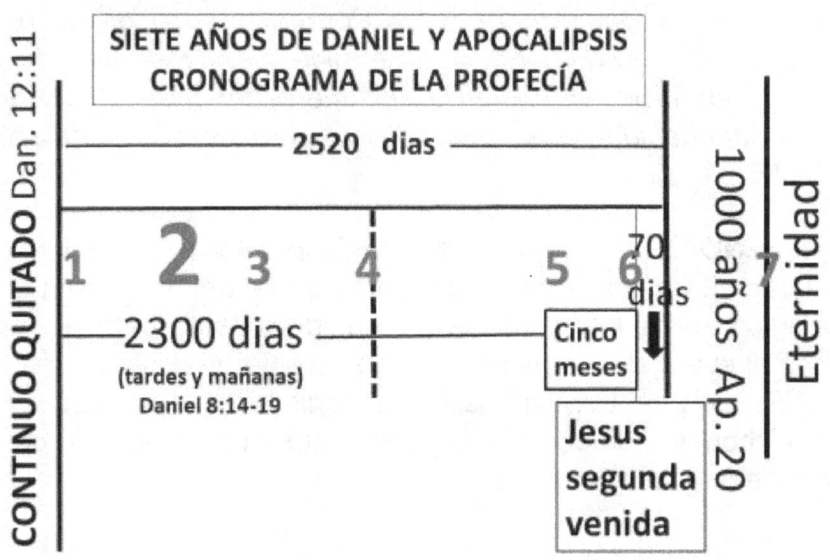

SELLO: "*Y cuando él abrió el segundo sello, oí al segundo animal, que decía: Ven y ve. Y salió otro caballo bermejo: y al que estaba sentado sobre él, fué dado poder de quitar la paz de la tierra, y que se maten unos á otros: y fuéle dada una grande espada."* Apocalipsis 6:3,4.

TROMPETA *"Y el segundo ángel tocó la trompeta, y como un grande monte ardiendo con fuego fué lanzado en la mar; y la tercera parte de la mar se tornó en sangre. Y murió la tercera parte de las criaturas que estaban en la mar, las cuales tenían vida; y la tercera parte de los navíos pereció."* Apocalipsis 8:8,9.

ÁNGEL: *"Y otro ángel le siguió, diciendo: Ha caído, ha caído Babilonia, aquella grande ciudad, porque ella ha dado á beber á todas las naciones del vino del furor de su fornicación."* Apocalipsis 14:8.

LAMENTO: *"Y clamó con fortaleza en alta voz, diciendo: Caída es, caída es la grande Babilonia, y es hecha habitación de demonios, y guarida de todo espíritu inmundo, y albergue de todas aves sucias y aborrecibles. Porque todas las gentes han bebido del vino del furor de su fornicación; y los reyes de la tierra han fornicado con ella, y los mercaderes de la tierra se han enriquecido de la potencia de sus deleites."* Apocalipsis 18:2,3.

TRUENO: El mensaje de "Ha caído Babilonia" rápidamente pierde su atractivo causando que la gente del "mar" pseudo-religiosa se enoje y comience un movimiento para acabar con el evangelismo mundial como se está predicando desde la "Espada del Espíritu", la Biblia, haciendo que la "gente del mar" honesta de corazón se arrepienta y entregue todo para obedecer y servir a Dios.

EVENTO TRES: SE AMPLÍA LA SEPARACIÓN ENTRE LOS PUEBLOS DE LA "TIERRA" Y DEL "MAR".

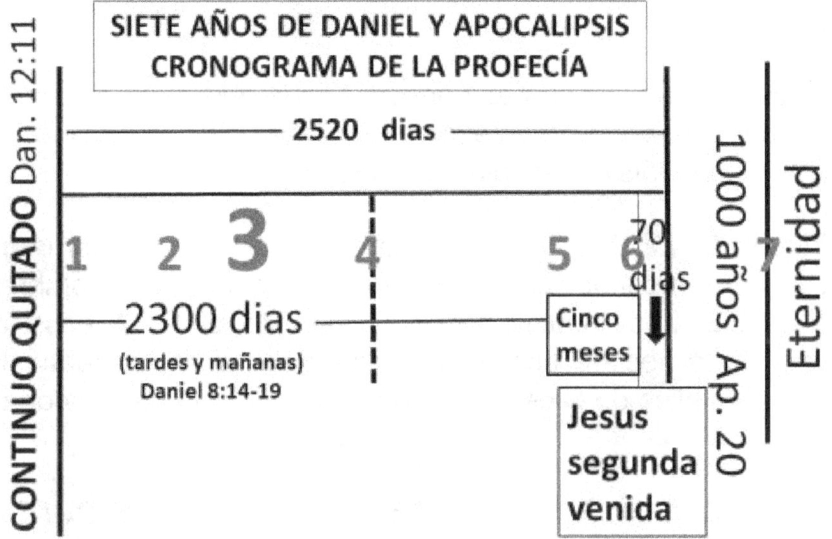

SELLO: *"Y cuando él abrió el tercer sello, oí al tercer animal, que decía: Ven y ve. Y miré, y he aquí un caballo negro: y el que estaba sentado encima de él, tenía un peso en su mano. Y oí una voz en medio de los cuatro animales, que decía: Dos libras de trigo por un denario, y seis libras de cebada por un denario: y no hagas daño al vino ni al aceite."* Apocalipsis 6:5,6.

TRUMPETA: *"Y el tercer ángel tocó la trompeta, y cayó del cielo una grande estrella, ardiendo como una antorcha, y cayó en la tercera parte de los rios, y en las fuentes de las aguas. Y el nombre de la estrella se dice Ajenjo. Y la tercera parte de las aguas fué vuelta en ajenjo: y muchos murieron por las aguas, porque fueron hechas amargas."* Apocalipsis 8:10,11.

ÁNGEL: *"Y el tercer ángel los siguió, diciendo en alta voz: Si alguno adora á la bestia y á su imagen, y toma la señal en su frente, ó en su mano, Este también beberá del vino de la ira de Dios, el cual está echado puro en el cáliz de su ira; y* *será atormentado con fuego y azufre delante de los santos ángeles, y delante del Cordero: Y el humo del tormento de ellos sube para siempre jamás. Y los que adoran á la bestia y á su imagen, no tienen reposo día ni noche, ni cualquiera que tomare la señal de su nombre."* Apocalipsis 14:9-11.

LAMENTO: *"Y oí otra voz del cielo, que decía: Salid de ella, pueblo mío, porque no seáis participantes de sus pecados, y que no recibáis de sus plagas."* Apocalipsis 18:4.

TRUENO: Muchas personas sufren una experiencia amarga cuando se reconoce un claro contraste entre lo que los hombres enseñaron tradicionalmente y lo que la Biblia realmente enseña, ya que se declara una advertencia mundial para aceptar la verdad bíblica de Dios antes de que se asigne la marca de la bestia.

EVENTO CUATRO: AMENAZA DE MUERTE Y PUNTO MEDIO DE LA TRIBULACIÓN DE 7 AÑOS

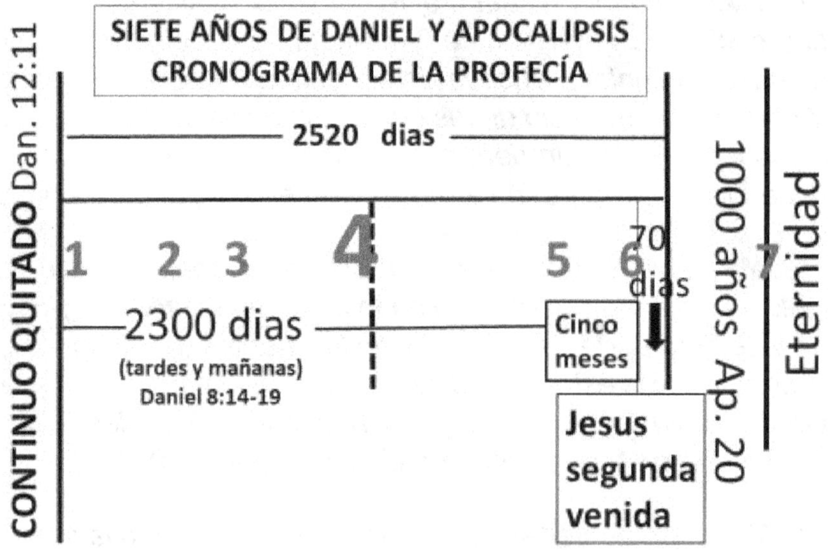

SELLO: *"Y cuando él abrió el cuarto sello, oí la voz del cuarto animal, que decía: Ven y ve. Y miré, y he aquí un caballo amarillo: y el que estaba sentado sobre él tenía por nombre Muerte; y el infierno le seguía: y le fué dada potestad sobre la cuarta parte de la tierra, para matar con espada, con hambre, con mortandad, y con las bestias de la tierra."* Apocalipsis 6:7,8.

TRUMPETA: *"Y el cuarto ángel tocó la trompeta, y fué herida la tercera parte del sol, y la tercera parte de la luna, y la tercera parte de las estrellas; de tal manera que se oscureció la tercera parte de ellos, y no alumbraba la tercera parte del día, y lo mismo de la noche."* Apocalipsis 8:12.

ÁNGEL: *"Aquí está la paciencia de los santos; aquí están los que guardan los mandamientos de Dios, y la fe de Jesús. Y oí una voz del cielo que me decía: Escribe: Bienaventurados los muertos que de aquí adelante mueren en el Señor. Sí, dice el Espíritu, que descansarán de sus trabajos; porque sus obras con ellos siguen."* Apocalipsis 14:12,13.

LAMENTO: *"Porque sus pecados han llegado hasta el cielo, y Dios se ha acordado de sus maldades. Tornadle á dar como ella os ha dado, y pagadle al doble según sus obras; en el cáliz que ella os dió á beber, dadle á beber doblado. Cuanto ella se ha glorificado, y ha estado en deleites, tanto dadle de tormento y llanto; porque dice en su corazón: Yo estoy sentada reina, y no soy viuda, y no veré llanto."* Apocalipsis 18:5-7.

TRUENO: Una ira y un odio tremendos están dirigidos contra el pueblo internacional de Dios, incluso con la amenaza de sus vidas, por ir en contra de la mayoría de los puntos de vista religiosos en todo el mundo, y están literalmente matando al pueblo de Dios y están desechando la Biblia a favor de sus propio punto de vista religioso.

EVENTO CINCO: EL DECRETO DE MUERTE Y LA MARCA DE LA BESTIA

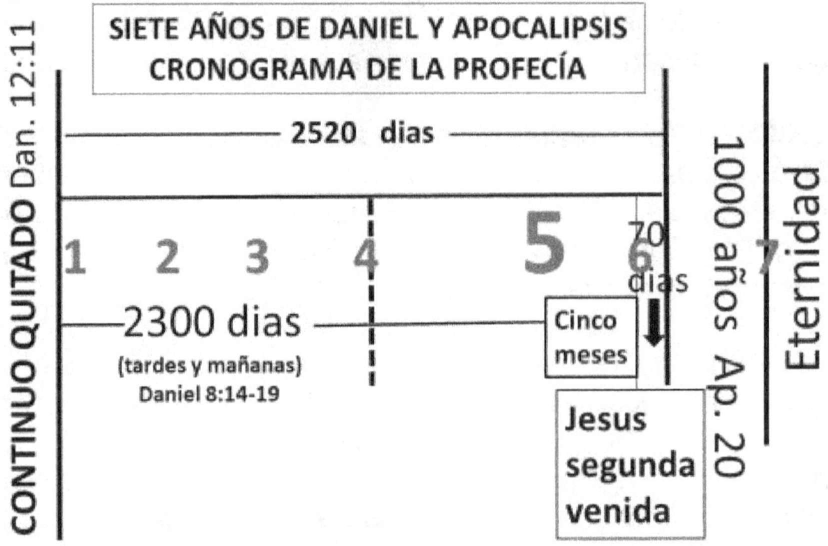

SELLO: *Y cuando él abrió el quinto sello, vi debajo del altar las almas de los que habían sido muertos por la palabra de Dios y por el testimonio que ellos tenían. Y clamaban en alta voz diciendo: ¿Hasta cuándo, Señor, santo y verdadero, no juzgas y vengas nuestra sangre de los que moran en la tierra? Y les fueron dadas sendas ropas blancas, y fuéles dicho que reposasen todavía un poco de tiempo, hasta que se completaran sus consiervos y sus hermanos, que también habían de ser muertos como ellos."* Apocalipsis 6:9-11.

TRUMPETA: *"1 Y EL quinto ángel tocó la trompeta, y vi una estrella que cayó del cielo en la tierra; y le fué dada la llave del pozo del abismo. 2 Y abrió el pozo del abismo, y subió humo del pozo como el humo de un gran horno; y oscurecióse el sol y el aire por el humo del pozo. 3 Y del humo salieron langostas sobre la tierra; y fueles dada potestad, como tienen potestad los escorpiones de la tierra. 4 Y les fué mandado que no hiciesen daño á la hierba de la tierra, ni á ninguna* *cosa verde, ni á ningún árbol, sino solamente á los hombres que no tienen la señal de Dios en sus frentes. 5 Y le fué dado que no los matasen, sino que los atormentasen cinco meses; y su tormento era como tormento de escorpión, cuando hiere al hombre. 6 Y en aquellos días buscarán los hombres la muerte, y no la hallarán; y desearán morir, y la muerte huirá de ellos. 7 Y el parecer de las langostas era semejante á caballos aparejados para la guerra: y sobre sus cabezas tenían como coronas semejantes al oro; y sus caras como caras de hombres. 8 Y tenían cabellos como cabellos de mujeres: y sus dientes eran como dientes de leones. 9 Y tenían corazas como corazas de hierro; y el estruendo de sus alas, como el ruido de carros que con muchos caballos corren á la batalla. 10 Y tenían colas semejantes á las de los escorpiones, y tenían en sus colas aguijones; y su poder era de hacer daño á los hombres cinco meses. 11 Y tienen sobre sí por rey al ángel del abismo, cuyo nombre en hebraico es Abaddon, y en griego, Apolly."* Apocalipsis 9:1-11.

ÁNGEL: *"Y miré, y he aquí una nube blanca; y sobre la nube uno sentado semejante al Hijo del hombre, que tenía en su cabeza una corona de oro, y en su mano una hoz aguda."* Apocalipsis 14:14.

LAMENTO: *"Por lo cual en un día vendrán sus plagas, muerte, llanto y hambre, y será quemada con fuego; porque el Señor Dios es fuerte, que la juzgará."* Apocalipsis 18:8.

TRUENO: Muchas personas, de todo el mundo, al darse cuenta de que la segunda venida de Jesús está cerca, han sido asesinados por su fe, y otros están viviendo una vida de privaciones, por aquellas personas que han endurecido sus corazones contra Dios y están recibiendo la irretractable "Marca de la bestia".

EVENTO SEIS: LA SEGUNDA VENIDA DE JESUCRISTO

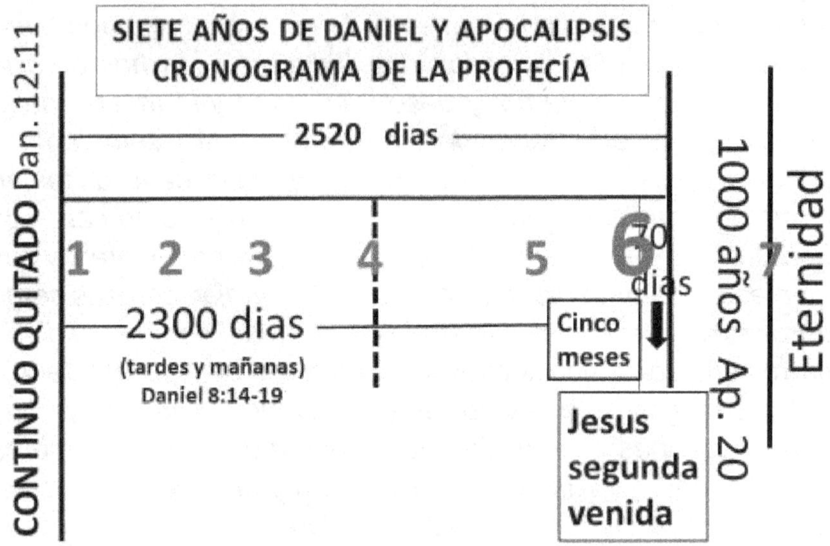

SELLO: *"__12__ Y miré cuando él abrió el sexto sello, y he aquí fué hecho un gran terremoto; y el sol se puso negro como un saco de cilicio, y la luna se puso toda como sangre; __13__ Y las estrellas del cielo cayeron sobre la tierra, como la higuera echa sus higos cuando es movida de gran viento. __14__ Y el cielo se apartó como un libro que es envuelto; y todo monte y las islas fueron movidas de sus lugares. __15__ Y los reyes de la tierra, y los príncipes, y los ricos, y los capitanes, y los fuertes, y todo siervo y todo libre, se escondieron en las cuevas y entre las peñas de los montes; __16__ Y decían á los montes y á las peñas: Caed sobre nosotros, y escondednos de la cara de aquél que está sentado sobre el trono, y de la ira del Cordero: __17__ Porque el gran día de su ira es venido; ¿y quién podrá estar firme?"* Apocalipsis 6:12-17.

TRUMPETA: *__13__ Y el sexto ángel tocó la trompeta; y oí una voz de los cuatro cuernos del altar de oro que estaba delante de Dios, __14__ Diciendo al sexto ángel que tenía la trompeta: Desata los cuatro ángeles que están atados en el gran río Eufrates. __15__*

Y fueron desatados los cuatro ángeles que estaban aparejados para la hora y día y mes y año, para matar la tercera parte de los hombres. 16 Y el número del ejército de los de á caballo era doscientos millones. Y oí el número de ellos. 17 Y así vi los caballos en visión, y los que sobre ellos estaban sentados, los cuales tenían corazas de fuego, de jacinto, y de azufre. Y las cabezas de los caballos eran como cabezas de leones; y de la boca de ellos salía fuego y humo y azufre. 18 De estas tres plagas fué muerta la tercera parte de los hombres: del fuego, y del humo, y del azufre, que salían de la boca de ellos. 19 Porque su poder está en su boca y en sus colas: porque sus colas eran semejantes á serpientes, y tenían cabezas, y con ellas dañan. 20 Y los otros hombres que no fueron muertos con estas plagas, aun no se arrepintieron de las obras de sus manos, para que no adorasen á los demonios, y á las imágenes de oro, y de plata, y de metal, y de piedra, y de madera; las cuales no pueden ver, ni oir, ni andar: 21 Y no se arrepintieron de sus homicidios, ni de sus hechicerías, ni de su fornicación, ni de sus hurtos." Apocalipsis 9:13-21

ÁNGEL: *"Y otro ángel salió del templo, clamando en alta voz al que estaba sentado sobre la nube: Mete tu hoz, y siega; porque la hora de segar te es venida, porque la mies de la tierra está madura. Y el que estaba sentado sobre la nube echó su hoz sobre la tierra, y la tierra fué segada."* Apocalipsis 14:15,16.

LAMENTO: "*9 Y llorarán y se lamentarán sobre ella los reyes de la tierra, los cuales han fornicado con ella y han vivido en deleites, cuando ellos vieren el humo de su incendio, 10 Estando lejos por el temor de su tormento, diciendo: ¡Ay, ay, de aquella gran ciudad de Babilonia, aquella fuerte ciudad; porque en una hora vino tu juicio! 11 Y los mercaderes de la tierra lloran y se lamentan sobre ella, porque ninguno compra más sus mercaderías: 12 Mercadería de oro, y de plata, y de piedras preciosas, y de margaritas, y de lino fino, y de escarlata, y de seda, y de grana, y de toda madera olorosa, y de todo vaso de marfil, y de todo vaso de madera preciosa, y de cobre, y de hierro, y de mármol; 13 Y canela, y olores, y ungüentos, y*

*de incienso, y de vino, y de aceite; y flor de harina y trigo, y de
bestias, y de ovejas; y de caballos, y de carros, y de siervos, y
de almas de hombres. 14 Y los frutos del deseo de tu alma se
apartaron de ti; y todas las cosas gruesas y excelentes te han
faltado, y nunca más las hallarás. 15 Los mercaderes de estas
cosas, que se han enriquecido, se pondrán lejos de ella por el
temor de su tormento, llorando y lamentando, 16 Y diciendo:
¡Ay, ay, aquella gran ciudad, que estaba vestida de lino fino, y
de escarlata, y de grana, y estaba dorada con oro, y adornada
de piedras preciosas y de perlas! 17 Porque en una hora han
sido desoladas tantas riquezas. Y todo patrón, y todos los que
viajan en naves, y marineros, y todos los que trabajan en el
mar, se estuvieron lejos; 18 Y viendo el humo de su incendio,
dieron voces, diciendo: ¿Qué ciudad era semejante á esta
gran ciudad? 19 Y echaron polvo sobre sus cabezas; y dieron
voces, llorando y lamentando, diciendo: ¡Ay, ay, de aquella
gran ciudad, en la cual todos los que tenían navíos en la mar
se habían enriquecido de sus riquezas; que en una hora ha
sido desolada! 20 Alégrate sobre ella, cielo, y vosotros, santos,
apóstoles, y profetas; porque Dios ha vengado vuestra causa
en ella."* Apocalipsis 18:9-20.

TRUENO: En la segunda venida de Jesús, setenta días antes del final de la tribulación de siete años; en la misma hora, día, mes y año que Dios había establecido; los cielos retroceden con gran estruendo, se abren los sepulcros y los muertos que "fueron decapitados por el testimonio de Jesús y por la palabra de Dios, y que no habían adorado a la bestia ni a su imagen, ni habían recibido su marca en sus frentes o en sus manos", son resucitados y se unen a los santos vivos restantes, siendo levantados de este planeta por ángeles compasivos, encontrándose con Jesús en el cielo, por encima de las nubes.

> *"**29** Y luego después de la aflicción de aquellos días,
> el sol se obscurecerá, y la luna no dará su lumbre,
> y las estrellas caerán del cielo, y las virtudes de los
> cielos serán conmovidas. **30** Y entonces se mostrará
> la señal del Hijo del hombre en el cielo; y entonces*

*lamentarán todas las tribus de la tierra, y verán al Hijo del hombre que vendrá sobre las nubes del cielo, con grande poder y gloria. **31** Y enviará sus ángeles con gran voz de trompeta, y juntarán sus escogidos de los cuatro vientos, de un cabo del cielo hasta el otro."* Mateo 24:29-31

*"51 He aquí, os digo un misterio: Todos ciertamente no dormiremos, mas todos seremos transformados.
52 En un momento, en un abrir de ojo, á la final trompeta; porque será tocada la trompeta, y los muertos serán levantados sin corrupción, y nosotros seremos transformados. 53 Porque es menester que esto corruptible sea vestido de incorrupción, y esto mortal sea vestido de inmortalidad. 54 Y cuando esto corruptible fuere vestido de incorrupción, y esto mortal fuere vestido de inmortalidad, entonces se efectuará la palabra que está escrita: Sorbida es la muerte con victoria. 55 ¿Dónde está, oh muerte, tu aguijón? ¿dónde, oh sepulcro, tu victoria? 56 Ya que el aguijón de la muerte es el pecado, y la potencia del pecado, la ley. 57 Mas á Dios gracias, que nos da la victoria por el Señor nuestro Jesucristo. 58 Así que, hermanos míos amados, estad firmes y constantes, creciendo en la obra del Señor siempre, sabiendo que vuestro trabajo en el Señor no es vano."* 1 Corintios 15:51-58.

"13 Tampoco, hermanos, queremos que ignoréis acerca de los que duermen, que no os entristezcáis como los otros que no tienen esperanza. 14 Porque si creemos que Jesús murió y resucitó, así también traerá Dios con él á los que durmieron en Jesús. 15 Por lo cual, os decimos esto en palabra del Señor: que nosotros que vivimos, que habremos quedado hasta la venida del Señor, no seremos delanteros á los que durmieron. 16 Porque el mismo Señor con aclamación, con voz de arcángel, y con trompeta de Dios, descenderá del cielo; y los muertos en Cristo resucitarán primero: 17 Luego nosotros, los que vivimos, los que quedamos, juntamente con ellos seremos

arrebatados en las nubes á recibir al Señor en el aire, y así
estaremos siempre con el Señor. 18 *Por tanto, consolaos los*
unos á los otros en estas palabras.” 1 Tesalonicenses 4:13-18.

*“*4 *Y vi tronos, y se sentaron sobre ellos, y les fué dado*
juicio; y vi las almas de los degollados por el testimonio
de Jesús, y por la palabra de Dios, y que no habían
adorado la bestia, ni á su imagen, y que no recibieron
la señal en sus frentes, ni en sus manos, y vivieron y
reinaron con Cristo mil años. 5 *Mas los otros muertos*
no tornaron á vivir hasta que sean cumplidos mil años.
Esta es la primera resurrección. 6 *Bienaventurado y*
santo el que tiene parte en la primera resurrección; la
segunda muerte no tiene potestad en éstos; antes serán
sacerdotes de Dios y de Cristo, y reinarán con él mil
años.” Apocalipsis 20:4-6.

*“*23 *Miré la tierra, y he aquí que estaba asolada y vacía;*
y los cielos, y no había en ellos luz. 24 *Miré los montes,*
y he aquí que temblaban, y todos los collados fueron
destruídos. 25 *Miré, y no parecía hombre, y todas*
las aves del cielo se habían ido. 26 *Miré, y he aquí el*
Carmelo desierto, y todas sus ciudades eran asoladas
á la presencia de Jehová, á la presencia del furor de
su ira. 27 *Porque así dijo Jehová: Toda la tierra será*
asolada; mas no haré consumación. 28 *Por esto se*
enlutará la tierra, y los cielos arriba se oscurecerán,
porque hablé, pensé, y no me arrepentí, ni me tornaré
de ello.” Jeremías 4:23-28.

*“***21** *Porque habrá entonces grande aflicción, cual no fué*
desde el principio del mundo hasta ahora, ni será. **22**
Y si aquellos días no fuesen acortados, ninguna carne
sería salva; mas por causa de los escogidos, aquellos
días serán acortados.” Mateo 24:21,22.

EVENTO SIETE: JUICIO Y LA DESTRUCCIÓN DE LOS MALVADOS

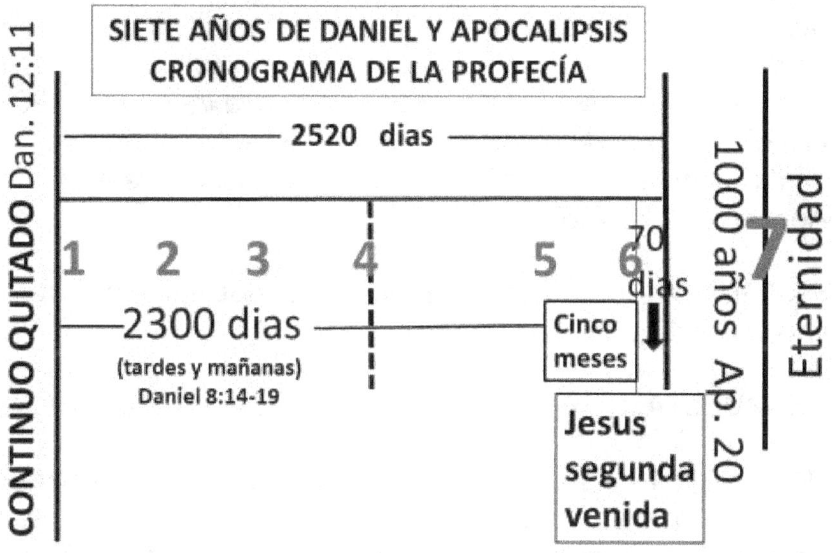

SELLO: *"Y CUANDO él abrió el séptimo sello, fué hecho silencio en el cielo casi por media hora."* Apocalipsis 8:1

TRUMPETA: *"15 Y el séptimo ángel tocó la trompeta, y fueron hechas grandes voces en el cielo, que decían: Los reinos del mundo han venido á ser los reinos de nuestro Señor, y de su Cristo: y reinará para siempre jamás. 16 Y los veinticuatro ancianos que estaban sentados delante de Dios en sus sillas, se postraron sobre sus rostros, y adoraron á Dios, 17 Diciendo: Te damos gracias, Señor Dios Todopoderoso, que eres y que eras y que has de venir, porque has tomado tu grande potencia, y has reinado. 18 Y se han airado las naciones, y tu ira es venida, y el tiempo de los muertos, para que sean juzgados, y para que des el galardón á tus siervos los profetas, y á los santos, y á los que temen tu nombre, á los pequeñitos y á los grandes, y para que destruyas los que destruyen la tierra."* Apocalipsis 11:15-18

ÁNGEL: "17 *Y salió otro ángel del templo que está en el cielo, teniendo también una hoz aguda.* 18 *Y otro ángel salió del altar, el cual tenía poder sobre el fuego, y clamó con gran voz al que tenía la hoz aguda, diciendo: Mete tu hoz aguda, y vendimia los racimos de la tierra; porque están maduras sus uvas.* 19 *Y el ángel echó su hoz aguda en la tierra, y vendimió la viña de la tierra, y echó la uva en el grande lagar de la ira de Dios.* 20 *Y el lagar fué hollado fuera de la ciudad, y del lagar salió sangre hasta los frenos de los caballos por mil y seiscientos estadios."* Apocalipsis 14:17-20

PREGUNTA: ¿Por qué se mencionan dos ángeles en los versículos 17 y 18?

RESPUESTA: Uno es para los justos y el otro para los injustos.

"Pero en los días de la voz del ***séptimo ángel****, cuando él comenzare á tocar la trompeta, el misterio de Dios será consumado, como él lo anunció á sus siervos los profetas."* Apocalipsis 10:7

LAMENTO: "21 *Y un ángel fuerte tomó una piedra como una grande piedra de molino, y la echó en la mar, diciendo: Con tanto ímpetu será derribada Babilonia, aquella grande ciudad, y nunca jamás será hallada.* 22 *Y voz de tañedores de arpas, y de músicos, y de tañedores de flautas y de trompetas, no será más oída en ti; y todo artífice de cualquier oficio, no será más hallado en ti; y el sonido de muela no será más en ti oído:* 23 *Y luz de antorcha no alumbrará más en ti; y voz de esposo ni de esposa no será más en ti oída; porque tus mercaderes eran los magnates de la tierra; porque en tus hechicerías todas las gentes han errado.* 24 *Y en ella fué hallada la sangre de los profetas y de los santos, y de todos los que han sido muertos en la tierra."* Apocalipsis 18:21-24.

TRUENO: Después de los 1000 años, Jesús vuelve con los santos redimidos a la tierra y resucita a todos los muertos, separándolos como el pastor separa a las ovejas de las cabras, para anunciar la sentencia de vida eterna o muerte eterna a cada persona; acoger a los salvados en la ciudad y aniquilar a los perdidos en un aguacero de fuego cuando ataquen la ciudad santa, haciendo que todo el cielo llore la pérdida eterna de aquellas personas que rechazaron la oferta de vida eterna del Salvador.

> "*__7__Y cuando los mil años fueren cumplidos...*" Apocalipsis 20:7

> "*__11__ Y vi un gran trono blanco y al que estaba sentado sobre él, de delante del cual huyó la tierra y el cielo; y no fué hallado el lugar de ellos. __12__ Y vi los muertos, grandes y pequeños, que estaban delante de Dios; y los libros fueron abiertos: y otro libro fué abierto, el cual es de la vida: y fueron juzgados los muertos por las cosas que estaban escritas en los libros, según sus obras. __13__ Y el mar dió los muertos que estaban en él; y la muerte y el infierno dieron los muertos que estaban en ellos; y fué hecho juicio de cada uno según sus obras.*" Apocalipsis 20:11-13.

> "*__7__ Y cuando los mil años fueren cumplidos, Satanás será suelto de su prisión, __8__ Y saldrá para engañar las naciones que están sobre los cuatro ángulos de la tierra, á Gog y á Magog, á fin de congregarlos para la batalla; el número de los cuales es como la arena del mar. __9__ Y subieron sobre la anchura de la tierra, y circundaron el campo de los santos, y la ciudad amada: y de Dios descendió fuego del cielo, y los devoró.*" Apocalipsis 20:7-9.

> "*__37__ ¡Jerusalem, Jerusalem, que matas á los profetas, y apedreas á los que son enviados á ti! ¡cuántas veces quise juntar tus hijos, como la gallina junta sus pollos debajo de las alas, y no quisiste! __38__ He aquí vuestra casa os es dejada desierta __39__ Porque os digo que*

desde ahora no me veréis, hasta que digáis: Bendito el que viene en el nombre del Señor." Mateo 23:37-39.

"He aquí que viene con las nubes, y todo ojo le verá, y los que le traspasaron; y todos los linajes de la tierra se lamentarán sobre él. Así sea. Amén." Apocalipsis 1:7.

*"**31** Y cuando el Hijo del hombre venga en su gloria, y todos los santos ángeles con él, entonces se sentará sobre el trono de su gloria. **32** Y serán reunidas delante de él todas las gentes: y los apartará los unos de los otros, como aparta el pastor las ovejas de los cabritos. **33** Y pondrá las ovejas á su derecha, y los cabritos á la izquierda. **34** Entonces el Rey dirá á los que estarán á su derecha: Venid, benditos de mi Padre, heredad el reino preparado para vosotros desde la fundación del mundo. **35** Porque tuve hambre, y me disteis de comer; tuve sed, y me disteis de beber; fuí huésped, y me recogisteis; **36** Desnudo, y me cubristeis; enfermo, y me visitasteis; estuve en la cárcel, y vinisteis á mí. **37** Entonces los justos le responderán, diciendo: Señor, ¿cuándo te vimos hambriento, y te sustentamos? ¿ó sediento, y te dimos de beber? **38** ¿Y cuándo te vimos huésped, y te recogimos? ¿ó desnudo, y te cubrimos? **39** ¿O cuándo te vimos enfermo, ó en la cárcel, y vinimos á ti? **40** Y respondiendo el Rey, les dirá: De cierto os digo que en cuanto lo hicisteis á uno de estos mis hermanos pequeñitos, á mí lo hicisteis. **41** Entonces dirá también á los que estarán á la izquierda: Apartaos de mí, malditos, al fuego eterno preparado para el diablo y para sus ángeles: **42** Porque tuve hambre, y no me disteis de comer; tuve sed, y no me disteis de beber; **43** Fuí huésped, y no me recogisteis; desnudo, y no me cubristeis; enfermo, y en la cárcel, y no me visitasteis. **44** Entonces también ellos le responderán, diciendo: Señor, ¿cuándo te vimos hambriento, ó sediento, ó huésped, ó desnudo, ó enfermo, ó en la cárcel, y no te servimos? **45** Entonces les responderá, diciendo: De*

cierto os digo que en cuanto no lo hicisteis á uno de estos pequeñitos, ni á mí lo hicisteis. **46** *E irán éstos al tormento eterno, y los justos á la vida eterna."* Mateo 25:31-46

"Después saldrá Jehová, y peleará con aquellas gentes, como peleó el día de la batalla. Y afirmaránse sus pies en aquel día sobre el monte de las Olivas, que está en frente de Jerusalem á la parte de oriente: y el monte de las Olivas, se partirá por medio de sí hacia el oriente y hacia el occidente haciendo un muy grande valle; y la mitad del monte se apartará hacia el norte, y la otra mitad hacia el mediodía. Y huiréis al valle de los montes; porque el valle de los montes llegará hasta Hasal; y huiréis de la manera que huisteis por causa del terremoto en los días de Uzzías, rey de Judá: y vendrá Jehová mi Dios, y con él todos los santos." Zacarías 14:3-5.

"Y muchos de los que duermen en el polvo de la tierra serán despertados, unos para vida eterna, y otros para vergüenza y confusión perpetua. Y los entendidos resplandecerán como el resplandor del firmamento; y los que enseñan á justicia la multitud, como las estrellas á perpetua eternidad." Daniel 12:2,3.

"Y esta es la voluntad del que me envió, del Padre: Que todo lo que me diere, no pierda de ello, sino que lo resucite en ***el día postrero****. Y esta es la voluntad del que me ha enviado: Que todo aquel que ve al Hijo, y cree en él, tenga vida eterna: y yo le resucitaré en* ***el día postrero****."* Juan *6:39,40*

"Y Jesús les dijo: De cierto, de cierto os digo: Si no comiereis la carne del Hijo del hombre, y bebiereis su sangre, no tendréis vida en vosotros. El que come mi carne y bebe mi sangre, tiene vida eterna: y yo le resucitaré en ***el día postrero****."* Juan 6:53,54.

"Yo la luz he venido al mundo, para que todo aquel que cree en mí no permanezca en tinieblas. Y el que oyere mis palabras, y no las creyere, yo no le juzgo; porque no he venido á juzgar al mundo, sino á salvar al mundo. El que me desecha, y no recibe mis palabras, tiene quien le juzgue: la palabra que he hablado, ella le juzgará en ***el día postrero."*** Juan 12:46-48.

"Porque el Hijo del hombre vendrá en la gloria de su Padre con sus ángeles, y entonces pagará á cada uno conforme á sus obras." Mateo 16:27.

"Porque el que se avergonzare de mí y de mis palabras, de este tal el Hijo del hombre se avergonzará cuando viniere en su gloria, y del Padre, y de los santos ángeles." Lucas 9:26.

"Entonces el sumo sacerdote, levantándose en medio, preguntó á Jesús, diciendo: ¿No respondes algo? ¿Qué atestiguan estos contra ti? Mas él callaba, y nada respondía. El sumo sacerdote le volvió á preguntar, y le dice: ¿Eres tú el Cristo, el Hijo del Bendito? Y Jesús le dijo: Yo soy; y veréis al Hijo del hombre sentado á la diestra de la potencia de Dios, y viniendo en las nubes del cielo." Marcos 14:60-62.

Colocando todos los períodos del Tiempo Profético en la Biblia en una línea de tiempo

La siguiente es la lista de todos los períodos de tiempo proféticos que se encuentran en la Biblia.

Tiempo	Daniel	Apocalipsis
X, X's, ½ X	7:25, 12:7 (1.260)	12:14
2.300 dias	8:14	
1.290 dias	12:11	
1.335 dias	12:12	
1.260 dias		11:3, 12:6
42 meses	(1.260 dias)	11:2, 13:5
5 meses	(150 dias)	9:5, 10
3 ½ dias/años	(1.260 dias)	11:9, 11
70 semanas	9:24 (2.520 dias)	
1 semana = 7 dias 9:27 (2.520 dias)		

Debido a que el libro de Apocalipsis se refiere a la tribulación de siete años, se usará el siguiente cuadro para ubicar los períodos de tiempo anteriores donde pertenecen en la línea de tiempo de Apocalipsis:

Cada uno de los períodos de tiempo en la Biblia se presenta a continuación, junto con el texto adjunto en el que se encuentran, sin explicación.

Períodos de tiempo que se encuentran en el libro de APOCALIPSIS

1. Tres días y medio (3 ½) de años. (Apocalipsis 11:9; 11:11).

    a. *"Y los de los linajes, y de los pueblos, y de las lenguas, y de los Gentiles verán los cuerpos de ellos por tres días y medio, y no permitirán que sus cuerpos sean puestos en sepulcros."* Apocalipsis 11:9.
    b. *"Y después de tres días y medio el espíritu de vida enviado de Dios, entró en ellos, y se alzaron sobre sus pies, y vino gran temor sobre los que los vieron."* Apocalipsis 11:11.

2. Mil doscientos sesenta (1260) días. (Apocalipsis 11:3; 12:6).

    a. *"Y daré á mis dos testigos, y ellos profetizarán por mil doscientos y sesenta días, vestidos de sacos."* Apocalipsis 11:3.
    b. *"Y la mujer huyó al desierto, donde tiene lugar aparejado de Dios, para que allí la mantengan mil doscientos y sesenta días."* Apocalipsis 12:6

3. Cuarenta y dos (42) meses (1260 días) (Apocalipsis 11:2; 13:5)

    a. *"Y echa fuera el patio que está fuera del templo, y no lo midas, porque es dado á los Gentiles; y hollarán la ciudad santa cuarenta y dos meses."* Apocalipsis 11:2.
    b. *"Y le fué dada boca que hablaba grandes cosas y blasfemias: y le fué dada potencia de obrar cuarenta y dos meses."* Apocalipsis 13:5.

4. Cinco meses (150 días) (Apocalipsis 9:5,10)

   a. *"Y le fué dado que no los matasen, sino que los atormentasen cinco meses; y su tormento era como tormento de escorpión, cuando hiere al hombre."* Apocalipsis 9:5.
   b. *"Y tenían colas semejantes á las de los escorpiones, y tenían en sus colas aguijones; y su poder era de hacer daño á los hombres cinco meses."* Apocalipsis 9:10.

5. Tiempo, tiempos y medio tiempo (1260 días). (Apocalipsis 12:14).

   c. *"Y fueron dadas á la mujer dos alas de grande águila, para que de la presencia de la serpiente volase al desierto, á su lugar, donde es mantenida por un tiempo, y tiempos, y la mitad de un tiempo."* Apocalipsis 12:14.

Períodos de tiempo de la Biblia que se encuentran en el libro de DANIEL

1. 1,290 dias

   a. *"Y desde el tiempo que fuere quitado el continuo sacrificio hasta la abominación espantosa, habrá mil doscientos y noventa días."* Daniel 12:11.

2. 1,335 dias

   a. "Bienaventurado el que esperare, y llegare hasta mil trescientos treinta y cinco días." Daniel 12:12.

3. El tiempo, los tiempos y la división del tiempo, o Tiempo por tiempos y medio tiempo, o 1260 días.

   b. *"Y hablará palabras contra el Altísimo, y á los santos del Altísimo quebrantará, y pensará en mudar los tiempos y la ley: y entregados serán en su mano hasta tiempo, y tiempos, y el medio de un tiempo."* Daniel 7:25. *"Y oía al varón vestido de lienzos, que estaba sobre las aguas del río, el cual alzó su diestra y su siniestra al cielo, y juró por el Viviente en los siglos, que será por tiempo, tiempos, y la mitad. Y cuando se acabare el esparcimiento del escuadrón del pueblo santo, todas estas cosas serán cumplidas."* Daniel 12:7.

4. 2,300 dias

    a. *"Y él me dijo: Hasta dos mil y trescientos días de tarde y mañana; y el santuario será purificado."* Daniel 8:14.
    b. *UNA MEJOR TRADUCCIÓN: "Y él me dijo: "Hasta dos mil trescientas tardes y mañanas entonces el santo será vindicado."*

5. 70 semanas de años o 490 años (2.520 días después de realizar las matemáticas).

    a. *"Setenta semanas están determinadas sobre tu pueblo y sobre tu santa ciudad, para acabar la prevaricación, y concluir el pecado, y expiar la iniquidad; y para traer la justicia de los siglos, y sellar la visión y la profecía, y ungir al Santo de los santos."* Daniel 9:24.
    b. 70 x 7 = 490 años. 490 años x 360 días por año = 176.400 días. 176.400 días ÷ 70 = 2.520 días o 7 años.

LOS SIGUIENTES VERSÍCULOS CORREGIDOS DE DANIEL DOCE SON VITAL PARA COLOCAR CORRECTAMENTE TODOS LOS PERÍODOS DE TIEMPO PROFÉTICO EXACTAMENTE EN LA LÍNEA DE TIEMPO DE LA PROFECÍA DEL TIEMPO DEL FIN.

Daniel 12:11,12

"Y desde el tiempo que fuere quitado el continuo sacrificio hasta la abominación espantosa, habrá mil doscientos y

noventa días. Bienaventurado el que esperare, y llegare hasta mil trescientos treinta y cinco días."

Este versículo es tremendamente importante y debe entenderse correctamente del idioma original. Para ser absolutamente preciso, la palabra sacrificio, que está en cursiva en la mayoría de las Biblias, desde que se agregó, debe eliminarse del versículo. No pertenece allí.

"Y desde el tiempo que será quitado el continuo hasta la abominación desoladora, habrá mil doscientos noventa días. Bienaventurado el que espera, y llega a los mil trescientos treinta y cinco días."

Poniendo este texto en mis propias palabras se puede leer:

> *"Desde que se quita el continuo (perpetuo) hasta que se instala la abominación desoladora, habrá 1.290 días. Bienaventurados los que llegan a los 1.335 días."*

(Nota: las siguientes líneas de tiempo no están dibujadas a escala. Son solo para demostración)

Si observa Daniel 12:11 en una línea de tiempo horizontal, se vería así:

CONTINUO	1,290 DIAS	ABOMINACIÓN
PROHIBIDO I	______________________	I DE DESOLACIÓN

Vuelva a leer Daniel 12:11 con mucho cuidado para darse cuenta de su significado:

"**DESDE EL TIEMPO** que se quita el continuo **HASTA QUE SE ESTABLECE** la abominación desoladora, habrá **1.290 días** de tiempo."

El versículo 12 continúa diciendo:

"Bienaventurados los que llegan a los 1.335 días".

Si observa ambos versículos en una línea de tiempo horizontal, se vería así:

CONTINUO PROHIBIDO I	1,290 DIAS _____________________________	ABOMINACIÓN I DE DESOLACIÓN
CONTINUO PROHIBIDO I	1,335 DIAS __________________________________	BENDICIÓN I ESPECIAL

A lo largo de los libros de Daniel y Apocalipsis se dan una serie de períodos de tiempo proféticos. Cada período de tiempo tiene un punto de inicio bíblico y un punto final. Si se puede determinar el punto inicial o final del tiempo, entonces todo el período de tiempo profético se puede mapear adecuada y correctamente en una línea de tiempo.

Los períodos de tiempo de la profecía bíblica están reservados y preservados para la última generación para revelarles lo que vendrá en el futuro para que cuando llegue el momento, puedan estar debidamente informados y preparados. Dios no deja a Su pueblo en la oscuridad cuando se trata de la profecía que se desarrolla para una futura generación en particular. Él dice:

> *"Porque no hará nada el Señor Jehová, sin que revele su secreto á sus siervos los profetas."* Amós 3:7.
>
> *"Y ahora os lo he dicho antes que se haga; para que cuando se hiciere, creáis."* Juan 14:29.
>
> *"Aun tengo muchas cosas que deciros, mas ahora no las podéis llevar. Pero cuando viniere aquel Espíritu de verdad, él os guiará á toda verdad; porque no hablará*

de sí mismo, sino que hablará todo lo que oyere, y os hará saber las cosas que han de venir." Juan 16:12,13.

Se han hecho muchos intentos anteriores para tratar de identificar los puntos de tiempo iniciales de los períodos de tiempo proféticos bíblicos, pero en el mejor de los casos han sido especulativos. Los períodos de tiempo proféticos deben entenderse antes de que surtan efecto, no después. Una excepción a esa regla es la profecía de las setenta semanas de Daniel 9:24-27. Se entendió que se aplicaba a Cristo Jesús en retrospectiva.

PREGUNTA: ¿Cómo ayuda al Estudiante de la Biblia una profecía de tiempo entendida a posteriori?

RESPUESTA: Comprender la exactitud del cumplimiento de las profecías bíblicas del tiempo, siendo satisfechas en el pasado, es muy importante para el estudiante de la Biblia. (1) Revela que nuestro Dios Creador es un Dios exacto y que hace lo que dice que hará y lo hace a tiempo. (2) Una profecía bíblica cumplida anima a los hijos de Dios en su fe y confianza en nuestro Creador omnipotente y garantiza que Dios cumplirá las profecías futuras como lo ha hecho en el pasado.

El estímulo para la generación de los últimos días en el establecimiento de su fe en la corrección de Dios en el cumplimiento de Sus profecías bíblicas proféticas del tiempo es una aplicación única. Hasta la década de 1800, cuando la Biblia comenzó a ser producida en masa y puesta a disposición de los hogares comunes, muchas personas no tenían las Escrituras para leer, estudiar y comprender. Pero ahora, en nuestros días, dado que las Biblias están disponibles o se encuentran prácticamente en todos los hogares, podemos descubrir, comprender y aplicar las profecías bíblicas del tiempo a nuestro futuro cercano.

PREGUNTA: ¿Qué hay de malo en pensar que todas las profecías bíblicas de tiempo se cumplieron en el pasado, antes de nuestros días?

RESPUESTA: Hay una serie de problemas al pensar que todas las profecías bíblicas de tiempo se cumplieron en el pasado. (1) Evita que los actuales estudiantes de la Biblia busquen un futuro o un cumplimiento del tiempo del fin. ¿Por qué investigar una profecía bíblica, si ya se ha cumplido? (2) Hace inútil la profecía del tiempo. Una profecía de tiempo mal cumplida en el pasado, no ayuda a nadie en el presente ni en el futuro. (3) Las profecías bíblicas son para advertir y preparar al pueblo de Dios para eventos futuros, ANTES de que sucedan, no después. Las profecías bíblicas ignoradas, porque se les asignó erróneamente un cumplimiento pasado, deja al pueblo de Dios en la oscuridad con respecto a los eventos venideros.

Considere Daniel 9:24. Esa profecía de tiempo tiene una aplicación dual para la vida de Cristo, pero también para la última generación del tiempo del fin. Pero solo se entendió, al aplicarlo a Jesús, en retrospectiva. Ninguna persona o pueblo podía entenderlo antes de que Él naciera o en Su día. No se entendió hasta hace unos siglos. Fue solo en retrospectiva que se consideró entendida la profecía de Daniel 9:24. Esa profecía dice la fecha exacta en que Jesús sería ungido como el Mesías, en el 27 d.C., y el año exacto en que moriría, el 31 d.C. También revela, en el versículo 27, el día exacto de la semana en que Él moriría, a la mitad de la semana, el cuarto día de la semana, que es nuestro miércoles. También predijo cuándo Esteban, de los capítulos seis y siete de los Hechos, sería asesinado.

PREGUNTA: ¿Cómo se entendió que Daniel 9:24-27 en retrospectiva se cumplió en la vida de Cristo?

RESPUESTA: Primero uno debe darse cuenta de que la profecía de Daniel nueve se aplica a 490 años, usando el principio de día por año. En segundo lugar, debe saberse que

Jesús murió en el año 31 d.C. En tercer lugar, una persona debe hacer las matemáticas correctas para llegar al año 457 a. Fue entonces cuando salió el decreto para reconstruir Jerusalén y es importante darse cuenta de que es un año de Jubileo, como lo predijo Daniel. LAS MATEMÁTICAS: 31 ADE más 3 ½ llega a 34 ADE. Reste 490 años de 34 ADE, y llega a 457 BCE. Solo en retrospectiva se puede entender esa profecía de tiempo de setenta semanas. Pero esa profecía de tiempo también tiene una aplicación futura para la última generación.

Consideremos todas las profecías proféticas de tiempo de la Biblia, incluyendo Daniel 9:24-27, y veamos cómo, cuándo y por qué se aplican, en el futuro cercano, a la última generación que vive en este planeta pecaminoso.

Ahora mismo, a usted, se le está revelando, desde Daniel 12:11,12, cuando comienzan todos los períodos de tiempo proféticos de la Biblia. En primer lugar, tenemos un punto de tiempo inicial específico reconocido para dos de los períodos de tiempo proféticos. Tanto la profecía de los 1.290 días como la de los 1.335 días comienzan cuando lo PERPETUO o CONTINUO es quitado o abandonado.

Otro período de tiempo que se puede agregar a esos dos períodos de tiempo proféticos de Daniel 12:11,12, en relación con la eliminación del CONTINUO, es el "tiempo, tiempos y la mitad de un tiempo" de Daniel 12:7. Ese período de tiempo, que es de tres años y medio, o 1.260 días literales de 24 horas, se menciona en la misma visión que los 1.290 y los 1.335 períodos de tiempo. Note Daniel 12:7:

> *"Y oía al varón vestido de lienzos, que estaba sobre las aguas del río, el cual alzó su diestra y su siniestra al cielo, y juró por el Viviente en los siglos, que será por* ***tiempo, tiempos, y la mitad****. Y cuando se acabare el esparcimiento del escuadrón del pueblo santo, todas estas cosas serán cumplidas."*

Aparecería en nuestra línea de tiempo horizontal de la siguiente manera:

CONTINUO 1,260 DIAS 1,260 DIAS PUEBLO SANTO
PROHIBIDO I_______________I_______________I DISTRUZADO

CONTINUO 1,260 DIAS MEDIO DE LA
PROHIBIDO I_______________I TRIBULACIÓN

CONTINUO 1,290 DIAS ABOMINACIÓN
PROHIBIDO I_________________I DE DESOLACIÓN

CONTINUO 1,335 DIAS BENDICIÓN
PROHIBIDO I____________________I ESPECIAL

PREGUNTA: Según la Biblia, ¿hay otro período de tiempo asociado con la "eliminación" con el PERPETUO o CONTINUO?

RESPUESTA: SI!!!!!

Observe Daniel 8: 9-14:

> "Y del uno de ellos salió un cuerno pequeño, el cual creció mucho al mediodía, y al oriente, y hacia la tierra deseable. Y engrandecióse hasta el ejército del cielo; y parte del ejército y de las estrellas echó por tierra, y las holló. Aun contra el príncipe de la fortaleza se engrandeció, y por él fué quitado el continuo sacrificio, y el lugar de su santuario fué echado por tierra. Y el ejército fué le entregado á causa de la prevaricación sobre el continuo sacrificio: y echó por tierra la verdad, é hizo cuanto quiso, y sucedióle prósperamente. Y oí un santo que hablaba; y otro de los santos dijo á aquél que hablaba: ¿Hasta cuándo durará la visión del continuo sacrificio, y la prevaricación asoladora que pone el santuario y el ejército para ser hollados? Y él me dijo: Hasta dos mil y trescientos días de tarde y mañana; y el santuario será purificado."

Me he tomado la libertad de corregir una serie de errores encontrados en este texto en comparación con el hebreo original. La palabra "sacrificio" fue añadida a este texto, no pertenece a estos versículos. La siguiente es la forma en que Daniel 8: 9-14 debe traducirse según mi entendimiento del idioma original:

> *""Y de uno de ellos salió un cuerno pequeño, que creció en gran manera hacia el sur, y hacia el oriente, y hacia la tierra deseable. Y se engrandeció hasta el ejército de los cielos; y echó por tierra parte del ejército y de las estrellas, y las pisoteó. Sí, se engrandeció hasta el príncipe de los ejércitos, y por él fue quitado el continuo, y el lugar de su santuario fue echado por tierra. Y le fue dado ejército contra el continuo a causa de la transgresión, y echó por tierra la verdad; y practicó, y prosperó. Entonces oí hablar a un santo, y otro santo dijo a aquel santo que hablaba: ¿Hasta cuándo será la visión del continuo, y la prevaricación desoladora, para dar el santuario y el ejército para ser hollados? Y me dijo: Hasta dos mil trescientas tardes y mañanas; entonces el santo será declarado justo (reivindicado)".*

Está perfectamente claro que la profecía del tiempo de "las 2300 tardes y mañanas" también está íntimamente relacionada con el CONTINUO (PERPETUO) de Daniel 12:11, siendo quitado, además de estar conectado con "la transgresión de la desolación" que es el tiempo del fin. "abominación desoladora", durante la tribulación de 2520 días.

De acuerdo con las líneas de tiempo anteriores, las 2300 tardes y mañanas, o los 2300 días literales de 24 horas, aparecen de la siguiente manera:

CONTINUO 1,260 DIAS 1,260 DIAS PUEBLO SANTO
PROHIBIDO I________________________I________________________I DISTRUZADO

CONTINUO 1,260 DIAS MEDIO DE LA
PROHIBIDO I________________________I TRIBULACIÓN

CONTINUO 1,290 DIAS ABOMINACIÓN
PROHIBIDO I____________________________I DE DESOLACIÓN

CONTINUO 1,335 DIAS BENDICIÓN
PROHIBIDO I________________________________I ESPECIAL

CONTINUO 2.300 TARDES Y MAÑANAS PUEBLO SANTO
PROHIBIDO I____I VINDICADO

Cuando discutimos Daniel 9:24,27 probamos que hay una semana profética de siete años en nuestro futuro que Jesús llamó la "gran tribulación" en Mateo 24:21.

PREGUNTA: ¿Cómo se relaciona ese período de tiempo de siete años (2520 días) con los períodos de tiempo demostrados anteriormente?

RESPUESTA: Observe lo siguiente al agregar la tribulación de 2520 días a las líneas de tiempo:

CONTINUO 1,260 DIAS 1,260 DIAS PUEBLO SANTO
PROHIBIDO I________________________I________________________I DISTRUZADO

CONTINUO 1,260 DIAS MEDIO DE LA
PROHIBIDO I________________________I TRIBULACIÓN

CONTINUO 1,290 DIAS ABOMINACIÓN
PROHIBIDO I____________________________I DE DESOLACIÓN

CONTINUO 1,335 DIAS BENDICIÓN
PROHIBIDO I________________________________I ESPECIAL

CONTINUO 2.300 TARDES Y MAÑANAS PUEBLO SANTO
PROHIBIDO I____I VINDICADO

CONTINUO I 2,520 DIAS (SIETE AÑOS) TRIBULACIÓN
PROHIBIDO I____I TERMINÓ

(Tenga en cuenta que estas líneas de tiempo no están dibujadas a escala. Son solo para demostración)

Los 1260 días más 1260 días (tiempo, tiempos y ½ tiempo) es igual a 2520 días o 7 años.

DEFINICIONES:

UN BUCLE DE PROFECÍA es un estilo de escritura bíblica en el que los versículos que siguen a un ciclo de pensamiento completo retroceden para agregar información a los versículos anteriores.

Las **DIVISIONES NATURALES** ocurren dentro de un capítulo de la Biblia cuando hay un cambio de conversación o se introduce un nuevo tema. Este es un proceso simple de considerar todos los versículos de un capítulo de la Biblia en su orden numérico cronológico y separarlos en temas o conversaciones para establecer un esquema de capítulo.

Los **BUCLES DE TIEMPO** ocurren en las Escrituras cuando los versículos de un capítulo tienen un comienzo ininterrumpido y un punto final de tiempo y luego regresan a otro punto de inicio.

Las definiciones anteriores y los siguientes cuadros se definen y revelan con mayor detalle en el libro: "COMPRENSIÓN EL LIBRO DE DANIEL PARA ESTA GENERACIÓN" de Earl Schrock, y está disponible en línea en muchos sitios diferentes.

Los siguientes gráficos revelan el trazado tanto del Libro de Daniel como del Libro de Apocalipsis en una sola línea de tiempo considerando los BUCLES DE TIEMPO en el libro de Daniel.

DANIEL AND REVELATION PROPHECY TIME LOOPS AND TIMELINE

DANIEL CHAPTERS	Babylon 605	Med/Pers 538	457	Greece 330	Rome 168	3BC	27 31 34	70	1800	NOW	SEVEN YEARS OF GOD'S WRATH (2,520 DAYS) LEFT WING	RIGHT WING	1000 YEARS	WHITE THRONE JUDGEMENT ETERNITY
ONE	1-20	21												
TWO	1-32				33a				33b		34	35		
	36-38	39a		39b	40				41	42-	44	45		
	46-49													
THREE	1-30										ENTIRE BOOK OF REVELATION			
FOUR	1-37													
FIVE		1-31			Revelation's seven seals, seven trumpets, seven angels, seven laments and seven thunders. →						1 2 3 4	5 6		7
SIX		1-28												
SEVEN		1-3												
	4	5		6	7						8	9,10		11
											12		13	14
		15,16									17			18
					19,20a						20b 21	22		
					23						24	25 26		27
		28												
EIGHT		1-3	4	5-8						9-	12			
		13									14			
		15-17a									17b			
		18									19			
		20		21	22						23-	26		
		27												

DANIEL AND REVELATION PROPHECY TIME LOOPS AND TIMELINE

DANIEL CHAPTERS	Babylon 605	Med/Pers 538	457	Greece 330	Rome 168	3BC	27 31 34 (✝)	70	1800	NOW	SEVEN YEARS OF GOD'S WRATH (2,520 DAYS) LEFT WING	RIGHT WING	1000 YEARS	WHITE THRONE JUDGEMENT ETERNITY
NINE		1-23	24a				24b							
			25a				25b 26a	26b			26c			
							27a 27b				27c	27d 27e		
			(69 weeks)				1 wk		ALSO 24-		26 27a	27b 27c 27d		
			(70 week prophecy)											
TEN		1-21			Revelation's seven seals, trumpets, angels, etc. →						1 2 3 4	5 6		7
ELEVEN		1	2	3-4						5-	20			
										21-	31a	31b		
										32-	35 36-	39		
										40-	43	44-	45	
TWELVE										1			2-	3
		4-6								7a			7b	
		8-9a								9b	11a	11b 12		
		13a												13b
											ENTIRE BOOK OF REVELATION			

El Libro de Apocalipsis no es una repetición del libro de Daniel, sino una continuación y un complemento del Libro de Daniel.

A continuación se muestra un cuadro que muestra todos los períodos de tiempo bíblicos proféticos que se encuentran en las Escrituras y que íntimamente juegan un papel importante durante la próxima tribulación de siete años:

ALL THE END TIME BIBLICAL PROPHETIC TIME PERIODS

Tiempo	Daniel	Apocalipsis
X, X's, ½ X	7:25, 12:7 (1.260)	12:14
2.300 dias	8:14	
1.290 dias	12:11	
1.335 dias	12:12	
1.260 dias		11:3, 12:6
42 meses	(1.260 dias)	11:2, 13:5
5 meses	(150 dias)	9:5, 10
3 ½ dias/años	(1.260 dias)	11:9, 11
70 semanas	9:24 (2.520 dias)	
1 semana = 7 dias	9:27 (2.520 dias)	

Hasta donde yo sé, el punto de inicio bíblico para el período de tiempo que se encuentra en Daniel 12:11, es la clave para comprender dónde encajan todos los demás períodos de tiempo del "tiempo señalado del fin" en una línea de tiempo sensata y organizada.

PREGUNTA: ¿Por qué la Biblia tiene numerosos períodos de tiempo de profecía encapsulados en los próximos siete años de tribulación?

RESPUESTA: Conocer el comienzo de cada período de tiempo es importante para los eventos que tienen lugar durante ese período de tiempo y especialmente al final de ese período de tiempo profético. El propósito de cada período de tiempo se puede determinar mediante el estudio cuidadoso y completo de la información que rodea a cada uno de esos períodos de tiempo. Todos son para "el tiempo señalado del fin".

Ninguno de los versículos del período de tiempo particular anterior puede estar solo sin considerar todo el capítulo bíblico en el que se encuentran. Ningún versículo de tiempo profético puede ser independiente del capítulo en el que se encuentra. Para ubicar correctamente un período de tiempo en una línea de tiempo, se debe considerar toda la información de ese capítulo.

Como se discutió con respecto a Mateo 24, la Biblia nos informa de una futura tribulación mundial de siete años. Considerando que un año profético tiene 360 días, una tribulación de siete años se convierte en un período de tiempo de 2520 días. Al considerar todos los períodos de tiempo anteriores, todos encajan cómodamente en esa línea de tiempo o período de tiempo de 2520 días y cada uno tiene un propósito específico.

Al darnos cuenta de que **todos** los períodos de tiempo comienzan cuando se quita el PERPETUO o CONTINUO, podemos comenzar nuestra línea de tiempo con esa información. Después de considerar todos los parámetros de los períodos de tiempo, los cuadros a continuación rastrean claramente los puntos de inicio y finalización de cada uno de los períodos de tiempo bíblicos demostrados anteriormente.

El siguiente diseño de línea de tiempo de siete años se utilizará para demostrar todos los períodos de tiempo proféticos futuros del tiempo del fin en la Biblia. El siguiente cuadro revela:

El título de la tabla, (2) el evento que comienza la tribulación de siete años, (3) los 2520 días literales que componen los siete años, (4) la línea media que divide igualmente la línea de tiempo en dos mitades iguales o “alas”, (5) el período final de 70 días al final de los siete años, (6) el tiempo sugerido para la segunda venida de Jesús, (7) los 1000 años de Apocalipsis 20, y (8) la ETERNIDAD que comienza después de que se completan los 1000 años.

Mi primera adición al gráfico de la línea de tiempo de siete años es colocar **los cinco meses** de Apocalipsis 9:5,10 en la línea de tiempo. Aparece en el gráfico como:

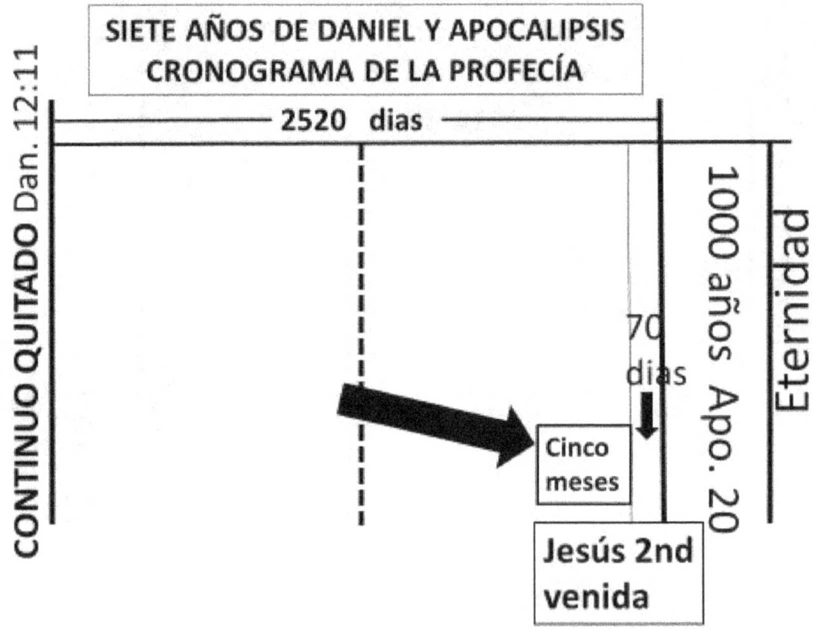

Luego agregaré **los tres días y medio (3 ½)** de los años de Apocalipsis once cuando los dos testigos, el Antiguo y el Nuevo Testamento, serán proscritos y eliminados.

A continuación añadiré **tiempo, tiempos y medio tiempo (X, X'S, ½ X)** de Daniel y Apocalipsis cuando el pueblo de Dios será pisoteado por el Poder del Cuerno Pequeño (Daniel 8:9-14):

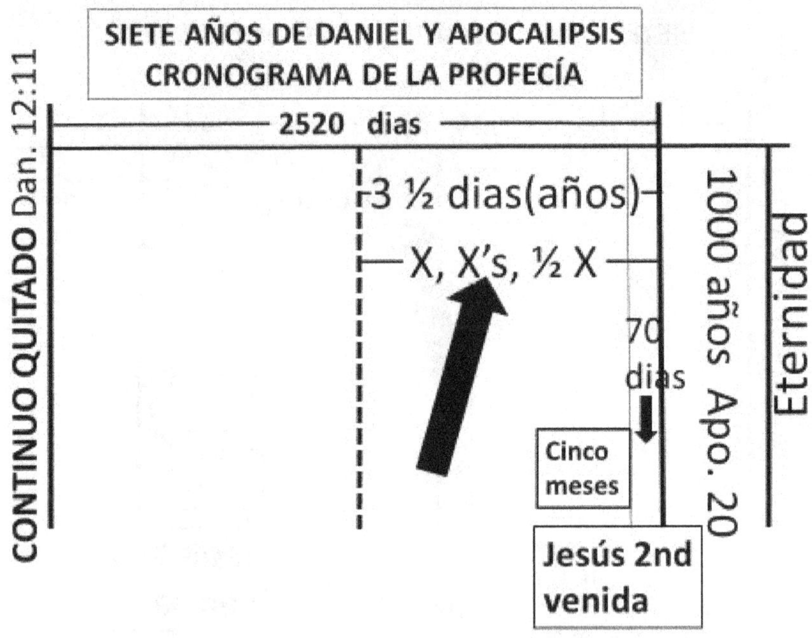

A continuación agregaré los **42 meses**, cuando los dos testigos (Apocalipsis 11) evangelicen al mundo, y los **1.260 días**, cuando los elegidos de Dios comiencen a ser maltratados mientras los 144,000 santos revelan al mundo el mensaje final del evangelio sobre el juicio final y la reino de Dios, señalando la definición del pueblo conocido como "cielo", "tierra" y "mar" (Mateo 24:9-15; Apocalipsis 12:12):

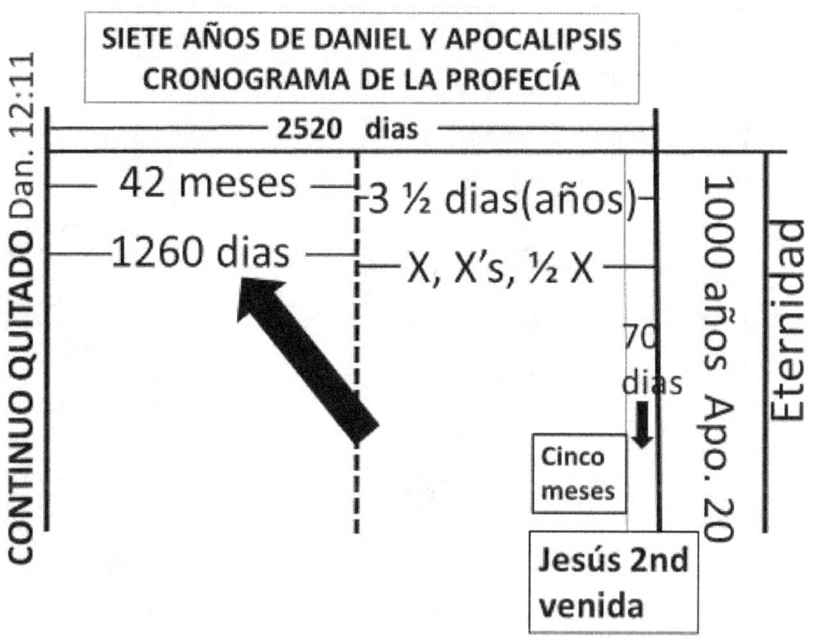

Luego agregaré **1.290 días** que abarca el período desde el momento en que se elimina el CONTINUO hasta que se establece la "abominación desoladora".

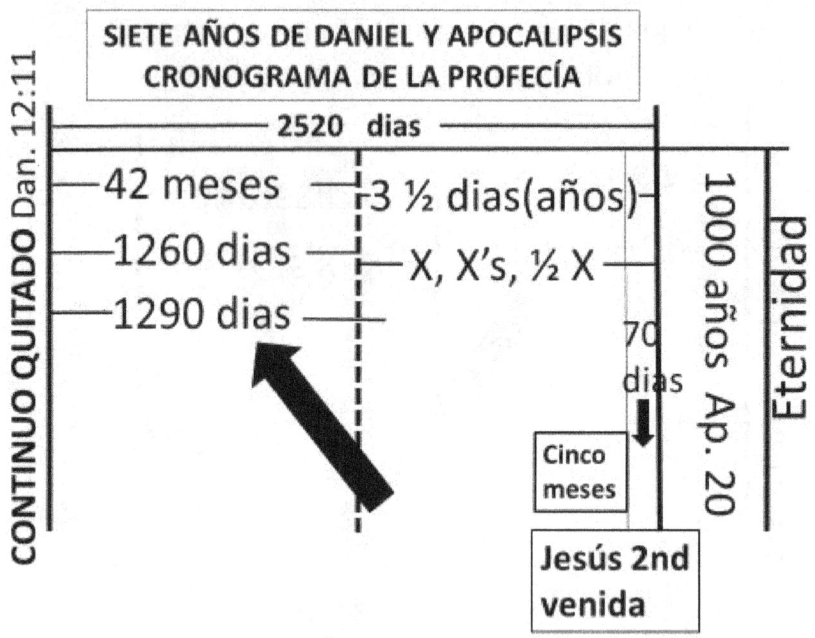

Los **1.335 días** tienen lugar cuarenta y cinco (45) días literales después de que se establezca la abominación desoladora. Al final de este período de tiempo, los siervos elegidos de Dios serán bendecidos de una manera muy especial.

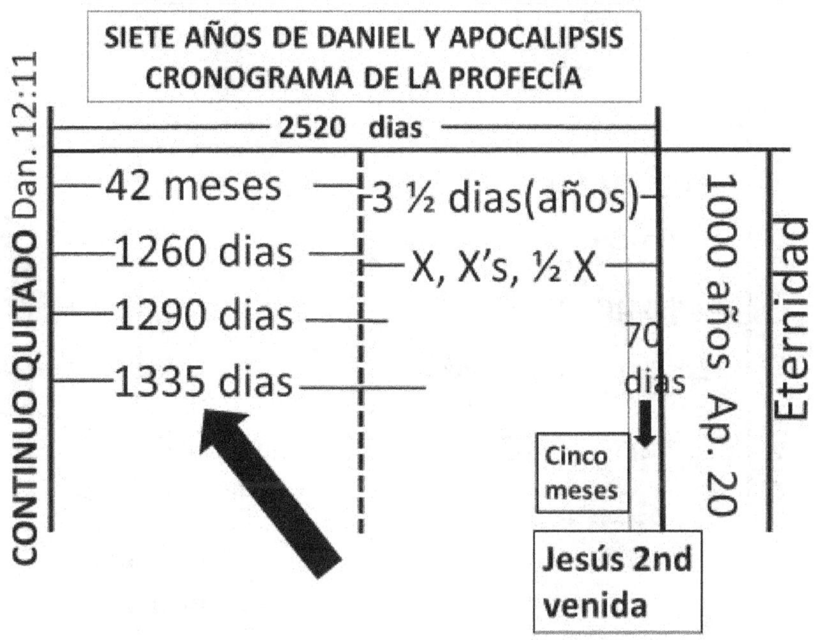

The **2,300 days** goes from the beginning of the seven-year tribulation to the time the five months of Revelation 9:5,10 begins. That is the total testing time for God's servants:

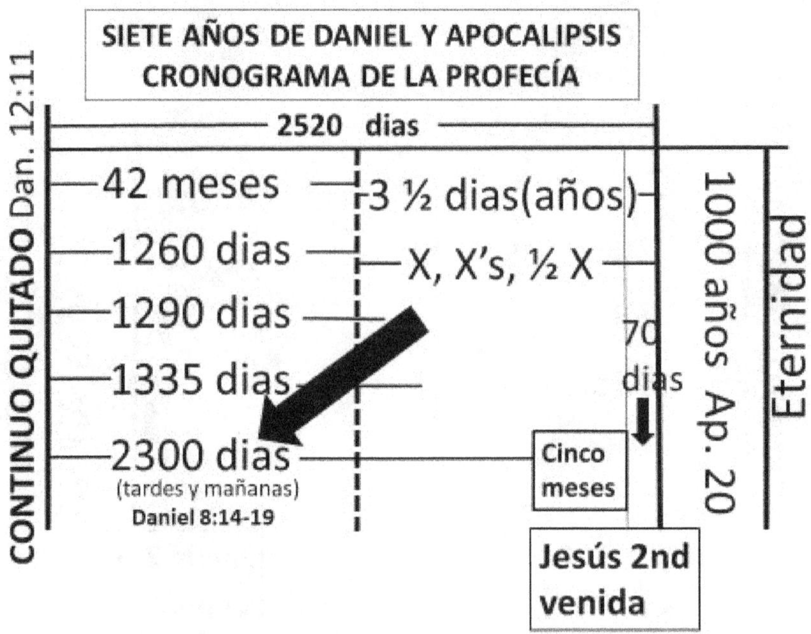

Finalmente, pondré los **1260 días** en nuestra línea de tiempo cuando el poder de los hijos de Dios será completamente destruido y "todas estas cosas serán consumadas" como nos dice Daniel 12:7:

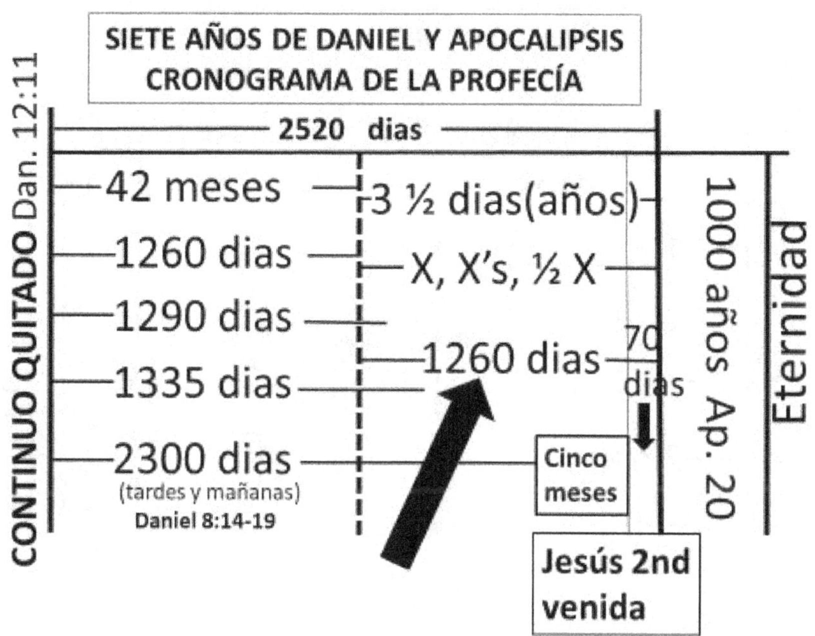

A continuación se muestra el cuadro completo de la línea de tiempo de siete años que muestra el posicionamiento bíblico correcto de todos los períodos de tiempo proféticos del tiempo del fin ubicados en Daniel y Apocalipsis.

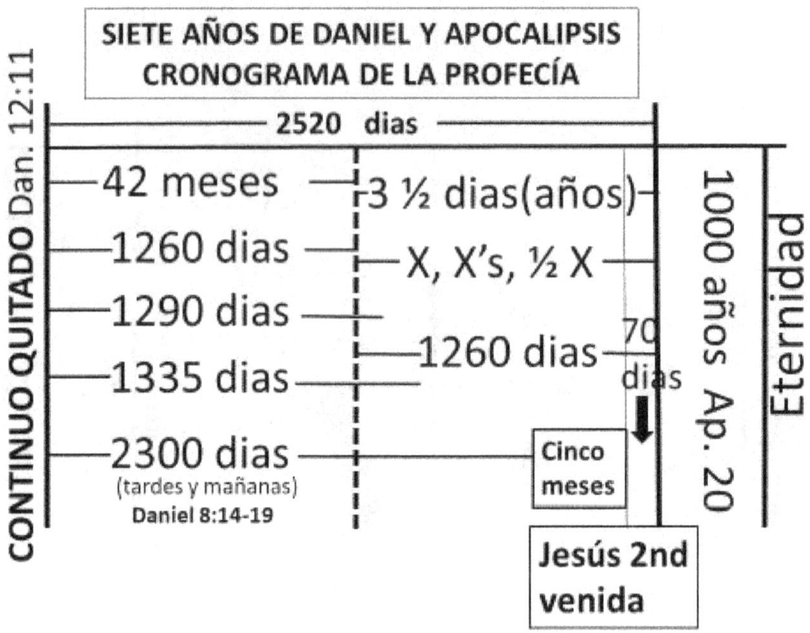

Algunos pueden cuestionar por qué hay un período de tiempo de 70 días ubicado al final de la tribulación de siete años. Esa es una muy buena pregunta. El tiempo de la tribulación de 2520 días se divide igualmente en 36 períodos de setenta días. Hay 18 períodos de 70 días en el ala izquierda y 18 períodos de 70 días en el ala derecha. Este autor cree que el último período de 70 días tiene algunos papeles muy importantes que desempeñar. (1) Marca el momento en que se abre el sexto sello y se toca la sexta trompeta, siendo la segunda venida de Jesús. (2) Cumple las palabras de Jesús acerca de "acortar el tiempo por causa de los escogidos" en Marcos 13:20. (3) También revela los últimos setenta días cuando las últimas plagas de Apocalipsis 16 se derramen sobre la humanidad perdida.

¡Haz las matematicas! Suma los días: 2300 + 150 (5 meses) + 70 = 2520 días (7 años).

Vea el Video de Youtube: **All the Last Day Appointed Bible Times** by Earl Schrock

¡PERO ESO NO ES TODO!

Este mismo gráfico de línea de tiempo se usa con el libro de Apocalipsis para establecer el tiempo sugerido para los siete sellos, las siete trompetas, los siete ángeles, los siete lamentos y los siete truenos. Todos estos sietes tienen lugar simultáneamente, al unísono y en la misma ubicación en la línea de tiempo, durante la próxima tribulación de 7 años de la siguiente manera:

Línea de tiempo de siete años que revela el tiempo para la apertura de los siete sellos, el sonido de las siete trompetas, el repiqueteo de los siete truenos, los gritos de los siete ángeles y la colocación de los siete lamentos, teniendo lugar simultáneamente.

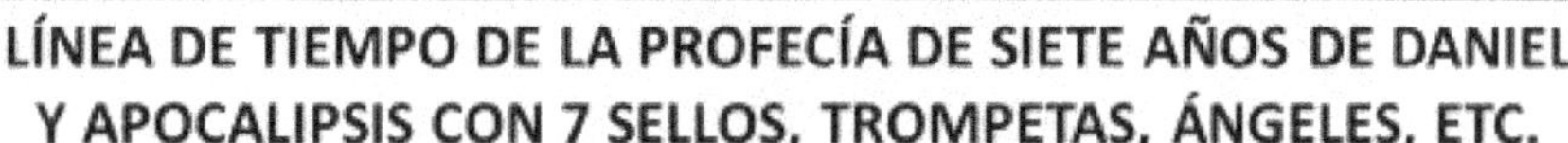

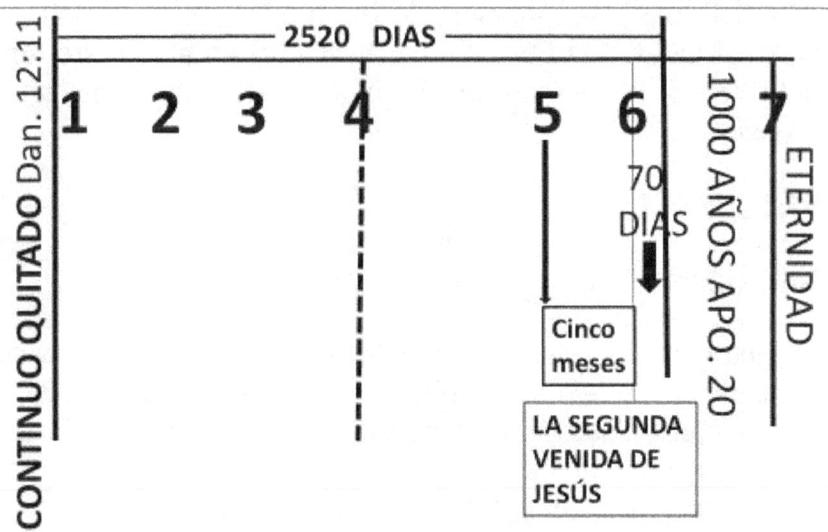

Colocando todos los períodos de tiempo proféticos de Daniel y Apocalipsis, la línea de tiempo aparece como:

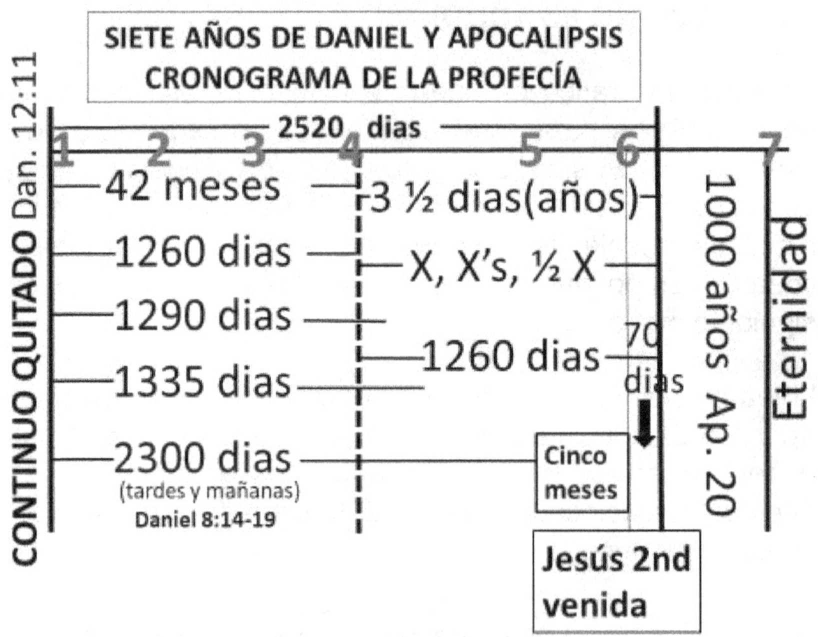

PREGUNTA: ¿Se menciona lo PERPETUO o CONTINUO y la ABOMINACIÓN DE LA DESOLACIÓN en algún otro lugar del libro de Daniel, además de lo que discutimos hasta ahora en este capítulo?

RESPUESTA: SI.

Note Daniel 11:20-45:

20 Entonces sucederá en su silla uno que hará pasar exactor por la gloria del reino; mas en pocos días será quebrantado, no en enojo, ni en batalla. 21 Y sucederá en su lugar un vil, al cual no darán la honra del reino: vendrá empero con paz, y tomará el reino con halagos. 22 Y con los brazos de inundación serán inundados delante de él, y serán quebrantados; y aun también el príncipe del pacto. 23 Y después de los conciertos con él, él hará engaño, y subirá, y saldrá vencedor con poca gente. 24

Estando la provincia en paz y en abundancia, entrará y hará lo
que no hicieron sus padres, ni los padres de sus padres; presa,
y despojos, y riquezas repartirá á sus soldados; y contra las
fortalezas formará sus designios: y esto por tiempo.

25 Y despertará sus fuerzas y su corazón contra el rey del
mediodía con grande ejército: y el rey del mediodía se moverá á
la guerra con grande y muy fuerte ejército; mas no prevalecerá,
porque le harán traición. 26 Aun los que comerán su pan, le
quebrantarán; y su ejército será destruído, y caerán muchos
muertos. 27 Y el corazón de estos dos reyes será para hacer
mal, y en una misma mesa tratarán mentira: mas no servirá
de nada, porque el plazo aun no es llegado. 28 Y volveráse
á su tierra con grande riqueza, y su corazón será contra el
pacto santo: hará pues, y volveráse á su tierra. 29 Al tiempo
señalado tornará al mediodía; mas no será la postrera venida
como la primera.

30 Porque vendrán contra él naves de Chîttim, y él se contristará,
y se volverá, y enojaráse contra el pacto santo, y hará: volveráse
pues, y pensará en los que habrán desamparado el santo
pacto. 31 Y serán puestos brazos de su parte; y contaminarán
el santuario de fortaleza, y quitarán el continuo sacrificio, y
pondrán la abominación espantosa. 32 Y con lisonjas hará
pecar á los violadores del pacto: mas el pueblo que conoce
á su Dios, se esforzará, y hará. 33 Y los sabios del pueblo
darán sabiduría á muchos: y caerán á cuchillo y á fuego, en
cautividad y despojo, por días. 34 Y en su caer serán ayudados
de pequeño socorro: y muchos se juntarán á ellos con lisonjas.

35 Y algunos de los sabios caerán para ser purgados, y
limpiados, y emblanquecidos, hasta el tiempo determinado:
porque aun para esto hay plazo. 36 Y el rey hará á su
voluntad; y se ensoberbecerá, y se engrandecerá sobre todo
dios: y contra el Dios de los dioses hablará maravillas, y será
prosperado, hasta que sea consumada la ira: porque hecha
está determinación. 37 Y del Dios de sus padres no se cuidará,
ni del amor de las mujeres: ni se cuidará de dios alguno,

porque sobre todo se engrandecerá. 38 Mas honrará en su lugar al dios Mauzim, dios que sus padres no conocieron: honraràlo con oro, y plata, y piedras preciosas, y con cosas de gran precio. 39 Y con el dios ajeno que conocerá, hará á los baluartes de Mauzim crecer en gloria: y harálos enseñorear sobre muchos, y por interés repartirá la tierra.

40 Empero al cabo del tiempo el rey del mediodía se acorneará con él; y el rey del norte levantará contra él como tempestad, con carros y gente de á caballo, y muchos navíos; y entrará por las tierras, é inundará, y pasará. 41 Y vendrá á la tierra deseable, y muchas provincias caerán; mas éstas escaparán de su mano: Edom, y Moab, y lo primero de los hijos de Ammón. 42 Asimismo extenderá su mano á las otras tierras, y no escapará el país de Egipto. 43 Y se apoderará de los tesoros de oro y plata, y de todas las cosas preciosas de Egipto, de Libia, y Etiopía por donde pasará. 44 Mas nuevas de oriente y del norte lo espantarán; y saldrá con grande ira para destruir y matar muchos. 45 Y plantará la tiendas de su palacio entre los mares, en el monte deseable del santuario; y vendrá hasta su fin, y no tendrá quien le ayude.

Debido a que ahora sabemos que la QUITACIÓN DE LO CONTINUO y el establecimiento de la ABOMINACIÓN DE LA DESOLACIÓN es parte del período venidero de tribulación de siete años, podemos mapear mejor los eventos del capítulo once de Daniel.

Hasta este punto, era imposible relacionarse con el capítulo 11 de Daniel debido a la información escasa y dispersa que proporciona. Pero el versículo 21 nos introduce al mismo poder ubicado en el resto del libro de Daniel, el Poder del Cuerno Pequeño, que Daniel 11:21 llama “una persona vil”, que hace su introducción durante la tribulación de siete años.

ENTENDIENDO EL PACTO

Otro término que ha surgido al leer el capítulo once de Daniel es la palabra PACTO. En el capítulo once de Daniel se le llama el PACTO SANTO en los versículos 28 y 30. Para este estudio bíblico, la palabra "pacto" aparece por primera vez en Daniel 9:4 y 27:

> *"Y oré á Jehová mi Dios, y confesé, y dije: Ahora Señor, Dios grande, digno de ser temido, que guardas* ***el pacto*** *y la misericordia con los que te aman y guardan tus mandamientos."*
>
> *"Y en otra semana confirmará* ***el pacto*** *á muchos, y á la mitad de la semana hará cesar el sacrificio y la ofrenda: después con la muchedumbre de* ***las abominaciones será el desolar****, y esto hasta una entera consumación; y derramaráse la ya determinada sobre el pueblo asolado."*

La palabra "pacto" aparece cinco veces en Daniel 11:22-32:

> "22 Y con los brazos de inundación serán inundados delante de él, y serán quebrantados; y aun también el príncipe **del pacto**. 23 Y después de los conciertos con él, él hará engaño, y subirá, y saldrá vencedor con poca gente. 24 Estando la provincia en paz y en abundancia, entrará y hará lo que no hicieron sus padres, ni los padres de sus padres; presa, y despojos, y riquezas repartirá á sus soldados; y contra las fortalezas formará sus designios: y esto por tiempo. 25 Y despertará sus fuerzas y su corazón contra el rey del mediodía con grande ejército: y el rey del mediodía se moverá á la guerra con grande y muy fuerte ejército; mas no prevalecerá, porque le harán traición. 26 Aun los que comerán su pan, le quebrantarán; y su ejército será destruído, y caerán muchos muertos. 27 Y el corazón de estos dos reyes será para hacer mal, y en una misma

mesa tratarán mentira: mas no servirá de nada, porque
el plazo aun no es llegado. 28 Y volveráse á su tierra
con grande riqueza, y su corazón será contra el **pacto
santo**: hará pues, y volveráse á su tierra. 29 Al tiempo
señalado tornará al mediodía; mas no será la postrera
venida como la primera. 30 Porque vendrán contra él
naves de Chîttim, y él se contristará, y se volverá, y
enojaráse contra **el pacto santo**, y hará: volveráse
pues, y pensará en los que habrán desamparado **el
santo pacto**. 31 Y serán puestos brazos de su parte;
y contaminarán el santuario de fortaleza, y quitarán el
continuo sacrificio, y pondrán la abominación espantosa.
32 Y con lisonjas hará pecar á los violadores **del pacto**:
mas el pueblo que conoce á su Dios, se esforzará, y
hará.

PREGUNTA: Dado que las palabras "pacto", "santo pacto", "continuo" y "abominación desoladora" se mencionan en el capítulo once de Daniel, ¿cuándo se cumple la profecía del capítulo once de Daniel?

RESPUESTA: La profecía del capítulo once de Daniel no se cumplirá hasta el período de tiempo durante la próxima tribulación de siete años.

De la información que tenemos arriba, el Poder del Cuerno Pequeño del libro de Daniel no solo está en contra de "EL SANTO PACTO" sino que el Poder del Cuerno Pequeño también está en contra de "EL PRÍNCIPE DEL PACTO", como se revela en el versículo 22.

PREGUNTAS: (1) ¿Qué es el PACTO o PACTO SANTO? Y

(2) ¿Quién es el PRÍNCIPE DEL PACTO?

RESPUESTA: La siguiente información responderá a las preguntas anteriores.

Una definición de la palabra pacto: Un pacto por lo general es una promesa, un acuerdo o un compromiso entre dos o más partes.

¿Qué dice la Biblia acerca de la palabra PACTO?

Hay una serie de pactos mencionados en la Biblia. La mayoría de los pactos son entre Dios y un individuo y sus descendientes. Están los pactos entre Dios y Abraham, Dios e Isaac, Dios y Jacob, Dios y Moisés, etc.

Pero el primer pacto o promesa en la Biblia fue hecho en el Jardín del Edén entre Dios y Satanás. Dios dijo en Génesis 3:14,15:

> *"Y Jehová Dios dijo á la serpiente: Por cuanto esto hiciste, maldita serás entre todas las bestias y entre todos los animales del campo; sobre tu pecho andarás, y polvo comerás todos los días de tu vida: Y enemistad pondré entre ti y la mujer, y entre tu simiente y la simiente suya; ésta te herirá en la cabeza, y tú le herirás en el calcañar."*

La serpiente es Satanás. Apocalipsis 12:9 y 20:2 dice:

> *"Y fué lanzado fuera aquel gran dragón, la serpiente antigua, que se llama Diablo y Satanás, el cual engaña á todo el mundo; fué arrojado en tierra, y sus ángeles fueron arrojados con él."* Apocalipsis 12:9.
>
> *"Y prendió al dragón, aquella serpiente antigua, que es el Diablo y Satanás, y le ató por mil años."* Apocalipsis 20:2.

La "Semilla" es Jesucristo nuestro Salvador. Gálatas 3:16 dice:

> *"A Abraham fueron hechas las promesas, y á su simiente. No dice: Y á las simientes, como de muchos; sino como de uno: Y á tu simiente, la cual es Cristo."*

Jesucristo, nuestro Señor y Salvador, vino a esta tierra para derrotar a Satanás y rescatar a la humanidad perdida. Vivió la vida perfecta que nosotros no podemos vivir, murió nuestra muerte eterna en la cruz del Calvario, luego resucitó; derrotando completamente a "esa serpiente antigua, llamada Diablo", para que nosotros, Su reino, pudiéramos vivir para siempre en la paz de una eternidad sin pecado. Jesús aplastó la cabeza de la serpiente, tal como lo prometió o pactó.

La mujer, la iglesia, la novia, es el reino de Cristo de Dios. Efesios 5:22-33 dice:

> *"22 Las casadas estén sujetas á sus propios maridos, como al Señor. 23 Porque el marido es cabeza de la mujer, así como Cristo es cabeza de la iglesia; y él es el que da la salud al cuerpo. 24 Así que, como la iglesia está sujeta á Cristo, así también las casadas lo estén á sus maridos en todo. 25 Maridos, amad á vuestras mujeres, así como Cristo amó á la iglesia, y se entregó á sí mismo por ella, 26 Para santificarla limpiándola en el lavacro del agua por la palabra, 27 Para presentársela gloriosa para sí, una iglesia que no tuviese mancha ni arruga, ni cosa semejante; sino que fuese santa y sin mancha. 28 Así también los maridos deben amar á sus mujeres como á sus mismos cuerpos. El que ama á su mujer, á sí mismo se ama. 29 Porque ninguno aborreció jamás á su propia carne, antes la sustenta y regala, como también Cristo á la iglesia; 30 Porque somos miembros de su cuerpo, de su carne y de sus huesos. 31 Por esto dejará el hombre á su padre y á su madre, y se allegará á su mujer, y serán dos en una carne. 32 Este misterio grande es: mas yo digo esto con respecto á Cristo y á la iglesia. 33 Cada uno empero de vosotros*

> *de por sí, ame también á su mujer como á sí mismo; y la mujer reverencie á su marido."*

También está el pacto que Dios hizo con toda la humanidad. Dios dijo en Jeremías 11:4, *"y me seréis por pueblo, y yo seré á vosotros por Dios."* Note Levítico 26:1-13:

> *"NO haréis para vosotros ídolos, ni escultura, ni os levantaréis estatua, ni pondréis en vuestra tierra piedra pintada para inclinaros á ella: porque yo soy Jehová vuestro Dios. Guardad mis sábados, y tened en reverencia mi santuario: Yo Jehová. Si anduviereis en mis decretos, y guardareis mis mandamientos, y los pusiereis por obra; Yo daré vuestra lluvia en su tiempo, cy la tierra rendirá sus producciones, y el árbol del campo dará su fruto; Y la trilla os alcanzará á la vendimia, y la vendimia alcanzará á la sementera, y comeréis vuestro pan en hartura y habitaréis seguros en vuestra tierra: Y yo daré paz en la tierra, y dormiréis, y no habrá quien os espante: y haré quitar las malas bestias de vuestra tierra, y no pasará por vuestro país la espada: Y perseguiréis á vuestros enemigos, y caerán á cuchillo delante de vosotros: Y cinco de vosotros perseguirán á ciento, y ciento de vosotros perseguirán á diez mil, y vuestros enemigos caerán á cuchillo delante de vosotros. Porque yo me volveré á vosotros, y os haré crecer, y os multiplicaré, y afirmaré mi pacto con vosotros: Y comeréis lo añejo de mucho tiempo, y sacareis fuera lo añejo á causa de lo nuevo: Y pondré mi morada en medio de vosotros, y mi alma no os abominará: Y andaré entre vosotros, y yo seré vuestro Dios, y vosotros seréis mi pueblo. Yo Jehová vuestro Dios, que os saqué de la tierra de Egipto, para que no fueseis sus siervos; y rompí las coyundas de vuestro yugo, y os he hecho andar el rostro alto."*

Note lo siguiente:

> *"Y él os anunció su* ***pacto****, el cual os mandó poner por obra, las* ***diez palabras****; y escribiólas en dos tablas de piedra."* Deuteronomio 4:13

> *"Y él estuvo allí con Jehová cuarenta días y cuarenta noches: no comió pan, ni bebió agua; y escribió en tablas* ***las palabras de la alianza****, las* ***diez palabras****."* Éxodo 34:28.

> *"TENIA empero también el* ***primer pacto*** *reglamentos del culto, y santuario mundano. Porque el tabernáculo fué hecho: el primero, en que estaban las lámparas, y la mesa, y los panes de la proposición; lo que llaman el Santuario. Tras el segundo velo estaba el tabernáculo, que llaman el Lugar Santísimo; El cual tenía un incensario de oro, y el arca* ***del pacto*** *cubierta de todas partes alrededor de oro; en la que estaba una urna de oro que contenía el maná, y la vara de Aarón que reverdeció, y* ***las tablas del pacto****; Y sobre ella los querubines de gloria que cubrían el propiciatorio; de las cuales cosas no se puede ahora hablar en particular."* Hebreos 9:1-5.

Note también que la caja llamada el Arca, que hizo Moisés (Éxodo 25:10-22), se llama el Arca del Pacto. También se le llama el Arca del Testimonio (Éxodo 26:33).

En el exterior del Arca de la Alianza se colocó el libro de la ley, la Torá, que Moisés escribió con sus propios dedos: *"Y como acabó Moisés de escribir las palabras de esta ley en un libro hasta concluirse, Mandó Moisés á los Levitas que llevaban el arca del pacto de Jehová, diciendo: Tomad este libro de la ley, y ponedlo al lado del arca* ***del pacto*** *de Jehová vuestro Dios, y esté allí por testigo contra ti."* Deuteronomio *31:24-26*.

Pero la ley **del Pacto de los Diez Mandamientos**, escrita por el dedo de Dios, en piedra sólida, fue puesta **dentro** del Arca que está cubierta por el Propiciatorio, para la Gloria Shekinah de Dios Mismo.

> *"En el arca ninguna cosa había más de las dos tablas de piedra que había allí puesto Moisés en Horeb, donde Jehová hizo la alianza con los hijos de Israel, cuando salieron de la tierra de Egipto."* 1 Reyes 8:9.

El Arca del Pacto fue colocada en el centro del Santuario o Tienda de Reunión, en el Lugar Santísimo haciendo de los Diez Mandamientos el centro de adoración, eclipsado por la misma presencia de Dios con la Gloria Shekinah del Propiciatorio (Éxodo 26 :33,34).

El pacto, mencionado en el libro de Daniel, son los **DIEZ MANDAMIENTOS**.

(1) ¿Quién es el **PRÍNCIPE DEL PACTO**?

Jesús es el Príncipe de los príncipes como se menciona en Daniel 8:25. Jesús es el Hijo de Dios Padre (1 Juan 5:20). Dios le dio a la humanidad los Diez Mandamientos, que Él mismo escribió en dos tablas de piedra con Su propio dedo.

Así Jesús no es solamente nuestro "Príncipe y Salvador", como nos dice Hechos 5:31, sino que Jesucristo es también el PRÍNCIPE DEL PACTO.

Como se comenta en mi libro COMPRENSIÓN EL LIBRO DE DANIEL PARA ESTA GENERACIÓN, referente al capítulo ocho de Daniel, el Poder del Cuerno Pequeño desafiará a Jesús, el Príncipe de paz, pero no tendrá éxito y será derrotado. Durante la tribulación de siete años, el poder del cuerno pequeño, el rey de rostro feroz, (1) tratará de abolir el **Continuo**, (2) eliminará la Ley del Pacto de los Diez Mandamientos, y (3) hará todo lo posible para luchar contra el Príncipe del Pacto, Jesucristo el Señor.

DEFINIENDO LO PERPETUO O CONTINUO

Por supuesto, la siguiente pregunta que debemos considerar es:

PREGUNTA: ¿CUÁL ES EL **PERPETUO** O **CONTINUO** QUE SERÁ QUITADO EN EL FUTURO POR EL PODER DEL CUERNO PEQUEÑO?

RESPUESTA: Al igual que con todos los períodos de tiempo en la Biblia, no tenemos el privilegio o el derecho de colocar estos períodos de tiempo en cualquier lugar que queramos en la historia humana. Cada período de tiempo debe colocarse en los puntos correctos de inicio y fin dictados por las Escrituras. En este caso, la profecía del tiempo futuro de 1.290 días debe comenzar cuando se abandona o se quita el PERPETUO o el CONTINUO. Daniel 12:11 dice:

> *"Y desde el tiempo que fuere quitado el continuo sacrificio hasta la abominación espantosa, habrá mil doscientos y noventa días."*

En otras palabras: desde el momento en que se quita el **continuo** HASTA que se establece la abominación desoladora, habrá 1.290 días, o se podría decir, hay 1.290 días entre el momento en que se quita el continuo HASTA que se establece la abominación desoladora hasta. De cualquier manera que lo mires, el período de tiempo de 1290 días comienza cuando se quita el CONTINUO y termina cuando se establece o "establece" la abominación desoladora.

(1) ¿Qué es el perpetuo y qué es la abominación desoladora?

Recuerde: Sola Scriptura; la Biblia solamente. La Biblia debe interpretarse a sí misma. 2 Pedro 1:20,21 dice:

> *"Entendiendo primero esto, que ninguna profecía de la Escritura es de particular interpretación; Porque la profecía no fué en los tiempos pasados traída por*

voluntad humana, sino los santos hombres de Dios hablaron siendo inspirados del Espíritu Santo."

Recopilemos algunas pistas en nuestro intento de identificar el Bíblico PERPETUO o CONTINUO:

1. Es algo que se puede quitar, quitar y abandonar.

2. Es algo que se puede reemplazar.

3. Será reemplazada por la abominación desoladora.

4. Es algo que afectará al pueblo de Dios ya que hay una bendición especial para los que permanecen fieles desde los 1.290 días hasta los 1.335 días.

5. Es aprobado por Dios mientras que la abominación desoladora no es aprobada.

6. Está relacionado con el pacto, que son los Diez Mandamientos.

PREGUNTA: ¿Qué parte del Pacto Sagrado de los Diez Mandamientos se puede cuestionar, eliminar, abandonar y reemplazar?

RESPUESTA: Solo uno de los Diez Mandamientos puede ser "quitado" y reemplazado con algo más. Ese es el sábado del séptimo día, el cuarto mandamiento, que bíblicamente es desde la puesta del sol del viernes hasta la puesta del sol del sábado (Génesis 1:1 a 2:4).

PREGUNTA: ¿Hay algún texto en la Biblia que respalde el sábado del séptimo día como perpetuo o CONTINUO de Daniel 12:11?

RESPUESTA: Sí. Note Éxodo 31:12-17:

> *"Habló además Jehová á Moisés, diciendo: Y tú hablarás á los hijos de Israel, diciendo: Con todo eso vosotros guardaréis mis sábados: porque es señal entre mí y vosotros por vuestras edades, para que sepáis que yo soy Jehová que os santifico. Así que guardaréis el sábado, porque santo es á vosotros: el que lo profanare, de cierto morirá; porque cualquiera que hiciere obra alguna en él, aquella alma será cortada de en medio de sus pueblos. Seis días se hará obra, mas el día séptimo es sábado de reposo consagrado á Jehová; cualquiera que hiciere obra el día* ***del sábado****, morirá ciertamente. Guardarán, pues, el sábado los hijos de Israel: celebrándolo por sus edades por* ***pacto perpetuo****: Señal es para siempre entre mí y los hijos de Israel; porque en seis días hizo Jehová los cielos y la tierra, y en el séptimo día cesó, y reposó."* Éxodo 31:12-17.

Según nuestro estudio en este capítulo, el Sábado CONTINUO o PERPETUO será "quitado" en un futuro cercano.

Es muy importante darse cuenta de lo que es el CONTINUO, porque todos los períodos de tiempo proféticos de Daniel y Apocalipsis comienzan cuando el sábado se abandona por la fuerza. Esto no debería sorprendernos de que el día de reposo será desafiado y abandonado en un futuro cercano. Mire todo el mundo religioso alrededor de este globo. Incluso ahora, el sábado del séptimo día no es respetado por la mayoría de las organizaciones religiosas. De hecho, muchos de ellos niegan descaradamente el sábado con las siguientes excusas falsas que no pueden ser corroboradas por las Escrituras.

1. Jesús cambió el sábado al domingo.

2. Jesús abolió el sábado en la cruz.

3. Pablo cambió el sábado al domingo.

4. Los apóstoles cambiaron el sábado al domingo.

5. El sábado del séptimo día fue abandonado y reemplazado por el primer día de la semana, el domingo, en honor a la resurrección.

6. Jesús es el Sábado.

Todas estas excusas ridículas, fabricadas por el hombre, se usan para negar el honor del sábado del séptimo día del pacto de los Diez Mandamientos. Note Mateo 15:9: *"Mas en vano me honran, Enseñando doctrinas y mandamientos de hombres."* Mateo 15:9.

PREGUNTA: ¿Cuál es el CONTINUO o PERPETUO de Daniel 12:11 que será "quitado" que marca el comienzo de los períodos de tiempo en Daniel y Apocalipsis?

RESPUESTA: El cuarto mandamiento del pacto de los Diez Mandamientos, el sábado del séptimo día, es el CONTINUO de Daniel 12:11 que será proscrito en el futuro.

PREGUNTA: ¿Qué es la ABOMINACIÓN DE LA DESOLACIÓN que será "establecida" en su lugar?

RESPUESTA: Lea lo siguiente:

IDENTIFICANDO LA ABOMINACIÓN DE LA DESOLACIÓN

PREGUNTA: ¿Qué es una "abominación desoladora" o una "abominación desoladora"?

RESPUESTA: Una "abominación" es aquello que es detestable e inaceptable para nuestro Dios Creador.

Una "desolación" es un vacío, un vacío, una destrucción completa, sin vida.

Una "abominación desoladora" es un acto detestable contra Dios que hace que Él reaccione de tal manera que produzca una destrucción completa. Ejemplos bíblicos de "abominación desoladora" o aquellos eventos que provocaron la ira de Dios son:

1. La "abominación" fue el pecado rampante antes del diluvio en los días de Noé. La "desolación" fue la destrucción de todos los vivientes a causa del pecado. Génesis 6-9.

2. Destrucción de las pecadoras Sodoma y Gomorra en tiempos de Abraham: Génesis 18,19.

3. La destrucción de las diez tribus rebeldes del norte de Israel: 2 Reyes 17,18.

4. El cautiverio de las dos tribus infieles del sur a través de Nabucodonosor: Daniel 1.

5. La tribulación de siete años que pronto vendrá revelando la ira de Dios contra aquellos que rehúsan confiar en Él y obedecerle en el tiempo del fin: Mateo 24:21.

> *"Porque el perverso es abominado de Jehová: Mas su secreto es con los rectos."* Proverbios 3:32
>
> *"El que aparta su oído para no oir la ley, Su oración también es abominable."* Proverbios 28:9
>
> *"EL peso falso abominación es á Jehová: Mas la pesa cabal le agrada."* Proverbios 11:1
>
> *"Judah hath dealt treacherously, and an abomination is committed in Israel and in Jerusalem; for Judah hath profaned the holiness of the LORD which he loved, and*

hath married the daughter of a strange god." Malachi 2:11

EJEMPLOS BÍBLICOS DE LA PALABRA DESOLACIÓN:

"Estas dos cosas te han acaecido; ¿quién se dolerá de ti? asolamiento y quebrantamiento, hambre y espada. ¿Quién te consolará?" Isaías 51:19.

"Tus santas ciudades están desiertas, Sión es un desierto, Jerusalem una soledad. La casa de nuestro santuario y de nuestra gloria, en la cual te alabaron nuestros padres, fué consumida al fuego; y todas nuestras cosas preciosas han sido destruídas." Isaías 64:10,11.

Establecer una "abominación desoladora" es establecer algo que va en contra de la voluntad de Dios provocando Sus acciones de ira destructiva e ira contra la humanidad.

Es importante tener en cuenta el término "establecer" ya que nos remite al capítulo tres de Daniel cuando el rey Nabucodonosor "estableció" la imagen de oro que promovía la ADORACIÓN FORZADA.

PREGUNTA: ¿Qué es la ABOMINACIÓN DE LA DESOLACIÓN que será "establecida" en lugar del sábado del séptimo día?

RESPUESTA: El tiempo del fin "ABOMINACIÓN QUE CAUSA DESOLACIÓN" es el establecimiento de un falso día de adoración que será exigido a toda la humanidad, para reemplazar el sábado del séptimo día. Lo más probable es que ese falso día de adoración sea el primer día de la semana, el domingo, ya que es popular en todo el mundo.

Daniel 12:13:

> "Y tú irás al fin, y reposarás, y te levantarás en tu suerte al fin de los días."

Cuando Daniel escuchó estos períodos de tiempo tremendamente largos, anotados en Daniel 12:7,11,12; el Señor debe haber notado la decepción en su expresión facial. Daniel sabía que los setenta años de cautiverio habían pasado recientemente y ahora estaba ansioso por que sus compatriotas regresaran a su tierra natal. Para él, 1290 días y 1335 días adicionales deben haber sido abrumadores. Pero el Señor le dijo que siguiera con su propia vida. Le dijo a Daniel que los períodos de tiempo son para el fin de la historia del mundo. Dios animó a Daniel diciéndole "al final de los días", después de los 1000 años, recibirá la vida eterna.

Esta información previa debería ayudarnos a comprender mejor el material que se encuentra en Daniel 12:1-4:

> *"Y EN aquel tiempo se levantará Miguel, el gran príncipe que está por los hijos de tu pueblo; y será tiempo de angustia, cual nunca fué después que hubo gente hasta entonces: mas en aquel tiempo será libertado tu pueblo, todos los que se hallaren escritos en el libro. Y muchos de los que duermen en el polvo de la tierra serán despertados, unos para vida eterna, y otros para vergüenza y confusión perpetua. Y los entendidos resplandecerán como el resplandor del firmamento; y los que enseñan á justicia la multitud, como las estrellas á perpetua eternidad. Tú empero Daniel, cierra las palabras y sella el libro hasta el tiempo del fin: pasarán muchos, y multiplicaráse la ciencia."*

Se animó a Daniel a seguir con su vida diaria y no preocuparse por esta visión porque a su tiempo, en el último día, resucitará de entre los muertos, junto con todos los demás santos, para pasar la eternidad con Dios. Pablo creía lo mismo. Él escribe en 2 Timoteo 4:8:

> *"Por lo demás, me está guardada la corona de justicia, la cual me dará el Señor, juez justo, en **aquel día**; y no sólo á mí, sino también á **todos** los que aman su venida.*

PREGUNTA: ¿Cuándo es el último día? O ¿Cuándo es el día en que Daniel y Pablo, con todos los santos, reciban la vida eterna?

RESPUESTA: Marta, la hermana de Lázaro, sabía acerca del último día y la resurrección de los muertos cuando recibirían un cuerpo inmortal eterno glorificado: Note Juan 11:23,24:

> *"Dícele Jesús: Resucitará tu hermano. Marta le dice: Yo sé que resucitará en la resurrección en **el día postrero**."*

En Juan 6:38-40 Jesús dijo:

> *"Porque he descendido del cielo, no para hacer mi voluntad, mas la voluntad del que me envió. Y esta es la voluntad del que me envió, del Padre: Que todo lo que me diere, no pierda de ello, sino que lo resucite en **el día postrero**. Y esta es la voluntad del que me ha enviado: Que todo aquel que ve al Hijo, y cree en él, tenga vida eterna: y yo le resucitaré en **el día postrero**."*

Jesús también dijo en Juan 12:47,48:

> *"Y el que oyere mis palabras, y no las creyere, yo no le juzgo; porque no he venido á juzgar al mundo, sino á salvar al mundo. El que me desecha, y no recibe mis palabras, tiene quien le juzgue: la palabra que he hablado, ella le juzgará en **el día postrero."***

El último día, el día en que se otorgan la vida eterna y la muerte eterna, será el "último día", en la tercera venida de Jesús, después de los 1000 años de Apocalipsis 20, cuando el pecado sea destruido y Dios cree "un cielo nuevo y una nueva tierra" (Apocalipsis 21:1).

LOS DÍAS DE FIESTA DE LEVÍTICO VEINTITRÉS

Hace unos 4000 años, Dios estableció una profecía de tiempo única con Levítico 23, aunque normalmente no se considera en ese sentido. Dios entregó este capítulo a los hijos de Israel cuando salieron de la esclavitud en Egipto, exactamente 430 años después de que José había entrado en Egipto como esclavo.

> *"Mas á la caída del sol sobrecogió el sueño á Abram, y he aquí que el pavor de una grande obscuridad cayó sobre él. Entonces dijo á Abram: Ten por cierto que tu simiente será peregrina en tierra no suya, y servirá á los de allí, y serán por ellos afligidos cuatrocientos años. Mas también á la gente á quien servirán, juzgaré yo; y después de esto saldrán con grande riqueza. Y tú vendrás á tus padres en paz, y serás sepultado en buena vejez. Y en la cuarta generación volverán acá: porque aun no está cumplida la maldad del Amorrheo hasta aquí."* Génesis 15:12-16.

> *"El tiempo que los hijos de Israel habitaron en Egipto, fué cuatrocientos treinta años. Y pasados cuatrocientos treinta años, en el mismo día salieron todos los ejércitos de Jehová de la tierra de Egipto."* Éxodo 12:40,41.

> *"Esto pues digo: Que el contrato confirmado de Dios para con Cristo, la ley que fué hecha cuatrocientos treinta años después, no lo abroga, para invalidar la promesa."* Gálatas 3:17.

Antes de entregarles el libro de Levítico, Dios tuvo que presentarles a los hijos de Jacob la importancia del sábado. Los hijos esclavizados de Israel no estaban familiarizados con la observancia del sábado del séptimo día ya que habían perdido ese mandato de Dios durante su larga estancia en Egipto.

> *"Y sobre el monte de Sinaí descendiste, y hablaste con ellos desde el cielo, y dísteles juicios rectos, leyes verdaderas, y estatutos y mandamientos buenos: Y notificásteles el sábado tuyo santo, y les prescribiste, por mano de Moisés tu siervo, mandamientos y estatutos y ley."* Nehemías 9:13,14.

Para ese propósito, Dios tuvo que establecer unas leyes muy estrictas para revelar la importancia de obedecerle y guardar Sus mandamientos. La primera introducción para los israelitas, mientras aún estaban en Egipto, al sábado del séptimo día, fue cuando Moisés insistió en que los hijos de Israel tuvieran un día a la semana libre de trabajo. Esto no le cayó bien a Faraón, rey de Egipto.

> *"Entonces el rey de Egipto les dijo: Moisés y Aarón, ¿por qué hacéis cesar al pueblo de su obra? idos á vuestros cargos. Dijo también Faraón: He aquí el pueblo de la tierra es ahora mucho, y vosotros les hacéis cesar de sus cargos. Y mandó Faraón aquel mismo día á los cuadrilleros del pueblo que le tenían á su cargo, y á sus gobernadores, diciendo: De aquí adelante no daréis paja al pueblo para hacer ladrillo, como ayer y antes de ayer; vayan ellos y recojan por sí mismos la paja: Y habéis de ponerles la tarea del ladrillo que hacían antes, y no les disminuiréis nada; porque están ociosos, y por eso levantan la voz diciendo: Vamos y sacrificaremos á nuestro Dios. Agrávese la servidumbre sobre ellos, para que se ocupen en ella, y no atiendan á palabras de mentira."* Éxodo 5:4-9.

Tampoco esta idea de un nuevo día de descanso sabático fue bien recibida por los hijos de Israel:

> *"Y los capataces de los hijos de Israel vinieron á Faraón, y se quejaron á él, diciendo: ¿Por qué lo haces así con tus siervos? No se da paja á tus siervos, y con todo nos dicen: Haced el ladrillo. Y he aquí tus siervos son azotados, y tu pueblo cae en falta. Y él respondió: Estáis ociosos, sí, ociosos, y por eso decís: Vamos y sacrifiquemos á Jehová. Id pues ahora, y trabajad. No se os dará paja, y habéis de dar la tarea del ladrillo. Entonces los capataces de los hijos de Israel se vieron en aflicción, habiéndoseles dicho: No se disminuirá nada de vuestro ladrillo, de la tarea de cada día. Y encontrando á Moisés y á Aarón, que estaban á la vista de ellos cuando salían de Faraón, Dijéronles: Mire Jehová sobre vosotros, y juzgue; pues habéis hecho heder nuestro olor delante de Faraón y de sus siervos, dándoles el cuchillo en las manos para que nos maten."* Éxodo 5:15-21.

Moisés trató de razonar con los israelitas, pero eran tercos y no escucharon. Así que Dios les envió un mensaje.

> *"Por tanto dirás á los hijos de Israel: YO JEHOVA; y yo os sacaré de debajo de las cargas de Egipto, y os libraré de su servidumbre, y os redimiré con brazo extendido, y con juicios grandes: Y os tomaré por mi pueblo y seré vuestro Dios: y vosotros sabréis que yo soy Jehová vuestro Dios, que os saco de debajo de las cargas de Egipto: Y os meteré en la tierra, por la cual alcé mi mano que la daría á Abraham, á Isaac y á Jacob: y yo os la daré por heredad. YO JEHOVA. De esta manera habló Moisés á los hijos de Israel: mas ellos no escuchaban á Moisés á causa de la congoja de espíritu, y de la dura servidumbre."* Éxodo 6:6-9.

Después de esta conversación, Dios comenzó a hacer cosas maravillosas, no solo a la vista de Faraón, sino también a la vista de los obstinados israelitas. Las tres primeras plagas no solo cayeron sobre los nativos egipcios, sino que también cayeron sobre la tierra de Gosén, el hogar de los israelitas. Las habilidades milagrosas de liberación de Dios se revelaron por primera vez cuando los israelitas se enteraron de que la vara de Aarón se convirtió en serpiente y se tragó las varas del mago.

> *"Vinieron, pues, Moisés y Aarón á Faraón, é hicieron como Jehová lo había mandado: y echó Aarón su vara delante de Faraón y de sus siervos, y tornóse culebra. Entonces llamó también Faraón sabios y encantadores; é hicieron también lo mismo los encantadores de Egipto con sus encantamientos; Pues echó cada uno su vara, las cuales se volvieron culebras: mas la vara de Aarón devoró las varas de ellos."* Éxodo 7:10-12.

Después del evento de la vara y la serpiente, Dios ejecutó las primeras tres de diez plagas. La primera plaga fue el agua que se convirtió en sangre, seguida por la tierra llena de ranas invasoras, y finalmente el aire se llenó de jejenes (Éxodo 7:14-8:19), que cubrieron toda la tierra de Egipto tanto en los hogares como en los lugares de trabajo. de todos los egipcios y de todos los israelitas. Luego, para revelar aún más Su cuidado vigilante sobre Su pueblo, las otras siete plagas cayeron solo sobre los egipcios, convenciendo aún más a los israelitas de la protección de Dios y fortaleciendo su necesidad de rendirse en obediencia a Él guardando el sábado del séptimo día. La cuarta plaga fue la primera plaga que cayó solo sobre los nativos egipcios y no sobre los israelitas.

> *"Porque si no dejares ir á mi pueblo, he aquí yo enviaré sobre ti, y sobre tus siervos, y sobre tu pueblo, y sobre tus casas toda suerte de moscas; y las casas de los Egipcios se henchirán de toda suerte de moscas, y asimismo la tierra donde ellos estuvieren. Y aquel día yo apartaré la tierra de Gosén, en la cual mi pueblo habita, para que ninguna suerte de moscas haya en ella; á fin de que sepas que yo soy Jehová en medio de la tierra. Y*

yo pondré redención entre mi pueblo y el tuyo. Mañana será esta señal." Éxodo 8:21-23.

Incluso después de que Dios demostró Su poder y convenció a los israelitas de que escucharan lo que Él les decía y hicieran lo que Él demandaba, todavía había algunas personas que no estaban convencidas acerca de la santidad del sábado del séptimo día.

> *"Habló además Jehová á Moisés, diciendo: Y tú hablarás á los hijos de Israel, diciendo: Con todo eso vosotros guardaréis mis sábados: porque es señal entre mí y vosotros por vuestras edades, para que sepáis que yo soy Jehová que os santifico. Así que guardaréis el sábado, porque santo es á vosotros: el que lo profanare, de cierto morirá; porque cualquiera que hiciere obra alguna en él, aquella alma será cortada de en medio de sus pueblos. Seis días se hará obra, mas el día séptimo es sábado de reposo consagrado á Jehová; cualquiera que hiciere obra el día del sábado, morirá ciertamente. Guardarán, pues, el sábado los hijos de Israel: celebrándolo por sus edades por pacto perpetuo: Señal es para siempre entre mí y los hijos de Israel; porque en seis días hizo Jehová los cielos y la tierra, y en el séptimo día cesó, y reposó."* Éxodo 31:12-17.

> *"Y estando los hijos de Israel en el desierto, hallaron un hombre que recogía leña en día de sábado. Y los que le hallaron recogiendo leña trajéronle á Moisés y á Aarón, y á toda la congregación: Y pusiéronlo en la cárcel, por que no estaba declarado qué le habían de hacer. Jehová dijo á Moisés: Irremisiblemente muera aquel hombre; apedréelo con piedras toda la congregación fuera del campo. Entonces lo sacó la congregación fuera del campo, y apedreáronlo con piedras, y murió; como Jehová mandó á Moisés."* Números 15:32-36.

En el desierto, Dios les dio otra lección sobre la importancia de guardar el Sábado del séptimo día, el día de descanso que Él creó para toda la humanidad 2000 años antes en el Jardín del Edén. Para revelar aún más la importancia del sábado, Dios usó el maná celestial diario como una lección objetiva importante.

> *"En el sexto día recogieron doblada comida, dos gomeres para cada uno: y todos los príncipes de la congregación vinieron á Moisés, y se lo hicieron saber. Y él les dijo: Esto es lo que ha dicho Jehová: Mañana es el santo sábado, el reposo de Jehová: lo que hubiereis de cocer, cocedlo hoy, y lo que hubiereis de cocinar, cocinadlo; y todo lo que os sobrare, guardadlo para mañana. Y ellos lo guardaron hasta la mañana, según que Moisés había mandado, y no se pudrió, ni hubo en él gusano. Y dijo Moisés: Comedlo hoy, porque hoy es sábado de Jehová: hoy no hallaréis en el campo. En los seis días lo recogeréis; mas el séptimo día es sábado, en el cual no se hallará."* Éxodo 16:22-26.

Incluso después de eso, todavía había algunos israelitas que optaron por desobedecer a Dios al buscar el maná diario en el día de reposo.

> *"Y aconteció que algunos del pueblo salieron en el séptimo día á recoger, y no hallaron. Y Jehová dijo á Moisés: ¿Hasta cuándo no querréis guardar mis mandamientos y mis leyes? Mirad que Jehová os dió el sábado, y por eso os da en el sexto día pan para dos días. Estése, pues, cada uno en su estancia, y nadie salga de su lugar en el séptimo día. Así el pueblo reposó el séptimo día."* Éxodo 16:27-30.

Una vez que los hijos de Israel estuvieron convencidos de la importancia del sábado del séptimo día y de cómo honrarlo, Dios pasó a las siguientes lecciones que debían aprender, relacionadas con honrar el día de reposo. Los hijos de Israel estaban familiarizados y participaban en el culto pagano de los egipcios. Dios utilizó su deseo de celebrar rituales y medir alimentos en sus servicios de adoración para determinar Su propia adoración que no solo satisfaría sus prácticas de adoración innatas, sino que también los introduciría a las celebraciones que señalarían al Mesías liberador, que vendría en el año 2000. años después de su huida de Egipto. Pero eso no es todo. Las ceremonias que Dios estableció con los hijos de Israel, en el libro de Levítico, también revelarían una línea de tiempo planeada para la última generación viva, 2000 años después de que el Mesías caminara sobre esta tierra. Al crear esta importante línea de tiempo, Dios estableció las leyes ceremoniales del sacrificio de sangre de Levítico veintitrés (23) y les dijo a los hijos de Israel que debían ponerlas en práctica después de que entraran en la tierra prometida, escondiendo a propósito Su plan profético para la última generación en esas celebraciones.

Dios comenzó Levítico veintitrés introduciendo Sus días de fiesta planeados. En el versículo tres, aprovecha la oportunidad para enfatizar la importancia del sábado del séptimo día como un día santo semanal de descanso, libre de trabajo, como un ejemplo de cómo se deben guardar las nueve santas convocaciones en Levítico veintitrés. El sábado semanal solo se reconocía y honraba el séptimo día de la semana, pero un día de fiesta anual podía caer en cualquier día de la semana. Ocasionalmente, un día festivo anual caía en un sábado semanal. Cuando y si una santa convocación de un día de fiesta anual tuviera lugar en un sábado semanal, entonces ese sábado sería llamado Gran Sábado porque tanto el sábado anual como el semanal se reconocían juntos durante el mismo período de veinticuatro horas desde puesta de sol a puesta de sol.

En Levítico veintitrés (23), sin incluir el sábado semanal del séptimo día, Dios estableció ocho celebraciones festivas que incluían nueve días adicionales para ser tratados como santas convocaciones o asambleas sagradas o sábados. En el siguiente cuadro, los asteriscos (*), en la tercera columna, representan cada uno un sábado para ese período de tiempo. Sin contar el asterisco para el día de reposo semanal, que es cuatro o cinco veces por cada mes durante el año, en realidad hay nueve (9) días de reposo anuales o santas convocaciones por año en Levítico 23. El único festival de siete días cuyo primero y últimos días son santas convocaciones es la Fiesta de los Panes sin Levadura, todos los demás tienen sólo un sábado o asamblea sagrada adjunta a ellos. El segundo cuadro a continuación enumera las referencias en la Biblia con respecto a cada celebración anual en particular. El día antes de cada sábado anual y semanal se llama el "día de preparación", donde se hace todo lo que se puede hacer para prepararse para el día de descanso, para guardar el sábado de cualquier trabajo innecesario.

> *"Mas al sexto día aparejarán lo que han de encerrar, que será el doble de lo que solían coger cada día."* Éxodo *16:5*

> *"En el sexto día recogieron doblada comida, dos gomeres para cada uno: y todos los príncipes de la congregación vinieron á Moisés, y se lo hicieron saber. Y él les dijo: Esto es lo que ha dicho Jehová: Mañana es el santo sábado, el reposo de Jehová: lo que hubiereis de cocer, cocedlo hoy, y lo que hubiereis de cocinar, cocinadlo; y todo lo que os sobrare, guardadlo para mañana."* Éxodo 16:22,23.

> *"Y algunos de los hijos de Coath, y de sus hermanos, tenían el cargo de los panes de la proposición, los cuales ponían por orden cada sábado."* 1 Crónicas 9:32.

> *"Y cuando fué la tarde, porque era la preparación, es decir, la víspera del sábado, José de Arimatea, senador noble, que también esperaba el reino de Dios, vino, y osadamente entró á Pilato, y pidió el cuerpo de Jesús."* Marcos 15:42,43.

Los días festivos anuales se dividen en dos categorías principales, segregándolos en los festivales de PRIMAVERA y los festivales de OTOÑO. La asignación del título para las fiestas de primavera y otoño es la del hombre, no la de Dios de la Biblia. Todas las festividades apuntaban hacia la venida del Mesías. Las primeras cuatro fiestas de PRIMAVERA que Jesús cumplió en Su primera venida o advenimiento, las últimas cuatro fiestas de OTOÑO se cumplirán en el momento de Su segundo y tercer advenimiento. El primer advenimiento o venida fue cuando Jesús vino como un bebé, el segundo advenimiento ocurre al comienzo de los 1000 años de Apocalipsis 20 y el tercer advenimiento ocurre al final de los 1000 años.

Puede descubrir más información sobre las tres venidas de Jesús leyendo los libros de fácil comprensión titulados "Las 3 venidas visibles de Jesús" y/o "Las Tres Venidas de Jesús" de Earl Schrock, disponibles en línea como portada o libro electrónico.

Los siguientes dos cuadros revelan el significado de cada día de fiesta y tienen las referencias bíblicas relacionadas con la celebración de cada día de fiesta.

DÍAS DE FIESTA DE LEVÍTICO VEINTITRÉS: 1,2,37,38,44

SÁBADO DEL 7º DÍA	23:3	SEMANALMENTE	FINAL DE CADA SEMANA	CREACIÓN Y REDENCIÓN
PASCUA	23:4,5	PRIMAVERA	DÍA 14 1ER MES	LA CRUCIFIXIÓN DE JESÚS
LOS PANES SIN LEVADURA	23:6-8	PRIMAVERA	DÍA 15-21 1ER MES	ENTIERRO DE JESÚS
PRIMEROS FRUTOS fiesta de la cosecha	23:9-14	PRIMAVERA	1ER DÍA DESPUÉS DE 1ER SÁBADO DESPUÉS 1ER DÍA UNL. PAN	JESÚS' RESURRECCIÓN
FIESTA de las SEMANAS: Shavuoth	23:15-22	PRIMAVERA	50 DÍAS DESPUÉS DÍA DE LAS PRIMERAS FRUTAS	PENTECOSTES: SHAVUOT
TROMPETAS Rosh Hashaná	23:23-25	OTOÑO	1ER DÍA 7º MES	Revelando la verdad en la Palabra de Dios
EXPIACIÓN/ YOM KIPPUR	23:26-32	(10 días del asombro) OTOÑO	DÍA 10 7ºMES	Poco tiempo de problemas
PUESTOS/SUKKOT Fiesta de la recolección	23:33-35 39-43	OTOÑO	15 -21 DÍA, 7 MES, FIESTA DE TABERNÁCULOS	SIETE AÑOS TRIBULACIÓN Hageo 2:1-9
OCTAVO DÍA 2 PEDRO 3:8	23:36,39	OTOÑO	22º DÍA 7º MES	MILENIO EN EL CIELO

DÍAS DE FIESTA DE LEVÍTICO VEINTITRÉS: 1,2,37,38,44

SÁBADO DEL 7º DÍA	23:3	Éxodo 20:8-11
PASCUA	23:4,5	Éxodo 12:1-14, 21-51; 34:25; Ezequiel 45:21,22 2 Crónicas 35:1-19; Lucas 22:1-23; Juan 19:42
LOS PANES SIN LEVADURA	23:6-8	Éxodo 12:15-20; 13:3-10; 23:15,18; 34:18-25; Deuteronomio 16:16; 2 Crónicas 35:1-19; Ezequiel 45:23,24; Hechos 20:6
PRIMEROS FRUTOS fiesta de la cosecha	23:9-14	Éxodo 23:16-19; 34:22,23,26; 2 Crónicas 8:13; Esdras 3:1,5
FIESTA de las SEMANAS: Shavuoth	23:15-22	Éxodo 34:22,23; Deuteronomio 16:16; 2 Crónicas 8:13; Esdras:3:1,5
TROMPETAS Rosh Hashaná	23:23-25	Números 29:1-6; 2 Crónicas 5,6,7 Esdras 3:1-3,6; Nehemías 8:1-12; Salmo 81:1-4
EXPIACIÓN/ YOM KIPPUR	23:26-32	Levítico 16; 25:9; Números 29:7-11; 2 Reyes 25:25,26; Ezequiel 9, Mateo 24:4-8; Hechos 27:9
PUESTOS/SUKKOT Fiesta de la recolección	23:33-35 39-43	Ex. 23:16; 34:20-22; Números 29:12-34; Deut. 16:13-20; 31:9-13; 2 Cr. 5-7:10; 8:13; Esdras 3:4,5; Oseas 12:9; Mateo 24:9-51; Nehemías 8:1,13-18; Eze. 45:25; Hageo 2:1-9; Zac. 14:16-21; Juan 7
OCTAVO DÍA 2 PEDRO 3:8	23:36,39	Números 29:35-40; 2 Crónicas 5:3; 7:9,10; Nehemías 8:1,18; Juan 7:37,38; Apocalipsis 20.

Tanto los festivales de primavera como los de otoño tienen una celebración de una semana. En la celebración de PRIMAVERA, la Fiesta de los Panes sin Levadura, va desde el día quince (15) del primer mes hasta el día veintiuno (21) del primer mes. Tanto el día 15 como el 21 deben ser reconocidos como santas convocaciones o sábados. Eso no es lo mismo con el festival de otoño. La celebración de la semana de OTOÑO, la Fiesta de los Tabernáculos, va desde el día quince (15) del séptimo mes hasta el día veintiuno (21) del séptimo mes. Sólo el primer día es sábado; el séptimo y último día no es santa convocación.

Otra diferencia similar entre los siete días de las fiestas de PRIMAVERA y OTOÑO está relacionada con el pan. En las festividades de PRIMAVERA para la Pascua y los siete días de Panes sin Levadura que siguen, solo se puede comer pan sin levadura. En el festival de OTOÑO, durante los siete días de la Fiesta de los Tabernáculos, el pan se come con levadura. Entonces, durante los ocho días de la primavera, solo se puede comer pan sin levadura, pero en el OTOÑO no se requiere pan sin levadura.

NOTA ESPECIAL: En el día de PRIMICIAS, el primer día de la semana, después del primer sábado después de la Pascua, NO SE COME PAN en absoluto. En el día de Su resurrección, Jesús honró la regla de no comer pan y no comió ningún pan en el día de las PRIMICIAS, el día en que resucitó, hasta después de la puesta del sol, después de que terminó el día de las PRIMICIAS.

> *"Y no comeréis pan, ni grano tostado, ni espiga fresca, hasta este mismo día, hasta que hayáis ofrecido la ofrenda de vuestro Dios; estatuto perpetuo es por vuestras edades en todas vuestras habitaciones."* Levítico 23:14.
>
> *"Y como fué hora, sentóse á la mesa, y con él los apóstoles. Y les dijo: En gran manera he deseado comer con vosotros esta pascua antes que padezca;*

Porque os digo que no comeré más de ella, hasta que se cumpla en el reino de Dios." Lucas 22:14-16

"Y llegaron á la aldea á donde iban: y él hizo como que iba más lejos. Mas ellos le detuvieron por fuerza, diciendo: Quédate con nosotros, porque se hace tarde, y el día ya ha declinado. Entró pues á estarse con ellos. Y aconteció, que estando sentado con ellos á la mesa, tomando el pan, bendijo, y partió, y dióles. Entonces fueron abiertos los ojos de ellos, y le conocieron; mas él se desapareció de los ojos de ellos." Lucas 24:29-31.

El siguiente cuadro está diseñado para ayudar al lector a reconocer la organización de los días festivos de Levítico veintitrés que ocupan dos meses principales, el primero y el séptimo meses del año, según el calendario que Dios le dio a Moisés antes de que salieran de Egipto.

"Y HABLO Jehová á Moisés y á Aarón en la tierra de Egipto, diciendo: Este mes os será principio de los meses; será este para vosotros el primero en los meses del año. Hablad á toda la congregación de Israel, diciendo: En el diez de aqueste mes tómese cada uno un cordero por las familias de los padres, un cordero por familia: Mas si la familia fuere pequeña que no baste á comer el cordero, entonces tomará á su vecino inmediato á su casa, y según el número de las personas, cada uno conforme á su comer, echaréis la cuenta sobre el cordero. El cordero será sin defecto, macho de un año: tomaréislo de las ovejas ó de las cabras: Y habéis de guardarlo hasta el día catorce de este mes; y lo inmolará toda la congregación del pueblo de Israel entre las dos tardes." Éxodo 12:1-6.

CONOCIENDO LOS DÍAS DE LEVÍTICO VEINTITRÉS

ENTENDIENDO EL PRIMER MES DE ABIB/NISAN

10 CAPTURA LA PASCUA CORDERO	14 **PASCUA**	15 PRIMER DÍA DE LOS **PANES SIN LEVADURA**	? 1º, 1º DÍA, DESPUÉS DE LA PASCUA **PRIMEROS FRUTOS**	21 ÚLTIMO DÍA DE **LOS PANES SIN LEVADURA**	CONTAR 7 SÁBADOS DESPUÉS PRIMEROS FRUTOS al 1º DÍA	**PENTECOSTÉS:** 50 DÍAS DESPUÉS PRIMEROS FRUTOS

1711

ENTENDIENDO EL SÉPTIMO MES DE TISHRE

1 **TROMPETAS** Rosh Hashaná	10 Día de **Expiación** Yom Kippur	15 PRIMER DÍA FESTÍN DE **TABERNÁCULOS**	21 ÚLTIMO DÍA FESTÍN DE TABERNÁCULOS	22 **OCTAVO DÍA**

1171

El siguiente dibujo del primer mes, el mes bíblico de Abib, es para ayudar al lector a reconocer cómo aparecen los días festivos en un diseño de un mes de treinta (30) días.

> *"Y HABLO Jehová á Moisés y á Aarón en la tierra de Egipto, diciendo: Este mes os será principio de los meses; será este para vosotros el primero en los meses del año."* Éxodo 12:1,2.

> *"Y Moisés dijo al pueblo: Tened memoria de aqueste día, en el cual habéis salido de Egipto, de la casa de servidumbre; pues Jehová os ha sacado de aquí con mano fuerte; por tanto, no comeréis leudado. Vosotros salís hoy en el mes de Abib."* Éxodo 13:3,4.

LAS FIESTAS DE PRIMAVERA

ENTENDIENDO EL PRIMER MES DE ABIB/NISAN

# Representa un Sábado	(MARZO-ABRIL)			1	2	3
4	5	6	7	8	9	10 CAPTURA LA CORDERO DE PASCUA Éxodo 12:3
11	12	PREPARACIÓN DÍA 13 Lucas 22:7-13	PREPARACIÓN DÍA 14 Lucas 23:50-55 PASCUA	15 LA FIESTA DE LOS PAN SIN LEVADURA Levítico 23:6	PREPARACIÓN DÍA 16 Éxodo 16:5	17 7º día SÁBADO Éxodo 20:8-11
18 PRIMERA FRUTAS Levítico 23:9-14	19	20	21 ÚLTIMO DÍA DE LOS PAN SIN LEVADURA Levítico 23:6-8	22	23	24 1
25	26	27	28	29	30	2

El primer día de cada mes está determinado por la fase de la luna. Cada día comienza cuando se pone el sol. Desde la creación, los días bíblicos de veinticuatro (24) horas comienzan y terminan al atardecer. La luna determina el comienzo de un mes; el sol determina el comienzo de un día. No existe tal cosa como un mes de sol o un día de luna. El primer día de un mes puede comenzar en cualquier día de la semana. El ciclo semanal ininterrumpido de siete días fue iniciado por Dios durante la primera semana de la creación, hace 6000 años. En la Biblia, los días se enumeran por número. Un mes bíblico profético son treinta (30) días enumerados desde el día uno hasta el día treinta. En el calendario de Dios, los meses se ajustan a veces para mantener las estaciones en línea con los meses particulares, como lo hacemos con el año bisiesto estadounidense. Un día bíblico comienza con la puesta del sol, lo que hace que la parte oscura del día sea lo primero. El día de veinticuatro (24) horas termina con la puesta del sol, haciendo que la parte de luz del día sea la última.

> *"Y dijo Dios: Sean lumbreras en la expansión de los cielos para apartar el día y la noche: y sean por señales, y para las estaciones, y para días y años; Y sean por lumbreras en la expansión de los cielos para alumbrar sobre la tierra: y fue. E hizo Dios las dos grandes lumbreras; la lumbrera mayor para que señorease en el día, y la lumbrera menor para que señorease en la noche: hizo también las estrellas. Y púsolas Dios en la expansión de los cielos, para alumbrar sobre la tierra, Y para señorear en el día y en la noche, y para apartar la luz y las tinieblas: y vió Dios que era bueno. Y fué* ***la tarde y la mañana*** *el día cuarto."* Génesis 1:14-19.

> *"Sábado de reposo será á vosotros, y afligiréis vuestras almas, comenzando á los nueve del mes en la tarde: de tarde á tarde holgaréis vuestro sábado."* Levítico 23:32

Aquí hay un desglose fácil de entender de las primeras cuatro santas convocaciones de Levítico 23. Las ceremonias de PRIMAVERA de las primeras cuatro santas convocaciones o asambleas sagradas comenzaron para los israelitas el décimo día del primer mes.

En el **décimo** (10) día de Abib, el primer mes del calendario mosaico (Éxodo 12:1-3), se instruyó a los israelitas a elegir un cordero macho de un año de entre las ovejas o las cabras, sin defectos., y déjelo a un lado en preparación para la próxima cena de Pascua. Si un hogar era demasiado pequeño para comer un cordero, entonces más de un hogar podía compartir ese sacrificio (Éxodo 12:1-5). Este décimo día no fue apartado como un día santo.

PRIMERO: En el día **catorce** (14) del mes, al anochecer o al atardecer, se les ordenó sacrificar el cordero elegido y asarlo entero sobre un fuego abierto. Debían comer panes sin levadura y hierbas amargas con el cordero asado. Lo que quedara a la mañana siguiente debía ser destruido. Los participantes debían estar completamente vestidos con su ropa de viaje durante la comida. (Éxodo 12:6-14). Este decimocuarto día fue apartado como día santo o santa convocación. La duración de esta fiesta es de **UN** (1) día.

SEGUNDO: El día **quince** (15) del mes comenzaría la Fiesta de los Panes sin Levadura. Esta celebración duraría siete (7) días desde el día quince (15) hasta el día veintiuno (21) del primer mes. El primero y el último día debían ser honrados como sábados, una santa convocación o asamblea sagrada. No se debía hacer ningún trabajo. La única comida preparada durante estos días de descanso era para lo que se debía comer ese día. Un cordero de un año debía ser asado al fuego por cada uno de los siete días y ofrecido con una ofrenda de cereal y una libación (Éxodo 12:15-20). La Fiesta de los Panes sin Levadura es una celebración de **SIETE** (7) días.

La cantidad total de tiempo para comer solo pan sin levadura sería de ocho días desde el 14 de Abib hasta el 21 de Abib. No se debía comer pan con levadura desde el día catorce (14) hasta el día veintiuno (21) del mes. Comer pan leudado durante este tiempo sería penalizado con ser "cortado" de los hijos de Israel (Éxodo 12:18-20). Dios estableció dos conjuntos anuales de celebración de ocho días. Los ocho días de las Fiestas de Primavera van desde el 14 de Abib hasta el 21 de Abib e incluyen la Pascua y la Fiesta de los Panes sin Levadura. Los ocho días de las Fiestas de Otoño van desde el día 15 al 22 del séptimo mes e incluyen la Fiesta de los Tabernáculos y el Octavo Día Sabático conocido como "Shimini Atzeret" en la comunidad judía.

TERCERA: Al día siguiente de la santa convocación se le llama **PRIMICIAS** o Fiesta de la Cosecha. Siempre tiene lugar el primer día de la semana, después del primer sábado del séptimo día después de la Pascua (consulte el calendario anterior como ejemplo). En este día no se debe comer pan ni grano. La ofrenda del sacrificio es un cordero de un año sin defecto, 2/10 efa de harina amasada con aceite, y ¼ hin de vino o jugo de uva. En este día, el sacerdote debe agitar una gavilla de grano en el aire. La festividad de las Primicias es una celebración de **UN** (1) día.

CUARTO: La cuarta fiesta de primavera se llama PENTECOSTÉS. También tiene lugar siempre el primer día de la semana. La fecha de Pentecostés se encuentra contando siete sábados semanales, que vienen inmediatamente después de la Fiesta de la Cosecha, o PRIMICIAS, y luego agregando un día para hacer la cuenta de cincuenta (50) días. En este día, en lugar de agitar una gavilla de grano cosechada, se agitaron en el aire dos hogazas de pan con levadura. Cada pan está hecho de 2/10 efa de grano con levadura. Se presenta una ofrenda de cereal y una libación junto con siete corderos de un año sin defecto, un toro joven, dos carneros, un cabrito como ofrenda por el pecado y dos corderos de un año como ofrenda de paz. La Fiesta de Pentecostés es una celebración de **UN** (1) día.

Las cuatro ceremonias primaverales anteriores con los cinco sábados anuales son: **(1)** la Pascua, **(2)** el primer día de los Panes sin Levadura, **(3)** el séptimo día de los Panes sin Levadura, **(4)** el día de los Primeros Frutos, y **(5)** el día de Pentecostés.

Cada día santo tendría su propio día de preparación precediéndolo. En el mes anterior, se adjuntan cuatro días de preparación a las festividades y cinco días de preparación están conectados a los cinco sábados del séptimo día para un total de nueve días de preparación para el mes anterior que se ejemplifica.

1711

El orden del número de días celebrados, considerando únicamente los días que ocupan las fiestas de PRIMAVERA, sería el número 1711. **UN** día para la Pascua, **SIETE** días para la Fiesta de los Panes sin Levadura, **UN** día para las Primicias, y **UN** día para la Pentecostés.

LOS FESTIVALES DE OTOÑO

ENTENDIENDO EL SÉPTIMO MES DE TISHREI

# Representa un Sábado	(SEPTIEMBRE-OCTUBRE)		PREPARACIÓN DÍA	1 TROMPETAS Números 29:1-6 Rosh Hashaná	2	3
4	5	6	7	8	9 ELEVADO SÁBADO	10 Día de Expiación Levítico 16 Yom Kippur
11	12	13	14 PREPARACIÓN DÍA	15 FESTÍN DE TABERNÁCULOS Num. 29:12-34	16 PREPARACIÓN DÍA Éxodo 16:5	17 7º día SÁBADO Éxodo 20:8-11
18	19	20	21 ÚLTIMO DÍA FESTÍN DE TABERNÁCULOS PREPARACIÓN DÍA	22 OCTAVO DÍA Num. 29:35-40	23	24
25	26	27	28	29	30	

Aquí hay un desglose fácil de entender de las últimas cuatro santas convocaciones de Levítico (23) veintitrés. Las ceremonias de OTOÑO de las últimas cuatro santas convocaciones o asambleas sagradas comenzaron para los israelitas el primer día del séptimo mes. Hoy el primer día del nuevo año es el primer día de Tishri, pero en los días de Moisés, el Señor estableció el primer día del primer mes con el mes de Abib.

> *"Y HABLO Jehová á Moisés y á Aarón en la tierra de Egipto, diciendo: Este mes os será principio de los meses; será este para vosotros el primero en los meses del año. Hablad á toda la congregación de Israel, diciendo: En el diez de aqueste mes tómese cada uno*

un cordero por las familias de los padres, un cordero por familia." Éxodo 12:1-3.

PRIMERO: El primer día del séptimo mes es el toque de TROMPETAS. Es una santa convocación o Sábado.

"Y EL séptimo mes, al primero del mes tendréis santa convocación: ninguna obra servil haréis; os será día de sonar las trompetas. Y ofreceréis holocausto por olor de suavidad á Jehová, un becerro de la vacada, un carnero, siete corderos de un año sin defecto; Y el presente de ellos, de flor de harina amasada con aceite, tres décimas con cada becerro, dos décimas con cada carnero, Y con cada uno de los siete corderos, una décima; Y un macho cabrío por expiación, para reconciliaros: Además del holocausto del mes, y su presente, y el holocausto continuo y su presente, y sus libaciones, conforme á su ley, por ofrenda encendida á Jehová en olor de suavidad." Números 29:1-6.

La santa convocatoria de TROMPETAS es una celebración de **UN** (1) día.

SEGUNDO: El décimo día del séptimo mes, es el DÍA DE LA EXPIACIÓN. Es un día solemne de examen de conciencia y autoexamen. Comenzando con la Fiesta de las Trompetas hasta el Día de la Expiación, hay un período de tiempo de diez días para buscar, para ser "uno" con el Padre. Este período de diez días es llamado por algunos los "días de temor", para aquellos que escudriñan sus almas en su relación con Dios. Es un momento de buscar el perdón y la reconciliación contra todos y cada uno de los que fueron ofendidos por la persona que busca el alma. Es un tiempo de rededicación completa para ser un siervo vivo del Dios Altísimo, buscando Su voluntad en todas las cosas.

*"Y esto tendréis por estatuto perpetuo: En el mes séptimo, á los diez del mes, **afligiréis** vuestras almas,*

y ninguna obra haréis, ni el natural ni el extranjero que peregrina entre vosotros: Porque en este día se os reconciliará para limpiaros; y seréis limpios de todos vuestros pecados delante de Jehová. Sábado de reposo es para vosotros, y ***afligiréis*** *vuestras almas, por estatuto perpetuo."* Levítico 16:29-31.

"Y en el diez de este mes séptimo tendréis santa convocación, y ***afligiréis*** *vuestras almas: ninguna obra haréis: Y ofreceréis en holocausto á Jehová por olor de suavidad, un becerro de la vacada, un carnero, siete corderos de un año; sin defecto los tomaréis: Y sus presentes, flor de harina amasada con aceite, tres décimas con cada becerro, dos décimas con cada carnero, Y con cada uno de los siete corderos, una décima; Un macho cabrío por expiación: además de la ofrenda de las expiaciones por el pecado, y del holocausto continuo, y de sus presentes, y de sus libaciones."* Números 29:7-11.

La santa convocación del DÍA DE LA EXPIACIÓN es una celebración de **UN** (1) día

TERCERO: El día quince del mes séptimo es el comienzo de los siete días de la FIESTA DE LOS TABERNÁCULOS o Fiesta de las Cabañas. También se llama la Fiesta de la Cosecha. Es un tiempo de celebración ya que la última cosecha anual está completa y hay mucho grano, aceite y vino de uva para todos (Apocalipsis 6:6). Es un tiempo de regocijo y un tiempo para recordar el amor, la misericordia, la protección y las provisiones del Señor (Salmo 106:1). Ofrecer un regalo de acción de gracias por la bondad de Dios y el cuidado de su pueblo fue un privilegio para todos durante esta alegre ocasión. Comienza el día 15 y termina el día 21 del séptimo mes. El primer día es santa convocación o sábado, pero el último día, el séptimo día, el 21, no es santa convocación.

"También á los quince días del mes séptimo tendréis santa convocación; ninguna obra servil haréis, y celebraréis solemnidad á Jehová por siete días; Y ofreceréis en holocausto, en ofrenda encendida á Jehová en olor de suavidad, trece becerros de la vacada, dos carneros, catorce corderos de un año: han de ser sin defecto; Y los presentes de ellos, de flor de harina amasada con aceite, tres décimas con cada uno de los trece becerros, dos décimas con cada uno de los dos carneros, Y con cada uno de los catorce corderos, una décima." Números 29:12-15.

"La solemnidad de las cabañas harás por siete días, cuando hubieres hecho la cosecha de tu era y de tu lagar. Y te alegrarás en tus solemnidades, tú, y tu hijo, y tu hija, y tu siervo, y tu sierva, y el Levita, y el extranjero, y el huérfano, y la viuda, que están en tus poblaciones. Siete días celebrarás solemnidad á Jehová tu Dios en el lugar que Jehová escogiere; porque te habrá bendecido Jehová tu Dios en todos tus frutos, y en toda obra de tus manos, y estarás ciertamente alegre." Deuteronomio 16:13-15.

"Y oí una voz en medio de los cuatro animales, que decía: Dos libras de trigo por un denario, y seis libras de cebada por un denario: y no hagas daño al vino ni al aceite." Apocalipsis 6:6.

"ALELUYA. Alabad á Jehová, porque es bueno; Porque para siempre es su misericordia." Salmos 106:1.

La FIESTA DE LOS TABERNÁCULOS es una celebración de **SIETE** (7) días. No solo es un tiempo de acción de gracias por la protección y provisión de Dios, sino que también es un tiempo para recordar cómo Dios sacó a su pueblo del ambiente pecaminoso de Egipto y lo mantuvo en el desierto durante cuarenta años, donde ni siquiera sus sandalias se gastaron. (Deuteronomio 29:5). Pasando siete días en tiendas improvisadas, formadas por la unión de una variedad de ramas de árboles, los celebrantes pudieron revivir, momentáneamente, la experiencia de sus antepasados vagando en el desierto durante cuarenta años.

Esta semana de celebración no solo apunta a las bendiciones de Dios sobre los hijos de Israel después de su escape de Egipto, sino que también apunta al tiempo venidero de angustia cuando el pueblo de Dios una vez más confiará en Él para su protección y provisión durante la próxima tribulación de siete años. Una vez más, Dios proveerá refugio, alimento, agua y protección para sus hijos fieles. La historia se repetirá a medida que los siervos de Dios del tiempo del fin encontrarán nuevamente refugio en cabañas hechas de su entorno natural. En cuanto a la organización de la Fiesta de los Tabernáculos, sólo el primer día es una santa convocación o sábado. El último día, el séptimo día, NO es sábado.

> *"Y yo os he traído cuarenta años por el desierto: vuestros vestidos no se han envejecido sobre vosotros, ni tu zapato se ha envejecido sobre tu pie."* Deuteronomio 29:5.

Jesús celebró la Fiesta de los Tabernáculos en Juan capítulo siete (7).

> "1 Y PASADAS estas cosas andaba Jesús en Galilea:
> que no quería andar en Judea, porque los Judíos
> procuraban matarle. 2 Y estaba cerca la fiesta de
> los Judíos, la de los tabernáculos. 3 Y dijéronle sus
> hermanos: Pásate de aquí, y vete á Judea, para que
> también tus discípulos vean las obras que haces. 4 Que
> ninguno que procura ser claro, hace algo en oculto. Si
> estas cosas haces, manifiéstate al mundo. 5 Porque
> ni aun sus hermanos creían en él. 6 Díceles entonces
> Jesús: Mi tiempo aun no ha venido; mas vuestro tiempo
> siempre está presto. 7 No puede el mundo aborreceros
> á vosotros; mas á mí me aborrece, porque yo doy

testimonio de él, que sus obras son malas. 8 Vosotros
subid á esta fiesta; yo no subo aún á esta fiesta, porque
mi tiempo aun no es cumplido. 9 Y habiéndoles dicho
esto, quedóse en Galilea. 10 Mas como sus hermanos
hubieron subido, entonces él también subió á la fiesta,
no manifiestamente, sino como en secreto.

11 Y buscábanle los Judíos en la fiesta, y decían:
¿Dónde está aquél? 12 Y había grande murmullo de él
entre la gente: porque unos decían: Bueno es; y otros
decían: No, antes engaña á las gentes. 13 Mas ninguno
hablaba abiertamente de él, por miedo de los Judíos.
14 Y al medio de la fiesta subió Jesús al templo, y
enseñaba. 15 y maravillábanse los Judíos, diciendo:
¿Cómo sabe éste letras, no habiendo aprendido? 16
Respondióles Jesús, y dijo: Mi doctrina no es mía, sino
de aquél que me envió. 17 El que quisiere hacer su
voluntad, conocerá de la doctrina si viene de Dios, ó si
yo hablo de mí mismo. 18 El que habla de sí mismo, su
propia gloria busca; mas el que busca la gloria del que
le envió, éste es verdadero, y no hay en él injusticia."
Juan 7:1-18.

Para estos siete días, durante la Fiesta de los Tabernáculos, Dios estableció un orden diario particular de sacrificios de (1) múltiples novillos o toros, (2) dos carneros, (3) catorce corderos de un año sin defecto, (4) un macho cabrío junto con la (5) ofrenda de cereal medida particular y (6) la libación para cada animal. El siguiente cuadro revela los sacrificios diarios prescritos para cada uno de los siete días (Números 29:7-34).

PRESCRIPCIÓN DEL SACRIFICIO DIARIO DE LA FIESTA DE LAS CABINAS

DIA	JOVEN COJONES	carneros	corderos	CABRO	OFRENDA DE GRANO POR CADA UNO			OFRENDA DE BEBIDA HIN POR CADA UNO		
					TORO	CARNERO	CABRO	TORO	CARNERO	CABRO
UNO	13	2	14	1	3/10	2/10	1/10	1/2	1/3	1/4
DOS	12	2	14	1						
TRES	11	2	14	1						
CUATRO	10	2	14	1						
CINCO	9	2	14	1						
SEIS	8	2	14	1						
SIETE	7	2	14	1						

CUARTO: El día veintidós (22) del mes séptimo es el OCTAVO DÍA santa convocación.

PRESCRIPCIÓN DEL SACRIFICIO DEL OCTAVO DÍA

DIA	JOVEN COJONES	carneros	corderos	CABRO	OFRENDA DE GRANO POR CADA UNO			OFRENDA DE BEBIDA HIN POR CADA UNO		
					TORO	CARNERO	CABRO	TORO	CARNERO	CABRO
					3/10	2/10	1/10	1/2	1/3	1/4
OCHO	1	1	7	1						

"El octavo día tendréis solemnidad: ninguna obra servil haréis: Y ofreceréis en holocausto, en ofrenda encendida de olor suave á Jehová, un novillo, un carnero, siete corderos de un año sin defecto; Sus presentes y sus libaciones con el novillo, con el carnero, y con los corderos, según el número de ellos, conforme á la ley; Y un macho cabrío por expiación: además del holocausto continuo, con su presente y su libación." Números 29: 35-38

En lugar de que el séptimo día o el último día de la Fiesta de los Tabernáculos sea un día de santa convocación o sábado, el octavo día o el vigésimo segundo (22) día del séptimo mes se trata como la asamblea sagrada o santa convocación. En toda la Biblia, esta es la única vez que el octavo día se aparta como día santo.

La santa convocación de OCTAVO DÍAS es una celebración de **UN** (1) día.

La Biblia menciona "el último gran día" de la Fiesta de los Tabernáculos. ¿Se refiere al día número siete, el último día de la Fiesta de las Cabañas, o se refiere al OCTAVO DÍA, el último día de todas las fiestas ceremoniales de Levítico veintitrés, para todo el año?

> *"Mas en el postrer día grande de la fiesta, Jesús se ponía en pie y clamaba, diciendo: Si alguno tiene sed, venga á mí y beba. El que cree en mí, como dice la Escritura, ríos de agua viva correrán de su vientre."* Juan 7:37,38.

PREGUNTA: ¿Por qué se aparta el octavo día, y no el séptimo, como santa convocación, al final de la Fiesta de los Tabernáculos?

RESPUESTA: Este acto no solo asegura el enigma de los números para el código 1171 de Levítico, en contraste con las fiestas de PRIMAVERA, sino que este autor también cree que toda la Fiesta de los Tabernáculos de siete días apunta hacia la tribulación de siete años y que el **octavo** día apunta hacia los 1000 años de Apocalipsis 20 que siguen inmediatamente a la tribulación de siete años.

> *"Mas, oh amados, no ignoréis esta una cosa: que un día delante del Señor es como mil años y mil años como un día."* 2 Pedro 3:8.

"Porque mil años delante de tus ojos, Son como el día de ayer, que pasó, Y como una de las vigilias de la noche." Salmo 90:4

"Y vi tronos, y se sentaron sobre ellos, y les fué dado juicio; y vi las almas de los degollados por el testimonio de Jesús, y por la palabra de Dios, y que no habían adorado la bestia, ni á su imagen, y que no recibieron la señal en sus frentes, ni en sus manos, y vivieron y reinaron con Cristo mil años. Mas los otros muertos no tornaron á vivir hasta que sean cumplidos mil años. Esta es la primera resurrección. Bienaventurado y santo el que tiene parte en la primera resurrección; la segunda muerte no tiene potestad en éstos; antes serán sacerdotes de Dios y de Cristo, y reinarán con él mil años." Apocalipsis 20:4-6.

Como se mencionó anteriormente, Dios estableció dos celebraciones anuales de ocho días. Los ocho días de las Fiestas de Primavera van desde el 14 de Abib hasta el 21 de Abib e incluyen la Pascua y la Fiesta de los Panes sin Levadura. Los ocho días de las Fiestas de Otoño van desde el día 15 al 22 del séptimo mes e incluyen la Fiesta de los Tabernáculos y el Sábado de Ocho Días conocido como "Shimini Atzeret" en la comunidad judía.

PREGUNTA: ¿Tiene significado el octavo día en algún otro lugar de la Biblia?

RESPUESTA: Sí, el octavo día es importante en los siguientes lugares de la Biblia.

1. Los niños varones fueron circuncidados al octavo día: Levítico 12:2,3.

2. Aarón y sus hijos fueron consagrados en el octavo día: Levítico 8:33-9:1,2,7.

3. Un animal joven primogénito es dado a Dios en el octavo día: Éxodo 22:29,30; Levítico 22:27.

4. Un leproso curado se aparta durante siete días y luego en el octavo día deben llevar sus sacrificios al sacerdote. Levítico 14:7-10,19,20.

5. Después de que una persona se haya limpiado de un flujo, debe esperar siete días, luego acudir al sacerdote al octavo día para ofrecer sus sacrificios. Levítico 15:13-15.

6. Si una mujer tiene flujo, además de su período, después de que ella sea sanada o limpiada, debe esperar siete días y luego en el octavo día ofrecer sus sacrificios. Levítico 15:28-30.

7. Si una persona se contamina durante un voto nazareo, debe seguir un proceso de purificación durante siete días y luego en el octavo día debe ofrecer un sacrificio de expiación por su impureza. Números 6:9-12.

El siguiente calendario del séptimo mes muestra los días santos y también muestra el conjunto de días del octavo día del 15 al 22 del mes.

ENTENDIENDO EL SÉPTIMO MES DE TISHREI

# Representa un Sábado	(SEPTIEMBRE-OCTUBRE)		PREPARACIÓN DÍA	1 TROMPETAS Números 29:1-6 Rosh Hashaná	2	3
4	5	6	7	8	9 ELEVADO SÁBADO ➔	10 Día de Expiación Levítico 16 Yom Kippur
11	12	13	14 PREPARACIÓN DÍA	15 FESTÍN DE TABERNÁCULOS Num. 29:12-34	16 PREPARACIÓN DÍA Éxodo 16:5	17 7º día SÁBADO Éxodo 20:8-11
18	19	20	21 ÚLTIMO DÍA FESTÍN DE TABERNÁCULOS PREPARACIÓN DÍA	22 OCTAVO DÍA Num. 29:35-40	23	24
25	26	27	28	29	30	

PREGUNTA: ¿Cuál es el significado del octavo día a lo largo de la Biblia?

RESPUESTA: El octavo día, después de un proceso de limpieza de siete días, a lo largo de la Biblia, es un día de suprema importancia. Es un día de inspección seguido de aceptación o rechazo, como resultado de las acciones de una persona. Una persona, siguiendo y obedeciendo los requisitos del cielo, es aceptada; mientras que una persona que se niega a seguir y obedecer los requisitos bíblicos del cielo es rechazada. El octavo día es un día de juicio.

EFECTO ESPEJO PRIMAVERA Y OTOÑO

Observe cómo las ceremonias de PRIMAVERA y OTOÑO se reflejan entre sí al considerar el patrón de los días.

1711

El orden del número de días, al sumar sólo los días que ocupan las FIESTAS DE **PRIMAVERA**, el número es 1711. La Pascua es **UN** día. La Fiesta de los Panes sin Levadura es **SIETE** días. Los Primeros Frutos es **UN** día. Y Pentecostés es **UN** día. Así 1711.

1171

El orden del número de días, al sumar sólo los días que ocupan las FIESTAS DE **OTOÑO**, el número es 1171. El día de Trompetas es **UN** día. El Día de la Expiación es **UN** día. La Fiesta de los Tabernáculos es **SIETE** días. La Fiesta de los Ocho Días es **UN** día. Así tenemos 1711.

PRIMAVERA 1711-1171 OTOÑO

Dios tiene un propósito al planificar los días de las fiestas de Levítico 23. No son solo pensamientos aleatorios, sino que hay un plan divino en operación. La razón por la que el séptimo día de la Fiesta de los Panes sin Levadura es una santa convocación y el séptimo día de las Fiestas de los Tabernáculos no es una santa convocación revela el patrón del espejo de Dios de **1711-1171**. Puede haber otra razón para que Dios refleje los festivales de primavera y otoño y me interesaría saber cuál es, si alguien tiene alguna idea. No hace falta decir que Dios tiene el control y cada una de las ceremonias tiene un papel particular que desempeñar en el plan de redención.

El siguiente gráfico revela el patrón de espejo de ocho días. Para las fiestas de **PRIMAVERA**, combinando UN día de Pascua con los SIETE días de Panes sin Levadura, el total es ocho. Para los festivales de OTOÑO que combinan los SIETE días de la Fiesta de los Tabernáculos con el ÚNICO día de la santa convocación del Octavo Día, el total también es ocho. Las matemáticas aparecerían como **UNO MÁS SIETE (1+7)** y

SIETE MÁS UNO (7+1), una vez más un efecto de espejo. Es incierto, en este momento, en la mente de este autor, si hay un significado especial en calcular estos números de esa manera, pero es interesante. El tiempo dirá.

CONOCIENDO LOS DÍAS DE LEVÍTICO VEINTITRÉS

ENTENDIENDO EL PRIMER MES DE ABIB/NISAN

10 CAPTURA LA PASCUA CORDERO	14 **PASCUA**	15 PRIMER DIA DE LOS **PANES SIN LEVADURA**	? 1º, 1º DÍA, DESPUÉS DE LA PASCUA **PRIMEROS FRUTOS**	21 ÚLTIMO DÍA DE **LOS PANES SIN LEVADURA**	CONTAR 7 SÁBADOS DESPUÉS PRIMEROS FRUTOS al 1º DÍA	**PENTECOSTÉS:** 50 DÍAS DESPUÉS PRIMEROS FRUTOS

1711

ENTENDIENDO EL SÉPTIMO MES DE TISHRE

1 **TROMPETAS** Rosh Hashaná	10 Día de **Expiación** Yom Kippur	15 PRIMER DÍA FESTÍN DE **TABERNÁCULOS**	21 ÚLTIMO DÍA FESTÍN DE TABERNÁCULOS	22 **OCTAVO DÍA**

1171

COMPARACIÓN DE LOS DÍAS IMPORTANTES DEL PRIMER Y SÉPTIMO MES

PRIMER DÍA DEL MES:

El primer día del primer mes es importante para empezar a contar el año correctamente.

El primer día del séptimo mes es importante ya que es el Día de las Trompetas.

DÉCIMO DÍA DEL MES:

Durante el primer mes es el día de apartar el cordero pascual.

Para el séptimo mes es el Día de la Expiación.

DÉCIMO CUARTO DÍA DEL MES:

Durante el primer mes es el Día de la Pascua.

Para el séptimo mes es el Día de Preparación para la Fiesta de los Tabernáculos.

DÉCIMO QUINTO DÍA DEL MES:

Para el primer mes es el primer día de la Fiesta de los Panes sin Levadura.

Para el séptimo mes su primer día de la Fiesta de los Tabernáculos.

VIGÉSIMO PRIMER DÍA DEL MES:

Durante el primer mes es un Sábado de la Fiesta de los Panes sin Levadura.

Para el séptimo mes es el último día de la Fiesta de los Tabernáculos.

VIGÉSIMO SEGUNDO DÍA DEL MES:

Durante el primer mes no tiene importancia ceremonial.

Para el séptimo mes es el Sábado Santo del Octavo día.

PREGUNTA: ¿Cuáles son las ramificaciones con respecto a Jesús CUMPLIENDO los días festivos ceremoniales de sacrificio de sangre de Levítico 23 cuando caminó en esta tierra?

RESPUESTA: Jesús tuvo un impacto directo tanto en las cuatro celebraciones de PRIMAVERA como en las cuatro celebraciones de OTOÑO de Levítico 23. A pesar de todo, Jesús no destruyó ni hizo que se abandonara la importancia de esas ocho celebraciones anuales.

Desde los días de Moisés hasta la muerte de Jesús en la cruz, todas las celebraciones festivas de los días santos requerían un sacrificio de sangre junto con una ofrenda de cereal y una libación. Ya que Jesús es el "Cordero de Dios que quita el pecado del mundo" (Juan 1:29) y Él es el pan de vida (Juan 6:35), y su sangre está representada por la libación de vino o jugo de uva. (1 Corintios 11:23-26), guardar estos días festivos y ofrecer un sacrificio de sangre ya no es obligatorio. Pero si una persona, grupo o congregación desea reconocer pública o privadamente estos días santos, poniendo a Cristo Jesús como el centro de la conversación, entonces no hay ley que lo prohíba.

> *"Y Jesús les dijo: Yo soy el pan de vida: el que á mí viene, nunca tendrá hambre; y el que en mí cree, no tendrá sed jamás."* Juan 6:35
>
> *"23 Porque yo recibí del Señor lo que también os he enseñado: Que el Señor Jesús, la noche que fué entregado, tomó pan; 24 Y habiendo dado gracias, lo partió, y dijo: Tomad, comed: esto es mi cuerpo que por vosotros es partido: haced esto en memoria de mí. 25 Asimismo tomó también la copa, después de haber cenado, diciendo: Esta copa es el nuevo pacto en mi sangre: haced esto todas las veces que bebiereis, en memoria de mí. 26 Porque todas las veces que comiereis este pan, y bebiereis esta copa, la muerte del Señor anunciáis hasta que venga."* 1 Corintios 11:23-26.
>
> *"Rayendo la cédula de los ritos que nos era contraria, que era contra nosotros, quitándola de en medio y enclavándola en la cruz; Y despojando los principados y las potestades, sacólos á la vergüenza en público, triunfando de ellos en sí mismo. Por tanto, nadie os*

juzgue en comida, ó en bebida, ó en parte de día de fiesta, ó de nueva luna, ó de sábados: Lo cual es la sombra de lo por venir; mas el cuerpo es de Cristo." Colosenses 2:14-17.

"No penséis que he venido para abrogar la ley ó los profetas: no he venido para abrogar, sino á cumplir. Porque de cierto os digo, que hasta que perezca el cielo y la tierra, ni una jota ni un tilde perecerá de la ley, hasta que todas las cosas sean hechas. De manera que cualquiera que infringiere uno de estos mandamientos muy pequeños, y así enseñare á los hombres, muy pequeño será llamado en el reino de los cielos: mas cualquiera que hiciere y enseñare, éste será llamado grande en el reino de los cielos. Porque os digo, que si vuestra justicia no fuere mayor que la de los escribas y de los Fariseos, no entraréis en el reino de los cielos." Mateo 5:17-20.

PREGUNTA: ¿Cómo se relacionan los días festivos ceremoniales de Levítico veintitrés con el plan de salvación también conocido como el plan de redención?

RESPUESTA: (1) Jesús cumplió y completó las primeras cuatro fiestas, las fiestas y ceremonias de PRIMAVERA con Su vida, muerte y resurrección. (2) Todos los festivales de OTOÑO apuntan a los eventos futuros que tendrán lugar hasta el punto en que el pecado sea erradicado, al final de los 1000 años de Apocalipsis 20.

PREGUNTA: ¿Cómo cumplió Jesús las primeras cuatro fiestas SPING de Levítico veintitrés?

RESPUESTA: Las fiestas de PRIMAVERA comienzan el día 10 del mes y terminan el día 21 del mes, sin incluir Pentecostés, por un total de doce (12) días, y Jesús las cumplió tal como se iban a completar. Considere el siguiente calendario que es el orden exacto de días del mes de ABIB en los días de Cristo, en el año 31 d.C. cuando fue asesinado:

MES ABIB/NISAN EN EL 31 AD PARA JESÚS

# Representa un Sábado				1	2	3
4	5	6	7	8 SEIS DÍAS ANTES PASCUA Juan 12:1-3,9-11	9 JESÚS ENTRA JERUSALÉN Juan 12:12	10 CAPTURA LA CORDERO DE PASCUA Éxodo 12:3
11	12 DOS DIAS ANTES PASCUA Marcos 14:1-3,8,9	PREPARACIÓN DÍA 13 Lucas 22:7-13	PREPARACIÓN DÍA 14 Lucas 23:50-55 **PASCUA**	15 LA FIESTA DE LOS PAN SIN LEVADURA Levítico 23:6	PREPARACIÓN DÍA 16 Éxodo 16:5	17 7º día SÁBADO Éxodo 20:8-11
18 **RESURRECCIÓN** PRIMERA FRUTAS Levítico 23:9-14	19	20	21 ÚLTIMO DÍA DE LOS PAN SIN LEVADURA Levítico 23:6-8	22	23	24 **1**
25	26	27	28	29	30	**2**

ABIB 10: Jesús entró en Jerusalén, el viernes por la tarde, para su entrada triunfal, la noche del nueve de Abib, y estuvo en la comunidad desde entonces hasta su crucifixión en la Pascua. Dos días antes de la Pascua fue encontrado en Betania como está registrado en Marcos 14:1-3. Betania es un pueblo a solo dos millas de Jerusalén, en las laderas del Monte de los Olivos.

ABIB 14: El 14 de Abib, día de la Pascua, comenzó al atardecer del 13. Fue después de la puesta del sol, el 14 de Abib, que (1) Jesús comió la última cena con Sus discípulos. (2) Mientras estaba con ellos en el aposento alto, hizo Su voto nazareo (Números 6:1-8) de abstenerse de todo producto de la vid y de no comer pan (Levítico 23:14) hasta que lo hiciera con ellos en el Reino de Dios. (3) Jesús fue luego arrestado, juzgado y (4) fue crucificado en una cruz cruel, en nuestro miércoles, antes de que terminara el día de la Pascua, el 14 de Abib.

Fue en esta "última cena" que Jesús hizo un voto nazareo de abstenerse de un producto de la vid.

> *"Y como fué hora, sentóse á la mesa, y con él los apóstoles. Y les dijo: En gran manera he deseado comer con vosotros esta pascua antes que padezca; Porque os digo que no comeré más de ella, hasta que se cumpla en el reino de Dios. Y tomando el vaso, habiendo dado gracias, dijo: Tomad esto, y partidlo entre vosotros; Porque os digo, que no beberé más del fruto de la vid, hasta que el reino de Dios venga. Y tomando el pan, habiendo dado gracias, partió, y les dió, diciendo: Esto es mi cuerpo, que por vosotros es dado: haced esto en memoria de mí. Asimismo también el vaso, después que hubo cenado, diciendo: Este vaso es el nuevo pacto en mi sangre, que por vosotros se derrama."* Lucas 22:14-20.

La descripción de un voto nazareo se discute completamente en el próximo capítulo titulado: EL VINAGRE EN LA CRUZ DEL CALVARIO

Jesús cumplió su voto de nazareo y no bebió del fruto de la vid hasta segundos antes de morir en la cruz, abriendo el Reino de Dios a todas las personas que lo aceptan como su redentor. Sabiendo que había logrado todo lo que debía lograr, pidió un trago y bebió el vinagre de uva como Su último acto viviente, como fue profetizado de Él en el Salmo 69:21.

> *"Pusiéronme además hiel por comida, Y en mi sed me dieron á beber vinagre." Salmo 69:21.*

> *"Después de esto, sabiendo Jesús que todas las cosas eran ya cumplidas, para que la Escritura se cumpliese, dijo: Sed tengo. Y estaba allí un vaso lleno de vinagre: entonces ellos hinchieron una esponja de vinagre, y rodeada á un hisopo, se la llegaron á la boca. Y como*

Jesús tomó el vinagre, dijo: Consumado es. Y habiendo inclinado la cabeza, dió el espíritu." Juan 19:28-30.

Además, Jesús mantuvo su voto de nazareo y completó los requisitos de Levítico 23:14 al no comer pan hasta después de que terminara el día de las primicias. Después de Su resurrección, el primer día de la semana, Jesús se unió a los dos hombres camino a la ciudad de Emaús. Por la tarde, partió el pan con ellos, (Lucas 24:13-35) completando la segunda fase de Su voto y honrando la dieta libre de pan para el día de las Primicias.

> *"Y no comeréis pan, ni grano tostado, ni espiga fresca, hasta este mismo día, hasta que hayáis ofrecido la ofrenda de vuestro Dios; estatuto perpetuo es por vuestras edades en todas vuestras habitaciones."* Levítico 23:14.

> *"Y llegaron á la aldea á donde iban: y él hizo como que iba más lejos. Mas ellos le detuvieron por fuerza, diciendo: Quédate con nosotros, porque se hace tarde, y el día ya ha declinado. Entró pues á estarse con ellos. Y aconteció, que estando sentado con ellos á la mesa, tomando el pan, bendijo, y partió, y dióles. Entonces fueron abiertos los ojos de ellos, y le conocieron; mas él se desapareció de los ojos de ellos. Y decían el uno al otro: ¿No ardía nuestro corazón en nosotros, mientras nos hablaba en el camino, y cuando nos abría las Escrituras? Y levantándose en la misma hora, tornáronse á Jerusalem, y hallaron á los once reunidos, y á los que estaban con ellos. Que decían: Ha resucitado el Señor verdaderamente, y ha aparecido á Simón. Entonces ellos contaban las cosas que les habían acontecido en el camino, y cómo había sido conocido de ellos al partir el pan."* Lucas 24:28-35.

ABIB 15: Jesús fue puesto en la tumba, justo antes de la puesta del sol del día 14, lo que significa que estaba en la tumba cuando comenzó la Fiesta de los Panes sin Levadura. La crucifixión de Jesús tuvo lugar el cuarto día de la semana, nuestro miércoles. Jesús permaneció en la tumba durante los primeros tres días y medio (3 ½) del período de siete días de la Fiesta de los Panes sin Levadura, resucitando de entre los muertos justo antes de la salida del sol (Juan 20:1) el primer día de la semana. La muerte de Jesús el miércoles, el cuarto día de la semana, cumplió la profecía de Daniel 9:27 de que haría cesar "el sacrificio y la ofrenda a la mitad de la semana".

> *"Y en otra semana confirmará el pacto á muchos, y á la mitad de la semana hará cesar el sacrificio y la ofrenda: después con la muchedumbre de las abominaciones será el desolar, y esto hasta una entera consumación; y derramaráse la ya determinada sobre el pueblo asolado."* Daniel 9:27.

Jesús también cumplió Su propia promesa de que así como Jonás estuvo en el vientre de un gran pez, Él estaría en la tumba durante tres días y tres noches completos.

> *"Porque como estuvo Jonás en el vientre de la ballena tres días y tres noches, así estará el Hijo del hombre en el corazón de la tierra tres días y tres noches."* Mateo *12:40.*

ABIB 18: En el día de las PRIMICIAS, el primer día después del sábado del séptimo día, que sigue a la Pascua, Jesús resucitó de entre los muertos, como las PRIMICIAS al Padre que resucita a la vida eterna. También resucitó a un número de otras personas con Él como PRIMICIAS para el Padre.

> *"Mas ahora Cristo ha resucitado de los muertos; primicias de los que durmieron es hecho. Porque por cuanto la muerte entró por un hombre, también por un hombre la resurrección de los muertos. Porque así como en Adam todos mueren, así también en Cristo todos serán vivificados. Mas cada uno en su orden:*

Cristo las primicias; luego los que son de Cristo, en su venida." 1 Corintios 15:20-23.

"Y he aquí, el velo del templo se rompió en dos, de alto á bajo: y la tierra tembló, y las piedras se hendieron; Y abriéronse los sepulcros, y muchos cuerpos de santos que habían dormido, se levantaron; Y salidos de los sepulcros, después de su resurrección, vinieron á la santa ciudad, y aparecieron á muchos." Mateo 27:51-53.

ABID 21: El último de los siete días de la Fiesta de los Panes sin Levadura se completaba el 21 de Abib, un miércoles, de acuerdo con nuestro calendario moderno. Ese día fue una santa convocación solemne para los israelitas, un día de reposo, como se exige en Levítico 23:8:

"El primer día tendréis santa convocación: ningúna obra servil haréis. Y ofreceréis á Jehová siete días ofrenda encendida: el séptimo día será santa convocación; ninguna obra servil haréis." Levítico 23:7,8.

PREGUNTA: Además de que el 21 de Abib es el séptimo día de la Fiesta de los Panes sin Levadura, y la finalización de la semana en la que Jesús resucitaría de entre los muertos, como se profetizó en Daniel 9:27, ¿ocurrió algo más digno de mención en el vida de Jesucristo, según la Biblia, tres días y medio después de su resurrección, el 21 de Abib?

RESPUESTA: En mi investigación no puedo encontrar nada en la Biblia de algo que Jesús hizo específicamente tres días y medio después de su resurrección el 21 de Abib. Posiblemente el cumplimiento de la profecía de Daniel 9:27 fue suficiente para completar todo lo que se suponía que debía hacer en conexión con esa santa convocación.

CINCUENTA DÍAS después de las Primicias es PENTECOSTÉS. La santa convocación o asamblea sagrada de las Primicias se lleva a cabo SIEMPRE el primer día de la semana y también

Pentecostés. El día de celebración correcto de PRIMICIAS se encuentra eligiendo el primer día de la semana que sigue al primer sábado del séptimo día después de la Pascua. Cuando se localiza ese día, Pentecostés se establece descontando los próximos siete sábados del séptimo día, para un total de cuarenta y nueve (49) días, hasta el siguiente primer día de la semana, o día número cincuenta (50), así el nombre Pentecostés, que significa cincuenta.

Después de la resurrección de Cristo, Pentecostés, cincuenta días después, vino el primer día de la semana, en el tercer mes, como el segundo día del mes. Fue en este día que los discípulos y los seguidores de Jesús, unas 120 personas, estaban reunidos en el aposento alto de Jerusalén, tal como Jesús lo había mandado. Estaban absortos en oración y convicción desinteresadas. Fue entonces cuando el Espíritu Santo, el Consolador prometido, descendió sobre ellos, dándoles el poder interior que necesitaban para representar correcta y valientemente al Padre y al Hijo ante un mundo perdido.

> *"Empero yo os digo la verdad: Os es necesario que yo vaya: porque si yo no fuese, el Consolador no vendría á vosotros; mas si yo fuere, os le enviaré. Y cuando él viniere redargüirá al mundo de pecado, y de justicia, y de juicio: De pecado ciertamente, por cuanto no creen en mí; Y de justicia, por cuanto voy al Padre, y no me veréis más; Y de juicio, por cuanto el príncipe de este mundo es juzgado. Aun tengo muchas cosas que deciros, mas ahora no las podéis llevar. Pero cuando viniere aquel Espíritu de verdad, él os guiará á toda verdad; porque no hablará de sí mismo, sino que hablará todo lo que oyere, y os hará saber las cosas que han de venir. El me glorificará: porque tomará de lo mío, y os lo hará saber. Todo lo que tiene el Padre, mío es: por eso dije que tomará de lo mío, y os lo hará saber."* Juan 16:7-15

"Y él les dijo: Estas son las palabras que os hablé, estando aún con vosotros: que era necesario que se cumpliesen todas las cosas que están escritas de mí en la ley de Moisés, y en los profetas, y en los salmos. Entonces les abrió el sentido, para que entendiesen las Escrituras; Y díjoles: Así está escrito, y así fué necesario que el Cristo padeciese, y resucitase de los muertos al tercer día; Y que se predicase en su nombre el arrepentimiento y la remisión de pecados en todas las naciones, comenzando de Jerusalem. Y vosotros sois testigos de estas cosas. Y he aquí, yo enviaré la promesa de mi Padre sobre vosotros: mas vosotros asentad en la ciudad de Jerusalem, hasta que seáis investidos de potencia de lo alto." Lucas 24:44-49.

"Y estando juntos, les mandó que no se fuesen de Jerusalem, sino que esperasen la promesa del Padre, que oísteis, dijo, de mí. Porque Juan á la verdad bautizó con agua, mas vosotros seréis bautizados con el Espíritu Santo no muchos días después de estos." Hechos 1:4,5.

"Y COMO se cumplieron los días de Pentecostés, estaban todos unánimes juntos; Y de repente vino un estruendo del cielo como de un viento recio que corría, el cual hinchió toda la casa donde estaban sentados; Y se les aparecieron lenguas repartidas, como de fuego, que se asentó sobre cada uno de ellos. Y fueron todos llenos del Espíritu Santo, y comenzaron á hablar en otras lenguas, como el Espíritu les daba que hablasen." Hechos 2:1-4.

Jesús cumplió todos los requisitos de las leyes ceremoniales del sacrificio de sangre del Antiguo y Nuevo Testamento, incluido Levítico veintitrés, con Su vida, muerte y resurrección. Pero comprenda, al cumplir la ley, Él no erradicó ni abolió la ley, porque estas leyes tienen un papel muy importante que desempeñar en el plan total de redención. Estas leyes todavía están escritas en la Biblia para nuestra edificación y preparación para los últimos tiempos.

> *"No penséis que he venido para abrogar la ley ó los profetas: no he venido para abrogar, sino á cumplir. Porque de cierto os digo, que hasta que perezca el cielo y la tierra, ni una jota ni un tilde perecerá de la ley, hasta que todas las cosas sean hechas. De manera que cualquiera que infringiere uno de estos mandamientos muy pequeños, y así enseñare á los hombres, muy pequeño será llamado en el reino de los cielos: mas cualquiera que hiciere y enseñare, éste será llamado grande en el reino de los cielos."* Mateo 5:17-19.

Dios le presentó a Moisés estas leyes ceremoniales hace 4000 años. Jesús vino y cumplió las leyes de las fiestas de PRIMAVERA hace 2000 años, y ahora, 2000 años después, es hora de que la humanidad entienda cómo las fiestas de PRIMAVERA impactan su caminar con Dios y cómo las fiestas de OTOÑO juegan un papel muy importante hoy, el día en que vivimos, y nuestro futuro próximo, para la última generación.

PREGUNTA: Si Jesús cumplió con los requisitos del festival de PRIMAVERA de las veintitrés leyes ceremoniales de Levítico, ¿cómo juegan un papel las leyes del festival de OTOÑO en nuestros días?

RESPUESTA: Ahora, en esta generación, como nunca antes en la historia de la iglesia cristiana, se debe entender y enseñar la importancia de todas las veintitrés leyes de Levítico, con Jesucristo como tema central en todas ellas, tanto el Festivales de PRIMAVERA y OTOÑO. Los festivales de OTOÑO, respaldados por el resto de la Biblia, revelan eventos futuros que están a punto de ocurrir en este planeta y que afectarán a todos los hombres, mujeres y niños vivos. Lo que sigue es una revisión de las ceremonias de PRIMAVERA y OTOÑO de Levítico veintitrés.

LEVITICUS 23 LAS CEREMONIAS DE PRIMAVERA SON:

Pascua, Fiesta de los Panes sin Levadura, Primicias y Pentecostés.

LAS CEREMONIAS DE OTOÑO DE LEVITICUS 23 SON:

Día de las Trompetas, Día de la Expiación, Fiesta de los Tabernáculos y Sábado de la Santa Convocación del Octavo Día.

CONOCIENDO LOS DÍAS DE LEVÍTICO VEINTITRÉS

ENTENDIENDO EL PRIMER MES DE ABIB/NISAN

10	14	15	?	21	CONTAR 7 SÁBADOS DESPUÉS PRIMEROS FRUTOS al 1º DÍA	**PENTECOSTÉS:** 50 DÍAS DESPUÉS PRIMEROS FRUTOS
CAPTURA LA PASCUA CORDERO	**PASCUA**	PRIMER DIA DE LOS **PANES SIN LEVADURA**	1º, 1º DÍA, DESPUÉS DE LA PASCUA **PRIMEROS FRUTOS**	ÚLTIMO DÍA DE **LOS PANES SIN LEVADURA**		

1711

ENTENDIENDO EL SÉPTIMO MES DE TISHRE

1	10	15	21	22
TROMPETAS Rosh Hashaná	Día de **Expiación** Yom Kippur	PRIMER DÍA FESTÍN DE **TABERNÁCULOS**	ÚLTIMO DÍA FESTÍN DE TABERNÁCULOS	**OCTAVO DÍA**

1171

PREGUNTA: ¿Cómo se aplican las cuatro CEREMONIAS DE OTOÑO a la última generación?

RESPUESTA: Para responder a esta pregunta, primero debemos adelantarnos a los eventos futuros del tiempo del fin revelados en la Palabra de Dios. Comenzaremos comenzando con el libro de Mateo.

En los primeros versículos de Mateo 24, Jesús les revela a los discípulos que se acerca un tiempo en el futuro de ellos cuando el templo será destruido sin dejar piedra sobre piedra. Esta revelación llevó a los discípulos a preguntar:

> *"Y sentándose él en el monte de las Olivas, se llegaron á él los discípulos aparte, diciendo: Dinos, ¿cuándo serán estas cosas, y qué señal habrá de tu venida, y* ***del fin del mundo****?"* Mateo 24:3.

Desde los versículos 4 al 7, Jesús hizo saber a Sus seguidores que antes de Su venida, al fin del mundo, habrá un pequeño tiempo de angustia:

> *"Porque se levantará nación contra nación, y reino contra reino; y habrá pestilencias, y hambres, y terremotos por los lugares."* Mateo 24:7.

Entonces Jesús les dice que el futuro **pequeño tiempo de angustia** no es el final porque:

> *"Y todas estas cosas, principio de dolores."* Mateo 24:8.

Luego, en Mateo 24:9-12, les lanza una gran bomba al decir algo realmente catastrófico:

> *"Entonces os entregarán para ser* ***afligidos****, y os matarán; y seréis aborrecidos de todas las gentes por causa de mi nombre. Y muchos entonces serán escandalizados; y se entregarán unos á otros, y unos á otros se aborrecerán. Y muchos falsos profetas se levantarán y engañarán á muchos. Y por haberse multiplicado la maldad, la caridad de muchos se resfriará."*

Luego, en el versículo 13, Jesús agrega:

> *"Mas el que perseverare hasta el fin, éste será salvo."*

PREGUNTA: ¿Qué pasa en el mundo entre los versículos ocho y nueve que la gente pasaría de tener un **pequeño tiempo de angustia** mundial a gente que realmente quiere odiar, afligir y matar al pueblo de Dios?

RESPUESTA: Tiene que haber un período de tiempo de extrema dificultad entre el **poco tiempo de angustia** y el fin que la gente debe sufrir y soportar. Jesús matiza esto cuando añade:

> *"Porque habrá entonces grande aflicción, cual no fué desde el principio del mundo hasta ahora, ni será. Y si aquellos días no fuesen acortados, ninguna carne sería salva; mas por causa de los escogidos, aquellos días serán acortados."* Mateo 24:21,22

Estas palabras similares fueron mencionadas previamente por Daniel en el capítulo doce de Daniel:

> *"Y EN aquel tiempo se levantará Miguel, el gran príncipe que está por los hijos de tu pueblo; y será* ***tiempo de angustia****, cual nunca fué después que hubo gente hasta entonces: mas en aquel tiempo será libertado tu pueblo, todos los que se hallaren escritos en el libro."* Daniel 12:1.

Dentro de los breves veintidós (22) versículos anteriores de Mateo 24, Jesús les ha dicho a los discípulos, ya nosotros, que viene un **pequeño tiempo de angustia** que precede a una gran tribulación donde ocurrirá el odio y el martirio contra Su pueblo. Entonces Jesús dice que al final de la **gran tribulación** venidera, Él regresará a esta tierra para la segunda venida.

> *"Y luego* ***<u>después</u>*** *de la* ***aflicción de aquellos días****, el sol se obscurecerá, y la luna no dará su lumbre, y las estrellas caerán del cielo, y las virtudes de los cielos serán conmovidas. Y entonces se mostrará la señal* ***del Hijo del hombre en el cielo;*** *y entonces*

> *lamentarán todas las tribus de la tierra,* ***y verán al Hijo del hombre que vendrá sobre las nubes del cielo****, con grande poder y gloria. Y enviará sus ángeles con gran voz de trompeta, y juntarán sus escogidos de los cuatro vientos, de un cabo del cielo hasta el otro."* Mateo 24:29-31.

Hasta ahora, en Mateo 24 desde el versículo uno al treinta y uno, Jesús ha revelado:

(1) Viene un pequeño tiempo de angustia con implicaciones mundiales.

(2) Al breve tiempo de angustia le seguirá una gran tribulación.

(3) La gran tribulación será seguida por Su segunda venida.

(4) Y Jesús añade que el pueblo que experimentará el pequeño tiempo de angustia será la generación que también (A) sufrirá la gran tribulación y (B) será la generación que verá Su venida en las nubes del cielo. Note Mateo 24:33,34:

> *"Así también vosotros, cuando viereis todas estas cosas, sabed que está cercano, á las puertas. De cierto os digo, que no pasará esta generación, que todas estas cosas no acontezcan."*

PREGUNTA: ¿Jesús da alguna pista sobre esta **gran tribulación**?

RESPUESTA: Sí. Jesús dice, aunque no sabemos el día ni la hora en que esto sucederá, podemos saber cuánto durará. Note Sus palabras en los versículos treinta y seis al treinta y nueve de Mateo veinticuatro:

> *"Empero del día y hora nadie sabe, ni aun los ángeles de los cielos, sino mi Padre solo. Mas como los días de Noé, así será la venida del Hijo del hombre. Porque*

como en los días antes del diluvio estaban comiendo y bebiendo, casándose y dando en casamiento, hasta el día que Noé entró en el arca, Y no conocieron hasta que vino el diluvio y llevó á todos, así será también la venida del Hijo del hombre." Mateo 24:36-39.

EN los versículos anteriores, Jesús está diciendo que los días de la **gran tribulación**, después del tiempo de angustia, serán como los días de Noé desde que entró en el Arca hasta que vino el diluvio.

PREGUNTA: ¿La Biblia nos dice cuántos días estuvo Noé en el Arca antes de que llegaran las aguas del diluvio?

RESPUESTA: Sí, lo hace. Génesis capítulo siete y versículos cuatro y diez, nos dice que Noé estuvo **en** el Arca durante siete días **antes** de que comenzaran las aguas del diluvio.

> *"Y JEHOVA dijo á Noé: Entra tú y toda tu casa en el arca porque á ti he visto justo delante de mí en esta generación..... Porque pasados aún siete días, yo haré llover sobre la tierra cuarenta días y cuarenta noches; y raeré toda sustancia que hice de sobre la faz de la tierra. E hizo Noé conforme á todo lo que le mandó Jehová.... Y sucedió que al séptimo día las aguas del diluvio fueron sobre la tierra. earth."* Génesis 7:1,4,5,10.

Los días de la gran tribulación venidera, después del breve tiempo de angustia, serán como los días de Noé. Dios ha apartado **siete días** para que tenga lugar la **gran tribulación.**

PREGUNTA: Los siete días de Noé, ¿serán siete días literales para la última generación o serán siete años para la gran tribulación?

RESPUESTA: Sabemos que no pueden ser siete días literales, porque Apocalipsis once nos dice que hay un período de tiempo de mil doscientos sesenta (1260) días durante la gran tribulación. Así que deben ser siete años proféticos, que son 2520 días literales, usando el principio de día por año como lo hizo Dios en los días de Moisés.

> *"Y daré á mis dos testigos, y ellos profetizarán por mil doscientos y sesenta días, vestidos de sacos."* Apocalipsis 11:3.

PREGUNTA: ¿Cuál es el principio de un día por un año en la profecía bíblica?

RESPUESTA: En la profecía bíblica, un día puede equivaler a un año, como lo demostró Dios cuando castigó a los hijos de Israel por negarse a entrar en la tierra de Canaán, después de haber reconocido la tierra durante cuarenta días. Note Números 14:34:

> *"Conforme al número de los días, de los cuarenta días en que reconocisteis la tierra, llevaréis vuestras iniquidades cuarenta años,* ***un año por cada día****; y conoceréis mi castigo."*

PREGUNTA: ¿Cuál es el período de tiempo que sigue a la segunda venida de Jesús, al final de la tribulación de siete años (2.520 días)?

RESPUESTA: ¿Apocalipsis veinte nos dice que los 1000 años de juicio en el cielo vienen después de la segunda venida de Jesús?

> *"Y vi tronos, y se sentaron sobre ellos, y les fué dado juicio; y vi las almas de los degollados por el testimonio de Jesús, y por la palabra de Dios, y que no habían adorado la bestia, ni á su imagen, y que no recibieron la señal en sus frentes, ni en sus manos, y vivieron y reinaron con Cristo mil años. Mas los otros muertos no tornaron á vivir hasta que sean cumplidos mil años. Esta es la primera resurrección. Bienaventurado y*

santo el que tiene parte en la primera resurrección; la segunda muerte no tiene potestad en éstos; antes serán sacerdotes de Dios y de Cristo, y reinarán con él mil años." Apocalipsis 20:4-6.

Ahora sabemos lo siguiente de la información que Jesús nos dio en Mateo 24:

(1) Viene un pequeño tiempo de angustia con implicaciones mundiales (Daniel 12:1).

(2) El pequeño tiempo de angustia será seguido por un gran tiempo de angustia de tribulación.

(3) El tiempo de angustia de la gran tribulación será seguido por Su segunda venida.

(4) Y Jesús añade que su pueblo que experimenta el tiempo de angustia una. será la generación que también sufrirá la gran tribulación y b. será la generación que lo verá venir en las nubes del cielo.

(5) La gran tribulación durará siete años, antes de la segunda venida de Jesús.

(6) Los 1000 años de Apocalipsis 20 vienen después de la segunda venida de Jesús.

PREGUNTA: Además de los versículos de prueba de Mateo 24 en relación con el capítulo siete de Génesis, ¿hay otros versículos de la Biblia que justifiquen una gran tribulación de siete años en el tiempo del fin?

RESPUESTA: Sí, hay al menos diez maneras diferentes en que la Biblia enseña una tribulación venidera de 2520 días y siete años, como se demuestra a continuación:

(1) Daniel 9:27 revela una semana de siete años para el tiempo señalado del fin.

(2) Mateo 24 junto con Génesis 7 revela un período de siete años de gran tribulación para el tiempo señalado del fin (Daniel 8:19).

(3) Apocalipsis 11:1-13 revela un período de siete años del tiempo del fin o 2520 días.

(4) Las matemáticas de Daniel 9:24 revelan un período venidero de 2520 días o siete años.

(5) La cronología de eventos de Daniel 9:26,27 revela una tribulación venidera de siete años.

(6) La Fiesta de los Tabernáculos en Levítico 23:34 apunta a una tribulación de siete años y

(7) El día 22 del séptimo mes apunta a los 1000 años de Apocalipsis 20 que comienza después de la segunda venida de Jesús, al final de la tribulación de siete años.

(8) Levítico 26:18, 27, 28 revela que Dios tiene un período de derramamiento de Su ira sobre la humanidad llamado "siete tiempos" que equivale a siete años.

(9) Apocalipsis 12:6 (1260 días) más Apocalipsis 12:14 (X, X, ½ X) = 2520 días.

(10) Apocalipsis 13:5 veces 2 = 84 meses; o "bestia marina" más "bestia terrestre" = 7 años.

PREGUNTA: ¿Hay algún lugar donde pueda leer más información acerca de la próxima tribulación de siete años (2520 días)?

RESPUESTA: Sí. Al leer todo el capítulo de este libro titulado: ¿Hay una tribulación de siete años revelada en las Escrituras? Se le mostrará que hay al menos diez formas diferentes en que la Biblia apoya una gran tribulación de siete años, incluidos los días ceremoniales de OTOÑO de Levítico 23.

PREGUNTA: ¿Cuál es la relación de los días festivos ceremoniales de OTOÑO de Levítico 23 con la tribulación de siete años del tiempo del fin?

RESPUESTA: Note los cuatro festivales de OTOÑO revelados en Levítico veintitrés como:

(1) TROMPETAS

(2) DÍA DE EXPIACIÓN

(3) FIESTA DE LAS CABINAS QUE DURA SIETE DÍAS

(4) LA CELEBRACIÓN DEL OCTAVO DÍA

Los festivales de otoño son importantes para que todos los hijos de Dios los entiendan, ya que juegan un papel importante en la vida de todos los que viven en el tiempo del fin de la última generación. Aquí está la cronología de los eventos que señalan los Festivales de Otoño para la última generación:

(1) **TROMPETAS**: viene un pequeño tiempo de angustia dando tiempo a que cada hijo de Dios se dedique cien por ciento (100%) a Él y a Su servicio. El tiempo del sonido de las trompetas es un llamado de atención para que todos los hijos de Dios reconsideren su relación con Dios, hagan las paces con los demás y sigan al Cordero.

Daniel 12:1 dice:

> *"Y EN aquel tiempo se levantará Miguel, el gran príncipe que está por los hijos de tu pueblo; y será **tiempo de***

***angustia**, cual nunca fué después que hubo gente hasta entonces: mas en aquel tiempo será libertado tu pueblo, todos los que se hallaren escritos en el libro."*

(2) **DÍA DE LA EXPIACIÓN**: Los "diez días de temor", entre el tiempo de angustia (Mateo 24:8) y el tiempo de la tribulación (Mateo 24:9) para ser UNIÓN con Dios es una muy seria e importante período de tiempo.

> *"No tengas ningún temor de las cosas que has de padecer. He aquí, el diablo ha de enviar algunos de vosotros á la cárcel, para que seáis probados, y tendréis tribulación de diez días. Sé fiel hasta la muerte, y yo te daré la corona de la vida."* Apocalipsis 2:10.

(3) **FIESTA DE LAS TABLAS QUE DURA SIETE DÍAS**: Cuando termina el pequeño tiempo de angustia, comienza el gran tiempo de angustia, el juicio de la tribulación de siete años, cuando cada uno de los hijos de Dios necesita estar totalmente bajo Su cuidado y protección.

(4) **LA CELEBRACIÓN DEL OCTAVO DÍA**: Inmediatamente después de la tribulación de siete años comienza el juicio de 1000 años en el cielo. La ceremonia de UN DÍA apunta a los 1000 años de Apocalipsis veinte. A los ojos de Dios, un día es como mil años.

> *"Porque mil años delante de tus ojos, Son como el día de ayer, que pasó, Y como una de las vigilias de la noche."* Salmo 90:4.

> *"Mas, oh amados, no ignoréis esta una cosa: que un día delante del Señor es como mil años y mil años como un día."* 2 Pedro 3:8.

(A) EL <u>DÍA DE LAS TROMPETAS</u> NOS SEÑALA A LAS SIETE TROMPETAS EN EL LIBRO DE APOCALIPSIS QUE SIENEN SONADAS A TRAVÉS DE LA TRIBULACIÓN DE SIETE AÑOS.

Los capítulos ocho y nueve de Apocalipsis revelan que hay siete mensajes de trompetas individuales que se distribuyen a lo largo de la tribulación de siete años. La primera trompeta suena al comienzo de la gran tribulación y la sexta trompeta suena en la segunda venida de Jesús, cerca del final de la gran tribulación.

> *"Por lo cual, os decimos esto en palabra del Señor: que nosotros que vivimos, que habremos quedado hasta la venida del Señor, no seremos delanteros á los que durmieron. Porque el mismo Señor con aclamación, con voz de arcángel, y* ***con trompeta de Dios****, descenderá del cielo; y los muertos en Cristo resucitarán primero: Luego nosotros, los que vivimos, los que quedamos, juntamente con ellos seremos arrebatados en las nubes á recibir al Señor en el aire, y así estaremos siempre con el Señor. Por tanto, consolaos los unos á los otros en estas palabras."* 1 Tesalonicenses 4:15-18.

(B) EL <u>DÍA DE LA EXPIACIÓN</u> NOS SEÑALA LA SERIEDAD Y LA IMPORTANCIA DE ESTAR COMPLETAMENTE DEDICADOS A DIOS PARA EL MOMENTO EN QUE COMIENCE LA TRIBULACIÓN DE SIETE AÑOS.

El Día de la Expiación es un período de tiempo en el que se le dice al pueblo de Dios que se examine seriamente a sí mismo en consideración a su relación con Jesús, se arrepienta de sus pecados, busque Su perdón, haga intentos de reconciliación con los demás y dedique su vida por completo al servicio de Dios Padre por el poder del Espíritu Santo, como se revela en Daniel 9:24. Es un tiempo para estar en UNIDAD con nuestro Dios Creador. El pequeño tiempo de angustia, que precede a la gran tribulación, será una revelación para aquellas personas que no se han dedicado completamente a Dios en Su servicio. Este autoexamen del corazón será un tiempo serio de renovación personal y comunitaria.

> *"Setenta semanas (2.520 dias) están determinadas sobre tu pueblo y sobre tu santa ciudad, para acabar la prevaricación, y concluir el pecado, y expiar la iniquidad; y para traer la justicia de los siglos, y sellar la visión y la profecía, y ungir al Santo de los santos."* Daniel 9:24.

"De la higuera aprended la parábola: Cuando ya su rama se enternece, y las hojas brotan, sabéis que el verano está cerca. Así también vosotros, cuando viereis todas estas cosas, sabed que está cercano, á las puertas." Mateo 24:32,33.

(C) LA <u>FIESTA DE LAS CABINAS</u> QUE DURA SIETE DÍAS NOS SEÑALA HACIA EL JUICIO DE LA TRIBULACIÓN DE SIETE AÑOS QUE VIENE SOBRE TODA LA TIERRA.

Los siete días de la Fiesta de los Tabernáculos representan los siete días de Noé mientras esperaba en el Arca bajo la protección de Dios, antes de que comenzara la lluvia. Esos siete días tanto de la Fiesta de las Cabañas como de los días de Noé se convierten ambos en días de años con el principio de día por año que discutimos previamente. Así, los siete días de la Fiesta de los Tabernáculos representan los siete años del tiempo del fin venidero, gran tiempo de angustia o tribulación.

Esta tribulación de siete años es un tiempo de juicio. Es un tiempo en el que cada alma viviente será juzgada según su mentalidad (frente) y las acciones que tome (mano derecha) al servir a Dios (ver Apocalipsis 13:11-18). Ese juicio determinará si reciben el Sello de Dios o la Marca de la Bestia. Ese juicio está en manos de cada alma viviente al determinar su futuro por las decisiones que toman y las vidas que viven.

Así como Dios cuidó de los hijos de Israel mientras vagaban por el desierto, viviendo en tiendas; Dios cuidará de su pueblo dedicado, sellándolos de los ataques de Satanás, protegiéndolos con albergue, manteniéndolos sanos, manteniéndolos vestidos, alimentándolos con el maná del cielo, y proveyendo el agua física y espiritual de la Roca, Jesucristo el Señor a través del Mensajero del Espíritu Santo. Durante este tiempo se les dice a los hijos de Dios que abandonen las ciudades. Vivir en refugios temporales será una forma de vida durante los próximos siete años de gran tribulación. Practicar eso ahora te preparará para el futuro.

(D) LA <u>CELEBRACIÓN DEL OCTAVO DÍA</u> NOS SEÑALA HACIA EL JUICIO DE LOS 1000 AÑOS DE APOCALIPSIS VEINTE QUE TIENE LUGAR DESPUÉS DE LA SEGUNDA VENIDA DE JESÚS, DESPUÉS DE LA TRIBULACIÓN DE SIETE AÑOS.

LA celebración del OCTAVO DÍA viene después de los siete días de la Fiesta de los Tabernáculos, pero es única, a diferencia de los siete días de las Fiestas de las Cabañas. Aunque los días de la Fiesta de los Tabernáculos y la Fiesta del Octavo Día están uno al lado del otro, son totalmente diferentes. Los siete días representan los siete años de tribulación, y el día siguiente, EL OCTAVO DÍA, representa los mil años que siguen a la segunda venida de Jesús. Note los siguientes versos:

> *"Mas, oh amados, no ignoréis esta una cosa: que un día delante del Señor es como mil años y mil años como un día."* 2 Pedro 3:8.
>
> *"Porque mil años delante de tus ojos, Son como el día de ayer, que pasó, Y como una de las vigilias de la noche."* Salmo 90:4.
>
> *"Mas en el postrer día grande de la fiesta, Jesús se ponía en pie y clamaba, diciendo: Si alguno tiene sed, venga á mí y beba. El que cree en mí, como dice la Escritura, ríos de agua viva correrán de su vientre."* Juan 7:37,38.

PREGUNTA: ¿Cuál es el significado del octavo día a lo largo de la Biblia?

RESPUESTA: El octavo día a lo largo de la Biblia es un día de suprema importancia como día de inspección seguido de aceptación o rechazo como resultado de las acciones de una persona. Se acepta a una persona que sigue u obedece los requisitos bíblicos del cielo; mientras que una persona que se niega a seguir u obedecer los requisitos del cielo es rechazada.

Lo mismo se aplica durante el milenio de Apocalipsis veinte. Toda persona que haya vivido alguna vez es juzgada por sus compañeros redimidos, que resucitaron en la segunda venida de Jesús. La Biblia es el estándar por el cual todas las personas son juzgadas y el estilo de vida o las acciones de una persona durante su vida determinarán si son aceptados o rechazados para la vida eterna. No es lo que dice una persona lo que determina su destino eterno, sino lo que hace una persona lo que marca la diferencia.

> *"¿O no sabéis que los santos han de juzgar al mundo? Y si el mundo ha de ser juzgado por vosotros, ¿sois indignos de juzgar cosas muy pequeñas? ¿O no sabéis que hemos de juzgar á los angeles? ¿cuánto más las cosas de este siglo?"* 1 Corintios 6:2,3.

> *"Y vi tronos, y se sentaron sobre ellos, y les fué dado juicio; y vi las almas de los degollados por el testimonio de Jesús, y por la palabra de Dios, y que no habían adorado la bestia, ni á su imagen, y que no recibieron la señal en sus frentes, ni en sus manos, y vivieron y reinaron con Cristo mil años."* Apocalipsis 20:4.

> *"Encorvaos á Jehová en la hermosura de su santuario: Temed delante de él, toda la tierra. Decid en las gentes: Jehová reinó, También afirmó el mundo, no será conmovido: Juzgará á los pueblos en justicia. Alégrense los cielos, y gócese la tierra: Brame la mar y su plenitud.*

Regocíjese el campo, y todo lo que en él está: Entonces todos los árboles del bosque rebosarán de contento. Delante de Jehová que vino: Porque vino á juzgar la tierra. Juzgará al mundo con justicia, Y á los pueblos con su verdad." Salmo 96:9-13.

"Por cuanto ha establecido un día, en el cual ha de juzgar al mundo con justicia, por aquel varón al cual determinó; dando fe á todos con haberle levantado de los muertos." Hechos 17:31.

"Y guardaos de los falsos profetas, que vienen á vosotros con vestidos de ovejas, mas de dentro son lobos rapaces. Por sus frutos los conoceréis. ¿Cógense uvas de los espinos, ó higos de los abrojos? Así, todo buen árbol lleva buenos frutos; mas el árbol maleado lleva malos frutos. No puede el buen árbol llevar malos frutos, ni el árbol maleado llevar frutos buenos. Todo árbol que no lleva buen fruto, córtase y échase en el fuego. Así que, por sus frutos los conoceréis. No todo el que me dice: Señor, Señor, entrará en el reino de los cielos: mas el que hiciere la voluntad de mi Padre que está en los cielos. Muchos me dirán en aquel día: Señor, Señor, ¿no profetizamos en tu nombre, y en tu nombre lanzamos demonios, y en tu nombre hicimos mucho milagros? Y entonces les protestaré: Nunca os conocí; apartaos de mí, obradores de maldad." Mateo 7:15-23.

PREGUNTA: ¿En qué se diferencia el día del juicio durante la tribulación de siete años del juicio de 1000 años que tiene lugar después de la tribulación de siete años?

RESPUESTA: La tribulación de siete años es un tiempo de juicio cuando las acciones individuales de cada persona viva y su relación con Jesús determinan su destino eterno de recibir el Sello del Dios Vivo o la Marca mortal de la Bestia. Mientras que el juicio de 1000 años es cuando todos los muertos restantes, los que alguna vez vivieron, son juzgados para vida eterna o muerte eterna, por aquellas personas redimidas de la tierra en la segunda venida de Jesús.

PREGUNTA: ¿Hay algún texto en la Biblia que vincule el Festival de las Cabañas con el juicio?

RESPUESTA: Sí. Considere el siguiente texto que se encuentra en Deuteronomio dieciséis, al referirse a la Fiesta de las Cabañas, o Fiesta de los Tabernáculos:

> *"Jueces y alcaldes te pondrás en todas tus ciudades que Jehová tu Dios te dará en tus tribus, los cuales juzgarán al pueblo con justo juicio. No tuerzas el derecho; no hagas acepción de personas, ni tomes soborno; porque el soborno ciega los ojos de los sabios, y pervierte las palabras de los justos. La justicia, la justicia seguirás, porque vivas y heredes la tierra que Jehová tu Dios te da."* Deuteronomio 16:18-20.

> *"Y toda la congregación que volvió de la cautividad hicieron cabañas, y en cabañas habitaron; porque desde los días de Josué hijo de Nun hasta aquel día, no habían hecho así los hijos de Israel. Y hubo alegría muy grande. Y leyó Esdras en el libro de la ley de Dios cada día, desde el primer día hasta el postrero; é hicieron la solemnidad por siete días, y al octavo día congregación, según el rito."* Nehemías 8:17,18.

> *"Y Jesús les dijo: De cierto os digo, que vosotros que me habéis seguido, en la regeneración, cuando se sentará el Hijo del hombre en el trono de su gloria, vosotros también os sentaréis sobre doce tronos, para juzgar á las doce tribus de Israel."* Mateo 19:28.

> *"¿OSA alguno de vosotros, teniendo algo con otro, ir á juicio delante de los injustos, y no delante de los santos? ¿O no sabéis que los santos han de juzgar al mundo? Y si el mundo ha de ser juzgado por vosotros, ¿sois*

indignos de juzgar cosas muy pequeñas? ¿O no sabéis que hemos de juzgar á los angeles? ¿cuánto más las cosas de este siglo?" 1 Corintios 6:1-3.

"Y vi tronos, y se sentaron sobre ellos, y les fué dado juicio; y vi las almas de los degollados por el testimonio de Jesús, y por la palabra de Dios, y que no habían adorado la bestia, ni á su imagen, y que no recibieron la señal en sus frentes, ni en sus manos, y vivieron y reinaron con Cristo mil años. Mas los otros muertos no tornaron á vivir hasta que sean cumplidos mil años. Esta es la primera resurrección. Bienaventurado y santo el que tiene parte en la primera resurrección; la segunda muerte no tiene potestad en éstos; antes serán sacerdotes de Dios y de Cristo, y reinarán con él mil años." Apocalipsis 20:4-6.

DÍAS DE FIESTA DE LEVÍTICO VEINTITRÉS: 1,2,37,38,44

SÁBADO DEL 7º DÍA	23:3	SEMANALMENTE	FINAL DE CADA SEMANA	CREACIÓN Y REDENCIÓN
PASCUA	23:4,5	PRIMAVERA	DÍA 14 1ER MES	LA CRUCIFIXIÓN DE JESÚS
LOS PANES SIN LEVADURA	23:6-8	PRIMAVERA	DÍA 15-21 1ER MES	ENTIERRO DE JESÚS
PRIMEROS FRUTOS fiesta de la cosecha	23:9-14	PRIMAVERA	1ER DÍA DESPUÉS DE 1ER SÁBADO DESPUÉS 1ER DÍA UNL. PAN	JESÚS' RESURRECCIÓN
FIESTA de las SEMANAS: Shavuoth	23:15-22	PRIMAVERA	50 DÍAS DESPUÉS DÍA DE LAS PRIMERAS FRUTAS	PENTECOSTÉS: SHAVUOT
TROMPETAS Rosh Hashaná	23:23-25	OTOÑO	1ER DÍA 7º MES	Revelando la verdad en la Palabra de Dios
EXPIACIÓN/ YOM KIPPUR	23:26-32	(10 días del asombro) OTOÑO	DÍA 10 7ºMES	Poco tiempo de problemas
PUESTOS/SUKKOT Fiesta de la recolección	23:33-35 39-43	OTOÑO	15 -21 DÍA, 7 MES, FIESTA DE TABERNÁCULOS	SIETE AÑOS TRIBULACIÓN Hageo 2:1-9
OCTAVO DÍA 2 PEDRO 3:8	23:36,39	OTOÑO	22º DÍA 7º MES	MILENIO EN EL CIELO

DIEZ DÍAS DE ASOMBRO

Revisa el cuadro anterior. Hay un período de tiempo mencionado en el cuadro que hemos discutido ligeramente. En la tercera columna, en línea con las TROMPETAS, hay una declaración muy importante. Esa frase es "10 días de asombro". Hay diez días que conectan el día de las TROMPETAS y el DÍA DE LA EXPIACIÓN. Esos diez días están especialmente establecidos para que toda la humanidad profundice en su propia alma para arrepentirse de todos y cada uno de los actos pecaminosos, para responder a la profunda convicción de dedicarse a Dios y para intentar reconciliar todos y cada uno de los errores hechos a otros en una preparación de examen de conciencia para el DÍA DE LA EXPIACIÓN, similar a los once Apóstoles mientras esperaban en el aposento alto el don del Espíritu Santo.

> *"Entonces se volvieron á Jerusalem del monte que se llama del Olivar, el cual está cerca de Jerusalem camino de un sábado. Y entrados, subieron al aposento alto, donde moraban Pedro y Jacobo, y Juan y Andrés, Felipe y Tomás, Bartolomé y Mateo, Jacobo hijo de Alfeo, y Simón Zelotes, y Judas hermano de Jacobo. Todos éstos perseveraban unánimes en oración y ruego, con las mujeres, y con María la madre de Jesús, y con sus hermanos."* Hechos 1:12-14.

> *"Y COMO se cumplieron los días de Pentecostés, estaban todos unánimes juntos; Y de repente vino un estruendo del cielo como de un viento recio que corría, el cual hinchió toda la casa donde estaban sentados; Y se les aparecieron lenguas repartidas, como de fuego, que se asentó sobre cada uno de ellos. Y fueron todos llenos del Espíritu Santo, y comenzaron á hablar en otras lenguas, como el Espíritu les daba que hablasen."* Hechos 2:1-4

La importancia de diez días de oración y ayuno se destaca dos veces en las sagradas escrituras; en el libro de Daniel y en el libro de Apocalipsis. La primera conversación se encuentra en Daniel 1:6-20. El siguiente texto es una porción de esa escritura.

> *"Prueba, te ruego, tus siervos* ***diez días****, y dennos legumbres á comer, y agua á beber. Parezcan luego delante de ti nuestros rostros, y los rostros de los muchachos que comen de la ración de la comida del rey; y según que vieres, harás con tus siervos. Consintió pues con ellos en esto, y probó con ellos* ***diez días****. Y al cabo de los* ***diez días*** *pareció el rostro de ellos mejor y más nutrido de carne, que los otros muchachos que comían de la ración de comida del rey. Así fué que Melsar tomaba la ración de la comida de ellos, y el vino de su beber, y dábales legumbres. Y á estos cuatro muchachos dióles Dios conocimiento é inteligencia en todas letras y ciencia: mas Daniel tuvo entendimiento en toda visión y sueños."* Daniel 1:12-17.

> *"Yo sé tus obras, y tu tribulacion, y tu pobreza (pero tú eres rico), y la blasfemia de los que se dicen ser Judíos, y no lo son, mas son sinagoga de Satanás. No tengas ningún temor de las cosas que has de padecer. He aquí, el diablo ha de enviar algunos de vosotros á la cárcel, para que seáis probados, y tendréis tribulación de* ***diez días****. Sé fiel hasta la muerte, y yo te daré la corona de la vida. El que tiene oído, oiga lo que el Espíritu dice á las iglesias. El que venciere, no recibirá daño de la muerte segunda."* Apocalipsis 2:9-11.

Este texto anterior de Apocalipsis se expresa en las palabras de Jesús en Mateo 24 como:

> *"Entonces os entregarán para ser afligidos, y os matarán; y seréis aborrecidos de todas las gentes por causa de mi nombre. Y muchos entonces serán escandalizados; y se*

entregarán unos á otros, y unos á otros se aborrecerán. Y muchos falsos profetas se levantarán y engañarán á muchos. Y por haberse multiplicado la maldad, la caridad de muchos se resfriará. Mas el que perseverare hasta el fin, éste será salvo. Y será predicado este evangelio del reino en todo el mundo, por testimonio á todos los Gentiles; y entonces vendrá el fin." Mateo 24:9-14.

También el profeta Daniel tiene palabras similares para compartir con respecto a la gran tribulación:

> *"Y EN aquel tiempo se levantará Miguel, el gran príncipe que está por los hijos de tu pueblo; y será* ***tiempo de angustia****, cual nunca fué después que hubo gente hasta entonces: mas en aquel tiempo será libertado tu pueblo, todos los que se hallaren escritos en el libro."* Daniel 12:1
>
> *"Y dijo uno al varón vestido de lienzos, que estaba sobre las aguas del río: ¿Cuándo será el fin de estas maravillas? Y oía al varón vestido de lienzos, que estaba sobre las aguas del río, el cual alzó su diestra y su siniestra al cielo, y juró por el Viviente en los siglos, que será por tiempo, tiempos, y la mitad. Y cuando se acabare el esparcimiento del escuadrón del pueblo santo, todas estas cosas serán cumplidas. Y yo oí, mas no entendí. Y dije: Señor mío, ¿qué será el cumplimiento de estas cosas? Y dijo: Anda, Daniel, que* ***estas palabras están cerradas y selladas hasta el tiempo del cumplimiento****. Muchos serán limpios, y emblanquecidos, y purificados; mas los impíos obrarán impíamente, y ninguno de los impíos entenderá, pero* ***entenderán los entendidos****. Y desde el tiempo que fuere quitado el continuo sacrificio hasta la abominación espantosa, habrá mil doscientos y noventa días. Bienaventurado el que esperare, y llegare hasta mil trescientos treinta y cinco días."* Daniel 12:6-12.

Un pequeño tiempo de angustia, seguido de una gran tribulación de siete años, está en nuestro futuro. No debería sorprender a la generación de los últimos días que Dios provea una oportunidad final de siete años para que la gente del mundo se arrepienta y entregue sus vidas completamente a Él. En Su misericordia y compasión, nuestro amoroso Padre Celestial hará todo lo posible para salvar a la humanidad perdida, especialmente cuando el mundo se desgasta como un vestido viejo (Isaías 51:6), en un esfuerzo por salvar a toda alma arrepentida posible.

> *"El Señor no tarda su promesa, como algunos la tienen por tardanza; sino que es paciente para con nosotros, no queriendo que ninguno perezca, sino que todos procedan al arrepentimiento."* 2 Pedro 3:9.

> *"Estad atentos á mí, pueblo mío, y oidme, nación mía; porque de mí saldrá la ley, y mi juicio descubriré para luz de pueblos. Cercana está mi justicia, salido ha mi salud, y mis brazos juzgarán á los pueblos: á mí esperarán las islas, y en mi brazo pondrán su esperanza. Alzad á los cielos vuestros ojos, y mirad abajo á la tierra: porque los cielos serán deshechos como humo, y la tierra se envejecerá como ropa de vestir, y de la misma manera perecerán sus moradores: mas mi salud será para siempre, mi justicia no perecerá. Oidme, los que conocéis justicia, pueblo en cuyo corazón está mi ley. No temáis afrenta de hombre, ni desmayéis por sus denuestos. Porque como á vestidura los comerá polilla, como á lana los comerá gusano; mas mi justicia permanecerá perpetuamente, y mi salud por siglos de siglos."* Isaías 51:4-8.

No deberíamos sorprendernos de que haya siete años finales que Dios ha planeado para la salvación de la humanidad. Durante esos siete años, Dios cuidará de su verdadero pueblo obediente con "maná del cielo" y otros medios (Éxodo 16:4-6; 23:25; Isaías 33:15,16) y será la última oportunidad para el pueblo que vive en el tiempo del fin para entregarlo todo a Dios. La Biblia enumera numerosas veces que Dios usó un período de tiempo de siete años para cumplir Sus planes:

1. Siete años de abundancia en los días de José: Génesis 41.

2. Siete años de hambre en los días de José: Génesis 41.

3. Siete años de locura con el rey Nabucodonosor: Daniel 4.

4. Jacob sirvió siete años por cada una de sus dos esposas: Génesis 29.

5. Hubo siete años de hambre en los días de Eliseo: 2 Reyes 8:1.

6. La mujer viuda volvió a su casa después de siete años: 2 Reyes 8:1-6.

7. Joás tenía siete años cuando comenzó a reinar: 2 Reyes 11:21.

8. Salomón tardó siete años en construir el templo de Dios: 1 Reyes 6:38.

9. Un hebreo podía ser esclavo de un hebreo solo durante siete años: Jeremías 34:14.

10. Ester se convirtió en reina en el séptimo año del rey Asuero: Ester 3:16.

11. Los israelitas debían quemar las armas de sus enemigos durante siete años: Ezequiel 39:9.

12. Ana la profetisa estuvo casada por siete años: Lucas 2:36.

13. La septuagésima semana de Daniel 9:24,27 son siete años del 27 al 34 d.C.

14. El ministerio de Jesús y el apóstol a la nación hebrea duró siete años.

15. Jesús ha prometido una tribulación de siete años antes de que Él venga por segunda vez.

PREGUNTA: ¿Cómo se relaciona la septuagésima semana de Daniel 9:24 y 27, como se menciona en el número trece arriba, con la tribulación venidera de siete años?

RESPUESTA: La septuagésima semana de Daniel 9:24 y 27 tiene más que ver con la última generación de hoy que con los hijos de Israel hace 2000 años. Fíjate en el siguiente cuadro:

La septuagésima semana de Daniel 9:24-27 se aplica más a nosotros hoy que a los hijos de Israel hace 2000 años. No hay forma de que la gente en los días de Jesús pudiera entender o mapear la profecía de las setenta semanas, pero podemos porque entendemos el tiempo como se ve desde BCE y ADE, donde no tenían esa ventaja.

PREGUNTA: ¿Cómo nos afecta hoy la profecía de las 70 semanas de Daniel 9:24-27?

RESPUESTA: Hay algunas formas en que la profecía de las 70 semanas nos afecta directamente. (1) Las matemáticas de la profecía revelan un período de siete años en nuestro futuro. (2) Las siete amonestaciones en Daniel 9:24 se aplican directamente a nosotros al arrepentirnos y entregar nuestras vidas a Jesús. (3) El número 2520 tiene aplicaciones especiales en matemáticas.

LA INFLUENCIA DE LA PROFECÍA DE LAS SETENTA SEMANAS PARA LA GENERACIÓN DE HOY

(1) Matemáticas: 70 semanas x 7 = 490 días/años x 360 días = 176 400 días. 176.400 días ÷ 70 = 2.520 días literales o siete años.

(2) Siete amonestaciones de Daniel 9:24 para que la última generación preste atención: una. Acabar con la transgresión.

   a. Poner fin a los pecados
   b. Hacer expiación por la iniquidad.
   c. Traer justicia eternal.
   d. Sella la vision.
   e. Completa la profecía.
   f. Ungir al Santísimo

(3) La importancia y el misterio del número 2520: El número 2520

   a. Es el número más bajo que se divide por igual entre los diez enteros (1-10).
   b. Es la suma de: 3 X 4 X 5 X 6 X 7 = 2,520.
   c. Es la suma de Una semana (7 días) X un mes (30 días) X Un año (12 meses) son 2.520.

d. 2520 se divide por igual entre los siguientes números importantes: 3,5,7,12, 40,36,70,360 y 1260.
e. 2520 dividido por 70 crea 36 intervalos de 70 días en el gráfico del tiempo del fin.
f. TODOS los períodos de tiempo proféticos de la Biblia caben dentro del período de 2.520 días.

Tiempo	Daniel	Apocalipsis
X, X's, ½ X	7:25, 12:7 (1.260)	12:14
2.300 dias	8:14	
1.290 dias	12:11	
1.335 dias	12:12	
1.260 dias		11:3, 12:6
42 meses	(1.260 dias)	11:2, 13:5
5 meses	(150 dias)	9:5, 10
3 ½ dias/años	(1.260 dias)	11:9, 11
70 semanas	9:24 (2.520 dias)	
1 semana = 7 dias 9:27 (2.520 dias)		

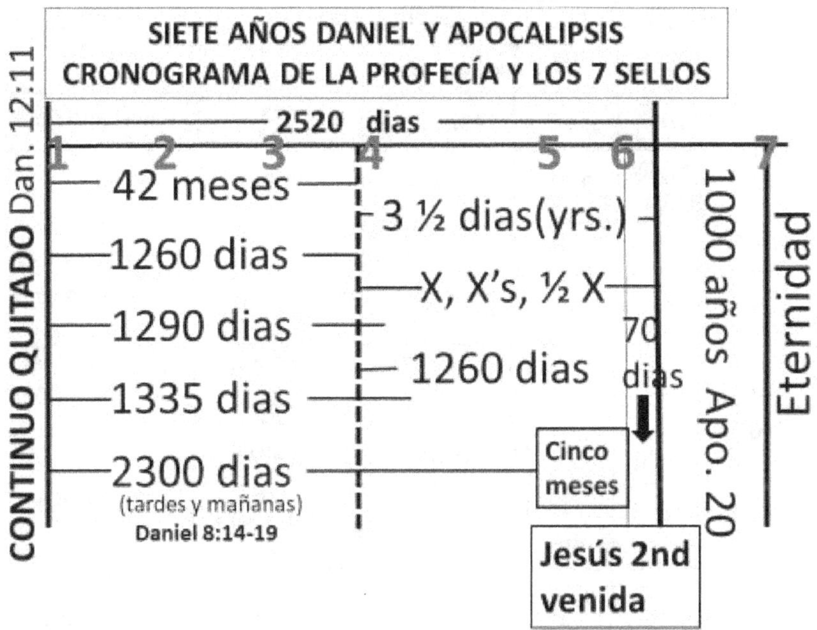

La vida que vivimos hoy, nos preparará para el futuro. Ahora es el momento de entregar nuestro todo a Dios y vivir nuestras vidas completamente rendidas a Él en todo lo que hacemos, pensamos, vamos y somos.

Los días festivos de Levítico veintitrés deben estudiarse, entenderse y enseñarse a la luz de la verdad del resto de la Biblia, al enseñar el plan de salvación y preparar a las almas perdidas para que se arrepientan y entreguen su vida a Cristo Jesús antes de la venida. comienza la tribulación de siete años (2.520 días).

DÍAS DE FIESTA DE LEVÍTICO VEINTITRÉS: 1,2,37,38,44

SÁBADO DEL 7º DÍA	23:3	SEMANALMENTE	FINAL DE CADA SEMANA	CREACIÓN Y REDENCIÓN
PASCUA	23:4,5	PRIMAVERA	DÍA 14 1ER MES	LA CRUCIFIXIÓN DE JESÚS
LOS PANES SIN LEVADURA	23:6-8	PRIMAVERA	DÍA 15-21 1ER MES	ENTIERRO DE JESÚS
PRIMEROS FRUTOS fiesta de la cosecha	23:9-14	PRIMAVERA	1ER DÍA DESPUÉS DE 1ER SÁBADO DESPUÉS 1ER DÍA UNL. PAN	JESÚS' RESURRECCIÓN
FIESTA de las SEMANAS: Shavuoth	23:15-22	PRIMAVERA	50 DÍAS DESPUÉS DÍA DE LAS PRIMERAS FRUTAS	PENTECOSTÉS: SHAVUOT
TROMPETAS Rosh Hashaná	23:23-25	OTOÑO	1ER DÍA 7º MES	Revelando la verdad en la Palabra de Dios
EXPIACIÓN/ YOM KIPPUR	23:26-32	(10 días del asombro) OTOÑO	DÍA 10 7ºMES	Poco tiempo de problemas
PUESTOS/SUKKOT Fiesta de la recolección	23:33-35 39-43	OTOÑO	15 -21 DÍA, 7 MES, FIESTA DE TABERNÁCULOS	SIETE AÑOS TRIBULACIÓN Hageo 2:1-9
OCTAVO DÍA 2 PEDRO 3:8	23:36,39	OTOÑO	22º DÍA 7º MES	MILENIO EN EL CIELO

DÍAS DE FIESTA DE LEVÍTICO VEINTITRÉS: 1,2,37,38,44

SÁBADO DEL 7º DÍA	23:3	Éxodo 20:8-11
PASCUA	23:4,5	Éxodo 12:1-14, 21-51; 34:25; Ezequiel 45:21,22 2 Crónicas 35:1-19; Lucas 22:1-23; Juan 19:42
LOS PANES SIN LEVADURA	23:6-8	Éxodo 12:15-20; 13:3-10; 23:15,18; 34:18-25; Deuteronomio 16:16; 2 Crónicas 35:1-19; Ezequiel 45:23,24; Hechos 20:6
PRIMEROS FRUTOS fiesta de la cosecha	23:9-14	Éxodo 23:16-19; 34:22,23,26; 2 Crónicas 8:13; Esdras 3:1,5
FIESTA de las SEMANAS: Shavuoth	23:15-22	Éxodo 34:22,23; Deuteronomio 16:16; 2 Crónicas 8:13; Esdras:3:1,5
TROMPETAS Rosh Hashaná	23:23-25	Números 29:1-6; 2 Crónicas 5,6,7 Esdras 3:1-3,6; Nehemías 8:1-12; Salmo 81:1-4
EXPIACIÓN/ YOM KIPPUR	23:26-32	Levítico 16; 25:9; Números 29:7-11; 2 Reyes 25:25,26; Ezequiel 9, Mateo 24:4-8; Hechos 27:9
PUESTOS/SUKKOT Fiesta de la recolección	23:33-35 39-43	Ex. 23:16; 34:20-22; Números 29:12-34; Deut. 16:13-20; 31:9-13; 2 Cr. 5-7:10; 8:13; Esdras 3:4,5; Oseas 12:9; Mateo 24:9-51; Nehemías 8:1,13-18; Eze. 45:25; Hageo 2:1-9; Zac. 14:16-21; Juan 7
OCTAVO DÍA 2 PEDRO 3:8	23:36,39	Números 29:35-40; 2 Crónicas 5:3; 7:9,10; Nehemías 8:1,18; Juan 7:37,38; Apocalipsis 20.

Jesús cumplió con los requisitos de sangre, grano y vino de todas las fiestas de Levítico veintitrés. Estas fiestas ya no son obligatorias para guardar, aunque pueden ser honradas, colocando a Jesús como el centro de atención, si algunos deciden hacerlo. Pero son absolutamente obligatorios de entender y enseñar en su relación con el plan de salvación. Jesús completó las fiestas ceremoniales de PRIMAVERA con Su vida, muerte y Resurrección, pero los eventos relacionados con las ceremonias de OTOÑO están en nuestro futuro cercano.

CEREMONIAS DE PRIMAVERA

Pascua, Fiesta de los Panes sin Levadura, Primicias y Pentecostés.

CEREMONIAS DE OTOÑO

Día de las Trompetas, Día de la Expiación, Fiesta de los Tabernáculos y Sábado de la Santa Convocación del Octavo Día.

PREGUNTA: ¿Qué tienen que ver las CEREMONIAS DE OTOÑO con nosotros viviendo hoy?

RESPUESTA: Las CEREMONIAS DE OTOÑO son una herramienta profética que Dios ha usado para preparar a Su pueblo de la generación de los últimos días para los eventos del tiempo del fin que están a punto de ocurrir.

Las fiestas de OTOÑO se cumplen de la siguiente manera:

TROMPETAS: Los mensajes de advertencia de los últimos tiempos de Apocalipsis salen a los hijos de Dios.

EXPIACIÓN: Consideración solemne del tiempo del fin de la relación de cada persona con Jesús.

TABERNÁCULOS: Dios cuidará de Sus elegidos durante los siete años de tribulación.

OCTAVO DÍA: Un período de tiempo de 1000 años para el juicio es precedido por la segunda venida de Jesús y es seguido por Su tercera venida o advenimiento.

Nuestro Padre Celestial nunca da un paso con respecto a los eventos venideros sin primero revelar Sus secretos a la humanidad acerca de las cosas o eventos que están por suceder. Cuando Dios confía a sus siervos información vital, que afecta a quienes los rodean, espera que compartan esa información que cambia la vida con los demás. Las cosas que Dios revela a la humanidad no son propiedad de la humanidad, pertenecen a Dios, quien revela Sus secretos en el momento oportuno. La responsabilidad de los hijos de Dios es compartir valientemente esos secretos revelados con toda la humanidad.

> *"Porque no hará nada el Señor Jehová, sin que revele su secreto á sus siervos los profetas."* Amós 3:7.

> *"Las cosas secretas pertenecen á Jehová nuestro Dios: mas las reveladas son para nosotros y para nuestros hijos por siempre, para que cumplamos todas las palabras de esta ley."* Deuteronomio 29:29.

> *"Fuése luego Daniel á su casa, y declaró el negocio á Ananías, Misael, y Azarías, sus compañeros, Para demandar misericordias del Dios del cielo sobre este misterio, y que Daniel y sus compañeros no pereciesen con los otros sabios de Babilonia. Entonces el arcano fué revelado á Daniel en visión de noche; por lo cual bendijo Daniel al Dios del cielo. Y Daniel habló, y dijo: Sea bendito el nombre de Dios de siglo hasta siglo: porque suya es la sabiduría y la fortaleza: Y él es el que muda los tiempos y las oportunidades: quita reyes, y pone reyes: da la sabiduría á los sabios, y la ciencia á los entendidos: El revela lo profundo y lo escondido:*

conoce lo que está en tinieblas, y la luz mora con él. A ti, oh Dios de mis padres, confieso y te alabo, que me diste sabiduría y fortaleza, y ahora me enseñaste lo que te pedimos; pues nos has enseñado el negocio del rey." Daniel 2:17-23.

"Y á mí ha sido revelado este misterio, no por sabiduría que en mí haya, más que en todos los vivientes, sino para que yo notifique al rey la declaración, y que entiendieses los pensamientos de tu corazón." Daniel 2:30.

"El rey habló á Daniel, y dijo: Ciertamente que el Dios vuestro es Dios de dioses, y el Señor de los reyes, y el descubridor de los misterios, pues pudiste revelar este arcano." Daniel 2:47.

"¿Tocaráse la trompeta en la ciudad, y no se alborotará el pueblo? ¿habrá algún mal en la ciudad, el cual Jehová no haya hecho? Porque no hará nada el Señor Jehová, sin que revele su secreto á sus siervos los profetas. Bramando el león, ¿quién no temerá? hablando el Señor Jehová, ¿quién no porfetizará?" Amós 3:6-8.

"Empero Dios nos lo reveló á nosotros por el Espíritu: porque el Espíritu todo lo escudriña, aun lo profundo de Dios. Porque ¿quién de los hombres sabe las cosas del hombre, sino el espíritu del hombre que está en él? Así tampoco nadie conoció las cosas de Dios, sino el Espíritu de Dios. Y nosotros hemos recibido, no el espíritu del mundo, sino el Espíritu que es de Dios, para que conozcamos lo que Dios nos ha dado; Lo cual también hablamos, no con doctas palabras de humana sabiduría, mas con doctrina del Espíritu, acomodando lo espiritual á lo espiritual." 1 Corintios 2:10-13.

Este capítulo revela una verdad solemne y un mensaje de un destino venidero sobre este planeta. Dios no revela estas cosas a simples humanos para invocar temor en sus corazones y mentes, sino que lo hace para invocar respeto y reverencia hacia Él y preparar a Su pueblo para los eventos venideros. Cada persona responderá a este capítulo de una manera que los acercará a Dios o los alejará de Él. Es el deseo del autor de este libro que todas y cada una de las personas que lean este capítulo, y este libro, tomen en serio el mensaje de las fiestas de Levítico veintitrés e inmediatamente dediquen o vuelvan a dedicar sus vidas, de una manera más seria., para servir al Rey de reyes y Señor de señores en una relación más profunda y cercana con Jesús, "el Cordero de Dios que quita el pecado del mundo" (Juan 1:29).

Estimado lector, si aún no lo ha hecho, ¿podría (1) entregar todo su corazón, mente y alma al Creador de toda la humanidad, (2) leer su Biblia diariamente, (3) estar en constante actitud de oración, y (4) buscar una manera de revelarlo a todos los que conoces? Si esa es su oración, que Dios lo bendiga abundantemente en todo lo que hace, en todos los lugares a los que va, con todas las personas que conoce y en todo lo que es. Se bendecido. Atentamente, el autor.

EL VINAGRE EN LA CRUZ DEL CALVARIO

Muchos de nosotros hemos leído o nos han enseñado que a Jesús se le ofreció vinagre en dos ocasiones distintas mientras lo crucificaban. Numerosos estudiosos de la Biblia han escrito sobre el vinagre en la cruz del Calvario y han presentado sus diversas opiniones personales. La primera vez que se le ofreció a Jesús la bebida amarga fue a la hora tercera (las 9 de la mañana). La segunda vez que se le ofreció fue a la hora novena (las 3 de la tarde), seis horas después. Rechazó (Mateo 27:34) la bebida amarga en la hora tercera, pero en la hora novena, en realidad la pidió cuando dijo: "Tengo sed" (Juan 19:28). Cuando se le dio, lo bebió (Mateo 27:48).

El consenso general de numerosos estudiosos de la Biblia es que el vinagre estaba en el lugar de la crucifixión para ser ofrecido a los crucificados para adormecer sus sentidos y hacer que la crucifixión fuera más tolerable. Algunos expositores de la Biblia concluyen que Jesús rehusó el vinagre la primera vez para poder experimentar el sufrimiento y soportar la cruz sin ninguna ayuda paralizante. En la segunda ocasión, enseñan que pidió el vinagre porque tenía sed y quería aliviar el dolor. Estas conclusiones son meramente opiniones, y ninguna de las dos está corroborada por las Escrituras.

¿POR QUÉ ESTABA EL VINAGRE EN LA CRUZ?

Un par de preguntas a considerar son: (1) ¿Por qué estaba el vinagre en la cruz en primer lugar? y (2) ¿Estaba allí el vinagre para mostrar compasión a los que estaban fijados en el madero (Hechos 10:39)?

Primero debemos reconocer que fueron los soldados (Mateo 27:27-36) los que le ofrecieron el vinagre a Jesús (Lucas 23:36) al comienzo de su crucifixión y no uno de sus amigos. Jesús estaba siendo custodiado por cuatro soldados romanos

(Juan 19:23). No solo estaban allí para crucificar a Jesús, sino también para protegerlo de otros que pudieran interferir con su deber. El vinagre no podría haber sido ofrecido por ningún transeúnte ya que no se les habría permitido acercarse lo suficiente a la víctima para hacer ese gesto humano. Solo los soldados romanos tenían la capacidad de darle a Jesús la bebida fuerte.

La oferta de vinagre no fue para mostrar compasión a los que estaban colgados en la cruz. Los romanos habían ideado la crucifixión como un terrible método de ejecución haciéndola lo más humillante y dolorosa posible. La humillación vendría cuando el criminal sería desnudado (Mateo 27:35, Juan 19:23) para que todos lo vieran, y sus crímenes serían clavados en la cruz (Juan 19:19-22) para que todos los leyeran. El dolor insoportable sería el resultado natural de ser primero azotado (Marcos 15:15) y luego colgado en la cruz con clavos perforando las manos y los pies (Salmo 22:16, Lucas 24:40). Los romanos odiaban a los judíos, por lo que mostrar compasión ofreciendo asistencia médica al crucificado sería incongruente y contraproducente.

El vinagre estaba ubicado en el Gólgota (Marcos 15:22) porque los soldados romanos estaban allí. El vinagre de uva era una parte básica de la dieta de un soldado. La bebida amarga barata (Mateo 27:34; Marcos 15:23) no se ofreció como muestra de compasión; probablemente fue ofrecido como una burla (Lucas 23:36).

Forzar vinagre en el rostro roto e hinchado de Jesús habría aumentado Su dolor cuando el líquido ardiente entró en contacto con su rostro magullado y sangrante y sus labios partidos. Ofrecerlo como un copero ofrece vino a un rey (Génesis 40:21; 2 Crónicas 9:4) se sumaría a la burla de los soldados romanos tal como lo llamaban "el rey de los judíos" y se burlaban de Él para "salvar ti mismo" (Lucas 23:37). Entonces, ¿por qué Jesús rechazó el vinagre cuando se le ofreció por primera vez en la mañana y lo bebió cuando se le dio por segunda vez?

Para darnos cuenta de por qué Jesús primero se negó y luego pidió el vinagre, debemos entender (1) el mensaje del evangelio que Jesús predicó mientras estuvo en esta tierra y (2) debemos entender la enseñanza bíblica de un voto nazareo.

EL REINO DE DIOS ESTÁ A LA MANO (CERCA).

¿Cuál fue el mensaje que Jesús proclamó mientras iba de pueblo en pueblo con sus discípulos? Note Marcos 1:14,15 "Después que Juan fue encarcelado, Jesús vino a Galilea predicando el evangelio del reino de Dios, y diciendo: El tiempo se ha cumplido, y el reino de Dios se ha acercado; arrepentíos., y cree en el evangelio!" También en Lucas 8:1, "Y aconteció después, que él iba por todas las ciudades y aldeas, predicando y proclamando las buenas nuevas del reino de Dios".

La cercanía del reino de Dios fue también el mensaje de Juan antes de bautizar a Jesús. "En aquellos días vino Juan el Bautista, predicando en el desierto de Judea, y diciendo: Arrepentíos, porque el reino de los cielos se ha acercado." (Mateo 3:1,2). La promesa de que el reino de Dios está "cerca" o "a la mano" significa que pronto estará disponible para toda la humanidad en ese momento, en su día, no retrasado 2000 años después, en nuestro día.

El reino de Dios no es un lugar; es una relacion El reino de Dios es una relación entre lo creado (la humanidad) y su Dios Creador (Juan 1:1-5). El reino de los cielos es una relación establecida o construida por Jesús para toda la humanidad por Su vida, muerte y resurrección. El reino de los cielos está dentro de vosotros (Lucas 17:21). Es el reino "edificado sin manos" (Zacarías 6:12; Marcos 14:58) como se demuestra en el capítulo dos de Daniel y edificado sobre la principal piedra del ángulo (Efesios 2:19-22; 1 Pedro 2:1-10), Jesucristo el Señor.

EL REINO DE DIOS Y EL VINAGRE

¿Qué tiene que ver el reino de Dios con Jesús bebiendo el vinagre justo antes de morir en la cruz?

La pregunta que mucha gente se hace es: "¿Cuándo comenzó el reino de Dios, que Jesús preparó "sin manos" (Zacarías 6:12) desde la "fundación del mundo"? (Mateo 25:34). En otras palabras, ¿cuándo fue el reino de los cielos? disponible para toda la humanidad?

Respuesta: En la cruz.

Jesús hizo una declaración controvertida cuando les dijo a sus discípulos: "Pero de cierto os digo que hay algunos de los que están aquí, que no gustarán la muerte hasta que vean el reino de Dios". (Lucas 9:27). Compare eso con Marcos 9:1, "Y les dijo: De cierto os digo, que habrá algunos de los que están aquí, que no gustarán la muerte, hasta que hayan visto el reino de Dios venido con poder. " Ese poder vino en Pentecostés, en la experiencia del aposento alto del Apóstol (Hechos 2:1-4), cincuenta días después de que Jesús resucitó de entre los muertos, como las "primicias" para Dios (1 Corintios 15:20).

Hay dos explicaciones o entendimientos para el Reino de Dios. Las dos explicaciones caen bajo las categorías de (1) reino de gracia y (2) reino de gloria. El Reino de Dios de "GRACIA" (Hebreos 12:28 RV) fue establecido en la cruz. El Reino eterno de Dios de "GLORIA" (2 Timoteo 4:18) se establecerá en el tiempo del fin (Mateo 16:27; 25:31-46) cuando el pecado sea destruido para siempre y Dios cree "un cielo nuevo y una nueva tierra" (Apocalipsis 21:1) "en la cual mora la justicia" (2 Pedro 3:11-13).

Hay muchos a quienes se les ha enseñado que el reino de gracia de Dios no será creado hasta que Jesús venga por segunda vez. Por esa razón, estas personas tienen la impresión de que Jesús les mintió a sus discípulos acerca de que algunos de ellos estaban vivos para ver el establecimiento del reino de Dios (Marcos 9:1). No es que Jesús pecó mintiendo que tienen este malentendido; es que no se dan cuenta de la naturaleza del Reino de Dios. Recuerda que el Reino de Dios no es un lugar; es una relacion Una relación entre lo creado y el Creador que Jesús estableció con su vida, muerte y resurrección por ti y por mí. El reino de Dios de la gracia está disponible aquí y ahora para todos los que deseen tener una relación afectuosa y eterna con Jesús como su Rey con el Espíritu Santo viviendo en ellos (2 Corintios 1:22).

Jesús estableció el reino de la gracia mientras colgaba de la cruz y el poder de ese reino se demostró cincuenta días después en el aposento alto (Hechos 2:1-4) tal como lo prometió (Lucas 9:27). El único requisito para entrar en este reino de gracia actual es tener el "vestido de bodas" (Mateo 22:1-14), que representa Su justicia, que solo está disponible al aceptar a Jesús como el salvador personal que vivió y murió en nuestro lugar. . No somos nuestros, hemos sido comprados por precio (1 Corintios 6:19,20). Ese precio es la sangre de Cristo.

¿Cómo sabemos que Jesús estableció el Reino de Dios mientras moría en la cruz? Para responder a esta pregunta, debemos entender el voto bíblico de un nazareo. En la Biblia, solo tenemos otros tres ejemplos de personas apartadas bajo el juramento nazareo. Ellos son: (1) Sansón en Jueces 13:5-7, y (2) Samuel en 1 Samuel 1:11, y (3) Juan el Bautista en Lucas 1:11-17.

¿QUÉ ES UN VOTO NAZAREO?

Considere Números 6:1-8.

> *"Y HABLO Jehová á Moisés, diciendo: Habla á los hijos de Israel, y diles: El hombre, ó la mujer, cuando se apartare haciendo voto de Nazareo, para dedicarse á Jehová, Se abstendrá de vino y de sidra; vinagre de vino, ni vinagre de sidra no beberá, ni beberá algún licor*

de uvas, ni tampoco comerá uvas frescas ni secas. Todo el tiempo de su nazareato, de todo lo que se hace de vid de vino, desde los granillos hasta el hollejo, no comerá. Todo el tiempo del voto de su nazareato no pasará navaja sobre su cabeza, hasta que sean cumplidos los días de su apartamiento á Jehová: santo será; dejará crecer las guedejas del cabello de su cabeza. Todo el tiempo que se apartaré á Jehová, no entrará á persona muerta. Por su padre, ni por su madre, por su hermano, ni por su hermana, no se contaminará con ellos cuando murieren; porque consagración de su Dios tiene sobre su cabeza. Todo el tiempo de su nazareato, será santo á Jehová."

El que está bajo prenda de un nazareo debe cumplir tres requisitos. No pueden (1) beber ni comer ningún producto de uva o de vid, incluido el vinagre. (2) No pueden cortarse el cabello ni afeitarse la cabeza. Y (3) no pueden entrar en contacto con un cadáver.

JESÚS Y SU VOTO NAZAREO

En Su fiesta de Pascua con Sus discípulos, antes de la crucifixión, Jesús se puso bajo el voto de nazareo. *"Y tomó la copa, y dio gracias, y dijo: Tomad esto, y repartios entre vosotros; porque os digo que no beberé del fruto de la vid, hasta que venga el reino de Dios."* Lucas 22:17, 18. Considere también Mateo 26:26-29:

> *"Y comiendo ellos, tomó Jesús el pan, y bendijo, y lo partió, y dió á sus discípulos, y dijo: Tomad, comed. esto es mi cuerpo. Y tomando el vaso, y hechas gracias, les dió, diciendo: Bebed de él todos; Porque esto es mi sangre del nuevo pacto, la cual es derramada por muchos para remisión de los pecados. Y os digo, que desde ahora no beberé más de este fruto de la vid, hasta aquel día, cuando lo tengo de beber nuevo con vosotros en el reino de mi Padre."*

Jesús les dijo anteriormente en Lucas 22 versículos 15 y 16: "Y les dijo: Con gran deseo he deseado comer con vosotros esta pascua antes de sufrir; porque os digo que no la comeré más, hasta que se cumplirá en el reino de Dios." El versículo 19 continúa: "Y tomó el pan, y dio gracias, y lo partió, y les dio, diciendo: Esto es mi cuerpo que por vosotros es entregado; haced esto en memoria mía". Jesús no solo dijo que no participaría de ninguna uva o producto de la vid, sino que también agregó al voto al decir que no comería pan "hasta que venga el reino de Dios". (Lucas 22:18).

La negativa a comer pan o cualquier producto de grano durante este corto Voto Nazareo de tres días no fue algo que Él mismo soñó, en un momento. El ayuno del pan era parte del plan de salvación que Dios Padre había desarrollado 2000 años antes del nacimiento de Jesús. Note los requisitos para la gavilla mecida en Levítico 23:12-14:

> *"Y el día que ofrezcáis el omer, ofreceréis un cordero de un año, sin defecto, en holocausto á Jehová. Y su presente será dos décimas de flor de harina amasada con aceite, ofrenda encendida á Jehová en olor suavísimo; y su libación de vino, la cuarta parte de un hin.* ***Y no comeréis pan, ni grano tostado, ni espiga fresca, hasta este mismo día, hasta que hayáis ofrecido la ofrenda de vuestro Dios****; estatuto perpetuo es por vuestras edades en todas vuestras habitaciones."*

Jesús es la ofrenda de la gavilla mecida presentada al Señor el día siguiente al sábado del séptimo día, que es el primer día de la semana en cumplimiento de Levítico 23. El día que Jesús resucitó de la tumba, el primer día de la semana después de la Pascua, es el día de las Primicias, una fiesta ceremonial anual establecida por Dios cuando los hijos de Israel entraron a la tierra prometida. Jesus dijo:

"No penséis que he venido para abrogar la ley ó los profetas: no he venido para abrogar, sino á ***cumplir****."* Mateo 5:17.

"Y ***EL primer día de la semana****, muy de mañana, vinieron al sepulcro, trayendo las drogas aromáticas que habían aparejado, y algunas otras mujeres con ellas. Y hallaron la piedra revuelta del sepulcro. Y entrando, no hallaron el cuerpo del Señor Jesús."* Lucas 24:1-3.

"Mas ahora Cristo ha resucitado de los muertos; primicias de los que durmieron es hecho. Porque por cuanto la muerte entró por un hombre, también por un hombre la resurrección de los muertos. Porque así como en Adam todos mueren, así también en Cristo todos serán vivificados. Mas cada uno en su orden: Cristo las primicias; luego los que son de Cristo, en su venida." 1 Corintios 15:20-23.

Jesús no solo se negó a beber vino o jugo de uva hasta que viniera el reino de Dios, sino que también se negó a comer pan. Desde el momento de la cena de Pascua, el cuarto día de la semana, hasta el segundo día de la semana siguiente, Jesús no comió pan alguno, guardando el pan en ayunas como manda Dios en el día de la ola de la envoltura, que es el día de las Primicias.

JESUS MANTUVO EL VOTO DE NAZAREO

Jesús comenzó su juramento de nazareo en la última cena mientras estaba en el aposento alto con sus discípulos (Lucas 22:11,12), antes de que fueran al Huerto de Getsemaní (Mateo 26:36), y antes de que Él fuera hecho prisionero por "los principales sacerdotes y los ancianos" (Mateo 26:47-50). Jesús terminó su voto nazareo de no beber vino mientras moría en la cruz.

Desde el momento en que Jesús salió del aposento alto con sus discípulos, hasta la cruz, Jesús (1) no comió ni bebió ningún producto de la vid, (2) no se cortó el cabello, (3) no vino en presencia de un cadáver como se exige en el capítulo seis de Números; (4) ni comió pan, como prometió más específicamente.

La primera oferta de vinagre se le presentó a Jesús al comienzo de la crucifixión a la hora tercera (3ra) o a las nueve de la mañana (Mateo 27:1,33, 34), pero Jesús rechazó el vinagre. Jesús sabía que no era el momento de establecer el reino, así que cuando el vinagre tocó sus labios, lo rechazó. Cuando llegó la segunda ofrenda de vinagre, seis horas después, a la hora novena (9) o a las tres de la tarde (Mateo 27:46-48), Jesús terminó o completó Su voto nazareo bebiendo el vinagre, producto de la vid Sabía que todo se había cumplido como estaba profetizado en las escrituras y había llegado el momento de que Él cumpliera la escritura (Juan 19:28), estableciera el Reino de Dios y muriera (Juan 19:30).

Jesús es el cordero pascual del sacrificio (1 Corintios 5:7). Él es "el Cordero de Dios, que quita el pecado del mundo" (Juan 1:29). El día que Jesús fue crucificado fue el día de la Pascua judía bíblica (Marcos 14:12-17). Jesús no podía beber la primera ofrenda de vinagre y morir en la hora tercera (Marcos 15:25); Jesús tuvo que morir a la hora novena, que es el tiempo establecido históricamente en el que se sacrificaba el cordero pascual vespertino (Éxodo 12:6). Tenía que morir en el momento específico en que bebió el vinagre, en la hora novena (Marcos 15:34), para cumplir la escritura (Salmo 69:21), honrar el voto nazareo y revelar el comienzo del reino de Dios. que está disponible para ti y para mí aquí y ahora.

Piense en Jesús en la cruz mientras lee el Salmo 69:17-21:

> *"Y no escondas tu rostro de tu siervo; Porque estoy angustiado; apresúrate, óyeme. Acércate á mi alma, redímela: Líbrame á causa de mis enemigos. Tú sabes*

mi afrenta, y mi confusión, y mi oprobio: Delante de ti están todos mis enemigos. La afrenta ha quebrantado mi corazón, y estoy acongojado: Y esperé quien se compadeciese de mí, y no lo hubo: Y consoladores, y ninguno hallé. Pusiéronme además hiel por comida, Y en mi ***sed*** *me dieron á beber* ***vinagre****.”*

Jesús mantuvo su voto de nazareo al no beber el vinagre en la primera oferta. Completó su juramento de nazareo al beberlo la segunda vez que se lo entregó a sus labios. También probó más y más específicamente que el reino de Dios había venido al comer pan después de Su resurrección y específicamente después de que terminó el día de la gavilla mecida, el día de las Primicias. Recuerde, estaba prohibido comer cualquier pan o grano en el día de la gavilla mecida (Levítico 23:12-14). La escritura informa que en el día de Su resurrección Jesús “partió el pan” con dos de Sus discípulos (Lucas 24:13,30) en el camino a Emaús después de la puesta del sol. Jesús también “comió y bebió” vino con los discípulos “después de resucitar de entre los muertos”. (Hechos 10:41). La tercera vez que Jesús se apareció a los discípulos, varios días después de su resurrección, fue cuando preparó y comió pan con ellos (Juan 21:7-14), revelando que su voto de nazareo había terminado y que el reino de Dios había llegado. Para entender mejor Su voto nazareo, tenga todo esto en mente mientras lee todo el Salmo 22 y Lucas 23.

La Biblia que menciona las dos ofertas de vinagre en la cruz no es por accidente o casualidad. Estos dos incidentes están específicamente incluidos en los evangelios por la voluntad de Dios para nuestro crecimiento y entendimiento (2 Timoteo 3:16,17). Los escritores de los evangelios que registran este evento fueron movidos por el Espíritu Santo (2 Pedro 1:19-21) para incluir los incidentes del vinagre por dos razones específicas.

Creo que una de las razones por las que el vinagre en la cruz se incluyó en la Santa Biblia es para que podamos confirmar cuándo el reino de Dios estuvo disponible para toda la humanidad y cómo llegó a existir a través del sacrificio de Jesús mismo (Génesis 22: 8), el ¡Cordero de Dios, que quitas el pecado del mundo!" (Juan 1:29).

La segunda razón por la que se incluyó el vinagre en la cruz en la historia de la salvación es porque fue el cumplimiento de la profecía y de la ley mosaica. En la ley del sacrificio ceremonial mosaico, dos corderos, de un año, debían ser sacrificados todos los días sin interrupción, y la libación siempre debía ser vinagre. Note lo siguiente de Números 28:1-8: (el énfasis es del autor).

> *"Y HABLO Jehová á Moisés, diciendo: Manda á los hijos de Israel, y diles: Mi ofrenda, mi pan con mis ofrendas encendidas en olor á mí agradable, guardaréis, ofreciéndomelo á su tiempo. Y les dirás: Esta es la ofrenda encendida que ofreceréis á Jehová:* ***dos corderos sin tacha de un año, cada un día****, será el holocausto continuo. El un cordero ofrecerás* ***por la mañana****, y el otro cordero ofrecerás entre* ***las dos tardes****: Y la décima de un epha de flor de harina, amasada con una cuarta de un hin de aceite molido, en presente. Es holocausto continuo, que fué hecho en el monte de Sinaí en olor de suavidad, ofrenda encendida á Jehová. Y su* ***libación****, la cuarta de un hin con cada cordero: derramarás libación de superior* ***(fermentado)*** *vino á Jehová en el santuario. Y ofrecerás el segundo cordero entre las dos* ***tardes****: conforme á la ofrenda de la mañana, y conforme á su* ***libación*** *ofrecerás, ofrenda encendida en olor de suavidad á Jehová."*

En la concordancia de Strong la palabra número 7941 es "shekhar". Es una bebida de **vinagre fuerte** o **fermentado**, ofrecida **ÚNICAMENTE** con los continuos o perpetuos sacrificios matutinos y vespertinos.

En el sistema de la ley de sacrificio ceremonial mosaico, la **ÚNICA** ofrenda de sacrificio hecha al Señor con bebida **fermentada** o **vinagre**, era la ofrenda de comida diaria, hecha dos veces al día, una por la mañana y otra por la tarde. Jesús cumplió esta ley ceremonial cuando se le ofreció vinagre por la mañana y vinagre por la tarde. Debido a su voto de nazareo, no podía beber el vinagre hasta justo antes de su muerte, en el sacrificio de la tarde, para traer el reino de Dios.

EL REINO DE LOS CIELOS, REINO DE DIOS **

El Reino de Dios (reino de los cielos) existe aquí y ahora para que Su pueblo en todo el mundo tenga un lugar de unificación bajo un Rey (Ezequiel 37:18-28); no en un edificio o en una sola congregación sino en una relación unificadora con Jesús (Juan 11:52). Llamo a este gran grupo universal de devotos adoradores de Dios, ubicados en todos los países del mundo, "La Iglesia Invisible", Dios los llama "El Reino de los Cielos". La Iglesia Invisible no tiene paredes, no recoge ofrendas y no realiza reuniones periódicas donde todos los miembros se reúnen colectivamente. La "Iglesia Invisible" o el reino de Dios, es el pueblo mundial de Dios, Israel, la Nueva Jerusalén, el Monte Sión, unidos en un solo nombre. Ese único nombre es **Jesús** (Hechos 4:12). El deseo de Dios es tener "un rebaño con un solo pastor".

Note las palabras de Jesús que se encuentran en Juan 10:11-18:

> *"Yo soy el buen pastor: el buen pastor su vida da por las ovejas. Mas el asalariado, y que no es el pastor, de quien no son propias las ovejas, ve al lobo que viene, y deja las ovejas, y huye, y el lobo las arrebata, y esparce las ovejas. Así que, el asalariado, huye, porque es asalariado, y no tiene cuidado de las ovejas. Yo soy el buen pastor; y conozco mis ovejas, y las mías me conocen. Como el Padre me conoce, y yo conozco al Padre; y pongo mi vida por las ovejas. También tengo otras ovejas que no son de este redil; aquéllas también*

me conviene traer, y oirán mi voz; y ***habrá un rebaño, y un pastor****. Por eso me ama el Padre, porque yo pongo mi vida, para volverla á tomar. Nadie me la quita, mas yo la pongo de mí mismo. Tengo poder para ponerla, y tengo poder para volverla á tomar. Este mandamiento recibí de mi Padre."* Juan 10:11-18.

El reino de Dios existe para que Su pueblo alrededor de este mundo pueda alabar al Rey del universo con pura reverencia y obediencia de la manera en que Él exige ser adorado en Su Palabra. Por esta razón, el capítulo dos de Daniel revela la Iglesia Invisible o reino de Dios, como una piedra "cortada de un monte, no con manos" (Daniel 2:34,45) que comienza pequeña, en la cruz, y crece para envolver todo este planeta (Daniel 2:35) en nuestros días.

Mientras lee la Biblia, la Palabra de Dios, diariamente por sí mismo, busque descubrir la verdadera adoración pura que Dios demanda. "Escogeos hoy a quién sirváis.... pero yo y mi casa serviremos a Jehová. (Josué 24:15).

Si aún no lo ha hecho, ¿no le dará su corazón, mente y alma a Dios y entrará en Su reino de gracia aquí y ahora? Él preparó este reino para ti desde la fundación del mundo y lo aseguró con Su muerte en la cruel cruz. Entrar en el reino de la gracia te preparará para entrar en Su futuro reino eterno de gloria.

** Obtenga más información sobre el reino de Dios descargando y leyendo el libro electrónico, "The Kingdom of Heaven and the Kingdom of God" por Earl B. Schrock, que se encuentra en línea con varios proveedores.

LAS DOCTRINAS BÍBLICAS SON UN REQUISITO PREVIO PARA COMPRENDER EL LIBRO DE APOCALIPSIS

ABRE TU MENTE A ALGO NUEVO Y DIFERENTE

Abre tu mente a algo nuevo y tal vez incluso desafiante. Los siguientes temas son el requisito previo de las doctrinas bíblicas para comprender correctamente los mensajes que se muestran en el Libro de Apocalipsis, así como en el Libro de Daniel, y en toda la Biblia. Después de leer este libro, estará en condiciones de aceptar o rechazar estas doctrinas bíblicas mientras lo guía el Espíritu Santo que mora en nosotros. Se bendecido.

INSPIRACIÓN BIBLICA: La Santa Biblia de 66 Libros, los Antiguos y Nuevos Testigos o Testamentos, es la palabra viva de Dios, la Espada del Espíritu, y la guía de la humanidad para vivir aquí y por toda la eternidad. Es la vara con la que toda la humanidad debe medirse y desde la cual se juzga a toda la humanidad.

> *"Toda Escritura es inspirada divinamente y útil para enseñar, para redargüir, para corregir, para instituir en justicia, Para que el hombre de Dios sea perfecto, enteramente instruído para toda buena obra."* 2 Timoteo 3:16,17.

> *"Tenemos también la palabra profética más permanente, á la cual hacéis bien de estar atentos como á una antorcha que alumbra en lugar oscuro hasta que el día esclarezca, y el lucero de la mañana salga en vuestros corazones: Entendiendo primero esto, que ninguna profecía de la Escritura es de particular interpretación;*

Porque la profecía no fué en los tiempos pasados traída por voluntad humana, sino los santos hombres de Dios hablaron siendo inspirados del Espíritu Santo." 2 Pedro 1:19-21.

"Sobre todo, tomando el escudo de la fe, con que podáis apagar todos los dardos de fuego del maligno. Y tomad el yelmo de salud, y la espada del Espíritu; que es la palabra de Dios." Efesios 6:16,17.

"Y ME fué dada una caña semejante á una vara, y se me dijo: Levántate, y mide el templo de Dios, y el altar, y á los que adoran en él." Apocalipsis 11:1.

"Lámpara es á mis pies tu palabra, Y lumbrera á mi camino." Salmo 119:105.

"Santifícalos en tu verdad: tu palabra es verdad." Juan 17:17.

"Porque todos lo que sin ley pecaron, sin ley también perecerán; y todos los que en la ley pecaron, por la ley serán juzgados." Romanos 2:12.

DIOS PADRE: Dios Padre es paciente, misericordioso, bondadoso, compasivo y justo. Desarrolló un plan de salvación para toda la humanidad antes de que este mundo fuera creado, el cual incluía sacrificar a Su único Hijo por nosotros. Durante su tiempo en la tierra, Jesús a menudo se comunicó con el Padre celestial, y algunas veces Dios el Padre habló al oído de los demás.

"Y Jehová descendió en la nube, y estuvo allí con él, proclamando el nombre de Jehová. Y pasando Jehová por delante de él, proclamó: Jehová, Jehová, fuerte, misericordioso, y piadoso; tardo para la ira, y grande en benignidad y verdad; Que guarda la misericordia en millares, que perdona la iniquidad, la rebelión, y el

pecado, y que de ningún modo justificará al malvado; que visita la iniquidad de los padres sobre los hijos y sobre los hijos de los hijos, sobre los terceros, y sobre los cuartos." Éxodo 34:5-7.

"Porque de tal manera amó Dios al mundo, que ha dado á su Hijo unigénito, para que todo aquel que en él cree, no se pierda, mas tenga vida eterna." Juan 3:16.

"Vosotros pues, oraréis así: Padre nuestro que estás en los cielos, santificado sea tu nombre. Venga tu reino. Sea hecha tu voluntad, como en el cielo, así también en la tierra." Mateo *6:9,10.*

"Y él se apartó de ellos como un tiro de piedra; y puesto de rodillas oró, Diciendo: Padre, si quieres, pasa este vaso de mí; empero no se haga mi voluntad, sino la tuya." Lucas 22:41,42.

"Y Jesús, después que fué bautizado, subió luego del agua; y he aquí los cielos le fueron abiertos, y vió al Espíritu de Dios que descendía como paloma, y venía sobre él. Y he aquí una voz de los cielos que decía: Este es mi Hijo amado, en el cual tengo contentamiento." Mateo 3:16,17.

DIOS HIJO: Jesús es la Palabra viva de Dios. Él es el Verbo que se hizo carne para vivir la vida que nosotros no podemos vivir y para morir la muerte eterna, que es la nuestra, que no queremos experimentar. Jesucristo es el Mesías, el Hijo del Dios viviente.

"EN el principio era el Verbo, y el Verbo era con Dios, y el Verbo era Dios. Este era en el principio con Dios. Todas las cosas por él fueron hechas; y sin él nada de lo que es hecho, fué hecho. En él estaba la vida, y la vida era la luz de los hombres... A lo suyo vino, y los suyos no le recibieron." Juan 1:1-4,11.

"Aquel era la luz verdadera, que alumbra á todo hombre que viene á este mundo. En el mundo estaba, y el mundo fué hecho por él; y el mundo no le conoció. A lo suyo vino, y los suyos no le recibieron. Mas á todos los que le recibieron, dióles potestad de ser hechos hijos de Dios, á los que creen en su nombre: Los cuales no son engendrados de sangre, ni de voluntad de carne, ni de voluntad de varón, mas de Dios. Y aquel Verbo fué hecho carne, y habitó entre nosotros (y vimos su gloria, gloria como del unigénito del Padre), lleno de gracia y de verdad." Juan 1:9-14.

"El cual mismo llevó nuestros pecados en su cuerpo sobre el madero, para que nosotros siendo muertos á los pecados, vivamos á la justicia: por la herida del cual habéis sido sanados." 1 Pedro 2:24.

DIOS ESPÍRITU SANTO: La obra del Espíritu Santo es representar a Cristo. Es el ángel mensajero portavoz a lo largo del libro de Apocalipsis. Fue enviado a la humanidad por el Padre para representar a Jesucristo y para guiar y enseñar a los seres humanos en su deseo de caminar con el Señor. Antes de la cruz del Calvario, el Espíritu Santo se limitaba a su interacción con los seres humanos, pero desde la cruz del Calvario tiene la capacidad de habitar en nosotros haciéndonos uno con el Padre.

"Mas el Consolador, el Espíritu Santo, al cual el Padre enviará en mi nombre, él os enseñará todas las cosas, y os recordará todas las cosas que os he dicho." Juan 14:26.

"Aun tengo muchas cosas que deciros, mas ahora no las podéis llevar. Pero cuando viniere aquel Espíritu de verdad, él os guiará á toda verdad; porque no hablará de sí mismo, sino que hablará todo lo que oyere, y os hará saber las cosas que han de venir. El me glorificará: porque tomará de lo mío, y os lo hará saber. Todo lo

que tiene el Padre, mío es: por eso dije que tomará de lo mío, y os lo hará saber." Juan 16:12-15.

"¿No sabéis que sois templo de Dios, y que el Espíritu de Dios mora en vosotros? Si alguno violare el templo de Dios, Dios destruirá al tal: porque el templo de Dios, el cual sois vosotros, santo es." 1 Corintios 3:16,17.

"Huid la fornicación. Cualquier otro pecado que el hombre hiciere, fuera del cuerpo es; mas el que fornica, contra su propio cuerpo peca. ¿O ignoráis que vuestro cuerpo es templo del Espíritu Santo, el cual está en vosotros, el cual tenéis de Dios, y que no sois vuestros? Porque comprados sois por precio: glorificad pues á Dios en vuestro cuerpo y en vuestro espíritu, los cuales son de Dios." 1 Corintios 6:18-20.

VIDA SALUDABLE: Como se revela en 1 Corintios 3:16,17 y 1 Corintios 6:18-20, nuestro cuerpo es el templo del Dios viviente y somos responsables de cuidarlo para mantenerlo saludable física, mental, social, emocional y espiritualmente.

"¿No sabéis que sois templo de Dios, y que el Espíritu de Dios mora en vosotros? Si alguno violare el templo de Dios, Dios destruirá al tal: porque el templo de Dios, el cual sois vosotros, santo es." 1 Corintios 3:16,17.

"Huid la fornicación. Cualquier otro pecado que el hombre hiciere, fuera del cuerpo es; mas el que fornica, contra su propio cuerpo peca. ¿O ignoráis que vuestro cuerpo es templo del Espíritu Santo, el cual está en vosotros, el cual tenéis de Dios, y que no sois vuestros? Porque comprados sois por precio: glorificad pues á Dios en vuestro cuerpo y en vuestro espíritu, los cuales son de Dios." 1 Corintios 6:18-20.

Al mantener el cuerpo en sintonía con la prescripción de salud de la Biblia, los hijos de Dios evitarán cualquier cosa que debilite el cuerpo de alguna manera. Por lo tanto, se abstienen de los productos del tabaco, el consumo de alcohol, el uso de drogas ilegales y el consumo de alimentos inmundos, como se menciona en Levítico once y Deuteronomio catorce. De hecho, buscarán aquellos alimentos que son los mejores para consumir para la mejor salud mental, física y emocional.

CREACIÓN: Todas las cosas que existen fueron creadas por Dios Padre, Dios Hijo y Dios Espíritu Santo, para la vida en este planeta. Dios no solo creó todos los seres vivos, sino que también los sostiene. Todo ser humano está vivo y permanece así por la gracia de Dios.

> *"EN el principio crió Dios los cielos y la tierra. Y la tierra estaba desordenada y vacía, y las tinieblas estaban sobre la haz del abismo, y el Espíritu de Dios se movía sobre la haz de las aguas."* Génesis 1:1,2.

> *"Y dijo Dios: Hagamos al hombre á nuestra imagen, conforme á nuestra semejanza; y señoree en los peces de la mar, y en las aves de los cielos, y en las bestias, y en toda la tierra, y en todo animal que anda arrastrando sobre la tierra."* Génesis 1:26.

EL REINO DE DIOS: El reino de Dios no es un lugar, es una relación. Es la relación entre el Dios Creador y sus seres humanos creados. Cualquier persona que cree en Dios automáticamente se convierte en miembro del reino de Dios. Ese reino está dividido en tres categorías principales de personas. El pueblo "cielo" sirve a Dios con todo, 100%. La gente de la "tierra" sirve a Dios parcialmente, escogiendo y eligiendo lo que harán y no harán. La gente del "mar" conoce a Dios, pero se niega a adorarlo y obedecerlo como Él exige.

> *"Y preguntado por los Fariseos, cuándo había de venir el reino de Dios, les respondió y dijo: El reino de Dios no vendrá con advertencia; Ni dirán: Helo aquí, ó helo*

allí: porque he aquí el reino de Dios entre vosotros está." Lucas 17:20,21.

"Y vi un fuerte ángel predicando en alta voz: ¿Quién es digno de abrir el libro, y de desatar sus sellos? Y ninguno podía, ni en el cielo, ni en la tierra, ni debajo de la tierra, abrir el libro, ni mirarlo. Y yo lloraba mucho, porque no había sido hallado ninguno digno de abrir el libro, ni de leerlo, ni de mirarlo." Apocalipsis 5:2-4.

"Por lo cual alegraos, cielos, y los que moráis en ellos. ¡Ay de los moradores de la tierra y del mar! porque el diablo ha descendido á vosotros, teniendo grande ira, sabiendo que tiene poco tiempo." Apocalipsis 12:12.

"Y VI un cielo nuevo, y una tierra nueva: porque el primer cielo y la primera tierra se fueron, y el mar ya no es." Apocalipsis 21:1.

"Y él me dice: Las aguas que has visto donde la ramera se sienta, son pueblos y muchedumbres y naciones y lenguas." Apocalipsis 17:15.

"Y les fué mandado que no hiciesen daño á la hierba de la tierra, ni á ninguna cosa verde, ni á ningún árbol, sino solamente á los hombres que no tienen la señal de Dios en sus frentes." Apocalipsis 9:4"

ORIGEN DEL PECADO: Aunque Lucifer fue creado perfecto en todos los sentidos, el orgullo se abrió paso en su corazón y deseaba la alabanza para sí mismo que pertenecía solo a Dios. Para no dejarse llevar por su propia importancia, se rebeló en el cielo y muchos de los mensajeros o ángeles creados por Dios creyeron en él y cayeron con él. Dios creó este planeta especial y específicamente para revelar los resultados de la desobediencia de Satanás. Su desobediencia ha llevado al dolor, la miseria y la muerte a todos los seres humanos que han sido influenciados de una forma u otra por su desobediencia a Dios.

> *"¡Cómo caiste del cielo, oh Lucero, hijo de la mañana! Cortado fuiste por tierra, tú que debilitabas las gentes. Tú que decías en tu corazón: Subiré al cielo, en lo alto junto á las estrellas de Dios ensalzaré mi solio, y en el monte del testimonio me sentaré, á los lados del aquilón; Sobre las alturas de las nubes subiré, y seré semejante al Altísimo. Mas tú derribado eres en el sepulcro, á los lados de la huesa."* Isaías 14:12-15.

> *"Hijo del hombre, levanta endechas sobre el rey de Tiro, y dile: Así ha dicho el Señor Jehová: Tú echas el sello á la proporción, lleno de sabiduría, y acabado de hermosura. En Edén, en el huerto de Dios estuviste: toda piedra preciosa fué tu vestidura; el sardio, topacio, diamante, crisólito, onique, y berilo, el zafiro, carbunclo, y esmeralda, y oro, los primores de tus tamboriles y pífanos estuvieron apercibidos para ti en el día de tu creación. Tú, querubín grande, cubridor: y yo te puse; en el santo monte de Dios estuviste; en medio de piedras de fuego has andado. Perfecto eras en todos tus caminos desde el día que fuiste criado, hasta que se halló en ti maldad. A causa de la multitud de tu contratación fuiste lleno de iniquidad, y pecaste: por lo que yo te eché del monte de Dios, y te arrojé de entre las piedras del fuego, oh querubín cubridor. Enaltecióse tu corazón á causa de tu hermosura, corrompiste tu sabiduría á causa de tu resplandor: yo te arrojaré por tierra; delante de los reyes te pondré para que miren en ti. Con la multitud de tus maldades, y con la iniquidad de tu contratación ensuciaste tu santuario: yo pues saqué fuego de en medio de ti, el cual te consumió, y púsete en ceniza sobre la tierra á los ojos de todos los que te miran. Todos los que te conocieron de entre los pueblos, se maravillarán sobre ti: en espanto serás, y para siempre dejarás de ser."* Ezequiel 28:12-19.

EL PLAN DE SALVACIÓN: Antes de que el mundo fuera creado, Dios previó los resultados de la rebelión de Satanás, pero tuvo que actuar de tal manera que la rebelión nunca más volviera a surgir después de que terminara. Dios tenía tres opciones para tratar con Satanás y sus ángeles en su rebelión contra Él. Él podría (1) destruirlos de inmediato, (2) podría encerrarlos en una celda de detención aislada distante, o (3) podría crear un ambiente donde Satanás podría existir en un lugar donde el resto del universo no sería contaminado por él, y sin embargo, los resultados de su desobediencia y rebelión podrían ser revelados. Dios escogió la opción número tres. Dios creó este planeta y todo lo que hay en él, incluidos los seres humanos, como un teatro para el universo.

Aunque Dios se dio cuenta de que la humanidad sufriría la peor parte de los ataques de Satanás, no dejó a los seres humanos sin defensa. Él prometió a las personas que vivían en este planeta que si lo elegían a Él como su Proveedor y Salvador, Él los protegería de los ataques de Satanás. También prometió a la humanidad que si permanecían fieles hasta el final, Él les daría la vida eterna, cuando el universo se rehaga de nuevo sin pecado ni rebelión. Dios también envió a Su único Hijo, Jesucristo, a morir por toda la humanidad, deseando que todos lo aceptaran como su redentor, viviendo sus vidas como un ejemplo de su conversión y como un testimonio para los demás. Durante toda la vida de este planeta, Dios ha hecho todo lo celestialmente posible para la salvación de la humanidad. Todo lo que el hombre tiene que hacer es aceptar Su oferta de salvación y vivir.

> *"Bendito el Dios y Padre de nuestro Señor Jesucristo, que según su grande misericordia nos ha regenerado en esperanza viva, por la resurrección de Jesucristo de los muertos, Para una herencia incorruptible, y que no puede contaminarse, ni marchitarse, reservada en los cielosPara nosotros que somos guardados en la virtud de Dios por fe, para alcanzar la salud que está aparejada para ser manifestada en el postrimero tiempo.*

En lo cual vosotros os alegráis, estando al presente un poco de tiempo afligidos en diversas tentaciones, si es necesario, Para que la prueba de vuestra fe, mucho más preciosa que el oro, el cual perece, bien que sea probado con fuego, sea hallada en alabanza, gloria y honra, cuando Jesucristo fuera manifestado: Al cual, no habiendo visto, le amáis; en el cual creyendo, aunque al presente no lo veáis, os alegráis con gozo inefable y glorificado; Obteniendo el fin de vuestra fe, que es la salud de vuestras almas." 1 Pedro 1:3-9.

EL FIN O LA DESTRUCCIÓN DEL PECADO: Dios ha prometido aniquilar el pecado una vez que se haya cumplido la historia del pecado. Dios no puede acabar con el pecado y la rebelión hasta que se haya revelado lo peor del pecado, lo cual sucederá durante los últimos siete años de la historia de esta tierra. Luego, al final de los mil años de Apocalipsis veinte, después del gran juicio blanco arrojado, Dios destruirá todo pecado y sus restos y la creación volverá a ser limpia.

"Y vi un gran trono blanco y al que estaba sentado sobre él, de delante del cual huyó la tierra y el cielo; y no fué hallado el lugar de ellos. Y vi los muertos, grandes y pequeños, que estaban delante de Dios; y los libros fueron abiertos: y otro libro fué abierto, el cual es de la vida: y fueron juzgados los muertos por las cosas que estaban escritas en los libros, según sus obras. Y el mar dió los muertos que estaban en él; y la muerte y el infierno dieron los muertos que estaban en ellos; y fué hecho juicio de cada uno según sus obras. Y el infierno y la muerte fueron lanzados en el lago de fuego. Esta es la muerte segunda. Y el que no fué hallado escrito en el libro de la vida, fué lanzado en el lago de fuego." Apocalipsis 20:11-15.

"PORQUE he aquí, viene el día ardiente como un horno; y todos los soberbios, y todos los que hacen maldad, serán estopa; y aquel día que vendrá, los abrasará, ha

dicho Jehová de los ejércitos, el cual no les dejará ni raíz ni rama. Mas á vosotros los que teméis mi nombre, nacerá el Sol de justicia, y en sus alas traerá salud: y saldréis, y saltaréis como becerros de la manada. Y hollaréis á los malos, los cuales serán ceniza bajo las plantas de vuestros pies, en el día que yo hago, ha dicho Jehová de los ejércitos." Malaquías 4:1-3.

"Porque si Dios no perdonó á los ángeles que habían pecado, sino que habiéndolos despeñado en el infierno con cadenas de oscuridad, los entregó para ser reservados al juicio; Y si no perdonó al mundo viejo, mas guardó á Noé, pregonero de justicia, con otras siete personas, trayendo el diluvio sobre el mundo de malvados; Y si condenó por destrucción las ciudades de Sodoma y de Gomorra, tornándolas en ceniza, y poniéndolas por ejemplo á los que habían de vivir sin temor y reverencia de Dios, Y libró al justo Lot, acosado por la nefanda conducta de los malvados;(Porque este justo, con ver y oir, morando entre ellos, afligía cada día su alma justa con los hechos de aquellos injustos;) Sabe el Señor librar de tentación á los píos, y reservar á los injustos para ser atormentados en el día del juicio." 2 Pedro 2:4-9.

LA LEY DE DIOS: La Ley de Dios, los Diez Mandamientos, (Éxodo 20:1-17) es la personificación de Su carácter de amor puro. Nosotros, como hijos de Dios, debemos conocer y guardar Sus mandamientos, lo mejor que podamos, a través del poder del Espíritu Santo que mora en nosotros. La Ley de Dios se divide en dos secciones. Los primeros cuatro mandamientos son amor a Dios, los últimos seis son amor a nuestro prójimo.

"Y Jesús le respondió: El primer mandamiento de todos es: Oye, Israel, el Señor nuestro Dios, el Señor uno es. Amarás pues al Señor tu Dios de todo tu corazón, y de toda tu alma, y de toda tu mente, y de todas tus fuerzas; este es el principal mandamiento. Y el segundo

es semejante á él: Amarás á tu prójimo como á ti mismo. No hay otro mandamiento mayor que éstos." Marcos 12:29-31.

"La ley de Jehová es perfecta, que vuelve el alma: El testimonio de Jehová, fiel, que hace sabio al pequeño. Los mandamientos de Jehová son rectos, que alegran el corazón: El precepto de Jehová, puro, que alumbra los ojos. El temor de Jehová, limpio, que permanece para siempre; Los juicios de Jehová son verdad, todos justos. Deseables son más que el oro, y más que mucho oro afinado; Y dulces más que miel, y que la que destila del panal." Salmo 19:7-10.

"Y SERA que, si oyeres diligente la voz de Jehová tu Dios, para guardar, para poner por obra todos sus mandamientos que yo te prescribo hoy, también Jehová tu Dios te pondrá alto sobre todas las gentes de la tierra; Y vendrán sobre ti todas estas bendiciones, y te alcanzarán, cuando oyeres la voz de Jehová tu Dios...... Y será, si no oyeres la voz de Jehová tu Dios, para cuidar de poner por obra todos sus mandamientos y sus estatutos, que yo te intimo hoy, que vendrán sobre ti todas estas maldiciones, y te alcanzarán." Deuteronomio 28:1,2,15.

SÉPTIMO DÍA SÁBADO: El séptimo día de la semana, desde la puesta del sol del sexto día hasta la puesta del sol del séptimo día, es el sábado santo santificado de 24 horas del Señor. En el calendario de hoy, el sábado va desde la puesta del sol del viernes hasta la puesta del sol del sábado. El sábado del séptimo día fue creado por Dios durante la semana de la creación y el ciclo semanal de siete días no se ha interrumpido desde entonces, durante los últimos seis mil años.

"Acordarte has del día del reposo, para santificarlo: Seis días trabajarás, y harás toda tu obra; Mas el séptimo día será reposo para Jehová tu Dios: no hagas en él obra

alguna, tú, ni tu hijo, ni tu hija, ni tu siervo, ni tu criada, ni tu bestia, ni tu extranjero que está dentro de tus puertas: Porque en seis días hizo Jehová los cielos y la tierra, la mar y todas las cosas que en ellos hay, y reposó en el séptimo día: por tanto Jehová bendijo el día del reposo y lo santificó." Éxodo 20:8-11.

"Y FUERON acabados los cielos y la tierra, y todo su ornamento. Y acabó Dios en el día séptimo su obra que hizo, y reposó el día séptimo de toda su obra que había hecho. Y bendijo Dios al día séptimo, y santificólo, porque en él reposó de toda su obra que había Dios criado y hecho." Génesis 2:1-3.

LAS TRES VENIDAS DE JESÚS: Bíblicamente, hay tres (3) venidas o advenimientos de Jesús. El primer advenimiento de Jesús vino hace 2000 años y fue anunciado levemente por los pastores (Lucas 2:8-18), que le dijeron a la gente en y alrededor de la ciudad de Belén, que había nacido un niño, que es Cristo el Señor. El segundo advenimiento o próxima venida de Jesús es conocido, predicado y enseñado internacionalmente en este pequeño mundo. La tercera venida de Jesús rara vez se menciona y se explica muy poco. La segunda venida de Jesús es anticipada con esperanza y gozo por todos aquellos que esperan Su aparición visible en las nubes de gloria, para resucitar a los salvos y reunir a los escogidos (1 Tesalonicenses 4:13-18) de los cuatro ángulos de la tierra y tomar al cielo para estar con Él durante la "cena de las bodas del Cordero". La segunda venida de Jesús tiene lugar justo antes del comienzo de los 1000 años de Apocalipsis veinte y la tercera venida de Jesús tiene lugar al final del milenio. El segundo y el tercer advenimiento de Jesús son globalmente vistos y experimentados por cada persona viva. Ambos eventos son muy ruidosos y llenos de luz y sonidos celestiales. En el segundo advenimiento de Jesús, solo resucitarán los muertos durante los últimos siete años de la historia del pecado, todos los demás muertos permanecerán muertos hasta el tercer advenimiento. La segunda venida de Jesús tiene lugar en el momento del sexto sello, la sexta trompeta, el sexto ángel, el sexto lamento y el sexto trueno, que tienen lugar simultáneamente. La segunda venida visible de Jesús tendrá lugar setenta (70) días antes del final de los 2520 días, cumpliéndose las palabras de Jesús de Marcos 13:19,20.

> *"Y COMO fué nacido Jesús en Bethlehem de Judea en días del rey Herodes, he aquí unos magos vinieron del oriente á Jerusalem, Diciendo: ¿Dónde está el Rey de los Judíos, que ha nacido? porque su estrella hemos visto en el oriente, y venimos á adorarle."* Mateo 2:1,2.

> *"Tampoco, hermanos, queremos que ignoréis acerca de los que duermen, que no os entristezcáis como los otros que no tienen esperanza. Porque si creemos que Jesús murió y resucitó, así también traerá Dios con él á los que durmieron en Jesús. Por lo cual, os decimos esto en palabra del Señor: que nosotros que vivimos, que habremos quedado hasta la venida del Señor, no seremos delanteros á los que durmieron. Porque el mismo Señor con aclamación, con voz de arcángel, y con trompeta de Dios, descenderá del cielo; y los muertos en Cristo resucitarán primero: Luego nosotros, los que vivimos, los que quedamos, juntamente con ellos seremos arrebatados en las nubes á recibir al Señor en el aire, y así estaremos siempre con el Señor. Por tanto, consolaos los unos á los otros en estas palabras."* 1 Tesalonicenses 4:13-18.

> *"He aquí que viene con las nubes, y todo ojo le verá, y los que le traspasaron; y todos los linajes de la tierra se lamentarán sobre él. Así sea. Amén."* Apocalipsis 1:7.

> *"Y tú irás al fin, y reposarás, y te levantarás en tu suerte al fin de los días."* Daniel 12:13.

"Y vi tronos, y se sentaron sobre ellos, y les fué dado juicio; y vi las almas de los degollados por el testimonio de Jesús, y por la palabra de Dios, y que no habían adorado la bestia, ni á su imagen, y que no recibieron la señal en sus frentes, ni en sus manos, y vivieron y reinaron con Cristo mil años. Mas los otros muertos no tornaron á vivir hasta que sean cumplidos mil años. Esta es la primera resurrección. Bienaventurado y santo el que tiene parte en la primera resurrección; la segunda muerte no tiene potestad en éstos; antes serán sacerdotes de Dios y de Cristo, y reinarán con él mil años." Apocalipsis 20:4-6.

"Porque aquellos días serán de aflicción, cual nunca fué desde el principio de la creación que crió Dios, hasta este tiempo, ni será. Y si el Señor no hubiese abreviado aquellos días, ninguna carne se salvaría; mas por causa de los escogidos que él escogió, abrevió aquellos días." Marcos 13:19,20.

(Lea el libro electrónico, "The 3 Visible Advents of Jesus" en inglés y el libro, "Las 3 Venidas de Jesús" en español, de Earl Schrock, para obtener más información sobre las tres venidas de Jesús. Ambos libros están disponibles en línea.)

JUICIO EN LA TIERRA Y EN EL CIELO: Hay dos fases de juicio según la Biblia. El primer juicio que cada persona elige para sí misma durante su vida según la forma en que responde al llamado de Dios para servirle. Cada persona que alguna vez vivió toma esa fatídica y eterna decisión por su estilo de vida. Esta verdad es sumamente importante para aquellas personas que vivirán durante los próximos tiempos de angustia "pequeños" y "grandes". En esos tiempos, a cada persona viva en todo el mundo se le dará la opción de servir a Dios como nunca antes. Durante los próximos tiempos pequeños y grandes de angustia, aquellos que elijan servir a Dios serán llenos del Espíritu de Dios y eventualmente sellados con el sello de Dios. Aquellos que se niegan a aceptar la oportunidad de servir al Señor con todo, recibirán la marca de la bestia de Apocalipsis trece, que se otorga después del quinto sello de Apocalipsis seis. El segundo juicio tiene lugar durante los 1000 años de Apocalipsis veinte (Daniel 7:9,10, Apocalipsis 20). Ese juicio es realizado en el cielo por todos los santos que fueron recogidos de este planeta en la segunda venida de Jesús. Durante ese tiempo de juicio de 1000 años, el veredicto de vida eterna o muerte eterna será decidido por seres humanos redimidos que considerarán la vida de cada persona, desde Adán hasta la última persona que murió.

> *"Y si mal os parece servir á Jehová, escogeos hoy á quién sirváis; si á los dioses á quienes siervieron vuestros padres, cuando estuvieron de esotra parte del río, ó á los dioses de los Amorrheos en cuya tierra habitáis: que yo y mi casa serviremos á Jehová."* Josué 24:15.

> *"Y vi otro ángel volar por en medio del cielo, que tenía el evangelio eterno para predicarlo á los que moran en la tierra, y á toda nación y tribu y lengua y pueblo, Diciendo en alta voz: Temed á Dios, y dadle honra; porque la hora de su juicio es venida; y adorad á aquel que ha hecho el cielo y la tierra y el mar y las fuentes de las aguas."* Apocalipsis 14:6,7.

> *"Tampoco, hermanos, queremos que ignoréis acerca de los que duermen, que no os entristezcáis como los*

otros que no tienen esperanza. Porque si creemos que Jesús murió y resucitó, así también traerá Dios con él á los que durmieron en Jesús. Por lo cual, os decimos esto en palabra del Señor: que nosotros que vivimos, que habremos quedado hasta la venida del Señor, no seremos delanteros á los que durmieron. Porque el mismo Señor con aclamación, con voz de arcángel, y con trompeta de Dios, descenderá del cielo; y los muertos en Cristo resucitarán primero: Luego nosotros, los que vivimos, los que quedamos, juntamente con ellos seremos arrebatados en las nubes á recibir al Señor en el aire, y así estaremos siempre con el Señor. Por tanto, consolaos los unos á los otros en estas palabras." 1 Tesalonicenses 4:13-18.

"Y vi tronos, y se sentaron sobre ellos, y les fué dado juicio; y vi las almas de los degollados por el testimonio de Jesús, y por la palabra de Dios, y que no habían adorado la bestia, ni á su imagen, y que no recibieron la señal en sus frentes, ni en sus manos, y vivieron y reinaron con Cristo mil años. Mas los otros muertos no tornaron á vivir hasta que sean cumplidos mil años. Esta es la primera resurrección. Bienaventurado y santo el que tiene parte en la primera resurrección; la segunda muerte no tiene potestad en éstos; antes serán sacerdotes de Dios y de Cristo, y reinarán con él mil años." Apocalipsis 20:4-6.

"Estuve mirando hasta que fueron puestas sillas: y un Anciano de grande edad se sentó, cuyo vestido era blanco como la nieve, y el pelo de su cabeza como lana limpia; su silla llama de fuego, sus ruedas fuego ardiente. Un río de fuego procedía y salía de delante de él: millares de millares le servían, y millones de millones asistían delante de él: el Juez se sentó, y los libros se abrieron." Daniel 7:9,10.

TIEMPOS DE PROBLEMAS: Hay dos tiempos de problemas que pronto vendrán sobre este planeta. El primero es llamado "el pequeño tiempo de angustia", en los círculos religiosos, y el segundo es llamado "el gran tiempo de angustia", por el mismo Jesús. El pequeño tiempo de angustia se describe en Mateo 24:4-8 y el gran tiempo de angustia se describe en Mateo 24:9-51. El gran tiempo de angustia durará 2.520 días, o siete años.

> *"Y respondiendo Jesús, les dijo: Mirad que nadie os engañe. Porque vendrán muchos en mi nombre, diciendo: Yo soy el Cristo; y á muchos engañarán. Y oiréis guerras, y rumores de guerras: mirad que no os turbéis; porque es menester que todo esto acontezca; mas aún no es el fin. Porque se levantará nación contra nación, y reino contra reino; y habrá pestilencias, y hambres, y terremotos por los lugares. Y todas estas cosas, principio de dolores."* Mateo 24:4-8.

> *"Entonces os entregarán para ser afligidos, y os matarán; y seréis aborrecidos de todas las gentes por causa de mi nombre. Y muchos entonces serán escandalizados; y se entregarán unos á otros, y unos á otros se aborrecerán. Y muchos falsos profetas se levantarán y engañarán á muchos. Y por haberse multiplicado la maldad, la caridad de muchos se resfriará. Mas el que perseverare hasta el fin, éste será salvo. Y será predicado este evangelio del reino en todo el mundo, por testimonio á todos los Gentiles; y entonces vendrá el fin."* Mateo 24:9-14.

> *"Mas ¡ay de las preñadas, y de las que crían en aquellos días! Orad, pues, que vuestra huída no sea en invierno ni en sábado; Porque habrá entonces grande aflicción, cual no fué desde el principio del mundo hasta ahora, ni será. Y si aquellos días no fuesen acortados, ninguna carne sería salva; mas por causa de los escogidos, aquellos días serán acortados."* Mateo 24:19-22.

> *"Empero del día y hora nadie sabe, ni aun los ángeles de los cielos, sino mi Padre solo. Mas como **los días de Noé**, así será la venida del Hijo del hombre. Porque como en los días antes del diluvio estaban comiendo y bebiendo, casándose y dando en casamiento, hasta **el día que Noé entró** en el arca, Y no conocieron **hasta que vino el diluvio** y llevó á todos, así será también la venida del Hijo del hombre.* Mateo 24:36-39.

(Noé estuvo en el arca siete días antes de que viniera el diluvio (Génesis 7:4,10).

EL MILENIO: El milenio o los mil años del capítulo veinte de Apocalipsis comienza poco tiempo, setenta (70) días, después de la segunda venida de Jesús. En la segunda venida de Jesús, los muertos en Cristo resucitarán de la tumba y serán levantados de esta tierra, junto con los santos vivos, para encontrarse con Jesús en el aire. Durante el milenio esos santos reunidos disfrutarán de la "cena de las bodas del Cordero" y también pasarán ese tiempo juzgando a todos los demás muertos, así como a los ángeles caídos. Durante el milenio, este planeta es una bola de hielo muerta, oscura y congelada, ocupada únicamente por Satanás y sus ángeles, que están "atados" aquí por el poder de Dios.

> *"Y vi tronos, y se sentaron sobre ellos, y les fué dado juicio; y vi las almas de los degollados por el testimonio de Jesús, y por la palabra de Dios, y que no habían adorado la bestia, ni á su imagen, y que no recibieron la señal en sus frentes, ni en sus manos, y vivieron y reinaron con Cristo mil años. Mas los otros muertos no tornaron á vivir hasta que sean cumplidos mil años. Esta es la primera resurrección. Bienaventurado y santo el que tiene parte en la primera resurrección; la segunda muerte no tiene potestad en éstos; antes serán sacerdotes de Dios y de Cristo, y reinarán con él mil años."* Apocalipsis 20:4-6.

"Y VI un ángel descender del cielo, que tenía la llave del abismo, y una grande cadena en su mano. Y prendió al dragón, aquella serpiente antigua, que es el Diablo y Satanás, y le ató por mil años; Y arrojólo al abismo, y le encerró, y selló sobre él, porque no engañe más á las naciones, hasta que mil años sean cumplidos: y después de esto es necesario que sea desatado un poco de tiempo." Apocalipsis 20:1-3.

"¿O no sabéis que los santos han de juzgar al mundo? Y si el mundo ha de ser juzgado por vosotros, ¿sois indignos de juzgar cosas muy pequeñas?¿O n o sabéis que hemos de juzgar á los angeles? ¿cuánto más las cosas de este siglo?" 1 Corintios 6:2,3.

"Miré la tierra, y he aquí que estaba asolada y vacía; y los cielos, y no había en ellos luz. Miré los montes, y he aquí que temblaban, y todos los collados fueron destruídos. Miré, y no parecía hombre, y todas las aves del cielo se habían ido. Miré, y he aquí el Carmelo desierto, y todas sus ciudades eran asoladas á la presencia de Jehová, á la presencia del furor de su ira. Porque así dijo Jehová: Toda la tierra será asolada; mas no haré consumación. Por esto se enlutará la tierra, y los cielos arriba se oscurecerán, porque hablé, pensé, y no me arrepentí, ni me tornaré de ello." Jeremías 4:23-28.

TIEMPO DE JUICIO DE SIETE AÑOS DE TRIBULACIÓN: Por Su amor y misericordia por toda la humanidad, Dios ha establecido una línea de tiempo del fin de siete años conocida como el terrible "día del Señor" (Joel 2). Durante ese período de tiempo, se soltarán seis de los siete sellos, simultáneamente con las siete trompetas, los siete ángeles, los siete lamentos y los siete truenos. Ese período de tiempo de siete años comienza cuando se quita el continuo (Daniel 12:11) y termina después de que se derramen seis de las siete plagas de Apocalipsis dieciséis. Esos siete años son un tiempo de juicio para todos los vivos. Es un momento para que cada individuo decida si dar todo de sí mismo para adorar correctamente a Dios o continuar adorando a Dios de la manera que elija.

> *"Y desde el tiempo que fuere quitado el continuo hasta la abominación espantosa, habrá mil doscientos y noventa días."* Daniel 12:11 (con las debidas correcciones del autor).

"Y si con esto no me oyereis, mas procediereis conmigo en oposición, Yo procederé con vosotros en contra y con ira, y os catigaré aún siete veces por vuestros pecados." Levítico 26:27,28.

"Y echa fuera el patio que está fuera del templo, y no lo midas, porque es dado á los Gentiles; y hollarán la ciudad santa cuarenta y dos meses. Y daré á mis dos testigos, y ellos profetizarán por mil doscientos y sesenta días, vestidos de sacos." Apocalipsis 11:2,3.

"TOCAD trompeta en Sión, y pregondad en mi santo monte: tiemblen todos los moradores de la tierra; porque viene el día de Jehová, porque está cercano. Día de tinieblas y de oscuridad, día de nube y de sombra, que sobre los montes se derrama como el alba: un pueblo grande y fuerte: nunca desde el siglo fué semejante, ni después de él será jamás en años de generación en generación. ***11*** *Y Jehová dará su voz delante de su ejército: porque muchos son sus reales y fuertes, que ponen en efecto su palabra: porque grande es el día de Jehová, y muy terrible; ¿y quién lo podrá sufrir?" Joel 2:1,2,11.*

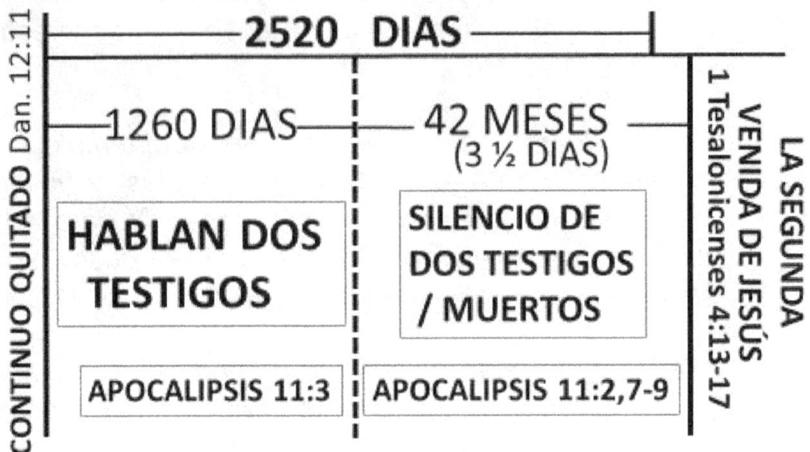

ESTADO DE LOS MUERTOS: Los muertos están muertos. Con pocas excepciones bíblicas, todos los muertos que murieron desde los días de Adán hasta el día de hoy están muertos, en un estado de ignorancia. No existe tal cosa como un alma eterna, el alma no está sola, es la combinación del cuerpo con el Espíritu de Dios (Génesis 2:7). Cuando una persona viva, un alma viviente, muere, hay una separación del cuerpo del Espíritu o soplo de Dios. Es solo en la resurrección de los muertos, cuando el aliento de Dios regresa al cuerpo, para resucitar a esa persona, esa alma viviente existirá nuevamente.

> *"Porque los que viven saben que han de morir: mas los muertos nada saben, ni tienen más paga; porque su memoria es puesta en olvido. También su amor, y su odio y su envidia, feneció ya: ni tiene ya más parte en el siglo, en todo lo que se hace debajo del sol."* Eclesiastés 9:5,6.

> *"Saldrá su espíritu, tornaráse en su tierra: En aquel día perecerán sus pensamientos."* Salmo 146:4.

"Y el polvo se torne á la tierra, como era, y el espíritu se vuelva á Dios que lo dió." Eclesiastés 12:7.

"Y no temáis á los que matan el cuerpo, mas al alma no pueden matar: temed antes á aquel que puede destruir el alma y el cuerpo en el infierno." Mateo 10:28.

FUEGO DEL INFIERNO ETERNO: No existe tal cosa como un lugar eterno de tortura continua para hombres, mujeres y niños porque rechazaron el regalo de la vida eterna con su Creador. Hay muerte eterna, pero no vida eterna en ninguna parte, para aquellos que negaron y rechazaron a su Creador y Salvador. Dios es amor. Hoy, ayer y siempre. Un Dios de amor nunca podría dejar de lado un lugar doloroso en el universo donde las personas son torturadas en fuego ardiente sin fin cada segundo de cada día por toda la eternidad. Esas almas torturadas que sufren estarían gritando un lenguaje blasfemo imposible de escuchar para toda la creación, o con el que no estarían familiarizados, durante esos interminables años de crueldad. La parábola del hombre rico y Lázaro (Lucas 16:19-31) no es una admisión por parte de Jesús de que existe un lugar de tortura y tormento presente y futuro por el fuego eterno. La parábola revela que la humanidad tiene una sola oportunidad, en esta vida presente, de elegir la vida eterna o la muerte eterna. Esa elección se destaca al estar familiarizado con las Sagradas Escrituras. Esa parábola es también una profecía. Después de que Jesús pronunció esta parábola, resucitó a Lázaro de entre los muertos y, tal como lo predijo, y aquellos a quienes se les dijo acerca de este asombroso milagro, todavía se negaron a aceptarlo como su Salvador personal. Sabiendo que sería rechazado por los líderes religiosos y otros familiarizados con este milagro, Jesús lloró (Juan 11:35) con el corazón quebrantado, por aquellos que continuarían descartándolo, a pesar de que resucitó a Lázaro de entre los muertos. Fue por esta misma angustia que Jesús lloró sobre Jerusalén (Lucas 19:41-44), sabiendo que estaban rechazando la fuente de toda vida y que 40 años después Jerusalén y el templo serían destruidos.

Dios prometió la vida eterna, o solamente la muerte eterna. Cada persona toma esa decisión por sí misma durante su vida. El carácter de Dios está en duda para aquellos que enseñan una mentira tan terrible de una cámara de tortura eterna perfeccionada por Dios. Dios es amor. No es un Dios de odio, ni de venganza eterna. Un Dios de verdadero amor no puede patrocinar la tortura eterna.

"Jesucristo es el mismo ayer, y hoy, y por los siglos." Hebreos 13:8.

> *"Una demostración del justo juicio de Dios, para que seáis tenidos por dignos del reino de Dios, por el cual asimismo padecéis. Porque es justo para con Dios pagar con tribulación á los que os atribulan; Y á vosotros, que sois atribulados, dar reposo con nosotros, cuando se manifestará el Señor Jesús del cielo con los ángeles de su potencia, En llama de fuego, para dar el pago á los que no conocieron á Dios, ni obedecen al evangelio de nuestro Señor Jesucristo; Los cuales serán castigados de eterna perdición por la presencia del Señor, y por la gloria de su potencia."* 2 Tesalonicenses 1:5-9.

> *"Cualquiera que confesare que Jesús es el Hijo de Dios, Dios está en él, y él en Dios. Y nosotros hemos conocido y creído el amor que Dios tiene para con nosotros. Dios es amor; y el que vive en amor, vive en Dios, y Dios en él. En esto es perfecto el amor con nosotros, para que tengamos confianza en el día del juicio; pues como él es, así somos nosotros en este mundo. En amor no hay temor; mas el perfecto amor echa fuera el temor: porque el temor tiene pena. De donde el que teme, no está perfecto en el amor. Nosotros le amamos á él, porque él nos amó primero. Si alguno dice, Yo amo á Dios, y aborrece á su hermano, es mentiroso. Porque el que no ama á su hermano al cual ha visto, ¿cómo puede amar á Dios á quien no ha visto? Y nosotros tenemos*

> *este mandamiento de él: Que el que ama á Dios, ame también á su hermano."* 1 Juan 4:15-21.

CASTIGO ETERNO: ¿Existe el castigo eterno? Sí, existe el castigo eterno. ¿Cuál es ese castigo eterno? El castigo eterno es la muerte eterna. En la muerte no hay conocimiento, ni procesos de pensamiento, ni vida. La muerte es la ausencia de vida. Morir por toda la eternidad es el castigo por rechazar el amor y la misericordia de Dios que se ofrece a todo ser humano, de una forma u otra, durante su vida. Incluso la naturaleza enseña el amor y la belleza de un Dios Creador para quienes no están familiarizados con la Palabra escrita.

> *"Porque los Gentiles que no tienen ley, naturalmente haciendo lo que es de la ley, los tales, aunque no tengan ley, ellos son ley á sí mismos: Mostrando la obra de la ley escrita en sus corazones, dando testimonio juntamente sus conciencias, y acusándose y también excusándose sus pensamientos unos con otros; En el día que juzgará el Señor lo encubierto de los hombres, conforme á mi evangelio, por Jesucristo."* Romanos 2:14-16.

VIDA ETERNA: Tener vida eterna es vivir eternamente en la presencia y ambiente de Dios Padre. Vivir eternamente es explorar el universo y visitar lugares desconocidos, civilizaciones desconocidas y experimentar alegrías desconocidas e inimaginables. No hay fin para aprender, explorar y disfrutar de vivir en los cielos eternos. Ninguna persona se ha acercado jamás a imaginar las maravillas y bellezas que Dios ha preparado para aquellos seres humanos que eligieron vivir sus vidas para Él en lugar de vivir para sí mismos en este mundo de pecado.

> *"Antes, como está escrito: Cosas que ojo no vió, ni oreja oyó, Ni han subido en corazón de hombre, Son las que ha Dios preparado para aquellos que le aman."* 1 Corintios 2:9.

"Porque he aquí que yo crío nuevos cielos y nueva tierra: y de lo primero no habrá memoria, ni más vendrá al pensamiento. Mas os gozaréis y os alegraréis por siglo de siglo en las cosas que yo crío: porque he aquí que yo las cosas que yo crío: porque he aquí que yo fzacrío á Jerusalem alegría, y á su pueblo gozo. Y alegraréme con Jerusalem, y gozaréme con mi pueblo; y nunca más se oirán en ella voz de lloro, ni voz de clamor." Isaías 65:17-19.

"Bienaventurado el varón que sufre la tentación; porque cuando fuere probado, recibirá la corona de vida, que Dios ha prometido á los que le aman." Santiago 1:12.

"Ni nunca oyeron, ni oídos percibieron, ni ojo ha visto Dios fuera de ti, que hiciese por el que en él espera." Isaías 64:4.

"Porque de tal manera amó Dios al mundo, que ha dado á su Hijo unigénito, para que todo aquel que en él cree, no se pierda, mas tenga vida eterna." Juan 3:16.

MUERTE ETERNA: La muerte eterna es lo opuesto a la vida eterna. En la muerte eterna no hay nada; sin conocimiento, sin sentimiento, sin saber. La muerte eterna viene después del milenio de Apocalipsis veinte cuando todo pecado es aniquilado del vasto universo interminable de Dios. Al final del milenio Jesús y los santos redimidos, junto con todo el cielo, regresan a este planeta muerto. En ese momento todos los muertos son resucitados y algunos reciben vida eterna y algunos muerte eterna como en la parábola de las ovejas y las cabras (Mateo 25:31-46). Esa muerte eterna se otorga después de que cada persona tiene su turno para comparecer ante el tribunal de Cristo. Todos los perdidos, incluyendo a Satanás y sus ángeles, serán destruidos por un fuego que viene de Dios. Que la muerte eterna es instantánea, no hay propósito ni placer, para que los seres humanos sufran cuando mueren la muerte eterna.

"Y muchos de los que duermen en el polvo de la tierra serán despertados, unos para vida eterna, y otros para vergüenza y confusión perpetua." Daniel 12:2.

"Y cuando el Hijo del hombre venga en su gloria, y todos los santos ángeles con él, entonces se sentará sobre el trono de su gloria. Y serán reunidas delante de él todas las gentes: y los apartará los unos de los otros, como aparta el pastor las ovejas de los cabritos. Y pondrá las ovejas á su derecha, y los cabritos á la izquierda. Entonces el Rey dirá á los que estarán á su derecha: Venid, benditos de mi Padre, heredad el reino preparado para vosotros desde la fundación del mundo.... Entonces dirá también á los que estarán á la izquierda: Apartaos de mí, malditos, al fuego eterno preparado para el diablo y para sus ángeles.... E irán éstos al tormento eterno, y los justos á la vida eterna." Mateo 25:31-34,41,46.

"Con la multitud de tus maldades, y con la iniquidad de tu contratación ensuciaste tu santuario: yo pues saqué fuego de en medio de ti, el cual te consumió, y púsete en ceniza sobre la tierra á los ojos de todos los que te miran. Todos los que te conocieron de entre los pueblos, se maravillarán sobre ti: en espanto serás, y para siempre dejarás de ser." Ezequiel 28:18,19.

"PORQUE he aquí, viene el día ardiente como un horno; y todos los soberbios, y todos los que hacen maldad, serán estopa; y aquel día que vendrá, los abrasará, ha dicho Jehová de los ejércitos, el cual no les dejará ni raíz ni rama. Mas á vosotros los que teméis mi nombre, nacerá el Sol de justicia, y en sus alas traerá salud: y saldréis, y saltaréis como becerros de la manada. Y hollaréis á los malos, los cuales serán ceniza bajo las plantas de vuestros pies, en el día que yo hago, ha dicho Jehová de los ejércitos." Malaquías 4:1-3.

"Porque los que viven saben que han de morir: mas los muertos nada saben, ni tienen más paga; porque su memoria es puesta en olvido. También su amor, y su odio y su envidia, feneció ya: ni tiene ya más parte en el siglo, en todo lo que se hace debajo del sol." Eclesiastés 9:5,6.

"Y esta será la plaga con que herirá Jehová á todos los pueblos que pelearon contra Jerusalem: la carne de ellos se disolverá estando ellos sobre sus pies, y se consumirán sus ojos en sus cuencas, y su lengua se les deshará en su boca." Zacarías 14:12.

PREGUNTA: ¿Qué significa en Eclesiastés 9:5,6 cuando Salomón dice: *"ni tendrán más parte para siempre en todo lo que se hace debajo del sol"?* ¿Qué significa *"bajo el sol"?*

RESPUESTA: Cualquier cosa y todo lo que se hace en esta vida se hace "bajo el sol". El sol proporciona el calor y la luz que este planeta necesita para producir y mantener la vida. Pero durante los últimos 70 días de la tribulación de siete años, cuando se derramen las plagas de Apocalipsis 16, el sol se oscurecerá o extinguirá. Cuando eso suceda, toda la vida en este planeta será destruida. El sol nunca más se encenderá. Aquellos que mueren, durante esta vida, no tienen interacción o conciencia o conocimiento o alabanza o enojo con nada que suceda en este planeta. Mientras exista el sol, los muertos sin vida permanecerán en la tumba.

EL LIBRO DE LA VIDA: Hay un libro de la vida que Dios escribió antes de que se pusiera la fundación del mundo. El Libro de la Vida contiene los nombres de todas las personas a las que se les concederá la vida eterna. Solo los nombres de los salvos están en el libro. Si el nombre de una persona no está en el Libro de la Vida, eso significa que en lugar de otorgarle la vida eterna, se le ha otorgado la muerte eterna. Dios escribió este libro, no para predeterminar quién se perdería o quién se salvaría, sino porque Él es omnipotente, omnisciente, y Él sabía qué personas aceptarían o no Su graciosa oferta de vida eterna durante los 6000 años de la historia del pecado. Ese libro de la vida no se abre hasta después de los 1000 años de Apocalipsis veinte, después de que se finalizan las decisiones de los jueces humanos redimidos, cuando han decidido quién tiene vida eterna y quién no. Entonces se abre el Libro de la Vida de Dios y se compara con las decisiones de los redimidos. Y se realizará el Libro de la Vida y las decisiones de los redimidos son exactamente las mismas. Durante el milenio Dios no determinó quién vive y quién no, los pares humanos tomaron esa decisión sin la influencia de Dios. La Biblia habla de nombres borrados del Libro de la Vida, pero ningún nombre será borrado del Libro de la Vida. Pero el pensamiento de no estar en el Libro de la Vida es sincero para todos los verdaderos hijos de Dios, y toman ese pensamiento en serio, y querrán vivir la vida que glorificará a su Padre Celestial porque sus nombres están escritos allí. No es una táctica de miedo celestial amenazar con quitar un nombre del Libro de la Vida, pero es una verificación de la realidad.

> *"Mas los otros muertos no tornaron á vivir hasta que sean cumplidos mil años. Esta es la primera resurrección."* Apocalipsis 20:5.

> *"Y vi un gran trono blanco y al que estaba sentado sobre él, de delante del cual huyó la tierra y el cielo; y no fué hallado el lugar de ellos. Y vi los muertos, grandes y pequeños, que estaban delante de Dios; y los libros fueron abiertos: y otro libro fué abierto, el cual es de la vida: y fueron juzgados los muertos por las cosas que estaban escritas en los libros, según sus obras. Y el mar dió los muertos que estaban en él; y la muerte y el infierno dieron los muertos que estaban en ellos; y fué hecho juicio de cada uno según sus obras. Y el infierno y la muerte fueron lanzados en el lago de fuego. Esta es la muerte segunda. Y el que no fué hallado escrito en el libro de la vida, fué lanzado en el lago de fuego."* Apocalipsis 20:11-15.

"Y le fué dado hacer guerra contra los santos, y vencerlos. También le fué dada potencia sobre toda tribu y pueblo y lengua y gente. Y todos los que moran en la tierra le adoraron, cuyos nombres no están escritos en el libro de la vida del Cordero, el cual fué muerto desde el principio del mundo. Si alguno tiene oído, oiga." Apocalipsis 13:7-9.

"Y no vi en ella templo; porque el Señor Dios Todopoderoso es el templo de ella, y el Cordero. Y la ciudad no tenía necesidad de sol, ni de luna, para que resplandezcan en ella: porque la claridad de Dios la iluminó, y el Cordero era su lumbrera. Y las naciones que hubieren sido salvas andarán en la lumbre de ella: y los reyes de la tierra traerán su gloria y honor á ellaY sus puertas nunca serán cerradas de día, porque allí no habrá noche. Y llevarán la gloria y la honra de las naciones á ella. No entrará en ella ninguna cosa sucia, ó que hace abominación y mentira; sino solamente los que están escritos en el libro de la vida del Cordero." Apocalipsis 21:22-27.

*"Sean raídos del libro de los vivientes, Y no sean escritos con los justos."*Salmo 69:28.

"Mas tienes unas pocas personas en Sardis que no han ensuciado sus vestiduras: y andarán conmigo en vestiduras blancas; porque son dignos. El que venciere, será vestido de vestiduras blancas; y no borraré su nombre del libro de la vida, y confesaré su nombre delante de mi Padre, y delante de sus ángeles. El que tiene oído, oiga lo que el Espíritu dice á las iglesias." Apocalipsis *3:4-6.*

EL LAGO DE FUEGO: En el Libro de Apocalipsis casi todo está escrito en lenguaje simbólico o figurado, aceptándose algunos elementos en la introducción y la conclusión. El lago de fuego se menciona en los capítulos diecinueve al veintiuno de

Apocalipsis. En cada uno de esos capítulos se debe entender que el término se aplica a algo diferente a un lago real o literal que arde con fuego y azufre. Apocalipsis 20:14 y 21:8 revela que el término "Lago de Fuego" es simbólico para la segunda muerte. La segunda muerte es la muerte eterna de cualquier cosa, o la existencia de cualquier cosa, que se le arroja como la muerte, la tumba, el falso profeta, el diablo, sus ángeles, el pecado, etc. No es un lugar de tortura eterna.

> *"Y el diablo que los engañaba, fué lanzado en el lago de fuego y azufre, donde está la bestia y el falso profeta; y serán atormentados día y noche para siempre jamás. Y vi un gran trono blanco y al que estaba sentado sobre él, de delante del cual huyó la tierra y el cielo; y no fué hallado el lugar de ellos. Y vi los muertos, grandes y pequeños, que estaban delante de Dios; y los libros fueron abiertos: y otro libro fué abierto, el cual es de la vida: y fueron juzgados los muertos por las cosas que estaban escritas en los libros, según sus obras. Y el mar dió los muertos que estaban en él; y la muerte y el infierno dieron los muertos que estaban en ellos; y fué hecho juicio de cada uno según sus obras. Y el infierno y la muerte fueron lanzados en el lago de fuego. Esta es la muerte segunda. Y el que no fué hallado escrito en el libro de la vida, fué lanzado en* ***el lago de fuego***. *"* Apocalipsis 20:10-15.

> *"Y vi la bestia, y los reyes de la tierra y sus ejércitos, congregados para hacer guerra contra el que estaba sentado sobre el caballo, y contra su ejército. Y la bestia fué presa, y con ella el falso profeta que había hecho las señales delante de ella, con las cuales había engañado á los que tomaron la señal de la bestia, y habían adorado su imagen. Estos dos fueron lanzados vivos dentro* ***de un lago de fuego*** *ardiendo en azufre."* Apocalipsis 19:19,20.

"El que venciere, poseerá todas las cosas; y yo seré su Dios, y él será mi hijo. Mas á los temerosos é incrédulos, á los abominables y homicidas, á los fornicarios y hechiceros, y á los idólatras, y á todos los mentirosos, su parte será en el lago ardiendo con fuego y azufre, que es la muerte segunda." Apocalipsis 21:7,8.

PRIMERA MUERTE: La primera muerte es la muerte que todos los seres vivos experimentan al final de sus vidas. Es una parte integral del ciclo de la vida. Ninguna persona, excepto los pocos mencionados en la Biblia, IE: Enoc y Elías, han evitado la primera muerte.

"Y vivió Henoch sesenta y cinco años, y engendró á Mathusalam. Y caminó Henoch con Dios, después que engendró á Mathusalam, trescientos años: y engendró hijos é hijas. Y fueron todos los días de Henoch trescientos sesenta y cinco años. Caminó, pues, Henoch con Dios, y desapareció, porque le llevó Dios." Génesis 5:21-24.

"Por la fe Enoc fué traspuesto para no ver muerte, y no fué hallado, porque lo traspuso Dios. Y antes que fuese traspuesto, tuvo testimonio de haber agradado á Dios." Hebreos 11:5.

"Y ACONTECIO que, cuando quiso Jehová alzar á Elías en un torbellino al cielo, Elías venía con Eliseo de Gilgal.... Y aconteció que, yendo ellos hablando, he aquí, un carro de fuego con caballos de fuego apartó á los dos: y Elías subió al cielo en un torbellino. Y viéndolo Eliseo, clamaba: ¡Padre mío, padre mío, carro de Israel y su gente de á caballo! Y nunca más le vió, y trabando de sus vestidos, rompiólos en dos partes." 2 Reyes 2:1,11,12.

SEGUNDA MUERTE: La segunda muerte es la muerte que ninguno de los hijos de Dios quiere experimentar. La segunda muerte es la muerte eterna. La segunda muerte es la muerte que Jesús murió, por toda la humanidad. Aquellos que aceptan la muerte de Jesús en su favor no sufrirán la segunda muerte. Los que rechazan la muerte de Jesús en su favor morirán su propia muerte eterna al final de la historia del pecado, en el "último día". Los muertos redimidos en Jesús resucitarán de la primera muerte en la primera resurrección, el resto de los muertos en la segunda resurrección.

> *"Y de la manera que está establecido á los hombres que mueran una vez, y después el juicio."* Hebreos 9:27.

"Y escribe al ángel de la iglesia en SMIRNA: El primero y postrero, que fué muerto, y vivió, dice estas cosas: Yo sé tus obras, y tu tribulacion, y tu pobreza (pero tú eres rico), y la blasfemia de los que se dicen ser Judíos, y no lo son, mas son sinagoga de Satanás. No tengas ningún temor de las cosas que has de padecer. He aquí, el diablo ha de enviar algunos de vosotros á la cárcel, para que seáis probados, y tendréis tribulación de diez días. Sé fiel hasta la muerte, y yo te daré la corona de la vida. El que tiene oído, oiga lo que el Espíritu dice á las iglesias. El que venciere, no recibirá daño de ***la muerte segunda****."* Apocalipsis 2:8-11.

> *"Bienaventurado y santo el que tiene parte en la primera resurrección; la segunda muerte no tiene potestad en éstos; antes serán sacerdotes de Dios y de Cristo, y reinarán con él mil años."* Apocalipsis *20:6.*

> *"Y el mar dió los muertos que estaban en él; y la muerte y el infierno dieron los muertos que estaban en ellos; y fué hecho juicio de cada uno según sus obras. Y el infierno y la muerte fueron lanzados en el lago de fuego. Esta es* ***la muerte segunda****."* Apocalipsis 20:13,14.

> *"El que venciere, poseerá todas las cosas; y yo seré su Dios, y él será mi hijo. Mas á los temerosos é incrédulos, á los abominables y homicidas, á los fornicarios y*

hechiceros, y á los idólatras, y á todos los mentirosos, su parte será en ***el lago ardiendo con fuego*** *y azufre, que es* ***la muerte segunda.***" Apocalipsis 21:7,8.

PRIMERA RESURRECCIÓN: Para el público en general que vive al final de la tribulación de siete años, la primera resurrección tiene lugar en la segunda venida de Jesús. No todos participan en la primera resurrección en la segunda venida de Jesús. Las únicas personas resucitadas en la segunda venida de Jesús deben cumplir con los seis criterios mencionados en Apocalipsis 20:4-6, y que mueran durante los próximos siete años de tribulación. Aquellas personas que murieron antes de que "fuera quitado el continuo" (Daniel 12:11) no resucitarán hasta la segunda resurrección, al final de los mil años de Apocalipsis 20.

"Y vi tronos, y se sentaron sobre ellos, y les fué dado juicio; y vi las almas de los degollados por el testimonio de Jesús, y por la palabra de Dios, y que no habían adorado la bestia, ni á su imagen, y que no recibieron la señal en sus frentes, ni en sus manos, y vivieron y reinaron con Cristo mil años. Mas los otros muertos no tornaron á vivir hasta que sean cumplidos mil años. Esta es la primera resurrección. Bienaventurado y santo el que tiene parte en la primera resurrección; la segunda muerte no tiene potestad en éstos; antes serán sacerdotes de Dios y de Cristo, y reinarán con él mil años." Apocalipsis 20:4-6.

"Y vi un gran trono blanco y al que estaba sentado sobre él, de delante del cual huyó la tierra y el cielo; y no fué hallado el lugar de ellos. Y vi los muertos, grandes y pequeños, que estaban delante de Dios; y los libros fueron abiertos: y otro libro fué abierto, el cual es de la vida: y fueron juzgados los muertos por las cosas que estaban escritas en los libros, según sus obras. Y el mar dió los muertos que estaban en él; y la muerte y el infierno dieron los muertos que estaban en ellos; y fué

hecho juicio de cada uno según sus obras." Apocalipsis *20:11-13.*

SEGUNDA RESURRECCIÓN: La segunda resurrección tiene lugar en la tercera venida o advenimiento de Jesús. La tercera aparición de Jesús tiene lugar al final de los mil años de Apocalipsis veinte. La segunda resurrección incluirá a cada persona que murió desde los días de Adán hasta la última persona que murió en el derramamiento de las siete últimas plagas de Apocalipsis dieciséis. La segunda resurrección incluirá tanto a los perdidos como a los salvos desde el principio de los tiempos. En la segunda resurrección, los que resuciten serán separados en dos grupos de personas. La Biblia llama a estos dos campamentos "las ovejas y las cabras" en la parábola del mismo nombre (Mateo 25:31-46). Los que atravesaron físicamente el costado de Jesús, que vivieron durante Su día, estarán entre los que resucitarán de entre los muertos en la segunda resurrección, al final de los 1000 años. Este día de la segunda resurrección se llama el "último día" en la Biblia.

> *"No os maravilléis de esto; porque vendrá hora, cuando todos los que están en los sepulcros oirán su voz; Y los que hicieron bien, saldrán á resurrección de vida; mas los que hicieron mal, á resurrección de condenación."* Juan 5:28,29
>
> *"He aquí que viene con las nubes, y todo ojo le verá, y los que le traspasaron; y todos los linajes de la tierra se lamentarán sobre él. Así sea. Amén."* Apocalipsis 1:7.
>
> *"Y cuando el Hijo del hombre venga en su gloria, y todos los santos ángeles con él, entonces se sentará sobre el trono de su gloria. Y serán reunidas delante de él todas las gentes: y los apartará los unos de los otros, como aparta el pastor las ovejas de los cabritos. Y pondrá las ovejas á su derecha, y los cabritos á la izquierda. Entonces el Rey dirá á los que estarán á*

su derecha: Venid, benditos de mi Padre, heredad el reino preparado para vosotros desde la fundación del mundo.... Entonces dirá también á los que estarán á la izquierda: Apartaos de mí, malditos, al fuego eterno preparado para el diablo y para sus ángeles... E irán éstos al tormento eterno, y los justos á la vida eterna." Mateo 25:31-34,41,46.

EL ÚLTIMO DÍA: El tiempo de la segunda resurrección, en la tercera venida de Jesús, al final del milenio de Apocalipsis veinte, es llamado "el último día" por la Biblia. La cronología de los eventos que tienen lugar durante el período de tiempo llamado **" *el día postrero*"** son para un período de tiempo más largo que solo veinticuatro horas. No hay un tiempo particular en la Biblia con respecto a los eventos que tienen lugar desde el momento en que los muertos resucitan en la segunda resurrección hasta que el pecado es completamente destruido. Pero ese evento particular de resucitar a los muertos en la segunda resurrección se denomina "el último día". En ese tiempo, todas las personas que alguna vez murieron desde los días de Adán hasta el final de las siete últimas plagas de Apocalipsis dieciséis, serán resucitadas. Los que aceptaron a Dios como el Señor de sus vidas recibirán la vida eterna, los que rechazaron a Dios serán juzgados y luego recibirán la muerte eterna.

"Y de la manera que está establecido á los hombres que mueran una vez, y después el juicio." Hebreos 9:27.

*"Dícele Jesús: Resucitará tu hermano. Marta le dice: Yo sé que resucitará en la resurrección en **el día postrero**."* Juan 11:23,24.

"*El que come mi carne y bebe mi sangre, tiene vida eterna: y yo le resucitaré en **el día postrero**."* Juan 6:54

"Porque he descendido del cielo, no para hacer mi voluntad, mas la voluntad del que me envió. Y esta es

la voluntad del que me envió, del Padre: Que todo lo que me diere, no pierda de ello, sino que lo resucite en ***el día postrero****. Y esta es la voluntad del que me ha enviado: Que todo aquel que ve al Hijo, y cree en él, tenga vida eterna: y yo le resucitaré en* ***el día postrero****."* Juan 6:38-40

"El que me desecha, y no recibe mis palabras, tiene quien le juzgue: la palabra que he hablado, ella le juzgará en ***el día postrero****."* Juan 12:48.

"Y EN aquel tiempo se levantará Miguel, el gran príncipe que está por los hijos de tu pueblo; y será tiempo de angustia, cual nunca fué después que hubo gente hasta entonces: mas en aquel tiempo será libertado tu pueblo, todos los que se hallaren escritos en el libro. Y muchos de los que duermen en el polvo de la tierra serán despertados, ***unos*** *para vida eterna, y* ***otros*** *para vergüenza y confusión perpetua. Y los entendidos resplandecerán como el resplandor del firmamento; y los que enseñan á justicia la multitud, como las estrellas á perpetua eternidad."* Daniel 12:1-3.

"No os maravilléis de esto; porque vendrá hora, cuando todos los que están en los sepulcros oirán su voz; Y los que hicieron bien, saldrán á resurrección de vida; mas los que hicieron mal, á resurrección de condenación." Juan 5:28,29.

"Porque es menester que todos nosotros parezcamos ante el tribunal de Cristo, para que cada uno reciba según lo que hubiere hecho por medio del cuerpo, ora sea bueno ó malo." 2 Corintios 5:10.

"Y cuando el Hijo del hombre venga en su gloria, y todos los santos ángeles con él, entonces se sentará sobre el trono de su gloria. Y serán reunidas delante de él todas las gentes: y los apartará los unos de los otros, como aparta el pastor las ovejas de los cabritos.

Y pondrá las ovejas á su derecha, y los cabritos á la izquierda. Entonces el Rey dirá á los que estarán á su derecha: Venid, benditos de mi Padre, heredad el reino preparado para vosotros desde la fundación del mundo." Mateo 25:31-34.

"Entonces dirá también á los que estarán á la izquierda: Apartaos de mí, malditos, al fuego eterno preparado para el diablo y para sus ángeles.... E irán éstos al tormento eterno, y los justos á la vida eterna." Mateo 25:41,46.

LA BATALLA DE ARMAGEDÓN: La Batalla de Armagedón se lleva a cabo después del "último día" mencionado anteriormente. La batalla de Armagedón se describe en Apocalipsis veinte. Tiene lugar después del juicio del gran trono blanco, después de que se hayan dictado todos los veredictos de vida eterna o muerte eterna. Aquellas personas, los salvos, que aceptaron a Dios como el Señor de sus vidas, estarán en la ciudad santa, la Nueva Jerusalén. Esa gente, los perdidos, que rechazaron a Dios, estarán fuera de la ciudad. Será entonces cuando Dios soltará a Satanás "por un poco de tiempo" del abismo para tener acceso a los que están perdidos. Luego organizará a los perdidos con la promesa de poder tomar la ciudad y establecerlo como rey. Cuando la innumerable multitud perdida rodee y ataque la ciudad santa, que contiene al pueblo de Dios, entonces Dios derramará fuego del cielo sobre toda la multitud e instantáneamente los aniquilará a todos, incluyendo a Satanás y sus ángeles.

"Y VI un ángel descender del cielo, que tenía la llave del abismo, y una grande cadena en su mano. Y prendió al dragón, aquella serpiente antigua, que es el Diablo y Satanás, y le ató por mil años; Y arrojólo al abismo, y le encerró, y selló sobre él, porque no engañe más á las naciones, hasta que mil años sean cumplidos: y después de esto es necesario que sea desatado un poco de tiempo." Apocalipsis 20:1-3.

"Y cuando los mil años fueren cumplidos, Satanás será suelto de su prisión, Y saldrá para engañar las naciones que están sobre los cuatro ángulos de la tierra, á Gog y á Magog, á fin de congregarlos para la batalla; el número de los cuales es como la arena del mar. Y subieron sobre la anchura de la tierra, y circundaron el campo de los santos, y la ciudad amada: y de Dios descendió fuego del cielo, y los devoró. Y el diablo que los engañaba, fué lanzado en el lago de fuego y azufre, donde está la bestia y el falso profeta; y serán atormentados día y noche para siempre jamás." Apocalipsis 20:7-10.

"PORQUE he aquí, viene el día ardiente como un horno; y todos los soberbios, y todos los que hacen maldad, serán estopa; y aquel día que vendrá, los abrasará, ha dicho Jehová de los ejércitos, el cual no les dejará ni raíz ni rama. Mas á vosotros los que teméis mi nombre, nacerá el Sol de justicia, y en sus alas traerá salud: y saldréis, y saltaréis como becerros de la manada. Y hollaréis á los malos, los cuales serán ceniza bajo las plantas de vuestros pies, en el día que yo hago, ha dicho Jehová de los ejércitos." Malaquías 4:1-3.

"Y esta será la plaga con que herirá Jehová á todos los pueblos que pelearon contra Jerusalem: la carne de ellos se disolverá estando ellos sobre sus pies, y se consumirán sus ojos en sus cuencas, y su lengua se les deshará en su boca." Zacarías 14:12.

LOS DÍAS DE NOÉ: EN Mateo 24:36-39 Jesús nos dice que los últimos **días** serán como los **días** de Noé. Jesús menciona que "estaban comiendo y bebiendo, casándose y dándose en matrimonio" porque entonces, como ahora, incluso frente a los eventos del tiempo del fin, la gente siguió con su rutina normal, ignorando las señales de los tiempos. Aunque lo que dice Jesús es cierto, las personas continuarán como si la vida durara para siempre, esa no es la razón principal por la que Jesús menciona los "**días de Noé**". A lo que Jesús se refiere es al número de días que Noé estuvo en el arca. Jesús está diciendo: "Desde el día que Noé entró en el arca hasta el **día** en que vino el diluvio, serán como los últimos **días**". Noé entró en el arca siete **días** antes de que viniera el diluvio (Génesis 7:4,10), así que los **días** en el tiempo del fin serán siete **días**. Pero, ¿qué significa siete **días**? Apocalipsis 11:2,3 nos deja saber que hay un período de tiempo específico de 1260 **días** literales y un período de tiempo separado de 42 meses, durante los últimos **días**. Esos **días** en Apocalipsis once son mucho más que siete **días** literales. Pero si considera el principio de **día** por año, entonces tiene mucho sentido. Siete **días** equivalen a siete años. Siete años son 360 **días** proféticos por 7 o 2520 **días** literales. Entonces, considerando Apocalipsis 11:2,3: 42 meses por 30 es igual a 1260 **días**. 1260 **días** más 1260 **días** (42 meses) es igual a 2520 **días** literales. Para los que viven en el tiempo del fin los **días** de Noé, en Mateo 24:36-39, equivalen a 2520 **días** o siete años. El "**día** del Señor", o "el **día** del señor", los siete **días** del fin, el gran tiempo de angustia, tiene una duración de siete años. Dios en Su misericordia ha establecido un período final de siete años para que los seres humanos evangelicen el mundo para animar a todas las personas a arrepentirse y entregarlo todo a Él, antes de Su segunda venida. Dios apartando siete años de misericordia no es nuevo para el estudiante de la Biblia. Dios a menudo ha usado siete años de misericordia y gracia en la Biblia para el beneficio de la humanidad.

> *"Empero del **día** y hora nadie sabe, ni aun los ángeles de los cielos, sino mi Padre solo. Mas como **los días** de Noé, así será la venida del Hijo del hombre. Porque como en **los días** antes del diluvio estaban comiendo y bebiendo, casándose y dando en casamiento, hasta **el día** que Noé entró en el arca, Y no conocieron hasta que vino el diluvio y llevó á todos, así será también la venida del Hijo del hombre."* Mateo 24:36-39.

> *"Porque pasados aún **siete días**, yo haré llover sobre la tierra cuarenta días y cuarenta noches; y raeré toda*

sustancia que hice de sobre la faz de la tierra. E hizo Noé conforme á todo lo que le mandó Jehová." Génesis 7:4,5.

"Y sucedió que al séptimo día las aguas del diluvio fueron sobre la tierra." Génesis 7:10.

"Y echa fuera el patio que está fuera del templo, y no lo midas, porque es dado á los Gentiles; y hollarán la ciudad santa ***cuarenta y dos meses****. Y daré á mis dos testigos, y ellos profetizarán por* ***mil doscientos y sesenta días****, vestidos de sacos."* Apocalipsis 11:2,3.

"Entonces respondió José á Faraón: El sueño de Faraón es uno mismo: Dios ha mostrado á Faraón lo que va á hacer. Las siete vacas hermosas ***siete años*** *son; y las espigas hermosas son* ***siete años****: el sueño es uno mismo. También las siete vacas flacas y feas que subían tras ellas, son* ***siete años****; y las siete espigas menudas y marchitas del Solano,* ***siete años*** *serán de hambre. Esto es lo que respondo á Faraón. Lo que Dios va á hacer, halo mostrado á Faraón."* Génesis 41:25-28.

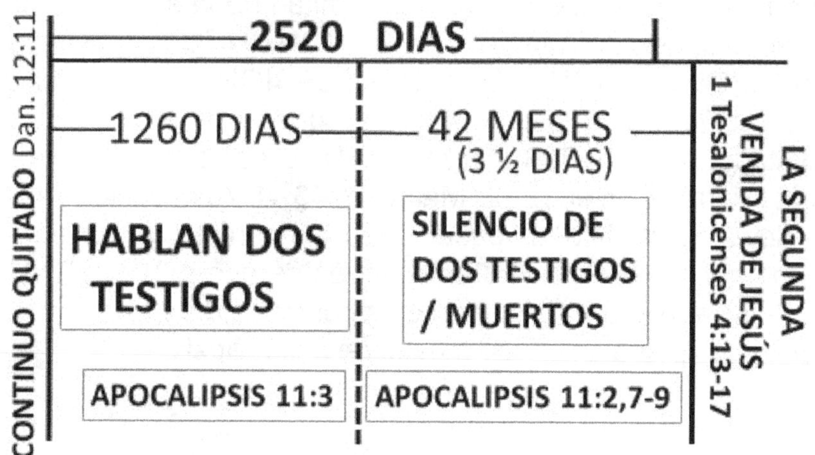

TIEMPOS PROFÉTICOS EN LA BIBLIA: En el libro de Daniel y en el libro de Apocalipsis se enumeran todas las profecías de tiempo que afectarán directamente a todas y cada una de las personas vivas durante los próximos siete años de tribulación. Todos los períodos de tiempo y dónde tienen lugar se enumeran a continuación en los dos gráficos. Todos los períodos de tiempo bíblicos tienen un comienzo particular y un final particular y cada uno tiene un propósito específico. Ninguna profecía de tiempo puede colocarse en cualquier lugar de la historia. La Biblia debe revelar cuándo comienza la profecía y cuál es su propósito. Cuando se descubre bíblicamente el punto inicial o final de un período de tiempo, se puede determinar la posición y el propósito del período de tiempo. Un solo versículo de la Biblia no puede estar solo en el posicionamiento de un período de tiempo, se debe considerar todo el capítulo en el que se encuentra un versículo, junto con todo el libro en el que se encuentra, y todo debe estar 100% en armonía con el resto de la Biblia. La clave para entender el comienzo de TODAS las profecías bíblicas del tiempo se encuentra en Daniel 12:11. TODOS comienzan a contarse cuando se quita el sábado del séptimo día "CONTINUO". La interpretación de los períodos de tiempo de la Biblia dice así: Cuando se quita el "CONTINUO" comienza el conteo para TODOS los períodos de tiempo proféticos bíblicos. Los 1.260 días nos llevan al punto medio de la tribulación de 2.520 días, la mitad de la semana. 1.290 días después de que se quita el "CONTINUO", se establece la "ABOMINACIÓN DE LA DESOLACIÓN", el falso día de adoración. 1.335 días después de que el "CONTINUO" sea quitado, los 144.000 siervos de Dios serán levantados de esta tierra (Daniel 12:12; Mateo 24:40,41; Apocalipsis 14:1-4) y llevados al cielo. El pueblo de Dios será extremadamente probado durante 2300 días después de que el "CONTINUO" sea quitado, durante los primeros cuatro sellos y trompetas, lo que nos lleva a los cinco meses de Apocalipsis 9:5,10.

Tiempo	Daniel	Apocalipsis
X, X's, ½ X	7:25, 12:7 (1.260)	12:14
2.300 dias	8:14	
1.290 dias	12:11	
1.335 dias	12:12	
1.260 dias		11:3, 12:6
42 meses	(1.260 dias)	11:2, 13:5
5 meses	(150 dias)	9:5, 10
3 ½ dias/años	(1.260 dias)	11:9, 11
70 semanas	9:24 (2.520 dias)	
1 semana = 7 dias	9:27 (2.520 dias)	

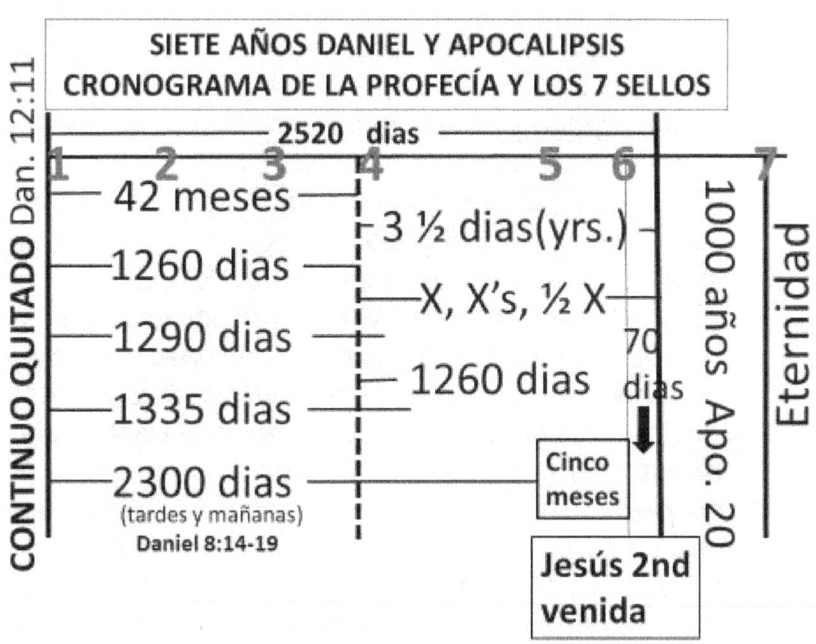

"Y desde el tiempo que fuere quitado el continuo hasta la abominación espantosa, habrá mil doscientos y noventa días. Bienaventurado el que esperare, y llegare hasta mil trescientos treinta y cinco días." Daniel 12:11,12.

(En Daniel 12:11 la palabra sacrificio no pertenece.)

LA CENA DE LAS BODAS DEL CORDERO: La "cena de las bodas del Cordero" tiene lugar durante los mil años de Apocalipsis veinte. No son las bodas del Cordero, pero es la cena de las bodas, para aquellos que han sido redimidos de la tierra en la segunda venida de Jesús. Serán los sacerdotes jueces de Dios durante ese período de tiempo.

"Bienaventurado y santo el que tiene parte en la primera resurrección; la segunda muerte no tiene potestad en éstos; antes serán sacerdotes de Dios y de Cristo, y reinarán con él mil años." Apocalipsis 20:6.

*"DESPUÉS de estas cosas oí **una gran voz de gran compañía en el cielo**, que decía: Aleluya: Salvación y honra y gloria y potencia al Señor Dios nuestroPorque sus juicios son verdaderos y justos; porque él ha juzgado á la grande ramera, que ha corrompido la tierra con su fornicación, y ha vengado la sangre de sus siervos de la mano de ella. Y otra vez dijeron: Aleluya. Y su humo subió para siempre jamás. Y los veinticuatro ancianos y los cuatro animales se postraron en tierra, y adoraron á Dios que estaba sentado sobre el trono, diciendo: Amén: Aleluya. Y salió una voz del trono, que decía: **Load á nuestro Dios todos sus siervos**, y los que le teméis, así pequeños como grandes. Y oí como la voz de una grande compañía, y como el ruido de muchas aguas, y como la voz de grandes truenos, que decía: Aleluya: porque reinó el Señor nuestro Dios Todopoderoso. Gocémonos y alegrémonos y démosle gloria; porque son venidas **las bodas del Cordero**, y su esposa se ha aparejado. Y le fué dado que se vista de lino fino, limpio*

y brillante: porque el lino fino son las justificaciones de los santos. Y él me dice: Escribe: Bienaventurados los que son llamados á ***la cena del Cordero****. Y me dijo: Estas palabras de Dios son verdaderas. Y yo me eché á sus pies para adorarle. Y él me dijo: Mira que no lo hagas: yo soy siervo contigo, y con tus hermanos que tienen el testimonio de Jesús: adora á Dios; porque el testimonio de Jesús es el espíritu de la profecía."* Apocalipsis 19:1-10.

"Por lo cual, os decimos esto en palabra del Señor: que nosotros que vivimos, que habremos quedado hasta la venida del Señor, no seremos delanteros á los que durmieron. Porque el mismo Señor con aclamación, con voz de arcángel, y con trompeta de Dios, descenderá del cielo; y los muertos en Cristo resucitarán primero: Luego nosotros, los que vivimos, los que quedamos, juntamente con ellos seremos arrebatados en las nubes á recibir al Señor en el aire, y así estaremos siempre con el Señor." 1 Tesalonicenses 4:15-17.

"He aquí, yo estoy á la puerta y llamo: si alguno oyere mi voz y abriere la puerta, entraré á él, y cenaré con él, y él conmigo. Al que venciere, yo le daré que se siente conmigo en mi trono; así como yo he vencido, y me he sentado con mi Padre en su trono. El que tiene oído, oiga lo que el Espíritu dice á las iglesias." Apocalipsis 3:20-22.

LA CENA DEL GRAN DIOS: La "cena del gran Dios" es muy diferente a la "cena de las bodas del Cordero". La "cena de las bodas del Cordero" tiene lugar durante los 1000 años de Apocalipsis 20 con Cristo Jesús y los santos que fueron redimidos y recogidos en Su segunda venida. La "cena del gran Dios" tiene lugar al final de los 1000 años de Apocalipsis veinte. La "cena del gran Dios" es figurativa para la aniquilación completa de todos los enemigos humanos y angélicos de Dios. Esta cena tiene lugar después del juicio del gran trono blanco cuando los humanos perdidos atacan la ciudad santa y son inmediatamente destruidos para siempre por el fuego de Dios. No hay animales ni pájaros vivos en el momento del juicio del gran trono blanco. No hay una cena real, pero hay una aniquilación real del pecado.

> *"Y vi un ángel que estaba en el sol, y clamó con gran voz, diciendo á todas las aves que volaban por medio del cielo: Venid, y congregaos á la cena del gran Dios, Para que comáis carnes de reyes, y de capitanes, y carnes de fuertes, y carnes de caballos, y de los que están sentados sobre ellos; y carnes de todos, libres y siervos, de pequeños y de grandes Y vi la bestia, y los reyes de la tierra y sus ejércitos, congregados para hacer guerra contra el que estaba sentado sobre el caballo, y contra su ejército. Y la bestia fué presa, y con ella el falso profeta que había hecho las señales delante de ella, con las cuales había engañado á los que tomaron la señal de la bestia, y habían adorado su imagen. Estos dos fueron lanzados vivos dentro de un lago de fuego ardiendo en azufre. Y los otros fueron muertos con la espada que salía de la boca del que estaba sentado sobre el caballo, y todas las aves fueron hartas de las carnes de ellos."* Apocalipsis 19:17-21.

> *"Y vi un gran trono blanco y al que estaba sentado sobre él, de delante del cual huyó la tierra y el cielo; y no fué hallado el lugar de ellos. Y vi los muertos, grandes y pequeños, que estaban delante de Dios; y los libros fueron abiertos: y otro libro fué abierto, el cual es de la vida: y fueron juzgados los muertos por las cosas que estaban escritas en los libros, según sus obras. Y el mar dió los muertos que estaban en él; y la muerte y el infierno dieron los muertos que estaban en ellos; y fué hecho juicio de cada uno según sus obras. Y el infierno y la muerte fueron lanzados en el lago de fuego. Esta es la muerte segunda. Y el que no fué hallado escrito*

en el libro de la vida, fué lanzado en el lago de fuego." Apocalipsis 20:11-15.

CONCLUSIÓN DEL LIBRO:

ENTENDIENDO EL LIBRO DE APOCALIPSIS PARA ESTA GENERACIÓN

Desear la adoración que pertenece a Dios ha sido la meta de Satanás desde el momento en que sus celos se apoderaron de su mente, cuerpo y alma mientras ocupaba la posición celestial como un querubín protector, estacionado a la izquierda de Dios Padre. Dios se dio cuenta de los peligros de los celos de Satanás, pero se negó a escuchar a Dios y continuó en el camino de la autodestrucción. El pecado y la desobediencia eran desconocidos en el universo perfecto, así que Dios creó este planeta, todo lo que contiene, y la raza humana para revelar los resultados del pecado. El objetivo de Satanás de ser adorado, desde el día en que Eva fue convencida de comer del fruto prohibido hasta hoy, solo ha revelado dolor, caos, muerte y miseria. Los últimos siete años de la historia de esta tierra serán la agencia final para revelar la fealdad total del pecado, ya que la adoración forzada, en contra de los requisitos de la justicia, se exige en todo este planeta, lo que resultará en la muerte de los siervos fieles de Dios de todas las direcciones del mundo. brújula en este planeta condenado.

El libro de Apocalipsis fue escrito específicamente para y para la última generación viva en este planeta para prepararlos para esa última prueba y destino que revelará la justicia de Cristo y la fealdad del pecado. Estar debidamente informado sobre el fin de los tiempos y los próximos siete años de tribulación es estar familiarizado con el libro de Apocalipsis y comprender su significado y aplicación.

Que Dios sea el habitante de tu corazón, sentado en el trono de tu ser total, mientras entregas tu corazón, mente y alma a Su cuidado y protección ahora y durante la próxima gran tribulación de siete años (2520 días). Se bendecido.

PROFECÍA BÍBLICA: SE TRATA DE ADORACIÓN

CPSIA information can be obtained
at www.ICGtesting.com
Printed in the USA
LVHW110856030223
738456LV00003B/4

9 781669 861560